四川抗战历史文献

亲历、亲见、亲闻资料卷 第二辑

主　编　四川省地方志工作办公室

分卷主编　四川省政协文化文史和学习委员会

四川大学出版社

目 录

本辑序言 …………………………………………………………………（1）

一、九一八事变至全面抗战大爆发前的抗日斗争

抗日巾帼英雄赵一曼 ……………………………………… 杨自田（9）
全面抗战爆发前夕全民反对日本在蓉设领斗争与意外突发治安案件
　"成都大川饭店事件" …………………………………… 李岷聪（23）

二、日军轰炸与空中抗战亲历、亲见、亲闻

敌机肆虐　余怒未息
　——纪念抗日战争胜利五十周年 ……………………… 邹隐樵（31）
勿忘国难耻　牢记血泪仇
　——目击日机轰炸重庆片断 …………………………… 罗尊礼（33）
重庆隧道窒息大惨案真相 ………………………………… 高训伦（35）
我对日机轰炸永川的追忆 ………………………………… 邱启亨（37）
回忆日军侵华战争轰炸成都的罪行（节选）……………… 李天治（38）
目击成都遭受敌机最惨重的一次轰炸 …………………… 廖开藩（41）
日机"六一一"首袭成都目击记 ………………………… 王定华（44）
成都横遭飞祸记 …………………………………………… 龙彻渊（47）
侵华日军对成都市区的无差别轰炸纪实 ………… 刘世龙　谢春燕（50）
日机三次轰炸南充纪实 …………………………… 唐文山　林维明（59）
侵华日军轰炸自贡实录 …………………………………… 袁嘉锴（62）
日本敌机轰炸宜宾纪要 …………………………………… 李国章（65）
泸州"九一一"惨案纪实 ………………………………… 朱花朝（68）
文幼章在日机轰炸泸州后率医疗队前来抢救 …………… 朱花朝（72）
日机轰炸松潘事件始末 …………………………………… 赵明强（74）
东京诉讼七日记 …………………………………………… 魏奕雄（76）
抗战中的阆中防空防护工作 ………………… 李曙华（口述）　蒲瑞康（整理）（83）
抗日战争时期日机轰炸绵阳与绵阳防空设施建设情况 …… 段　雯（86）
抗战中的空军幼年学校 …………………………… 汪鲁子　楼世正（89）
轰炸机飞行员张义声的回忆 ……………………………… 张义声（96）

记空军抗日战斗英雄廖俊义……………… 廖俊义（口述） 谭方德（整理）（101）
淞沪空战………………………………………………………… 刘国柱（106）
日本奥田大佐在乐至大埝坎毁机丧命前后…………………… 柳光笃（110）
"七二七"成都空战追忆
　　——缅怀段文郁烈士……………………………………… 丁晨滨（112）
抗战时自贡高炮对日作战忆述………………………………… 萧国柱（114）
抗日英雄乐以琴更名始末……………………………………… 乐以钧（117）
伞兵突击队译员缪弘牺牲前后………………………………… 罗振诜（119）
抗击日寇　为国捐躯
　　——记驻遂宁机场的中国空军第四大队空战二三事…… 王前祥（121）
我所知陈纳德与美国空军援华抗日的经过…………………… 黎成德（123）
我任广汉机场美军翻译……………… 谢守清（口述）　舒　明　彭继先（整理）（130）
乐山民众三次救助美军失事飞机……………………………… 魏奕雄（132）
苏联飞机在"狗圈包"失事见闻
　　——苏联22位空军烈士永垂不朽……… 张树敏　郑长鹏　赵永和（137）
艰苦卓绝　众志成城
　　——广汉机场修建记略…………………………………… 陈道君（140）
彭山机场·夹江机场·犍为机场……………………………… 卫　一（143）
大邑征地征工修建桑园机场始末……………………… 牟国章　樊叔翔（145）
西昌小庙机场的兴废…………………………………………… 阳鸿业（149）

三、抗战中四川的文化教育事业亲历、亲见、亲闻

抗日战争散记…………………………………………………… 董长新（153）
南部县抗日救亡活动纪实……………………………… 刘家祯　许明昉（157）
抗战初期的泸县青少年活动…………………………… 陈基镛　官正国（160）
绵阳人民支援抗日战争二三事………………………………… 李光福（163）
抗战期中的几点回忆…………………………………………… 唐哲渊（166）
抗战期中回忆片断……………………………………………… 许世贞（169）
抗战时期我所经历的几件事…………………………………… 王卓维（171）
南充人民抗日救亡宣传活动回忆……………………………… 王　化（174）
抗战前期成都的革命文化活动纪略…………………… 何盛明　马善思（179）
忆抗战期间中艺、剧专、中术剧团在大后方的巡回演出…… 萧晴天（稚苓）（185）
抗战时自贡文艺掠影…………………………………………… 肖士雄（190）
我在资阳组织"孩子剧团"的经过…………………………… 王冠群（195）
抗战时期国立剧专在江安的戏剧节活动……………………… 肖能芳（198）
抗战时的"四川漫画社"……………………………………… 乐以钧（202）
陪都时期的王芸生……………………………………………… 王芝琛（203）
郑用之与"抗战电影"（节选）……………………… 陈兰荪　孔祥云（208）

抗战故事之老川大：弦歌铿锵峨眉山，望江楼畔扬风帆
.... 党跃武　刘　乔　谭　红（212）
抗日战争中华西的那些人、那些事 .... 廖志林（221）
抗战期间迁蓉的燕京大学 .... 燕京大学成都校友会（整理）（228）
抗战时期迁蓉的金陵大学 .... 金陵大学成都校友会（整理）（234）
抗战期间迁蓉的金陵女子文理学院 .... 肖鼎瑛（241）
抗战时期迁蓉的中大医学院 .... 罗建仲　何光侃（245）
烽火年代的复旦大学 .... 张　宗（248）
抗战期间迁川的铭贤学校 .... 范敬一　成　一（251）
抗日时期的成都"抗大"——朝阳学院 .... 黄飞声　傅桢学（257）
抗战期间的光华大学成都分部（节选） .... 孙　恭（261）
抗战中的西南联大叙永分校 .... 孙鹏程（口述）　孙元蓉（整理）（266）
抗战时迁到李庄的文化学术机构 .... 李清泉（268）
中国营造学社的重要历程 .... 罗哲文（271）
故宫文物存放成都大慈寺档案面世 .... 魏奕雄（274）
也谈故宫博物院在安谷 .... 杨正甫（278）
抗战中的乐山三学校 .... 魏奕雄（282）
犍为县清溪国职校 .... 罗长安（整理）（289）
华侨第二中学在江津的时候 .... 邹亚邻（292）
抗战时期的四川省成中学 .... 周维和（295）
抗战中的石室中学 .... 严裕寿（300）
一九四〇年前后的树德中学 .... 常如潘（305）
抗日战争时期的铭章中学 .... 张祖涌（309）
我外公罗象翥兴办内江大洲中学 .... 李如荣（314）
抗战期间学校生活纪实 .... 杨文泽（316）

四、后方工农业生产亲历、亲见、亲闻

从抗战前线疏散内迁成都的工厂 .... 杨忠义（321）
抗战时期的乐山三厂一盐 .... 魏奕雄（328）
抗战时期自贡盐工的贡献 .... 蒙德铨（333）
魏岩寿创办四川酒精厂前后 .... 李建友（337）
中元造纸厂在抗日战争中的贡献 .... 长江造纸厂厂史办（340）
抗战中诞生的"嘉阳" .... 代世和　孙雁鸣（345）
五通桥美亚织绸厂 .... 罗长安（347）
爱国兵工专家李承干 .... 郑洪泉（349）
中国实业界的"敦刻尔克" .... 卢国纪（353）
抢修抗战公路——乐西公路 .... 罗长安（358）
抗日时期道孚地区修筑康青公路概况 .... 廖由松（363）

抗日战争时期威远县的水、陆路运输事业发展实况的亲见和亲历 …… 杨绍卿（366）
四川水利工程界学会活动纪实 …… 熊达成（368）
父亲郑献徵和三台郑泽堰 …… 郑碧贤（372）
西昌新村特区修建经过 …… 傅惠和（378）
关于"川康藏电信" …… 刘 伦（380）

五、民众参与全民抗战的亲历、亲见、亲闻

四川民众与抗日战争 …… 金振声（385）
抗战期中四川的田赋征实 …… 张惠昌（388）
四川抗战时期的人力贡献与兵役积弊 …… 张兆馥（392）
四川妇女战地服务团 …… 邓山兰（394）
1938年威远县举办妇女干部训练班的经过 …… 李 麟（400）
冯玉祥推动爱国献金的川南之行 …… 高思伯（402）
血沃中华　功垂千秋　双流、华阳人民全面抗战贡献概览 … 熊德成　徐安全（408）
中江民众抗战中的卓越贡献 …… 赖天国（416）
抗日烽火中的遂宁 …… 刘安治（423）
仁寿人民对抗日战争的贡献 …… 叶志宽（427）
抗日战争中蒲江人的救亡运动 …… 龙 腾（430）
犍为，抗战之功不可没 …… 纪志南（435）
泸县为抗战后勤所做的巨大贡献 …… 李克猷（口述）　马鹏程（整理）（439）
共赴国难　叙永在行动 …… 孙元蓉（441）
八百壮士赴国难
　　——西充县首批义勇壮丁抗日简介 …… 李宏毅（444）
我的母亲和川军孤儿寄托所 …… 窦家琳（447）
甘孜各族民众支持抗战 …… 周正龙（449）
国民政府驻藏办事处献机运动和庆祝抗战胜利活动纪事 …… 常希武（454）
四川少数民族与抗战 …… 李全中　漆明生　张为波（456）
忆乐西公路北段边民筑路队 …… 岭光电（460）
张群主川回忆 …… 张惠昌（464）
抗战时期国民党中央陆军军官学校西迁成都记
　　…… 苗 琨　慈巨圣　张永淦　刘庸诚（470）
抗战时十万青年从军运动 …… 万金裕（481）
抗日战争时期绵阳的远征军 …… 段 雯（485）
投笔从戎　参加学生远征军 …… 姚 辉（487）
远赴印度受训 …… 罗发利（489）
狼烟扫熄忆当年 …… 王新宇（492）
回忆国民党军委会滇西战干团在西昌招生及训练情况 …… 徐国珍（496）

六、川人抗战永彪史册

刘司令官精神不死 …………………………………… 范长江（501）
川军战绩全貌之合记 …………………………………… 子 隽（503）
川军抗日阵亡将士纪念碑始末 ………………………… 张光秀（507）
孙元良部血战上海忆实（节选） ……………………… 万方澄（511）
陪都大门保卫战
　　——回忆三峡石牌要塞保卫战 …………………… 马士弘（515）
父亲陈文贵抗战中揭露日军细菌战 …………………… 陈晓晴（519）
我编辑《川军抗战亲历记》 …………………………… 刘运勇（521）
"死字旗"传奇 ………………………………… 吴　伟　王烈勋（524）
从家书看中江民众的抗战 ……………………………… 赖天国（528）
《国仇》背后的故事 …………………………………… 陈　庄（532）
日本投降那天成都市的三个第一 ……………………… 王大炜（537）
缅怀英烈遗腹子邹汝祥先生 …………………………… 何允中（540）
抗战胜利后在日本的见闻 ……………………………… 廖品正（547）
同仇敌忾，共赴国难
　　——忆家父在八路军总部支援八路军抗战的岁月 … 乔一勤（554）
光荣永远属于父辈先烈们
　　——七十周年胜利日受阅归来话受阅 ……………… 饶毓琇（557）

编后记 ………………………………………………………………（560）

本辑序言

1945年8月10日,8点零1分,四川省邮政局最为繁忙的成都—西安电路上传来了对方的紧急呼叫:"这里有重要'简便公电',请班长上机……日本将宣布无条件投降!请注意这是千真万确的消息!"

抗战十四年啊,四川人民终于熬到了头!

1945年8月15日,日本宣布无条件投降。

1945年10月8日,《新华日报》发表社论《感谢四川人民》,社论指出:

> 在八年抗战之中,这个历史上最大规模的民族战争之大后方的主要基地,就是四川。自武汉失守以后,四川成了正面战场的政治军事财政经济的中心,随着正面战线内移的军民同胞,大半居于斯、食于斯、吃苦于斯、发财亦于斯。现在抗战结束了,我们想到四川人民,真不能不由衷地表示感激。
>
> 四川人民对于正面战场,是尽了最大最重要的责任的,直到抗战终止,四川的征兵额达到三百零二万五千多人;四川为完成特种工程,服工役的人民总数在三百万人以上;粮食是抗战中主要的物质条件之一,而四川供给的粮食,征粮购粮借粮总额在八千万石以上;历年来四川贡献于抗战的粮食占全国征粮总额的三分之一,而后征借亦自四川始。此外各种捐税捐献,其最大的一部分也是由四川人民所负担。仅从这些简略统计,就可以知道四川人民对于正面战场送出了多少血肉,多少血汗,多少血泪!

这是对四川抗战公正的评价和真实的写照。

1937年8月26日,四川省主席刘湘发表的《为民族救亡抗战告四川各界人士书》称:"四川七千万人民所应担荷之责任,较其他各省尤为重大。我各军将士,应即加紧训练,厉兵秣马,奉令即开赴前方,留卫则力固后防。"

四川连续几年遭遇旱灾,直到1937年上半午,人民喘息甫定,全面抗战中又征派官兵近350万人赶赴前线。其中,阵亡26万余人,失踪3万余人,负伤34万余人。无论是兵员总数还是伤亡总数,均占全国兵员的五分之一。四川还担负起"天下三分之一粮仓"之任,奉献出全国最大部分捐税捐献。另外,还有三百多万民工参加了多处国防工程、公路、农田水利等的建设。

因此,"无川不成军"是指人、财、物三方面。

1937年11月20日,国民政府移驻重庆并发布宣言:

> 国民政府兹为适应战况、统筹全局、长期抗战起见,本日移驻重庆,此后将以最广大之规模,从事更持久之战斗。

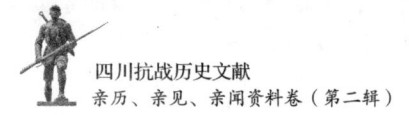

1939年元旦，国民政府正式成立西康省，辖地为川西及西藏东部。同年在成都设立"国民政府军事委员会委员长成都行辕"。蒋介石亲自兼四川省政府主席，其后由张群继任。制定了《川康建设方案》等，在川康进行新县制实验。这些措施对稳定川康政局、改善川康财政起到了积极作用。1940年9月6日，国民政府定重庆为"陪都"，四川成为中国抗战的政治、经济、军事、文化、社会、外交活动中心，成为中国抗战最稳固坚实的战略基地。四川人民为抗战胜利、民族复兴，在前方和后方、在多个方面做出了卓越贡献，付出了巨大牺牲。

一、全面抗战爆发前川人的反日斗争

1931年9月18日九一八事变爆发，事变后三个月日本侵占我国东北全境，1932年3月成立伪满洲国，嗣后又在华北、上海等地制造事端，挑起战争。1931年10月，成都民众各抗日团体在联合成立"四川抗日救国会"后，广泛组织了集会游行、发行刊物、募捐请愿……1932年2月，"义勇军敢死队成都第一队"成立，队员们用指血在白色横幅上写下："倭寇不灭，誓不回川！"誓师出发。这对四川的抗日救国活动产生了很大影响。军队中也酝酿有出川抗战的活动。

二、防空和空中作战

1938年底武汉、广州失陷后，日军重点对我后方战略基地重庆、成都等城市进行无差别"战略轰炸"，妄图摧垮我国的抗战意志。

为应对日军的轰炸，早在1937年，四川省政府就开展全民防空训练，成立防空指挥部，组织防空协会、防空救护团，开展防空演习。同时建立了从宜昌到成都的防空监视哨，在遂宁、自贡、成都、重庆等地部署有拦截敌方的作战飞机和高射炮火。组织训练民众，疏散市区学校师生、市民，对贫者给予疏散费，更有僧侣、基督教徒、童子军、学生组队参与救护。制定将伤者即刻送医、对死者备棺木掩埋、向其家属付特恤等方案。

据有关资料，1938年至1944年日本侵略者至少出动飞机7380架次以上，对四川的66个市、县进行了至少321天的战略轰炸，投弹至少26826枚。四川民众被炸伤26000余人，被炸死22500余人。炸毁房屋23.32万余间，炸毁粮食3.47万余石、木船3500余艘、什物97.59万余件，人口伤亡所用医药费和埋葬费以及各项财产损失，按1945年的物价指数折算，至少有1500.64亿元以上。

在敌强我弱的形势下，我仍对来袭敌机展开空中作战，以空中拦截和高射火力打击入侵之敌，并有多次击落多架日机的记录。至盟军参加作战后，积极与盟军协同作战，敌机渐被逐出川境。为加强空中作战，省政府自抗战开始后即动员大量民工修建和扩建作战飞机场。尤其在1943—1944年，为修建和扩建新津、邛崃、彭山、广汉4个战略轰炸机机场和5个驱逐机机场，省政府又动员29个县数十万民工彻夜赶筑，用最原始的工具创造了新的奇迹。

三、东面物资抢运西迁

全面抗战爆发后,国民政府为"适应战况,统筹全局,长期抗战",于1937年7月22日成立了以军政部部长何应钦为首的国家总动员设计委员会,内迁我国东部工业。

民生轮船公司总经理卢作孚被委任为国民政府军委会第二部副部长兼运输联合办事处主任,负责转运工作。

民生公司一面把抗日川军部队不断运往前线,一面把国民政府中央机关的全部人员、学校的大批师生和战斗伤员及近20万吨设备物资抢运入川。在这场双向抢运中,民生公司伤亡职工近200名,损失船只十余艘,计8000多吨,后被誉为中国抗战史上的"敦刻尔克"。

1938年4月,四川省政府决定对东部各工厂移设事务尽力扶助。到同年10月底,省政府的协助款项达120多万元。

到1941年,迁入四川的厂矿企业254家(复工207家),占所有内迁厂矿企业448家的56.7%。内迁四川的技术工人2万人左右,工程技术人员也有6000人左右。后来,湖南、广西两地的民营工厂又陆续迁来,抗战时期的工业绝大部分迁入四川。

迁川的工矿企业迅速发挥作用,积极支援前方。据有关资料,在渝的各兵工厂,1938年至1945年间共生产各种枪弹85414万发,各种步枪293364支、轻机枪11733挺、马克沁重机枪18168挺,各种口径的火炮13927门,各种炮弹5982861发、甲雷424402颗、手榴弹9556611枚,各式掷弹筒67928具,各种掷榴弹1546047颗、炸药包3764334个,等等。

四、公路基础建设

1934年,国民政府出于对时局的判断,在四川首先展开修建川军北上的川陕公路。1938年4月《抗战建国纲领》提出"整理交通系统,举办水陆空联运,增筑铁路、公路,加辟航线","应减少因港口封锁而发生之困难",随后四川省政府拟定修建整理全川干线8条、支线12条、联络线30条的公路计划,并限期完成。

主要新增:向北修筑川陕东路,再经陕甘向北与苏联连接;往南建川滇东、西、中公路;甘川公路和康青公路营歇段等;和越南、缅甸连接,通向印度的公路。其中尤以乐西公路(乐山到西昌,全程525公里)施工最为艰巨。

到1945年10月,四川省已筑公路长度总计6664.03公里。其中,干线4207.49公里,支线2456.54公里。

除公路运输以外,还有遍布巴蜀大地如同毛细血管的驮运,其驮道总里程大大超过公路。

巴塘藏族上层人士邦达·多吉兄弟开辟了由印度噶伦堡经西藏直通川、滇,完全依靠骡马运输的陆路国际交通线。这条交通线曾与中美联合开辟的空中"驼峰"运输线并驾齐驱,行程数千里,往返骡马3万多头。骡马运输队克服种种艰难险阻,每月从印度运出物资约4000驮,合240吨,支援抗战。

为坚持长期抗战,国民政府在大巴山征调民工十几万,秘密修建最后一道向北屏护

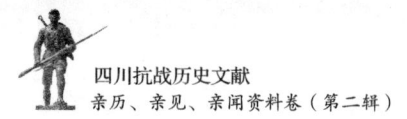

四川的"大巴山国防工程"。另外，还在西昌修建特区，筑小庙机场，通联公路，完善通讯设施，拟以西昌作为最后抗战"行都"。其遗址至今犹存。

五、文化学校

全面抗战前，国民政府教育部颁发《总动员时督导教育工作办法纲要》，七七事变后即做出高校内迁的决定。在这次中国历史上空前的大规模内迁运动中，知识分子大部分西迁，一大批著名爱国科学家和教育工作者随同科研机构和学校来到大后方，保存了中华民族的文化精英，对传承民族文化有深远意义，成为中国现代文化史上璀璨的一页。

成都接纳了十所内迁高校，重庆接纳院校达三十多所。另外在乐山、三台、金堂、宜宾、江安、南溪、自贡、泸县、璧山、江津、巴县等地也有高校迁驻。其中包括国立、省立、私立和教会创办的大学、独立学院和专科学校。

成都华西坝、重庆沙坪坝、北碚夏坝和江津白沙坝被称为"文化四坝"，还有李庄、乐山等都是当时中国文化教育的聚集地。

中国科技社团也纷纷迁川，如中国地质学会、中国工程师学会、中国生理学会等，先后迁往重庆、昆明、成都等地，并在三地轮流举办年会、发表论文。科技社团在大后方组织了大量的实地考察，并将科技力量与当地工农业生产的实践相结合。

除高等教育外，四川省政府努力发展中等教育和普及教育。1937年12月，四川省政府实施战时教育，通令各学校在国难之际，统一意志整齐步调，强调学校为文化中心，青年是国家柱石，要以士气引导民众，以学风端正民风。

1938年2月，四川省制订改革教育的三年计划，要分期完成增设省立中学、省立师范学校、县立简易乡村师范学校各十余所，简易师范科45所，省立高级职业学校5所、初级职校56所，分期培植市县乡镇教育行政人员；并委托国立四川大学农学院代办农业特种科班；补助华西协合大学制药学系及医学院，委托该校代办农村卫生人员训练班等。

另外还增设图书馆、博物馆、体育场，推广实施播音教育、电影教育、电化巡回教育。

1940年3月，在财政极端困难的情况下，省政府拨款支持国民教育，战时由四川民众学校开始实施，以16岁以上35岁以下的民众为强制入学对象，培养受训者的抗战智能，提高其文化水准、抗战意识、国家整体观念和生活技能。

四川省推行国民教育制度卓有成效。到1945年，学龄儿童入学率居于全国前列。

四川省政府为推动全省教育事业的发展功不可没。

六、节衣缩食支援抗战

据有关统计，1939年与1936年相较，关税减少近八成，盐税减少近六成，统税减少九成，财政赤字居高不下。①

---

① 周勇：《重庆抗战史：1931—1945》，重庆：重庆出版社，2013年，第130页。

为适应抗战需要，四川省实行新县制，取消区，改三级管理为县、乡（保）二级管理。另外，推行役政改革，取消团管区，只保留军师两级，各建制单位基本实行"征（包括自愿兵团）、训、入营"一体管理。鼓励增产粮食、兴修水利。到1945年，全省已开渠26处，筑坝233处，挖塘3876处，疏浚河道若干处。社会各阶层踊跃参与献金活动，涉及18个县市募捐金额达5亿多元。

四川省还制订了一些战时增产节约办法，如改善耕种方法，改良品种；规定开垦荒地，并允许在公共坟地种植杂粮；督励人们一日两餐。禁止酿酒、禁止宴会；改食白面为连麸面，改食白米为糙米。1940年，国民政府在重庆成立全国粮食管理局，统筹全国粮食，颁布《本年秋收后军民粮食统筹办法》，申晓民族大义，规定田赋改征实物。民众积极响应，肩挑背负着晒干风净、颗粒圆实的黄谷，络绎不绝，踊跃纳粮。

四川人民把完粮纳税当成"国课"，勒紧裤带挤出粮食支援抗战。

四川人民尽力了，十四年艰苦卓绝的抗日战争终于取得了胜利。

李圫昌、杨文执笔

2015年8月

一

九一八事变至全面抗战大爆发前的抗日斗争

抗日巾帼英雄赵一曼

杨自田

1936年8月2日，是中国人民难以忘怀的日子，它记录着日本军国主义者杀害抗日英雄赵一曼的血腥罪恶。这天上午，赵一曼被一辆马车载着来到黑龙江省珠河县（今尚志市）小北门外的草坪上。赵一曼走下车，昂首走到草坪中央。几个日本军警的枪口始终对准她那单薄的身躯。一个日本军官走到赵一曼跟前，问道："你还有什么话要讲吗？"赵一曼把手中的纸条递过去说："把这些话传给我家乡的儿子。"纸条上写着：

宁儿：

母亲对于你没有能尽到教育的责任，实在是遗憾的事情。

母亲因为坚决地做了反满抗日的斗争，今天已经到了牺牲的前夕了。

母亲和你在生前是永久没有再见的机会了。希望你，宁儿啊！赶快成人，来安慰你地下的母亲！我最亲爱的孩子啊！母亲不用千言万语来教育你，就用实行来教育你。

在你长大成人后，希望不要忘记你母亲是为国而牺牲的！

1936年8月2日
你的母亲赵一曼于车中

日本军官看完纸条后，便向举枪的军警猛地一挥手……

子弹穿过了赵一曼的身躯……

赵一曼，1905年10月25日出生于四川宜宾白花场白杨嘴李氏家庭。原名李坤泰，字淑宁，化名李一超、赵一曼。她六岁启蒙之后，就一直受到她的大姐夫、共产党员郑佑之的革命教育和培养，一步步走上了革命道路，1923年，加入社会主义青年团。1926年春节，她凭借倔强的个性和反抗精神冲出封建家庭的桎梏，逃至宜宾女中读书，同年由团转党。后来在党组织的指派下考入黄埔军校武汉分校女生队。"四·一二惨案"后，她又被党组织派往苏联中山大学学习。学习期间与陈达邦结婚。一年后，已有五个月身孕的赵一曼别夫回国，在白色恐怖下投入革命斗争。先后在宜昌、南昌从事地下活动。在极端恶劣的环境中生下爱子——宁儿。

1931年9月18日，日本帝国主义制造了武装侵入我国东北的九一八事变，东北的大好河山遭到日寇的铁蹄践踏和蹂躏，东北爱国人士奋起抗击。为了加强东北中共党组织对抗日斗争的领导力量，党派了大批优秀干部奔赴东北。

1932年春，赵一曼来到沈阳大英烟草公司搞工人运动，她首先了解烟厂工人的工资、生活、月计工、日工、工会工作和资本家对工人的压迫剥削等情况。然后指导他们搞好工人之间的关系，组织足球队和识字班来加强工人之间的联系，增强团结。在她的指导下，工会发展了十几名会员。她还在纱厂工人中做了大量工作，又发展了十几名工会会员和几名党员。

1933年初，党组织派赵一曼到哈尔滨，任满洲省总工会组织部长兼哈尔滨总工会代理书记。为了应付敌人的盘查，组织决定让她和满洲总工会书记老曹同志组成假家庭。老曹原是京汉铁路工人，当过火车司机，参加过"二七"工人大罢工，去过苏联学习，回国后在上海中华全国总工会工作。他被捕过，因受刑腿有毛病。九一八事变后，党派他到东北做工会工作。

他们在南岗区租了一间白俄的小房子，既作为家，又是"满总"的机关。赵一曼当时的工作是很艰苦的，白天她要上街买菜、做饭、洗衣服，在邻居们的眼里，她得装扮成一个很会过日子的家庭主妇，以便不引起外人的怀疑。夜里，她就锁上门，遮住窗户，刻印党的文件和宣传品，一直工作到深夜，第二天还要分发出去。

这年4月2日，日本警备司令部一个营长，身着便衣登上一辆电车。售票员张鸿渔要他买票，这个营长认为丢了面子，就掏出手枪把张鸿渔扭送到宪兵队，打了个半死。此事激起了工人的极大愤慨，他们强烈要求罢工抗议。老曹和赵一曼知道后，决定支持和领导电车工人进行大罢工。赵一曼到电车厂亲自指导斗争，由党团员组成了罢工委员会，三百多名工人在厂内食堂集会，宣布罢工，向日本警备司令部提出五项条件：肇事祸首交工人处办；给受伤工人抚恤金50元；工人养伤期间发双薪；医药费由宪兵队负担；宪兵队要登报向工人道歉，保证以后不再发生类似事件。同时还散发和张贴了《告哈尔滨市民书》等大量传单、标语和漫画，揭露日本侵略者和汉奸的罪行。第二天全市电车停驶，交通堵塞，秩序混乱，敌人非常恐慌。罢工坚持了两天，迫使敌人答应了条件，取得了胜利。

在对敌斗争中，处处显示出赵一曼的机智勇敢。一次，她和几个同志在哈尔滨太阳岛上一个同志的家里开会，他们装作打"麻将牌"。不料房门让小孩给拉开个缝，一个特务发现并突然闯了进来，当时桌子上还放着一些文件，想藏已来不及了，只见赵一曼敏捷地走到窗前，把一盆酽米汤端起来泼到特务的脸上，这家伙一时睁不开眼，张不开嘴，同志们趁势一拥而上，把他摔倒捆绑起来，嘴里堵上了毛巾，塞进床底下，等到夜间，把他扔进了松花江里。

在哈尔滨工作期间，赵一曼还两次去海伦巡视，指导那里的抗日救国会工作，并组织抗日队伍，打败了当地伪自卫团武装，有力地推动了哈北地区的抗日活动。

1934年春天，哈尔滨党组织遭到严重破坏，老曹同志被捕牺牲，赵一曼的处境也很危险，需要转移到外地工作。中共满洲省委组织部长何成湘同志在一间秘密的小屋里和她谈了话。虽然当时她的肺病又犯了，但是她坚决要求到抗日游击区去，省委就同意了。同年7月，她来到哈尔滨东南山区的珠河县，担任中共珠河县委常委、县委特派员和妇女会负责人。

当时珠河地区的抗日斗争，在党的领导下正处于高涨时期，党领导的哈东反日游击支队非常活跃，给敌人以很大打击。赵一曼去了滨绥铁路南的三股流游击根据地，这里已建立起党团的抗日群众组织，赵一曼积极发动群众支援游击队的武装斗争。由于她身体瘦弱，群众都管她叫"瘦李子"。她组织妇女们做军衣、军鞋，站岗放哨；给游击队送情报、给养；游击队打仗时，她还组织担架队抬伤员。

当时游击队缺少武器弹药，地方党组织通过关系，从伪军手里买到十几支手枪和一大批子弹，但由于敌人盘查紧，从城里运不出来，赵一曼知道这个情况后，带着一个姓沙的姑娘，化装成走亲戚的样子进了珠河县城。经过周密研究，她想出一个办法，把武器弹药用油纸和油布包好，放进一辆粪车里。大粪车走到城门口时，把门的日本兵和伪军嫌臭，没有仔细检查就放了过去。这些武器弹药就这样巧妙地从敌人眼皮底下运出了县城，送到了游击队手里。

为了给游击队筹集武器，赵一曼还出主意去缴敌人的枪。当时在通往帽儿山车站的公路线上，每隔五六里路就有一个伪警察哨所，每个哨所有五六个警察，有一台电话联系。赵一曼和县委干部雷炎同志研究决定收缴这些哨所的武器。他们的办法是，在前边摸敌人岗哨的同志腰里带个灌进水打上气的胶皮球囊，如敌人没发现，就把哨兵干掉，如被哨兵看见，就蹲下装作在大便，把球囊一按，立即发出"噼噼啦啦"泻肚子似的响声，等岗哨一转身就扑上去干掉他。就用这种办法，那天晚上雷炎同志在前边开路，赵一曼和随行的人骑马在后边接应。每缴一个哨所，就把电话线割断，再奔向下一个哨所，得枪二十多支。

赵一曼有着高度的革命警惕性和洞察力。敌人经常派遣特务混入根据地放毒、暗杀和刺探情报。一次一个自称姓孟的木匠，来到游击队流动医院住的村子，医院一行动，他就跟着，后来发现他和伤员说"落后话"，引起了赵一曼的注意，经过调查和审问，搞清他是个被日本人收买的特务，立即将他抓了起来。

1934年秋天，日军调动大批兵力对珠河游击区进行疯狂的秋季大"讨伐"。赵一曼几乎整夜不睡地在各村子里活动，鼓舞群众的斗争情绪，组织大家进行坚壁清野。她初到东北的农村，生活习惯和吃住上都有很多困难，群众作为主食的苞米面、苞米渣子她都吃不来，又由于工作忙，经常吃不饱饭，她的肺病又加重了，身体非常衰弱。但她从不叫苦，尽力克服各种困难。偏偏这时她的脖子上又长了一块恶疮，疼得抬不起头来。因敌人进攻，她在群众家里住不下去，就搬到游击队的流动医院接受治疗。这个医院只有一个名叫张险涛的中医和一个助手。医院里有十几个伤员，没有固定住处，天天转移，赵一曼来后，并没有把自己当作病人，而是主动担负起医院的政治和护理工作。她经常给大家上政治课，教伤员们唱歌，还给伤员洗头、洗衣服、补衣服、做饭、换药。医院转移时，她也帮助抬伤员，夜里还参加站岗放哨。她和伤员们同甘共苦，部队为了照顾她的身体，有时给她送来一些水果、鸡蛋等好吃的东西，她自己不吃，而是分给其他伤员。

这个医院在敌人的进攻下，今天搬到这儿，明天搬到那儿，一天，医院刚来到一个屯子里就发现了敌人，想转移已来不及了，大家干着急，想不出好办法。这时赵一曼出了个好主意，让群众把不能走的重伤员抬到屯子边上一块刚割倒的大豆地里，她和伤员们一起躺在地垄沟里，身上盖着大豆"铺子"（割倒在地的豆苗，东北话叫"豆铺子"），敌人进屯子后，进行残酷的烧杀，又到屯子外边搜查，一看满地是"豆铺子"，连个人影也没有，就走了。

不久，又得到情报，敌人要到医院住的二道河子搜山。张医生主张向乌吉密南边的四方顶子山转移，认为那里距敌人远，比较安全。赵一曼却不同意，她主张到小九站南边的鸡爪顶子山去，那里虽然离敌人近一些，但敌人已搜查过，就不会太注意，而且那里山势险要，宜于隐蔽。张医生和一些伤员都怕敌人出没无常，不太同意她的看法，但因她是上级领导，只好服从。结果证明还是赵一曼的主张正确，在医院转移的第二天，敌人就由二道河子到了四方顶子，没有发现什么才撤走了。这时赵一曼又把医院转移到四方顶子，在这里安全地住了很长时间。

赵一曼脖子上的疮好转后，就离开医院，回到了三股流根据地，这时已是冬天了。由于疲乏，赵一曼在一个群众家里睡着了。不断在这一带进行"讨伐"的伪军二十三团突然进了村子。房东大娘赶紧叫醒了赵一曼，她起来跑到村北口，猛然想起老周同志还在村东头的群众家里，他眼睛不好，天黑看不见路，万一被敌人堵住怎么办？得通知他一声才行。她又跑回村子里，这时街上响起了枪声，子弹从她头上掠过，突然几个伪军走了过来，端着枪大声喝问："站住，干什么的？"赵一曼站定，镇静地回答说："东头李家的。"她的外地口音引起了伪军的怀疑，她就这样被捕了，但敌人并不清楚她的身份。

第二天伪军回到乌吉密镇上，把赵一曼和抓到的另外三个反日会员，都带到南街私人商号"东元成"伪军团部临时驻地。"东元成"是乌吉密镇商务会正副两个会长开的，副会长林春轩和我们地方组织有点关系，曾给抗日游击队买过军需用品。伪军二十三团团长邓麻子和他很熟悉，邓麻子住在"东元成"的客房里，商店经常招待他抽鸦片烟。

党组织得知赵一曼被捕的消息后，立即设法营救。组织上通过关系去做林会长的小老婆李桂珍的工作，因当时林会长不在家，劝她出面找邓麻子保赵一曼出来。李桂珍为人和善，愿意做好事。她找到邓麻子，说要雇个人侍候自己"月子"，看中了他们抓来的赵一曼。邓麻子明白是来"保人"的，他当时不知道赵一曼的情况，以为她只是一般的农村妇女，没怎么太看重，现在有熟人来保，面子不能不给，而且也会得到很大好处。但他又不想随便放，怕让日本人知道对他不利，于是答应在"陪决"后再放赵一曼。

第三天，伪军在乌吉密后山枪杀被抓的两个男会员时，把赵一曼也带去假枪毙。"陪决"完了，邓麻子让李桂珍把赵一曼领回了家，当了林家的"女佣人"。赵一曼对李桂珍表示感谢，并向她宣传抗日救国道理。李桂珍对赵一曼很好，给她做了一套新棉衣。为了不使林家受牵连，赵一曼在她家住了近一个月，就又回到游击队里。

她向司令赵尚志和政治部主任冯仲云同志汇报了被捕和被营救的经过。组织上感到她在三股流地区不好活动了，就决定派她去铁道北区委工作。1935年1月下旬，哈东游击支队改编为东北人民革命军第三军，赵一曼随三军的一部分队伍来到铁道北老五区"大猪圈"一带的山沟里，开辟新的游击根据地。队伍到后受到群众的热烈欢迎。赵一曼特别注意群众纪律，过春节时群众包饺子给战士们吃，谁也不动一口。房东大娘过意不去，给赵一曼端了一碗饺子让她吃，她笑着谢绝说："你们的生活也不好，我们队伍不吃肉不吃面，是为了节省经费买武器弹药打敌人，我也和大家一样，不能特殊。"群众还腾出热炕给他们，他们不上炕，抱些干草铺在地上睡。当时群众不知道赵一曼本姓，都传说她是赵尚志司令的妹妹，她听到后解释说："我和赵尚志不是亲兄妹，我是南方人，他是北方人。但我们又是亲兄妹，不过我的亲兄弟姐妹不止赵司令一个人，多得很，我们抗日队伍里的同志都非常亲密，大家同甘共苦，比亲兄弟姐妹还亲。"

赵一曼很关心游击区儿童的成长，一次她看见村子里的孩子们玩"打鬼子"的游戏，一部分孩子装作游击队，一部分装作鬼子兵，互相扔石头打仗，结果把装"鬼子"的孩子们打跑了，还把一个孩子的头打出了血。赵一曼用毛巾给这个孩子包扎好伤处，然后对大家说："你们玩打鬼子倒是很好，不过不能这么打，这样很危险。"她说完，找了一块木炭，在一棵树上画了个鬼子的丑脸，让大家站到远处，往鬼子脸上投石子，看谁打中的次数多，谁就是小英雄。她鼓励孩子们说："要投得远，投得准，长大了当游击队队员，好扔手榴弹打鬼子！"孩子们听了很高兴，按照她教的办法玩起来。还有一次，赵一曼在大院里召集群众开会，孩子们也想参加，但门卫怕孩子们吵闹，不放他们进来，赵一曼发现后，说服了门卫，认为要重视这些未来的抗日力量和建设新中国的力量。她把孩子们领进来，让他们坐在前边，告诉他们要好好听讲。孩子们很听她的话，对她讲的抗日救国的事都很关心，更加仇恨敌人。为了发挥孩子们的抗日作用，她把孩子们组织起来，成立了抗日儿童团，让他们帮助站岗放哨，盘查坏人。还教他们唱抗日歌曲，孩子们学会了，到处唱，鼓舞了这一带群众的抗日斗争情绪。

1935年春天，敌人又开始了"春季大讨伐"，日伪军从这个村子进到那个村子，到处搜捕抗日干部。这时，赵一曼已担任铁北区委书记。为了支援抗日部队，她动员妇女群众到树林子里给部队做军衣。她还让各村的抗日群众做了个大木头梆子挂在村头，发现敌人来了，就敲梆子报警，群众便赶快躲藏起来。一天，赵一曼和妇女会负责人梁大嫂到一个小屯子里去开会，会还没开完，就听见伪军在屯子外边吹号，她们怕被堵在屯子里，赶快散会往外走。梁大嫂挎了一筐慰问伤员的鸡蛋，赵一曼提着一个小包，装成走亲戚的样子。她们刚走出村口，就看见伪军朝屯子走来，赵一曼赶快把兜里的铅笔和一个小记事本用手帕包上，机警地扔进道边的豆地里，并顺手抓把土抹在脸上。伪军看见她们粗野地叫喊："举起手来，解开衣裳检查！"梁大嫂装着害怕的样子说："长官，我们是好老百姓，我姑娘坐月子了，我和大姑娘去看她，我这个姑娘是个'哑巴'。"赵一曼听了马上装出哑巴的样子，两个眼睛直直地瞪着伪军，显得很呆傻。伪军看她们身上没有可疑的东西，就把梁大嫂挎的一筐鸡蛋抢走了，然后狂笑着进了村子。由于她依靠群众，群众也千方百计保护她，虽然她经常一个人到处活动，却一直很安全，再没有出过问题。

由于铁北地区没有赵尚志的常驻抗日部队，敌人经常到这里骚扰。为了保护地方组织和群众，赵一曼组织了一支二十多人的农民武装自卫队，武器很杂，快枪、土炮、大刀和红缨枪，什么都有。她在黄埔军校学过军事，再加上长期参加革命斗争的经验，指挥打仗很有办法。

一天，组织得到情报，有一队日本兵从珠河城里出来，到铁北的关门咀子一带去"讨伐"。赵一曼和大家研究，决定打一次伏击战，一方面锻炼队伍的战斗力，一方面夺取敌人的武器加强装备。她把队伍带到关门咀子附近敌人必经的山路旁，隐藏在树丛中。为了战胜敌人，她把拿快枪、土炮的队员集中到一起，埋伏在前边，打敌人的头；把拿大刀和红缨枪的队员组成一个队，埋伏在后边，截断敌人的退路，战斗打响后冲上去缴敌人的枪。中午的时候敌人过来了，他们知道这一带没有抗日的主力部队，所以很傲慢，大摇大摆、耀武扬威地走着。走在最前边的是个骑马的日本军官，赵一曼告诉快枪队集中火力先打指挥官，这家伙一死敌人就乱了。当敌人走近伏击线时，赵一曼大喊一声："打！"快枪、土炮一齐开火，那个家伙登时从马上栽了下来。敌人一片慌乱，赵一曼又喊了声："冲啊！"手持大刀和红缨枪的队员们猛扑上去，把敌人杀了个落花流水。这一仗消灭了十多个鬼子，缴获了二十多支枪，获取了胜利。从此，这支农民自卫队越战越强，后来改编成地方游击连，经常配合赵尚志的第三军主力部队作战。

有一回，张连科营长带着抗联一个营的兵力，驻守在侯林乡，突然被敌人两个团的兵力包围了，情况十分危急。主力部队离得很远，一时赶不到，张营长领着战士奋战了一天一夜，也未能打通突围的缺口。赵一曼得到消息后，立即带了三十多个游击队员，半夜三点多钟赶到侯林乡，直抵敌人后背，集中火力袭击了敌人指挥所。敌人误认为赵尚志的主力赶到了。张营长即时组织反击，两面夹攻，最终击退了敌人。不久，沈阳的《盛京日报》《哈尔滨日报》《大北新报》都相继用显著的标题惊呼："共匪女头领赵一曼红枪白马猖獗于哈东地区。"

1935年秋天，日寇为了消灭赵尚志的第三军，采取割断队伍和群众联系的毒辣手段，用"归屯并户"政策，把山边群众的房屋全部烧光，把人赶到大屯子里，修起土围子。不愿走的人一律杀掉。残暴的敌人竟用刺刀挑开孕妇的肚子，把鲜血淋漓的胎儿挂在枪尖上取乐。在敌人残酷的烧杀下，根据地骤然变成了一片烟云火海。

由于根据地遭受严重破坏，第三军主力部队留在原地活动有困难，县委会议决定，第三军司令部率主力远征延寿、方正、依兰、勃力、汤原一带，开辟新的游击区。与此同时，积极领导群众破坏敌人的"归屯并户"政策，并新扩编三个完整团。原二、三团的战士改编成新的四、五团，随军部远征。二、三团干部不动，赵一曼任二团政委，以地方游击连和青年义勇军为补充力量，留在珠河铁道南北继续坚持游击战斗，牵制敌人的兵力。

由于根据地被破坏，部队的生活很艰苦，赵一曼特别关心和爱护战士，和战士们同甘共苦。一到行军休息时，她就一边给战士们缝补衣服，一边和战士们谈心，讲革命斗争故事，鼓舞大家的斗志。一次行军途中，粮食吃光了，一个叫刘勋的战士到群众的地里挖了几个土豆烧好，送给赵一曼吃。赵一曼拿着土豆耐心教育他说："咱们再困难也不能违反群众纪律，老百姓现在也够困难的了，咱们不能随便拿群众的东西。"然后，她把土豆送给了重伤员。

还有一次，他们来到侯林乡的一个屯子吃饭，通讯员关心赵一曼的身体状况，就借房东温喜良家的一个粗瓷大碗，上面有个"福"字，给她盛了一碗伤号吃的高粱米饭。赵一曼知道队伍已经断粮，于是悄悄地把饭倒了回去，盛了半碗战士们吃的青菜粥。炊事员看见了，非常难过地流下了眼泪。

赵一曼用过的这只带"福"字的大碗，在赵一曼牺牲后，一直被温喜良家当作"传家宝"珍藏着。中华人民共和国成立后，温家把它送到了东北烈士纪念馆陈列展出。

第三军司令部远征后，敌人加强了对根据地的进攻和封锁，想趁我方主力部队不在之际，把新编成的二、三团和地方党组织彻底消灭。因此二、三团的处境一天比一天困难。天都下雪了，战士们还没穿上棉衣。这时赵一曼和王惠同带队去铁道南柳树河子找县委，请示冬季活动方针。根据当时的形势，二团已到铁南，不宜马上再撤回铁北。但县委的一位负责同志不懂军事，主观决定硬要他们立即返回铁北。

1935年11月10日，二团又长途跋涉返回到铁北五区左撇子沟附近的安山屯，受到群众的热烈欢迎，盛情慰劳。这时，混在群众中的坏分子朱景才，偷偷去乌吉密向日军告密，敌人立即调兵前来围攻。第二天一早，日军横山炮兵岗田正木部队预备队一部、吉田部队一部及珠河县伪警察大队第三中队长警佐张福兴、日本指挥官平井所带领的伪警察大队共三百多人，分别从乌吉密、一面坡、梨树镇和珠河县城向左撇子沟扑来。上午十时，二团发现敌人，立即抢占南山有利地势，与敌人展开激烈战斗。我军虽然人少，弹药也不足，但却个个英勇顽强，以一当十，以十当百。他们在王惠同、赵一曼的指挥下，一直战斗了六个多小时，打退了敌人一次又一次猛扑。

队伍终因寡不敌众被打散，团长王惠同在突围中负重伤被俘。赵一曼左手腕受贯通伤，她和铁北区委宣传部长周伯学、战士老于、16岁的妇女会员杨桂兰和交通员刘福生等五人，来到小西北沟一间空窝棚里养伤。敌人知道我军被打散，一定有潜伏在附近的人，所以加紧搜山。六天后，当地伪百户长、反动地主廉江突然发现半山腰的小窝棚里有烟气，报告了大特务米振文。米振文又去沟里侦察，发现雪地上有脚印，于是就报告了日本搜山队。

11月22日早七时，正在铁道北的远间和伪警察大队第三中队长警佐张福兴，接到米振文的报告，立即带领三十名伪警，到小西北沟山上，包围了赵一曼他们住的窝棚。当时刘福生准备出去探听消息和买药，他刚走出门，敌人就开了枪，他当场就牺牲了。听见枪响，赵一曼赶忙叫杨桂兰烧毁文件，她和周伯学、老于一起倚着门框向敌人还击。战斗持续了两个小时。赵一曼的手枪子弹打光了，战士老于想冲出去引开敌人，刚跑出去两步就中弹牺牲了。赵一曼也想要冲出去，突然一颗子弹飞来，打中了她的左大腿骨，由于是"七九"步枪子弹，伤口炸开很大，血流不止，赵一曼昏倒在地上。就这样，赵一曼、周伯学、杨桂兰三人被俘。

赵一曼因伤重不能走，张福兴叫两个警察到沟外屯子里抓来四名群众，用一架破梯子把赵一曼抬到徐家大院，然后换了一辆牛车去县城。下午五点多钟，天已黑了，敌人才押着牛车进了珠河县公署大院。

珠河县首席指挥官远间指着躺在车上的赵一曼向警务厅特务科外事股长大野报告，说这个女人被打伤了，流血过多，有丧命的可能，得赶快审问。大野看看赵一曼，见她脸色苍白，头戴黑色军用皮帽，脖子上围着一条旧毛巾，身披黑色军用半截大衣，下身是青棉裤，已染满了血。大野怕赵一曼死掉，得不到口供，失掉重要情报，急忙走到赵一曼身旁，叫喊着，把赵一曼和杨桂兰临时关在一间草料房里。赵一曼非常关心杨桂兰，不愿让她这么小的年纪就遭受敌人折磨，她叮嘱杨桂兰编造假口供，就说是赵一曼找她来侍候枪伤的，别的什么也不要说，一切都由她承担，这样敌人查不到实据就有可能放她出去。敌人对赵一曼的身份还不清楚，大野决定连夜审讯。当大野问她的姓名、年龄、籍贯、职业等一般情况时，赵一曼编造了一些假话，回答得很坦然、明快。大野又问她关于抗日部队的事，赵一曼回答说："关于抗日联军的事，我不知道。"又问她是不是共产党员，在党内是什么地位？她回答说："我同共产党没关系。"当大野问她"为什么进行抗日活动"时，赵一曼非常愤慨，忍着伤痛，义正词严地痛斥说："我为什么要抗日，我是中国人，日本军侵略中国，中国人民反抗日军的行为难道还用得着解释吗？我们中国人除了抗战外，别无出路。你们不用多问，我的主义就是抗日，正如你们的职责是以破坏抗日、逮捕我们为目的一样。我有我的目的，进行反满抗日并宣传其主义，就是我的目的，我的主义，我的信念。"

通过这次审讯，大野看出赵一曼是个了不起的人，认为她是个受过高等教育、在共产党里占有重要地位的人。而这样强硬的对手不是轻易就能审问得了的。她的伤又那么重，要是很快死去，他们就无法立功受赏了。大野找到远间商量怎么办，这么重要的犯人不能让她轻易死掉，得找个高明的大夫来治疗。于是远间叫一个警察去找大夫。大野又回到草料房继续审问。

大野什么也没有问出来，有些恼火，就用马鞭梢抽打赵一曼左手的伤口，赵一曼怒瞪着他。这个家伙又用鞭杆狠戳赵一曼的伤处，一阵剧烈的疼痛让赵一曼几乎昏了过去。杨桂兰跳起来护着她。大野叫警察把杨桂兰拉开，然后狞笑着说："你不说，我也会让你说出来的，还是把你的共产党身份说一说吧！"赵一曼愤怒地回答："我没有什么共产党身份，强迫一个人说自己不知道的事情，未免太蛮横了吧？你说我是共产党员，你把证据拿出来！"大野恼羞成怒，用马鞭子狠抽赵一曼的手和脸，赵一曼咬着牙闭口不语。

警察找来一个三十多岁的中国医生，大野对他命令道："这个女人，不管怎样也不能在这里死掉，必须把她解到哈尔滨去，希望你能尽一切力量，保证她还能活10天。"医生给赵一曼注射了两针樟脑液，检查了腿部的伤口，摇着头说："她流血太多了，非常衰弱，保证她活命恐怕办不到，如果能度过今天明天，那再看吧。"大野说："不管花多少钱，也要保住她的生命。这是你的责任，一直到明天早晨，你就守在这儿给她治疗！"

第二天，大野又对赵一曼进行了多种手法残酷的刑讯，像一头发了疯的野兽，不断地毒打赵一曼，赵一曼始终坚强地忍受着，与敌人进行斗争，她嘲讽地说："与其喊叫，要我别隐瞒自己的行动，倒不如用这里的事实来说明什么是正当的，什么是不正当的。

比如，不管你们抱着什么目的，给负伤的人治疗，总是正当的，可是对一个重伤的俘虏用刑不能说是正当的吧。被日本人这样杀害的同胞，恐怕是难以计数的！"

大野感到对这个女人用刑是得不到什么的，不如先从她周围的人下手来调查她行动，于是开始对县警务科原来关押的二十多个人再次提审。从早到晚，增加了四五名警察和翻译，对提审的人施以各种毒刑，但没有一个人说出赵一曼身份的。最后大野又把他认为是胆小鬼的三十多岁的矮个子男人绑在门板上，往他的嘴里、鼻子里灌凉水，肚子被灌得鼓鼓的，又往他的肚子上浇凉水，反复地折磨。这个人挺不过，说出了赵一曼是个抗日工作人员，在村子里曾召集过群众开会讲话，宣传抗日思想，指导群众进行抗日斗争。再用重刑，这个人供出了另外一个人，说他了解赵一曼。于是大野对这个人又施加酷刑，经过几次拷问，此人才说出他曾看见赵一曼参加赵尚志在村子里召开的一次干部会议，给他的印象是赵一曼的地位和赵尚志差不多，其他团长的意见赵一曼如果表示反对，就得服从她。大野还嫌不够，又用刑，于是这个人说出赵一曼是县委，握有领导的权力。

大野费了九牛二虎之力，从二十多个人的刑讯中，也就得到了这么点仍不确切的情报，对赵一曼的真实身份还是没有搞清楚，但这个家伙确认"赵一曼是一个以珠河为中心，把三万多农民坚固地组织起来的中心指导者"。第三天，哈尔滨日本宪兵队也听到在珠河逮捕了一个了不起的女人，为了捞点油水，他们派了两名宪兵来审问赵一曼，赵一曼什么也没说，只是用愤怒的眼睛瞪着他们，这两个家伙什么也没捞到。

大野感到这样在珠河审讯下去是得不到什么的，但又不甘心放弃，于是决定把赵一曼带回哈尔滨去审问。赵一曼表示必须马上放了杨桂兰，否则，她哪里也不去，就死在这里。由于赵一曼的庇护，杨桂兰被释放回家。

五天后，赵一曼被押到了哈尔滨，关进滨江省警务厅地下室看守所。

大野向特务科长山浦公久报告了有关审讯赵一曼的情况后，山浦会同本科的特高股长登乐松、副股长警佐大黑照一和大野四个人，一起研究怎样对付赵一曼的问题。大野提出观点："押起来，给她治好伤，当作破坏抗日组织的反间用。"大黑是大野在日本国内的好友，但担心大野负的责任太大，于是反对说："这样顽固的女人，要想把她当反间用，办不到，而且伤那么重，还是杀了为妙。"谈论一阵没有结果，大野仍坚持他的意见："其实，利用她，还是利用别人，都可以。总而言之，我们握有利用她的自由，如果利用得妙，比杀几百个抗日军的效果还大呢。"山浦听完大野的解释，考虑一阵后，做了决定："把她先看押起来，治疗所需的费用和监视的责任由大野来负。"

大野把治疗赵一曼枪伤的事交给曾留学日本的医生、警务厅卫生科长王亚良，但因赵一曼伤势太重，伤口已经溃烂化脓，有生命危险。王亚良感到困难，于是又请了一个白俄医生看，认为必须进行手术，锯掉那只伤腿才可能保住生命。大野叫王亚良和赵一曼说明锯腿的事，赵一曼坚决反对，提出宁肯被杀也不锯腿。大野又和山浦等人商量，最后决定把她送进哈尔滨市立医院治疗，并由南岗警察署邮政街派出所警士董宪勋等三人轮流监视。

虽然由市警察厅负责看管，但大野仍担负着监视的责任，他几乎每天或隔一天就亲

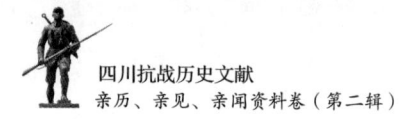

自去或派外事股属官、翻译员黄嘉时到医院看看。

为赵一曼治伤的主治医生是中国人张柏岩（新中国成立后任哈尔滨市卫生局局长、哈尔滨市副市长），他对赵一曼的身份不了解，也不能随便探问，但他有爱国思想，他知道赵一曼是抗日人员，受这么重的伤仍如此坚强，他从心里敬佩，因此治疗也特别认真。他给赵一曼腿部伤照了X光片子，看出大腿骨碎了，24块碎骨片散乱在肉里。他知道赵一曼坚决反对锯腿，所以也尽量想保住她的腿，因而当大野问他诊断结果时，他说："若是把大腿锯掉，治疗的时间会短一些，若是不锯腿，身体不发烧，顺利地度过去，也许会僵化，僵化以后，腿只不过略微短一些。"大野听了只得同意不锯腿的治疗方案。当然这个家伙也想到，赵一曼拒绝锯腿，是不是想逃走，但这仅仅是一闪念。

一次，大野假装关心地问赵一曼："伤好了以后，你打算怎样呢？"赵一曼嘲讽地回答："反正你们不能放我，如果我的伤治好了，我愿意做负伤的警察队员的看护妇。"大野听了奸滑地说："你这样说胡话，若是叫你当看护妇，警察队会全部叛变的。你把我当成傻子，那你可就打错算盘了。"

经过张柏岩大夫三个多月细心的治疗，赵一曼的伤势很快好转，已能拄着拐杖在院子里散步了。敌人见她伤势好转，为了便于审讯，把她转移到第六病房第二号单人病室。

赵一曼清楚地知道，敌人是不会轻易放过她的，她下定决心，一息尚存，就要抗日！这一点，在伪滨江省公署警务厅给伪满洲国政府民政部警务司的一份题为《关于赵一曼逃走前后的状况以及其死》的报告中均已得到证实：在赵一曼经过治疗日渐好转的时候，脑子里时时刻刻想着的事情就是退院后被处刑的问题，她认为总难免于死刑或是无期徒刑，那么，她一生所希望的打倒日本帝国主义，消灭伪满洲国的事情，将永远难以实现。所以要在退院以前，排除万难设法逃脱，再投到赵尚志的麾下，做一个抗日战士。她日日夜夜地苦心寻求这一机会。赵一曼于是仔细地观察着周围的环境，缜密地思考着对策。

要想逃走，首先必须解决看守这一关。同时她的腿伤还未好，不能自由活动，需要有一个男子帮助才行。经过几个月的考察和接触，她看出三个看守警士中，董宪勋这个人与别的警察不同，他比较老实正派，有民族感情，于是决定把他作为争取对象。她开始对董宪勋做工作，主动和他谈话，表示亲近，很快就掌握了董宪勋的经历和思想状况，他当时27岁，山东省肥城县人，出生于贫苦农民家庭，小时候念过几年书，由于生活困难，下关东来找出路，为了能挣几个钱，托人找了当警察这个差事。

赵一曼是如何做董宪勋的工作的呢？在上述报告中还有这样一段记载：为了灌输给警士以抗日思想，她是费尽了苦心的。她的主要做法就是：以写作形式把她在九一八事变爆发时于奉天所目睹的日本军暴虐状况、成立伪满洲国肮脏的目的以及被虐待的中国人的惨状、驱逐日本人打倒伪满洲国是生活在中华民国土地上的每一个人的使命等，在药纸和其他的纸片上，用通俗的小说文体加以记载。因为她采用了任何人在一读之后即能憎恨日本而要起来打倒伪满洲国的写法，所以使该警士在思想上成为赵一曼的"俘虏"，以致表示愿做一个反满抗日的战士，参加这个战线的坚固决心。这时，距离她对警士开始工作的四月下旬前后，仅不过20天的功夫。董宪勋就这样提高了认识，坚定了抗日决心，他向赵一曼表示愿意参加反满抗日斗争，今后一切行动听从赵一曼领导。

　　董宪勋被争取过来后，赵一曼按照预定计划开始第二项工作。要想逃走，还得有一个可靠的有治疗经验的女护士帮助才行。于是对看护她的女护士做工作。以前的几个护士经过她的观察和试探都不理想。五月上旬，护士换成一个俊俏的小姑娘叫韩勇义，17岁，出生于沈阳县，两岁时母亲就去世了，父亲又给她找了个继母。九岁时全家迁到哈尔滨市居住，继母对她一直不好，经常虐待她。十四岁时，她父亲又去世了，她跟着继母迁到呼兰县居住。在她舅舅的帮助下进入县立女子初级中学，但只念了两年，就因生活困难而退学。去年8月，托人送进这个医院当见习护士。韩勇义性情活泼、意志坚强且富有反抗心。不久前她的未婚夫因病死去，心情很苦闷。又因为是见习护士，没有薪金，并且受正式护士的支使，脏活累活都得她干，更激起她对现实的不满，增强了反抗决心，经常不服从正式护士的命令。赵一曼了解到韩勇义的身世和心情后，对她很同情，也将自己失去丈夫、离别孩子的身世讲给她听。易于伤感的韩勇义，听后对赵一曼也非常同情，从而对赵一曼讲了许多心里话，诉说了她的不平和不满。在赵一曼的感化下，她们无话不说，韩勇义从赵一曼那里懂得了很多革命道理，思想进步很快。我们看看敌人是怎样描述赵一曼对韩勇义的教育的：有着敏锐观察力的赵一曼，对韩在一见之下，即能洞悉其性格……赵一曼对于韩的不平、不满表示同情，她们在憎恨世界的丑恶上得到了一致的观点。她努力同韩说明：韩所抱有之对社会制度及穷困的疑问，除了用实行共产主义来解决它，是没有其他的方法的。由于赵一曼的说明使韩护士稍微理解共产思想之大意，遂对赵提出如果实现了共产主义，自己应是什么样的地位呢？赵对于这个质问说，"自己到山里去以后一切都能明白"。与对以前的董警士一样，灌输以反满抗日的思想，并说："要实行这个主义就有必要到山里去，一切的疑问，到了赵尚志那里，才能明白。"并举了一些例子加以说明，韩也信任赵的话，誓约要协力于她的逃走。

　　韩勇义发誓要帮助赵一曼逃出医院，跟她到山里去进行抗日斗争。

　　赵一曼把董宪勋和韩勇义分别争取过来后，才把他们两个人介绍到一起，三个人誓约一定共同行动，一切听从赵一曼的指挥，无论发生什么情况，决不出卖彼此。

　　敌人对赵一曼被捕这件事一直严加保密，直到5月中旬才允许公开。5月17日指令敌伪报社记者到医院对赵一曼进行"采访"，5月20日在各大报上登出赵一曼被捕的报道和她躺在病床上的照片，有的报纸还详细介绍了赵一曼的抗日活动和她百折不挠的忍耐性，尽管这些报纸都称她为"女匪首"，但人们从理性上产生了对她的敬佩。

　　由于赵一曼伤势逐渐好转，敌人更加迫切地想要从她的口中得到他们想得到的情报。于是他们便开始对赵一曼实施严酷审讯。警长张兴武来到赵一曼床前，要赵一曼感谢日本人给她治伤，然后要赵一曼和他们合作，为日本人干事。赵一曼骂他枉为中国人，是忘了祖宗的野兽。张兴武顿时气得满脸横肉直抽搐，一下子跳了起来，把赵一曼的被子扯到地下，抽出佩刀刺向赵一曼那已经开始愈合的伤口，鲜血涌出，赵一曼疼得昏了过去。

敌人哪管赵一曼的死活,"小阎王"汉奸吴树贵和日本人陆井,不断去病室审讯,可是他们除了得到赵一曼的痛斥以外,什么也得不到。于是他们把赵一曼揪到地上,用皮带抽,用皮鞋乱踢她的全身,抓住她的头往墙上撞,用烟卷头烧她的脸,赵一曼被折磨得死去活来。

惨不忍睹的暴行,使董宪勋和韩勇义难过得淌下了眼泪。为阻止敌人的审讯,韩勇义总是想方设法应付,不是说赵一曼的伤口恶化,就是说她刚吃过安眠药喊不醒。因此,赵一曼少受了些折磨。但是这终究是有限的。

为了早日逃走,赵一曼和董宪勋、韩勇义在病室里开了秘密会议,研究了有关逃走的各种问题。决定由董宪勋负责计划逃走的方法、路线,由韩勇义负责筹备逃走的经费。董宪勋最初提出准备逃往北京、天津等地,赵一曼不同意,认为那样危险性大,很难成功。最好还是到宾县第三区,与那里的地下组织取得联系,再寻找抗日队伍。在方法上,由于赵一曼腿伤未好不能自己行走,市内出租汽车又不去外县,所以董宪勋在道外五道街轿房定做了一顶轻便小轿,以便抬着她走路。

这时已是6月上旬,董宪勋听说警察在7月份将有调动的消息,如果他一调走就不好办了。这个意外的情况,促使他们必须尽快做好逃走的准备工作。当时最大的困难是经费问题,在这紧急情况下,韩勇义毅然把自己订婚的纪念品两个金戒指、两件呢子大衣和其他几件衣服,卖了60元钱。同时在医院里也偷偷准备了一些医疗用品。这时董宪勋定制的小轿也做出来了,所需的助手也找到了。这个人名叫董广政,当时31岁,是董宪勋的堂侄,刚从山东过来,经董宪勋说服教育,同意参加这一重要活动。

6月中旬,敌人在珠河地区又遭到我抗联三军留守部队的打击,因而更加紧对赵一曼的审讯,所以赵一曼必须尽快逃走。6月24日夜里,他们三人再次密议,决定在28日夜里行动,这天是星期日,督察厅和医院都放假。闲杂人少,便于出入。其后的几天,韩勇义以继母有病为名向医院请假,医院未准。28日早晨,韩勇义只好私自外出,在南岗位新市街东方旅馆订了一个房间,把从医院里带出的医疗器具、绷带和药品等东西放在这里。当天午后四时,韩勇义到极乐寺俄国人坟地与董宪勋进行最后联系,韩勇义交给他一部分钱,用于雇车和付给轿房。至此,一切都准备妥当。

当晚九时,董宪勋雇了一辆小汽车,来到医院的后门等着,他和董广政进入医院。由于董宪勋是看守警察,别人没有注意。恰巧这时天降大雨,更增加了有利条件。董宪勋、董广政和韩勇义三人,把赵一曼背出后门,坐上汽车,在大风雨中开到屠宰场后边,他们下了车,把汽车打发走,赵一曼坐上那辆小轿子,一直向东奔去。当走到阿城河边时,见"万缘桥"被洪水冲断,只好蹚水过河。河水很深,董宪勋拉着韩勇义,董广政扶着轿子,轿夫们摇摇晃晃,挣扎了好一阵才过了河。路很滑,一夜才走了几十里路,第二天早晨来到阿什县境内的金家窝棚董宪勋的叔叔董元策家里,然后把轿夫打发回去。

董元策也是从山东逃荒过来的贫苦农民,恨鬼子汉奸,当董宪勋告诉他是去找抗日联军时,老汉非常高兴。这天白天没敢走,就住在董家。吃完晚饭,董元策找到魏玉恒老汉,求他套车送客人进山。董元策告诉魏玉恒,客人是赵尚志部队上的,魏老汉虽然觉得风险很大，但感到是应该做的，就答应了。下半夜，赵一曼坐上魏老汉的大车上了路，因为天黑，道路泥泞，大车走得很慢，又怕遇见警察盘问，绕道走，大半夜只走了二十来里路。

6月29日早七时，换班的警察发现病室没有了赵一曼，立即向南岗警察署报告，署长蓬世隆一面向警察厅报告，一面下令署员紧急集合并到现场进行检查。但整个上午没得到一点线索。蓬世隆断定赵一曼腿伤未好不能行走，必定得坐车，于是对汽车行加紧盘查，终于在午后二时找到了载过赵一曼的白俄汽车司机，根据他的供述，特务们又调查了道外制作小轿的铺子和回来的轿夫，知道了赵一曼逃走的方向。这时已是晚上九时了，蓬世隆命令保安系主任袁功瑜、特务系警长张兴武等带十名警特乘卡车连夜追赶到了阿什河边，因桥坏过不去，袁功瑜叫其他人留下看汽车，他和张兴武带三个人从附近屯子里抓了五匹马，顺着大车印继续向前追赶。6月30日早五时许，在离游击区只有二十多里地的李家屯附近，赵一曼被敌人追上，她又落入了敌人的魔掌。

赵一曼他们被带回哈尔滨，关进警察厅刑事科的拘留所里，警察厅特务科早就认为省警察厅无能，连这么个受伤的女人都治服不了，太有失帝国警官的脸面。这回把赵一曼抓回来，他们觉得是自己的功劳，一定要问个水落石出，以显示他们的本事。于是决定由日本大特务、特高股长、警佐林宽重亲自出马审讯。这个外号"林大头"的老鬼子是个中国通，专门审理重要的复杂的政治案件。他没把赵一曼放在眼里，认为女人毕竟是女人，总是脆弱的。

以林大头和特务科巡官滑宝珊为主审，周质彬为翻译，吴树贵为用刑主凶，对赵一曼进行了多次极其残酷的刑讯，凶手们用铁条刺她腿上的伤口，用烙铁烙她，往她的嘴和鼻子灌汽油。然而赵一曼始终坚贞不屈，没有透露党的任何机密。自以为很有本事的林大头，也不得不承认在赵一曼面前失去了能力。

林大头没了招，只得把赵一曼转送到省警务厅。一个月后，经警务厅批准，将赵一曼押回珠河县"示众"，并杀害。

1936年8月2日，赵一曼被押上去珠河的火车。赵一曼知道自己为国捐躯的时刻到了，在火车上，她思绪万千，她相信，不管日本帝国主义多凶残，它注定是要失败的；人民的抗日运动，不管要付出多大的代价，但终究是一定会胜利的。她毫不动摇，坚信不疑。但是，最使她放心不下的是宁儿。因此，在火车上，从押送的军警处借了笔纸，饱含深情地给宁儿写下了本文开头记述的遗书。

火车到了珠河县，车站上布满了武装军警。赵一曼下了火车，敌人又把她放到一辆马车上"游街"，妄图以此威胁爱国群众。

为了鼓舞人民的抗日信心，赵一曼激昂地唱起了她最喜爱的《红旗歌》：

> 民众的旗，血红的旗，收殓着战士的尸体，
> 尸体还没有僵硬，鲜血已染红了旗帜……
> 高高举起呀！血红旗帜，誓不战胜，终不放手。……
> 牢狱和断头台来就来你的，这就是我们的告别歌！……

站在马路两旁的群众，被赵一曼宁死不屈的英雄气概感动得流下了热泪。

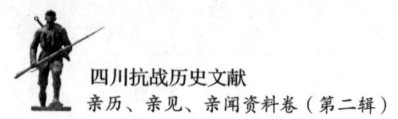

马车来到小北门外敌人的刑场，赵一曼下了车，甩开了要来架她的两个特务，迈着艰难的步子，向前走去。她举起右臂，用尽全力高呼："打倒日本帝国主义！""中国共产党万岁！"

她，热血洒地，壮烈牺牲！

她永远活在人们心中！

本文选编自《宜宾文史资料选》第四辑，1995年

全面抗战爆发前夕全民反对日本在蓉设领斗争与意外突发治安案件"成都大川饭店事件"

李岷聪[*]

全面抗战爆发前夕，全民反对日本在蓉设领斗争及意外突发之治安案件"成都大川饭店事件"是动员抗日救亡的号角，值得国人世代铭记！

笔者在省、市档案馆和图书馆馆藏民国档案、报纸中，查阅这段历史的相关史料。篇篇文电、密函、密令、报告、文告、训令，印证了早年笔者听过的亲历者邓汉祥（当时任省政府秘书长）和蒋尚朴（当时任成都警备司令）等人所述的真实性。

谨撰此文，以纪念抗日战争暨世界反法西斯战争胜利七十周年。

一、全民共同意志的形成与反对日本在蓉设领斗争的胜利

全面抗战爆发前夕，日侵华魔爪加速向我内地伸延，急欲在蓉设领。设领要求被国民政府拒绝后，驻渝日领槽谷廉二于1936年2月13日抵蓉，径谋四川省政府主席刘湘同意，被省府秘书长邓汉祥以"现今涉及外交之事务已统在国民政府外交部，地方当局不得自行其是"为由拒之。日方便故技重施，在金河街56号门首擅悬"大日本驻川总领事署"木牌。刘湘、邓汉祥于3月2日闻讯，即致电外交部。后由外交部川康视察专员吴泽湘与之交涉月余，日方被迫自行摘牌。类似情形，自1918年日驻渝领馆在蓉设寓所以来已有多次。唯此次后，当年6月，日外务省公然单方面宣告在蓉设总领事馆，公开任命其驻华使馆情报课长岩井英一任总领事。岩井即被召回日听训，随后不顾国民政府制止而于7月返沪，8月2日登船赴川。消息见报，舆论大哗，外交博弈，首次骤变为全民参与的公开斗争。

上海《申报》所刊《日本擅在成都设领问题》，概述了中国人反对列强领事裁判权的斗争和当时事态，全国各报跟踪报道岩井行踪，在反对日本非法设领斗争中发挥了正确的导向作用。共产党在巴黎印发的机关报《救国时报》一直在国内多地半公开流行，王达非等人在重庆创办的《齐报》也在宣传党的"停止内战，一致抗日"等政治主张。四川党组织虽遭严重破坏，但在川做统战工作的多人仍在活动。《新蜀报》《商务日报》等各报，天天报道日寇侵略和民众救亡动向。在此形势下，四川旅沪同乡会首先在沪召开会议，强烈抗议、请愿、通电反对，各地民众团体纷纷响应。岩井8月15日过万县。17日抵重庆，旅途所至，民众都群起抗议。18日，重庆民众抗议达到高潮，要求当局

---

[*] 四川教育出版社原编审。

阻止岩井西上；22日，"成都各界民众反对日本在蓉设领大会"成立，12个民众团体及成都全县人民、四川旅京同乡会、华阳县各民众团体，邛崃、大邑、蒲江旅外同乡会，均致电南京政府和省政府反对日本在蓉设领。23日在上海，"全国各界救国联合会"领袖沈钧儒出席"四川旅沪各界反对成都设领联合会"成立大会，致辞强调"反对日本在蓉非法设领是关系我们整个民族存亡的问题"；章乃器到会提出，希望"四川父老们，把反对成都设领这运动和全中国的救亡运动联系起来"；会议通电世界各国，申诉日本在成都非法设领。旅沪川人还发动反日设领签名运动。省府再令重庆当局阻止岩井赴蓉。岩井最终也有所顾忌而停留重庆。这是全民共同反对日本在蓉设领的胜利！

二、日方挑衅与意外突发治安案件"成都大川饭店事件"

1. 日方挑衅性试探是引发意外的潜在原因

8月20日，槽谷挑衅试探，往吴泽湘处请求让岩井以私人名义赴蓉游历，保证岩井在蓉不发生游历以外行为，否则他负责勒令其出境，并称"岩井一行并三人预定敬日首途"。吴泽湘即电告省府应对，立即引发成都民众抗议高潮。8月23日，成都民众大规模抗议，要求刘湘"严为拒绝岩井来蓉，严拒岩井入城擅设领馆，以维主权"，并"径电岩井幸勿来蓉"。刘湘当即电令"防止民众轨外行动"。同时加强了便衣军警对日驻渝领馆在蓉寓所金河街附近的监视。但是，岩井并未"首途"，而与岩井同行来川的田中武夫等一行四人，分别持"满洲铁路株式会社"驻沪事务员、新闻记者和商人等合法身份，乘利川公司汽车于8月23日午后三时抵蓉。早在车站密候的便衣军警，由车站跟随至骡马市街大川饭店。店方请填订单，始知是日本人，立予拒绝并报告当局。公安分局局长康振等人到店，查知均非岩井，便示店方不再拒绝，并向日人说明民情激愤，婉劝他们勿多外出，以期安全，且派员留店围护。

后来，亲历者蒋尚朴一直说，"岩井预定敬日首途"是日本人的谎言。邓汉祥说，没有公告表示住入大川饭店的日本人不是岩井，民众不知实情，未识破日本人的挑衅性试探而被欺骗了。

2. 四个日本人把民众引到成都骡马市街大川饭店聚集

8月24日，渡边洸三郎、深川经二和田中武夫三人固往望江楼、南台寺、青羊宫和草堂寺等处游观购物，引起围观。日商濑户尚外出归途中到中山公园宜风茶园啜茗，引起游人聚集。虽经护同随行侦缉员劝导，平安返店，却引来民众往店询问店主所住日人是否为岩井。

濑户尚返店不久，下午三时许，就有民众往店询问。民众听了解释后辞去，在店的侦缉员以为太平无事了。刘湘当天致电外交部也幸称"民众反对甚力，情词激昂，但无轨外举动"，未料到会发生事故。

3. 日人渡边冲动与身边民众生诟詈而詈殴引发意外

下午五时许，学生军训后陆续返城，往店询问者渐增。来者多，去者少，至傍晚六时，滞留聚集者多至数千人。后因店主答对复欠和平，民众已多愤慨。日人渡边不识民情激昂，出面言说，因言语不通，情难宣达，故生诟詈而詈殴，突然引发混乱互殴。

笔者曾听邓汉祥谈过，在场侦缉员向蒋尚朴报告，日人渡边突然抓起一童子军棒挥舞打人，周围民众星散，继而部分民众开始攻击大川饭店。蒋尚朴向邓汉祥报告，邓说："人（指渡边）都不见了，不要说得那样具体，不提他抓棒打人，只说清楚事情由渡边引起就够了。"所以蒋照此意写的报告措辞"……故生诟詈而詈殴"，后为双方所认同。

4. 混乱互殴酿成震惊中外的流血惨案"成都大川饭店事件"

乱象持续近三小时，军警到场也未能控制局面。省会公安局局长、警备司令及其主任副官都赶到现场。官兵警员声嘶力竭进行控制，民众大声斥责他们保护外国人，是汉奸卖国贼，继续用家具什物石块瓦片进行混乱攻击，误伤者众。部队虽有武器，但奉蒋严令"绝对不准开枪"，只能"语言镇压"，官兵因此多人受伤。警司汽车窗玻璃被打碎，三人都挨了打受了轻伤。混乱中有人放火烧大川饭店，现场更乱了。大火刚扑灭又三次被点燃。日人虽经侦缉员围护，但终被冲散无踪。范崇实率警于混乱中寻获受轻伤的田中、濑户尚二人，军警围护，步行将二人送至省善后督办公署医务处休息治疗。深川和渡边二人却百寻无踪。混乱中大川饭店被全部捣毁，旁及各街贩卖私货的利川公司、交通公司、运兴车行、益晋恒、宝元蓉等八家公司商号和公安第四分局。当晚九时许，省善后督办公署得报公安第四分局被打砸，立刻派重队戒严。民众星散，逮捕二十余人，市面立趋平静。现场伤亡三十余人，因军警毕集，人们唯恐被逮捕究办，急将其抬走，致有名可查的死者仅剩民众何玉发、易生五、李绍兴等三人。官兵警员重伤14人，轻伤数十人。戒严后，军警即在大川饭店前发现已经死亡的警士刘世清。后在天府中学门口及华阳县署附近各寻获尸身一具，疑系失踪日人，刘湘即令妥为棺殓备勘。天明前棺殓，蒋令军警对天鸣枪驱鬼邪，"军警开枪镇压"之流言，由此开始疯传。

三、"成都大川饭店事件"善后和反对日本在蓉设领的后续概况

最早记载事件经过的史料，是8月24日晚十时蒋尚朴呈刘湘的报告，范崇实25日凌晨三时和早晨六时呈刘湘的报告。

8月26日，流血惨案见报，震惊中外。日方以军事相威胁，提出抗议。国民政府发表声明，表示惋惜……双方随即派员调查。下午四时三十分，吴泽湘偕同第一批赴蓉调查之日领小畸一郎、驻渝领馆警察署长志波嘉六、医生掘一次朗等三人抵蓉。27日，范崇实、吴泽湘和警备司令部何承聪团长陪同此三人，前往公安第四分局和大川饭店查勘被捣毁情况，随后赴火神庙停尸处，由医生掘一次朗将尸体反复察视检验，确认系在混乱互殴中毙命的深川和渡边。后又前往被毁各公司商号查勘，拍照片十余张。至31日止，日方先后四批15人次来蓉调查，三军及其情报、警务人员都来了，大有兴师问罪之势。志波嘉六等人，多方询问当日是否为游行队伍到饭店，意想无中生有定为当局支使民众所为，寻找生事借口。中方任其随意访查，后经日人濑户尚口述和田中发表日文书面谈话，分别详述事件经过，与蒋、范呈刘湘的报告一致，肯定民众是陆续自发分散而往；肯定事起于民众询问店主，所住日人是否为岩井；肯定军警的竭力保护而救了他们的命。他们知道两名"首要"被正法后不寒而栗，志波嘉六等人的态度也随之转变。各方认同这是突发之意外。渡边、深川之尸体，经松村基树等人决定，30日中午在文殊院（门外街上）火化。遗灰31日由中村正吾接手，经沪转返日本。以后，中日

双方曲折交涉，至当年12月30日，中日外交谈判中，关于成都及北海（9月3日北海发生日谍被杀事件）两案，外交部与日本大使馆经数月折冲，已完全解决。30日上午外交部司长高宗武持张部长去照至日本大使馆，而该馆一等秘书官须磨则于下午持川樾大使复照至外交部，双方正式换文结案。中方去照向日方道歉，附成都警备司令和省会公安局局长等人员撤职处分情况和对日赔偿事项。日方川樾复照，称："中国政府给付死者之遗族及伤者各费，合计中国国币98887.10元，已由本大使馆收到，现日本政府认为本事件已经解决。"

全民反对日本在蓉设领的斗争至此结束，官方层面的外交博弈重新展开。日单方面任命的蓉领岩井仍待在重庆，几次欲往蓉均为当局所阻。中方后以其绯闻相逼，岩井于1937年4月离境。日又单方面任命槽谷兼任蓉领，中方仍坚决反对。日驻渝领馆在蓉设寓所未被禁止，几次欲用领馆名义均被中方发现而制止。一份落款时间为1937年7月17日的相关电文表明，外交博弈直至抗战全面爆发以后才结束。

四、"成都大川饭店事件"相关趣闻轶事

后据亲历者邓汉祥说，戒严时他曾传令不抓学生。他说："老百姓怕'丘八'，官怕'丘九'呀！"

邓说过，刘湘还未向南京报告，蒋介石就一天来两封特急密电，询问事件情形（8月25日），又以行政院长名义，电令刘湘查办保护不力的军警（8月26日）。邓还说，他给范崇实传话说："刘湘问被捕者中有无之前犯过事的？范接电话说了句'你去问华阳县府'就挂断电话。我只好亲自问回告刘湘。"刘湘知其一贩过烟毒，一分过匪赃。第二天，就以"要犯、主凶"罪名，令将二人就地"正法"。邓说："范崇实以为是我的主意，其实全是刘湘的主意，他当时烦躁不安，只顾应付日本人，'弱国无外交'嘛！"蒋尚朴常说"看到戒严还不晓得跑，把命丢了"，以此教子孙出门不要围堆堆、看热闹。此二人是戒严时被逮捕的，但不该死呀！只因当局对外屈辱才丧命！

蒋和范此前已口头请辞，后又书面请辞。他们都为同胞死伤惨重而内疚，执意引咎辞职，"不干了！"刘湘叫蒋改任师长，范改任省府顾问，二人都不从，省档案馆馆藏档案中，邓汉祥在刘湘所签令范崇实任省府顾问上批"不见报、不公开"，原因就在于范已死心了。

邓还曾说过，8月24日夜，刘湘听蒋尚朴说部队不敢开枪，当即发火："你是干啥的？"第二天上午，又对蒋发火："你现在知道开枪了？"邓暗示蒋不要答话，在旁说："你昨天早该对天开枪！"但他认为其实刘湘也不敢开枪。

邓还多次说蒋当年脾气很大。邓传刘湘令抓凶手，蒋大吼："群殴，打死活该！哪儿去抓凶手？"把电话筒都摔坏了。

蒋去职后，和他的世交董某（同级别的刘湘部下），都与车耀先等交往密切，后闻车被捕，蒋还去找他的继任者严某要人。严某赌咒发誓说不知情（事真与严无关）！抗战爆发，他们同仇敌忾，动员抗日。董某的四个儿子都去延安了。蒋读高中的儿子跟着美军飞虎队学会驾机参战，多次飞越驼峰航线，抗战胜利后飞往美国就学、定居，屡有学术建树（三十多年前承董家女婿联络到京做过学术交流），这是现今在世、从未见报

道过的飞虎队中的成都籍美国人。蒋、范、董家轶事，已能体现当年的历史对川人抗战觉醒的积极影响。

70年过去了，当年的"艰苦卓绝"已成往事。铭记那段历史、勿忘国耻，不让屈辱的历史重演！不让战争悲剧重演！只有民族团结、社会稳定、国家富强、建设强大国防，中华民族才能实现伟大复兴，屹立于世界民族之林！

本文写于2015年6月

二 日军轰炸与空中抗战亲历、亲见、亲闻

敌机肆虐　余怒未息

——纪念抗日战争胜利五十周年

邹隐樵

抗日战争时期，笔者曾任重庆警察局江北分局局长兼防空司令部江北防护团团长。对日寇大举轰炸陪都（重庆），妄图迫使国民政府屈服，达到其侵略目的，造成惨绝人寰的景象，至今记忆犹新。兹将八年中最惨重的两次，略述于后。

国府迁来重庆，即重视防空设施，乃于1938年8月开始挖掘大隧道，以做市民隐蔽之所。该隧道东起朝天门，西迄通远门；南起南纪门，北迄临江门。纵横两大干线之间，连串了13条支线，各设有进出口。岩层坚硬，锥形方具。洞内安全设施尚未齐备。

1939年5月3日至4日，日机以密集队形分批空袭重庆。我机虽起飞迎击，高炮仰射，但仍有大量敌机窜临市空狂炸，计投弹数百枚而去。3日被炸地区为大梁子、苍坪街、左营街、陕西街、林森路一带，多处起火，居民死伤两千人以上。4日被炸地区为都邮街、民族路、柴家巷、临江门一带。大火几乎烧毁全部砖木结构民房，居民被炸死两千余人，伤三千三百余人。驻渝的英、法、德使馆，无一幸免，人员亦有伤亡。5日，重庆市各机关成立联合办事处和赈济委员会，立即拨款2000万元赈济灾民，虽属杯水车薪，然亦不无小补。同时强令居民紧急疏散四乡，数日之内即达30万人。炸后一星期内，有些房屋余火未熄，一些尸体尚在瓦砾堆中。烈日熏蒸，臭气冲天。哭声叫声，惨不忍闻。我于巡视之后，怒气填膺，久久未能平静。

1941年6月5日下午五时许，日机分批夜袭重庆，长达三小时之久，造成隧道窒息惨案。因为以前日机空袭，均在白天，市民可以远离市区避难；而此次夜袭，正是市民集中热闹区域（较场口一带）从事商业活动的时间，一时疏散不及，市民纷纷挤进大隧道躲避，人满为患。往次敌机来袭，倾下炸弹，立即逃去，我方旋即解除警报。这次敌机分批来袭，解除警报时间相应推迟。进入隧道人数远远超过隧道设计容量。在通风不畅、设备不周的条件下，隧道内的人多气逼难受，争相拥至洞口。先至者被后至者践踏，结果践踏者与被践踏者都相继窒息而死。本来洞口铁栅设有防护团员看守，若见此状及时打开栅门，可以纾解部分避难之人。然而他们死守防空司令部命令，没有解除警报，不敢擅自开栅让人走出隧道，以至见死不救，酿成恶果。

警报解除后，防空司令部和警察局立即进行抢救。从隧道内将窒息的人一个个地抬出，摆满了老街、磁器街、关庙街、都邮街、保安路一带。其中有小部分属于休克，得到新鲜空气而复苏过来；在隧道深处后抬出的尚奄奄一息，经过救治而保住生命。所有死尸除极少数为其亲人领回自行埋葬外，其余皆用汽车运往朝天门码头转用木船载往黑石子公墓掩埋。当时我受命负责埋葬事宜，雇请人工掩埋。规定两人抬一尸体至指定地点挖坑埋好后，各给工资1元、沾有酒精的毛巾1条（避臭气用），多埋多得。先按规定一人一冢，后来赶埋不及，乃有一坑二尸、三尸者，以至一坑数十尸者。经过两个昼夜苦战，方告结束。我在监督埋葬中，曾见一女尸左右腕各挽有一个小孩，由于尸体僵硬，几经转移尚未得脱。其状之惨，目不忍睹！此次经我（分局）处理掩埋者，计两千余人；经卫戍部另外处理者，有四五百人。而防空司令部公布的窒息死亡数为992人，日本公布的为一万余人。这都与实际死亡数大相径庭。

在大隧道窒息消息传出后，蒋介石曾亲临较场口现场视察，督率抢救工作。当时只见警察局长唐毅在场指挥，不见卫戍司令刘峙、防空副司令胡伯翰、市长吴国桢在现场。5月7日，国民政府下令惩奖大隧道窒息惨案有关负责人，刘峙、胡伯翰、吴国桢等均被处以撤职留任。唯唐毅抢救有功，后来调升为侍从室少将武官。

大隧道窒息惨案的善后事宜并未在惩奖有关负责人后而终止，其后复起余波。盖因卫戍部担架连在掩埋尸体时，敷衍塞责，将大批尸体置于黑石子江边沙沟内，用河沙盖上。不久长江水涨，尸体漂起，下至唐家沱一段数十里的江面上，满河皆是浮尸。一时舆论哗然，率相指责。蒋介石又复追究当事者责任，笔者无事。

此次窒息惨案完全是日本帝国主义者蓄意制造的。它选择的时间为夜晚，不利疏散；一批飞机架数为100以上，在地空抵御后，总有部分能飞临市空；分批连续袭击，使我无喘息时间……它的所谓"疲劳轰炸"，并未吓服中国人民，徒增同仇敌忾而已。

本文选编自《永川文史资料选辑》第十一辑，1995年

勿忘国难耻　牢记血泪仇
——目击日机轰炸重庆片断

罗尊礼

　　1937年11月，国民政府宣布迁都重庆，重庆遂成为大后方政治、经济、文化的中心。既是陪都，当然也就成了日寇轰炸的重中之重。

　　笔者1941年至第二年春，在重庆中国茶叶公司当练习生，那时刚二十出头，从农村到大城市对一切感到新奇。开始对日机轰炸还不十分胆怯，敌机来时就进洞，敌机炸后常约二三好友去现场看个究竟。现将我亲眼见到的几次狂轰滥炸给古老的山城人民造成的悲惨情景记述如下，借以揭露日本帝国主义发动对华战争所犯下的滔天罪行之万一。

　　4月中旬的一天晚上，日机轰炸了民权路一带（今解放碑），凌晨我们就去现场，刚进入被炸区，一股刺鼻的硝烟味、血腥味扑面而来，令人不寒而栗。到处屋倒房塌，残垣断壁；街道旁、马路边到处摆着零零落落、东倒西歪被炸死的群众的尸体；电线杆、门槛上挂满了飞溅的黏糊的人肉血衣；有的缺手断腿，血肉模糊；有的被弹片炸残还在血泊中呻吟。听说有一警察分局的巡官，敌机轰炸时正在执勤，当场被炸得面目全非，一消防队员还在为其收殓尸体。一些贫苦市民赖以栖身的房屋突然毁于一旦，坐在街旁号啕痛哭；有的妇女奶着孩子，悲声盈耳，不忍目睹。

　　不久，日机连续轰炸了临江门、七星岗、大梁子一带。这次日机投的是燃烧弹（凝固汽油弹），我们远远望去，大片大片的房屋还在燃烧，浓烟滚滚，大火熊熊。被焚烧的房屋的倒塌声，此起彼落，吓得人心惊肉跳；受害群众的痛哭声，撕心裂肺。民权路有一西大公司，占地面积很宽，里面是商场经营各种商品，中国货、外国货，本省商品、外省商品，应有尽有，琳琅满目，被日机的燃烧弹付之一炬。由于地上自来水管被炸坏，消防队无法取水灭火，只有望"火"兴叹，听其燃完自灭，使这一带连续烧了六七天。一些人的房屋被毁，无家可归，只好在废墟上搭个席棚栖身。夏不能挡雨，冬无法御寒。一些人生活无着，乞讨过日。过往群众无不为日本鬼子的残暴行径给和平居民造成的战争灾难而义愤填膺，又无不为我国在战争中失利而扼腕叹息。

　　过不久，日机对道门口、储奇门、千斯门等地区投下了大批重型炸弹（据说有5000磅以上重），一颗炸弹可以将平地炸成深1米、直径10米的圆形坑，其威力、破坏程度可想而知。川盐银行的九层楼，上面的两层就是被一颗重型炸弹炸垮了的。相邻的美丰银行听说是修得最坚固的，也被炸掉了一处墙角。开始街道上的一些大弹坑因人行车往不便，国民党政府还组织工兵覆土填平，后来这类弹坑越来越多，填不胜填，成了天然蓄水池，居民就在这些坑内洗衣、淘菜。

约在 9 月的一天，日机轰炸嘉陵江中停泊的油船，在我们茶叶公司的防空洞门口（临江门下面）右侧 20 米远的地方，也投下了一颗炸弹。在洞内（距洞门拐了两个死角）躲空袭的职工、家属在突如其来的气浪冲击下，顿时从凳上跌坐到地上起不来。我在第一拐角处，随着炸弹的气浪全身被抛向天空飞了起来，旋又跌倒在地，左耳被震聋，成了终身残疾。不久，公司部分职工搬到南坪黄桷树垭新址办公，每遇日机空袭，我们就在防空洞门外看南坪一带的防空部队的防空射击。只要敌机一到南坪上空，探照灯就从四面八方向其照射，高射炮的红色火舌一串一串地射向空中，隆隆的炮弹声不绝于耳，探照灯把天空地上照得一片雪白，就是没有看到击中一架日机。日机照常三架一组，九架一群地低空俯冲，或扫射，或投弹，最后扬长而去。我们这些目击者只有叹息我国国力的贫弱。

日机轰炸给重庆人民造成的灾难是巨大的。罪行累累，罄竹难书。谁料现在日本仍有一小撮右翼分子，妄图复活日本军国主义，千方百计推卸侵华罪责，矢口否认侵华事实。但历史是无情的，事实胜于诡辩。往事如烟，积怨难平。凡我同胞都应提高警惕，枕戈待旦，不忘国难耻，牢记血泪仇。在党的领导下，再接再厉，奋发图强，以实际行动来纪念抗日战争胜利五十周年这个伟大的光辉的也是沉痛的历史节日。

本文选编自《营山文史资料》第二十三辑，1995 年

重庆隧道窒息大惨案真相

高训伦

原编者按：这篇资料，原载湖南《湘阴文史》第六辑。因"大隧道窒息惨案"发生在重庆，我们为了较具体地了解当时的事实真相，揭露日本侵略者的残暴罪行，永远吸取这一惨痛的血的历史教训，故而特予转载以飨读者，并供史志学界参考。

1940年，我由军校毕业，被分配到重庆的宪兵第三团担任重庆市夫子池宪兵队分队长。当时日机正夜以继日轮番对重庆进行大轰炸，搞得人们无法正常生活和工作，重庆市差不多处于半瘫痪状态，重庆是一座天生的石头山城，全市到处有隧道，防空的条件很好。空袭警报发出后，无论公务人员、居民或行人，都可以避入防空洞内，任凭日机狂轰滥炸，防空洞安然无恙。但是，为了维持全市的秩序和监视汉奸的活动，宪兵团长袁家佩（黄埔三期）命令第三团全体官兵空袭时不得进入防空洞，要在市区巡逻放哨，因此宪兵被日机炸死不少。

1941年6月5日，这天进城的人特别多。下午日机又来轰炸。警报发出后，全城同胞都陆续进入了各处的防空洞和隧道。我分队管区的"临夫"大隧道有三个进出口：一个在临江门，一个在夫子池，一个在"唯一电影院"门口。洞内形成"丫"字形，每个洞的进口约5米处，都装上两扇大门。警报发出后，"临夫"隧洞内一下子就站满了人。洞内的人，恐怕外面再有人挤进来，便把两扇大门关起来。洞内的群众将大门靠得紧紧的，而洞外的人越来越多，把这进口5米长的甬道挤得水泄不通。大约过了一小时，洞内隐隐传出"闷死人了"的呼声！可是三个洞口门的内外，都被避难的同胞挤住了，门向外推不动，向内拉不开，大家束手无策，只是吵嚷。我分队闻讯赶到现场，看到形势紧迫，耽误一分钟都不行，我便立即命令全分队的宪兵弟兄用皮鞭开路，将三个洞口的群众赶开，将洞门劈烂，走进去一看，只见洞内避难的同胞，都顺着一个方向朝后仰卧，奄奄一息，有的手还在左右微微摆动。我马上将此险情向上级报告，于是全市的警备部队、宪兵队、消防队、医务人员立即出动，进行紧急抢救。各工厂的工人兄弟也闻讯赶来，运来了鼓风机，这时敌机仍在上空盘旋轰炸，但都全然不顾，置个人生死于度外，场面之伟大，是任何摄影机也无法拍出来的。鼓风机一运到，便安装在"唯一电影院"门口那个最高的洞口边，一边向洞内鼓风，一边组织警备部队和宪兵，下洞去先将有点气息的人抢抬出洞口，由医务人员奋力抢救。时值六月暑天，加以窒息过久，洞内三万余人，经过抢救脱险的只有一万八千余人。因为窒息难忍，他们在洞内做垂死挣扎，自己乱抓乱扒，又互相撕扯，以致不少死难者全身衣服被扒得精光，身上抓出了碗大的水泡。

从洞内奇迹般地抢救出十来个还活着的婴儿，其中有我亲自从他们死难的母亲怀里

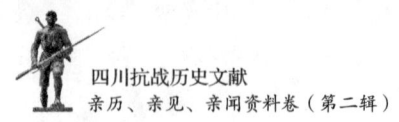

抱出来的两个,有一个还吮着他母亲的奶头。抱出洞口后,他们被围观的群众争着抚养。他们说:"大难不死,必有后福,这孩子将来一定有出息!"屈指算来,这十来个婴儿,如果还健在的话,该是43岁的壮年汉子,正是为祖国"四化"建设效力的大好年华。每到6月5日这天,他们也许不会忘记他们的母亲是怎样惨死的!

由部队官兵抬出来的尸体,临时摆放在马路两旁,就像鱼店摆鱼一样,有好几里长,因为尸体已开始腐臭,全撒上石灰掩盖,场面惨不忍睹,看得人都流下了眼泪,切齿痛恨日本强盗犯下的滔天罪行!

因为死难的人多,天气炎热,臭气难闻,上级便规定不准亲人寻找辨认。加之重庆市附近一时找不到能掩埋这众多尸体的大坑。由上级决定,派汽车将尸体一具具运到朝天门,再用小船运到嘉陵江上翻入江中,随水漂流而下。移运了三天三夜,才将尸体运完,并将洞内及附近停尸的马路清理消毒。

死难的同胞绝大多数是"临夫"隧道附近的居民,有的全街全巷的人幸存无几,许多人全家罹难。死难的人、工、农、兵、学、商都有,沙磁区的大学生也有死难的,死难者的遗物当时无人认领便全部堆放在"唯一电影院",衣服箱笼、金银首饰、钞票、金条样样都有,把整个影院内堆得满满的,像个寄存行李的大仓库。

6月6日,日寇又派来飞机多架,但并没投弹轰炸,俯冲下来扔下了无数传单。传单的大意是:"昨天我们是来炸蒋政权的,不幸的是中国同胞竟被蒋政权闭死在防空洞内。自今日起,我们奉命停止轰炸三天,表示对中国死难同胞的哀悼。"猫哭老鼠假慈悲,好一个阴险狡猾的强盗!

重庆隧道窒息大惨案发生以后,舆论大哗,纷纷要求枪决重庆卫戍总司令刘峙(上将)以谢国人。蒋介石徇情庇护,仅给予撤职处分以息事宁人,并命令重庆市全部防空隧道改由宪兵司令贺国光(中将)接管。我被任命为"临夫"大隧道洞长,原先在洞口值班的警察,不敢站在洞口对门的哨棚里值班,谣传有很多冤魂不时从洞内滴滴答答地出来,问警察:"警报解除了没有?"这样一来,警察都不敢站岗了。于是我带领本分队的兄弟,分别驻守在三个洞口,一个洞口驻八个,夜晚荷枪和衣而睡,结果,并无丝毫动静。我们吸取了惨案发生的教训,对洞内安全设施大加改善,首先将洞内的流水沟疏通,洞口安装鼓风机,防空时洞内不准关闭,洞顶凿通了出气孔,洞内安装了大电灯、小电灯、煤气灯、煤油灯、青油灯五种灯具,还打了一个医务洞,储存各种必需的急救医药用品,自此以后,没有发生任何不幸事故。

本文选编自《乐至文史资料选辑》第八辑,1985年

我对日机轰炸永川的追忆

邱启亨

1940年8月17日（农历七月十四），人们把每年这日的第二天叫作"中元节"，也叫"七月半"。因十五吃素，一般在十四过节。老百姓都在准备纸钱、袱子（纸钱封包，上面写祖先和后代的名字）以敬祖先。正在这时，像鬼嚎似的空袭警报汽笛就响了，一些人扶老携幼，逃出城去，一些人认为小小县城，敌机是不会"光顾"的，且几年来，已疲于跑警报，思想麻痹，不想跑了。于是毫不在意地各自做过节的准备。时近中午，紧急警报刚发不久，26架涂有"红膏药商标"的轰炸机，由西向东飞临永川上空，将大批炸弹倾泻在铁货街、西外街、骑龙街一带。霎时浓烟滚滚，烈火熊熊，破片飞舞，子弹四射，县城人民挣扎在死亡线上。小什字福江茶园门前炸出一个大的弹坑，犹如一口小堰塘；文庙正门的石牌坊被炸飞了，一块巨石越过城墙和护城河，把开饭馆的蒋德山的儿子砸死；张家坡有名的熊胖子被炸得碎尸横飞，一截大腿高挂在过街电话线上；西外街阎泽民一家六口，统统死于非命，连来家做客的舅母子也未能幸免；濂溪祠左边川主沟巷，一人钻阴沟没来得及，下半身被炸弹撕去；同文小学校长段超凡两个儿女双双遇难；铁货街王铁匠被破片砍成三节；笔者当时年幼，这天也没有跑，在文庙门前，日机一枚炸弹下来，被轰垮的砖块压住，后来被人救出，才幸免于难。笔者所见被炸伤的、被飞机上机枪扫射受伤的，一时无处治疗，血肉模糊，呻吟哀号；没炸伤的，一个个也是花眉鬼脸，尘垢满面……入夜，那原先"仿佛若有光"的电灯也不亮了。断壁残垣，阴森可怖；豆烛点点，一片死寂，真是万分凄凉。

县衙门内的监狱中弹炸毁，逃跑了不少在押犯人；城隍庙（原团管区司令部）、张爷庙住着的即将补充前线的壮丁（应该说是壮士），被炸死不少；可是有关连队，竟然趁黑夜拖去荒郊，软埋了事。真是出征未成身先死，怎不令人泪沾襟？城隍庙虽被炸，但仓库安然无恙。然而该库有关人员却借此大做文章，上报库内物资全被炸毁，趁火打劫，大搞贪污。

据统计，日机26架，投弹139枚（有4枚未炸），炸死居民147人，重伤91人，炸毁房屋一千二百余间。日本军国主义者在永川犯下的血腥罪行，永川人民是永远不会忘记的。

本文选编自《永川文史资料选辑》第一辑，1985年

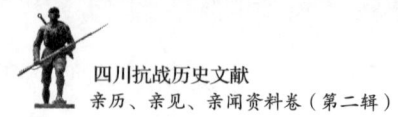

回忆日军侵华战争轰炸成都的罪行（节选）

李天治

自武汉于1938年12月25日失守后，日航空兵团长江桥英次郎中将于1938年12月命令日军第一飞行团团长寺仓正三少将轰炸四川重要城市。重庆、成都、乐山、南充、宜宾等城市先后被炸。使四川同胞蒙受巨大牺牲，国家财产遭受重大损失。

抗战期中，适值我在成都上学，得以目击日机五次轰炸成都的罪行。

第一次是在1939年6月11日夜，日机27架空袭成都，狂轰滥炸，爆声如雷，地震山崩，敌机投掷大量燃烧弹，烧毁民房，顷时火焰冲天，浓烟滚滚。盐市口和九龙巷一带到处都成为火海，无法熄灭。虽是夜空，照耀如同白昼，半夜之际，距离成都60里的新繁县城都能见到火光熊熊，黑烟腾空而起，其毁房之惨状可想而知。敌机投弹三四十枚，其损失之惨重空前未有。

我到提督街看凌云饭店的大楼，前半部三层楼已变成瓦砾堆，后半部已成断壁危楼，而倒塌房屋中压死的人不计其数。而幸存者遍体鳞伤，尘土满身，面容灰黑，倒卧血泊，仰天呻吟，惨叫之声撕心裂肺，惨不忍睹。

其重点灾区是盐市口、锦江桥、顺城街、提督街、荔枝巷、九龙巷、南新街、上东大街、粪草湖街、交通路、南暑袜街。

据市府统计资料记载：中弹被烧、震倒、拆卸的门牌号数共有1215户，受害者约有六千人。

第二次是在1939年11月4日，敌机54架侵入成都市空投弹，成都中央防空总监高炮部队在成都郊区发射高射炮弹数十枚痛歼敌机，同时我空军起飞迎战，空战激烈。当时击毁敌机2架，其中一架敌机坠落于仁寿和简阳交界处观音场附近乡间。这架敌机是日本空军领队奥田大佐驾驶的，从他身上搜出有成都市机关的重要图一张，随身带有小银盒装的佛像一个，他虽身怀佛像祈神保佑，但因其作恶多端，血债累累，终被神佛"惩罚"而遭天谴，坠机殒命，罪该万死。该机被运送成都陈列于少城公园教育馆展览，大快人心。另一架敌机坠于中江县境，同时也运送至成都，与奥田大佐的飞机置放相邻，公开展览，前往参观者莫不切齿痛恨。

第三次是在1940年夏，有一天下午六时许，遥闻成都发出警报后，我和同学付舒林、李悌君、白开茂等人，越过机投桥溯河而上，到河边桦桉树下躲藏，忽见天空一大群敌机排成横"一"字形由东向西飞行，飞越我们上空时嗡嗡之声震耳，瞬间，即有成都青羊宫、苏坡桥、高升桥、红牌楼等处的探照灯交叉射向敌机，机身银光熠熠耀眼刺目，空中传来噼噼啪啪的声音，似若"猴子夺蜂包"的烟花爆竹，顷时浓烟弥空，敌机窜入烟云之中隐藏。而苏坡桥至温江公路一线的高射炮部队发射炮弹歼击敌机，炮声轰隆，硝烟四起，同时我神勇空军围击敌机，空战激烈，敌机向大邑方向逃遁，观此空战，令人恐惊。

不久，敌机自新津、双流飞向成都，其时天色漆黑，无法投弹，刹那之间敌机投掷"照空灯"十盏，由双流至成都的上空排成长"一"字形，照空灯系用降落伞徐徐垂降，经十多分钟落地，其灯光之照耀甚于烈日之阳光，远距二百华里的蒲江县甘溪铺（乡）都能见其灯光照耀，我们无处藏身，以致付舒林被吓得号啕大哭。敌机顷刻即向太平寺机场投弹，爆声震耳，地震山崩。投弹处距我们约两公里，地面震摇，河水荡漾，水声哗哗，水花跃溅。

轰炸太平寺机场以后，乍见观音寺后面三根柏（小地名）处有汉奸发射信号弹数十颗，五颜六色射向天空，给敌机指示轰炸目标，敌机得到情报后，从我们头上飞经苏坡桥直飞黄田坝机场投掷燃烧弹将油库炸毁，顷时天空成了一片火海，把黄田坝至青羊宫一带的天空都照红了大片。

第四次是在1940年10月27日白天，敌机36架轰炸成都，以投掷燃烧弹及机枪扫射为主，因此人数伤亡重大。当天我入城买书，被迫逃往猛追湾躲乱，见敌机用机枪向稠密的人群扫射，血肉横飞，脑浆四溅，肠肚满地，伤亡枕藉，伤者呻吟，痛哭狂叫，其状极惨。见状而伤肺腑，心酸软痛，情绪难安，目不忍睹，避而离去。此次遭受轰炸的重灾区有北糠市街、春熙南段、东顺城街、南新街、新街后巷子、走马街、祠堂街、少城公园、西玉龙街、上锣锅巷、东较场、猛追湾等处，计伤亡人数三四千人。敌人之残酷无情，充分暴露了日本帝国主义的狰狞兽性及其犯下的滔天罪行。

第五次是在1941年7月27日十时许，敌机108架空袭成都，使用空爆炸弹，狂轰滥炸。当天听到警报后，我和王嘉春等三人到朝荫寺附近墓地避乱，席地而坐，仰视天空，红日高挂，云淡天青，忽见我机三架追击一架敌机，在我们上空盘旋飞行，俨如蜻蜓追逐，时而互相炮击，轰隆震响，时而机枪对射，噼噼啪啪，时而敌机俯冲低空，逃在我机翼下，突然之际，敌机由低空成弧形翻飞高空，腹部朝天，凌驾于我机之上，从侧翼向我机发射炮弹，击落一架，其余两架飞离。

又闻成都敌机投弹，哨声刺耳，硝烟突起。解除警报后，我们由机头桥出发，越杨公桥、龙爪堰、青羊宫进入通惠门、金河街到将军衙门，见民房炸成一片焦土，碎瓦断木满地，尘埃弥空，茫然一片，目光为之黯然，迄不见人，并有炸破的棉絮挂于树枝上，外披尘土，状若糍粑。进入包家巷，见有几个弹坑约深5米、直径6米。转到祠堂街，见抬尸者不绝于途，入少城公园，见一妇女袒胸露乳怀抱婴儿，母子皆死，其状惨烈。到图书馆，见其砖瓦房被炸破的钢筋悬吊空际，楼房倾塌。折向荷花池，见池旁的古树枝被破片截断，树桩旁依坐一名穿麻色制服的高中生头部被截走，不知所向，颈部鲜血淋滴。又见荷花池内有炸弹未爆，旁插警告牌示"此处危险"！进入动物园，见那些珍奇鸟兽无一幸存。抵"辛亥革命保路死事纪念碑"处，其碑座炸破几大块，附近的铁杠架炸断半截，钢筋混凝土的楼房被炸掉一层，光明电影院坝内陈列数十具大部分肢体不全，断头折臂的尸体。

我们又到皇城坝（现展览馆），从"为国救贤"石牌坊进入，见民房被炸成一片焦土，树枝上挂着血衣，树下肢体横野，肠肚脑浆满地，受伤者倒卧血泊，呼号啼哭，痛不欲生,哀鸣之声,令人心碎,到处是血迹斑斑,臭腥袭人,令我触目伤怀,呜咽啼泣。

据《新新新闻》报道:受灾重区,城内以皇城、少城公园最为惨重,城外以三洞桥、四座磨一带死伤最多,约计全市居民死伤七千七百余人。全市医院住满伤残者,市内大小棺木全部卖光,卫生消防人员一齐出动救死扶伤云云。自此次轰炸后,全市居民纷纷扶老携幼疏散下乡,造成市景萧条,一片凄凉景象。昔日繁荣之成都,而今已变成碎瓦颓垣,人烟稀少,蓬蒿满地,令我触景伤怀,悲痛不已。恨日本帝国之残暴,叹国家民生之安危,嗟乎!成都市民,何罪之有而遭此劫?在此纪念抗战胜利五十周年之际,大家口诛笔伐,一致声讨日军所犯的滔天罪行。1945年8月15日,日本天皇裕仁宣布无条件投降,成都市民,闻此佳音,万众欢腾,鞭炮之声响彻全市,当天午后举行火炬游行,狂欢彻夜。成都中央军校鸣礼炮101响,以示庆祝,防空部鸣汽笛15分钟,抗日战争宣告胜利。"前事不忘,后事之师",望全国同胞提高警惕,防止日本军国主义复活,残酷的历史,决不允许重演。

本文选编自《蒲江文史资料选辑》第九辑,1995年

目击成都遭受敌机最惨重的一次轰炸

廖开藩

1941年7月27日，成都市遭受了日军飞机最严重的轰炸。炸死、炸伤数千人。炸后的惨状，令人目不忍睹：炸死者的残肢碎肉，墙壁、屋脊、树枝上到处都是；许多房屋被炸塌，许多屋顶被揭走；被炸死的同胞尸体堆满街道，碎砖烂瓦遍地都是。这种种悲惨的景象，更加激起全市人民对日寇的深仇大恨，共同抱定为死难同胞报仇雪恨的决心。

在这次轰炸前几个月，敌机日日夜夜地轰炸成都市和郊区。市民们也日日夜夜地忙着跑空袭警报，躲避敌机轰炸。市民们连续跑了很长的时间，大家都感到十分疲劳。可是，突然有一个多月没有遭到敌机轰炸了。即使发了几次空袭警报，敌机也没有来。市民们的胆子也逐渐大起来，思想也麻痹了。大家认为，日寇飞机今天不一定就会来，何必空跑一趟受累？总而言之，是思想麻痹、大意不想跑。

当天是一个大晴天，蓝蓝的天空万里无云。我们中央军校成都分校全校师生，也还同以前一样，早出晚归。整天在市郊野外进行紧张的军事训练。这天刚好轮到我值日，全队一共留四个同学在城内西较场的壕沟内看守行李。我们四个同学都很高兴，心想再也不用到野外去爬爬滚滚了，还可以把自己的行李打开垫好，在行李上好好地睡一天觉，消除以前野外演习的疲劳。九时左右空袭警报响了，街市还是宁静的，跑警报的也是稀稀拉拉的几个人。只是一些老成的、稳重的、胆小的人才往城外跑。绝大多数人都以为敌机同以往一样不会来轰炸的。约有20分钟，紧急警报拉响了。一会儿，沉重的轰炸机声从东方传来。街上的市民潮水似的往城外涌去，特别是在建军门前，交通为之堵塞，形势万分紧张。

当时，我们队上有四个留校看行李的同学，还有兄弟队看行李的同学，起初大家都是睡在捆好的行李包上，后来看到敌机飞来了，为了安全起见，全都跑到建军门城墙上的散兵坑中隐蔽起来。霎时，炸弹的巨大爆炸声，从北较场军校校本部那个方向传过来的，黑色的烟尘冲上云霄，达千米以上。紧接着是以"辛亥秋保路死事纪念碑"为中心的少城公园及其附近街道和南较场、西较场附近的爆炸声，黑烟笼罩着大地，泥土、碎石、断砖、破瓦片像波浪似的从天空中倾泻下来了，弹片的啸叫声划破长空，火药气味呛煞人，我的身体被震得弹起一尺来高。日寇的轰炸机，在对成都市内居民区轰炸之后，又转向太平寺的两个机场，对仓库、油库投弹后，才转向东方飞去了。

我们四个同队同学互相庆幸没被敌机炸死，之后大家商量除留一个同学在原地看守行李之外，其余的同学上街去看被敌机轰炸后的情况。我们三人从西较场的侧门跑步向少城公园方向前进。走到一个小巷子与祠堂街交会的道口上，看见四周的房子倒塌了，瓦砾遍地，也有些房子虽未倒，但屋顶的瓦片全部被揭掉了。同胞死伤遍地，男女老少都有。特别是在路旁的一个弹坑中，一个孕妇被炸死了。头、身体、手脚全都被炸得模糊不清，肚内的婴儿，从爆破的肚内流出来。婴儿的头脚和黑色的泥浆水，混合成黑乎乎的一团。有的被炸死者的头、腿、手、脚和破皮碎肉，被炸弹炸飞挂到树枝上、墙壁上、屋顶上，场面惨不忍睹，人人心中无不万分痛恨日寇狂炸和平居民的暴行。

我们继续前行至祠堂街和金河街接合处的一个小花园内。看见四周房屋的瓦片都被揭掉了，有的房子被炸塌。根据现场分析，日寇是用空中爆炸弹（空中爆炸的榴霰弹和触发弹）把人炸死，把房顶揭开，把房屋炸塌的。

我们走到一个被炸塌围墙的花园里，小花园中心有一座小巧的楼房，其屋顶被炸弹揭翻了。楼上的客厅中心有一张四方桌子，三个男人伏在牌桌上，一个男人倒在桌边的楼板上，三个妇女都倒在桌凳的旁边，全都死了，桌上还有麻将牌，楼板上也抛散了许多的麻将牌。这七具死尸均未见大出血，根据现场分析可能是身中空中爆炸榴霰弹或者是被炸弹冲击波震裂神经而死亡的。

我们又走到祠堂街和少城公园的园门口，这几处被炸的情况更加凄惨，沿街死伤的同胞遍地都是，街道两侧的屋檐下面也堆满了死难同胞，男女老少都有。这几条街道的房子被炸塌了许多，大部分的屋瓦被揭掉了，有的死尸被抛上没瓦的屋顶；有死者的残体、头、腿、手臂，被抛上树枝挂起；也有的肌肉、皮肤被甩在断墙残壁上沾着。一些小街小巷，也到处是被炸死炸伤的同胞，破砖烂瓦满街都是，血流遍地。根据情况分析，这几条街是出城要道。可能是一些市民，听闻空袭警报时没有跑，等紧急警报发出时，才急急忙忙扶老携幼地往外跑，刚好跑在这几条大街小巷，人多拥挤，出不了城，敌机已飞临上空丢炸弹，因而炸死这么多的同胞。

我们再进到少城公园里面去看，其悲惨情况更加厉害。屋檐下、花架下、大树底下，死尸成堆，血流遍地。可是"辛亥秋保路死事纪念碑"还耸立在广场当中，估计这个公园里死伤的就有好几百人，而且死者多、伤者少。根据现场分析，可能是市民见敌机已飞临上空，无法出城疏散，只好跑到公园里树荫下躲一躲。但敌机又是以这座纪念碑做指示目标轰炸军校的南较场和西较场的，所以把许多各种各样的炸弹都丢在少城公园、南较场和西较场的这个区域。而这个区域又是出城要道，加上人多拥挤都跑迟了，以致造成这样惨重的死亡。

再往公园的最里面走去，只见图书馆被炸坏了；动物园也被炸坏了，珍稀动物除被炸死外，其余也都失踪了。公园内的花草、树木、亭榭也被炸毁，满地都是断枝残叶和木片、碎瓦。

我们因时间有限，其余地方也就未去看了。只好回校换了其他同学来看。

我们等队伍野外演习回来吃饭之后，在休息时间内，又约了几个同学到南较场去看。该处也被炸毁一些营房，炸死的人较少，因我师生都到野外演习去了。

次日，校本部下了命令，全校停止训练一天，全体师生带上劳动工具，到北较场校本部去填炸弹坑。我们一进校本部的大门，发现景物依然如故，看不见被炸的痕迹，一校门完好无损，快到二校门，才见以钢筋水泥建筑的校门被炸掉一个角。宽大广阔的北较场中，弹痕累累，全都遭受了重磅炸弹（起码 1000 磅以上）的袭击。每个炸弹坑口的直径有 20 米左右，有十几米深，而且坑内积水两米以上。因为成都地下水位很高，只要挖下去两三米深的土层就能掘出水来。每一个中队，约有 140 人，填了一上午，只填好一半炸弹坑。

中午休息的时候，我们才进二校门校本部去看了一下。中山纪念堂完好无损，只是校图书馆、医院、党代表廖仲恺的纪念堂等处被炸毁了。另外，还炸毁了几栋高教班学员的宿舍、教室等建筑物，没有看见人员的伤亡痕迹。可能是人员都外出疏散了，躲过了这次灾难。我们又继续填了一个下午，才算把二十来个大炸弹坑填满了。

这次敌机对成都市区的残酷轰炸，造成数千人的伤亡。特别是少城公园里和它周围的街道死伤最多，经济损失更是无法计算。许多同胞丧失了父母、兄弟、姐妹、妻子、子女等亲人，有的全家遭难，这是日本侵略者对大后方和平居民的一次惨无人道的大屠杀，也是成都市人民自抗战以来遭受生命财产损失最惨重的一次。因此，这次轰炸又被称为"七二七"日机空袭大惨案。

这次惨案是我亲身经历的，现在过去近五十年了。我也从一个无知的青年变成了年近古稀的老人。我特对我的第二故乡贡献这点史料，愿成都人民永远记住日本法西斯侵略者带来的灾难。

本文选编自《成都文史资料选辑》总第十七辑，1987 年

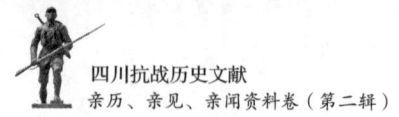

日机"六一一"首袭成都目击记

王定华

我是营山人,因父亲在成都任职,整个全面抗战时期我都是在那里度过。使我最不能忘记的是日寇对抗战大后方平民的狂轰滥炸,残暴屠杀。这在我幼小的心灵中留下了深刻的记忆。

1939年,我正在成都总府街的小学读高小二年级。最初,学校因避敌机空袭把白天上课改在晚上;稍后,晚上也经常发警报,乃和北打金街的小学合校上课,临时疏散到东北郊距城约8华里的法华寺(后又在踏水桥自建了简易校舍),学校距城较远,学生在校寄食寄宿,初小各班停办。

时令进入夏季的5月下半月,市里天天发空袭警报,发出后大约一两点钟又解除了。最初,老百姓只要见着街头岗警手执黄旗(预行警报的标志,空袭是红旗,紧急是黑旗,解除是绿旗。除了发空袭和紧急警报,四门城楼及皇城市中心点还要拉响汽笛)就忙着疏散。可是一连半个月闹警报,敌机又没来过,人们日渐疏懒胆大了。虽然预行警报已经发出,但是街上好多商店铺门照开,生意照做。6月11日,是个星期天,大约午后四点左右,岗亭上又挂上了黄旗。人们也不太惊诧。这时我本该去学校了,但老在家磨蹭,总想多待一会儿,心想管它呢,像往常那样总要解除的。可是只隔了半小时,"呜——",空袭警报拉响了。父亲见我还在家里,一声大吼:"你还不回学校去!"

我刚跑上街,见满街都是人流,扶老携幼,提篮背包。汽车、黄包车、架架车、鸡公车满载着箱笼细软,男男女女,争先恐后往东较场垮城墙及新东门方向跑。那些店铺都来不及关上。幸好我家住庆云南街,距东较场只隔着一条落虹桥街。我空着两手拼命在人缝中穿行,好容易出了垮城墙,顾不得走大路,逢着溪沟就跳,跳不过就涉水,只想抄近路快些回到学校。这时我们的"乌棒"飞机也一架跟一架地向西飞去,使周围的气氛更加紧张。四周都是叫喊声,心里又惊又怕,忽然又发出了短促的、撕裂人心的紧急警报声。我仍不顾一切地往前跑,正走在大约离学校还有两里地的大路上,恰好路旁有一处坟坝,听侧面稻田边有人大声招呼:"那个学生快趴倒,敌机来了!"这时的我,又热、又累、又怕,行动都有些不由自主了,一下侧身卧倒在两堆坟茔的低凹处,背后就传来"空咚、空咚"的飞机声。虽然四周的田坎上、溪沟边、竹丛、树木下都是人,但像被大地一下子吞没了,变得没了一点声息动静,连空气似乎都凝固了。

天色已近黄昏,太阳的余晖把大地变成了一片黄色。人们的眼神都专注地凝视着天空,只见东边一排敌机向着市区肆无忌惮地排成一字编队飞了过来,一共27架。空中没有拦截,地面没有炮声,当它掠过我们头顶时竟飞得不太高,都是有三座发动机、双尾舵的日机,夕阳把它衬得黑亮黑亮的,连机翼下的红"膏药"都看得清清楚楚。忽然

44

中间那架机身上闪现出灯光,紧接着天空就发出"瞿儿……""瞿儿……"的尖叫声,先是几声闷雷般的轰响。接着就像无数汽油桶在往下倾泻,大地也跟着震颤发抖了!头上每架机尾上都冒出红红绿绿的电光弹,伴随着"咯、咯、咯、咯"的机枪声。人们还未缓过神来,市区里已大团大团地冒起黑烟,把整座城市都笼罩着,黑烟一过就是熊熊的烈火,就像在城墙下面燃烧。这时近处竟有一个女人"哇"的一声忍不住哭出声来。四周再没有那样静寂,城里也传来了嘈杂声。

警报隔了一点多钟才解除。人声一下子沸腾起来了,到处都是哭声、叫声、人们相互间的催促声。大家都争先恐后往回走,天也渐渐黑了下来,但城里的火光却把郊区的路照得通亮。我惦念着家人的安全,虽然回去的路比去学校远些,但仍下定决心回去。随着人流爬上垮城墙,这才真切地看到,十几股火头都在市中心区域内。走到家,父亲看见我惊奇地问:"你怎么又回来了?"我说:"我怕你们被炸了!"父亲再没有说一句话。事后才知道他们还没有跑出去,紧急警报就拉响了,家里人也正在担心我。

这天夜里可以说成都军民大多未睡好觉。整夜火光冲天,街上通宵都是噼噼啪啪的脚步声、喊叫声。时而听见隔壁的人在说:"四圣祠医院连过道都挤满了被炸伤的人,担架还在不断地送来。"我家后面就是四圣祠基督教会办的仁济医院,是当时成都最大的一所医院。

第二天早上大火仍在燃烧,满城上空都飘浮着黑色烟尘。我回到学校,看见同学们哪里还能安心读书。大堆大堆地围在各自的级任教师身边问长问短,家住在市中心区的,哭哭啼啼都要请假回去。李慎吾先生告诉我们说:"敌机轰炸大部分是投掷燃烧弹。从上东大街、盐市口、九龙巷、三桥、皇城、一洞桥一路过去,十几股火头。炸得最厉害的是九龙巷、盐市口,连总府街、提督街也被炸了,这两条街街口上的凌云饭店已被夷为平地。警察局消防队只有两部消防车,火头太多,救得了这头,救不了那头,成都房屋都是杉木修的,一着火就连成片地燃烧。这次主要吃亏在麻痹大意上,总认为天天发警报,敌机都未来过,殊不知他就是要等你疲劳了,采取突然袭击,所以才死伤这样多的人,可见敌人滥杀平民的罪恶用心,你们要记住这笔血债啊!"有同学问:"我们的飞机怎么不打呢?"李先生苦笑着说:"我们哪来的飞机!我们的驱逐机还没有人家的轰炸机飞得快,几架运输机也是苏俄支援的。你们都看见啦。空袭警报一发,他们也飞去跑警报了……"话还没完,有人来学校说:"毛殊忱和殷慕韩先生的家被炸了!"两位先生都是同学们爱戴的,大家立刻要求学校派代表去慰问。一整天就这样在教室里围着教师说个不停,几次摇铃,都静不下来。

第三天王校长和李先生带着我们十几个人去了城里,刚走出春熙路,拐过东大街,就看见盐市口那头的火还在燃烧。盐市口街上到处都放着未来得及清理出去的烧焦的尸体。据说有些家庭是全家死完了的。有些人还在瓦砾堆中挖掘寻找,哭啼哀号,真是惨绝人寰,目不忍睹。毛先生家住在东丁字街,他家庭院的梧桐树边落了一颗炸弹,把树齐腰炸断,正屋也被掀去一角。他听见四周都在爆炸,急忙钻进床下,才得幸免。只是把两个膝盖磨破了,两眼也被灰尘呛得通红。殷先生家住提督街和总府街交界处的凌云饭店隔壁,因为跑得早,家人都未受伤。而凌云饭店却被炸光了,他家里只剩几堵断墙残壁。所幸的是各路火势都被遏制了,但不是消防队扑灭的,是把沿火场的房屋拆光,断了火路，才控制住火势的蔓延，这场灾难使十几条街化为灰烬，在市区中心留下一个大坝子。灾区究竟死伤了多少人，损失了多少财富，未见官方有过明确的统计。

"六一一"仅仅是成都市区被日机空袭的其中一次，所出动的飞机也不多，后来还有过一次108架日机穿城投弹的历史。我已是古稀之年，当年这场血与火的惨烈景象，并未因时间久远而模糊，今日想起还是抑制不住内心的阵阵颤抖和愤怒。

本文选编自《营山文史资料》第二十三辑，1995年

成都横遭飞祸记

龙彻渊

一、日军横行　空袭蓉城

1939年春，我考入成都私立成公高中12班乙组读书。该校面对南较场，有宽广的运动场地，后接少城公园，有优美的休息林园，是一个较好的读书环境。可是，好景不长，日机空袭的警报日益增多，打破了我们正常的学习秩序，学校为了保障学生的安全，白天不上课，由学生自习，晚上六时至十时上课。4月下旬一个漆黑的深夜，凄厉的警报声把人们从梦中惊醒，我与同班同学龚俊明披衣起床，经南较场跑上城墙，被两米多高的砖墙所阻，因我有翻单杠、双杠的技能，臂力较好，纵身扳住墙顶，一跃而上。而龚俊明虽扳住了墙顶，但无力跃上。我费尽全身力气把他拉上砖墙，自己便纵身跳下，可他不敢跳，却被后面涌上的人群推下，右脚跌伤，不能行走。我用力挽着他的膀子，闪进疏散便道，躲入郊野的竹林中。东方欲晓，警报解除，我扶龚俊明慢慢走回宿舍。正当我买酒为他搓揉伤脚时，第二次空袭警报又拉响了。我再次扶着他跑上城墙，此时砖墙早已被跑警报的群众推倒了，所以我们顺利地跑到郊野竹林深处躲起来。

那时，成都市民的防空意识薄弱，防空设备很差，虽修有一些从城墙到郊外的便道、便桥，但城墙上私人或单位修的隔离墙多未拆除，影响正常通行。至于防空洞，则少得可怜，广大群众是无法利用的。成都郊外郁郁葱葱的竹林和纵横交错的灌溉渠道，就是天然的防空林、防空沟。当时，成都驻军的地面防空设施有高射机枪、高射炮和探照灯等。每当敌机夜袭时，交叉的探照灯把敌机的编队和架数照得清清楚楚，虽有高射炮不断射击，但因其射程较近而难于打中敌机，故敌机肆无忌惮地狂轰滥炸，投弹后扬长而去。我们只有叹息防空炮火太陈旧太落后了！特别是1941年7月27日，日军出动108架轰炸机轮番轰炸成都市，以盐市口为中心约一公里为半径圆圈内的繁华街道、商店房屋被炸为平地，尸横遍野，血流成河，广大人民群众生命财产受到巨大损失。我只有把眼泪流进肚里，把仇恨记在心头。

二、防空疏散　学校迁徙

成都"七二七"大轰炸后，四川省教育厅为了避免日机轰炸，保证学生的学习和生命安全，减少不必要的损失，遂命令各校立即迁往郊区。我校迁到离城十二华里的双流县坞头桥的观音寺、白马寺和朝海寺三个庙宇中，除利用寺庙原有建筑外，还根据需要用麦秆盖了一些教室、寝室和食堂，为了避免潮湿，教室离地面一米高，用木板做地板，用竹篾片编成隔墙，上课时相邻教室的讲课声相互干扰是不可避免的。寝室里的床铺则是用桤木条绑成三层床铺,每层仍用竹篾隔开,同学们上下床或翻身时,往往发出咯吱咯吱的响声。无论寝室或教室,夏则蚊虫伤人,冬则寒风刺骨,特别是夏天,四周竹树茂盛,蚊子又大又毒,人体哪处被咬一次,就会起个大包,奇痒难耐。我曾多次被毒蚊咬伤,因此而患了一场严重的疟疾,经过长达月余的中西医治疗,才恢复了健康。

学校为使学生防空、学习两不误,还无偿发给每人一块绘图板,一张小马架椅,以备及时之需。如无空袭警报,则在教室内上课;如发出空袭警报,师生则带上图板、小椅及书籍、文具等疏散到附近的竹林、树林深处去上课,绘图板就是临时书桌,小马架椅就是坐凳。这种特殊的上课方式,除小部分不爱学习的学生外,其余广大师生则习以为常了,没有什么大惊小怪的。

当时城郊没有电灯,校工则每晚按时上好油灯,由学生自取,待油干灯草尽后送还原处。在这样简陋的学习环境中,大多数学生学习到 10 点钟才就寝,勤学之风甚浓。因此,每年考入公、私立大学的学生较多。

三、空战激烈 将士阵亡

鸡头桥(今机投)正位于黄天荡(今黄田坝)机场与红牌楼机场(太平寺机场)和空军士官学校的中点,距两个机场约十华里左右。两个机场和空军士官学校都是敌机轰炸的重点。约在1940年秋的一天下午五点钟左右。我与龚俊明等同学在观音寺后田间散步,一队日军轰炸机忽然偷偷飞越我们的头顶,大家发现后立即埋伏在沟中,但见敌机徐徐飞向红牌楼机场和空军士官学校上空,投下无数炸弹,震天动地,发出巨响。先见大团烟柱上升,后见火光冲天。随之飞来的是敌人的单翼歼击机,上下俯冲扫射,疯狂至极,如入无人之境。接着,我国的两架双翼歼击机先后投入战斗,把敌机夹在中间,盘旋了几圈,敌机伺机反扑,突然直线上升,争取制空权。一阵机枪扫射后,击落我歼击机一架;我另一架歼击机因性能差,争取不到制空权,便急速下降,快到地面时。机组人员跳出机舱,滚入田沟中,才幸免于难。继后,我国一架轰炸机迎面飞向敌机,一阵机枪对射,敌我两机都拼命上升,争取高空制空权,结果敌机仍以灵活直升的高度优势将我轰炸机击落。

待敌机飞走后,我们赶赴现场,看到红牌楼机场、空军士官学校被炸得很惨,死难的官兵和附近的居民还尸存原地,未来得及收殓。有掉头的,有缺腿的,有被烧焦了的,有血肉模糊的,有肠子被炸出一摊的,等等,真是血雨腥风,惨不忍睹!后来得知,威远县同乡空军中尉袁方炳烈士就是在这次空战中壮烈牺牲的,其遗骸葬于威远县西山公园。

血债要用血来还,为了给死难烈士和无辜牺牲的同胞报仇,广大空军士官同仇敌忾,英勇奋战。于1941年冬,当日军轰炸机编队返航时,在华阳县中和场上空被我歼击机群截获,经过一场恶战,终于将日军领航机打落,俘获机长,关入成都监狱中,从而大长了中国空军的志气,大灭了日本空军的威风。省市政府曾将敌机残骸运到成都市少城公园展览,参观群众无不欢欣鼓舞,拍手称快。

四、联合反攻　收复失地

1941年，国际形势发生根本变化。6月，苏德战争爆发，12月太平洋战争爆发。不久，盟军——美空军进入成都，大批B-25轰炸机、歼击机、高空侦察机及防空火炮等运抵彭山大飞机场，中美空军配合作战，自然大大加强了成都防空战斗力。日军多次飞来的高空侦察机都被击落。从此，敌机绝迹，成都市相对安全了。然而敌机却转向我省乐山、自贡等地肆虐，造成这些地方人民生命财产的巨大损失。为了釜底抽薪，彻底打败日本侵略者，盟军的B-25轰炸机又频频出击，把日本帝国主义强租的汉口日租界炸得片瓦无存，焦土一片。1945年8月15日，日本宣布无条件投降，9月2日在停泊于东京湾的美国战舰"密苏里"号上举行了投降签字仪式。第二次世界大战宣布结束。1945年9月3日，成为中国抗日战争胜利的纪念日。1946年秋，我随武汉大学从乐山迁回湖北武昌珞珈山继续学习，校长周鲠生曾留下一名日本机械人员做司机，给他取名王家国。后来，他理解了他的名字含有忘国忘家的意思后，要求更改。校长说，你这个名字具有历史和现实意义，还是不改的好。

后来，我去汉口日租界原址看过，但见相邻的法租界、英租界完好无损，而整个日租界却片瓦无存，废墟一片。这是日本侵略者搬起石头砸自己脚的铁证。从某种意义上说，也可说明日本帝国主义必败，中国人民抗战必胜这一颠扑不破的真理。

五、前事不忘　后事之师

现在，我们热烈庆祝抗日战争胜利五十周年，意在不忘过去，激励将来。我中华儿女，各族人民，要提高警惕，绝不能让日本帝国主义势力抬头。当然，对爱好和平的日本人民我们要团结，并世世代代友好下去；对一小撮日本军国主义分子，要坚决揭露其丑恶嘴脸，决不退让。

本文选编自《威远文史资料选辑》第十三辑，1995年

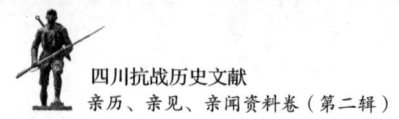

侵华日军对成都市区的无差别轰炸纪实

刘世龙　谢春燕[*]

一、引言

日本军队在 1931 年九一八事变后侵略中国的战争中，对中国许多城市进行了无差别轰炸。无差别轰炸是对于军事目标与非军事目标不加区别而进行的狂轰滥炸，给一般市民的生命和财产带来很大的损害。

在日本军队对中国的轰炸中，以中国国民政府迁入之后的重庆所遭受的损害最为惨烈；而仅次于重庆者，则是作为四川省省会的成都。

据笔者所见档案史料，日本军队以成都市为中心的地域性轰炸，从 1938 年 11 月 8 日首次侵袭开始，至 1941 年 8 月为止，三年间至少有 21 次。

日本军队对于成都的无差别轰炸，主要是针对当时成都市区（以成都老城为中心）而进行的。当时成都老城的中心地带，是以春熙路为核心的，连接东大街、提督街、顺城街、盐市口，成为一个矩形的繁华商业街区，从而取代了以前的皇城。

在日本军队对成都市区实施的无差别轰炸中，以 1939 年 6 月 11 日，1940 年 10 月 4 日、12 日和 1941 年 7 月 27 日这几次尤为惨烈。

这一系列轰炸，严重违反了国际法，给成都民众造成了大量的伤亡、严重的财产损失和精神伤害。

二、1939 年 6 月 11 日成都市区被日军轰炸与成都市民的受害情况

（一）被日军轰炸稍后的调查记录

1939 年 6 月 11 日，日本海军第二联合航空队 54 架飞机，分两批空袭成都、重庆两地。成都市 17 点 50 分发出预行警报，18 点 30 分发出空袭警报，19 点发出紧急警报。19 点 30 分，27 架日军轰炸机侵入成都市上空，中国空军予以阻击，击落日机 3 架。但中日空中力量相差悬殊，日军以少数飞机与中国飞机周旋，多数日机则飞临成都市主城区上空，对一般平民居住区进行了轰炸。

据被轰炸后调查的记录，判明日军飞机投弹 111 枚。其中有 82 枚投入房屋林立、人口稠密的提督东街、春熙西路、青石桥街、丁字街等商业地带，55 枚当即爆炸。梨花街、西丁字街、青石桥南街、青石桥中街、青石桥北街、染房街、锦江桥、转轮街、粪草湖街、光华街、文庙前街、文庙后街、陕西街、忠孝巷、上池北街、上池正街、下

---

[*] 刘世龙为四川大学历史文化学院教授，谢春燕原为四川大学研究生。

南大街、东桂街、盐道街、华美大学、浆洗上街、染靛街、水巷子、柳荫街、提督东街、中山公园、新半边街、老古巷、中东大街、南新街、西沟头巷、横九龙巷、顺九龙巷、西顺城街、盐市口、交通路、东大街、学道街、卧龙桥、东御街、宾隆巷、兴隆巷、东转门街、西御街、东府街、东丁字街、光大巷、一洞桥、南府街、春熙路西段等50条以上的街巷被炸，其所引起的大火灾，有的因延烧到附近的街巷而扩大灾情，致使成都市区民众遭受严重的损害。

这次因日军轰炸而引发的成都市区大火灾，到第二天早晨七点半才被扑灭，燃烧时间最长者达六个半小时。春熙路西段、西东大街、中东大街、盐市口、东丁字街、一洞桥、孟家巷等均被日军投弹击中而引发大火。其中西东大街的大火，一方面延烧到九龙巷（又由九龙巷延烧到南沟头巷），另一方面则延烧到西顺城街。盐市口中弹后引起的大火，延烧到染房街、粪草湖街、东御街，其中染房街的大火又延烧到了转轮街。

1939年6月11日，成都老城第一次遭遇日军飞机轰炸，成都市政府的防空措施和平民的防空意识都有所不足，故所受损失空前惨重。各街巷"弹坑累累，到处破屋颓垣，大火蔓延，浓烟遮天蔽日"，哭爹喊娘，寻夫觅子，断臂残躯的凄惨景象，目不忍睹，耳不忍闻。成都市民被炸死226人，炸伤432人，中弹、焚烧和震毁的房屋达4709间。

（二）亲历日军轰炸的新闻记者车辐的记述

新闻记者车辐目睹轰炸时年仅25岁。

车辐一家遭受日机轰炸前，住在成都老城闹市区盐市口一带的西东大街二十五号。家里经营着有百年历史的天恩旅店。该旅店在中国的科举时代，曾经是四川各地到成都应考书生们的聚居地。天恩旅店为一楼一底式建筑，长150米，宽50米左右。与车家的住房相隔着一堵风火墙。

1939年6月11日黄昏，日本飞机大肆轰炸成都盐市口时，当时身为记者的车辐在成都城外躲避轰炸，望见城内到处是黑烟冲天，黑烟低处红色火焰升起，之后天黑了看见大片红黄火焰。当天解除警报后，车辐从老南门进城，在东御街口看到消防队出动四处救火，看到市中心火焰高涨，东御街以东，顺城街、交通路、九龙巷，粪草湖街、染房街均在燃烧中，其中，包括车辐的家。第二天，车辐"在硝烟弥漫的火场中回（家）去"，亲见"十几条街，一片瓦砾，西东大街以西炸光了"，在火场中"看到一具烧焦的尸体，四肢没有了，只剩上半部。被大火烧焦的枯树上，还挂有断手残肢"。车家的百年家业天恩旅店也被烧光，幸得风火墙相护，车家自住房屋才逃过一劫。次年，车辐带着两个女儿在火场之西的家门口拍照留念以志不忘。

就在日机1939年6月11日轰炸成都老城后两星期，报纸上刊载了车辐目睹轰炸场景时的文章，主要描述了被轰炸时十几位旅客被困于天恩店中的情形。

店中还有三个女人，十几个男人在"紧急警报"后还没有跑出来。他们有的是要"与屋子共存亡"，有的是认为"成都的善人多，鬼子的飞机不会来"，有的是"满不在乎"。总之，一切都由他们绝对的主观下了强硬的结论。好像他们怎么想，日本鬼子就随他们的假想而行动。

当鬼子的飞机在这十几个人的头上时，他们还在悠然地数着："一架、两架、三架……"大家都还在争论，究竟是二十七架吗？二十六架？

当然啰，他们心里紧张起来，但，他们想："鬼子的飞机决不会在他们头上下蛋，哪有这样巧哩？"

不幸得很，炸弹丢下来了，就在他们二十米以外，四个小型炸弹，一个大的，五个燃烧弹。他们一律卧下，倒在地上，或跑进屋子里。刹那间什么也看不见了，呼吸难过，还嗅到强烈的臭味。他们东摸西摸地找到了湿手帕一下搭在口上，骇得口里不住地说"完了，一切都完了！"接着是女人的哭声，男人止也止不着。

火在浓烟之后冲起，热度很大，在几十米外也难受。于是他们便从浓烟大雾里爬了起来，定了一下神，才觉得有逃命的必要了。大门已经被火封着正在燃烧，从何处走哩？不管一切，只好退后，走完了旅舍，便是我住的小院。小院里也看不清白，他们头在木柱上不知碰了好多下。火越来越猛，便从男人中推出一个有力的茶房，两脚踢开了大门，从我的院子里奔去，一切贵重货物，丢在水井里，还搬了一个大石头盖上，临危之时，气力也出来了。

房子又烧坍了一间，那坍塌的沉重声，骇得他们往后退几步，大家都把胸口摸着，女的默默地念着"阿弥陀佛"。

他们想到就在这院子里烧死不成？幸得其中一个人知道我住的小院有退路，他急忙领着他们打后门逃走，过了后门，是另外一条街，一家人了。同样的用脚踢开了后门。他们才伸了一口大气，感谢苍天！能逃脱命了。女的走前面，那时烟子从后院逼过来了，他们又开始紧张，新的刺激代替了旧的刺激。常识使他们知道，起烟子的房子是保不住的，它会再从浓烟中起火。正在万分危急的当儿，突然听到女的说："完了，大门被人反口上锁了！"这句话是用了最大的压力压出来的，马上又听到哭声。

大家无力地软了两三分钟，旋即合力抬门，用最大力量渡过难关。不行，又换一批人来抬，女人也帮助咬紧牙齿用力。这时候，烟子愈大，呼吸更困难，又恢复到炸弹刚落时的难受、紧张、失望。

人们依然无能为力的抬。不知怎的，门哗啦一声，相反扣的那一面倒下去，十几个人像从无期徒刑监狱中跑出大大地吐了一口气，能够活命了。

从别人屋子里出去，两旁都是小独院，一个人没有，茶房想："这时拿东西倒是时候哩！"女人口里不停地念佛。把两旁独院刚刚走完时，又听个女人悲惨的呼声："完了，完了，这下子当真完了！"

大家走到她身旁一看，原来是一个楠木钉铁皮的大门，有六七寸厚，这除非把鲁智深请来差不多。何况外面还有牛尾铁锁哩，我的天。如果从这儿出去的话，恐怕比骆驼穿过针孔还难。

据车辐此文的后续描述，这十几个人齐心协力终于逃了出去。他们的九死一生也是当年许多成都老百姓遭受日机轰炸情形的一个写照。然而有许多如同他们一样误以为日军不会如此狠毒轰炸城市居民区的善良百姓，却未能幸免于难。

三、1940年10月日军对成都市区的四次轰炸与成都市民的受害情况

（一）日军1940年10月4日的轰炸

1940年10月4日12点25分，日军飞机36架绕道飞入成都。前此成都市10:30发注意情报，11:00发空袭警报，12:05发紧急警报。日机向成都东北区东较场城内外滥施轰炸，致使城隍庙街及庙后、太平巷、东较场街、昭忠祠街、城外猛追湾、刘家上河

坝的城墙下、昭忠祠城墙外的西蜀小学校、城的东北角、城角的道路附近、八角亭、武城蒙口外、天涯石北街等 14 条街巷遭受损害。日机投下炸弹 76 枚（其中 6 枚未炸）、燃烧弹 17 枚（其中 2 枚未炸），无辜市民被炸死 105 人，被炸伤 225 人，房屋被炸毁燃烧 2 幢又 66 间，被震坏 92 间。

（二）日军 1940 年 10 月 5 日的轰炸

1940 年 10 月 5 日，日军飞机 36 架再袭成都。军校黄浦路周边（含 25 处设施）、昆明路、江汉路、洛阳路、白家塘、高级法院宿舍、王家塘街、厅署街、千祥街、西府北街、铁箍井街、署前街、正府街、东打铜街、北打铜街、文庙街等 16 条街巷遭受损害。日机投弹 100 枚，市民被炸死 33 人，被炸伤 57 人，18 幢又 243 间房屋被炸毁燃烧，20 幢又 258 间房屋被震坏。

（三）日军 1940 年 10 月 12 日的轰炸

1940 年 10 月 12 日下午 1 点 49 分左右，日军飞机对成都市区中心的国立四川大学投下炸弹。此外还以商业区繁华地段为目标，进行了约 40 分钟的轰炸。这次轰炸致使成都市区的东城根下街、五福街、大树拐街、羊市街、九思巷、西二巷、西御河沿街、西黄城边街、小红土地庙街、东御河北街、东御河北后街、皇城煤山、后子门内附近、艺术专门学校旧址、测量局内、测量局右前巷、皇城西侧城壁、皇城内中央军校、皮房前街、皮房后街、永靖街、东胜街、斌升街、长顺上街、桂花巷、仁厚街、东沿门西口、多子巷、商业街、东城根街、东城根中街、黄瓦街、娘娘庙街、至公堂、圣修医院、马道街修道院左侧沿街、平安桥等 37 条街巷遭受损害。市民被炸死 124 人，被炸伤 177 人，18 院又 227 间房屋被炸毁及烧毁，13 院又 248 间房屋被震坏及拆卸。

（四）日军 1940 年 10 月 27 日的轰炸

1940 年 10 月 27 日下午 2 点 10 分，日本军机 21 架在成都市区西南部的少城公园（今人民公园）及其附近区域投下炸弹 93 枚，燃烧弹 2 枚。日军同时还轰炸了成都市区东南部。这一天的轰炸，致使斌升街、将军街、祠堂街、少城公园（含设施等 7 处）、小南街、君平街、桂花巷、黄瓦街、西御西街、小河街、小西巷、永靖街、皮房前街、陕西街、上莲池、汪家拐、行辕、横小南街、方池街、蜀华街（含蜀华中学）、包家巷、后包家巷、文庙西街、楞伽庵街、南校场等 25 条街巷遭受损害。市民被炸死 26 人，炸伤 29 人，被炸毁或燃烧的房屋 24 院又 169 间，被震坏的房屋 6 院又 241 间。

四、1941 年 7 月 27 日成都市区被日军轰炸与成都市民的受害情况

（一）被日军轰炸后的调查记录

1941 年 7 月 27 日，日军飞机 108 架分为四批，在上午 11 点 45 分左右侵入成都上空进行狂轰滥炸。对此，成都人称之为"七二七大轰炸"。

日军这次轰炸致使五福街、大树拐、西二巷、东二巷、西御河沿街、东御河沿街、西皇城边街、黄瓦街、长发街、东城根街北段、东城根中街、东城根南街、东城根街、东半节巷、上半节巷、西马棚街、中同仁路、槐树街、红墙巷、长顺上街、长顺下街、实业街、防空部、青龙街、青龙巷、骡马市街、西玉龙街、天成街、大福建营、小福建营、正府街、东打铜街、北打铜街、武圣街、文圣街、金丝街、银丝街、楞伽庵、酱园

公所、五岳宫街、文殊院街、金马街、下草市街、红石砭街、北城公园、白家塘街、洛阳路、文庙街、文庙西街、文庙后街、西府街、金沙桥城壁下、东门街、羊市街、羊市巷、九思巷、后子门街、皇城北后街、煤山附近、东御河边街、西御河边街、东二巷、上升街、红庙子、上锣锅巷、隆盛街、鼓楼北三街、鼓楼南街、通顺桥街、白云寺、署前街、上池正街、四川省训练团联合中学、仁里巷、女子师范学校、纯化街、四川省党部、延庆寺、关帝庙、盐道街、青莲巷、陕西街、三桥北街、东御街、皮房前街、板桥街、大西巷、西华门街、南府街、东丁字街、华瀛舞台、飞龙巷、指挥街、上南大街、中南大街、西鹅市巷、东鹅市巷、小西巷、少城公园（含16处设施）、小南街、君平街、半边街、蜀华街、包家巷、方池街、横通顺街、金河街、祠堂街、支矶石街、民生里、永兴街、中西顺城街（含天主堂）、将军巷、牌坊巷、鼓楼南街、提督西街、东御河北街、魁星楼街、仁寿巷、西御西边街、西御西街、西御街、平安桥街、马道街法国医院、小河街、永靖街、叠湾巷、上翔街等130条街巷遭受损害。其受害面积达3平方公里，其中以西御街、东御河北街、西鹅市巷、祠堂街、少城公园一带的受害尤为严重。据四川省防空司令部统计，日本军机这次投弹446枚，炸死市民698人，炸伤市民905人。炸毁房屋76院又1512间，损坏房屋15院又1791间。

（二）被日军轰炸稍后的成都报纸的报道

据《新新新闻》1941年8月1日和2日连载的秋池所写《"七二七"血债录》描述，1941年7月27日这天是当年成都夏季空气酷热与大雨过后最温和凉爽的一天，而且又逢礼拜，疏散城外的公务员和学生，都乘星期的例假进了城来。就在市民兴致勃勃地逛街、访友、喝茶时，急促的空袭警报声打破了成都市的祥和，繁华的都市顷刻之间变成了疯魔病院一样，男女奔跑，汽车飞驶，如洪流一般涌出城去。这天日本军机"端炸市区及城郊一带，一批二批，炸了又炸，接连三批四批，不断的狂炸"！被炸过的街道，"不是残垣废墟，便是砖瓦狼藉，电杆横倒，把交通阻塞了，车子不能通过，步行也很困难"，"有许多是家破人亡了，有许多是财产毁灭了，百万荣华，一刹那化为灰烬"。"房屋被炸塌的人家，正在收拾残破的什物，以作虎口余生的善后。防护人员忙着搬运伤者，急施救治，死亡的同胞，躺在路旁，待人认殓。有些木棺长盖，一家大小围绕棺前，痛哭不已！真是一幅悲惨的图画啊！"

五、日军轰炸成都市的损害与无差别性质

（一）人口伤亡与房屋损失

据笔者现知档案史料的统计，日军对成都市进行的轰炸，自1938年11月到1941年8月，至少使中国平民1388人死于非命，1988人负伤，大量的财产化为灰烬，详情参见笔者根据四川省档案馆、成都市档案馆资料整理的表1。

表1 成都市遭受日军飞机空袭的人口伤亡与房屋损失概况（1938—1941年）

空袭时间	日机（架）	投弹（枚）	致死（人）	致伤（人）	房屋损失（间）
1938.11.8	18	96	3	5	6
1938.11.15	17	103	—	1	3

续表

空袭时间	日机（架）	投弹（枚）	致死（人）	致伤（人）	房屋损失（间）
1939.6.11	27	111	226	432	4709
1939.10.1	4	50	7	1	2
1939.11.4	27	123	16	18	62
1940.5.18	18	100	30	18	—
1940.5.19	18	96	3	8	2
1940.7.24	36	138①	82	93	628②
1940.10.4	36	93	105	225	160
1940.10.5	36	100	33	57	539
1940.10.12	29	96	124	177	588
1940.10.26	8	—	—	—	—
1940.10.27	21	94③	26	29	440
1940.12.30	8	—	—	—	—
1941.3.14	12	—	—	—	—
1941.5.20	21	—	—	—	2
1941.5.22	54	42	29	11	121
1941.6.22	9	—	—	—	—
1941.6.23	10	—	—	—	—
1941.7.27④	108	446	698	905	3203
1941.8.31	27	73	6	8	129
合 计	544	1761	1388	1988	10594

注：①此处投弹数字根据《成都市"七二四"空袭灾害调查表》，因疑上引《成都市空袭统计表》将"一三八"竖排时误排为"一二八"。

②此处房屋损失数字在上引《成都市"七二四"空袭损害调查表》中记载为780幢（户）。此外，表1所列1940年10月4日、5日、12日、27日和1941年7月27日的房屋损失数字，与前文所述略有出入。

③此处投弹数字在《成都市"十·二七"被炸灾情调查表》中记载为95枚（炸弹93枚、燃烧弹2枚）。

④上引《成都市空袭统计表》虽然写明其内容的时间为1938年7月至1941年6月，但该表中列有1941年7月27日和1941年8月31日这两次空袭的数据，可推估是在这期《防空月刊》同年9月出版前补加。

（二）平民和文化教育机关、医院、教堂等惨遭轰炸

由本文前述可知，日本军队对于成都的轰炸，在1939年至1941年这三年间，轮番轰炸的重点是成都市区（以成都老城为中心），且多为人口密集、住宅林立的繁华地带（如商业街、东城根街、东大街、顺城街、盐市口、春熙路、芷泉街、纱帽街、城隍庙

街、昭忠祠街、少城公园内的建筑物等），被毁损建筑多为民宅，死伤者绝大多数是平民。对此，参见笔者根据成都市档案馆资料整理的表 2 即为明证。

表 2　成都市第一区春熙路 1940 年 7 月 24 日被日军轰炸的人员伤亡情况调查

姓名	地址	性别	年龄	职业	最高学历	伤或亡	备考
张同发	三圣祠街 7 号	男	38	手工业	私塾	亡	甲长。母张李氏，妻张罗氏，子栋臣。
李桂芳	三圣祠街 32 号	女	15	住家	华英高小	亡	当时在中新街唐宅。
唐文全	中新街 107 号	女	15	住家	华英高小	亡	父茂林，医生。
周世明	中新街 98、100 号	男	72	旅店	私塾	亡	—
钟镜怀	华兴街分驻所	男	23	警士	高小	亡	陈树堂系其内弟
唐俊清	华兴街分驻所	男	24	警士	高小	重伤	送四圣祠医院治疗。
陈云龙	华兴街分驻所	男	24	警士	高小	重伤	送存仁医院治疗。
刘本氏	城守街 97 号	女	26	住家	粗知文字	重伤未愈	送四圣祠医院治疗。
刘焦氏	城守街 22 号	女	78	砖瓦	不识字	头部被弹片重伤	送四圣祠医院治疗。
刘曾氏	城守街 8 号	女	42	刀剪	不识字	亡	刘曾氏、刘明藩、刘老幺系母子三人，被炸身亡时在成都市东门外附近躲避。
刘明藩	城守街 8 号	男	14	刀剪	高小	亡	
刘老幺	城守街 8 号	男	2	—	不识字	亡	

注：表 2 的原题时间为 1940 年 8 月 1 日，故未列入此前的《成都市 1940 年 7 月 24 日空袭损害调查表》。

日本军队对于成都市区非军事目标的轰炸，具有反人道主义的残忍性，许多学校和文化教育机关、宗教建筑、慈善团体及医院等，也未能幸免于难。

1939 年 6 月 11 日，日本军机轰炸成都市区，将位于光大巷的法国天主教堂全部炸毁。同一天，日本军机在华西协合大学内投下四枚炸弹，一枚"落于府河边前校长寓所侧近"，一枚"落于图书馆侧"，一枚"落于华美学舍与图书馆之间，俱未爆炸"，一枚"落于明德中学舍，现借与中央大学医学院教职员工住居之房屋上，伤工役数人，周围房屋俱震坏，邻近场地洞穿，弹势波及甚广"。华西协合大学药学系二年级学生黄孝逴被炸弹破片击中身亡，崔之华受伤，校长张维高通电吁请英国、美国和加拿大政府对日本军机滥炸中国平民和文化机关的罪行提出严重抗议。四川省立成都师院、华阳县中学亦因日军轰炸而遭毁损。

1940 年 7 月 24 日，成都一清真寺遭日本军机轰炸，一名马姓阿訇当场被炸死，伊斯兰教人士极为愤慨。当天成都"三圣街八十七号大美国浸礼会女布道会，亦遭轰炸"。

1940 年 10 月 4 日，日本军机从成都较场的中央军校一直炸到成都新东门城墙。城边的西蜀小学中弹被炸毁，"躲避在城墙屋角的学生因燃烧缺氧，全部窒息而死"。一洞子里的三个小学生被烧焦，面目难辨。同日午时，日本军机在成都市救济院游民所弹投 3 枚，炸死所内游民白万山、张青山、张云吉、胡少卿，炸伤游民尹钧之、唐青云等 18

人；患病在床的保管员王序卿受轰炸惊吓，当晚死去。

1940年10月12日，日本军机将成都市区内平安桥街的天主堂、市区内马道街的法国圣修医院炸毁。当天日本军机对成都市区内的四川大学文学院和法学院也投下多枚炸弹，所造成的损害情形参见笔者根据四川省档案馆资料整理的表3内容。

表3　四川大学文学院和法学院1940年10月12日被日军轰炸的受害情形

弹着点	枚	受害情形
文学院宝殿右侧	1	烧夷弹，未爆炸。
文学院宝殿后面	1	爆炸圆周面积约4丈、深约2丈，炸伤1人，炸毁房屋6间，震塌房屋2间，房屋价值3千元。
文学院宝殿后操场	1	爆炸圆周面积约5尺、深约3尺，炸伤2人。
文学院教室	1	爆炸圆周面积约4尺、深约3尺，炸毁房屋1间，房屋价值200元。
文学院教室	1	烧夷弹，未爆炸。
文学院教室后面	3	二枚未爆炸。另一枚爆炸后圆周面积约5丈、深约2丈，炸死3人，炸伤4人，炸毁房屋5间，震塌房屋2间，房屋价值2千元。
文学院宝殿左角	1	爆炸圆周面积约2丈，炸死11人，炸伤5人，炸毁房屋2间，震塌房屋4间，房屋价值600元。
文学院菜园内	2	爆炸圆周面积，一枚约8尺、深约6尺，另一枚约1丈、深约8尺，炸伤2人，炸毁房屋2间，房屋价值200元。
法学院走廊	1	爆炸圆周面积约8尺、深约5尺，炸死2人，炸毁房屋2间，震塌房屋3间，房屋价值400元。
法学院天井	1	爆炸圆周面积约8尺、深约6尺，炸伤1人。
法学院厨房	1	爆炸圆周面积约6尺、深约4尺，炸伤1人。
保育院空坝	1	爆炸圆周面积约1丈2尺、深约1丈。

1940年10月27日，日本军机以成都少城公园及其附近的老皇城一带为目标进行轰炸，毁损成都少城公园内的市立民众教育馆、王铭章将军铜像及甫澄纪念医院等，还在汪家拐南城小学内投弹一枚，拔起大树一株，压毙一人。

六、结语

侵华日军对中国的战略轰炸始于1931年10月8日对锦州的轰炸。1937年，卢沟桥事变后扩大到中国各地城市。1937年12月日军占领南京后，中国国民政府迁往重庆，重庆成为中国对日抗战的临时首都。于是日军将重庆作为其战略轰炸（特别是无差别轰炸）的最主要目标。成都是四川省的省会城市，是中国西南的政治、经济、文化中心之一，也成为日军实施战略轰炸（特别是无差别轰炸）的主要目标之一。

日军轰炸成都是与其轰炸重庆相联系的。日军1939年5月3日和4日狂轰滥炸重庆市区之后，风闻重庆国民政府可能被迫迁往成都，紧接着就在同年6月11日对成都市区也实施了惨烈的大轰炸，其范围从此前在1938年11月两次轰炸成都市郊的凤凰山和太平寺两个飞机场，扩大到轰炸成都市区内手无寸铁的平民和他们赖以生存的家园。

日军对成都市区进行的轰炸（特别是 1940 年 5 月至 1941 年 8 月连续密集的无差别轰炸），向成都市区投下大量的炸弹、燃烧弹，致使大量民房和学校、医院、教堂等严重毁损，平民死伤为 3376 人以上。

日本军机对于成都市区上述非军事目标的轰炸，严重违反了国际法，尤其违反了《海牙空战规则》中关于"轰炸时必殃及平民者，则航空器不应加以轰炸"（第 24 条第 3 款）与"航空器施行轰炸时，其指挥官应尽其力之所能避免轰击用为公众礼拜、美术科学或慈善性质之建筑物，历史纪念碑、病伤船、医院及病伤者之收容所"（第 25 条）等规定。

侵华日军对于重庆市区、成都市区和乐山、自贡、松潘等四川各地 60 多个城区进行的无差别轰炸，其目的之一是企图摧毁对日抗战大后方的四川民众和中国国民政府的抗战意志。在鹿屋海军航空队 1941 年 7 月 27 日《成都攻击战斗详报》中，记载日军轰炸成都、简阳、遂宁、广安街市的"军极密"计划之后，还自述其当天的轰炸"功绩显著"，"第二十一、第二十二航空部队的中攻（轰炸机），与战斗机和陆上侦察机全力合作"，对于"成都的西南部市街与附近的简阳、遂宁、广安各城市，给予毁灭性的损害，以挫败其抗战斗志"。但是，这一目的并没有达到。从日本军机 1939 年 6 月 11 日对成都市区大轰炸的暴行来看，则极大地激发起成都民众的抗日意识；他们并没有屈服于日机的连续密集而无差别的轰炸——即使是 1941 年"七二七大轰炸"后，也如同前引秋池《"七二七"血债录》一文所述，成都人"同仇敌忾之心情，全是一样，每个人心里，莫不燃烧着怒火，切齿痛恨万恶的日寇"，奋起投入到抗日行动中，直至取得抗战的全面胜利。

本文写于 2015 年

日机三次轰炸南充纪实

唐文山　林维明*

本文作者唐文山，当时在南充县城工作，目睹了第二次日机轰炸和抢救工作。现根据唐文山的遗稿和有关史料记载，将日机三次轰炸南充的情况整理如下。

一、第一次轰炸

1940年农历四月十二中午十一时许，日机18架从城南上空俯冲下来，对南充城区进行轰炸。据官方记载，这次是日机试探性的演习轰炸，投弹25枚，被炸中心是城北郊外，炸死14人，伤3人，毁房4幢。

二、第二次轰炸

1940年9月3日，天气晴朗，万里无云。南充县城人民像往常一样忙着生产、生活。十一时左右，城内德合丝厂（今南秦集团缫丝厂）的汽笛已连续发出三次空袭警报（即敌机入川预备警报，向本地区飞行空袭警报、敌机快要临空紧急警报）。城内人民见此情景，便预感今天形势不好，恐怕大祸即将临头。要想走，出城要道仅有四五条，通过狭窄的城门时不免受阻碍（城门口进出旧道一直未加扩展），故多徘徊不决。南充城地势平坦，西北郊是山谷，东南方则为河流，且是敌机飞来航向，因之西北郊遂成为躲避空袭的好去处。城中有钱人家，早已在远僻的乡间佃有疏散住房，家中亦雇有人、车，一遇有警，则将贵重什物运走，人随之而去。临时收拾仓促出城逃命的平民，毕竟为数不多。大多数小摊小贩，因货物搬运费力，且存侥幸心理，每闻警报，仍照常营业，一无所虑，迨紧急警报发出，敌机临空，出城实已来不及，只好隐蔽家中，或随便找一偏街僻巷，与同辈饮茶、酒。还有一些从乡村进城买卖东西的人，不知轰炸的厉害，闻警若无其事。更因县长唐锦柏曾用拉空袭警报哄骗过乡民，所以这次轰炸，炸死、炸伤的，大都是这些人。

中午十二时许，36架标有太阳旗的日机由东南方向飞临南充上空，先纵横绕城飞行三匝后，然后下降低飞。每3架为1个小队，成"品"字形，3个小队组成1个中队，3个中队组成1个大队。自小南门顺嘉陵江而上，即散开成3列；一列在河街上空直至五里店，一列在正南街（解放街）、药王街上空，一列在大北街、小西街、小西门上空，可以说是满布城区上空。日机先用机枪密集扫射，继则投掷大量的炸弹和燃烧

---

* 作者唐文山抗战时期曾在南充城做事；林维明系南充市政协教科文卫处主任干事。

弹。顷刻硝烟弥漫，到处起火，房屋倒塌之声、炸弹爆炸之声有如山崩地裂，全城顿成一片火海。但见各街、巷死者累累，伤者呻吟不绝。血肉模糊，令人惨不忍睹。

日机轰炸的同时，还投下了大量的传单。所投传单大致可分三种：

1. 传单上方印有"轰炸到底"四个红色大字，下方画有几个巨型炸弹，写上投掷地点：重庆、成都、雅安、昆明。

2. 传单上画一漫画，前面一人是蒋介石，身后一人写明"共产党"，正拿刀刺蒋，而蒋的脚下土地四分五裂，暗示蒋的江山四分五裂，寿命不长了。显然这是一幅挑拨国共两党关系，破坏抗日民族统一战线，对蒋介石施行政治诱降的宣传画。

3. 传单印的是"小申报"，是上海出版的8开小报。内容是说：沦陷区如何繁荣安乐，人民生活如何美好，并大肆宣扬日本军国主义刺刀下的"王道乐土"如何昌盛。

日军投下的这些传单，是想通过反面宣传来达到瓦解人民抗日意志、侵占全中国的目的，其用心何其毒也！

日机肆虐完毕，便由城区向东飞去，经过不到20分钟，但给南充人民造成的损害则是不可估量的。

日机去后，有些热心青年即回城内救火，先发动群众把小西门、西栅子、大两门一带的火势扑灭。城中正南街、四桂坊、鸡市口和仪凤街、平城街等处，虽皆中弹燃烧，因及时抢救未至蔓延。

至于炸死、炸伤的人，那就太多了。有全家死尽的，如黉墙街谭卑儿兄弟和鸡市口张成义、费老大等，都是开饮食店的，全被炸死；有炸死部分的，如新城门开药店的罗世顺及其母子3人，只余其妻1人，其妻因家中遭此惨祸，神经受刺激而疯癫，不久也去世了；也有农村或外地来此遇难的，情况多得无法列举。尸体触目皆是，特别是大东门的酒、油市，三公庙的鸡鸭市，外五显和过江楼的米市及茧市街、小西门一带地方，被机枪、炸弹打死炸死的民众成群成堆，难以计数。仅大南门外的城壕边（现水泥制品厂处）就横列着两百多具焦黑尸体，分不出男女老少。更伤心惨目的是大东街和二府街以及果山公园的杨槐树上，有的挂着头首，有的挂着四肢，有的挂着血淋淋的内脏或皮肉，死者姓甚名谁，无法查考。唯闻子呼其父，妻哭其夫，兄寻其弟，号啕之声，遍及全城。

侥幸未死于机枪扫射、炸弹轰炸、房屋倒压、宅室烧毁的人，在敌机离城、惊魂略定后，纷纷从火里、灰里和倒塌的房屋里爬出来，满身满面都是泥尘，目瞪口呆，语言凄切，有的皮肉受伤，有的神经受震，非常可怜。

接着清查死亡人数和投弹多少及落弹地点。当天只清了几条大街和几个集市，明显摆出来的尸体，就登记了一千余具，因天快黑了，只好暂停，准备明天再继续清查其他街巷并挖掘埋藏在火里、灰里和墙屋瓦砾堆中的尸体。不料忽传县政府接到省政府来电，说是上报日机炸死人数时，最多不准超过500人，多报了就要将地方官吏一律撤职。于是政府不许清点，群众亦不敢再过问。究竟这次轰炸一共死伤多少人，当时说不出一个准确数字。至于敌机投弹多少，据当天初步调查，各街巷、地段登记的有迹可寻的数目，就有近三百处，有些炸弹深陷土中，尚未爆炸，弹坑深数尺至丈余。后有铁工拟将炸弹取出，触发雷管，又炸伤一些人，有的甚至成了残废，至于投下的燃烧弹，多已消化无形，更难于统计。

据有关史料记载，这次轰炸，损失巨大。据不完全统计：日军共炸死民众一千余人，炸伤一千余人，投掷各种炸弹288枚，毁坏房屋八百多幢。而国民党官方统计的灾情是：死亡仅453人，伤251人，损毁房屋400幢。

三、第三次轰炸

1941年7月27日上午十时许，防空警报萦绕南充县城上空，城内居民吸取了第二次日机轰炸的惨痛教训，闻警后纷纷逃到郊外躲避。只有部分居民及营业摊点存侥幸心理，不愿离去。十一时许，紧急警报刚过，日机27架由城南方向飞临南充城，离地面高度约300米，分三路投弹轰炸。轰炸的主要目标是嘉陵江上交通线。炸弹多数投在沿江两岸，有的投入江中，掀起了3米多高的浪柱。部分炸弹投入城内，落到孔迩街、簧墙街、药王街、东学院街等地，顿时烈焰冲天，伤亡惨重。据亲历者回忆，这次轰炸，日机飞得很低，好像就在头上一样，位于簧墙街和孔迩街转角处的茶馆"贤馆阁"被炸后楼阁垮塌，瓦砾遍地，屋内喝茶者数人被炸死，有的尸骨残碎，惨不忍睹。落在药王街和东学院街转角处的炸弹，将一人的头盖掀去，尸体躺在瓦砾上，脑髓飞溅四处，血肉模糊。10分钟后，日机轰炸完毕，向城东南方向飞去。

这次轰炸造成很大的损失。当时，南充县县长唐锦柏将轰炸造成的损失和抚恤情况，向省府写了报告。其内容是："七月二十七日，（南充）被敌机轰炸损害情形为：共炸死18人，伤16人；死者每人补助60元（法币，下同），重伤者每人补助40元，轻伤者每人补助15元；民营事业财产损失共8792元，住户财产损失共63400元。"又据有关史料记载，这次轰炸，日机共投弹28枚，毁房7幢，炸死民众数十人，炸伤数十人。日机三次轰炸南充县城，共出动轰炸机81架，投弹341枚，炸死一千余人，炸伤近两千人，炸毁房屋850多幢。各种物质损失不计其数。昔日繁华的果城南充在不到两年的时间里，连续三次遭此厄运，街毁人亡，萧条破败。直到1949年12月10南充县城解放，被炸过的街道虽有部分修复，但断壁残垣，仍可看见。原云集在沿河一带和下半城主要街道上的商号店铺，也多向模范街一带迁移。

本文写于1993年

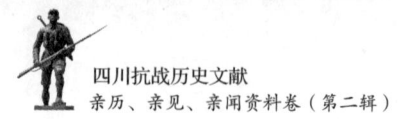

侵华日军轰炸自贡实录

袁嘉锴

从1939年10月10日到1941年8月19日，不到两年的时间内，日本侵略军曾窜来我市空袭达7次之多。有两次我也差点就被炸死，有幸今天还能作为历史的见证人，来控诉日本侵略者在自贡狂轰滥炸、惨绝人寰的滔天罪行。

1939年10月10日，自贡市第一次遭受日机空袭。那时，我还不到16岁，刚进入蜀光中学读高中一年级。10月10日是当时的国庆日，学校放假一天。早饭后一会儿，我从学校经兴隆坳到正街邮局我哥哥那里去。十点左右，我快到竹棚子时，预行警报的汽笛拉响了。十多分钟后，又发出了空袭警报。这时，人们逐渐忙起来了。有的商店里伙计们匆匆忙忙地收拾摊子；有的铺子赶紧上夹板，有的住户已在关门闭户，路上人行色匆匆。刚到邮局，我哥哥正在忙着结束公务，亟待出发。

哥哥和我刚走出邮局，紧急警报的汽笛声显得特别响亮，正街上显得静悄悄的。我们穿过邮局对面的小巷，至白节滩再向汇柴口方向前进，听到从背后方向而来的敌机轰鸣声越来越响，我们只好在一家民房屋檐下隐蔽起来，躲在一个角落处，坐观动静。轰鸣声愈来愈近，忽然"嘘——嘶——"响声震耳，一阵阵炸弹坠落的尖叫声后，紧接着在眼前出现从对面雨台山一带迸发出来的五光十色散射的强光，继之是滚滚升起的黑雾。继而，震耳的轰隆爆炸声夹杂着房屋倾倒的哗啦声，从四面袭来，周围的房屋也颤动得好似地震一样。稍过片刻，又听见敌机轰鸣声、一阵炸弹声，然后一阵"嘎、嘎、嘎……"机枪扫射声和枪弹击碎瓦片的铿锵声，敌人的气焰何其嚣张！

听见解除警报的汽笛声一响，我们很快从隐蔽处出来，走到釜溪河边石板路上。看河对面正街一带及我们周围的房屋尚且完好，却听得过路行人说，露水湾、双牌坊一带被炸毁得十分厉害，于是我们径向那边走去。

到露水湾一带，只见弹坑累累，四处断壁残垣。几处发现被炸同胞的遗体，血渍斑斑，惨不忍睹。在一处竹林下，俯卧着一位年四十上下的壮汉，遍体泥沙，呻吟叫苦不迭，臀部衣裤被弹片击中处染上了一大团鲜血。几位目睹者无不心碎、发指，只恨无能为力，只能劝慰他暂时忍耐，等待防空指挥部的担架和医护人员的帮助。

从露水湾绕过双牌坊到新桥，一路上的房屋被严重破坏。站在新桥头远眺，培德中学的楼房只留下几片颓垣，四周民房已"千疮百孔"……我随哥哥回到邮局，虽然房前屋后表面完好，但一走进屋里，地上、桌面、床头、帐顶、卧单和被面等，都积满了几毫米厚的扬尘。我们几乎清扫了半天，才坐得下来休息。

下午回校时，我有意绕道唤鱼池翻山过去。从山顶上瞭望，看到远处田土中又是大大小小的弹坑。在一处住有十多户人家的大院屋顶上，完好的瓦片已经不多了。听说死伤也不少，实在不忍再走近去细看；时间又晚了，我才沿着公路、径往东只寺渡河返校。

刚进蜀光校门，立即看到一些同学正在围观一个弹坑（那时树木还未长成，可一眼望见），位于教务处和男生教学楼两角的中间，坑直径约5米，深4米左右。附近两处砖墙裂缝有几厘米到十多厘米。教学楼一角的屋顶已经洞穿。周围的玻璃窗，震坏殆尽，屋檐下碎玻璃片、碎瓦片比比皆是。

回头，我于校内外巡视了一遍。除上述弹坑外，大操场的足球场内及河边竹林中计有四处，还有一枚炸弹在男生食堂内尚未爆炸。总共校内着弹6枚。校外的弹坑则较多，多数集中在罗湾与釜溪河之间的大田中。整个伍家坝幸而尚无伤亡。

当晚，我全班同学都到校，但已无法上晚自习，于是回了寝室，在一摇一摆的油灯下，同学们围坐在木板床上，一齐倾吐所见所闻，无不群情激愤，咬牙切齿，激起了强烈的爱国热情。学校为坚持教育救国，要求大家安下心来，第二天继续上课。

五十多年过去了，这次日机空袭的暴行在我们脑海中留下的记忆仍然历历在目，也永远磨灭不掉。每当思及抗战往事，这一天的经历就像"过电影"一样，一个画面又一个画面、一幕又一幕地在脑际中重现。我们永志不忘。

据后来统计，"双十空袭"中，敌机共投弹113枚，其中烧夷弹16枚。我死伤居民112名，其中死亡27人。炸毁和震垮民房15间（处），财产损失计法币150万元。

第二次空袭是1940年7月5日。"双十空袭"后，加紧进行挖防空洞等设施，人们疏散隐蔽也提前了。这回我也赶快躲进了防空洞内。事后，我仍然对被炸区域巡视了一遍。记忆最深的是豆芽垮一带重灾区。豆芽垮原本是木材堆占较集中的地方，住房比较零散，死伤较少，但是投弹却较多，其中有烧夷弹。我们经过时，还看到木材燃烧后的余烬，有的还在冒烟。民房中受炸严重的有几处，陈家祠堂（今豆芽垮小学所在地）是最突出的一处。其他被炸区域，我记忆中已经不那么清楚了。因为市中心区范围有限，每次空袭后，都要抓紧恢复生产，安定生活，突击修复。修复了又被炸，被炸了又修复，先后几次，时隔五十多年，要做到清楚地记着每次被炸过的区域，比较困难。

第三次空袭是1940年8月12日。这一次，蜀光中学被炸得特别厉害。时在暑假，我一回到校门口，学校面目全非。男生教学楼、男生宿舍几乎全部被炸毁，部分教工宿舍、男生饭堂、盥洗室等损失严重。我回校时，学校显得空荡荡的，也没有遇见几个人，气象十分凄凉。后来访问了老师，他们愤慨之余，斩钉截铁地说："下学期仍如期开学。"经抓紧修整，学校把男生教学楼西部楼下尚可修复的几间教室做了我们的寝室，木板铺摆得密密麻麻的。男生都改在女生部楼下上课。敌机的暴行激发了我们奋发学习，更加坚定了"尽心为公、努力增能"迅速成才的决心。

这第三次空袭是七次轰炸中居民伤亡最惨重的一次，共死92人，伤残157人。当时大型、坚实的防空洞数量极少，且尚未建成，容纳量有限，简易防空设施较多，却难以御敌。上桥石滩坝钟森荣祖孙三代13人就惨死在简易的防空洞里。

后面四次的时间分别是1941年的7月28日、7月29日、8月17日及8月19日。

时间间隔短,集中在20天左右。敌人实行的是"连日轰炸""疲劳轰炸"。

1941年7月28日,日机5批共130架次轰炸自贡,空袭时间持续三小时以上。新街、米行街、石塔上等地几成焦土,其他张家沱、灯杆坝等处也十分严重。这次是投弹最多的一次达375枚,也是投烧夷弹最多的一次计140枚,烧毁民宅754间,也是财产损失最大的一次,值法币7000万元,占七次轰炸中财产损失总和的56.5%。

正当遍地尸骨、血迹未干、哭声不绝、悲天恸地之时,第二天日机又分两批73架次袭击了双牌坊、海潮寺、正街以及高硐等处。仅隔十多天,又是两次的"隔天空袭"。

这四次空袭使盐厂遭受了极大的损失,除民房外,井灶房、天车、枧竿等也被炸。全市人民更加义愤填膺,刻骨铭心,也更努力发展生产,踊跃献金,支援前线。

累计七次空袭,日军出动飞机16批共483架次窜扰我市,共投弹1544枚,造成死伤987人,炸毁、震倒和烧毁房屋共2785间,财产损失共计12400万元。

除生命财产损失外,精神上的折磨是无法以数字计算的。除自贡七次被炸外,日机还多次到成都、重庆空袭。因此我市经常有警报汽笛之声,弄得人心不安,思想上压力很大。特别是夜袭,鸡犬不宁。

1941年以前,蜀光中学的防空洞尚未竣工。我记得多次夜间"躲警报"的情景。一有空袭警报,我们睡意正浓的青年学生仍想贪睡,但谁能料到敌机当晚袭击何处,警报声一响,揉揉眼圈,伸伸懒腰,只得翻身爬起来,手拿草席,臂夹铺盖卷,离开寝室,暂时告别学校。我们从学校背后的山脚下,人跟人地沿小路进发,到辕门口(现冷冻厂所在地)略为休息,又顺河往鸿鹤坝走。这时才找一块稍平坦的地方铺上草席过夜。要等到解除警报,才能回校舒坦地睡一觉,但疲倦没有完全恢复,第二天照常上课。有时白天、黑夜,连续几天的空袭,弄得人疲惫不堪,精神上难以忍受。当然,盐厂工人日夜"躲警报"时仍要照常生产,更不堪其苦。不过,敌人造孽愈深,我们的仇恨也愈深,抗战到底的决心也愈大。

日本侵略者妄想用武力、用轰炸征服中国的如意算盘终于破灭了。今天,我们需要的是自强不息。我们也需要和平,只有把我们的社会主义国家建设好,只有具备了强大的国力足以自卫,我们才能获得真正的和平。

本文选编自《自贡市文史资料选辑》第二十五辑,1995年

日本敌机轰炸宜宾纪要

李国章

1937年到1945年，日寇飞机在这八年中，窜扰我省领空，狂轰滥炸，人民的生命财产损失难以计数。在这血腥的八年中，敌机袭川，每次发警报、跑警报，我都有所记录。

抗战期中，敌机侵袭宜宾，先后共达11次。在宜宾上空窜扰盘旋，计4次；在市区和菜坝机场投弹，计6次；在菜坝机场用机枪扫射，计1次。纪要如下：

一、敌机在宜宾市上空窜扰盘旋，计4次

第一次：1940年4月23日12时半，敌机入川，我城发出预行警报，过1分钟发出空袭警报，再过10分钟发出紧急警报，再过10分钟敌侦察机3架已到达宜宾上空，旋向机场飞去，适遇我机6架由蓉赶来，敌机因恐低飞被袭，旋即遁去。

第二次：1940年8月16日11时，本市发出注意警报，11点35分发出空袭警报，12时发出紧急警报。旋有敌侦察机1架飞至宜宾上空，盘旋一周东去。至13点50分解除警报。

第三次：1941年8月17日敌机20余架分批由鄂于8时零8分入川。8时20分，我城发出注意警报，9时52分，敌机一批27架由陕入川，9时50分本市发出空袭警报。10时6分敌机飞抵大足，我城发出紧急警报，11时5分敌机抵宜宾上空。11时34分在自贡投弹。13时25分本市解除警报。

第四次：1944年11月10日22时12分，敌机由鄂经宜都、长阳一带入川。23时8分发出注意警报，23时45分经忠县、涪陵、长寿过水川向西南飞，我城发出空袭警报，23时56分经合江到泸县，24时本市发出紧急警报，0时35分经纳溪、长宁、高县，到宜宾上空，0时54分，经自贡、荣县、仁寿到成都。1时，本市恢复空袭警报，1时50分，敌机由东逸去。1时55分本市解除警报。

二、敌机在宜宾市区和菜坝机场投弹，计6次

第一次：1939年10月2日23时30分，宜宾发出预行警报，过10分发出空袭警报，至24时发出紧急警报，再过10分敌机已到宜宾市上空。是夜敌机共三批：第一批12架，第二批6架，第三批9架，共计27架。盘旋宜宾上空足有三时半之久，在菜坝机场投弹100余枚；在市区投弹1枚，系12磅小型炸弹。中弹的地方，在小北门内崇报寺门前，炸死1老人、1小孩，炸伤1妇女。

第二次：1939年11月19日10点10分，敌机入川，本市发出预行警报，过10分发出空袭警报，再过10分发出紧急警报。至10点40分，敌机25架已到达宜宾上空，盘旋四大转，至12点始飞去，相隔10余分钟，又有9架敌机飞来，在菜坝机场投弹30余枚。

第三次：1940年4月22日18时30分，宜宾发出预行警报，过10分发出空袭警报，再过10分发出紧急警报，至19时敌侦察机1架及轰炸机9架已临宜宾上空。其9架为"品"字队形，盘旋几大转后，敌侦察机1架即在菜坝机场上空投掷照明弹，先后2次，共计三十余枚，每个照明弹上均装置有保险伞，徐徐降落，光亮异常。敌轰炸机9架见着照明弹，即向菜坝机场方向飞去。先后3次投弹五百余枚（内有巨型炸弹2枚）。炸死卫兵2人，炸伤1人，机场附近民房燃烧数间。据查敌机投入照明弹，在我抗战期间并不常用，该次在宜宾投放，仅属第三次，其在川境使用，此为第一次。

第四次：1940年5月19日18时半，敌机入川。宜宾发出注意情报，过数分钟发出空袭警报，再过数分钟发出紧急警报，再过数分敌机20余架已临宜宾上空，盘旋至第三次，即行投弹。北门外真武山中弹2枚，陕西馆中弹1枚，洞子口河边中弹3枚（1枚落水中）。此外宗场所属铜锣湾，敌机又投弹2枚，麻塘坝投弹1枚，菜坝附近投弹数10枚，合计炸死12人（铜锣湾炸死6人），炸伤24人（铜锣湾炸伤2人）。至21点半敌机始飞去，警报旋即解除。

第五次：1941年5月20日，敌机数十架分三批由鄂入川。本市于9时50分发出注意情报，11时5分发出空袭警报，12时15分发出紧急警报，敌机27架（"品"字队形）于13时10分，在宜宾上空盘旋一周，在菜坝机场投弹300余枚，炸死1人，炸伤数人，又炸伤邮航机1架，敌机投弹后东适。本市于14时31分解除警报。

第六次：1941年8月11日。敌机多架分批于4时9分由鄂入川。4时24分（天将晓），本市发出注意情报；5时1分本市发出空袭警报，8时45分本市发出紧急警报，9时20分敌机在宜宾地区投弹。16时2分本市解除警报。

是日敌机轰炸宜宾，侵入市空，先后共计27架。第一次9架，在市区投弹百数十枚（内有10余枚未爆炸）；第二次18架，经市区飞过。

据相关记载本次市区被炸，中弹街道共计39街：属于南方，共21街（南街、外南街、栈房街、土桥街、城墙巷、牵藤街、大南门街、寿昌寺街、观音阁街、粮房街、合江门街、涌泉街、韭菜园街、文重街、水洞口街、大水井街、南福街、一洞天、会府街、斗姆宫街、女学街）。属于西方，共9街（中西街、西城角街、水池街、伞把街、大巷口街、小巷口街、大扁担街、三倒拐街、文昌宫街）。属于东方，共8街（东街、小鼓楼街、小鼓楼巷、老米市街、小北街、毛狮街、明伦堂街、大林家巷）。属于北方，只1街（下北街）。此次共计炸死100余人，炸伤100余人，烧毁房屋20余间，炸毁房屋150余间。是日警报时间达11点38分之久。

三、敌机在菜坝机场用机枪扫射，计1次

1941年6月23日8时，敌机分批由鄂入川。本市于8时30分发出注意警报，10

时 49 分本市发出空袭警报，11 时 8 分本市发出紧急警报，11 时 26 分，敌机一批 7 架，由彭水经南川、合江、江门、古宋，飞抵宜宾市上空，盘旋约 10 分钟，在菜坝机场用机枪扫射后东逸。本市于 13 时 27 分解除警报。

敌机轰炸宜宾，惨无人道，人民无不切齿痛恨，我广大军民在民族仇恨的前提下，团结一致、救亡图存、流血牺牲、前仆后继、英勇奋斗、抗战到底，终于取得了最后胜利。

此项材料，是在抗战时期专记敌机袭击宜宾时的种种情况。如敌机窜扰市空的年月日时分，发出警报种类（当时空袭警报为预行警报、空袭警报、紧急警报、解除警报以及注意情报等几种），敌机架数，敌机动态（盘旋、投弹、机枪扫射），敌机投弹数，中弹地区，中弹街道，死伤人数，炸毁房屋数等，记载较详。每次解除警报后笔者做过实际查证。宜宾人民对日本军国主义者这些血腥屠杀的轰炸罪行，无不满腔愤怒，虽岁月如流，但血淋淋的事实，我们仍记忆犹新，而且永远也不会遗忘的。

本文选编自《宜宾文史资料选》第四辑，1995 年

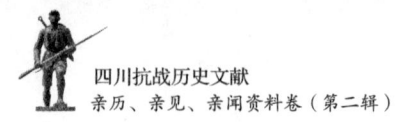

四川抗战历史文献
亲历、亲见、亲闻资料卷（第二辑）

泸州"九一一"惨案纪实

朱花朝

七七事变后，日本政府发布三次近卫声明，制订 101 号作战计划，出动大批日机，对陪都重庆及大后方其他地方狂轰滥炸，妄图逼降以蒋介石为首的重庆政府。泸州作为一个支持抗战的堡垒，自然成为日本空袭的重点目标，遭到多次轰炸。本文是作者亲自在泸经历了"九一一"惨案的发生并看到其惨状后写成的，现摘录如下：

一、惨案的发生

1939 年 9 月 11 日上午九时许，泸州钟鼓楼顶挂出一个球，防空指挥部发布预行警报。我同四个同学，急上忠山泸职校，喘息未定，空袭警报与紧急警报相继拉响，报道敌机已快临空了。我与同学急入职校防空掩体，坐在防空洞口，仰视蓝天，俯视全城，想要看个究竟。

敌机一群从合江方向飞来，3 架一组，9 架一队，四队共 36 架，飞到豆芽沱变成"一"字形，向泸州城俯冲过来。一进入市空，机上炸弹倾泻而下，轰轰轰的炸弹爆炸声，夹着哒哒哒的机枪连发声，不绝于耳。一股股浓烟，冲天而起，不久浓烟火柱，吞没泸州城，尤以北城为剧，一场惨案顷刻便在泸州开始了。第一次炸后，机群越过忠山向沱江上游飞去。六七分钟，嗡嗡的敌机声返回了。由远而近，飞临上空，一阵机枪扫射声、炸弹落地爆炸声，震得防空洞都颤抖，墙壁泥土纷纷下落，这是重磅炸弹在逞凶。我五人沉默无声，心念不知多少人家挨炸，多少房屋被烧，多少人民死伤，万恶的日本法西斯，真是犯下滔天大罪。

约一小时，解除警报，我同洽庐（中国应用化学研究所）两位同学首先出洞，看到职校厨房中弹，房屋炸去一角，弹坑五尺直径约。下山路旁有弹坑三处，坑深大的约一丈，小的约五尺，坑边有血迹，坑外有伤员待抢救。我们撕衣布给伤员初步包扎后，等到抢救担架队来抬走，才走向洽庐后门。走到一看，毒气仓库值班员苟兆麟，在仓库被炸抢救毒物中受伤，脸部已肿得很大。他说："第一次敌机向洽庐投弹多枚，将水塔顶炸飞。第二次向塔部投重磅炸弹多枚，将塔下钢筋水泥资料库炸毁。"其他科室办公用房，也中弹将房屋炸塌，幸人员进入防空洞未伤一人。只他一人中毒。

入西门，路旁防空蓄水大黄桶全部被震坏，水流满街，增添了惨状。钟鼓楼附近居民，从着火的家中抢出衣被等物，堆到钟鼓楼脚，堆积如山，老弱妇幼，坐地望天痛哭，咒骂日寇飞行员无端炸烧平民住宅。往下到迎辉路街上，因家遭炸毁，人们纷纷扶老携幼，步履艰难地向忠山方向走去，准备下乡投亲，求个安身之处。

大什字一带，许多商店店员正在抢运店中货物和账册；担架队和滑竿，正快步抢运死伤人员，死者头上盖一块白布，向忠山抬去掩埋；伤者向南城未炸到的医院如红十字会医院、大昌医院等地，轻重伤员已住满后，便抬去南郊临时组织的医院，因而去南郊绿茵的路上两边干田菜地都放上抬伤员的门板、竹凉板，真是一块接一块。上面躺的伤员，有的是被炸伤的，有的是被烧伤的，有的是被机枪扫射的。受伤部位，头、胸、膀、腿、脚都有。一路担架直摆到三岩脑任范清医疗所门口；一路摆到去金鸡渡渡口码头，准备送往南岸新设医务点。伤员及守护伤员的家属，无不痛心地咒骂日寇的暴行，也希望我前方将士把日本鬼子赶快赶出中国去。

在慈善路靠水井沟这头，见到张沧漠、周瑞龄、张承尧等人，手持银元，奖励救火人员，凡参加这一带抢火者每人一个银元。另从消防队拉来两架手摇消防车（火龙），目的是把火势阻在赵巷子（有两重风火砖墙）以北，不使火势突过赵巷子向南延烧，确保南城街房安全。慈善路也有弹坑，凝光门附近街上有一巨大弹坑，周边还有很多人血，看来此处定有死伤。

到下午三时，城防军方才宣布戒严，火场地段准出不准进。西门进城，要有特别通行证才准进来；南门进城除担架、医疗抢救队外，也要检查，维护现场治安。

二、炸死炸伤人员有多少

日机在不到30分钟里先后两次空袭泸州，投下各种炸弹六七十枚和若干燃烧弹，机枪弹更不计其数。炸弹最大的达500磅，小的二三十磅。在忠山上拾得的一块弹片上，有昭和年号及重量。1994年，泸州医学院基建中挖出未爆炸弹一枚，也是日机在泸州留下的罪证（江阳论坛留有照片）。

重磅炸弹投在洽庐（今泸医门诊部）、石厂湾（今忠山公园）、白塔街、凝光门各处，因炸、烧、机枪射杀而造成的重、轻伤员人数说法各不相同。据当时城区副区长、防空指挥部消防队副总队长、担架队总队长姜继皋说，根据掩埋队掩埋数回报和救灾委员会的不完全统计，死伤为2700余人，其中死尸1160多具，轻重伤员1445人，其由家属自行处理未参加登记的约有300人。此数据被公认为当时有关的官方统计，比传说、传闻可靠性大些。至于被炸后现场遗尸分布情况是：东门处竹架子附近是310具；大北门外、小北门到枇杷沟黄坡山一带有230多具；西门外蓄水池（今足球场）、石厂湾和森林一带（忠山东麓一樟树林区）有320多具；城内各街区共86具，不仅死伤数目大，而且其状极惨。鑫发源会计谢维德，被炸死在凝光门街上，头、躯干、四肢俱炸烂不可辨认，只从衣鞋等碎片辨识；慈善路照相馆杨祥瑞夫妇，一同被炸死，冲击波把两具尸体甩在街对面房顶上，血肉模糊，惨不忍睹；钮子街苏裱业墨松轩张济周的母亲、妻子、两子、两妹六人全被炸死，房屋被烧。张济同说：最伤心的是掩埋六个尸首时，连笤布都无一块，全是软埋。笔墨铺郑运川夫妇、子女六人，全家被炸死，收尸都未留一人；东门口桡桨铺刘兴六夫妻、子媳、孙辈十人被炸死，也未留一人，真是满门不幸。

三、房屋和财产的损失

"九一一"日机炸泸州,不知投了多少燃烧弹。时间虽不过半小时,城区却是八方起火,北城火场最多。到下午,钟鼓楼侧街房火舌飞来钟鼓楼下居民堆放物中,火焰蹿入钟鼓楼内,由于楼体起烟筒作用,一时楼脚所有火焰从楼内向上冲,火光冲天,把整个钟楼及四面大钟烧毁,泸州唯一的公共计时钟完结了。街房烧毁数达7600多户,占城区8700多户的88%,残存1100多户,多在南城。当年经济最繁华和集中的北城,所剩无几。由东门经迎晖路与宝成路出西门;由东门右拐经新马路、宝庆街、顺城街到南门老君庙;由砖城街经水井沟到中城公园;由院前街经三倒拐、黄坡街、桂花街到大北门;由会津门经孝义路、向阳街、治平路、慈善路到赵巷子,都是重灾区。其中钟鼓楼、图书馆、治平寺、泸永师管区军械库、中城公园、街市花园的周围地区,几乎尽成灰烬。许多人家先炸后烧,衣物未抢出一点;有的人家没有一针一线一碗一筷的在千家以上;有的人家未逃出空袭被炸死在屋内。如刘兴六家竟有12口人在家被炸死,至于炸死三个五个在家的不知多少(因前些时警报后无敌机来,导致民众思想麻痹)。当时灾民说:烧得筻尸布都没得一块,烧比炸的损害更大,真是惨绝人寰。

"九一一"惨案的财产损失,没有全面的调查统计,据当时防空指挥部消防副总队长姜继皋说:"这次大惨案中被炸、被烧得多的是商业区,商店、堆栈、仓库林立。如大、小河街是粮油烟酒糖盐商业中心;会津城墙街是山货药材集中区;钮子街是花纱、布匹、银行、钱庄及它们的堆栈、仓库;三牌坊、大什字、孝义路是匹头、百货;白塔街、慈善路是鞋帽、被服、皮革、新药、钟表;新马路、宝庆街是建筑材料和小百货等,这些街区的大街小巷有二三十条,所有的商店、作坊、公馆、民宅以及吃穿用具,地窖仓库、铁质保险柜等,悉化为灰烬。初步统计为银币2000万元以上,约值黄金十余万两之多(当时银行价计算)。"

泸州"九一一"惨案的损失是:伤亡人数仅次于重庆(4400余人);房屋被毁多于成都(成都"六一一"炸烧房屋6075户);在中等城市,受灾严重性居全川第一位。

四、施粥厂和重伤医院

"九一一"的灾民,家破人亡,身无分文,首先要解决吃饭问题。由泸县救灾委员会牵头,县政府、县党部、防空部、参议会等有关部门参与,组成施粥厂。由田粮管理处拨赈谷1400多石(市石),在水井沟、凝光门、南城联保办事处三地,各设施粥厂一个。每天上午十时,下午四时,每人施粥一大碗,不分男女老幼。这个简易的施粥厂,当时却救了不少人的命。

9月下旬,乐山出生的加拿大人文幼章先生,受重庆新生活运动总会督导长宋美龄委托,率医疗队飞泸来抢救"九一一"重伤员工作。当时泸州防空指挥部组成以彭云谷为组长的医疗组,下设第一重伤医院是红十字医院,第二重伤医院是大昌医院,第三重伤医院是小市戒烟所。第一重伤医院由彭云谷直接负责,收伤员200多人;第二重伤医院由周瑞龄负责,收伤员170人;第三重伤医院由贾本端负责,收伤员200余人。由于医护人员少、病员多,加上手术器械和药品严重不足,致使许多伤员伤口化脓生蛆。文幼章的到来,解决了医生、药品和器械不足的困难,为许多危急重伤员挽救了生命。由于城区警报频传,不利于工作,便在太安场川主庙设第四重伤医院,抢救更得及时。至1940年2月底,四个医院才完成对"九一一"惨案重伤人员的救死扶伤工作。

文幼章先生来泸后,见泸州灾民生活困难大,将重庆教友捐赠的1000元交给秦石香牧师(现年94岁,住三倒拐教堂),又举办一个施粥厂,地址在三倒拐教堂,上午十时,下午四时各施粥一次,不分男女老少每人一大碗,一直到11月结束。

五、惨案后的泸州

泸州有人作诗说:"疲劳轰炸竹难书,涂炭生灵百业疏。伏荒郊餐雨露,三天四夜不解除。"日机肆虐后的泸州,三牌坊、大什字、白塔街、钮子街成了大瓦砾场,各业停顿,商业活动已既无商品,又无钱成交。两个月之后,照相业才逐渐开门;新药业应群众急需,才以凉板在大厂坝摆摊设点;匹头百货迁到慈善路、南门口营业,但为数很少,远不能满足城乡人民生活的需求。加上当时还有两夜三天不解除警报的威胁,商业活动恢复很慢,有些商家根本不敢复业,以免担惊受怕。

当时群众的警报歌谣是:"挂一个球,预行警报,报告死神将到;挂两个球,空袭警报,快向郊外逃跑;挂三个球,紧急警报,把人命都吓掉。"这歌谣既是对警报的厌恶,也是对日本侵略者罪行的控诉。

回忆往事,既痛我泸州遭此史无前例的灾难,又哀我人民生命财产蒙受巨大损失。勿忘国耻,奋发图强,要把我们具有中国特色的社会主义建设好,不让落后挨打的历史教训再出现。

本文选编自《泸州文史资料选辑》第二十六辑,1995年

文幼章在日机轰炸泸州后率医疗队前来抢救

朱花朝

1939年9月20日，秋高气爽，万里晴空，何家坝临时机场上空，徐徐降下一架银灰色小型运输客机，从舷梯上走下11人。其中一人身材瘦高、西装革履、戴眼镜，年约四十岁左右，风度翩翩。他是中国乐山出生的加拿大人，国际知名人士文幼章先生。其余十人都是陪都（重庆）各医院抽调的外科医生来泸抢救"九一一"日机轰炸大惨案伤员的。

文幼章先生下机后即同前来机场迎接的人们：泸州防空指挥部参谋长彭斌、"九一一"大轰炸后成立的重伤抢救组组长彭云谷、第一重伤医院院长杨敬章（泸州红十字分会医院院长）、第三重伤医院院长贾本瑞（戒烟医院院长）、加拿大人基督教会牧师哈乎满（洪承轩，人称洪洋人）及其他人员一一握手。文幼章说："泸州群众遭受日本侵略军飞机大轰炸，受到史无前例的大灾难。我们受陪都人民和新生活运动总会指导长宋美龄女士和中国红十字会重庆分会、基督教重庆分会的委托，向泸州受灾群众表示亲切的慰问！向'九一一'大轰炸后对伤员群众进行救死扶伤而忘我工作的先生们致敬！我医疗队的十位医生将和你们一起来完成抢救工作。同机运来的医疗器材和药品（现人民医院还保存有这批药械中的外科手术台）请按照各种重伤医院伤员多少，适当地分配。"文先生中国话讲得清晰流畅，略带乐山地方口音。

文先生下榻于三倒拐（现濂溪路）基督教洪牧师处。21日至22日由抢救组长彭云谷陪同到一、二、三重伤医院进行视察（一医院设在肖巷子红十字会内，二医院设在慈善路大昌医院，三医院设在小市川主庙戒烟所），并向各医院的医护人员、伤员进行慰问！所到之处，他向医护人员及伤员说，我们从陪都调来了手术精湛的医生和急需的药品，缺医少药的问题得到缓解，希望医护人员努力工作，伤员们安心养息，接受治疗，早日恢复健康。

文先生眼见教堂里住了许多惨遭日机轰炸而无家可归的难民，生活非常困难。便同牧师商量临时解救办法。文先生取出陪都基督教友捐赠款1000元（此款是文先生募捐的），设立临时施粥处，由秦石香牧师负责筹办，请工人打灶、买锅、米、柴、碗等，施粥处很快办起来，每天施饭，上午、下午各施干饭、稀饭一次，不分男女老少每人每次一大碗。

秋去冬来，天寒地冻，许多重伤医院的伤员和教堂里住的难民们衣单被薄，不能御寒，了解此情况后，他便从施粥厂拨款做了一百多件棉背心，发给伤员御寒，个别难民缺少棉被的又买来旧棉被，每人发一床。

重伤医院工作全部结束后,文先生于 1940 年 2 月离开了泸州,他给泸州人民留下了深刻的印象,泸州人民将永远的怀念他。

本文选编自《江阳文史资料》第三辑,1989 年,原题作"日机轰炸泸州文幼章率医疗队前来抢救"

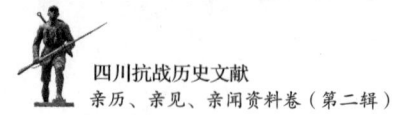

日机轰炸松潘事件始末

赵明强

1941年6月23日,日军出动飞机27架,轰炸了松潘县城及近郊。松潘"位居川西,界毗青、康、甘、宁,地虽边陲,实为国防、交通至要之道,尤以城区为川、宁、青诸省商贾云屯之所。近以抗战关系,军事方面及各种工业亦复疏往该县不少",松潘又"接近漳腊机场,又适值汽油运往该县",因此招致了日本飞机的觊觎。

松潘县县属小河营运输大批汽油存储距县城四十里之漳腊,当时军用汽油运输繁忙,敌侦察机曾来上空盘旋,县观察哨于午前11时即发现敌侦察机一架由西北向县城及漳腊机场上空旋绕一匝而去。23日敌机入川时,我方电台侦听到敌机在新津盘旋,随即杳无消息,待敌机飞临松潘上空才发觉。敌机系由平武到漳腊,盘旋半小时之久。

中午12时半,敌机27架由南向城飞来,超塔子山顶后变为"一"字形,向市区掠过,即开始肆意狂炸,低飞扫射。城区全部遭炸,北达东街、南达岷江,一片瓦砾,仅北门稍轻。人群蜂拥而去的西门沟、南门口、东门口一带以及正在授课之中心小学校,被炸后敌机又猛烈扫射,伤亡特别众多。中街为该县繁盛地点,炸后着火,其中段之省银行内,因爆炸甚烈,无法施救,全部毁灭。南门洞洞口两端各中一弹,无人幸免,骑马奔向西门沟的藏人全部遇难。

松潘县军法看守所所长兼监狱长祝肇华目睹了日军轰炸松潘的暴行,他在呈文中说:"窃本年六月二十三日正午,未闻警报,即忽然发现敌机二十七架由南而来。职当急督率看守开放监所,紧急疏散。乃不数秒钟,敌机已临市空,炸弹、机枪同时降击,监所左右各中弹一枚,监门上空机枪密集扫射如雨。彼时人犯刚出监所门首,职全令伏地避免受伤,数名均幸未死亡。枪声甫停,即四散奔逃。惟职发妻黄育芬被破片打入腹部,由后背穿出,登时身故;主任看守被破片、机枪击伤臀部、腿部等处;看守张文明被破片击破头颅,亦登时毙命。"

松潘县政府统计室在进一步调查后报告说,敌机投弹245枚。日机轰炸造成了巨大的人员伤亡和财产损失,计人民死亡198人,重伤204人,轻伤293人;燃烧房屋58幢,炸毁房屋187幢。当地救济院负责人称,掩埋尸体共约七百具。此次伤亡综计当在一千一百人左右。

当时松潘县政府、县财委会及四川省银行驻松潘办事处等重要机构均设在县城中街,日机轰炸后,县城中街燃烧起火,各金融机关都被焚毁,损失器具、公物及现金捐款344400元,省银行办事处被炸毁,省库拨付松潘补助费无从提取。

炸后伤民集中在公园内和省立小学校医疗,并请中央职业学校师生、绵羊改良场医生及国民兵团医官到场义务医治。中职校所存药品被炸，借绵羊改良场药品暂时应用，又经美国人传教牧师德儿克捐出少数药品，并亲临医治。第十六区专署也派出省边区医疗队张医官到县，另择城北门外龙王庙为治疗所。"但以伤民众多，药品缺乏，技术人员复不易觅"，造成治疗进展迟缓，伤民死亡众多。

四川省政府和省赈济会对松潘灾民进行了赈济，他们依照中赈会新规定抚恤标准，死亡每名60元、重伤40元、轻伤15元，共配发赈款24435元，并另拨赈款5000元救济被炸经紧急救济后非赈不生之赤贫灾民。

松潘轰炸造成的人员伤亡和财产损失如此惨重的原因：一是松潘仅有一座防空电台、一个监视哨所，电台与监视哨间又未加设电讯联络，以致飞机临城，人民未得警报，措手不及；二是当敌机尚未到达之前，县府曾奉省政府令，将派拨飞机来县助铲烟苗。此项消息先已晓谕民众周知，当日民众听到机声，以为是本国飞机，多在街头观望；三是空袭当天正值藏汉人民入城贸易日，城内人数增多；四是四川省银行驻松潘办事处储有枪弹等易燃品，造成了灭火困难。

本文选编自李仕根《四川抗战档案研究》，西南交通大学出版社，2005年

东京诉讼七日记

魏奕雄*

2014 年 5 月 4 日

我和罗保清老人搭乘中国国际航空公司 CA421 航班，从成都到日本参加重庆大轰炸案对日索赔诉讼。

抗日战争期间，我们乐山两次遭受日军飞机轰炸。1939 年 8 月 19 日，36 架日机投下 100 多枚炸弹和烧夷弹，炸死 838 人，炸伤 600 多人，半个城区成废墟；1941 年 8 月 23 日，7 架飞机轰炸乐山城区，另外 7 架轰炸苏稽镇，炸死 82 人，伤 171 人。

重庆是战时陪都，遭到了最惨烈的轰炸，炸死 10600 多人，伤 10100 多人。2002 年底，当年的受害者组织起来，成立了重庆大轰炸诉讼团，开展民间对日索赔。2006 年 3 月，重庆大轰炸案在东京地方法院（日文写作"东京裁判所"）立案，原告们要求判决日本政府为违反国际法的无差别轰炸赔礼道歉、谢罪和赔偿经济损失。其后，乐山、成都、自贡和松潘的诉讼团，作为重庆大轰炸的原告分团，先后加入，统称重庆大轰炸案，审理时按五个城市分别进行。每年开庭三四次，每次都只能派代表参加。乐山加入的立案时间是 2006 年 3 月 30 日。

重庆大轰炸案的原告共 188 名，我们乐山有 50 名，其中的 7 名原告代表先后 8 次赴东京参加诉讼，每次都有声援团同行。今天，90 岁的罗保清老人是第三次到东京。他的父亲，一位金漆匾对店的业主，手下有四名工人和徒弟。1939 年 8 月 19 日，被日军罪恶的炸弹夺去了生命。今年 4 月中旬至 6 月底这一回合有五次庭审，每个城市一次。我将参加的是 5 月 7 日第 27 次庭审。

这五次与往常都是原告出庭不同，每个城市各有一名历史学家作为证人，将研究五个城市被轰炸的学术成果，特别是从档案馆找到的相关材料，作为证据来支持原告。

重庆大轰炸辩护团的办公室设在一濑法律事务所。凡是来日本东京的中国原告团、声援团成员，都由一濑敬一郎夫妇负责接待，食宿都安排在位于文京区的后乐宾馆（原称日中友谊会馆）。

当我和罗大爷于北京时间 20 点（东京时间 21 点）到达成田机场时，一濑夫人和中国留学生王学士前来迎接，将我们送到预定的后乐宾馆，入住 2803 室和 2805 室。

---

* 魏奕雄，乐山市社科联原主席。

5月5日

参加这次庭审的重庆学者证人唐润明,比我们早来一天。

这一回合的五次庭审,都采取我方律师发问,五个城市的证人或原告回答的方式。律师所拟问题,都以"质问项目"为题,在三月份寄送给各位证人和原告。今明两天,由对应的律师与证人、原告,在一濑事务所预先沟通和演练,为5月7日的庭审做准备。

13点25分,来了一位四十出头的戴眼镜的律师,看上去颇为精干。一濑介绍说,他是来自萩原健二法律事务所的吉田哲也先生。从1995年开始,全日本像他这样义务为中国众多索赔案服务的律师大概有两三百人。今天由吉田先生负责向原告罗保清发问。

考虑到罗大爷的乐山话不好懂,一濑将翻译工作安排给了峨眉姑娘、日本明治大学法律系硕士研究生张斯维。

1939年轰炸乐山时,罗保清14岁,弟弟3岁,妹妹是几个月大的婴儿。吉田不但问罗父和四名工人和徒弟被炸惨死的情况、店面和住宅被毁状况,还详尽询问后来母亲何时病死、三兄妹流离失所、寄人篱下凄惨生活的具体情节,直到1958年妹妹19岁参加工作,才过上正常生活,以说明无差别轰炸不只是当场死亡众多,不只是城市街道变成废墟,更是让罗家孤儿寡母延续了十九年的艰苦岁月。由此可知,其他受害者的生活也同样长期受影响,十多二十年之后还非常艰苦。罗大爷回答的每一个小地名,吉田都要在乐山城区街道地图复印件上标注出来,相关的每一个细节和数据都抠得十分精确。那种严谨细致认真负责的敬业精神,令我钦佩。我是第一次参与这样的庭审准备工作,感触颇深。

5月6日

一濑事务所复印有日本防卫省防卫研修所军史部图书馆收藏的日本飞机轰炸中国各地的《战斗概报》和《战斗详报》,是日本海军航空部队编印的。这些当年的"军极秘"文件,现在事过七十年,都解密了。研究日军的无差别轰炸,只有中国方面的档案材料,没有日本方面的相关资料,是不可能全面准确的。数年前,一濑将1939年8月19日轰炸乐山的《战斗概报》和1941年8月23日轰炸乐山的《战斗详报》复印件,赠送我和杨追奔。那"概报",类似我们的工作简报,每篇只有一两百字,很简短;而"详报"则非常详尽地列出当日轰炸的作战计划、编队机号、指挥官和各机正副驾驶员、报务员、侦察员等名单,起飞地点、气候情况、飞行经过,投弹的天空高度和时间,所投炸弹的型号和数量,还附有所炸城市的"弹着图"等,十分精确,为我们深入研究轰炸案,提供了难得的详细可靠的第一手资料。

在日军《一〇一号作战计划》卷,竟然意外地翻出13航空队《昭和十五年(1940年)七月五日嘉定攻击战斗详报》。1940年7月5日,26架飞机准备轰炸乐山城区、峨眉城区和峨眉山,由于乐山上空云层太厚,无法进入,转向原计划的第二攻击目标自贡市自流井。我找来自贡大轰炸卷宗,查到这一天炸死自贡 73 人,伤 141 人,毁屋 22 栋,震倒 68 栋的记载。

接着,我从另外的卷宗中找到了轰炸乐山的九六式陆上中型攻击机的照片,及其性能特点的文字说明,轰炸乐山用的"六番陆用爆击弹"和"力四爆弹"(烧夷弹)的文字说明,一一复印,请协助我们的早稻田大学讲师张剑波译成中文。

14 点,长谷川直彦律师来了。他 59 岁,十分儒雅。一濑和他一同就"质问项目"与我交换意见,对每个问题如何回答进行沟通。我建议对所提问题做一些调整和修改,比如问过基本情况和必要的数据后,增加轰炸时和轰炸后残酷场面的具体描述,让法官增添感性印象,还可以发挥轰炸前一些乐山老照片的作用,等等,一濑和长谷川都接受了。我们前后谈了三个小时。

5 月 7 日

今天的法庭调查分三段进行,10 点至 12 点是证人唐润明做重庆大轰炸档案材料分析,13 点 15 分至 14 点 45 分由我做乐山大轰炸被害分析,15 点至 16 点 30 分调查原告罗保清全家受害情况。

今天在东京地方法院 103 庭审理,已经有很多人坐在听众席了。一濑告诉我,除了来自东京的,还有从大阪、广岛、高松、琦玉、市川等地赶来助威的日本朋友。

13 点 15 分,该我上场了。三名法官准时进场,全体起立。坐下后,位于中间的主审法官宣布:今天下午听取证人魏奕雄的证词,调查原告罗保清一家的受害情况。然后传翻译张斯维入场,宣誓忠实地做好语言翻译,否则要负法律责任。接着传我。我将法庭书记员提供的誓词"我凭良心,讲述真实,不讲假话,特此宣誓"读了一遍。坐在右边被告席上的是日本政府的两名代表,左边律师席上是田代博之、一濑敬一郎和长谷川直彦。

首先由一濑问我关于乐山的地理位置、抗战时期的交通和产业情况。他特地将乐山当时最大工商户杨家的老德兴成商铺和豪宅"和睦堂"的照片,先后放映在屏幕上,问轰炸时这两处发生了什么事情?答:这是原告杨铭佳祖父的产业和住处,都在"八一九"被日军炸毁了。又映迎春门码头堆放着很多货物准备装船外运的照片,我说这处繁荣的码头被炸,死伤甚多。再放映瞻峨门的照片,我答:"八一九"炸后无人认领的尸体,由县政府组织的人员,在这座城门附近不远西湖塘挖坑集中掩埋,具体地点是现今乐山师范学院足球场。

接下来,长谷川主要问两次轰炸乐山的时间、地点、飞机架数、伤亡人数、街道毁坏、产业破坏、企业和居民财产损失、灭火疗伤挖尸情况,当时乐山有没有军事设施、军工厂和弹药仓库,当时乐山城区的面积、人口、工商业经济情况,你什么时候开始研究轰炸情况,采访了多少受害者,等等。重点问题是第一次轰炸的伤亡人数,多花了一点时间。问:据你出示的四川省政府档案记载,"八一九"那天亡 838 人,伤 380 人,共 1218 人,而你的研究结论为什么却是 1500 多人?答:1939 年 9 月 2 日,乐山县县长刘芳致四川省政府的电报上,明确写有"轻伤重伤各三百余人"。又据 1939 年 10 月

7日县长刘芳致国民政府军委会成都行辕主任贺国光的电报,当时中央政府只拨了5万元抚恤金,按抚恤标准,不够分发,还差8714元,就尽量将轻伤人数压缩,其后按压缩后的数据,上报省政府统计处,所以轰炸伤亡登记表上的"伤"一栏,只有380人,这显然指的重伤,不包括轻伤,将300多轻伤加上,伤亡总数应是1500多人。屏幕上同时出现这些档案、电报复印件。法官没有提出异议。

当问到两次轰炸乐山的特点时,我答:两次都是日军借轰炸军事设施之名,而实施了对繁华商业区和居民密集区的无差别大轰炸。1939年8月20日,东京《日日新闻》对轰炸乐山的报道中有一句:敌方狼狈不堪,毫无抵抗,这说明当时乐山是连高射炮都没有的不设防城市。如有高射炮,肯定要抵抗,就不至于让日机如入无人之境,低飞盘旋投弹。轰炸这样的不设防城市,违反了国际法。轰炸时,有的人腹破肠流,有的人手足肌肉飞挂树梢鲜血淋漓,有的青少年头破血流受、惊疯了狂奔乱跳,有的人躲进消防水缸被弹火活活烫死,有49户全家被炸成绝户。希望法官公正判决,还受害者以公道和正义。

最后辩护团团长田代博之指着乐山"八一九"大轰炸死难同胞纪念碑照片,先后提出多个问题。我依序答完碑名、建碑时间、建碑目的,特地提高声音:"每年'八一九'鸣警报、献花圈、开座谈会;我收集到的167个死亡名单,东京《日日新闻》对轰炸乐山的报道,已刻在碑上;成立了乐山'八一九'大轰炸史实研究会,每年研讨一次,编印一本研究成果的刊物,让乐山人民世世代代永远铭记。"

本来给我的时间是90分钟,包括翻译,实际上多用了20分钟。被告席上两名日本政府代表默默听着,一言不发。结束时法官征求他们的意见,答:无问题可提。于是15点10分,法官一敲法槌,休庭。

当我步向听众席,重庆大轰炸受害者连带会会长三角忠和日本军事评论家前田哲男迎面与我握手。张剑波说,你的声音好洪亮,堂堂正正。

20分钟后,原告罗保清上场。宣誓后,吉田律师发问,小张翻译,同样配有屏幕图像。问答内容如我5月5日所记。虽然罗大爷90岁了,但头脑清醒,口齿清楚,只是音速稍慢。由于准备充分,回答得颇为简练、得体。原计划90分钟,只用了67分钟就结束了。

这次法庭调查,让我深切体会到,对于大轰炸这一类的历史案件,档案材料和老照片至关重要,无论是中方的,还是日方的,那都是有充分说服力的证据。所以,档案馆的藏件和收藏家们的藏品,都是宝贝。

紧接着是记者见面会。三角忠引领我、唐润明和罗保清步上裁判所二楼的一个小会议室,会见日本记者。东京重庆大轰炸受害者连带会事务局局长西川重则和辩护团团长田代博之参加。我简要讲了我们三人这次来东京的目的,希望通过轰炸案的诉讼,讨还受害者应有的尊严、权益、公道和正义,推动日本政府认真反思第二次世界大战中的侵略罪行,促进中日关系得到改善,取长补短,共同发展。唐润明发言重点是我们不是要铭记仇恨,而是要牢记历史教训,以史为鉴知兴亡,中日两国人民应该携手共进。这时候,我摊开蓝底白字"日本政府必须向乐山大轰炸受害者谢罪赔偿"布幅,罗大爷和唐润明帮着展开，在场的记者纷纷拍照。然后罗大爷高声痛斥安倍首相的倒行逆施，奉劝日本政府不要再走军国主义老路，不要在钓鱼岛问题上耍花招。前后约半小时。

18点，一濑带我们步行到相邻的弁护士会馆（东京律师协会办公楼）1006室，参加"重庆大轰炸第27回裁判报告集会"。有先前在法庭听众席上的40多人，还有新来的一些人，共50多名，已经聚集在这里。主持人东京空袭牺牲者遗族会副会长小野喜彦致简短开场白，日本全国空袭被害者联络协议会、大阪空袭诉讼原告团、广岛日中友好协会等团体负责人先后发言，欢迎我们三人来到东京，分别介绍近期各自的活动，表示要借鉴重庆大轰炸案诉讼的经验，团结起来，互相协调，认真开展各自的工作。我们三人把记者见面会上的话重复了一遍，我特地加了一段：德国领导人对第二次世界大战的反省认真而深刻，希望日本领导人也能这样做，这样才能使日本走上健康的发展道路。70分钟后，集会结束。

5月8日

今天有三项活动，一与东京空袭牺牲者遗族会交流，二向日本外务省（外交部）官员提出我们的诉求，三跟部分日本议员座谈。

东京空袭牺牲者遗族会办公室，也是东京大空袭诉讼原告团和日本全国空袭被害者联络协议会的办公室，位于墨田区。

我们表示要相互沟通，相互支持。虽然炸重庆、炸东京都属于无差别轰炸，但毕竟原因不同，有很大区别。反对战争，维护和平，是我们的共同愿望，希望日本政府反省侵略战争的罪行，改善中日关系。

座谈约70分钟结束，一濑请遗族会成员们在粉红布幅上签名，支持重庆大轰炸诉讼。

14点，我们一行7人按约到达日本外务省。完成安全检查后，进入一楼一间小会议室。外务省亚洲大洋洲局中国蒙古第一课课长助理猪口奈津子和随员本多基宏，听取我们对轰炸的简要介绍和要求日本政府谢罪赔偿的诉求，共65分钟。散会时，猪口女士用中文对我们说："过去不了解轰炸的情况，希望以后多交流。"

15点35分，日本众议院的一个大会议室里，已经坐了十多位日本朋友，6位参议院和众议员的秘书，在这里听取我们的诉求。本来一濑他们联系好了6位议员，但议员们都很忙，各派秘书代劳。众议员近藤昭一的秘书川村一之主持，我、唐润明、罗保清将跟外务省官员说的内容重复了一遍，不同的是借助多媒体图像的讲述，更为生动直观。著名军事评论家前田哲男、东京重庆大轰炸受害者连带会事务局局长西川重则、辩护团团长田代博之先后发言，表示坚决支持中国原告将诉讼进行到底。座谈会开了90分钟。

晚上，应一濑的要求，我和唐润明、罗保清在一濑的事务所里，各录了约10分钟的讲述录像，将在日本的网络上播放，让更多的日本民众了解真相。

5月9日

近些年，不断有日本政要参拜供有第二次世界大战甲级战犯灵牌的靖国神社，引起中国和其他亚洲国家的强烈不满。我们很想知道，这个靖国神社是个什么样的场所。

上午10点，庆义大学硕士留学生邹杨，带我和罗大爷到千代区看靖国神社。这里是祭祀亡灵的园林式庙宇，占地约百亩，规模很大，风景秀丽。从《靖国神社简介》得知，系由近代日本陆军创始人大村益次郎创建。起初只供奉为保卫日本国家而牺牲的阵亡者灵牌，后来凡对日本国家利益有功者的灵牌也供奉之。用于祭祀神灵的正殿建于1872年，现有拜殿、元宫、灵玺簿奉安殿、镇灵社、参集殿、招魂斋庭等十多座宫殿式建筑。这里规定不能进行宣传活动、集会示威游行、贩卖货物，车马不能入内。

我看到拜殿里陈列着许多亡者灵牌，不少日本人在殿前鞠躬致礼。有数十人围聚在参集殿悼念某个亡者。

东条英机等甲级战犯灵牌供奉在1965年修建的镇灵社里，不对外开放，需经过特殊申请才能入内，我们无法观看。1958年，铜铸的与实物同样大小的战殁马慰灵像、军犬慰灵像和安慰战场传信鸽的鸠魂塔，显然是怀念七十年前侵略战争的纪念物。还有一座奇特的帕尔博士显彰碑。帕尔是第二次世界大战结束后国际军事法庭在东京审判战犯担任印度代表的法官，唯独他一人提议判处被告团全体成员无罪，尽管没有被采纳，但日本人感激他，于2005年特地建立此碑以彰显其"功绩"，碑上有帕尔的大幅照片。凡此种种，表明尚有许多日本人崇尚军国主义，对第二次世界大战中的罪行毫无反省和认罪的迹象。

中国驻日本大使馆不知从哪个渠道了解到我们到了东京，昨晚通过一濑事务所转告，约请17点会晤。

我和罗大爷，由一濑法律事务所事务局局长元永修二和翻译、中国留学生宋琴陪同前往。重庆唐润明昨晚被大东文化大学教授内田知行接去叙旧，今天没能参加。

在使馆的一楼接待室，参赞律桂军和随员高斌与我们晤谈。这是中国大使馆官员8年来第一次会见重庆大轰炸案诉讼人员。我讲述了案情步履艰辛的进展，日本左派律师的大力援助，近几天我们的活动。参赞律桂军说，听后很有感触，了解了案件。学者们挖掘史料，对于牢记历史，吸取教训，很有现实意义和深远意义。我们非常感谢日本许多朋友对中国人民的支持和援助。希望日本政府采取负责的态度，反省错误。

最后，我和罗大爷提出三点要求：希望今后中国的原告团来东京，中国大使馆都能派员看望或座谈；成立支持对日诉讼援助基金，以解决许多原告经济困难无法前来的问题；请外交部发言人重申支持中国受害者进行民间对日索赔的态度。参赞律桂军说，我们会考虑你们的要求，希望你们通过法律行动，为敦促日本政府认识错误，反省罪行，继续发挥作用。

晤谈历时90分钟。参赞律桂军嘱高斌招待我们吃晚饭。

5月10日

8点50分，中国国际航空公司CA422航班准时起飞，经北京向成都。

别了，东京！

别了，一濑夫妇和众多无私援助我们的日本律师朋友们！

别了，协助日本律师的各位留学生同胞！

诉讼尚未结束，同志仍需努力。

这一回合审理，在我们之前，有4月16日对轰炸自贡的庭审；在我们之后，尚有5月21日对轰炸松潘、6月4日对轰炸成都和6月30日对轰炸重庆的三次庭审。

本文写于2014年5月

抗战中的阆中防空防护工作

李曙华（口述）　蒲瑞康（整理）

抗日战争时期，日本侵略军在占领区对中国人民烧杀掳掠，又以飞机对中国后方进行野蛮轰炸，给中国人民造成了深重的灾难。大后方军民则开展了对日机空袭的防空防护工作。现仅就当年亲历、亲见的阆中防空、防护工作记述于后。

一、组织系统

1937年底，四川省政府建立省"防空协会"，阆中根据省上明令，建立"防空协会支会"专管宣传动员工作。当时的口号是："万事莫如防空急，无空防即无国防。"1938年，四川省政府建立防空司令部，并令渝、万、自贡三地建立防空指挥部。阆中是川陕鄂边区绥署驻地，也建立了防空指挥部。指挥部司令是潘清洲，参谋长是栾剑秋。下设三股：第一股（积极防空股），股长周某某；第二股（情报股），股长邓文忠；第三股（消极防空股），股长王维刚。他们都是由巴山警备司令部（旅级）驻军人员兼任的。

当时全国性的防空措施是积极防空和消极防空并举，积极防空是省防空司令部与国民党驻川空军配合，指挥战斗机和高射炮队执行此项任务；消极防空是建立防护团，组织地方自卫力量，在敌机来袭时开展警备、警报、消防、救护等工作，以减轻人民的生命财产损失。这项工作当时遍布城乡，常备不懈，这就把防空、防护工作变为了千家万户居民关心并投入的群众性工作。

阆中防护团1938年成立，县长兼任团长，县府军事科科长和阆中防空指挥部第三股股长兼任副团长，配备职员五人，在县署内常设办公，接受阆中防空指挥部领导。

组织动员民众，建立防护团队，落实组织措施，是消极防空的首要工作。阆中在全县范围内，以原有保甲壮丁组织为基础，按地区组织防护分支机构，在城关内外东西两郊组成两个防护区团，与城厢镇公所及城关警察所配合行动；在城周近郊天安乡、沙溪场、黄连垭、江家拐组成4个直属防护分团；在各区所在地组成10个防护分团。区团分团下组织6个专业防护队（班），在所辖地区内履行防护职责。他们的职责是：**警报队（班）**，按防空指挥部传递的警报信号向辖区发布警报，指导群众疏散避难；**警备队（班）**，维护辖区治安，防止空袭时民宅无人看守而发生被抢、被盗事件；**灯火管制队（班）**，清除辖区各种显眼目标、信号、光亮物体以及夜间灯火管制，不为敌机空袭暴露目标；**消防队（班）**，由五金行业和建筑业的土木石铁工匠组成，担任空袭后消防灭火、拆卸危险物等工作；**救护队（班）**，组织辖区内中西医医务人员中的青壮年成立救护、担架、医疗等组，对伤员及时转移治疗，县上在天安乡阆南桥李家醋房大院内设临时疏

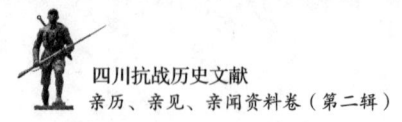

散医院1所，治疗伤员；清除队（班），担任空袭后扫除街道杂物，拆除未爆炸弹，排除险情，埋葬无人认领的死尸等工作。

二、防护措施

1938年，县府抽调财政科侯开甲、县工会李曙华二人到四川省防空协会接受防空防护知识专门培训三个月，回县后任防护团专职办事人员，并进一步扩大培训基层队伍，使防空、防护工作在全县城乡开展起来。具体部署五项工作：

其一，规划疏散区。在城东七里坝、城南天安乡、城北沙溪场、江家拐划定四个临时疏散区，绘制疏散区地形和到达疏散区路线略图，石印张贴，使市民周知。通知疏散区基层组织，给疏散人员提供方便。划定城区东、南、北郊为紧急疏散区，组织该区内群众在树下、篱边挖掘1.5米深的露天防空壕，在有条件的地方用木料支撑，上覆泥土，建成封闭状的简易防空掩体，供紧急避难时使用。人数较多而又集中的县立中学迁往天鞍乡马家花园，两所小学迁至黄连垭邢家大院和马家祠上课。县府迁至江家拐东岩寺办公。

其二，新开出城疏散道、辟火巷，解决道路拥塞和火灾蔓延的问题。在城东北角挖去一段旧城墙，在城壕搭起便桥，开辟官菜园地段内居民疏散通道；在城东挖去一段旧城墙，并有价征用民房数间，辟出由礼拜寺街至财神楼的通道；拆去财神楼，解决人口密集商业繁荣的东大街防火及疏散问题；拆除下新街北面民房数间，挖去旧城墙，为城南地段居民打通一条防火、疏散通道。

其三，强化防空情报。随着战争形势发展，四川省防空司令部加强了防空情报工作，省第九防空监视队被派驻阆中，该监视队沿阆中、苍溪、南部山脉河流要冲地带设了若干防空监视哨所，构成情报网络，日夜监视，遇有敌情，通过专用有线电话和无线电台及时上报省防空司令部。省防空司令部得到邻省空袭情报后，也通过专用线路下达敌情，在敌机入境前先行预告各防空监视队（哨）严密监视，适时发布警报。县防空情报所与省第九防空监视队密切联系，遇有空袭情报，立即通过警报系统转告市民迅即疏散。

其四，建立周密的警报系统，指导市民疏散。在市中心东门城楼设警报司令台，空袭时用规定钟声打点和手摇警报器（拉哨）向市民发布预行警报、空袭警报、紧急警报、解除警报等信号，由县防护团警报队执行。在锦屏山顶设警报标示灯架，遇有空袭时听到东门城楼司令台发布信号的同时，挂出红灯一个、二个、三个，以示空袭情况，取下红灯即为解除警报，由锦屏山防空监视队执行。在城内交通要道口挂防空警钟、挂粉牌书写警钟音响符号说明，让居民熟悉。这套警报系统覆盖全城及郊区，对指导居民疏散和调动防空、防护团队起了重要作用。

其五，阆城遭敌机轰炸现场紧急救护工作。1941年8月，阆城三次惨遭敌机轰炸，人民生命财产损失重大。被炸期间，防护警备工作和现场抢救工作均井然有序，证明防护团常备不懈的防护工作是认真、扎实和有效的。阆城遭受第二次空袭时，敌机已经临空，在天上宫土马路一带的执勤武装仍坚守岗位，三个战士被炸死，其中一人被炸弹片从腰部截断身躯,另外两人的残肢震挂在道旁的树枝和电线上,死得壮烈凄惨。第三次空袭时,日机在西门河坝投掷了大量炸弹,城北防护队队长汤万忠带领队员十余人正在这一带执勤,临时进入石制独角兽侧的掩体内,掩体被炸塌,数人窒息而死,队长汤万忠亦殉难。后来国民政府拨出法币 10 万元特恤款抚恤灾民,防空指挥部、防护团提供受灾居民的数据,并配合县府民政、社会部门进行了发放工作。

本文选编自《南充市文史资料》第三辑,1995 年,原题作"八年抗战中的阆中防空防护工作"

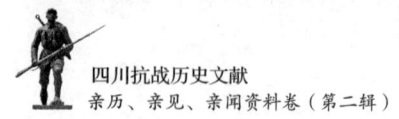

四川抗战历史文献
亲历、亲见、亲闻资料卷（第二辑）

抗日战争时期日机轰炸绵阳与绵阳防空设施建设情况

段 雯[*]

一、日机轰炸绵阳市境情况

1937年11月淞沪会战失利后，国民政府宣布迁都重庆，并确定以四川为抗日战争的大后方。日军企图用轰炸动摇中国政府的抗战决心，摧毁中国人民的抗战意志，决定以大规模的"战略轰炸"，"消灭敌最高统帅和最高政治机关"并"直接空袭市民"，迫使国民政府屈膝投降。为达到这一目的，日军调集陆海军的航空部队主力，集中攻击重庆。从1938年2月至1943年8月，日军根据"101作战令""102作战令"等作战方案，对成、渝一线的重要集镇实施了大规模的战略轰炸，不断对大后方进行侵扰。

绵阳市（现辖区）位于四川盆地北部，自1938年开始，日机经常深入中国西部进行空袭和侦察，这些地方因人口稠密，商贸繁荣，又有军事设施，故逐步成为日军实施"101作战令"计划、企图摧毁中国抗战后方基地的打击目标。

抗日战争爆发以来，现绵阳市境（现辖区）相继于1938年7月，1939年6月，1940年7月，1941年1月、7月、9月，1944年9月、11月先后11次受日机轰炸，总计造成直接人口死亡103人，受伤177人。据不完全统计，造成的损失97.16万元（以当时货币计算），部分民房损失和生产损失等无法估计。

1938年7月24日，日机轰炸新桥乡（今游仙区境内），无人员伤亡，无财产损失。

1939年6月，日机低空扫射魏城（今游仙区境内），无人员伤亡，无财产损失。

1940年7月10日9时43分，日军飞机27架经黔江、铜梁、乐至向成都方向沿线进行轰炸。11时，由中江方向飞入三台县城上空，盘旋一圈，未放一枪一炮，沿潼绵公路向西飞行。三分钟后突然回转三台县城，在距县城五里正西方向上空，将机群编成"一"字形，行至县城西部东岳庙上空，开始投弹，由北至东斜行轰炸，至涪江左岸东山寺山顶止。被炸东北部后街和东北部郊外面积达3平方公里。此次轰炸，共投弹103枚，其中炸弹98枚，未爆7枚；燃烧弹5枚，未爆1枚。被炸57处，全城遭受轰炸最惨重的有23处。特别是县党部、县监狱、外务局、县商会、国本初中校、征收局、图书馆、救济院、佛教会、北城小学校、真武宫联保处、吉泰丝厂等机关房屋大部分被炸毁。留下弹坑52处，最大的坑面直径16.7米，深8.3米。此次轰炸，死亡89人，轻重伤127人，炸毁房屋578间，造成损失75万元。

---

[*] 作者为绵阳市党史办工作人员。

1941年7月27日上午8时30分,日机两批8架犯境,在县城东郊用机枪扫射后,投弹7枚,炸后远飞。所投之弹有4枚爆炸,轻伤2人,损失已成熟玉米2亩;未爆3枚,均在东郊郝家大院(外东董家店之南,县肉联厂东北)临近的玉米地中,弹坑深有丈余,为防止再爆,防护团与驻军商讨后,由工务股(泥木工会)用食盐数百斤搅水灌入,再用食盐拌黄土就地掩埋。

1941年7月27日12时15分,日本飞机27架,从成都方向飞至三台县城上空进行轰炸。共投弹22枚,其中2枚未爆,并用机枪扫射,当场炸死、炸伤平民共39人。其中,死亡10人,炸伤29人(重伤20人,轻伤9人),炸毁房屋约168间,损失为19.4万元。此次轰炸,造成208人生活无着。省立三台高级中学、三台民众教育馆损毁严重,房屋、设备大多被炸。

1941年7月27日,星期日上午11时许,日军飞机20架犯境,这次机群是从山西运城机场起飞去轰炸成都,途经绵阳高空成"一"字形排列,在绵阳城关上空投弹6枚,着弹点在专署至文庙及中华圣公会一带,其中5枚未爆炸,幸只有1枚爆炸。炸死1人,炸伤9人,炸毁民房4间(一座破旧的古典四合院,正殿全部被炸毁,只有一人在里面,但未伤着,看见他出来时已成为一个灰人)。县政府门口街上靠旧政协一侧又落下一颗炸弹,地面被击形成一个大坑,炸弹斜靠在坑里,未爆炸。苦于无法排除险情,只好用土埋了,填平地面,以后一直没有掏出来,文昌宫在中华圣公会斜对面,隔街相距约100米。

1941年7月29日,日机轰炸盐亭县城(今盐亭县境内),投弹9枚,死亡3人(其中男2人,女1人),重伤2人,轻伤8人(其中男8人,女3人),造成直接经济损失共计27600元。其中农业方面,盐亭制种场被炸房屋4间,价值24000元;教育方面盐亭中心学校被炸房屋9间,价值3600元,文物古迹方面杜甫寓居处1处,直接经济损失27600元。

1942年9月,日机轰炸盐亭县城(今盐亭县境内),日机入川空袭遭到防空部队有力阻击,慌忙逃跑,飞往盐亭城东冷铺子上空时,为减轻负担加速飞行,便向雷家湾及大牛山一带,投下炸弹20多枚,钻入土中,未发生爆炸,无人员伤亡,但损毁公路8000米,农田32亩,粮食减收9600斤。

1944年9月9日,日机空袭中坝、彰明,在治城郊外投弹9枚,无伤亡。

1944年11月13日,日机轰炸东林乡境内(现游仙区境内),部分房屋损毁,牲畜死亡。

二、绵阳境内防空设施及防空措施基本情况

由于绵阳境内各地受到了多次日机轰炸,人民群众的生命和财产受到威胁,同时为了保护机场等重要军事设施,四川全省防空司令部向绵阳境内各县特别是三台、涪城、梓潼等曾受日机轰炸的县(区)发出训令,要求他们完成相关的防空设施修建并制定疏散措施。1938年7月,绵阳县成立"四川省防空协会绵阳支会",由四川省第十三区行政督察专员公署专员兼县长钟体道任会长。该支会督促各县成立相关支会制定防空措施，修建防空设备如防火墙、避火巷、防空洞等，制定空袭警报措施。

自1938年开始，日机经常深入中国西部实施空袭，特别是三台、涪城等地屡次受袭。一遇空袭警报响起，三台城区的不少居民都奔向山林处躲避。同年3月，东北大学南迁三台，租赁县城东街潼川府贡院和草堂寺及潼属联中（今三台中学）部分校舍，于5月10日正式复课。自此，东北大学开始筹建防空洞。夏初，选址三台城西牛头山腰，破石兴工。牛头山防空洞共四个洞口。为加快施工进度，采取四大洞口同时推进和人工昼夜三班轮流作业，历时三个月竣工。防空洞建筑平面为"十字架"形。洞室总长700米，宽2米至2.5米，高1.7米至2米，可容纳千余人。洞内有指挥作战室、武器弹药和药品、食物储藏室及饮用水井等。1940年、1941年，日机两次轰炸三台县城，东北大学的千余名师生都曾避难于此。

1938年，盐亭县在县城南门外设置了防空监视哨，县内交通线上的场镇均设立了防空监视所，专人专职，日夜轮班监视，及时向民众预发敌机空袭警报。机关、学校、城镇经常举行战时防空演习，训练疏散，增强防空、防毒知识。

1939年9月10日起，四川省防空协会绵阳支会要求全县内各政府机关、学校、居民、监狱、集市以及物资向城外疏散。并在城中心挂铜钟1口，设置手摇警报器。警报种类为：预行警报、空袭警报、紧急警报以及解除警报。

除了建立防空设施外，绵阳地区进一步加大了对防空消防的投入，为方便疏散还对部分密集建筑物进行拆除。1939年9月10日，绵阳县政府成立"购买消防器具委员会"共募款银洋2000元，购买水龙2部（800元），水枪30支（700元），修制器具若干（500元）。同时组织城区住户制备水缸、水桶、沙袋，各街道以甲为单位制备蓄水池1个，蓄水5担；共准备麻袋1.7万条，装河沙备用。9月16日，绵阳疏散委员会成立，向县城内机关和居民分发"疏散证"和"居留证"，并开始按议定地点将城内人口往农村疏散。时城内人口共16620人，计划疏散出城13478人。9月23日，绵阳撤卸委员会成立。协助防空协会进行人员疏散工作，为了便于人员疏散，增开新东门、新南门、新北门三道城门，搭通北河浮桥，修避难壕40处。同时拆除城内狭窄处街楼16丈，补助银洋80元；拆卸草房141间，补助银洋1692元。截至1939年10月8日，共疏散城区城厢、城北两联保人口13478人。11月9日，绵阳专署拨款600元用于购买药品、绷带、急救箱、药棉等，征用担架105副，用于救灾。绵阳县府拨谷100担，作为战时赈灾之用。县府共募集棺材200具，火匣子（简易棺材）300具，作为备用。11月26日，县政府迁至城北渔父村办公。县城机关、学校均疏散到农村，囚犯移往邻县监狱，商业疏散到农村场镇。

本文写于2014年

抗战中的空军幼年学校

汪鲁子　楼世正

一、空幼的创建

1937年八一三事变后，中国空军飞行员奋起迎击日本空中强盗。8月14日，高志航率机以1比3的战绩挫败敌木更津轰炸机联队；8月19日，沈崇诲在座机发生故障的情况下，俯冲敌舰，毅然与敌舰同归于尽，充分表现出中国空军飞行员英勇果敢、不怕牺牲的精神，彻底粉碎了"皇军空军不可战胜"的呓语狂言。但在反侵略过程中，中国空军也暴露出数量与质量不相适应，特别是后备力量严重不足的问题。1938年10月，武汉保卫战结束，制空权在战争中重要性的进一步突出，中国空军数量不足的弱点愈加尖锐地表现出来。壮大我空军力量，也就成为坚持长期抗战的要务。在战前，中国空军飞行员主要依靠航校（全称杭州笕桥航空学校）培养，航校生源则主要从陆军军官学校毕业生中选拔或从运动健儿中招募。由于飞行员招生，在年龄、体质、文化程度、军事素养等诸方面都有极严格的要求，在此情况下学习国外经验，在白崇禧将军的提议下成立空军预备学校，以保证航校能不断补充合乎要求的理想学生，遂成为更多人的共识并得到当局的重视。

1939年底至1940年初，各方面准备工作皆告成熟，筹备工作进入实施阶段。决定将学校正式命名为空军幼年学校，精选12岁至15岁体质、学识各方面优秀并具有小学毕业程度的少年儿童入学，施以六年中等教育及奠定学飞基础所需之各种训练，同时重视营养，强化体育锻炼，然后直接升入航校学习飞行。学校校长按当时军事学校的惯例，由军事委员会委员长蒋介石挂名，而另设教育长，任命汪强担任，挂陆军少将衔支中将薪，常驻学校并实际主持校政。

汪强就任后，首先是勘定校址。当时曾先考虑成都，后改定灌县风景区。但汪强前往实地视察各地，最后终于择定灌县东北的蒲阳镇，并决定租赁当地豪绅唐家五个院子及道观大明寺现成房屋作为校舍。直到1941年秋季以后，为接纳逐年之新生入学，始陆续建筑新校舍。虽本勤俭节约之原则，就地取材，即大礼堂亦不过竹筋泥巴墙稻草顶，却精心布局，一处处一排排井然有序，而为培养抗日空中后备军之雏鹰摇篮由是兴焉。

二、空幼的训练方针

空幼是为培养抗日空中后备军创建的军事学校，但其训练方针与当时其他军事学校

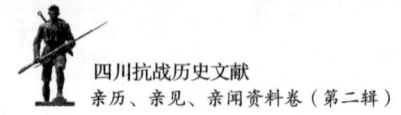

迥然相异。它不是狭隘地从军事上的需要出发来培养人,而是着眼于培养德、智、体、群诸方面均衡发展的人。也正因为如此,那些实际没有学飞的空幼学生(包括入学后身体发育不能适应飞行的,以及抗日战争胜利后出于种种原因离校的等),后来虽未成为"飞将军",大多数也成长为其他方面的有用之材,甚至成为国内、国际知名的专家学者和各方面各领域的杰出人物。

空幼的第一任教育长、空幼的实际缔造者汪强将军为了使这些12岁至15岁的少年儿童,经过六年的培养训练,达到学飞所应具备的各方面的条件,他认为首先应启发他们爱祖国、爱民族,引导他们学好基础课程,锻炼好身体,培养出军人所应具备的素质和团队精神。但要求学习好,并不是要书呆子;强调锻炼身体,不能变得"四肢发达,头脑简单";培养军人素质,更不等于培养"军事机器"。他们还应具备高尚的人格、崇高的品德、优美的情操、多方面的兴趣和爱好,乃至丰富的创造力,等等。为此,他除建立管教训三合一的教育体制,各有侧重而又互相配合地负责对学生进行管理、教学和训育外,特别强调开展育(培育性的)乐(娱乐性的)方面的各种活动。一方面,由学校拟定计划,按计划时间组织进行;一方面规定专门活动时间,由学生自由开展。期望通过这些活动,耳濡目染、潜移默化,与管教训三方面的教育相配合,最后达到学生德、智、体、群诸方面的均衡发展。质言之,亦即他不打算把这些天真烂漫的少年儿童培养为简单的军人,而决心力求其才智的多方面发展。这一切,在他自己任内一直认真付诸实践,他的后任陈嘉尚、龚颖澄也大体得以维持下来,这就形成了空幼独特的风貌和风格,并使所有受教于其中的人终身受益。

他强调教育者必须身体力行,不应止于言教,而他自己就是这样的一位教育者:提出遵守时间,每次集合他必准时出席;要求人人学会游泳,他不顾身有残疾,在学校游泳池落成之日,率先攀上高台跳水入池。他认为教育决不可忽视受教者的心理和生理特征。为了防止单性别学校中常易出现的心理扭曲,在学生升入高中正处在青春发育期时,他打破一般视中学男女同学交往为"禁区"的观点,邀请女儿所在高中的大群同学,乘假期到蒲阳联欢,让双方有正常接触和建立通讯友谊的机会,此举即使在现今也算是大胆而有见地的卓识。他的个人品格也足为学生风范。他因患痛风症,落下残疾,仰仗拐棍才能蹒跚而行,但他始终乐观振作,从无懈怠颓丧表现;他崇尚节俭,终年一身整洁军装,从无任何豪华的排场;他廉正无私,不搞宗派或裙带;他受过西方教育,但不盲目崇洋;出身行伍,而少有旧时代军人刻板、倨傲、粗暴的通病。这都给学生留下了深刻的印象。

三、空幼的招生办法

空幼招收一期的通告,是在1940年7月公布的。总招300名,设招生委员会总管其事,分重庆、成都、昆明、贵阳、桂林、芷江、衡阳、南郑八个考区进行,各设招生站,具体经办。招生采取面向社会公开进行的方式。报名只规定年龄限制、学历和健康要求,无其他限制和政治条件。报名后进行体检(又分初检、复检)、文化考试和口试,最后张榜公布录取名单。以后从1941年至1945年,招收第二期至第六期新生,办法亦均相同，唯考区设置数目略有增减，设点因战局变化而略有变动。

当时少年儿童报考情况至为踊跃。历年每至7月招生报名，各考区报名点，如重庆朝天门招生站、贵阳中华南路贵山图书馆等，都挤满了人：有父母带了儿子来的，有老师陪送学生来的，也有在战争中失去了父母家庭独自前来的，或担心父母一时难舍瞒了父母悄悄来的。他们都怀着对日本帝国主义侵略者，对日寇飞机轰炸和平居民野蛮暴行的无比仇恨，怀着救国家、救民族，当一名飞行员、打败日本狗强盗的勃勃雄心赶来报名，盼望能获得学校的录取。

而事实上，这些兴冲冲赶来的少年儿童，最后大多数人实现不了自己的愿望。因为文化考试、体格检查，对每个考生都是平等的，但又是极严格的。经过这两次严格的筛选，剩下来的往往只占百分之几，甚至千分之几。如1941年第二期招生时，成都考区1000多人报考，最后张榜录取80名，录取率为8%，1944年第五期招生时，贵阳考区报名者达3000人，最后仅录取了22名，录取率约为0.7%。为了实现自己报国的夙愿，那些由于文化考试不合格被筛下来的考生，往往第二年、第三年再次前来报考。经过努力，提高文化水平后，求得录取。这种严格的报考录取办法，曾使不少一心报国的少年儿童，为不能实现当一名抗日空中预备军的心愿而伤心落泪，但它却保证了新生的质量。而那些被录取的，懂得应珍惜这一学习机会，还没踏入空幼大门，就先产生了做一名空幼学生的荣誉感。

由于空幼学生的衣、食、学杂费用全部由学校负担，所以入学前还例需取保，言明如该生发生逃亡等事，由保人负责包赔其在校期间的一切费用。这也是对每个人一视同仁，只有履行完这一手续，才被准许踏上去蒲阳的路：近者一两天，远的途中需几天甚至半月以上，而且大体都乘坐汽车，白天避行，夜晚住店，朝夕相处，因而有许多同学还没等到达学校，就在途中成为莫逆之交了。

四、空幼的学科学习

第一，空幼的学科学习，带有明显为学飞准备条件的性质。从初一到高三的六年间，空幼要比普通中学学生多学十几门课程，包括解析几何、微积分、球面三角、有机化学、军用化学以及航空常识、滑翔，等等。其中滑翔又包括理论课和训练课，到高中毕业，要求完成初级和中级滑翔训练。

第二，空幼特别重视体育课，对音乐、图画、劳作这些被普通中学列为"小三门"的科目，也给予同样的重视。从初一到高三，体育课不但各有明确的训练内容和训练要求，而且每门课都由几位老师担任，分别负责球类、田径、单双杠、武术、垫上运动等。学生则分组，一组随一位老师活动，按规定时间交换，使一门课之中每个同学轮流接受不同的训练。体育课还包括游泳。由于考虑到飞行中出现事故跳伞常有落入水域的可能，游泳在空幼更被视为必修课。为此，汪强在当时财力、物力极端困难的情况下，曾千方百计以新颖的设计，组织学生劳动，在校园内修建起一座游泳池，以供训练之用。而经过他亲自提倡，"旱鸭子"在空幼学生中也确乎少见。音乐课由乐理、唱歌穿插进行，到初二就要学完简谱、五线谱，有时还由教师抱来留声机，让大家听《马赛曲》、舒伯特的《小夜曲》，然后给大家讲歌曲创作的时代背景、创作经过、曲谱特点等，引导大家欣赏。劳作课和图画课，泥工、木工、金工、滑翔机模型制作如何接续，静物写生、野外写生、铅笔画、水彩画如何循序而进，学校都是既有计划，而又严格要求学生，师生均一丝不苟。

第三，空幼学科学习，还强调学以致用，注意其与工作的联系。如由于当时后方常遭日机侵扰，中美商定，对中国飞行员之训练，初级在印度进行，中高级在美国进行。考虑到英语对学生将来学习、生活的特殊作用，汪强特别强调英语的学习，到高中更重视大家的口语训练，并特地买来一些旧英文打字机，发给学生在课外练习。

为了使学生学好各门课程，汪强从一走马上任，一边勘定校址，一边就经由各种渠道，从全国各地以至南洋，礼聘有经验的校长、名教师、教授来校主持教务和担任课程。在他的重视下，当时空幼好些课程的教师就是本门教科书的著者。陈充恩这样知名的教育家，杨承元、傅简克这样的名教师，音乐家王云阶，武术家张英健，画家谭学楷，书法家吴丈蜀，作家牧野等先后来校任教，其中许多与空幼同终始，有的不幸殉职后，还把骨骸留在了蒲阳。至于其他教师，也大多熟悉本门学科，精通教学业务，堪称一时之选。汪鲁子至今清楚记得：他们的几何老师从来不用直尺圆规，而总是随手画圆，画平行线，因而被学生赠以"circle"的雅号；地理老师每讲一省，总是先用粉笔轻轻勾出该省省界轮廓，然后结合讲解，用彩色粉笔逐次绘出山脉、河流、交通线、城市等，边讲边画，课上完了，一张该省地图也就出现在黑板上；国际关系史老师则从来不带课本，侃侃而谈，学生偷偷拿课本对照，事件的年月日甚至钟点都不差分毫。

空幼的学习也是很紧张的。每天上午四小时，下午两小时，接着两小时课外活动，吃完晚饭，还要上两小时晚自习。寒暑假也比一般学校时间短。开头蒲阳场没有电灯，用的是小油盏。每到晚自习，一人面前一盏，在荧荧微光下，同学们或专心攻书，或奋笔疾书，偶尔有人一声嚏喷，都会引得全堂震惊，侧目而视。这一切恍然如昨，真是令人不胜回味。

空幼的学习非常严格。严格的考试制度，严格的升降级制度和严格的淘汰制度，并且绝对严格执行，毫无情面可讲。只有努力学习，才能免除被降级或被淘汰的无情命运落到自己头上。

由于以上种种原因，空幼学生的学科学习一般都打下极坚实的基础。后来学飞的同学，固常因此成绩高超，脱颖而出；一些中途因身体条件变化不适学飞离校，或出于其他种种原因离校的同学，也无不因此而受益无穷。许多同学至今津津乐道当年离开空幼后，没费什么劲就顺利通过考试进了大学的经历。

五、空幼的课外活动

空幼的课外活动内容非常丰富，开展得非常活跃。一方面，学校经常有计划、有目的组织各种活动；另一方面，每天下午都专门规定两个小时，让学生自由开展活动。这两种活动，如前所述，是实现空幼总训练方针的重要内容和手段，也是汪强教育思想的直接体现，而由于有了课外活动，空幼的学习生活则变得异常绚丽多姿且引人入胜，使在她的怀抱中生活过的人，至今为之神往。

学校在正课以外组织的活动，包括中英文讲演（初中英文为背诵）、论文写作、壁报等竞赛活动，各种球类的队际和期际赛，结绳比赛、野炊、营火等童子军训练所规定的训练活动，同乐会（由学校定期主办、演出之节目如乐器演奏、独唱、合唱、话剧等，则由学生在每天的课外活动时间排练），以及春季旅行、秋季运动会等。在汪强的关怀下，所有这些活动都组织得既细致又认真，总是把大家的全身心都吸引了进去，因而给同学们留下了至今难忘的印象。最令人难忘的是春季到青城山旅行。加上来往路程，时间一共三天。总要在山上住两夜，三天中既有永远不会厌倦的跟踪追迹游戏、生物标本采集和营火会等集体活动，又会留下足够个人自由领略山色的时间。所以年年去青城，年年不到出发就早早盼上了，背着干粮，列队前进，一路走一路唱"看那春光正明媚，美景处处令人醉"。运动会也不仅是选手们的事，所有同学一中队一中队的围坐在大操场四周，和选手们一样为本队荣誉聚精会神，到关键时刻，在啦啦队长的指挥下，更是扯满喉咙展开了竞赛。野炊也是令人醉心的活动。最愉快的时刻，是代表小队对老师说"请尝尝我们做的菜"；收拾炊具碗筷时，感到最遗憾的是可惜不能天天野炊。为了开拓学生的视野，学校还常约请歌手、演员、名流、学者来校演出或演讲，当时后方著名的歌唱家蔡绍序、周小燕、郎毓秀、喻宜萱等都曾出现在空幼的礼堂或大操场的看台上。至于心理学博士蔡乐生先生深入浅出、趣味横溢的演说，更使许多人到处借《心理学》看，从此迷上了这门学科。

因学校提倡，建立起了各种活动小组，包括篮、排、足球队以至垒球队，合唱团，国乐社，提琴、钢琴、口琴小组，文学社，美术社，读书会，壁报社，器械操、举重、拳击小组，航模制作小组，理化研究小组等，而且这种组织还不止一个，各种球队有几十个，合唱团也可以拉出一串名单。各种爱好都可以在这里遇到自己最投心的伙伴。如果兼有各种爱好，只消把活动时间错开，你还可以同时参加多种组织；事实上，当时也极少有人只参加一个组织，而通常都兼跨两三类，甚至更多。对于这些小组，学校鼓励教官们指导学生，而有关教官也乐于给大家当指导。对于活动需用的经费，学校还通过各种方式给予资助。如话剧，制作景片、服装道具，乃至化妆油彩，都非钱不能办，而几年中，却先后演出了《黑字二十八》《离离草》《日出》《小人物狂想曲》等。当然，如若以上这些活动都不符合你的心意，在这两个钟头中，你也可以"单干"。学校也给你这种自由。像第三期的傅京苏，当时就是躲在屋里自己组装矿石收音机的。这位后来成长为人工智能和模式识别两个学术领域最高权威的国际著名科学家，大概连他自己也没预料到，当时这点小小的自由，竟开辟了通向他日后辉煌成就的道路吧！

由于远离家庭来到空幼入学，而空幼又远离城市，每到休息日，实在要算他们的另一种课外活动。这可能是平日课外活动的延续，如爱好打球的还是抱了球打，喜欢看书的还是捧着书看，醉心小提琴的也还是把自己交给琴弓和琴弦。这也可能是平日课外活动的拓展，如爱运动的组织起来爬勾子山、二峨眉，爱画画的联合起来带上干粮到野外写生，喜欢文学的找到心目中最崇拜的老师，埋进教官宿舍的斗室中谈天，或沿着蒲阳河边走边谈。最后，这还可能是一些日常没有时间进行或不被允许进行的活动，例如寻找各种材料，自制乐器，从笛子、二胡一直到小提琴；钻进山林深处，用自制橡皮弹弓打鸟，然后剥制成标本；跳进蒲阳河游玩，从这岸游到那岸，如此重复两三次；围绕蒲阳镇探幽访古，或了解民情，走十几里路，下到当地的土煤窑里去参观；饲狗，让它按指令做各种动作，并一连几个钟头乐此不疲地训练，不见效果不收兵；抱了炸药，到水塘去炸鱼，钻到冰冷的水中捡回来，然后一盏盏收集灯油，把鱼悄悄煎了吃。这类活动，像炸鱼等，虽为校方明令严禁，但恰恰是这些，往往最能满足少年时代的好奇心理，以至热衷冒险的心理。

按照空幼的总训练方针，重视并大力提倡育、乐方面的活动，是为了陶冶学生的情操，培养互助友爱、体育竞技精神和其他优良品德，以配合管教训三方面的教育，达到学生德、智、体、群诸方面的均衡发展。

六、空幼的生活管理

空幼学生的伙食，是按空勤标准供应的。六人一桌，早餐都摆满六个菜，其中卤肉、炸花生米为每日必有之常菜。菜之外，每人还另有生鸡蛋两个，加糖搅拌后蘸馒头吃。尽管四十年过去，当年伙食之丰盛，不但清楚记得，而且同学聚会时，当年的伙食总会成为大家的话题。

空幼学生的生活，则是全盘军事化。学校设总队部，跟负责"教"的教育处、负责"训"的政治部平行，而负责"管"即军事化管理。总队下为中队，每中队150人，一个中队是一个伙食单位。中队下为区队，每区队50人，区队是生活单位，也是教学单位，住在一个宿舍里，在一个教室上课。中队设中队长，区队设区队长，都驻队与学生一起生活，负责学生军事管理的施行。

一天从起床到就寝，皆有严格制度。起床前五分钟，值星官（由三个区队长轮流担任，肩上斜佩中有一黄道的红绶带做标志）已在宿舍前站定，只等山头上总队部号声一响，立即吹响口笛，催促大家起床。半个钟头内，完成洗漱、上厕所、集合、清点人数并向中队长报告，跑步到达大操场参加升旗仪式。升旗后，跑步2000米、做早操及武术，共半小时，然后仍跑步回队，解散，准备早餐。饭间禁止说话，而且三顿饭都先在饭厅前集合整队，单行鱼贯进入饭厅坐好。午晚餐进餐先举箸，候值星官发"开动"令，早餐则先打蛋，每人举蛋在手，值星官令下，"咔"一声，一同打下。上课以后，由教官负责，值星官和队长就不管了，只偶尔出现在教室外，检查有无违犯课堂纪律现象。如果是冬天，就到晚餐再出来，并负责巡视晚自习。如果是夏天，午餐后则还要监督午睡。区队长负责本区队，中队长和值星官则穿行于各宿舍，到确认每个学生入睡后离去。晚自习后，稍事休息即晚点名，仍由值星官负责集合，向中队长报告人数，然后由中队长执花名册逐一点名，就寝，熄灯，仍由队长们如午睡一样催促、巡视，至确认每人入睡后离开。

每天早上都要整理内务。所谓"内务"，即把全部被褥按床板大小平铺垫好，然后以白色床单四面平平整整包上。衣物另发内务箱，和洗漱用具一齐整齐码放床下，床上不许有任何杂物。内务每周六或周日进行大检查，由教育处一长、总队长等按次序到各队查看，进行全校评比。检查后，成绩最好的中队，由总队部给予嘉奖，各中队整理最好的区队和个人，则由中队部给予嘉奖。其能荣膺嘉奖的个人内务，被子四向端正如割，宛如艺术品，即使气量狭小如周瑜也不能不服气。直到现在，还弄不明白他们是怎么加工的！

每周都有军训课。初中是童子军训练，只算过渡。升入高中后，则完全按《步兵操典》严格要求，认真操练：卧倒、起立、拔正步，跑步立定数一到五，立正时两眼平视正前方，下颌微收，双手自然下垂，中指置于裤缝……一丝不苟。遇有重大庆典、重要人物来校视察，还举行阅兵仪式。最盛大的一次是第一期毕业典礼，白崇禧来校视察。总队长高凌昭身佩有三条黄道的红色绶带亲自指挥。分列式开始，一中队一中队排成方阵通过检阅台，一声"向右看"，几十个头一齐转过去，几十只手、几十只脚的动作像一个人一样，自己也觉得确实够威武。

遇有违反纪律的现象，则一律严加处理。因为是学校，所以有记过、记大过、记革直至开除的处理规定；因为是军事化管理，所以又有禁足的规定和禁闭室之设置。禁闭室在负责警卫学校安全的警卫连内，囚室超不过三平方米，进入前先把皮带解下交给看守，空勤伙食改为盐水白饭，上厕所先喊报告。禁足比关禁闭轻一等，只"禁"足离校区，但常常长达一个月。然而制度纪律如是之多之严，少年儿童又偏不能老成如成人，因而这种种滋味，很多人还难免一尝。

除了队长，住在中队和学生一同生活的，还有一位指导员，受学校政治部委派，对学生施行"训"育，并担任三个班的"公民"课。在制订空幼全面训练计划时，汪强本希望他们采取积极引导的方式，言传身教，以培养学生爱国家、爱民族，以及以校为家、以军为大家庭、亲爱精诚的团队精神。

严格执行制度和命令，为日后的飞行所必需，而从小的严格训练，也确实为后来的学飞和实飞打下了重要基础。

本次登载有删减，标题为原编者所加。
本文选编自《航空史研究》，1990年，第2期

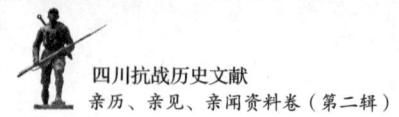

轰炸机飞行员张义声的回忆

张义声*

1937年8月，日本的侵华战争已经全面爆发。我决定放弃继续深造的机会，当兵上前线。回到重庆，我即报考黄埔陆军军官学校，被录入第14期6总队，在成都北较场入伍。1939年1月，黄埔军校刚毕业，就遇到空军军官学校招生。我立即报名参加考试，并被录取。当时与我同在成都北较场入伍的空军12期学员于当年5月转到昆明巫家坝航校。

一、赴美受训

1942年春，我随第三批150人（包括航校13期、14期的学员）赴美。先从昆明飞加尔各答，又乘火车去孟买候船。花了一个多月，穿越印度洋和大西洋漫长的水路才到达美国东海岸。次日就平安抵达纽约。晚上，从纽约乘火车西去，经两天两夜到达西部空军训练基地，亚利桑那州的菲尼克斯市。

在美国，依然按初级、中级、高级的培训程序进行。初级培训在菲尼克斯市的"雷鸟"机场，中级培训在"土山"机场，高级培训在"威廉"机场完成。时间安排：初级班两个月，中级班两个月，高级班三个月。由于在国内已进行过相应训练，故很顺利地完成了七个月的飞行教育，于1943年3月毕业。

毕业后，学员们又被拉到科罗拉多州的那汉塔机场接受作战部队教育训练，驾驶B-25中型轰炸机。第二次世界大战的那个阶段，B-25是低空作战能力最强大的轰炸机，装备很先进。飞行员座舱后面有二分之一寸厚的钢板，不怕低空被地面炮火射击和敌驱逐机从后面的攻击。油箱也有保险装置，被击穿后能自动补好。故适于低空轰炸敌方桥梁、仓库、轮船、火车、坦克和步兵，自己很安全。训练也是从对B-25的结构、仪器设备性能及使用方法开始。然后由教官带领示范。熟悉后，即单飞，进行对地目标投弹、射击等作战训练。最后，3架一组或6架一组进行长途编队与夜间编队的飞行训练。三个月后，我们驻到佛罗里达州的迈阿密城待命回国。

二、回国参战

我们从田纳西州的孟菲斯城驾驶新造B-25轰炸机飞离美国。此城有B-25飞机制造厂，很大，全系自动化装置。厂内有很多华侨女工，大家突然相见，非常高兴，谈笑甚

---

* 张义声四女婿章光祖于2015年6月整理。

欢。我们还到她们家做客、吃饭、参加舞会。此行共8架飞机，同美国人组合飞行。四人一架，飞行员两人，通讯员、机械员各一人。其中，一名中国人，三名美国人。此行经北美，跨北大西洋，越西欧，到北非，穿阿拉伯湾抵印度卡拉奇。在此，我们即加入由陈纳德将军领导的美国第十四航空队，即中美空军混合团。中国空军编为一大队，共四个中队。美国人任部分飞行队长。经数月的配合作战训练即开始参战。

我因自美驾机迟到卡拉奇，组合后编入中美空军混合团第一大队第三中队。1944年春，奉命参加中、印、缅战区对日作战（时称中国远征空军）。当时，我们驻在印度东北方靠"汀江"机场四五十公里处的原始森林地带。我的第一次战斗经历是轰炸日军后方，目标是密支那城后面河上的铁路及公路桥梁。我低空接近目标，投弹后越过桥梁，眼见得铁桥断裂，没负几年练习的心血和努力。密支那城驻有日军战区总指挥部。我们多次攻击该城及城外日军前沿阵地，不断给予敌人重创。到了1944年秋，我们反复轰炸，已使城内变为一片废墟。此后，陆军开始攻城。攻城屡屡受挫后，美国、英国使用重型轰炸机，用1000磅重的炸弹，沿城边钻地炸毁日军地下防御阵地。日军抵抗被完全摧毁，日军总指挥部也全部瓦解。盟军占领密支那全城，中印缅战区的战事遂告一段落。此战役，我队损失飞机两架。一架在前沿阵地被日军击伤，迫降于敌我之间的平原地带。另一架，也被日军击伤，再无能力飞越过山头。机上人员在我方阵地跳伞，飞机毁了，人员安全归队。

中印缅战役结束后，国内桂林战事吃紧，我队奉命调回桂林参战。日军自衡阳进军零陵、桂林。我队抵达桂林后，日夜出击日军前沿阵地，同时也不断轰炸敌后方的交通运输线、公路桥梁，以阻止日军前进。经过两周多的苦战，日军还是紧逼到桂林城郊。我们只好做出退避的准备，将汽油桶摆放到仓库里，不能飞走的飞机下面也摆上汽油桶。一个晚上，枪声逼近，知日军离机场不远了。我们驾机起飞，含着泪向仓库扫射，向不能起飞的飞机扫射，将仓库物资和飞机烧为灰烬，以免被日军占用。

1944年秋，豫西会战中，我队奉调自白市驿机场到四川梁山（今梁平），作战区域主要在河南及平汉铁路一线至汉水、宜昌等地，主要任务是轰炸敌后方的公路、铁路桥梁、车站及攻击敌方坦克部队。一次，由美国队长领队，我们三架飞机去轰炸日军集结的"方城"。当我们突然间俯冲低空投弹时，眼见城内烽烟四起，爆炸声震耳欲聋，日军仓皇向城外沿公路逃跑。我们紧追不舍，低空向敌不停扫射，日军死伤无数。又一次，轰炸襄阳附近的日军坦克部队。在很远的空中就发现目标，日军坦克在公路上逃窜，浓烟滚滚。领队长机下令，单机自寻目标攻击。长机随即俯冲下去，低空投弹。我看见他的一侧发动机冒出黑烟，知其已受伤，并沿江而下返航。长机受伤后，仍靠单发动机飞行至我方阵地上空，飞行人员跳伞后安全归队，飞机坠毁。我是第三架俯冲下去对地面坦克扫射投弹攻击的。眼见敌坦克中弹燃烧，上升返航。我所驾飞机的机身和尾部也中了敌弹，后仓射手腿部受伤。当时，B-25G型机打坦克、火车头和运输船效果最好。此型机上装有一门75毫米口径的大炮在座舱下、机头前，弹头重25公斤，射程1千米至2千米。每射一弹，飞机时速减低20公里，后坐力大。配备穿甲弹、爆炸弹、燃烧弹，威力很大。一人驾机。我曾驾该型机打击日军坦克，效果显著。再一次，由美国队长带领我们驾 12 架 B-25 轰炸汉口石灰窑日军仓库。前一天先达恩施，我中队 6 架飞机，二中队 6 架飞机，另有 P-40、P-51 驱逐机护航。我们分两批攻击，日军仓库数十栋房屋被炸成一片废墟。后来，我们以同样方式，经西安出击山西省运城车站日军仓库，同样取得成功。轰炸之后，浓烟遮天蔽日，战果良好。1945 年春，我的同学杨训伟轰炸黄河铁桥。三架 B-25，有两架被日军炮火击中，一架上的飞行人员跳伞，另一架则撞到山上，机毁人亡。杨训伟则攻击成功，将铁桥炸断三处，而且安全返航。这是我军取得的重大成果，受到海陆空司令部的特别嘉奖。此后，我们还轰炸了岳阳日军的仓库、堆站，又数次轰炸黄河铁桥，更无数次配合陆军的需要，到前沿阵地攻击日军。进攻敌军阵地时，飞机挂的是一种钢管束装的炸弹。一束装是 6 个小型 25 磅重的炸弹，一起投下去即分散成六个炸弹。飞机可一次挂 12 个束装炸弹，投下去即分成 72 个炸弹。投弹时，以 25 米投一束，可使日军 300 米长、30 米宽的阵地遭到摧毁，人员被杀伤。我多次轰炸日军前沿阵地就是使用的这种炸弹，给敌人造成很大面积的杀伤。此役，我方损失不小。4 架飞机被地面炮火击伤，飞行人员跳伞，牺牲美国飞行队长 1 人，飞行员 1 人；中国飞行员 2 人，空勤人员 8 人；3 架飞机迫降：其中，2 架失事，1 架撞山，机毁人亡。

我队参加抗日战争三年，多次受到三军总司令部的嘉奖，发给勋章、奖状、奖金等。我也多次受到表彰，并获得一等勋章一枚。自 1943 年 3 月我在美国毕业时是空军准尉军衔，由于战绩大，三年下来连续晋升三级，由准尉而少尉而中尉到上尉。1945 年 8 月 15 日，日本投降，抗日战争胜利结束，我被调往航校任教。

张义声

三、两次非常值得纪念的长途飞行，两次飞越驼峰

在我的飞行经历中，有两次非常值得纪念的长途飞行。第一次是 1943 年秋，从美国田纳西州孟菲斯城，同美国人组合，接收新造 B-25 轰炸机，飞经加拿大、格陵兰、冰岛、英国、北非、埃及、阿拉伯湾，到达印度的卡拉奇麻拉尔机场，参加中美空军混

合团。从西半球的北美洲，过大西洋到欧洲，再经非洲抵亚洲。行程两万五千多里，飞行约五十个小时，期间真是寒暑节异。九月份，冰岛还是冰天雪地，零下几十度，下飞机高空飞行服都不能脱。而仅两三天时间，已到北非，气温高达三十余度。因飞行途中一个发动机出现故障，单发动机飞行迫降于利比亚，还去地中海游泳。如此冰火两重天的感觉，甚是奇异。从英国到北非的一段经历也较危险，因德国飞机常从法国海岸出发袭击英国的目标。所以我们从英国起飞后向西行进200多英里再南下北非，而且是在海上高空云层中飞行。这样一来就要飞行六个多小时才能到达摩洛哥的卡萨布兰卡机场。飞行下来，人感觉十分疲乏。后飞埃及因故障迫降利比亚，发动机送去修理。我们在埃及的开罗待了近一个星期。期间，有幸游览了古迹金字塔和狮身人面像等。

第二次是抗日战争胜利后，我被调入航校任飞行教官。由于昆明航校被日军炸毁后，国内已无合适地点，故将航校迁至印度的拉合尔。因此，1945年10月赴任时我是去印度的拉合尔报道。是年底，学校举迁回杭州笕桥。我们当时的60名教官分四批，将60架PT-17教练机（每批15架）飞回国内。我是副领队，第二批出发。起飞后，经新德里、坎普尔、加尔各答、昆明、百色、柳州、南宁、桂林、衡阳、长沙、武汉、蚌埠到杭州笕桥。行程八千多哩，飞行七十多个小时。这是一次非常艰难的飞行。因为飞机小，仅120匹马力。速度很慢，设备也简陋，天气好才能飞。途中大家都小心翼翼。我们这一批从昆明到百色途中天气不好，云层低，白色的山顶就隐藏在云里，我批有一架飞机，不慎进入云中，撞到山上，机毁人亡。

第一次长途飞行是驾B-25机，自印度汀江机场附近的森林机场基地起飞赴桂林参战，驼峰山区是必经之地。此地的危险在于气流随山势的起伏升降速度很大，飞机容易失去控制。我们当时过山时就感到上升气流很大，飞机自动上升到一万多米山顶。过山后，马上随下降气流自动下沉数千米，飞机会失去操纵，真是危险。第二次，我驾PT-17初级教练机，自印度拉合尔到加尔各答，又从加尔各答飞昆明，也是必经驼峰，但飞机小，马力小，一万多尺高度已是其飞行极限。过山顶时离地面只有一二百尺。我们选的是好天气，上下气流都不大，加上有过一次飞越经验，处理问题已心中有数，故能胜利完成任务。

四、五次迫降

在我的飞行生涯中，多次经历危险。其中，五次迫降的经历尤其铭刻在心。

第一次是1941年春，在昆明航校同教官一道飞长途。从昆明出发，经保山到芒市。返航时，气候变化。我们从云层上空飞行到保山，云盖山顶无法降落，遂返回芒市，也遭云盖不能降落。只好向前寻找云洞下降。出云层却进入到群山中，只能沿峡谷飞行。这是一种危险的状态，高度很低，不能跳伞。突然，在一山口外边出现一条河，判断是缅甸的瑞丽江。我们迫降在沙滩上，人、机都保住了。

第二次是1943年，第一次长途飞行从美国到印度。离开摩洛哥向埃及飞去时，所驾B-25轰炸机，因一侧发动机坏了，靠单发动机飞至北非利比亚迫降。所幸天气和地势都好，人、机安全着陆。

第三次是 1943 年秋，加入中美空军混合团后，在印度卡拉奇麻拉尔机场，跟美国人一起驾 B-25 进行作战飞行训练。起飞后，起落架不能收回，随即通知地面指挥塔，决定将油飞尽后回机场迫降。落地时，飞机只有两个轮子了，于是向无轮的方向倾斜，机翼触地、折断出跑道，碰毁。幸运的是，我们四个人均只受轻伤，飞机也未着火，免去一劫。

第四次是 1944 年豫西会战，轰炸襄阳日军坦克部队。低空投弹时被敌高射炮击伤机身后面，射手腿部受伤。所幸对飞机未造成重大伤害，返航平安。

最后一次发生在 1946 年初第二次长途飞行中，即从印度返回杭州笕桥。途经桂林至衡阳段，因云盖山顶，我突然进入云中。凭借经验，我断然采取措施，在云中盲目 180 度向后转。出云时，见飞机离开山上岩石只有十余米远了，一身冷汗呀。脱险后，云太低，无法返回桂林。此时，天快黑，油也将尽，万分为难之际，在湖南省祁阳县金南乡发现一个两百多米长的操场。凭借纯熟的飞行技巧，将飞机平安迫降落地。后到衡阳取得汽油，把操场侧的树木砍掉部分，又延长三十余米的距离，成功飞去。

我空军 12 期 108 人，至 1945 年日军投降已牺牲 57 人，一半多。他们都是二十多岁的未婚青年，为国家、为民族的存亡，尽了他们应尽的最大责任。据统计，第二次世界大战中国战区共有中国空军烈士 900 多人，美国空军烈士 2000 多人，苏联空军烈士 700 多人。美国空运机死亡人数最多。这条线路要飞越驼峰，气候异常，地形复杂，有 400 多架次、1500 多人失事。

2000 年，昆明举办了"二战"中美空军老战友联谊会。我给老战友们发了贺信，并在成都新津机场接待了一位美国 B-29 飞行员来成都旧地重游。这位飞行员拿出过去的老照片，对着机场跑道、防空塔及附近河流一一细看。回忆着 60 年前的情景，彼此交流着当年中美空军共同抗日的往事，沉浸在历史的回忆中，久久不忍离去。2002 年 5 月中旬，对外友好协会在北京政协礼堂举办"二战"中美空军老战友联谊会，有美国驼峰协会、中印缅战区协会、14 航空队协会等共 200 多人参加。面对老战友，回想起同美国空军一起对日作战的一千多个日日夜夜，大家同生死、共患难，协同作战保卫祖国领空，保卫人民的生命财产。这种出生入死的友谊，永世难忘，值得加倍珍惜。我们要牢记历史教训，团结一致，大力发展经济，强大国家，才能真正避免历史悲剧的重演。

本文写于 2005 年 6 月

记空军抗日战斗英雄廖俊义

廖俊义（口述） 谭方德（整理）*

抗日战争时期，国民革命军空军作战部队在战争中做出了十分卓越的贡献，其中也包含了廖俊义老先生的一份功劳。

一、投笔从戎

廖俊义高中毕业后，父母希望他考大学，并且替他报了名。结果，他被国立四川大学和华西协合大学同时录取。但他特别崇拜抗日空军战斗英雄王光复、高志航、阎海文、乐以琴等。他铁了心，要报考空军军校，当兵上前线。

廖俊义

他背着父母，报考了空军军官学校和空军士官学校。由于年龄17岁，他虚报了一岁，报考了空军轰炸总队射训班，连续三次走进空军招生考场。

考试时，他很快做完了"数、理、化"，当在做国文试卷"你为什么报考空军?"时，他就未按正题答卷，只在试卷上写了岳飞的《满江红》和唐朝王昌龄的《出塞二首（其一）》诗。他将"但使龙城飞将在"的"飞"字写得特别大，寓意自己十分渴望飞上蓝天，打击侵略者，含着泪水将试卷交给了主考官。

结果"歪打正着"，他的试卷和第三次进入考场，引起了连续三次担任主考官的石隐（时为空军第三路司令部参谋长）注意。石隐把他叫到场外，详细询问了情况，为他的执着而感动。想方设法帮他过体检关，终于让他实现了愿望，使他梦想成真。发榜时，他为头名。他被录取后，父母也深受感动，转而支持他的追求和理想。

二、接受培训

空军轰炸总队射训班，设在成都凤凰山机场轰炸机总队部队内。

这期射训班，录取了50名学员，全部都是高中生，免去了3个月新兵训练。第一周，只进行了基本的军人队列训练和一次实弹射击。实弹射击打得好，每人5发步枪子弹，廖俊义和几位同学，弹弹中靶心，5发50环，其余学生也都在40环以上。时任轰炸总队长兼班主任胡国珍很高兴，当即宣布，此日起，正式开训。

---

* 谭方德为抗战史研究者。

轰炸机人员,除驾驶员外,其余人员分6类:轰炸员、无线电通讯员、机枪射击员、无线电广播喊话员、空语员、临时抢修员等。廖俊义学的是机枪射击。

经过半年理论、实践、单兵(综合)训练,50名同学都以优异成绩毕业。1941年7月中旬毕业后,廖俊义及其他前十名同学被分到第三路第一大队,全都是准尉军衔。基地在温江机场(现132厂,时为空军第一总站),第一大队长是陈汉光。

他被分在大队长的长机上任机枪射击员,和他同时分在长机上的还有陈静波,任无线电通信员。

三、腾冲空战

直到1942年下半年,他共五次执行对日作战任务:一次是到浙江兰溪;一次到湖北宜昌;两次到云南腾冲;还有一次,是同大队长单机夜航到河南,向坚持在敌后打游击的于学忠部空投子弹、手榴弹、药品、法币等。这五次都是胜利返航。

1941年10月,廖俊义随空军第三路第一大队前往云南腾冲执行空战任务。当时,二大队正在与日军空军作战,一大队前往协同。

这次空战日军出动了九架飞机。战斗中,廖通过瞄准镜,看到一架敌机冲了过来,他就利用敌我双方这200米有效射程差(敌机机枪有效射程1000~1200米;我军有效射程为1200~1500米),迅速操起机枪向敌机螺旋桨盖子扫射,将盖子击碎。敌机头猛然下垂,当他看见敌机飞行员时,迅速站起来,向飞行员和油箱猛烈扫射,日军飞行员当场被击毙,油箱被打破,飞机迅速起火、坠毁,这时距离他分到部队不到三个月。

他击落一架敌机的事迹迅速传遍祖国。航空委《神鹰》以《奇迹》为标题对此事进行了报道,《航空建设储蓄奖券》也登有他的照片。他的照片还成了《全球》和《良友》的封面。

四、轰炸汉口日军机场飞机跑道

1942年1月,他又参加了第三次长沙会战。

1月3日,空军第三路司令部王叔铭(后任空军副司令兼参谋长、台湾当局空军司令、空军一级上将)、副司令胡国珍、参谋长石隐来到第一总站,召集一二大队全体空勤人员以及总站有关人员,在礼堂召开作战会议。

王叔铭传达了空军总指挥毛邦初的作战命令:一二两大队参加第三次长沙会战,支持地面部队反攻。其中第一大队4日轰炸汉口飞机跑道;4日这一次,也是让廖俊义终生难忘的一次。

4日,一大队27架飞机(是抗战初期苏联援华志愿队留下的СБ型飞机)在陈汉光率领下,先飞到四川省"梁山"(梁平县)前进总站机场加油、挂炸弹。由于地勤人员动作迅速,飞机从降落到起飞,只用了30分钟,他们就飞向汉口。

当他们飞到汉口机场上空3000米时,就从望远镜中看见,机场跑道上站满了中国同胞,约2公里长。跑道两边排列着实枪荷弹、全副武装的日本鬼子,他们端上刺刀强迫我国同胞充当人肉盾牌,陈汉光大队长看到这种情形,迅速请示王叔铭炸不炸,王叔铭命令"照原命令执行"。陈汉光无可奈何，命令各中队改变单机行列，按顺序，随长机行动。飞机下降到500米，专向日本鬼子投弹、扫射。

第一次俯冲时，廖俊义没有看清地面，当第二次俯冲时，跑道上情形看得清清楚楚，被炸死炸伤的，既有日本鬼子，又有我国同胞。有些肢体被炸的已经飞到跑道以外。廖俊义一下子就哭了，但他强忍着悲痛，咬紧牙齿拉紧枪栓，连续不断、极其猛烈地向日本鬼子扫射。他清楚地知道，这一切都是日本鬼子造成的。

扫射完毕，机群又升高到3000米，加之炸弹已全部投掷完毕，机身相对轻便，飞行速度相当快。但这时，日本9架"零"式战机（在第二次世界大战中，是相当先进的），向我长机围冲过来，长机机翼被击中，打穿了几个小洞。幸亏长机没有挂副油箱，不然就会被打燃（飞机不挂副油箱，是为多挂炸弹，油料只能够返回梁山）。

这时，大队长马上命令僚机迅速、冷静向长机靠拢，组成正规队形，向敌机反冲射击。

虽然敌人飞机性能好，但是单坐，每架飞机只有1挺机枪，每挺2管，总共也只有18管。而我方每架飞机上配备10挺机枪，每挺2管，27架飞机，总共540管，在火力数量上占有强大优势。机枪射手们愤怒地向敌机猛烈射击，终将敌机击退。然后他们返回，先回到梁山总站加油，后立即返回温江总站基地。

回到大队，廖俊义等十个新兵，伤心得连饭都不吃，为我国同胞被自己的飞机炸死痛哭流涕。就在他们伤心的时候，胡国珍副司令讲了战果，从航拍照片来看，飞机跑道两旁日本鬼子全部被击毙。两公里长的跑道，被炸成了一条深沟。敌人决不能在半个月内修复好，这样就减轻了长沙地面部队可能遭受到的敌空中火力袭击压力。胡国珍副司令又对他们进行了开导，他们的心情就好些。

他说："对汉口飞机跑道上被炸死的百姓，我至今仍感痛苦和不安，为此，夜晚经常做噩梦。"

五、轰炸松滋兵站

1942年1月5日，廖俊义所在大队空勤人员6时起床，前往湖北松滋轰炸一个大型综合兵站。全大队27架飞机升高，编成"品"字队形飞行。一到松滋，飞行高度只有1500米，虽然地面兵站分散且小，但看得清清楚楚。每架飞机挂重磅炸弹4枚，即使投弹偏一点，爆炸强大冲击波也会把目标震倒。

廖俊义突然看到左前方下面地面有很小的红白点闪光，马上意识到是日本高炮部队在打旗语。他立即向大队长报告，大队长马上命令全体飞机升高到2000米。他又报告说，敌人高炮可能是德国"克虏伯"兵工厂造的新式高炮，有效射程为2200米。大队长马上命令飞机再升高到3000米。

大队长又立即命令第一中队率2架僚机将发现的3处炮兵阵地全部炸毁，杨中队还将地面炮弹引爆。飞机挂的是重磅（500磅）炸弹，炸药全都是美国造的"TNT"（以前是我国造的硝胺）。经过这两次轰炸，2000磅炸药，把3处高炮阵地炸得一片狼藉。这时，大队长又命令对下面兵站5处目标进行500米低空俯冲投弹，分两次俯冲，并命

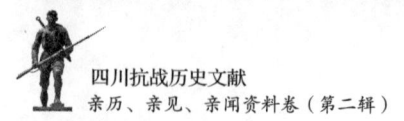

机枪射手随时注意敌机对我空中实施拦击。第一次俯冲时,就将油库炸燃。

当第二次俯冲投弹时,敌18架"零"式战斗机已飞临我机群上空,对我机群俯射。大队长异常冷静,不顾生死,仍命令我机群继续、迅速俯冲投弹。把弹投完后,大队长又命令机群一律将右翼向下,侧翼拉高还击,双方机群相距不到1000米,可以说是"空中肉搏"。

在空战中,敌人始终主攻我长机。长机的风挡(有机)玻璃已被击破,机内已经进风。正当廖俊义全神贯注与敌军对射时,突然感到右边腰部被撞了一下,吹进机舱的风又将他颈上围巾的一头吹到机枪左管,将枪膛缠住,只有右管在射击。他用力将围巾扯脱,枪膛后坐力将他左手大拇指关节撞脱臼,他马上感到手指麻木无力。

在这十分紧要关头,杨中队长带2架僚机从敌机上面向下冲射,形成了对敌夹击状态。恰好这时,美国陈纳德飞虎队的P-40战斗机6架及时赶到,冲向敌机群,一阵小钢炮喷射,2架敌机被击落。这时我方机群已全部升高拉平到3000上空。杨中队三架飞机也靠拢机群,组成了强大火力网,敌机只好向东北方向逃跑。

此次作战,我方飞机被击落2架,机毁人亡。长机上2名空勤人员(轰炸员罗玉书、副驾驶员周敬尧)牺牲,2人受伤(廖俊义与陈静波)。

当返航到巫峡口(三峡),廖俊义感到右边腰部疼痛,仔细一看,腰部鲜血直流,已将衣、裤全部浸透。他服了机械师李静一递给的两片"加当"(德国造,高效止血、止疼药)。

为不影响大队长驾驶,他强忍着疼痛,一声不吭,一直到梁山总站。两位阵亡战友的尸体被白布包裹,抬下飞机。由于长机多处受伤,在梁山机场降落时损坏,不能起飞。廖俊义和其他五名伤员在医务人员救治、包扎后,搭乘其他飞机回到温江。

六、负伤之后

廖俊义以及其他五位伤员到温江后,马上被送到空军总医院,给他输了德国的"人造血浆"。

胡国珍副司令员、石隐参谋长到医院看望和慰问他们,并向他们传达了中央航委会、空军总指挥部、第九战区司令长官薛岳嘉奖一大队命令。首长还告诉他,由于他首先发现了敌人的高炮阵地,并判断出高炮是德国克虏伯造的新式高炮,从而避免了大队遭受重大损失,已向上级为他请功。

成都市抗日后援会、成都各大学代表,都到医院对他们进行了慰问。第三次长沙会战结束后,成都各界举行了祝捷大会,并在提督西街国民电影院,观看由航空委员会政治部"神鹰剧团"演出话剧《罗密欧与朱丽叶》,由著名电影明星白杨、金焰主演。

空军六名伤员由六名护士陪同,在前排靠右"荣誉座"就座。在前排就座的有川康绥靖公署主任邓锡侯、成都市市长余中英、空军政治部主任简朴、空军第三路副司令胡国珍、参谋长石隐等党、政、军要员及各界代表。

演出前,余中英致辞,白杨向伤员献花,市抗日后援会歌咏队在空军军乐队伴奏下演唱《凯旋歌》,全场起立鼓掌。随后中央军事委员会军令部次长刘斐对参加长沙第三次会战有功人员颁发勋章，廖俊义获得"荣麾"二级勋章，并由空军准尉晋升为少尉。由于他空战腰部负伤、手指伤残，流血过多，身体没有完全恢复，因此停飞，调空军第三路司令部副官处工作。

七、抓获汉奸

在副官处工作期间，廖俊义配合四川防空司令部将潜伏在成都的大汉奸李度梅领导的汉奸组织及电台组织破获。此汉奸组织有四个成员是空军的。其中有空军无线电总台的总台长董心怡、新津机场十二总站无线区台机务长钱子贾，以及空军总指挥部参谋处的两个参谋。当时李度梅潜逃在外（新中国成立后在汉口被逮捕法办），廖俊义负责将抓住的李度梅老婆押送重庆。

蒋介石大发雷霆，将空军总指挥撤销，空军一切指挥大权划归航空委员会掌控。1943年，第三路司令部司令官王叔铭调升航空委员会副主任兼参谋长。

王叔铭在调离之前，对廖俊义破获汉奸组织的行为大为赞赏，从关心他的前途角度出发，给他办了"空转陆"转业，将军阶由空军少尉改为陆军少校，并得到军政部铨叙厅颁发的证书，调任军政部第三荣誉军人屯垦总队政工室少校主任。此屯垦总队驻四川江油中坝，屯垦范围涉及江油、彰明、平武、北川、青川五县，后他又调到成都市警察局。

抗战胜利后，他到南京参加空军庆祝抗战胜利及授勋大会，他当时是唯一穿着陆军制服被授勋的人员。他被授予"青天白日胜利"金质勋章，由航空委员会秘书长宋美龄给每一个授勋人员（共有几十人）佩戴，并颁发了荣誉证书。王叔铭将他在长沙会战的贡献和破获成都大汉奸李度梅组织的事迹汇报给宋美龄，他受到了宋美龄的赞扬和鼓励。宋美龄拍着他的肩膀，嘱咐王叔铭好好培养廖俊义。当时，某画报封面曾刊登了宋美龄给他授勋的照片。

本文写于2014年

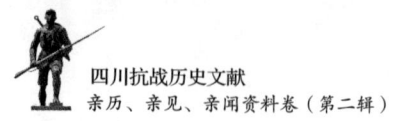

淞沪空战

刘国柱

七七事变后,日军主力更积极向上海移动,那时我队(原编者注:指徐州空军十三队)主要任务,是监视日陆军在北平一带及海军在东海一带活动情形,在我队连日侦察下,日军移动情形,清清楚楚,我队也由徐州调南京,并改组成立空军第六大队,我编入第三中队,中队长孙省三上尉,大队长陈栖霞,严阵以待上海日军。

1937年8月13日十八时,日军对上海我军发动陆海军总攻击令了。我队奉紧急命令飞滁州待命,当时我也奉派,队长很紧张地在我地图上一指说:"飞滁州。"

我对滁州很熟悉,在学校时,就读过欧阳修的《醉翁亭记》:"环滁皆山也,其西南诸峰,林壑尤美,望之蔚然而深秀者,琅琊也……"醉翁亭我也去过,所以我一奉命,立即起飞,到了长江上,已到200米高时,我才看地图方位,因我平日在地图上各大城市间的距离及方位都有记明,所以很轻松地完成任务。

但不幸的是竟有一位老资格的飞行员,因找不到滁州,天色又晚了,被迫降落,所幸人机都仅轻微伤损而已。

8月14日,我们以轰炸机27架,战斗机12架对上海日军发动攻击,那时日军还没有战斗机参战!高射炮火力根本达不到,因之日军的军舰、营房、仓库、阵地、纱厂、司令部、油库等,均中弹起火。我机均安全。

我落地后向地勤人员说:"飞机情况很好,赶快加油挂弹,我去吃点东西就来。"可是等到再返回飞机时。黄文模同学已上飞机了。

我说:"这是我的飞机,我要再去。"

他说:"你休息一下,我回来你再去。"

他已上去了,有啥办法,只好让他去,不过我说:"嗨!小子当心,上海天气不大好,我等你回来我再去!"

可是不幸得很,他一去,人机再也没回来了,我在地面老等,没有等到他回来,可等到日本飞机来了,共12架,每四架一队,分别攻击南京机场及其他目标。

我因想等我的飞机回来再去炸日军,不想远离机场,就在附近一个沙包掩体中避避。我清楚地看到日机四架正在机场上空由云洞下来,炸弹落处,我修理机棚飞散了,一架我们的地面飞机来了一个底翻面着火了。

当时我也很佩服日本人的技术,那样不好的天气,他们能找到目标,而且一从云洞下来,正在机场上空。

不过日机一投弹,就被我战斗机追上了。一个攻击,一架日机冒烟,迅速下落了,待我赶到现场看时，日机机头与机尾相去有100米，地面一片火，四个尸体手脚都烧得没有了，这就是侵略者应有的下场吧！

在南京这次空战中，日机共四架被我战斗机击落。

这天日机也以11架攻我杭州基地，被我空军击落9架。第二天，日机又以10架攻我杭州，又被我空军击落6架。这一来，我空军士气大振，个个如疯了一般。

8月14日及15日两日，我轰炸机均集中攻击上海日军、黄浦江中日舰。因江面小，舰只一多，运转失灵，只有挨炸的份，因之不少军舰被炸沉或炸伤。19日那天，沈崇诲更以飞机炸弹同人一起攻向日舰，立即爆炸沉没，其他仓库、军营、阵地都被猛攻后重创，于是日舰被迫撤出上海黄浦江，到吴淞口外海上去了。

这几天，因为黄文模同学飞去不返，我得不到飞机去炸日本鬼子，焦躁不安，日夜不宁，尤其在日机来袭的空袭警报声中，被气得捶胸顿足，更难堪的是眼看日机投弹，气得要发疯了！

总算皇天不负苦心人，到了16日下午，于亚杰同学回到队上来了，我一见到他，抱着他的头，说不出话来，好一阵子才恢复平静。大家急问前方这两天我队攻击情形，他说："我们在队长领导之下，在苏州加油挂弹，因与上海较近，夜以继日地攻击，无人愿意休息，一次任务回来，坐在飞机旁，等地勤人员加油挂弹，一声好了之后，我们又去投弹，这几天出动多少次，我们谁也记不清了。今天是同队人员伤亡甚大，飞机也损失甚多，我这飞机虽然还好，但我已疲惫不堪了，飞机也无人可接，所以我才回来，再说飞机也需要检查了。"

我于是叮嘱机械士，连夜检查。次晨一早他们告诉我："飞机好了。"于是我又去了，任务是侦察并轰炸吴淞口外海的日本军舰。当时天气很好，我高高在上，远望日船舰约30艘在吴淞口外，口内也有军舰三艘，于是我立即向这三艘投弹，然后一个180度后转。这时我也发现三架日机向我飞来，我表演了一个上下左右乱转几次，再摇摆几下机翼逗着玩儿，因为他们虽然是三机，然而比我低得多，没法追得上我的。

我回到基地，一下飞机，三个人一齐上来，向我异口同声地说："现在你不能再说你还要去，让让吧！"

我一看他们那种情形，把两手一摆，伸伸舌头而已。

确实那时的士气，常人说"不怕死"，我们那时不但不怕死，根本就不知道有死，而且纷纷去找死。

有一位同学高冠才，他投完炸弹。仍在敌人上空转圈子，回航后，轰炸员大不高兴说："炸弹早投完了，你还在敌人上空老转干什么？找死！"

高冠才说："我们逗逗高射炮呀，在晚上又好听又好看呀。"这说明他将作战当作好玩，根本不怕。

我对敌人高射炮，从来不在乎。开始我在怀疑，大好天气，空中还怎么会有小块小块的云，后来一次在我飞机前不远，突然爆开了一块同样的云，我才知道那是高射炮弹开花造成的，但从此以后我更不怕，我认为敌人高射炮手技术太差了。起初我在敌空，多做不规则飞行避高射炮，从此以后我都是一个直线通过了，我认为不规则的飞行说不

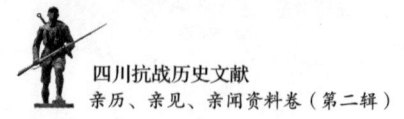

定反而会撞上了那劣等炮手的炮弹。

　　日本人那时宣布：三个月打败中国，六个月灭亡中国。而我们呢，在生死存亡的关头奋战、死战，虽然死伤惨烈，然而也要敌人付出同样的代价。

　　队长看见我们争着上飞机的情形，向我们说："大家同仇敌忾，争赴前敌的精神，十分可佩，但还是按表的好，使大家都有机会，同时大家要知道，这个战争是长期战争，不是像日本说的那样简单，六个月就能灭亡中国，以后杀敌的机会多的是……"因之，以后我只能两日轮到一次任务，偶尔一天一次罢了。

　　8月24日，我队奉命仍攻击吴淞口外的日舰，因我队到达时，我战斗机已与日机在空中大战，因之日机无力攻击我们，我九机得以安全投弹后返防。

　　下午，中队奉令全飞到河南周家口，副队长指定由我任总领队。当我奉令时暗自一惊，因为那时我仅是一个刚毕业到队才两月多的准尉见习官，队上有的是少尉老资格飞行员，更有中尉分队长、副队长，怎能轮到我任总领队，但命令之下，没有可异议的。

　　事后我分析这原因：第一，周家口我去过一次，那时由南京飞周家口算是长途了，我早晨去，下午回京，一日中飞了7小时20分，也算在当时飞行人员一日中飞行最久纪录了。第二，队上人员，曾于我在空军官校高级班受训时同我一起受训，他们都知道我的成绩，毕业飞行成绩最高的75分，而全队只有他们队长同我两个人。第三，他们知道我长途有把握，而且都是直线，当时在队上的长途，几乎是我包办。

　　有了上面一些原因，虽然我官卑职微而负重任，大家也无话可讲。

　　写到这里，我还要说说黄文模同学，他是我空军军官学校六期二班的同学，8月14那天，我下飞机，他就接了我的飞机去炸上海日军，但他一去不返，使我等得如疯如狂，所以至今记忆犹新。

　　后来得到消息，他是随队长孙省三，坐桂运光三〇三号机的后座，负责侦炸任务，全队攻击上海日军，可是当他们向日军上海司令部投弹时，后上方来了9架日机向他们攻击，桂运光当即中弹死亡，黄同学腿踝亦中弹，但他忍痛驾机迫降我军阵地，经友军送入医院，虽经医院取出子弹，然因无人付医药费，终因流血过多死亡。

　　我们知道这件事后，痛恨上海那些有势有钱的人，毫无同情心、爱国心，对抗战英雄见死不救！

　　在淞沪这段战事中，上海租界中的人依然歌舞升平。我们平日对上海租界内的甘为亡国奴、流氓借外国人的势力欺侮中国人的情形，无不愤怒。

　　在这抗战开始的淞沪大战，是国家民族存亡的关头，而上海租界内的亡国奴，毫无表示。不仅没有爱国运动表现，而且一点同情心都没有。我们空军战斗员为国受伤，在医院里都没有人管，这般人早已麻木不仁、丧心失志了！

　　这些情形，在我们空军人员看得最敏感，因经常在上海上空来去，尤其在晚上，战区一片漆黑，而上海灯光辉煌胜过白昼，电影院、戏院，处处人潮。

　　这天夜里，一个电影院，正在最后一场，人们等着进，在看过的人急着出场的时候，一个炸弹落下开花了，造成死伤近百人的惨剧。

　　在淞沪会战时，日本的主要策略，是想以重轰炸机破坏我方飞机场及飞机，但当时我方飞机场都是碎石场地，日机远道来，投上一些炸弹，但机场边有的是碎石子，几个钟点，最多一夜工夫就修复了，至于飞机，我有的是辅助机场，活动性大，很难找着我们，更不会将飞机停在地面由他们炸的。

在上海方面，打得日本没有办法时，用一种水陆两用机作战斗机用，不过也发生很大的扰乱作用。

我队参加淞沪大战，才两个星期，人员飞机已伤损过半，而且没有飞机可以补充了，因之全队调离南京，我也随之到宜昌。

事后检讨，精神与物质，必须要能配合，否则其效不彰。在这一时期中，我们的战斗机队，可以说出尽风头，实际上也给日本以重大的致命损失，原因在日本重轰机队没有战斗机掩护，而本身防卫机枪、有效射程仅300米，而我们战斗机上已有炮，射程800米，所以我们可以在日机的火网外予以击落，因之日本自认为无敌的木更津重轰炸机队、只要一遇上我们的战斗机，不是全军覆没，也是落花流水。使日本的木更津队120架飞机，在这段短的时间中就完了，补充的120架，也难逃命运。队长剖腹自杀了。

但在轰炸机队方面，我们没有重磅穿甲弹，对日本的装甲军舰无可奈何，除非炸弹落在烟囱里，或舰旁一米上下距离内才有效，但这谈何容易！所以在这段时期中，我空军轰炸人员，虽然士气高昂，但对日本军舰及其水泥钢骨的军营，始终不能予以根本解决。

所以士气要靠物质充实，物质要靠士气发挥，二者是不可分的。

写到这里，追怀往事，感慨万端，用日本无条件投降的一首诗结束吧：

　　三十四年庆胜利，举国狂欢华夏尊，
　　回忆淞沪空战友，惟我一人尚幸存！

本文选编自《苍溪文史资料》第十一辑，1995年

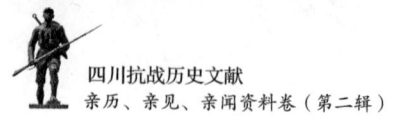

日本奥田大佐在乐至大埝坎毁机丧命前后

柳光笃

1937年7月7日，日本帝国主义者在卢沟桥的军事挑衅，遭到我国守军的英勇还击。继之在中国共产党的敦促下，拉开了全民抗战的序幕。日本军国主义分子，仗着他的军事优势，疯狂地向我国发起进攻。尤其是他的空军装备处于优势，致使我国各地都遭到了狂轰滥炸。

自武汉沦陷后，日本空军即以其作为基地，大肆进犯我省，成渝两市首当其冲。我驻川空军健儿，浴血奋战，立下了不少战功。特别是在成都上空，与敌奥田大佐空战一役，给进犯之敌以沉重打击，使日本侵略者感到震惊。奥田大佐是日本空军中的王牌，号称"轰炸之王"，在日本空军中很有威信。凡对我国的空袭，经常由他领队。这个双手沾满中国人民鲜血的魔鬼，座机在成都被击中，残骸在乐至境内（在当时属中江境内）被发现，给了敌军以相当沉重的打击。难怪日本空军当局哀叹："奥田大佐之死，是我军的一大损失！"当时因我正在成都大同中学读书，目睹了这一惊心动魄的激烈空战，至今仍记忆犹新。

那是1939年深秋的一天。早晨，大雾弥漫，把整个成都市紧紧笼罩着，到10点钟时，大雾尚未散尽，太阳已升到中天，显然是个好晴天。市民们已急急忙忙收拾东西准备跑"警报"了。将近11点，十字路口警察岗亭插上了"预行警报"的黄旗，告诉人们敌机已经入川，快去隐蔽。过了一会儿，果然空袭警报响了，敌机正向成都窜来。人们携提着箱子，拿着包袱，扶老携幼，从四面八方的城门和城墙缺口处往郊外跑去。不久，"呜——呜——呜"一断一续的紧急警报拉响了，表示敌机将临。值勤人员大声呼叫："就地隐蔽！不准乱跑！不要说话！"人们在树下、沟中、坟场等凡是能隐蔽的地方或坐或卧，哑然无声，两眼都向着东南方向的天空仰望。瞬间，平静而又美丽的碧空中，传来了由弱到强的闷雷似的声音，接着出现了一片黑影，敌机来了！它们分成两队，每队27架成"品"字形排列。从当空飞过去，调整了队形，又重行回来准备投弹。这时突然传来了"咯咯咯"的机枪声，原来是我空中健儿驾驶的驱逐机在敌机群的上下左右翻飞，正向敌机发起猛烈的进攻。迫使敌机群即改为"一"字形，这时空中传来了炮弹划过空气的"嘘嘘"的声音。顿时，轰鸣四起，地面上浓烟夹着火光冲天而起。我军的驱逐机在弹雨中，仍向着敌机群顽强攻击，并集中火力攻打领队（指挥）机。只见那领队机尾部冒出一股白烟，随即变成黑色，又飞得渐慢渐低，脱离了机群几分钟后就完全消失在空中。其余敌机见状也全部逃走，天空中又恢复了平静。警报解除后，市民们陆陆续续地回到了市区。

第二天，我从《中央日报》第一版刊登的告捷文章里，才知道昨天被击中的就是日本空军中大名鼎鼎的"轰炸之王"——奥田大佐的指挥机，随后坠落在乐至大埝坎乡（在当时属中江境内）境内。败退返航的残余敌机，又遭到我梁山（现为梁平）基地起飞的驱逐机的拦击，沿途坠毁共十八架之多，实属我空战的一大胜利。此后较长一段时间，日机都不敢大肆进犯四川。后闻落在大埝坎的敌机残骸，拆散后由人力运到乐至，再由汽车转运成都。乐至留下供展览的一段飞机翅膀，原放在县城民众教育馆左面阅览室外，直到1949年底。后即不知去向。

1956年秋，我到大埝坎乡工作，去到麻柳沟时，同行的老村长指着一个高高的山坡，告诉我说："当年日本飞机就是撞到这个山坡掉下来的。"继又指着相距不远的垭口说："五个烧得糊焦焦的日本人，就埋在那下面。"这就引起了我的兴趣，我要求他把当时的情况详细告诉我。他沉思了片刻之后，就一面走一面讲起来："记得正是忙着点粮食的时候，那天天气晴朗，天一亮我们全家就上了坡，在对面坡上点粮食。快到响午的时候，看见几十架日本飞机排成整整齐齐的两队，向成都方向飞去。到了半下午它们飞回来时队形就乱了，前前后后，高高矮矮的，有几架屁股后还冒着烟呢！过了一会儿，看见一架飞得低低的飞机，后面拖着长长的黑尾巴，中间还在喷火花，像醉汉一样摇摇晃晃向我们飞来。我们赶紧跳下沙沟，伸头看着。只见那飞机越飞越矮，最后撞到山上，一个倒栽葱直倒插到山窝一个三户人家的小院中，'轰'的一声，浓烟大火冲天而起，同时噼啪噼啪像爆火炮似的响了一阵。声音停了后，我们派人到乡上去送信，又大着胆子走拢去看。老远，就闻到汽油味、焦煳味，还有一股腥臭味。走拢后，看见还没完全熄火的飞机摆了一大摊。后来乡上来人看守现场，等候政府处理。飞机残骸拆散后，先运到乐至，再转运到成都。那五具烧焦了的日本人的尸体，也就地埋葬了。"

听完他的话，我感到这场罪恶的战争，受害者固然是被侵略的中国人民，但五个葬身异国的日军和他们遗留在日本国内的孤儿寡母，难道不同样是受害者吗？我们切望热爱和平友好的中日两国人民都应警惕日本军国主义者的复活！

本文选编自《乐至文史资料选辑》第八辑，1985年

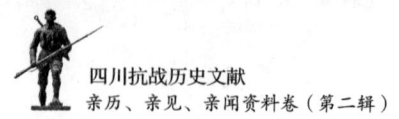

"七二七"成都空战追忆

——缅怀段文郁烈士

丁晨滨

回顾全面抗战,老成都人不会忘记1941年7月27日108架日本飞机轰炸成都,死伤市民1147人,炸毁房屋两千五百多间,一万多人流离失所的惨痛灾难。本文记述的是我空军勇士段文郁在这次空战中击毙日本"轰炸大王"——奥田大佐的一段史事。

当时日本空军中有所谓"四大天王",先后被我空军击毙三人,俘获一人,"轰炸大王"奥田大佐是日本空军"四大天王"中最后一个被击落毙命的。

1939年11月4日上午,成都碧空万里,日本空军奥田大佐率领54架轰炸机,分两批从汉口起飞;另有54架轰炸机从山西省运城县起飞,合计108架,再次袭击成都。飞贼们飞过长江,飞过秦岭,在朵朵白云间进进出出。由奥田总指挥,在成都外围调整成四个梯队,每队27架,互相呼应着向我成都市区上空进发。

早上八时许,我方收到大批敌机将从川东、川北进犯成都的情报。我驻成都双流太平寺机场的空军第五大队赶在敌机到达之前升空迎战。10点40分,第一批敌机27架,接近成都上空。这时天公好似暗中助我,低空突然出现云块,给敌机瞄准投弹目标造成困难。而我驱逐机群早已升空居高临下占据有利位置。他们俯首下望,在茫茫的云层上浮动着敌机的魔影,机翼上的红药膏标志,在阳光反射下格外触目。中国神鹰如飞剑出鞘,两架驱逐机奋勇当先,距敌机500米时发出攻击信号,一同俯冲下去,从敌机后方连续攻击,紧紧跟定敌踪。地面上群众目击我空军战士之勇猛,个个啧啧称赞。这时我第二批、第三批驱逐机亦相继前来俯攻,顿时将敌机队形打乱,一架敌机被击落,冒着浓烟摔得粉碎。带头冲向敌机猛攻的是空中勇士第五大队第六中队飞行员段文郁和他的战友石干贞。

在这场厮杀中段文郁的腿部受了两处伤,他怕失血过多,向机场飞回。不料,归途中又遇到第二批敌机27架。敌机在奥田大佐的率领下趁我机追击第一批敌机之时,绕道从另一方乘虚攻来。段文郁怒火中烧,他顾不得伤痛,开大油门,奋不顾身地向敌领队长机冲击,一阵猛烈射击,命中敌机要害,机中魔王奥田受了重伤,匆忙发出投弹信号,然后带领敌机群慌忙逃跑。段文郁见敌长机被击中冒烟,兴奋异常,双手紧握操纵杆,咬住敌长机穷追不舍,一次又一次地俯冲攻击。连续攻击十多次,终将敌酋奥田及其座机击落。段文郁因为流血过多,昏迷过去,飞机失去操纵坠地,壮烈牺牲。段文郁虽然牺牲了,但他用鲜血在祖国长空写出的悲壮史诗,却永远铭刻在成都人民的心中,铭刻在祖国人民的心中。

当时我在簇桥飞行士校任驱逐队学生区队长,与五大队飞行员们接触多。段文郁是我爱人段玉璇的表弟。1917年他出生在河北省高阳县一个农民家庭,从县高小毕业后,考入保定育德中学。18岁时因经济困难不能继续上学,去药铺工作。这时长城抗战发生,我守军英勇奋战。他认为用刀枪杀敌,能缴获日本的坦克,但无法阻止敌人的飞机轰炸,遂立志学习航空。他曾去北平投考中央航校第五期,因身高不够,未能应试。他辞去药铺工作,到南京洋行赫金汽车公司做职员,管理汽车配件和账目。他想:学会驾驶汽车,战时将大有用处,且和航空志愿颇有接近之处。因此,他终日和发动机打交道,回家则由正在南京金陵大学就读的堂兄段玉瑶辅导学习文化,进步很快。

不久黄埔军校招收十二期入伍生,他前往报考,体检和学科考试都及格。他又报考中央航校,经过严格的体检和学科考试被录取了,实现了他多年的愿望。

从此以后,段文郁在南京小营度过了一年的中央军校(黄埔军校)的入伍生活(中央航校的入伍生是由中央军校代训的)。

1936年8月21日,段文郁从小营转到中央航校洛阳分校,后来又转到广州分校学习飞行。他选择了学习驾驶驱逐机。他自己做了两架飞机模型,每天拿着它练习格斗和特技飞行动作。他注重锻炼身体,是学校"血汗篮球队"队长,球艺精湛,常与"著名球星"王义增(黄埔九期)、王世贤(黄埔十三期)同场比赛,全校闻名。他为人忠厚,对同学和战友和蔼可亲。

段文郁毕业于中央航校第八期,分配到空军第五大队。他和同学分别时曾说过:"我们现在已经羽毛丰满,可以展翅高飞了,可以搏斗了,不把鬼子赶出国土,决不生还!"壮志豪情可钦可敬。成都空战他击落奥田大佐,实现了自己的誓言,为抗日战争献出了鲜血和生命,为祖国、为民族立了功。

段文郁光荣牺牲后,被安葬在凤凰山空军公墓。成都空军各飞行大队,飞行士校、空军机械学校、空军幼年学校,空军家属(我的内兄段玉瑶也被邀参加追悼会)在凤凰山空军公墓举行了隆重的追悼大会,由驻成都红牌楼的空军第三路司令官王叔铭代表重庆航空委员会主任周至柔主持追悼大会,追认段文郁为空军烈士。

本文选编自《武侯文史》第五辑,1996年

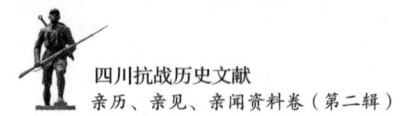
四川抗战历史文献
亲历、亲见、亲闻资料卷（第二辑）

抗战时自贡高炮对日作战忆述

萧国柱

此行自贡探亲，市政协文史办有人来访，言明因我曾任驻自贡高炮连之连长，建议我将自贡作战时经历做一回顾，以资纪念。将此记录下来委实必要，由于时过半个世纪，许多细节已模糊，恐难胜任。我同意回忆，然后叙述出来。权且称为忆述，供文史家们参考。

缘起1939年，侵华日军开始了向大后方的空袭。在我的记忆中，敌机多从武汉起飞，敌机来势异常嚣张，长驱直入，如入无人之境。我当时驻防重庆，任高炮连副连长。进入20世纪40年代，日机航程已达远距，于是顺长江河道及其支流，发起了向重庆、成都、自贡等重要城市的空袭。1939年8月20日，日军侦察机首次入侵自贡上空，未施轰炸，散发了所谓"中日亲善"的荒谬传单。同年10月10日，即民国"双十节"，敌机两批27架次，疯狂地向自贡进行了首次轰炸。此次轰炸日寇将百多枚炸弹投向人口稠密的居民区并以机枪低空扫射，欲在市民中造成恐惧心理。日机轰炸自贡的目的不仅在此，其企图摧毁井盐生产，断绝食盐的供给。当时海盐产区已沦陷，大后方军需民用食盐主要仰仗自贡的生产，食盐已成为战略物资。因而侵华日军必然以夷平井场为战略轰炸之目的，迫使大后方屈服，为此，我高炮连奉命调防自贡，以粉碎日机空袭企图。

调防的时间约在年底，作战准备就绪大致在新年初始，我们在自流井过的年。布防的地点在著名的磨子井附近山上，小地名叫土地坡。我连属炮兵四十五团第一连，装备是德式75高射炮，性能较好，大后方仅重庆防空区装备此新式高炮。说它新式，仅就当时而言，指挥系统无雷达，靠指挥仪计算射击所需诸数据，观测通讯系统也无自动化，主要靠技术操作。但这种炮精度较好，灵活性高，在当时是第一流的作战高炮。我们驻防自贡之前，盐区已设防有高炮营，这支防空部队一直坚守阵地，并与我连配合作战，其功不可没。

当我们临阵以待时，虽警报频传，却未见敌机来袭，其间，有两次日寇侦察机来自贡上空盘旋，我炮没有还击。估计敌机做轰炸侦察，很可能系选择轰炸重点。继而在1940年8月空袭自贡，此次敌机主要轰炸井灶区和居民稠密区，对繁华街道进行俯冲扫射。我炮进行还击，迫使敌机不能低飞。侵华日军空军异常猖狂，欺我方难以制空，因此以为我方无空战能力，高炮射程不高，机群竟明目张胆聚集，"品"形相连，慢速低飞，肆无忌惮。我方虽还击压制了敌机的气焰，但日军空军尚不知自贡已布防优良高炮。直到1941年一次对空反击之后，才引起日寇空军的注意。

具体时间在那年的 8 月。敌机从武汉起飞,过重庆、江津,再至泸州转北而飞。我听到报告后分析,敌机的目标是自贡,果然判断正确。不久,听见沉闷的发动机声,继而高倍望远镜发现机群,"品"形编队,三架一组,六组 18 架。日机速度慢,由南向北。正值上午 10 时许,敌机背着太阳光,对其相当有利。而我方前视逆光晃眼,影响瞄准精度。按常规,我炮可先射击一次,根据着弹点再做修正,继而连发。但如果这样,必将失去战机。在这千钧一发之时,我急中生智,决定奇袭。从敌机放慢速度,展开队形施行轰炸的机会里,立即给予其猛烈地射击,使敌机受到打击。但敌机投弹前的时间很短,要出其不意,必须果敢迅速,迎着敌机拼个高下。当时官兵士气旺盛,个个临危不惧。我虽然感到紧急,却非常冷静。指挥仪的数字报出来,每个数字都清清楚楚钻进我的耳中,正当敌机降到一定高度,正欲展开投弹,我即下令开火。我高炮阵地弹冲长空,排排炮弹在敌机群中开花。我眼见一架敌机冒烟正转头逃窜,日寇机群也慌了手脚,队形混乱,也不再前驱,绕向回路,将大部分炸弹掷到市郊外。战事结束后,盐业公会会长李秉熙先生来讲话,说他亲眼看见打中一架敌机,特向官兵们祝贺。据当时报纸报道,一架敌机被自贡高炮击中,受创逃至宜昌近郊堕落。这架敌机被击落的消息,连敌方电台也不敢否认,亦做了战事损失报告。为此,上峰奖励自贡高炮连奖金两千元。

两三天之后,敌机又来了。这次来了两批,四十多架次。这次不同了,是一"波"一"波"的,中间间隔几分钟,航速快了许多,队形稀疏,高程约在四千米。情况说明,日寇已知自贡设防有优良高炮。在此情形下,我决定提前射击。岂料敌机欲投弹时,忽然改变航向,朝凉高山方向驶去。敌机的目标何在,难道是轰炸高硐久大盐厂?利用敌机环形飞行,我高炮可转动射击,我当即下令开炮。我高炮射程较远,敌机逃不出射程半径,我便由东打到北,从西打到南,迫使敌机没有在盐场投弹。在撤退途中,敌机将炸弹匆匆忙忙掷到富顺县城。当时我怀疑敌机是朝我高炮阵地来的,是否系寻找炮阵地。没多时,第二批敌机来了。这次飞得很高,至少在四千米以上,且是寻找云朵捉迷藏。显然,敌机的目标正是高炮阵地。当天天气晴朗,朵朵白云飘在蓝天,敌机藏在云朵里,时而钻出来窥视。我认为高炮阵地已完全暴露,敌机是冲着我方来的,这时必须先发制敌,积极射击,然后再转移阵地。我下令射击,直接瞄准,只要敌机一露头就打。只见白云朵旁开出黑烟花,一团团,一束束,蔚为奇观。敌机在我方强劲的火力之下,也没有投弹,稀稀拉拉地向东南方向逃遁。这批敌机途经内江时,轰炸了街道。

战斗结束后,我高炮阵地连夜换防,新阵地是原已列入的预备阵地的黄家山。转移车炮时,缺乏燃油,自贡各处都难觅到,重庆有但鞭长莫及,我们只好用人力拉,人一找就来,军民合力,硬是将车炮装备送上了黄家山。换防新阵地后,由于种种原因,其中也包括自贡强有力的空防,敌机从此就没有空袭自贡了。

在自贡驻防时,还有件事值得一记。记得是第一届防空节,对了,那正是 1939 年 11 月 21 日,我当时是副连长,高炮连刚调防自贡。防空节是为宣传防空知识举办的,届时举行各种活动向民众宣传。自贡市当天晚上在湖广庙(今商业俱乐部)开晚会,各界都参加了节目。高炮连也出了个节目,我那时年轻,又编又导又演,搞了个带故事情节、有说有唱的"活报剧"。记得其大意是，农夫们在田间劳作，空间充满和平，可是日寇飞机来了，轰炸扫射，太平日子被破坏了，人们充满了对日本鬼子的仇恨，怒火满腔。在这中间，我们穿插着防空知识：发预备警报、紧急警报、解除警报。我借来一架风琴，用那键盘和声模拟，效果特别好。

本文选编自《自贡文史资料选辑》第二十五辑，1995年

抗日英雄乐以琴更名始末

乐以钧

乐以琴本名乐以忠，1932年才更名为乐以琴的。乐以琴是他四哥的名字。弟兄换名，本来也不值一谈。但以琴为国捐躯，名垂青史，为了提供给有关近现代史学研究者参考，也有必要将他更名的原因，加以说明。

1929年，乐以琴在华西协合中学毕业后，去江苏常州。因那里有个工艺学校叫常州中国工艺学校，内设有商船科。他很感兴趣，志在学会商船知识，掌握一定的技术，将来发展我们四川和长江中下游的商务，他认为这是有广阔前景的。于是决心前往报考。有志者事竟成，乐以琴幸被录取了。读了一年，该校只教些书本上的知识，从来没有看见过一条商船。因此，他很失望。为了不误自己的青春，他毅然决定返回四川成都投考华西协合大学。临回川前，将自己的衣箱带到济南，暂时寄放在山东济南齐鲁大学任教的牙科大夫乐以勋大哥那里，他就回四川了。

1931年，乐以忠在华西协合中学毕业。同时，他又被四川省选为出席全国运动会的四川队田径选手。九一八事变前夕，全体四川选手从成都出发去重庆。到了重庆后，代表团突然接到南京国民党中央来电说：九一八事件发生，本年在南京的全国运动会停开，望各选手各返原地。这时的乐以忠，思绪异常纷乱，一时陷于进退两难之中。他辗转再三考虑，决定东下报考大学，待考上大学，再函告父亲，否则，会增添父亲对他升学问题的焦虑。

乐以忠来到四哥乐以琴在上海的住所闸北江湾路，临时租用的一座小楼。弟兄俩一见面，又是喜又是忧，喜的是在省外增添了一个亲人，忧的是国家将亡，我国东北已被日本侵略者一枪未发就轻而易举地强占了。这样持续下去，可能不久的将来，我们都会成为亡国奴。弟兄俩不由自主地互相拥抱痛哭。以后，在以琴的安排下以忠每天前往附近的虹口公园，安安心心地加紧复习功课，做好去报考沪江大学、国立浙江大学、国立同济大学的准备，同时要求他一面继续锻炼身体。当时上海各大专学校的学生和全市工商界的群众自九一八事变，东北沦陷以来，抗日情绪逐渐高涨，要求国民党出兵抵抗日本侵略者，收复失地，挽救国难，他们进行了游行罢课，抗日浪潮汹涌澎湃地发展起来。有一天学生队伍行经过我们住地门前，前往南京国民政府请愿，在高昂的口号声的激励下，乐以忠含泪愤然投入行列，随队奔赴南京。在南京国民政府门前，学生们高呼口号，要求蒋介石出兵抗日，收复失地。请愿队伍在国民政府门前广场上待了几天几夜，忍饥挨饿，还要冒着天上飘下的毛毛细雨。请愿毫无结果，学生们怀着满腔义愤，回到上海。此时，远在山东济南的大哥乐以勋关心以忠学业，电告他立即前往济南，报考齐鲁大学。以忠遵嘱离开上海前往济南。

在济南的乐以忠面临升学考试，报名时应缴呈毕业文凭。而华西协合中学的毕业文凭，远在四川母校。他当时出川不是为了升学，而是为参加运动会，因而未携带毕业证书。这时即使寄信向四川母校索要，时间已来不及，何况上海又已开始战争。当以忠正处万分为难之际，大哥以励想起四弟以琴寄存的行李箱内尚有他的华西协合中学的文凭，不妨暂时借用。因为文凭上的名字是乐以琴，只好去向当时的齐鲁大学校长林济青说明情况，乐以忠暂时借用乐以琴的毕业证，日后乐以忠的文凭到后再行换回原名，反正他们弟兄都是同一学校毕业。林校长同意让以忠参加考试，以忠因成绩优异竟被录取。以忠选修生物系专业。自此，以忠自考入齐鲁大学起，就改用了他四哥以琴的名字了。

1932年冬，以忠得知笕桥中央航校秘密在北平招生，以忠想去报考。得到两位哥哥的支持，他整装前往北平。行前，兄嫂在济南的家里还特别做了一餐丰盛的家宴为他饯行，预祝他报考成功。不久得到被录取的信息，还听说监考人对以琴（实为以忠）成绩的评价很高，说以琴（实为以忠）是天生的飞行员材料，样样都符合航空的要求。

从那时起，他告别了两个亲爱的哥哥，离开了济南南下，来到了江南的西子湖边。光阴飞逝，六个月的笕桥入伍学习期满，升入笕桥中央航校正式学习飞行本科。在航校初、中、高级三个学习阶段过程中，他给两个哥哥写信，表达了他从军的志愿。他说："报国有路，决心为民族争光，粉身碎骨，保卫祖国是中华儿女的职责。"

此后，他在航校刻苦努力学习，成绩十分突出，受到航校教官、著名爱国空军英雄高志航言传身教的影响，以及同期同学和战友们共勉，互相激励，互相爱护，共同切磋，大家一致愿为保卫祖国领空，挽救民族危亡，抵抗日本侵略者献出自己的青春和生命。

在报考笕桥中央航校时，他也只有用四哥乐以琴的名字。在紧张的学习飞行技术和之后激烈的空战中，以忠将更正学名一事早已置之脑后。直到1937年12月在南京保卫战中，他为国捐躯，年仅23岁。从此，乐以忠也就永远以乐以琴的名字而载入史册。

本文选编自《芦山县文史资料》第四辑，2005年

伞兵突击队译员缪弘牺牲前后

罗振诜

缪弘为我西南联大外文系同学。我和缪弘在联大和译员训练班时接触不多，但到了岗头村美军战略情报处作战组以后，我们在一起工作，一直到他在平南附近丹竹机场战役中牺牲。

1945年春天，美军源源不断地来华，联大征调四年级毕业生当"翻译官"已远远不能适应形势要求。以联大教授为骨干的译员训练班由国民党军事委员会外事局领导，由联大的吴泽霖、戴世光教授主持教学工作，英语课大部分由联大教师教授，经常请联大教授做国内外形势报告。第七期在昆明招生，缪弘报考后被录取了。经过六周训练，开始分配工作。当时有个单位来要人，只说工作性质危险，生活条件艰苦，愿意去的，可以报名申请。至于单位名称、工作地点、待遇和具体工作，回答是"无可奉告"。我们二十多个联大同学，通过英语口试，被录取了。

5月，我们来到岗头村后才知道这是一个鲜为人知、对外不公开的组织——美国战略情报处作战组。这是美国在第二次世界大战期间成立的情报组织，内设情报、作战、爆破等小组，总部设在昆明市郊，作战组在岗头村和宜良。抗战胜利后大部分译员遣散，仍有少数译员前往青岛、东北帮助国民党军队从事接收工作。该组织于1948年解散。任务是训练国民党鸿翔部队使用美国武器并进行战略、战术训练。当时的译员来源分两类：一类是美军自己物色的雇员，人数少，待遇高，都领美元；一类是官派的，人数多，待遇低，就这区区的一万多元法币也不按时发。有一次，我们十七八个译员自发罢工，进城去找外事局，当时出面和姚局长交涉的就是缪弘。他义正词严，把姚局长说得哑口无言。姚局长当即答应工资问题马上解决，并请我们在饭馆里吃了一顿午饭。

6月，随着抗战形势的发展，伞兵一队秘密出发，空降到广东新会敌后去了。伞兵二队、三队相继被调走。新组成的八队、九队、十队来不及接受跳伞训练即将奉命出发，到什么地方去，都说不知道。每队需要八名译员，自愿报名参加。批准的24名译员中有五六个联大同学。

7月，我们来到宜良，领到了伞兵突击队队员的全部装备，钢盔、匕首、卡宾枪、手枪、手电、急救药以及草绿色军装、皮靴等各种衣物。出发前给每个人照相、填表。表格中有一栏特别引人注目——当你不幸阵亡时，如何通知你家人？初次上前线，大家的思想情绪很复杂，有的兴奋，有的恐惧，有的默默地沉思着未来的命运，不少人在给亲友写信，甚至预写遗嘱。伞兵突击队是以鸿祥部队为基础的中美混合组织，每队有二三十名美国官兵和八名译员，共一百多人，全都是美国装备，缪弘在八队，陈琪、罗沪生在九队,我在十队。

这支现代化装备的特种部队,乘美国军用运输机从呈贡机场出发,降落在刚收复不久的柳州。然后乘船顺柳江南下。船上架着机枪,如临大敌似的注视着前方。前后不时用步话机联系,做好战斗准备。几天后在平南附近离丹竹机场二三十里的地方上岸。天黑以后在当地游击队的带领下,开始了肃静而漫长的夜行军。那天晚上月亮皎洁,在夜深人静中,缓慢地步行。前面就是日本鬼子的据点,一有情况就要停下来。几十里地走了整整一个晚上,肩负枪支弹药和装备,感到沉重极了,疲惫到边走边打瞌睡,一躺下就能睡着。有好几次要不是被人叫醒,我就掉队了。上岸后我们三队就分赴不同的指定地点,从此我再也没有看见过缪弘。

日寇在高约一千多米的山顶上驻扎,居高临下,控制着丹竹机场。黎明前,我们轻机枪组来到丛林密布的山麓,开始挖战壕,构筑工事。不久就架起机枪,做好战前一切准备。白天从树丛中可以看到日本鬼子的哨兵在走动。晚上静悄悄的,四周漆黑,我们躺在帐篷里沉思,都在期待着、憧憬着即将来临的战斗。

7月31日黎明前,我军开始向敌人发起进攻。隆隆的炮声,震撼着山川。经过一个多小时的猛烈炮轰后,在密集的机枪掩护下,战士们向盘踞在山顶上的敌人冲锋,不久就传来了占领敌人阵地的胜利消息。但是,狡猾的敌人在强大的攻势下退到半山腰隐蔽,然后进行疯狂的反扑。在战斗中二三十名战士英勇地牺牲了,我们开始撤退。我们轻机枪组在后面负责掩护。我看到包扎着纱布的伤员一个个被担架抬着下山。重伤员闭着眼睛安静地躺着,轻伤员忍受着难以忍受的疼痛。我听到战士们叙述一个翻译官的阵亡经过。向山上进攻时,和他同组的美国兵退到山下去了,作为翻译官,他也可以跟着下去。但是他没有临阵脱逃,而是和战士们一起冲锋,最终被敌人的狙击手击中要害,光荣牺牲。事后我才知道,这个翻译官就是缪弘。

听到缪弘牺牲的消息,大家都很震惊和悲痛,无不为他的牺牲感到惋惜。经过译员们的多次交涉,当局才答应备棺安葬,将他埋在野草丛生的山脚下。经此一击,敌人的防线崩溃了,敌人撤退了。8月5日,我们进驻丹竹机场。要不是身临其境,就难以想象到几天前他们曾经在战场上和敌人做过生死搏斗。为了在这场战争中赢得胜利,多少人做出牺牲,付出多大代价啊!

不久,传来了日本投降的消息,我们喜悦的心情是难以用简单的语言来表达的。8月底,我们乘飞机回到昆明,10月回联大复学。

本文选编自四川省政协文史资料和学习委员会《鏖战神州的川军将士》,四川人民出版社,2018年,版本后略。

抗击日寇　为国捐躯
——记驻遂宁机场的中国空军第四大队空战二三事

王前祥

驻遂宁机场的中国空军第四大队的抗日志士，在抗日战争中曾有过辉煌的战绩，一批抗日志士英勇捐躯。中国人民，遂宁民众永远不会忘记他们，他们的业绩将永垂史册。

1940年3月18日，侵华日军开始执行日大本营制订的"101作战"计划，其战略方针为：第一，摧毁中国军事指挥中心；第二，摧毁以重庆为中心的兵器工业；第三，破坏后勤补给；第四，施行恐怖轰炸以动摇军民抗战意志；第五，迫服中国政府。为执行"101作战"，日海、陆航空攻击力量大肆袭击重庆。

1940年6月10日，日海军第二联合航空队司令大西泷治郎派第十三航空队轰炸机27架，第十五航空队轰炸机26架，分两批执行"101作战"，空袭重庆。担负重庆防空警戒任务的驻遂宁的空军第四大队，奉命起飞，以34架战机迎敌，于重庆、合川上空与敌激战，敌第二攻击队指挥官小谷雄二少佐、池刚大尉、矢野等士官五人毙命，机坠涪陵。我机全部返回遂宁机场。

6月10日轰炸，日军吃了我英勇的中国空军的苦头。坐镇汉口的日海军第一、第二联合航空队司令官山口多闻和大西泷治郎，紧急请求大本营迅速派遣尚处于研制试飞阶段的三菱·A6M（下文称零式）战斗机为轰炸机护航。1940年7月21日，敌"零式"机从横须贺起飞经上海抵汉口，编入联合航空队。8月19日，敌"零式"护航战斗机12架，第十五航空队、鹿屋航空队的54架轰炸机空袭重庆，我拦截机群从遂宁机场紧急起飞。敌"零式"见我截击机群疾速南下，遂蜂拥上前阻截，于合川上空相遇。日轰炸机群在我战斗机群截击并与日护航战斗机缠斗之际，放弃预定目标的攻击，仓皇向居民稠密区投弹636枚后向东逃离，重庆城燃起大火，这就是恶名昭著的"烧重庆"。

8月19日，敌空袭重庆预定目标被我拦截机群阻止。9月13日，日机再度空袭重庆原预定目标。"零式"护航战斗机13架，三菱K1重轰炸机，川崎重轰炸机，97式、96式轰炸机，共计36架相继从汉口机场起飞，扑向重庆。敌机飞临万县上空，重庆紧急警报，中国空军驻遂宁第四大队奉命起飞截敌。顿时，遂宁机场警报声大作，三枚红色信号弹划破长空，临战！临战！大队长郑少愚率34架战斗机紧急升空，鱼贯盘旋后排成"人"字战斗队形沿涪江而下，所辖战机为：郑少愚伊－15式战斗机10架；23中队长王玉琨伊－15战机9架；28中队长雷炎均伊－15战机6架；24中队长杨梦清伊－16战机9架。我机群于重庆上空截敌不见，遂返航于璧山上空与敌机群相遇，敌我双方及时调整队形准备恶战，敌重轰炸机见势不妙向东逃离，敌"零式"战斗机、97式轻轰炸机蜂拥向前掩护重轰炸机逃窜。敌以"零式"对付我伊－15，97式对付我伊－16，敌"零式"为最新式战斗机，航程、速度、升爬、转弯、武器系统等都居于当时世界前列。我战机编队不畏强暴，奋勇冲向敌机，与其展开炮战。24中队长杨梦清座机中弹起火，冒烟坠落，王广英、康宝忠两僚机向击中杨队长座机的日机开火，97式中弹东逃，坠落秭归西北。敌"零式"机从高空急速冲下偷袭助战，伊－16队形被冲散，单机与敌搏斗，王广英座机中弹起火坠落，其余各机皆与日机混战，激战半个多小时后，我机燃油将尽，在此紧要关头，我飞行员仍与日机缠斗。徐吉骧的伊－15机翼中弹座舱被击中。佟明波、任国培、蔡永明因燃油将尽被迫退出战斗。龚业悌机身中五弹，周廷雄座机身中八弹紧急迫降白市驿机场，其余各机先后返回遂宁机场。此次对日军机群拦截，我空军浴血奋战，阻止了日机对重庆预定目标的袭击，对保卫重庆做出了贡献。中队长杨梦清，分队何觉民、曹飞，队员康宝忠、张鸿藻、雷廷枝、刘英俊、黄栋权、余拔峰等十位飞行员壮烈殉国，八位飞行员负伤。中国飞行员用鲜血和生命谱写了中国抗战史中空军浴血奋战的一曲爱国主义的壮歌。

9月14日，遂宁机场笼罩在一片哀悼中，遂宁地方党、政、军、民、学、商、绅各界数千人均去机场吊唁英烈。魂兮归来，牺牲了的飞行员们！中国飞行员的大无畏牺牲精神，以死抗战的必胜决心，激励着中国人民继续战斗。1941年3月14日，我伊－15、伊－16，计36架于崇庆县上空迎战日机，击落日"零式"6架，为牺牲的飞行员们报仇雪恨。

随着一批批先进的战斗机参战，P-40、P-43、P-51战斗机进驻了遂宁机场，空军第四大队更换了新机种，我先进战斗机频频起飞迎敌。从此，为日轰炸机护航的"零式"战斗机遇到了克星，空中优势和制空权也由日方逐渐转向了我方，日方作战飞机在中国领空横行霸道的日子一去不复返了。遂宁机场空军第四大队，为保卫四川大后方，保卫重庆，争取抗战的胜利做出了巨大的贡献。

恶有恶报，就是这个恶贯满盈，指挥轰炸重庆与中国空军第四大队较量多年，对中国人民犯下滔天罪行的大西泷治郎中将，穷途末日，困兽犹斗。在1945年于菲律宾将其仅存的100架"零式"机做"神风"攻击机向美舰做自杀式攻击，全部葬身鱼腹，自己饮弹自杀，这就是日本法西斯的归宿。

遂宁机场是英雄的机场，中国空军是英雄的空军，我们胜利了，我们彻底打败了日本侵略者，安息吧！为国捐躯的空军将士们。

本文选编自《遂宁文史资料》第九辑，1995年

我所知陈纳德与美国空军援华抗日的经过

黎成德

抗日战争中期，中国航空委员会美籍空军志愿队驻在昆明。1941年11月，笔者于昆明国立西南联合大学外文系结业，考入该志愿队华籍人员管理处充任英语翻译官，有机会和陈纳德将军接触，并结识一些美国空军人员，从而对美空军援华抗日情况有所了解。值兹抗战胜利五十周年到来之际，往事历历在目，特追述当时见闻，以表达对美国盟军和我军并肩抗日友谊的怀念。

一、陈纳德来华任教航空学校

1893年，陈纳德出生于美国得克萨斯州。他的父母都是法国移民的后裔，他能讲英、法、德三国语言，不懂中文，来华后，经过勤奋学习，也能讲简单的中国话。

1936年前，他在美国空军退伍失业，辗转来到远东。由于我国杭州笕桥的中央航空军官学校（以下简称笕桥航校）原有的德、意两国教官准备回国，陈纳德经宋子文推荐给蒋介石，由国民党航空委员会聘为笕桥航校教官。他任教非常认真，尤其对飞行技术、作战训练要求更严，言传身教，极其负责，因此受到蒋介石的重视和信任，提升为航校总教官、总顾问及航空委员会顾问，按月致送高薪银元1200元。所以陈纳德对蒋介石、宋美龄及宋子文常怀感激之情，私人关系极为亲近。

1937年七七事变，全面抗战展开，东南战场江苏、浙江一带战争激烈，笕桥航校为了安全起见，由浙江迁至云南昆明巫家坝复校，继续招生，陈纳德也随航校到昆明任教。他为人富有强烈的正义感，对日本帝国主义的侵略暴行，极为憎恨。鉴于我国空军建立不久，飞行人员数量不多，作战飞机严重不足，难与强大的日本空军匹敌，陈纳德由国民党政府资助其活动经费，只身回国，准备发动美国人士组织国际航空大队，设法在美国弄到一些飞机并联系一些飞行员来华，加强我国空中防御力量，协助我国的抗日战争。但由于当时美国政府和国会议员都反对介入中日战争，怕损害日美邦交，致使陈纳德的计划不能实现，他只得又回到昆明航校工作。

陈纳德在昆明交游广泛，与中国政治上任何派系的人都有接触，如学术权威、西南联大校长张伯苓先生及曾昭抡教授均同他往还甚密，而属于CC系的陈雪屏教授（后任国民党青年部部长）及进步人士闻一多教授，也同他建立了友谊。

陈纳德在华期间生活简朴，经常穿着与美军士兵同样的卡其军便服，不大回招待所吃西餐，而是同航校一般员工吃饭。他喜欢独自住在航校办公室后面的值班室，室内只有一间单人木床，床单、被盖和学生兵一样。记得当时担任昆明巫家坝空军基地外围警戒的交警六团团长陈子仁曾对此表示惊讶说:"这个赫赫有名的美国将军居然愿在中国过这样简朴的生活!"对于航校学生及以后各航空站的中国官兵,陈纳德也不摆"官架子",平易近人。他外出巡视时,从来不带卫士,有必要时只带上译员。他兴趣广泛,喜欢运动,常锻炼身体,爱好中国古董字画,爱养小金狗,也爱打猎。笔者在做他的译员时,星期天常叫我一起到沾益松林镇等地射猎野鸡和鹿子。那时中国年轻的翻译人员,外文水平还不够高,有时对某些词句运用不当,深以为苦,但只要向陈纳德请教,他总是乐于帮助,不厌其烦地反复多次讲解。

陈纳德抗战前到笕桥航校直到该校迁至昆明,先后任教达数年之久。航校第九期至十三期毕业的飞行学员共六七百人,都是经过他主持培训的。后来因航校的美国教官都参加了陈纳德领导的美籍空军志愿队对日作战,于是陈纳德建议,将航校第十四、十五、十六三期学员,送到美国亚利桑那州费尔克斯城和得克萨斯州各个美空军学校,接受飞行训练。以后航校招收的学员,则一律先送往印度拉合尔城的初级班,受初级飞行训练,再送往美国受中级、高级飞行训练。

我国的空军队伍能够在抗战中成长壮大,同时在对日空战中发挥积极作用,是和陈纳德的教育和帮助分不开的。

二、筹建美籍空军志愿队

1940年,日本侵略军在越南海防登陆,法国军队投降。我国政府从美国取得援助物资的唯一通道滇缅公路受到日机轰炸的威胁,随时有被日军破坏截断的可能。我国空军力量薄弱,在前期抗战中已经受到很大损失,无力出国保卫这条生命攸关的大动脉。为此,蒋介石特派陈纳德上校和航空委员会军令厅厅长毛邦初专程到华盛顿,要求美国政府以空军援助中国,保卫滇缅公路。

在当时日美尚保持外交关系、美国军火商还在向日本出售武器的情况下,陈纳德所负的这项任务是十分艰巨的。为了制造舆论,陈纳德抵美,首先会见老朋友《纽约时报》记者约瑟夫·艾尔索普,请其合作支持中国的抗日战争。经过筹划,他们便在华盛顿积极展开游说活动,扬言:"如果美国不援助中国政府,则中国政府很可能转向俄国。"以此向美国白宫施加影响。

那时,美国政府对日本的态度暧昧犹豫,国内意见也极混乱。有主张援助中国抵抗日本的,也有主张专门对付欧洲德意志和意大利,不介入中日战争的,还有主张避免直接损害日美邦交,只宜以有限空军支持中国的。可是自日军在海防登陆后,引起西方国家和美国朝野人士的严重关切,有的人在对日态度上开始有所改变。陈纳德掌握这一情况,立即拟订了一个组建中国航空委员会美籍空军志愿队的计划,要求美国政府拨给500架轰炸机、200架战斗机保护滇缅公路并在中国后方云南、四川各省帮助建立空军基地。他保证在三年内从日本空军手中夺回制空权。还称美国政府如能以B-29重型轰炸机轰炸日本,将会使日本受到沉重打击,遏阻战争的继续扩大。他把计划首先交给同情中国抗战的美国财政部长摩根索先生取得支持,然后又争取到国务卿赫尔的同情。

为了促使罗斯福总统早日做出决定,陈纳德向蒋介石写了一个绝密报告,要求蒋介石直接向罗斯福总统提出援助需求。蒋介石除径电美国政府外，又派宋子义、黄仁霖飞美向罗斯福递交他的亲笔信。当初，罗斯福总统、国务卿赫尔、海军部长诺克斯、陆军部长史汀生都基本上同意，但在三军参谋长联席会议上，主席马歇尔却不同意这样，理由是：美国应首先考虑在欧洲战场上全力对付德、意两国，不应分散力量，其次是B-29重型轰炸机当时生产不多，不可能向中国大量提供。但是，为了支持抗战，美国答应将原来给英国的P-40型战斗机交付中国使用。同时表示一俟《租借法案》通过，中国还可以得到美国其他军事援助。这样，虽暂时未能完全实现陈纳德的计划，但也取得了很大成果。

于是，美国总统罗斯福签署了一项命令，允许现役空军军官退役，以志愿军人的身份前往中国，并在华盛顿正式宣告成立中国航空委员会美籍空军志愿队（以下简称志愿队）。最先调拨120架P-40型鲨鱼式战斗机（以后又增加了P-43型战斗机）供志愿队使用。

美籍空军志愿队成立后，陈纳德上校和波利上校制订招募计划，凡愿暂时放弃美军军职，到中国参加抗日战争的美国公民，都可以报名应征，经审查合格即可到华盛顿中国环球公司（中国航空委员会驻美办事处）签订合同。至于招募志愿队的一切费用，悉由对中国《租借法案》的项下拨款开支。

在招募过程中，陈纳德用传教士般的热情劝说美国公民到中国参加抗日工作，唇焦舌敝，煞费苦心。因此招募工作进行非常顺利，1941年招募完毕后，首批应招的飞行军官及地勤人员486人，编为三个中队，从美国东海岸纽波特港乘荷兰船，由两艘美驱逐舰护航，取道大西洋直航缅甸。先分驻缅甸的仰光、东瓜（同古），后驻中国云南各个机场。志愿队总部先设在缅甸，后来迁到昆明。正式宣布保卫滇缅公路的运输及沿线堆货仓库的安全，并向日本发出警告：不得轰炸滇缅公路。这是美国政府军事援华抗战的开始。

三、逐步扩大援华空军队伍——由志愿队、十四航空队增建中美混合大队

抗战时期，我国空军力量很差，使用的飞机主要是1940年苏联志愿空军离华时，遗留下的СЪ型轰炸机和И-15、И-16型战斗机，总数不过200架，无论是航速、爬高及其他性能，都远较日机落后，更不能同日本空军当时的"零式"战斗机相匹敌。所以当日机空袭我后方城市成都、重庆、昆明、桂林时，国民党空军虽起飞应战，无论飞行人员如何拼命杀敌，其结果总是败多胜少。记得1940年，有一次日机出动40余架，轰炸云南驿机场，竟炸毁苏式飞机三十多架，引起蒋介石震怒，下令处决了机场站长，撤销了空军第五路司令官张廷孟的少将职务。

自陈纳德率领美籍空军志愿队来中国后，敌我空中力量对比才有了显著变化。记得1941年7月，日本空军一次由河内、海防（原法军基地）出动一百多架飞机，在云南沾益、昆明、呈贡各空军基地上空挑衅，想要一举消灭美籍空军志愿队。当天志愿队领队陈纳德和艾利逊中校、希尔中校、阿康纳少校等，目睹日机猖獗情况，不禁怒火中烧，除命令飞机从各地起飞迎战外，他们都躬冒弹雨，驾机参加战斗，血战竟日，敌寇

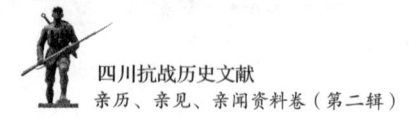

惨败，共击落敌机47架，美志愿队也损失了17架，美飞行员均跳伞着陆得救，敌人伤亡极重。这次空战，狠狠地打击了日空军的嚣张气焰。

自此之后，美籍空军志愿队接连多次与日寇飞机在云南各空军基地上空发生大规模的空战，连战皆捷，敌人每次损失飞机都在一半以上。陈纳德个人记录：击落日机6架，艾利逊中校、希尔中校各击落日机10架左右。这三位飞行员均已年过四旬，骁勇如此，日寇为之丧胆。到1941年10月，日机就不敢轻易到云南轰炸了。当时中国各报社、通讯社，均对美籍空军志愿队大力宣扬，称誉他们为英勇无敌，百战百胜的"飞虎队"，并赞扬陈纳德为空中英雄，从而影响到美国及印度的一些报纸，向世界各国人民广泛宣传陈纳德与飞虎队的英名，轰动一时。我昆明市民群众交相称赞说："如果不是美空军陈纳德将军及志愿队英雄们不远万里来到中国帮助打击日本侵略者，昆明市恐怕早被日本强盗炸成一片焦土了。"

尽管如此，美国国内仍有一小撮孤立主义分子，顽固地反对美国政府派志愿队介入中日战争，甚至还有人主张召回志愿队，大骂陈纳德是投机分子，破坏"日美友谊"。面对这些流言蜚语，陈纳德嗤之以鼻。他认为帮助中国抗击日本侵略者，是完全正义的，不是好战，是为了保卫一个独立的国家民族的尊严而战，会得到世界各国人民支持的。

蒋介石、宋美龄于1941年到达昆明，慰问了以陈纳德为首的美籍空军志愿队，并为志愿队全体军官和队员举行盛大宴会，席间对他们热心帮助中国抗战，英勇打击来犯敌人的无私精神，表示钦佩和赞扬。

1941年12月7日，日本采用欺骗手段，派员佯与美国谈判，转移注意力，乘美不备，突然倾巢出动大量空军，偷袭美国海空军基地珍珠港，致使美国的太平洋舰队几乎全部毁灭。美国太平洋战争由此爆发。美国受此沉重打击，才认识到日本的侵略野心，不得不公开对日宣战。

美国政府为了加强远东的空中威慑力量，立即宣布改组美籍空军志愿队为美国陆军航空队第二十三大队，任命陈纳德为大队长，并恢复陈纳德的上校军衔。同时陆续从美国国内增派大批飞机和飞行人员前来中国，充实扩大这支空军队伍，由原来的三个中队增编为七个中队，其番号是七十四、七十五、七十六、八十一、八十三、八十五中队和三一五空运大队。从此，志愿队才由民间组织改变为美国正式援华的空军部队。

1942年元旦，为了军事发展的需要，陈纳德接奉美国白宫的电令，扩大改组第二十三大队为美国陆军航空队第十四航空队，任命陈纳德为司令。该航空队是美国十五个航空队其中之一，轰炸机、战斗机、驱逐机数量急剧增加，空中实力大大加强。同年3月，美国政府晋升陈纳德为空军少将，以后又晋升他为中将。陈纳德晋升之快，在美国军政界是罕见的。固然是他指挥有方，作战勇敢，战绩突出，同时也和蒋介石、宋美龄竭力向美国政府推荐有很大关系。

太平洋战争爆发以后，日军疯狂进攻东南亚地区。不久，香港及泰国、缅甸，以至南洋群岛，先后被日军侵占。美国为了打击日本，积极与中国合作。当时陈纳德认为要打败日本是一个长期任务，建议由美国出钱、出飞机、出汽油，训练中国飞行员做补充,其其目的在于减少美国飞行员的伤亡,保存美国的有生力量。这个建议被采纳后,从1942年3月起,美国接受我航校十四、十五、十六三期,共计三百多名学生,先后赴美国培训学习飞行训练。1943年9月,这些飞行员就先后毕业回国,其中有一半是学战斗机和驱逐机的,有一半是学轰炸和侦察的,技术水平相当高,作战能力也很强。当即编组成立中美混合空军大队,由陈纳德兼任大队长,笔者又在该大队充当译员。

中美混合空军大队的飞机,全系美国供应,从美国海运到印度,再由中美飞行员驶回昆明、沾益、云南驿及桂林、零陵、柳州、安顺、衡阳等空军基地,投入使用。这时国民党空军原有苏联造的飞机因已不能作战完全入库了,有一段时间我国几乎没有飞机,其中虽也有由美国陆续供给一些,但也不过七八十架 P-43 型大头飞机。而陈纳德的十四航空队(包括中美空军混合大队)的出现,使形势起了很大变化,一跃成为中国战场对日空中作战的主要力量。记得在中印缅战区的美机总数,约在1500架至2000架之间,按说数量不少,但比起美国投入欧洲战场的飞机还是很少的。因为当时美国军事援助的重点始终放在英国和苏联方面,因而其外援空军的主要力量一直摆在欧洲战场上。

四、陈纳德三次飞来成都

1944年是美国空军大举援华的高峰。为了给日寇以致命的打击,争取早日胜利,美国政府答应派出大批当时最先进的"超级空中堡垒"B-29重型轰炸机,投入中国战场。要起飞、降落这种庞然大物,必须在成都地区改造和新修飞机场,这项保密工程被称为"特种工程"。早在1943年底开始筹备,1944年初开工,扩建和新建新津、广汉、邛崃、彭山四大机场,工程极为浩大,经国民党政府在川西各县动员了五六十万民工日夜抢修,耗费了大量的财力和人力,苦战了五个月,终于完成了全部工程任务,交付美空军使用。从此大批美国空军的重型轰炸、战警机群进驻了成都地区,成都成为美空军重要基地。美十四航空队司令陈纳德在这一年中,曾三次风尘仆仆来成都指示战机。

第一次是听取开展特种工程进度的汇报,为时甚短。第二次是特种工程完工接收使用。当时B-29重型轰炸机已次第降落在飞机场的停机坪上,这种轰炸机在中国属美第二十轰炸机总队斯特拉斯·梅耶少将指挥,总队部设在新津机场。陈纳德、梅耶和华西基地司令兰达尔少将等在成都举行了军事会议,主要内容是共同商定如何加强远程轰炸,由成都地区各空军基地起飞,摧毁华北、华东、台湾等地的日本军事设施及日本本土工业中心地带的问题,当即做出具体决定和缜密的部署。会后,立即付诸实施。B-29轰炸机群分别由新津、广汉、邛崃、彭山等机场夜间起飞,袭击日寇占领的我东北地区的鞍山、本溪及日本本土的八幡、门司等钢铁基地,取得辉煌战果。之后,还配合西南太平洋B-29空军机队,对东京及东南亚日军的军事设施,实行"穿梭轰炸",给日本以沉重的打击。

陈纳德第三次来成都,笔者记得正是日寇先头部队孤军深入攻陷贵州独山县城的第二天。那时局势非常严重,陈纳德在昆明总部得悉独山陷落,立即决定亲自飞来成都,随行人员有75中队长希尔中校、74中队长艾利逊中校、轰炸大队长汉斯上校、第三一五空运大队长彼得森上校及情报警主任史密斯、副官处长克普拉上校、战报处长托伦德上校,并带有四名译员(笔者在内),于12月3日由昆明飞抵新津机场。

陈纳德这一次来蓉,因第二十轰炸机总队已划归他指挥,工作显得特别忙碌紧张,除视察B-29空军基地外,并视察了空军第11总站(新津)、第1总站(温江)、第2总站(白市驿)、第3总站(梁山)等处。

陈纳德召集各总站站长、站附及第一股(飞行作战股)股长开了一个联席会议,他发表讲话,大意是:近来日本在中国正面战场上虽打了胜仗,但比日本强大的德国法西斯政府已快完蛋了。太平洋地区美军反攻部队在麦克阿瑟元帅指挥下,已打到菲律宾群岛。中国敌后的广大地区,由中国共产党领导的八路军和新四军的游击战,打得十分漂亮,十分出色,咬住了敌人,他们多次营救美国空军降落在敌后地区的飞行人员脱险,护送他们安全归队,减少了我们的伤亡和损失。目前中国战区虽暂时失利,但前景是令人鼓舞的,最后胜利一定属于我们!

陈纳德第三次到成都逗留了半个月左右,紧张地布置了各项机密工作。离行前,四川省主席张群,航委会负责人周至柔、毛邦初、王叔铭、晏玉琮等曾联合宴请陈纳德一行,邓锡侯、黄季陆、万耀煌等军政长官均出席了酒会。陈纳德做了简短讲话,大意说:就时局而言,日军声称立即北攻重庆,西攻昆明。在这样严重的局势面前,唯一期望中国各方面力量团结一致,对付日军。我们第十四航空队的战斗机群和轰炸机群,一定对在衡阳、长沙、桂林、柳州一带集结前进的日军,加紧袭击,对东北(伪满)、华北、日本本土的轰炸也将昼夜持续地进行。当前主要任务,必须确保重庆不受日军威胁,同时坚决保卫贵州、云南、四川、陕西等广大后方地区的安全。我也请求华盛顿考虑,是否准许将驻防在印度的第十航空队调赴华西,进入各基地,并请求总统从美国本土及欧洲战场抽调部分陆空军到中国战场。我们一定要从各方面支持中国政府坚决打下去,直到取得完全胜利!

五、抗战胜利,陈纳德回国

陈纳德对于1944年国民党部队在正面战场作战不力,丢失湘、鄂、豫许多重要据点和空军基地,致使美国第十四航空队一些地勤、空勤官兵被日军俘虏虽深感不悦,但碍于蒋介石、宋美龄情面,不便提出指责和批评。他在对日作战中,始终如一地坚持工作。

美十四航空队的官兵不论黑人、白人,一致异口同声地说:我们不远万里前来中缅战区打日本军队,是因为日本首先不讲信义,偷袭我国空军基地珍珠港,同时他们发动侵华战争,屠杀中国人。我们必须同日本打一场生死存亡的战争,无论如何都要把这群魔鬼打回他的老家。

由于美十四航空队士气旺盛,加之自陈纳德返回昆明后,更多的美国空军部队由欧洲战场调到印度,转调至华西各个基地,大大加强了战斗力量(日本投降前夕,十四航空队飞机已增至2500架,官兵1.7万人)。于是对日本占领区进行轰炸,给日本侵略者以沉重的打击！加速了他的崩溃和灭亡，终于在1945年8月15日，日本天皇被迫宣布无条件投降。

日本投降后，陈纳德将军在华作战任务完结，他的第十四航空队奉调回国时，将一部分轰炸机及战斗机赠送给了国民党空军，但大部分飞机仍遵命飞回美国了，特别是当时最先进的B-29重型轰炸机，全部飞回关岛转夏威夷群岛整训。

岁月流逝，陈纳德将军也已经作古。但他组建美籍空军志愿队援华助战，坚持长达五年的浴血战斗，对我国空军建设和抗日战争立下的功绩和贡献，在我们心中是永远不会忘记的。

本文选编自政协成都市委员会文史资料委员会《成都文史资料》第二十九辑，成都出版社，1996年

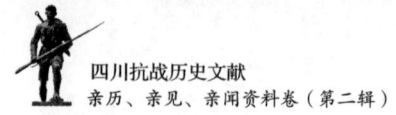

我任广汉机场美军翻译

谢守清（口述）　舒　明　彭继先（整理）

1919年我出生于四川省隆昌县金鹅镇，1938年考入成都成属联中，1941年考入国立中央大学经济系，1944年3月，中央大学全体大四男生集体应征入伍，调中央训练团作训，我随即赴广汉机场服役，任外事局战地服务团少校翻译，服务美军第二十航空队远程轰炸机联队。

从1943年5月起，为配合美国第五十八重型轰炸机联队实施"马特豪恩"计划，来自四川各地的民工30万余众，用最原始工具在10个月内日夜赶修了新津、广汉、邛崃和彭山四个军用机场。1944年4月，广汉机场主跑道验收合格，4月24日，美国第二十轰炸机总队第五十八联队的两架B-29在广汉机场降落，标志着广汉机场正式成为第二十轰炸机总队的前进机场。此后，广汉机场进入临战状态，各种物资和设备源源运抵。此前，美军第十四航空队早已进驻昆明及滇西，担负云南地区空防及飞越"驼峰"的运输任务。为配合美军支持，在战地服务团之外，民国政府国防部又成立外事局译员训练班，在各大城市征调大学生做军事翻译，前后共4000余人参训。

1944年3月，我正在中央大学四年级就读，即将毕业。一日，突然接到学校通知：上级征调命令，重庆六所高校全部大四男生立即征调支持抗战。听到这个命令，同学们非常高兴，非常激动，古人云投笔从戎，如今能服从抗战，参与其中，确是极有意义、极其光荣的一件事情。数千大学生整装待发，在重庆沙坪坝集中整训四周。我所在的译员训练班既有军事科目，又强化学习英语，但毕竟我们基础不牢，学习成效并不明显。有鉴于此，外事局又安排我们到中央训练团再学习四周，由外国教官主要讲授英语方面的知识。训练结束后，有特别优秀的同学直接被授予中校军衔，其他大多是上尉和中尉，有的去了作战部队，还有的去了后勤服务部、中美合作所等机构工作。我被授予少校军衔，分配到外事局战地服务团，任广汉机场美军翻译。

坐着军用卡车颠簸两天，我从重庆来到广汉机场。一排排重型轰炸机一眼望不到边际，令人震撼，那些尚未撤走的民工和两三人高的巨石碾子同样令人震撼。这里驻扎着美国第二十轰炸机总队第五十八联队的B-29远程轰炸机以及护航的P-51野马战斗机，美国人很多，全是空军。我所在的战地服务团有2000人，外事局长黄仁霖将军兼任战地服务主任。

战地服务团的条件更艰苦，房间是临时搭的，一直到退伍，我的军装和配枪都没有发下来。我和我的同事大概是少有的穿着长衫度过军旅生涯的人。每天，美军都有与中方的事务性衔接或外出，这时，我就作为翻译全程陪同，其间既从事即时翻译，也从事文书翻译，前后约一年时间。美军飞行员、空勤人员和地勤人员的办公室是几个大的瓦房，摆上几十张桌子凑成的，和教室一样。每天清晨，在巨大的轰鸣声中，一队队 B-29 远程轰炸机呼啸着起飞，向日本本土飞去，把成吨的炸弹往东京、八幡等城市投去，而伴飞的战斗机往往路过武汉就会返回。傍晚，编队回来的时候拉着黑烟，总有一些会把生命交给蓝天，还有一些会挣扎着回来的，发动机只剩下一两个，机身和机翼上全是弹洞，管线裸露着、螺旋桨也找不到了。每每如此，办公室的桌子会一片片的空出来，而又有年轻的飞行员填补这些空位。

  1945 年，抗战胜利。我退伍返回中央大学顺利毕业。一年以来，虽然没有到一线战场与敌军厮杀，但到底还是参加了抗战，这是我的生命中很有意义，很宝贵的一段经历。毕业后，我先后在重庆第一中学、成都会计专科学校和隆昌中学担任教师，1950 年回到泸州师范学校任教，直到 1987 年 68 岁时才退休，上级关怀我，给了我一级教师和全国劳动模范的荣誉。退休以后，我担任了泸州市诗书画院副院长。

本文选编自四川省政协文史资料和学习委员会《鏖战神州的川军将士》

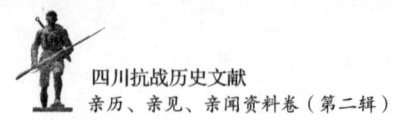

乐山民众三次救助美军失事飞机

魏奕雄

1944年,支持中国人民抗击日本侵略军的美国飞机,先后三次在乐山境内失事,乐山民众为搜寻美军受伤人员和残骸付出了艰辛的努力。

一、C-87 编号 330575 运输机坠毁弓背山黄桶槽

1944年3月18日16点左右,一架由印度卡来贡答运送汽油往陕西汉中的美国四引擎运输机,途经峨眉山因雾重不幸触撞山崖,坠毁于复兴乡(后称净水乡,今并入峨山镇)弓背山黄桶槽。一声巨响,烈焰腾空,烧红了半壁山崖。所幸失事地点是荒山野岭,距县城约80里,没有伤及民众。

当地保长即刻派人飞奔40里,赶到乡公所,向乡长方执中报告。方乡长感到此事非同小可,写了简要情况,次日派人奔走数十里崎岖山路,到峨眉城里向县长孙业震汇报。此时已是19日20点了。孙县长用电报、电话向第五区行政督察专员公署(乐山专署)和四川省政府、省防空指挥部报告后,派遣县防空科科员周御东和县防护团总干事魏德锃,带领四名警员星夜上山,会同方乡长赶往失事现场调查处理。此时方乡长已组织山民找到一具全尸、一具残尸。全尸者是从机上跳伞逃亡,刚打开降落伞就头撞大树丧生,连伞带尸挂于树上。收集到英文字纸六张、日记本一个。飞机残骸仅剩尾部、一只翅膀和发动机,其余零星碎片散落于山崖上下。

为避免野兽叼食尸身,方乡长和周御东叫山民将尸体搬停于乡公所,派专人守护。号召拾有飞机零星物品的山民如数交出。又找来几位善于爬山的农民,在周围继续觅尸,并搜寻机上失物。此地海拔1700多米,当时残雪未化,寒气逼人,他们登崖攀树,细致搜集,共得降落伞、坐垫、衣帽靴子、照相机、指南仪、周波表、残破收发报机、手枪、子弹、信号弹、小刀、卢比(印度货币)、文件等数十件,还有机身残块64片,全部集中到邻近的初殿,一一登记造册,由指定僧人和山民看管,强调不许任何人私自取走。

3月22日,全川防空司令部电话指示:备棺装殓尸骸,先移至交通方便处,以便派车运至成都。方乡长次日找来两副上好棺材,殓停于离县城九里的冠峨乡保宁寺(今峨山镇政府办公地),暂存初殿的物品也移到保宁寺。孙县长认为,这架飞机既有四引擎,那么大,机上人员当不只两人,应继续寻尸。

23日下午,驻新津的空军第十一总站派第一课课员袁恕明来到峨眉处理空难事件,此时方知机上共有四人,袁恕明由周御东、魏德锃陪同,攀登到现场,看到了机尾有"330575"号码。26日,袁恕明在保宁寺一一点收了所有物品。

4月5日，峨眉县在保宁寺举行隆重的追悼会，县长率机关、团体、学校一千多人参加，花圈满庭，挽联高挂，肃穆哀戚。

4月6日，美国空军中尉李汉植等三人到达峨眉，县长孙业霞陪同前往保宁寺。李汉植询问了公祭情况，见到灵堂庄严静穆，尸体用白绸包裹，十分满意，摄影留存。他接收了袁恕明转交的物品。孙县长派县指导员李俊藩、县防空科员周御东带领武装警士一班，陪同李汉植中尉等上山，观看失事现场。7日上午，两具灵柩和花圈挽联以及零星物品被装上卡车，运往新津。

8日，李汉植说还有两尸没找到，继续找吧。他和众人扩大搜索范围，越沟壑攀悬崖，认真查找，在岩石间又清出残尸一具，下山时携转报国寺，另备一棺。还有一尸，始终没能找到。

9日中午，在县府招待美国朋友的宴席上，李汉植诚挚地对飞机失事后峨眉县各级负责人的守护协助，地方人士的公祭追悼，表示衷心感谢，并嘱可将看守飞机残骸人员撤去。

这架失事运输机C-87的编号330575。

抗日战争结束后，一批当年参加过驼峰飞行的飞行员，于1947年在美国发起成立"中缅印战区驼峰飞行员协会"（简称驼协）。驼协会员西思娜·思维肯女士的兄长亚历山大·思维肯是C-87运输机编号330575的报务员。1986年，她终于查明兄长是于1944年3月18日在峨眉山殉难。

1988年5月下旬，"驼峰人重访中国观光团"49人造访北京、成都、昆明等地，西思娜·思维肯和她的丈夫、儿子三人都是团员。到达成都后，他们迫不及待地直奔峨眉。在红珠山宾馆，峨眉县外事办公室负责人向客人赠送了三件礼物：一颗空勤服纽扣，一架飞机发动机螺丝圈，一块电动机硅钢片。接过这几十年前的遗物，西思娜女士的眼眶湿润了。她反反复复说了许多感谢的话，表示今后要为发展美中友好关系多做贡献。

在这之前两个月，峨眉县外办按照国务院外交部和中共中央统战部的通知，雕刻了一块高三尺宽二尺的青石碑，阴刻隶书大字用红漆填描：

美国空勤人员
亚历山大·思维肯等四人殉难处
峨眉县人民政府　一九八八年

5月15日，石碑竖立在一块小坪上。

5月27日，三位美国客人在乐山市和峨眉县外办负责人的陪同下，步行前往弓背山祭祀。山高路陡，七拐八弯，年逾六旬的西思娜夫妇爬到罗汉坡时，已是气喘吁吁，汗湿衣裳，两腿发软。西思娜坐下休息片刻，悲怆地说："就在这里遥祭死难亲人的灵魂吧！"

她将美国带来的一瓶"圣水"，颤抖着在胸口划了十字，缓缓洒向山谷。又接过县外办负责人替她准备的一束鲜花，对着弓背山三鞠躬，喃喃说道："我的兄长找到了这座优美秀丽的峨眉山做归宿，他的心一定非常满意。"

二、B-29 编号 26238 轰炸机撞落麻子坝天门石

1944年10月1日11点左右,一架从新津机场飞往印度的美军飞机,途径峨眉山,因为浓雾弥漫触崖坠毁于复兴乡麻子坝天门石(小地名)。

天门石地处荒隅,属于复兴乡十保九甲,距县城70里。时有山民任奇贵正在附近地里收玉米,忽听轰隆一声,吓得目瞪口呆,待回过神来,知是飞机坠爆,立即嘱山民方登柱跑步向住在邻近的副保长卢明盛报告。卢明盛叫方登柱继续飞奔20多里到乡公所汇报,自己找了几位甲长赶往现场。代理乡长徐庆澜接报后,派了一位年轻人赶往县政府汇报,又叫副乡长吴誉隆即刻前往失事地点,保护现场,了解情况,如有活口,赶紧救助。

下午5点半,县长孙业震得知本县发生了第二次飞机撞山。他当即叫报口信的年轻人,马上回去告诉徐代乡长,首先救护活口,查清尸身;其次守护散落公物,严禁私人捡拾,尤其注意保护好文件一类的字纸。然后向第五专署、乐山警备司令部、新津空军第十一总站等机关电话或电报转报。

适有新津空军第一招待所翻译龚震球,陪同美国空军上尉白雷等三人,当天上午途经峨眉。为了迅速有效地救援天门石失事飞机,孙县长向白雷通报了情况,征求处置意见。白雷判断该机当是美国军用飞机,叫龚翻译官即刻将这一信息用电报发与新津第一招待所联络官李姓少校,决定暂缓富林之行,2日凌晨4点即上峨眉山调查处理此事。孙县长派县警察局督察长邹宗焱带四名警员与徐庆澜代乡长一起于12点到达天门石,查明罹难飞机为美军B-29编号26238轰炸机,时称"超级空中堡垒",机身一部落在山顶。保甲长们已经组织山民找到9具尸体,尸身情况惨不忍睹。

白雷搜索了所有尸体上的身份证,逐一记录、摄影。为防泄密,他当场烧掉地图、文件、报表等,捣毁了重要的机件,嘱将收集到的降落伞、望远镜、手枪、子弹、美元和一些零件先集中到卢明盛副保长家,明天找些人抬尸到县城。

白雷从收集到的物品中取了钢刀一把、西药一盒送与邹宗焱,将手套、毛袜、水果糖等送给保甲长,又拿出三千元钱酬谢山民。纯朴的山民坚辞不受,他只好叫翻译官交给保长代为分发给出力者。16点,在卢明盛家吃过午饭,白雷一行下山,请了三位山民背上三背篼物品同行,23点抵县城,向孙县长做了汇报。

当天傍晚,徐庆澜按白雷临走时的交代,令第十保明日组织人员,扩大范围继续寻找遗尸遗物,并负责看守;令第八、九、十一保各抽10人,抬尸下山。

3日上午,白雷上尉与龚震球到县府,请孙县长代办棺木七具。由于一辆卡车只能装载七棺,只好将九具合殓于七棺中。当天下午4点,复兴乡30名壮汉轮流抬着九架滑竿,将卷于草席中的九尸送达冠峨乡保宁寺。孙县长陪同白雷前往视察装殓,看着用白绸一一裹紧,由冠峨乡公所指派专人看守。当夜10点,孙县长组织了公祭。

4日清晨,白雷等四人开着自带的汽车,沿乐西公路驰往富林,约定两三天后返峨眉。

4日中午,空军彭山招待所翻译李成就,陪同美空军少校贝克等三人到达峨眉,奉

新津空军第十一总站之命前来护送灵柩到彭山。孙县长设晚宴款待，又组织僧人、机关干部和学校师生，于次日清晨献花圈，开追悼会。会后抬棺上车，运往彭山。贝克少校临别时，向孙县长表达了真诚的谢意。

5日下午4点，白雷提前由富林返峨。6日，带着他寄存于峨山旅行社的失事飞机物品，往新津复命。与孙县长握手告辞时，他再次嘱托继续寻尸，说这架飞机共有11名飞行员和空勤人员；至于飞机残骸，已无用处，不必重视。

徐庆澜代乡长遵照孙业震的指示，重新组织人员遍山寻尸。10月8日传来消息，新找到一具美军全尸和一块连着下牙的腮帮，当天抬送保宁寺，由冠峨乡乡长林少梧和县警察局巡官李焕鳌，因为尸体已经腐烂了，所以督促民工用石灰将尸体灰封殓于一棺中。新捡到的望远镜、降落伞、文件等，暂存复兴乡公所，造具清单送县府。新津空军第十一总站得到报告后，通知彭山航空站派车到峨眉运尸。

10月18日14点，来自彭山的美空军上尉柯柏尔等三人和翻译程应铿到达峨眉，孙县长派员陪往保宁寺检视尸棺。又令复兴乡连夜将收存的军用品送到县府。20日早7点，由孙县长面督工作人员，按清单点交美方。柯柏尔上尉在收据上签名，翻译程应铿加注中文，证明交接清楚。尔后将尸棺和物品一同运往彭山。

临行前，柯柏尔询问了处置此次空难的经费开支，孙业震县长告称复兴乡公所垫付民夫、看守、伙食、运费、杂费合计43000多元（国币），县府招待宴席和杂费20000多元外，亦垫支棺木、绸布、运费、旅费8920多元。孙县长表示："此项费用为敦睦盟邦友谊计，不必汇还。"柯柏尔致以诚挚的感谢后，坚持应当归还，记入备忘录。

这次美军飞机失事的处置工作，至此结束。

三、美轰炸机坠落蔡金乡

B-29编号265213的美军轰炸机，1944年12月7日执行"驼峰飞行"任务，由邛崃机场飞往印度。因油管堵塞爆裂燃烧，下午4点左右坠落于蔡金乡第五保学堂坳。霎时烈火冲天，汽油溅洒，绵延方圆百米，爆飞的零件、杂物、金属片撒落于周围数里内。机头扎进烂泡田里，溅起泥浆数丈高。机身、机尾断裂，各自甩在不同地方。猛烈的爆炸气浪将几位农民掀翻在地，他们赶紧爬起逃往安全地带。距坠机处二三十米的一座茅草房，沾了汽油，迅速燃烧，火势极其凶猛，房内10岁何姓小孩，还有一牛一猪，顿时就被烧死，粮食、家具都化为灰烬。主人孀妇何万氏，因为外出赶场，幸免于难。大火烧了好几个小时才自然熄灭。

九名驾乘人员跳伞，其中四人无恙，两人重伤，两人轻伤，一人伞未打开，头部触地，当场遇难。

第五保保长刘琨在飞机爆炸后，立刻叫人守护现场，招呼美军歇息。乡长周世杰闻讯，从五里外的乡公所赶来，很快组织壮丁用滑竿将伤员抬往乡公所，四名无伤者徒步随行。

那时候乡镇都没有电话，周乡长就近越级报与五六十里外的乐山专署。

乐山专员公署一面报告省政府，一面电话通知设在五通桥镇的犍乐盐区警察局，马上前往失事现场帮助处理。盐区警察局代局长李春信迅速向设于金山寺（今乐山市五通桥区金山镇）的美国空军交通指挥站通报，得知机上共17人，死亡9人。四名无伤者已于7日晚上送往乐山转新津美空军航空第十一总站。已找到的四具尸体面目全非，模糊难辨，由犍为县第四区（区公所在五通桥）指导员王绰然和乡公所人员负责守护。其余五具还需继续搜寻。

12月11日，九具尸体全部找到，停放在附近的永镇寺（又名石硐寺），这里距蔡金场约6里。周世杰乡长请来木匠赶做棺材。14日，李春信代局长会同新津美空军第三招待所联络参谋李馨，空军军士周布朗（Toebrown）、雷白克（Rayborke），从五通桥冒雨步行泥泞小道50多里，来到蔡金永镇寺，将已装殓的六棺一一开启检视。有三棺还在抓紧赶工中。一帮农民正在寺的山门外数十米的坡地上挖掘墓坑。

机上17人的姓氏如次：

死亡九人：少校威第（White），上尉丹巡（Deunison），少尉马索（Marshall），上士及脱（Sapgto），上士撒玛瑙（Hapmano），上士史屈里（Sacky），中士鸳屈（Yanhke），中士柏史节（Breshgars），中士少鲁（Southall）。轻伤二人：少尉威廉（Willians），上士则劳琪（Qadowski）。重伤二人：中尉夏进（Hagens），下士汉鲁月（Hambkowski）。无恙四人：中尉美利威解（Milewski），少尉奇卢（Kill），少尉庆唐（Claytoon），少尉柯郎（Kloag）。

15日上午举行公祭。此时墓坑中，九具棺木整齐排成两列，前四后五。民工挥锹铲土掩埋。美空军周布朗、雷白克与李馨、李春信、周世杰、王绰然和蔡金乡中心小学校长王治平等人，肃立一旁，目视掩葬。

收集到的遗物，美军下士飞虎带走三支手枪，周布朗等带走降落伞、防毒面具、钢盔、水壶和飞行员用的被褥等。尚有橡皮艇、机枪弹药等，赠送与地方政府，由蔡金乡公所收转犍为县府。其他衣物等，请王绰然指导员处置。

16日，周布朗、雷白克、李馨随李春信返五通桥；17日早餐后回新津，告别时再三表示衷心感谢。

事后，四川省政府拨了一笔奖金，奖励乡长周世杰、保长刘琨和其他有功人员。何万氏惨遭飞来横祸，屋毁子亡，一无所有，由犍为县政府发给抚恤金。

1945年夏，美国空军第十四航空队派人来蔡金，挖出九具棺木，将骨骸运往成都。据说是火化后骨灰送往美国。

2003年10月，四川省东华综合科学院陈纳德—詹姆斯研究所和成都岳国华、刘云，蔡金镇徐联奎、释照文在永镇寺附近当年安葬美国飞行员的墓地上，建立了"美国援华抗日烈士纪念塔"，实为一碑，正面两旁分刻"中美人民血肉友谊万岁""华夏儿女永远不忘国耻"，背面有成都曹硕文写的记叙飞机罹难的碑文。另有成都岳国华承办的一碑，刻了"补记"，补叙营葬、迁骨时间、地点以及九名遇难者、八名生还者的汉字军衔和英文名字，表达了中国人民对那些曾经为援华抗日而牺牲的美国朋友的深切怀念。

本文选编自魏奕雄《抗日乐山》，四川省乐山市档案馆，2015年，版本后略，原题作"峨眉山民众两度救助失事美机""蔡金乡民抢救美军飞行员"

苏联飞机在"狗圈包"失事见闻
——苏联22位空军烈士永垂不朽

张树敏　郑长鹏　赵永和

1938年，正是抗战紧张时期，一架苏联援助中国对日作战的飞机，突然在响岩坝后山"狗圈包"失事了。

响岩坝属于平武县原响煽区（今属南坝区），地处县南涪江岸边，上距平武县城150华里，下距江油县城（武都）90华里，原州甘大道由此通过（现为平江公路）。自1937年7月7日卢沟桥事变，全面抗战爆发以来，苏联派遣空军援华所开辟的成都—兰州航空线，即经过响岩坝上空，时有飞机经过，这架苏联飞机就是在这条航线上失事的。

苏机失事时间是1938年11月15日，当日天气极坏，整个平武大山到处浓云密布，大雪纷飞。上午九时许，响岩坝上空云雾中有飞机声，听其声音是由成都方向而来，向兰州方向逸去，不到一刻，又闻机声从兰州方面传来，至响岩坝上空，机声突然消失。这一异常现象，当时谁也没有注意到。

不一会儿出现外貌、穿着、举动都很奇特的两个外国人，不能不引起居民对他们疑惑！是什么人？干什么的？但是从这两个外国人的表情上看，并无恶意，而似乎因为不会说中国话，时而为难地苦笑。

有趣的是，这两个外国人，忽然看见街上一家茶馆中悬垂有"万国旗"，快步进入茶馆，很激动地一手指着镰刀锤子苏联国旗，一手指着本人，表示"我是苏联人"，又一手指着日本的太阳旗，一手作飞机状，对着日本国旗"咚咚咚"以表示投炸弹轰炸日本，这下人们理解了，这两位外国人就是当时政府宣传过的苏联援助中国抗日的空军。于是人们惊喜相告："快去看苏联空军！"一时会集了很多人观看。两位空军笑对观众不断招手并说话，但民众听不懂说的什么。当时在南坝小学读书的赵永和在场，他只听懂了一句"米司特"。那是一句英语，犹如中国人相见尊称对方为"先生"的意思。经赵永和向观众做了解释后，于是都学着英语叫这两位空军"米司特"。空军高兴地点头答应了。从此，凡在街上见到了苏联空军（包括以后来的）都喊"米司特"，只要一喊他就点头表示答应。这样一来，当时人们竟把"米司特"误认为是"苏联空军"的名称。

响岩联保主任曹福臣闻讯赶到，将两位空军迎到办公室，苏联空军出示这里国民政府特制的"来华助战洋人，军民一体保护"的标记，又出示一幅有中外文字的地图，指着地图上的重庆、成都、兰州地名，用手势比画解说。从手势会意，他的飞机在响岩坝后山失事，他是从那里走出来的。曹福臣立即电话向县长刘尚新报告："有苏联飞机在响岩坝后山失事,机上两位空军人员正在响岩。"刘县长接电,一面急电省府,一面命令响岩、平通、桥头、南坝等地联保处,急派武装壮丁带领民众围绕响岩坝后山查找飞机。于是"找苏联飞机啰"的消息传遍了全县。为了迅速找到飞机,经研究最好是沿着两位空军走过的路线。次日,响岩联保处派出十名武装壮丁,由两位空军带路上山找飞机。行至大水沟,南坝找飞机的壮丁亦赶到,其中有当时南颎小学学生张树敏等人随同。进大水沟,翻小儿岭一直走进大垰山老林。当天没有找到飞机,因为这两位空军记错了来路方向,第二天仍然没有找到飞机,幸好当时大坪山周围都有人在找。经附近乡民告诉,前天飞机在"狗圈包"上空云雾中,"轰"的一声巨响,就听不见声音了。于是分路上"狗圈包"。果然,最终在"狗圈包"找到了飞机。

"狗圈包"雄踞于大坪山最高峰,一条古木阴森的山谷,由下而上直伸"狗圈包"。一临谷口,就发现从山头上滚下的许多沾满汽油的机件,于是顺着山谷上去。奇怪,此时这两位空军却不住地鸣起枪来了。原来这两位空军下山时,机上还有两个受伤活着的空军,相约转来时,彼此鸣枪联络,谁知并无枪声回答,及至现场,才知受伤的空军已经死了。

登上"狗圈包",巨大的飞机残骸如小丘堆在山口旁边,只有机尾完好高挂在大树上,机上的人员全部死亡。这两位空军不禁触景伤情。但他们立刻意识到随同他们找飞机的人员,此时已饥寒交困,于是他们爬上残机尾部,从机舱中投下成捆的皮大衣、绒衣、毛毯、罐头、香烟等物品,示意大家吃、穿,毫不吝惜。飞机找到了,壮丁们除留大部分人保护空军并监守现场外,一部分人回响岩坝联保处报告情况。

飞机失事的第三天,成都派出宪兵又护送了12名苏联空军和翻译人员、医疗队共三十余人到达了响岩坝,全部住在前团总李继初的洋房子内。次日,一齐赶到"狗圈包"坠机现场,抢救伤员。他们见到了已在现场的两位空军,问明了飞机失事详情后,立即开始在飞机残骸中查找死难人员的尸体。最终查明机载共24人,2人幸存,22人死亡,其中除机尾部座舱内8人,系飞机触岩时被震死在座位上,尸体完全外,其余都尸骨不全。在12名苏联空军的主持下,用了一个降落伞将22具尸体包裹,合葬在"狗圈包"一山口上,垒了坟堆,临时竖了一个木牌,标明22位苏联空军烈士殉难处。尔后即安排清理机上重要物资,并规定凡找到乘到乘机人员的武器弹药、图表、文件等一律上缴。

苏联空军回到响岩坝后,一连住了几日,等到机上重要物资清理下山,才返回成都。

关于苏机在飞行中如何失事的,成都来的翻译人员在响岩坝做了简述。

"失事的苏机是一架大型载重运输机,此次这架运输机是专门运载援华空军轮换回国人员的(机上配有固定的护机机枪)。机载共24人,他们携带着中国政府和人民特别是海外爱国华侨赠送给的高级慰劳品回国,由重庆直飞兰州。飞至甘肃武都上空,航道被黄沙大风所阻,折返成都。在飞返途中,机上有部件失灵,便降低高度,择地迫降。当时平武大山云雾弥漫,看不见地面,以致竟把飞机高度降低到'狗圈包'山谷中。当时机长发现了这一险情,立即拉起机头顺着山谷徐徐上飞。本来已经飞出山口,不意对着山口的一块巨大的岩石隐没在云雾中未被发现，飞机立刻触岩撞毁。全机身只余一个尾部未损，其余粉碎。而幸存的两位空军，系机尾的机枪射手。虽被震荡，而未伤及生命，其余22人随机身殉难。"

这次苏机失事，反映了抗战初期苏联政府援助中国抗战的史实。据四川社科院《历史知识》1985年第六期《抗日战争时期的国际援华》一文中援引苏联国防部军事研究所《第二次世界大战史》、瓦·崔可夫《在华的使命》以及《列宁和苏联的对外政策》等资料所载，"1937年8月21日，中苏两国政府签订了互不侵犯条约。接着苏联政府向中国提供了易货贷款，以便中国能够获得苏联的大批军事装备来抗击日本侵略……"，"还在1937年底向中国派遣了志愿空军共有八个大队，飞机985架，两千多名飞行员，其中有两百多人为中国的抗战贡献出宝贵的生命"。在这两百多人中，就包括我们平武毁机殉难的22名苏联空军人员。

烈士精神，永垂不朽！

本文选编自《平武文史资料选辑》第一辑，1986年

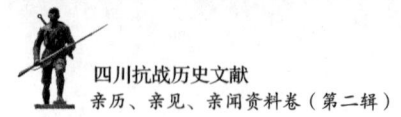

艰苦卓绝　众志成城
——广汉机场修建记略

陈道君

在1943年11月23日至26日中、美、英三国首脑在开罗会议上,根据中、美首脑商定结果,决定由美国提供一批空军基地设施,包括物资、技术、装备和派遣机组,以及空、地勤等作战、技术人员和相应设备,在中国西南部的四川地区迅速修建九个军用机场。其中包括轰炸机场四个、驱逐机场五个,基地和劳力由中国提供,有关工程设计、技术装备由美方全部负责。

根据协议,中国政府决定将这九个机场的组建工程命名为"特种工程",并由国民政府军事委员会直接领导,并很快召集了有四川省政府主席兼四川军管区司令张群和中央有关各部会同美方代表和军事、技术人员进行反复研究磋商。最后决定将四个重型战略轰炸机机场,分别建立在川西盆地的广汉、新津、邛崃和彭山四地;另五个驱逐机场,建在名山、双流等五处。广汉等轰炸机场的设计和相应设施,主要供当时号称世界最先进的美国B-29型四引擎战略轰炸机(又名"超级空中堡垒"。1945年8月6日至8月8日,美军向日本的广岛、长崎投掷的两颗原子弹就是由B-29型超级空中堡垒载运执行的)停驻和起、降使用,这种飞机作战性能优异,机身长度为98英尺,双翼长度141英尺,时速达300英里,可连续飞行12小时,速度可与当时国际先进的驱逐机媲美。与当时日寇在中国领空肆虐横行、不可一世的96式重型轰炸机相比,这种飞机有更先进的作战性能和破坏威力,因而对机场修建工程的技术要求和质量要求也较一般重型轰炸机场更高、更严格。

地址确定之后,即由国民政府军事委员会直接委派四川省政府主席张群全权负责,又抽调交通部等单位十批技术人员协助开展工作。

广汉机场,就是在这样的国际、国内特定历史条件下,动工修建的。

张群在接到这关系到国家民族命运前途和抗日成败攸关的紧急任务后,立即召开省各行署专员、市、县长和有关厅、局长紧急会议,部署和安排这一举世瞩目的"特种工程"任务。会上,除了对机场场址选定、设计方案、组织领导、民工征调、施工管理、后勤供应、分管职责、工区范围、时间期限等做了安排外,还对机场所在县的土地征用、地价、青苗、房屋、坟墓等拆迁、折价、补偿和时间要求等做了部署。唯恐延误,最后还做出了"违者军法从事"的严厉规定。因机场工程十分浩繁,非所在县人力、物力和财力所能承担,因此,在机场所在县的邻县都有民工征调任务。凡被征调县一律成立民工总队,并指定由该县县长担任民工总队队长,亲自率领民工前往指定机场领导施工。每一机场建立民工管理处，处长指定该行政督察区专员担任；另设工程处，处长由上级有关部门高级工程技术人员或专家担任。广汉机场民工管理处由指定第十三行政督察区专员林维干担任处长，工程处处长为铁路系统的林则彬，民工总队队长为县长周遂初。其他参加修建广汉机场的什邡、金堂、德阳、新都等县民工总队队长亦均由该县县长委任；总队以下以乡镇设民工大队，大队长均由该乡乡镇长担任；乡以下按保设中队，下设分队和班，正副队长、班长多数为乡保人员充任。

广汉县县长周遂初回县以后，除召开紧急会议外，很快建立了县和乡镇的"特种工程征工委员会"，由各乡、镇长担任委员会主任，具体办理民工征调，大、中、小分队组织的建立、施工和后勤准备、民工管理办法的颁布等，与此同时，会同了民政、财政、粮食等部门和三水、和兴两乡，建立了"广汉县特种工程征地委员会"，具体办理土地征用、房屋拆迁、迁移户安置、田地、房屋、坟墓、青苗、竹树等折价和拆迁补偿等事务，并限期七天内拆迁结束。

广汉机场按设计规模，计在三水镇、和兴乡两个乡镇共征用田、地6750亩，搬迁居民一千三四百户，至1943年12月上旬，土地征用的界内居民的房屋拆迁任务基本完成，旋由特种工程管理处和工程处派出工程技术人员根据各县征工名额、工程难易，划定了各县民工的工区范围，同时也向各工区派出了工程技术人员负责工程中的技术工作。广汉工区派来的工程师是蓝田。广汉因是机场所在县，民工轮换（每月一换）和征调以及生活均较其他县方便一些，故民工数和工区范围也较其他县多艰巨一些。

同月中旬，全县23个乡镇全部按要求征足了民工并建立了管理机构，在同年腊月23日，即除夕前6天，全县13433名民工，在各乡镇长的带领下，挑着行李和工具浩浩荡荡开赴工区，提前24天打响了修建广汉机场的第一炮。1944年正月十八，什邡、新都、金堂、德阳等地50367名民工，也冒着霏霏细雨和凛冽寒风，按期或提前到达工地，从而全面拉开了"特种工程"的修建帷幕。

广汉机场的主体和附属工程十分浩大，技术要求也极为严格。为适应当时世界上最大型、航速最高、作战性能极好，具有2000匹马力，载重达75吨，起飞和降落时冲击力极大的B-29型重型轰炸机起降需要，按设计要求，仅正跑道的长度即达2600米，宽达60米，道面用高级水泥混凝土浇筑，厚度达0.5米，另滑行道（副跑道）也具同样质量要求。其他建于副跑道西侧，用钢筋混凝土浇筑成拱桥洞状，三端封闭，结构十分坚固，作为非战时停驻机组和防止敌机空袭的隐敝掩体的35个停机坪等主体工程，都必须排尽齐股深的冬水和挑尽田底烂泥，再深挖至坚实的老底，去凸填凹。然后分三层铺设大、中、小型卵石，空隙充填小石或碎石，逐层浇灌浓稠黄泥浆，分别反复重夯滚压至坚实平整，最后用高标水泥混凝土铺设和平整道面。跑道面层厚度即达0.5米。而当时的碾压设备，除去每台重10吨至20吨，需100～200个壮实民工才能拉动的石碾外，没有一台机械碾压设备。另据有关方面计算，仅主体工程挖填的土石方量，即达100万立方米以上，路面的混凝土也超过10万立方米。与此相配套的工程还有指挥所（塔）、导航台、雷达、通讯网络、防空设施，电站及相关的线路，照明系统、弹药库、油库、机场车库、机修、公路运输、气象、地勤设施以及供水、警卫岗哨、办公、娱乐、宿舍等设施均一律按照当代较先进的实战需要设计施工。以上设计要求，都是广汉建筑史上所没有的。

四月底必须完工，包括空袭和雨天在内，工期只有101天。农民们仅凭原始的锄、锹、扁担、鸳兜、手锤、石夯、石滚、水桶、竹筐和小车（鸡公车）等工具，其难度可想而知。更困难的是，开工时正是数九寒天，工地有部分都是冬水田，底部是深陷及股的烂黄泥，需要清除干净才能铺设道基，干坝大多是死黄泥（重黏土）地，挖掘时至少比一般地多付出三倍的劳力和汗水。

由于正副跑道、停机坪及其他附属工程对卵石和河沙的需求量极大，距机场数里的鸭子河、石亭江附近的河滩甚至水深没股的水下卵石都被挖、淘殆尽，只剩沙砾。而这也远不能满足工程的需求，只能跑到更远的绵远河一带去挖掘，由于运输汽车少，大量的沙、石还得靠人力挑运，一挑百余斤重的卵石往往需要一个民工大半天的时间才能运回。

在工具落后，时间仓促，任务艰巨，生活条件差的情况下，速战百日完成机场修建任务，其艰苦程度可想而知。但为了夺取抗日战争的最后胜利，民工们以惊人的毅力和坚韧不拔的精神，克服各种困难，用双手和汗水，保质保量，按期完成了任务，为中国抗日战争和世界反法西斯的胜利做出了巨大贡献。

1944年5月，这个现代化的、高标准高质量的"特种工程"——广汉机场终于在短期内奇迹般的在广汉这块稻麦飘香、平畴无垠的土地上诞生了，质量和技术标准完全合格。就连西方国家的专家和科技人员都一致认为这一切是难以想象的，个个为之惊讶不已，称赞这是"不可思议的速度，世界罕见的奇迹，不可能的工程"。而这一切，却又是无可辩驳的现实。

此后，即由美军第十四航空队二十战斗大队的战鹰，停驻这个基地。不久，美国飞行员们经常驾驶着B-29型四引擎"超级空中堡垒"，从广汉机场起飞，翱翔在中国的蓝天碧云之间，执行着对日作战任务，机群经常远飞千里之外，轰炸和摧毁了日军大量的机车、坦克和日军控制的铁路、公路、桥梁以及军事、军火基地，还配合其他机场的战鹰，有力地打击了日军的空中优势并控制了对日作战的制空权。1944年4月16日，广汉机场的机群，还远征日本本土执行作战任务，在拥有日本全国75%炼钢炉的军火原料基地，也是日本全国的钢铁冶炼中心——八幡市，准确地投下了一百多吨炸弹，使这个军火原料基地顿时化成了一片火海，全部陷于瘫痪。为抗日战争和世界反法西斯战争的胜利，奏出了一曲雄伟胜利的凯歌。

英勇勤劳的广汉和邻县的劳动人民修建广汉机场，在广汉的历史上增添了光辉璀璨的一页，为后人所难忘，为抗日民族解放战争取得最后胜利所做出了巨大贡献。

本文选编自《广汉文史资料选辑》第十四辑，1985年

彭山机场·夹江机场·犍为机场

卫 一

1938年冬，国民政府迁都重庆，四川成为抗日战争大后方，成都在抗战中的战略地位越来越重要。原有的成都机场不够用了，于是在成都周边的新津、邛崃、雅安、彭山、夹江、犍为等地，先后新建或扩建了多处机场。本文简要介绍彭山、夹江和犍为三个机场的修建情况。

一、彭山机场

1939年12月，四川省政府按国民政府军事委员会的指示，电令彭山县筹建一个军用飞机场。地点定在观音乡洪山寺附近，所以最初叫作洪山寺机场。1940年春，县政府征用观音乡、公义乡的农田2400亩，拆除民房300多间。1941年8月21日至9月1日进行测量，1942年2月22日开工。由新津县的太山、乐丰、保丰三家私营建筑公司承建，抽调了周围各县民工7800人，编成11个大队，分区施工。

到了3月18日正式开工。当年秋完工，成立了彭山县洪山寺机场管理处。由于这个小机场设备简陋，只有新津机场起飞的小型练习机偶尔到此停留。

1941年12月7日，日本空袭珍珠港后，以陈纳德将军领导的原"飞虎队"扩编为美国空军第十四航空队，负责将援华抗日物资从印度、缅甸飞越喜马拉雅山运到中国，主要降落点是成都及其周边的机场。鉴于原有的机场不能适应新形势的需要，国民政府军委会下令限期扩建或改建一批机场。1943年底，彭山洪山寺机场被确定为扩建项目，成立了"特种工程献地委员会"，从1944年1月15日开始，征用土地3000亩，搬迁农户300多家，拆除民房近400间。3月24日正式动工扩建，限百日内完工。由军委会第十七工程处负责技术施工，总监部执法一队第一分队监督进行，四川省第一行政督察区（温江专区）专员干思忠、第四行政督察区（眉山专区）专员陈炳光兼任机场民工管理处处长。先后调集彭山、眉山、仁寿、夹江、洪雅、温江、郫县、邛崃、崇庆、灌县（今都江堰市）民工约20万人，由各县县长兼任本县民工总队长，各乡镇长、保长等分别担任民工大队长、中队长。现能查到分县民工人数的只有夹江。1989年版《夹江县志》第7页"大事记"中，有"民国三十三年（1944）春，县征派民工约一万人，赶修彭山机场"。因为时间紧迫，当时动用汽车、马车、架子车、鸡公车等约3万辆，载运沙石。划为八个作业区，分头施工。那时候没有机械化设备，民工们全靠锄头、铁铲、十字镐、石碾等简单工具，日夜加班，开挖平整，肩挑背驮，于6月28日完成了大型跑道一条，滑行道多条。

此外，另征土地500多亩，修建指挥台、弹药库、油库、营房等；又在机场东北、西南、东南角分别修建三个招待所，供美国飞行员住宿，每所可容纳500人左右，设立了"战地服务团"，负责对美国空军人员的接待与服务。

这处扩展为6000亩的大型机场，常驻空军飞行员和地勤人员一千多人，平时停放飞机五六十架，成为四川的重要军用机场之一，为抗日战争做出了重要贡献。

二、夹江机场

位于夹江县云吟、蟠龙、甘霖三乡交界处三更桥（也写作三根桥）附近的机场，占地1100多亩。这一小型机场为一长方形，长1500米，宽500米，是供小型飞机使用的。

关于夹江机场的修建时间，1989年版《夹江县志》第6页"大事记"中记载，"民国二十八年（1939）是年征用三根桥民田1100余亩，修夹江机场"。乐山市军分区1998年版《乐山市军事志》第93页"第四节军用机场、工厂"中，也写道"民国28年（1939）为抗战需要，夹江县奉命征用三根桥（云吟、蟠龙、甘霖交界处）农田1100多亩，修建飞机场。次年修建完工"。但据乐山县工商界上书反对在乐山修建和周至柔复函的时间都是1941年，因此，夹江机场修建时间当在1941年至1942年。也可能是1939年就开始准备征地，但在1941年才动工。

抗战结束后，美国飞机不再降落夹江机场，设立了夹江第十九留守站负责守护，受新津第二五五供应中队管辖。

三、犍为机场

1942年12月，国民政府军事委员会决定在犍为县修建机场。随后由县政府出面，在高家营征地1100亩左右，空军第十一总站负责建设。此地位于马边河与岷江汇合处，是一片河流冲积的平坝，南北长约十里，东西宽五六里，开阔而空旷，是适宜修建机场的地盘。1944年尚未完工时，便有一些小型飞机在这里降落。1945年8月抗日战争结束了，机场还没有完全修好，未完成的部分也就停工了。之后就荒废了，大部分被当地农民复耕。

本文选编自魏奕雄《抗日乐山》

大邑征地征工修建桑园机场始末

牟国章　樊叔翔

桑园机场是在大邑县王泗、新场与邛崃县桑园三个乡的接壤地区修建起来的。机场离大邑城南25华里，原邛（崃）大（邑）公路由此穿过，修建机场后，公路因此改道。这个机场从新修、扩建到整修共计三次，总共征用邛、大两县土地约1.2万亩，拆房2000余间，其中有3/5占用大邑农田，2/5占用邛崃土地。机场面积，比新津机场（9035亩）大2000余亩，是我国西南最大的空军基地。

一

第一次修建桑园机场，是在1939年5月，由国民党政府航空委员会空军第三十五航空站站长杜预源，率领工程员林泽群、肖选军，会同邛、大两县县政府派员勘察后，于是年11月开工，1940年8月完成。征用大邑水田1581.76亩，旱地159.7亩，合计共1741.46亩（根据地政局测量的数字）。大邑田赋粮食管理处据此训令王泗乡征收处，减免部分粮额51.803两，减免实物（黄谷）1735.83石。征用邛崃县土地3510亩，其中熟地2310亩，田埂、沟渠、屋基、竹林、园林约1200亩。邛、大两县因修机场占用田地，所需地价及拆房、迁坟、赔偿青苗等款，均按照规定，于1939年5月，分别发付清楚。

这次修建桑园机场，征调邛崃、大邑、崇庆、眉山、青神、夹江、郫县等七个县的民工，共约2.5万人，主要工程是平整场地，修跑道，搭机棚等。经过8个月的紧张劳动，方告完成。国民党空军用这个机场做第三十五站的教练基地，进驻空军第十一大队和十二大队。十一大队为驱逐机队，十二大队为轰炸机队。

二

1944年，中美两国政府为了实现由中国内地轰炸日本本土的作战计划，决定在成都地区修建和扩建四个能适应"超级空中堡垒"（B-29）起飞和降落的大型机场，桑园机场属于扩建之一。

这次扩建，工程浩大，期限紧迫。省政府饬令征调大邑、邛崃、名山、蒲江、丹棱、洪雅、崇庆等七县民工8.6万人参加修建，其中大邑1.4万名，邛崃2万名，名山0.6万名，蒲江0.6万名，洪雅0.6万名，丹棱0.4万名，崇庆3万名。严令不惜任何代价，限期100天完成。至于征用的土地：大邑王泗乡2700亩（新场乡未计入），共拆房1200间，迁坟2300座；邛崃桑园乡杨水碾水田约500亩，迁坟300座，搬迁18户。

1943年征用土地时，水田1亩折法币120元，可买食米6斗，到1944年付款时，法币贬值，物价上涨，实际只能买两三斗米了。

1944年2月，大邑县政府召开紧急会议，参加的人有地方士绅，县中各机关法团负责人，县府主要科长、主任，及各区、乡、镇长等，县长吴国义在会上讲话，大意是说：扩建机场是特种工程，关系抗战救亡，意义重大。工程限期短，标准严，劳动强度大。希望仰体时艰，共赴国难，如限完成。当即成立大邑县征工委员会（由党、团、参及地方士绅组成）及民工总队部，并制订了征调民工的计划，依照1940年2月成都行辕颁布的《四川省非常时期征工服役暂行办法》规定，每次征工人数不超过现有壮丁总数的1/5。按照此项规定办理，全县共征民工1.4万人，分期轮换，有的是半月一换，有的是十天一换，有的是长期工，由该保内凑集部分钱米，作为报酬。

县长吴国义兼任民工总队长，县府农林技士范怀德兼任副总队长，代行总队长职务，并派张及塘、唐绍猷两人为总队副。各乡设大队，下设2个至4个中队，中队里设分队长，各乡镇长兼任大队长，规定必须亲临工地现场，认真督促检查。

三

大邑县民工总队部设在机场附近周成师的房院内，凤凰乡民工住在五童庙，其余各乡镇民工亦均寄住民房或临时搭起简陋工棚住宿。洪雅县民工因路远来迟，住在新新乡的且家寺附近，仍远离工地七八里，往返深感不便。数九寒天，民工衣单被薄，冷冻难熬，夜间只得互相偎依取暖，加以卫生条件太差，没有热水沐浴洗涤，以致虮虱成堆，疮疥流行，奇痒难忍，使民工经常彻夜不能安寝。

在医药卫生方面，邛崃县的志和医社在桑园乡设有医疗站，医生王志和、李善扬负责诊治。大邑各乡镇大都仅备少数简单成品药和红蓝药水，敷衍应付，实际仍无济于事。加以厨房内不讲究清洁卫生，致使很多民工患肚痛腹泻及中毒性肠炎等症，其他如工地发生的工伤事故，一般都得不到及时有效的治疗，以致轻病拖成重病，重病导致死亡。

当时，大邑县银行经理陈少夔及安仁乡士绅安雨琴等人，曾先后携带酒肉和药品到机场慰问民工，私立晋原中学全体师生五六百人，也曾整队前往机场工地参观慰问，作为对学生进行爱国主义教育的一个内容。

依照当时的规定，每个标准工，每天口粮为大米一升四合，民工吃三餐饱饭，当局是满口保证了的。但由于各级队长层层克扣，民工每天所吃的都是饭杂粗糠，菜如饲料，以致多数民工三餐不饱，气力不足，不仅影响了身体健康，而且降低了工程进度。每日工程处派人点名时，有的中队竟弄虚作假，在邻近中队借来部分民工，临时应卯，互相通融。或拉附近农民和学生，冒名顶替，将民工口粮侵吞中饱。

鹅卵石是扩修机场的主要原材料，需求量最多。大邑民工的任务，最初是捡石头、运沙子，准备工料，后被指定负责修建一段柏油跑道。这个跑道是专供B-29型轰炸机起飞、降落和滑行时使用的。其长度约2600米，宽为60米，深度约1.4米，是"十"字形。

其施工程序是：先挖土见老底后，经过多次滚压，再铺大石块于底层，中层铺碗大石头，上层铺细的青质碎石，再上一层，是用粗沙（黄豆石）和柏油（沥青）在大锅内炒热和匀，然后铺上，最后用细沙和柏油铺于表面，再用3吨重的水泥滚子，出动一两百个民工，套上竹牵绳，来回滚压，使其结实。工地上组织有很多拉滚队，号子声此起彼落，互相鼓舞。还有一些队，唱的是《大路歌》，前者呼，后者应，人人兴高采烈，干劲倍增。由于民工对拉石滚的技术掌握不熟，以致步调不一，用力不匀，经常发生石滚压死民工事件，最多的一次，竟发生压死民工13人的惨剧。

机场工程除主跑道外，还有副跑道，其宽度仅14米至16米，工程质量的要求不及主跑道高。至于其余场地，全用卵石铺过，灌以泥浆，经过滚压后，即交付使用。其他配套工程，有飞机窝（又名阴机窝或停机坪）、飞机棚、油库、机械厂、方向塔、电台等，都一一如限完成。

桑园机场的东面，原有邮江的支流四堰河及五堰河，在设计扩建机场规划时，将这两条河划入扩建范围之内，施工期间，一并填为平地。为了不妨碍春耕灌溉，工程处应当地农民的要求，另在机场外的东南面，新开两条长约三四华里的渠道，灌溉农田。现在从五童庙方面走向机场时，可以看到两条萦绕如带的河水，滚滚奔流，两岸堆积如山的泥土，构成一堆又一堆的人造假山。跨过两道木桥，视界豁然开朗，一个土地平旷、浩荡无边的飞机场，就呈现在人们的眼前了。

四

各县征调的民工，衣服均单薄破烂，应领的工棚费、医药费、草鞋费，又多被负责人贪污，以致好些人在数九寒天只好打着赤脚劳动。他们鸡鸣而起，两足踏在地面的冰片上，嚓嚓作响。全日劳作，不得休息，真是"东方发白，整到擦黑"。有时还要加班加点，其痛苦之状，不难想象。

最初，在扩建机场的消息传来之后，人民群众出于爱国热情，都踊跃应征，参加修建工作。其中出现不少父教其子，兄送其弟，夫妻相互勖勉的感人事迹。而洪雅、丹棱、蒲江、名山等县的女工，在劳动中表现尤为突出，她们都有"铁女人"的气魄，组织起一个又一个的穆桂英中队，由女队长率领，挑筐荷锄，大声高唱当地山歌及抗战歌曲（如《大刀进行曲》《义勇军进行曲》《干一场》等），前呼后应，斗志昂扬，和男民工一道，参加扩建工程。她们不怕困难，争挑重担，出色地完成了各项任务。

大邑民工总队部内，特设了一个工程队，共200多人，专门负责修桥、补路、搭棚的工程，由国民兵团副官杨仕奎负责，下设大队和中队，按每乡民工多少抽调人员和分配任务。

扩修工程，在最后紧张阶段，由于时限迫促，桑园、王泗、三岔、高山、新场等乡的乡长，为了邀功请奖，竟不顾一切，命令全乡各家各户，自带伙食工具，满门出工，美其名曰"满门队"。而民工做工应得的工资食米，则多被吞没。这些"泥巴官"，趁国难之机，大发横财，当地人民对此无不切齿痛恨！

桑园机场作为我国西南较大的军用机场，第一次修成后，国民党空军把它划为三十五站的教练基地。最初停放苏制飞机，该机虽然高大牢实，但作战时不如日本飞机灵活。1941年5月22日（农历四月十七），有敌机九架来袭，守机场的国民党军队一弹未发，听任敌机俯冲扫射，击毁我国苏制И-15型双翼驱逐机八架，扬长而去。1944年6月扩建成后，将这个机场交与"同盟国"空军——美军，作为B-29型轰炸机（超级空中堡垒）的基地，机场才真正发挥作用。

从此时开始，驻桑园机场的美国陆军航空队第二十轰炸机总队，由伍虎准将指挥向日本本土多次进行大规模轰炸。1944年6月16日，第一次出动B-29型轰炸机68架，飞往日本九州岛，轰炸了工业中心八幡钢铁厂，此为有史以来最长距离之轰炸。次日（6月17日），重庆各大报纸，都以显著地位报道这项重要消息，使国际舆论大为震惊！此后，又轰炸大阪、佐世保、长崎、广岛等地。

1945年3月9日至6月15日，美国空军对东京、长崎、名古屋、大阪、横须贺、神户六个工业城市，进行19次大规模轰炸，共出动B-29型轰炸机6000多架次，空投炸弹4万多吨，炸毁六个城市的工业区200多平方公里，给日本侵略者以沉重而有力的打击，并给我国和东南亚正在艰苦抗战的军民精神上以莫大的鼓舞。这些轰炸机有不少就是从桑园机场起飞的。

桑园机场在抗战胜利，美空军回国后，未继续使用，以致场内杂草丛生，呈现一片荒凉景象。

1971年，中央军委决定启用桑园机场，由空军基建108部队施工修整。所有备料、浇灌、筑水泥墩等工程，由邛崃、大邑两县调集基干民兵约1000人负担，参加修建的民兵，均按军工待遇，发给工资。群工备料（沙子、石头），按国家牌价照方付款。1972年，整个机场加铺工程正式开工，军民同心协力，为时一年，胜利竣工，一支人民空军部队，常驻于此作业。

本文选编自《成都文史资料选辑》总第十七辑，1987年

西昌小庙机场的兴废

阳鸿业

西昌小庙机场始建于1932年春，当时西昌是国民革命军二十四军军长刘文辉地盘，那时他正处于顶峰时期，占有川西、川中、川南一百多个县。一心想建立自己的空军以便与四川各军争霸。1931年，即通过上海洋行买办向法国购买了二十多架军用飞机，并令部下在雅安、康定、西昌、会理各建一座机场备用。雅安机场建在西门外，康定机场建在营官寨，会理机场建在城东东坝，西昌机场则选在城西十里的小庙乡，具体位置在天王山西麓、安宁河平坝边缘、赵家堡子之东，紧靠小庙街。小庙机场由驻西昌的川康边防军以兵工修筑，长宽各约400米，占地约0.16平方公里，跑道长100米，宽10米，就这一块坝子，没有其他设施。

机场次第建成，刘文辉在法国买的飞机也从滇越铁路顺利运抵昆明。不料正准备转运四川时，被云南省主席龙云侦知，立即派警卫旅将飞机全部扣下，以之建立云南空军。起因是云南三军混战时，刘文辉支持张汝翼军反对龙云，龙云算是在报仇雪恨。就在此时，刘文辉又被四川各军联合打得落花流水，溃退汉源。机场再也用不上，雅安、会理西座由农民复垦为田地，西昌、康定两座则任其荒芜或做了牧场。

1935年8月，重庆行营主任顾祝同根据蒋介石命令，令宁属清乡司令邓文富（秀廷）调所属汉彝兵对小庙机场进行了扩建，供对红军作战使用。由空军派工程人员前来指导施工。这次扩建进行了半年多，至1936年初才完成，扩建后的机场东西长770米，南北宽850米，占地0.65平方公里，跑道为"H"形，南北两短竖各长50米，宽19米，为停机坪，中间一长横是跑道，长750米，宽10米。完工后第一次起降的飞机是二十军军长杨森的座机。

全面抗日战争开始，十八区行政专员公署奉大本营令，再次扩建小庙机场。这是规模最大的一次扩建工程，参加施工的西昌、盐源、冕宁、宁东民工就有一万多名。那时，没有任何施工机械，也缺少爆破材料，民工们凭着原始工具，靠肩挑背磨，挖掉了四周七八个山丘，填平了十几处洼地，既艰苦又紧张，为了抗日，他们的牺牲精神，使前来慰问的西昌各界人士感动落泪。1939年，由西昌行辕继续督导扩建工程，至1940年春才算完成。这次扩建后占地面积增至1.65平方公里，在当时仅次于四川川东的梁山机场。跑道改为东西向，长950米，宽50米，巨石垫底，泥结碎石铺面。后来美军B-29空中堡垒也在此起降。那是第二次世界大战中最大最重的飞机，身长30米，翼展43米，起飞重64吨。跑道南北为停机坪，飞行指挥台建在机场东北。机场四周挖了湾沟，进场木桥设小庙场口中，天王山山顶则利用庙房做观测台、气象台等。

机场扩建完工，大本营即在此设立空军第六站，随即进驻空军。空军站有官兵四百余人，当年又由西昌、会理补充了壮丁200名，站长为吴惜芬。空军站继续进行了配套工程建设，在机场边修了油库、军械库。在赵家、李家、侍家、陶家等堡子分散修建了一批工作、生活用房和警卫部队兵营。扩建后头一年起降的第一架双引擎大型民用飞机是中央航空公司自重庆飞来的运钞专机。

1940年底，空军站进行二次扩建，主要工程一是飞机疏散跑道，二是飞机掩体。前者自机场主跑道东端引出，沿天王山山麓绕一大圈回转机场，长约3公里，宽15~20米；后者分布在疏散道内侧山麓，约有四五十个，"工"形，横杠长14米，竖杠长12米，各宽3米，深依山势不等，顶上用竹木杂草掩盖，每个容一架战斗机还有空隙。这些掩体从空中、远处均难发现，所以1941年8月31日下午，日机26架排队对机场进行近20分钟轰炸时，藏在天王山掩体内的两架美式战斗机得以安然无恙。两机因电路故障需要检修，未在头一天随空军大队转场，当天发出空袭警报后才被推进掩体。这次轰炸，敌机虽投弹百余枚，只有跑道、进场木桥和航站电台小楼受到破坏，但很快就被修复。

1942年夏，美空军开辟中印驼峰航线。这是当时中国唯一对外交通线、生命线。小庙机场成为唯一中转站，战略地位更见重要。空军站又在小庙场北、山垭口附近，赶建了三十多栋房屋，以供来场盟国空军使用。8月，美军派来了一支三百多人的地勤中队进驻机场。自此每天都有美军运输机、轰炸机、战斗机在此降落加油，检查或休息，然后分赴重庆、昆明、成都。这是小庙机场历史上最繁忙时期，最多时一天六七十架飞机起降，如此持续到1945年初。一些美军携带来的美制香烟、奶粉、罐头也流入西昌市场。

日寇投降后，小庙机场改为军民两用，中国航空公司开辟了重庆—昆明—西昌航线，后改为重庆—西昌直达航线。西昌解放前几个月，小庙机场曾开通西昌—海口—台北航线。

1950年3月，西昌解放后，小庙机场由军管会接管，10月中国民航重庆办事处来西昌设立航站，1951年曾一度恢复西昌—重庆航线，年底停飞，机场也随之关闭。

1958年，小庙机场恢复使用，重建了民航站，4月1日开通西昌—成都航线。

1975年现代化的大型机场青山机场建成启用，小庙机场遂被废弃，现已成一片农田、鱼塘。

本文选编自《凉山文史资料选辑》第十四辑，1996年

三 抗战中四川的文化教育事业亲历、亲见、亲闻

抗日战争散记

董长新

2015年是世界反法西斯战争胜利七十周年和我国抗日战争胜利七十周年。为了纪念这个世界人民战胜法西斯主义的日子，同时揭露日寇侵华的滔天罪行，以再现国人为保卫河山、驱逐日寇而做的可歌可颂的不朽业绩，就其亲见、亲闻和亲历几事，援笔记之。

一、高唱抗战歌曲

1937年7月7日，"卢沟桥上硝烟起，抗日烽火卷全国"，次年到1940年，我就读青川乔店小学，时有外籍来校任教的一位老师姓陈名介奚，教高年级国语课和全校音乐课。陈老师生活俭廉，教学认真，工画善诗，学生尤爱他所教抗战歌曲和讲述日寇侵华罪行以及有关"打东洋"的故事。教唱歌时没有风琴就用二胡伴奏。几年中，陈老师教会了我们唱《大刀进行曲》《救亡进行曲》《流亡三部曲》《上海八一三》《游击队之歌》《保卫华北》《二月里来》《军队和老百姓》《我们在太行山上》等二十余首抗战歌曲。通过他对歌词全意的讲解，他或慷慨激昂或如诉如泣的演唱，使学生们感受至深，如身临其境，我们脑海中时时浮动着抗日前线情景：有沦陷区扶老携幼的逃亡同胞；有鬼子烧杀抢掳的"三光"场面；有怒目圆睁的抗日英雄刀劈鬼子的镜头；也有卖国者（汉奸等）可耻下场的一幕。当时国语课增编教材中有《八百壮士死守上海四行仓库》一课，陈老师声情并茂，既歌且泣地给学生讲述，激发了学生的爱国情志，点燃了学生仇日怒火，个个义愤填膺，人人摩拳擦掌。突然一个同学举起小拳头高呼："打倒日本帝国主义，还我河山，收复上海！"全班同学也随即高呼，声如雷动，响彻校园。陈老师此时未以课堂秩序为由，责难我等，而是也举起紧握着拳头的右手，悲愤默然地站立着。稍后，语调低沉地说："同学们记着，此仇定要报，此耻定要雪，血债定要血偿还！"

数九寒天，陈老师带学生早练，披星戴月，跑步通过乔庄街道，雄浑的抗日歌声在黎明前的夜空久久回荡，从睡梦中惊醒的街民，往往边开门边附和着我们抗战歌声而唱，大有醒狮怒吼之势，同仇敌忾之潮。

在陈老师等的教育下，我们学生积极响应政府号召，参与"节省一颗糖果钱，捐献给东北流亡同胞""购买飞机和大炮"的捐献活动。后来我读师范时，才知道当时5万多人口的青川县，平均每34个人中就有一个抗日战士，也才知道1938—1945年，青川人民共捐献641.2万元的实绩，许多人把祖传首饰都捐献出来，支援抗战。真是有钱出钱，有力出力。

二、三读抗日文章

七七事变后,四川实力派首领刘湘,走上了抗日爱国道路。他愤恨日本侵华暴行,决心出兵抗战。他誓师出川抗日前夕,准备写一份《告四川各界人士书》,以激励各界人士一致奋起抗日。我曾四年受业于门下的老师——平武县简易师范学校校长张秀熟,当时被刘湘恭请,撰写《告四川各界人士书》一文。张秀熟当时将被请之事向地下党组织领导人张曙时汇报后,得到批准,即怀着神圣的民族责任感当夜提笔,洋洋千言的《为民族救亡抗战告四川各界人士书》(简称《告四川各界书》)一气呵成。这篇情辞恳挚、字字珠玑的文章在1937年8月26日发表于《华西日报》上。20世纪40年代初,张秀熟任平武县简易师范学校校长时,曾从成都聘请教师十多人到校任教,不知是这批老师保存并带去师校那篇文章,或是校长有意拿出那篇作文令学生诵读以提高学生写作水平,同时鼓励学生勿忘国仇,奋志抗日,1943—1945年,我们师七班学生人人拜读,并渐进领会,真是百读不厌,其味无穷。由于文章的激励,同仇敌忾之怒火更烈,全校学生写决心书,报名参加青年远征军者甚多。最后学校只批准了七个人应征。青川县借去了一人,即师五班杜兴家(后名克成,现离休教师)。

三、揭露日寇暴行

在"抗日的烽火燃遍了整个神州"的20世纪40年代初期,我正就学于平武简师校。那时国民党中央政府已把重庆定为陪都。武汉、宜昌相继失守后,日寇为了实现其"速战速决,以打逼和"的野心,一面对蒋政权采取政治诱降手段,一面从敌占区派遣大批空军对重庆进行狂轰滥炸,就连盆地北缘山区县城——平武也时有敌机临空骚扰。一天,紧急警报响了,全体师生同各界民众纷纷从县城东南两三城门夺路而避难。稍后果有敌机九架随轰鸣声而出现在城东箭鞏垭上空,成"一"字排列,继而低空盘旋,掠城而过,但未扫射和投下炸弹就向松潘方向逝去。第二天有消息透露,昨天日机未投炸弹,是城内有汉奸(或特务)暗示日寇:国民党运储于平武县城报恩寺的一批汽油已启运去松潘县途中。因目标变动而平城才幸免劫难……一个星期天,张秀熟校长邀我同侄子董裕前去他家帮糊窗纸,中午师生交谈时,校长摆谈日机飞掠县城而未投弹之事,继而悲壮且严肃地讲出日寇轰炸重庆的暴行故事。

张校长说:"1941年6月上旬及以后,日机轰炸重庆已到登峰造极,连日成群结队,轮番投弹,重庆成了一片火海,山城同胞惨遭浩劫。当时,地面无防空设备,国民党的飞机陈旧过时,而且少得可怜,警报声一响则闻风先逃,'保全实力'去了。老百姓钻地洞(防空隧道)是唯一的逃命办法。那些防空洞多以出入口当通风口。6月6日前,日机已连续空袭三四天,这一天警报解除,避难同胞趁此时机出洞找饮水,才发现一处防空隧道洞顶被炸塌,出入口已被炸垮封闭,去抢救的人群将洞口挖开时,发现洞内近万名无辜同胞全部遇难,敌机连续轰炸延误了抢救时间,使洞内长期缺氧,加上灯熄火灭,致使避难者在黑暗中从恐怖到晕迷以至癫狂骚乱、相互扭扯死在一堆。有的长幼拥抱一团,披发怒目,张口伸舌而死,也有婴儿口含奶头死在已死母亲怀中的。当时山城尸积如山，人们呼老寻幼，哭声震天……浩劫之后，山城有的街道成无人空巷，有的门户长期关闭无主认领。从死者身上搜寻到的随身财物，其数无计，贪官污吏又趁机窃夺，中饱私囊。特务造谣，兵痞横世，日寇之滥炸暴行，致使山城人民遭到空前灾难，真是闻者悚心，见者落泪！"

四、回忆抗建剧团

1938年，青川县地方属平武所辖第三区。为适应抗日新形势，在全区掀起抗日民主高潮，当时，区长陶文英倡议成立"平武县第三区抗建剧团"，倡议一经提出，立即得到区内各小学师生的响应，小学教师们认为可利用学校暑假，巡回在区内演出抗战剧目，加大抗敌宣传力度，以提高广大人民的爱国热忱。剧团由宣传工作搞得好的青溪小学（区驻地）牵头，负责组建，区、乡镇负责筹集必要的资金，具体宣传工作由各乡、镇小学负责。经过紧张筹备，"平武县第三区抗建剧团"于1938年4月正式成立，团址设在青溪小学。区长、乡镇联保主任、中心小学校长共为剧团领导成员，下设总务、宣传、歌曲和交际等组，分别由青溪、三乐、乔庄小学部分教师担任。其经费来源之一由区上指定，从青溪哥老会开设的"公社茶馆"利润中提取。剧团用33米海昌兰布制大幕布一幅，其上除横书"平武县第三区抗建剧团"10个大字外，还绘制有抗日健儿冲锋的白色图案。青溪小学师生利用课余和周末时间，在南河坝背土运石，于学校操场西侧建成一座固定可容五六十人活动的剧台，立柱架梁，上盖麦草，周围篾席，以避风雨。

剧团购置的乐器，道具有风琴、军号、大小铜鼓、笛、箫、小锣、小鼓、军装、便衣、鞋帽和常用品。学校童子军全着童子军装，每开展抗日活动，阵容严肃，颇能吸引观众。1938年7月7日，进行首次演出，受到好评。以后利用寒暑假日，九一八、七七、五卅惨案纪念日和国庆节、元旦节、"四四儿童节"等节日，剧团定要提前准备演出有关抗建内容的节目。

在演出节目和进行抗日宣传的活动中，青溪小学教师刘国勋、邓蜀高、胡际春、张幼植、杨先志等七人和学生刘长荣、杨志知、孙枝耀、马成注、敬德文、周德先、王鑫以及在平武师校读书的学生王心田、马芝、郑中志、张文斌等40余人，不怕苦累、不怕困难，且演技逐步提高，就是扮演的乞丐、难民也形象逼真，声情并茂，深受群众赞许。当时，依照现成剧本和自编自演的剧目有《为国牺牲》《十字街头》《捉汉奸》《放下你的鞭子》《新婚别》《逃难者》《送子当兵》《新拾黄金》《踊跃捐献》等。其形式有曲艺说唱、莲花闹、金钱板、花鼓、双簧等。剧团走到哪里，哪里就有"全国人民团结起来，抗日救国""打倒日本帝国主义！""收复失地、还我河山""抗战到底""胜利必得"的大幅标语出现。1940年冬，剧团去平武县城参加汇演，受到县上嘉奖，歌咏被评为全县第一。在第三区内的桥楼、乔庄、三锅等乡镇巡回演出时，尤受群众欢迎。

"抗建剧团"对全县人民同仇敌忾，对奋起抗日起到了积极鼓舞作用，参与剧团工作的全体师生所做的贡献，应永志不忘。

五、散记抗日活动

1943年7月7日,青川县政府(上年8月1日平青分治)在治所青溪镇举行纪念七七事变大会,副参议长宋伯英(青溪人)为会场作了一副抗日对联,有背诵的、有抄录的,成了各小学师生宣传抗日的宝贵资料和唤起民众的史实教材。上联曰:"勿忘国耻,忍看河山破碎、生灵涂炭,华北半壁堆满累累白骨。"下联曰:"誓雪奇耻,牢记金陵屠杀、尸呈遍野,江南一片浸透淋淋鲜血。"在平武读书的青川籍学生,人人能背读,更会其意,并在板报、墙报、班级刊物上多次刊登,凡读者见后,均有仇敌之心勃然而起的感觉。

平师第七班班主任张松岳(张秀熟之弟)当时兼任平武县政府社会科科长一职,他主编的《通俗壁报》,毛笔手写版面,半月一期,其内容多为匡正时弊,揭露社会负面,既有麻辣味,更有火药味,而每期少不了三四篇有关抗战的内容。我们几个第七班的门生,做义务写报人,当然也是投稿人,得天独厚,我们的稿子优先安排。我曾写过《警座不尽坐》一稿,说的是平武县新上任的某警座,由于堵塞抗日民主言论,或以莫须有罪名刁难积极参与抗日活动的师生为"异党"等情,引起上层民主人士不满,被告发而丢官,任期不到百天就下了台的故事。

1944—1945年间,平武师范校师生组织了一个名为"草原文艺社"的诗词写作研究班子(课余),创办了墙报式的刊物——《心弦》,每期版面如大报一张,文稿以新旧诗体居多,有关抗日救国的内容每期约占三分之二。毛笔蝇头楷书编入抗日内容的漫画,版面活泼、图文兼收,对激励广大师生抗日仇敌、为国而教而学的斗志,起了一定作用。由于投稿踊跃读者贴心,《心弦》由旬刊后改成周报。《心弦》所刊登的抗日稿件中,有题为《读书何为乎》《日寇暴行录》《抗战真理》《一丘之貉——汉奸、走狗、他》多篇,倍受师生赞许,惜内容失记,原刊未藏。

以"舌战王陵基"而显示共产党人英雄本色的张秀熟校长,在办学期间,治校严谨,教育并重,对抗日救国这个主旨,他言传身教,学生耳濡目染。学校结合抗日救国的主题,举办了多次面向社会的大型文艺晚会、街头讲演、街头剧、火炬游行等宣传活动。学校音乐老师——闵克尔(回族)教学生大唱的《义勇军进行曲》《救亡进行曲》《自卫歌》《开路先锋》《太行山上》《吕梁赞》《慰劳伤兵歌》和《黄河大合唱》等抗战歌曲,抗战歌声时时在山城大地起伏、回荡,大大地唤醒和激励了人民群众的爱国热忱。城乡青年纷纷报名参军抗日,学生响应知识青年志愿从军的号召,投笔从戎,参加青年远征军,青川学生杜克成就是其中之一。

本文选编自《广元文史资料》第八辑,1995年,原题作"八年抗战散记"

南部县抗日救亡活动纪实

刘家祯　许明昉

1937年7月7日后，南部县人民在抗日民族统一战线旗帜下，积极行动起来，开展了轰轰烈烈的抗日救亡运动。他们为了保家卫国，取得抗战的胜利，做出了巨大贡献，在南部的抗战史上，谱写了可歌可泣的篇章。

一、群情激奋　广泛宣传

抗战期间，南部县各界人士满怀抗日必胜信心，把抗日宣传工作搞得热火朝天，如火如荼，其爱国热忱，令人钦佩。特别是中小学师生，行动快、热情高。他们牺牲休息时间，排节目、练歌曲、写讲演稿，运用金钱板、花鼓词、莲花落、活报剧等多种形式，深入街头巷尾，进行广泛宣传，尤其在九一八、七七等纪念日里搞得更为突出。他们在县城中山公园讲演厅公演大型话剧《还我河山》《王铭章滕县殉国》和《汉奸的末日》等节目，大大激发了群众的抗日爱国热忱。在县城的中小学音乐、美术教师杜懿华、杨克恭等人，与返县度寒暑假的进步大中专学生走上街头、大院，教唱《义勇军进行曲》《大刀进行曲》《到敌人后方去》等抗日救亡歌曲；绘制、张贴巨幅抗日宣传画和图片；并和广大学生一起，手擎标语旗，高呼口号，上街游行示威。在当时，南部抗日宣传声势之大，影响之深，实属前所未有。

1939年下半年，县城各中、小学订立"晨呼"制度。每天拂晓，各校师生在县城各大街游行，高呼抗日口号，高唱抗日战歌，以唤醒民众，扩大抗日救亡影响。同时进行跑步、早操，为抗战锻炼身体。

1938年，工商界人士在何仁辅、杜利生、易治君、刘福安、黄金廷、雷方兴等的倡议下，把县城里的一批业余川剧爱好者魏德云、蹇硕甫、谢全德、张亚明、何伯超等组织起来，以"钧天""纯和""升平""大同""雅韵"等五个川剧坐唱的乐社为基础组成一个剧社。又私人筹募银洋两千余元，从外地买回川剧服装、道具，于6月20日，在县民众教育馆成立"南部县抗日宣传艺剧社"。剧社成立后，邀请全县城乡知名的川剧"玩友"，在城乡各地义演《守扬州》《战金山》《三尽忠》《岳母刺字》《江油关》等歌颂抵御外侮的民族英雄的历史川剧，宣传鼓动抗日，反对投降。剧社的票房收入，全部捐赠国家，支持抗战。

周恩来、郭沫若同志关怀的上海"孩子剧团"来南部后，南部县立初级中学师生和"南部县抗日宣传艺剧社"更为活跃，主动向他们学习、取经、联欢，并配合他们演出了新编的以抗日为主题的《小放牛》《花子拾金》《车夫参军》《捉汉奸》和《放下你的鞭子》等剧目，深受群众欢迎，使抗战必胜的信念深入人心，抗日救亡的气氛更加浓烈。

1939年以后，县城各界人士，特别是文教界，既开展了抗日宣传，又开展了各种慰劳前方将士的活动。先后募集寒衣3200件，折合法币4467.16元，分两次交给县府上解四川省政府，慰劳抗日官兵。其中大部分款项是南部县立初级中学、县城女子小学师生组织的联合演出队与"南部县抗日宣传艺剧社"义演的收入；中、小学师生利用课余时间，自制缎制旗、通草花、刺绣等手工艺品及蜡制的陈设器玩，义卖收入全部捐献。

1940年春节，南部县立初级中学师生还组织了龙灯、狮子队，深入县城各机关、法团、商店，挨家挨户耍龙舞狮，拜年祝贺，募集资金，汇寄前方，作为春节慰劳。同时，中小学学生向前线将士写贺年信、慰问信，女学生将自制的手绢、手套等物品寄赠前方，慰劳抗战官兵，鼓励他们在前线英勇杀敌。

二、有识之士　参军参战

卢沟桥事变后，抗日战争全面爆发，大敌当前，需要大批壮士开赴前线。为了适应抗战的需要，除国民政府征集大批兵员外，还有广大的有志青年，在抗日民族统一战线旗帜指引下，踊跃报名参军，奔赴前线，英勇杀敌。全面抗战，南部征集的兵员实际入伍30889名。其中包括赴印、缅与盟军协同作战的"远征军"500名；知识青年军110名；学生兵170名（在外地参军的南部籍青年未计算在内）。

此外，主动请缨杀敌的公教人员和青年也不鲜见。1938年，县属保城、双凤、青杠垭联保社训队队长李岱东、分队长王子龙、张君杰、张光斗、李璋和青年李直品等15人，请缨杀敌，自愿参加出川抗日部队，效死疆场，受到省府嘉奖。同年11月，县周碑院寺的周光济、徐义泉、胡自强、周济贫、胡宗贵等八名青年，慷慨陈词，愿赴前线，消灭倭寇。他们在申请书上写着："……日寇咄咄逼人！凡属黄帝子孙，中华儿女，频闻国土被侵占，房屋被焚毁，同胞被屠杀，财产被抢劫，妇女被奸淫等噩耗，怎不怒发冲冠，热血沸腾呢？光济等本着'匹夫有责'之义，决心抛别慈母弱妻，赶赴沙场，不收回国土，誓不生还……"其报国之心真是威震山河、气贯长虹。1944年12月，日军攻击独山时，全国震惊，云、贵、川三省人心动摇，西南战局十分危急。当时在南充师范学校读书的雍兴汉、游传玲、谢绍恭等青年学生，立即参加青年军奔赴重庆集训待命；1945年初，县直接税局稽征所知识青年张鉴晖，离别老母、爱妻、弱子毅然投笔从戎，参加"远征军"。他们转战印、缅，力击日寇，直至日寇投降才凯旋故里。

尤其是一四六师中将师长刘兆藜率领全师官兵，在江苏泗安、广德战役中，击败几千日军的进攻，生俘日军6名；击毁各式战车16辆；缴炮4门、枪91支、军旗17面、其他物资300余件。并于1937年9月28日，同友军向敌展开反攻，出其不意地猛烈袭击敌人，将上、中、下泗安夺回。日寇仓皇逃窜，生俘日军女看护2人，一军官自杀，缴获运载军用物品的汽车多辆和被日军拆卸零件的野炮2门，三团便衣队还生俘日军30多名，缴获很多战利品，取得重大胜利。国民政府军事当局认为刘师长作战努力，指挥适宜，记大功两次。

第七十四军五十八师参谋长兼一六九团团长柴意新在保卫常德战役中，被日军包围，鏖战十余日，弹尽粮绝。他身先士卒，奋起拼杀，与日寇巷战竟日，他的部队伤亡殆尽，最终他血染常德，光荣殉国。县城各界人士于1944年3月29日，在县城召开隆重的追悼大会进行吊唁。

爱国将领李麟昭在任团长时，曾率领部队参加了上海南翔、安徽巢县和长沙等战役。特别是在长沙会战中，该团二、三营在白沙岭和日军展开了拼死的战斗，最后终于夺回了白沙岭，并击毙日军官一名。从军官身上的图囊中，我方得知驻武汉日军冈村宁次集团军进攻长沙的作战部署。第六军团军团长杨森获得这一重要情报后，立即改变了布防计划，为第一次长沙会战打下了胜利的基础。后来，李麟昭为战事操劳成疾，病逝衡阳。

柴意新、刘兆黎、李麟昭等将士发扬了中国人民爱祖国的优良传统，在关键时刻把个人安危置之度外，用血肉捍卫了神圣的领土和中华民族的尊严。他们的英勇献身精神，永远光照人间。

三、出粮出钱　支援前线

南部位于川北山乡，土地贫瘠，交通闭塞，经济不发达，农民生活很困苦。但是县人深明"天下兴亡，匹夫有责"之大义，本着"有钱出钱，有力出力"的精神，响应"节衣缩食，充裕饷糈"的号召，努力生产，勤俭节约，大力支援前线。

全县民众，自从抗日以来，对政府下达的征税、征粮、公债、捐款等任务均超额完成，在四川省内名列前茅。

南部盛产井盐，在抗战时期，有盐场28个，灶户2713家，盐工5818人，盐井14109口。盐业工人努力生产，逐年提高产量，1938年，全县产盐319639市担；1941年，产量就提高到429549市担，全县盐业收入每年为国家提供税金在200万元以上。其他税金也按时上交国库，这就为抗战提供了可靠的财力支持。

南部县对抗日军队粮食的提供，贡献也很大。据统计，1938年至1940年征粮折合改法币421450元。1941年，南部成立田赋管理处，开始征实。除征实外，每年还超额完成了上级分配的粮食征收征购任务。此外，1944年至1945年还筹备很多积谷，作为优抚南部县出川抗日军人家属及阵亡官兵家属的粮食，以鼓励从军，激发斗志。

全县民众不仅努力生产，超额完成税金、粮食任务，慷慨解囊，还踊跃输将。定水寺（今凤凰乡）的何伯超，爱国热情高，自思不能亲赴前线报国杀敌，亦当微尽薄力，支援抗战。1938年，他说服母亲、妻子，将祖上田产40余亩的"红契"，亲自献交政府，政府给他颁赠"毁家纾难"匾额和奖状。这一义举，轰动全县，大大激发了各界人士的爱国热忱。1945年初，工商界和各方面人士掀起了筹募资金、改善抗日士兵待遇的献金运动，并踊跃认购"救国公债""国防公债"和慷慨捐资购买飞机。全县人民为抗日战争的全面胜利做出了巨大的贡献。

本文选编自《南充市文史资料》第三辑，1995年

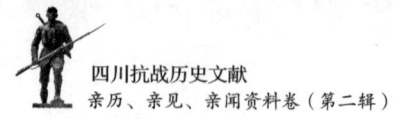
四川抗战历史文献
亲历、亲见、亲闻资料卷（第二辑）

抗战初期的泸县青少年活动

陈基镛　官正国

1937年7月8日，卢沟桥事变的第二天，中国共产党向全国发表了号召抗战的宣言；7月17日，蒋介石在庐山发表谈话，确定了抗战的方针。中华民族的全面抗战开始了。远在大后方的泸州（当时叫泸县）青少年，也掀起了波澜壮阔的抗日救亡活动。我（陈基镛）当时就学川南师范，正国初入泸县中学。现就亲身经历和见闻，回忆如下。

一、宣传抗日救亡

1937年9月，泸县各界抗敌后援会宣布成立。各机关、法团、学校和行业公会，都加入这个组织，并建立基层分会，由总干事蔡疆云负责实际工作。在"有钱出钱，有力出力"和"天下兴亡，匹夫有责"的号召之下，很快募集到一大笔捐款以供活动支出，抗敌后援活动很快开展起来。最先开展起来的是抗日救亡宣传活动。全域中学以上学生，分赴泸县十大乡（相当于现在的市中区、泸县及纳溪县的一部分乡镇）进行巡回宣传，足足一个月之久。其中尤以川南师范学校和泸县中学的学生宣传最为出色。笔者回忆，参与过此次下乡宣传的，在川师有曾贵元（曾德林）、李成之、王荫硕、邬杰（邬卓凡）、薛仿、王邦泽、郑志远等数十人；在泸中有蒋代乔、龚汝赞、何朝芳等数十人。官正国当时也与同学石明江、向万荣三人为一小组，去石洞、石马、云锦等场镇参加了这次巡回宣传活动。这次活动掀起了全县乡村抗日救亡的浪潮。

在城市，每逢星期和节假日，各中、小学师生，一齐走上街头，开展全面宣传活动。县一小、县三小、县五小和爱智小学是一个联组；县二小、县四小、县六小和川师附小是另一个联组。他们浩浩荡荡地在城区和小市、蓝田镇游行，抗日歌声响彻云霄。特别是在上海撤退坚守四行仓库的八百壮士中有一名泸县青年胡某的消息传来时，泸州人无不引以为荣，高唱歌颂八百壮士的《中国不会亡》歌曲。

川师学生白天上街表演活报剧，晚上在学校演舞台剧。记得一次在街头演出《放下你的鞭子》时，由于太逼真，围观群众个个热泪盈眶，纷纷向扮演剧中反面人物的王德（工商联工作过的王云从）提出谴责；有的甚至挥拳相向，吓得他扯下"胡子"，一溜烟儿跑回学校。他们还把抗日故事编成川剧演出，取得了很好的宣传效果。

泸县中学学生的宣传工作别开生面，1938年初，该校高中部第五、第六班的同学，联合举行劝募救国公债义演，在大北门川剧院一连演了三个晚上。尽管票价很高，甲座一元、乙座五角，也场场客满。一些有钱人还争着买五元一客的荣誉座，更有那些爱国心切的人们，买荣誉座还不尽意，干脆自填票价面额，并如数缴款。辛亥革命时期的老同盟会员李琴鹤，便认购过一张二十元的特别荣誉票。三天演出，共募得九百多元，悉数汇交四川省政府教育厅转交抗日军用。为此，教育厅对泸县中学通报传令嘉奖，并奖给大型七管落地式收音机一部。

笔者至今清楚地记得，这次演出开始，先是一位同学做十分钟的宣传演讲，并由义演队全体同学合唱《义勇军进行曲》，慷慨而又激昂悲壮的歌声，唤起了全场观众同仇敌忾的情绪，然后节目正式开始，有男、女声独唱、合唱、金钱板和话剧等。表演内容多是当时流行的救亡歌曲，如《毕业歌》《大路歌》《开路先锋》《流亡曲》《铁蹄下的歌女》《打回老家去》《黄河大合唱》等。话剧有《一片爱国心》《撤退赵家庄》。最受欢迎的是大型歌舞剧《小小画家》。车场勇和另一位同学，在川剧团有关人员的帮助下，搞起了舞台幻灯天幕，伴奏以大风琴为主，配以二胡、笛子，使演出增色不少。特别值得一提的是，女同学高宝涪演唱的《渔光曲》给观众留下深刻的印象，大家都争相传唱。

与此同时，泸县中学学生还开办民众夜校，吸收校工和附近民众（多为店员工人）免费入学，除学习国文、算术、常识外，主要宣讲抗战形势和抗日救亡的道理，还教唱救亡歌曲。官正国和高宝涪、石明江等，都是这个夜校的教员。

泸县中学学生，把省教育厅奖给的收音机用于抗日宣传活动。那时，国民党的中央电台每天晚上20时开始播发新闻，附近很多人，都按时来听新闻广播。这在当时的泸州，这是很新鲜的。为了扩大宣传效果，同学们还把每天的新闻用毛笔誊写在对开纸上，加上红色的醒目标题，第二天早晨张贴校门外墙壁上。记得平型关大捷的喜讯贴出后，围观的群众无不精神振奋，喜形于色。当时《大公报》那篇有名的社论《勖中国男儿》，还有关系抗战局势的主要消息，他们都记录张贴了，群众反响很好。

当时泸县只有一家《泸县民报》，社址在白塔寺内（今泸州市人民商场）。除本地新闻由该报直接采访外，国际、国内新闻都靠成渝两地的报纸提供。而成渝两地报纸至少要三天才到泸县，新闻成了"历史"。自泸县中学的墙报出来后，泸县民报社显得相形见绌。报社社长周雨谷及编辑龙制玉和常少成来泸县中学联系，由学生们每日将新闻记录抄送报社一份。这样，《泸县民报》才得以在群众中恢复应有的声誉。

爱智小学的学生歌咏队最为出色。特别是音乐教员尹辉昕老师倾力教唱《到敌人后方去》《我们在太行山上》等，各校继起学习，使这些抗日歌曲传遍了泸州的四面八方。

泸县民众教育馆馆长谢范屏和城区教育委员罗玉成，还把泸州的民间艺人，乃至那些看相、算命的人们，组织成为一个宣传大队，由评书艺人徐孝先担任大队长；并且由当时在报社工作的秦光银写成了很多金钱板、快板说唱材料，供给艺人们利用民间喜闻乐见的各种形式宣传抗日救亡，收到很好的社会效果。

二、热血青年上战场

在泸县抗敌后援会的主持下，1937年7月组成了泸县战地服务团。该团由一些中学毕业生和在校学生组成。团部设在中城公园（今劳动人民文化宫）内，由温筱泉和泸县中学校长张念祖任名誉主任，刘子瑜任主任，蔡羽云为副主任，负责实际工作。团部

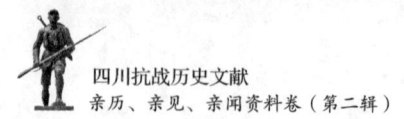

聘请中学教师和医院医生为教员，对团员进行战地服务的业务训练。10月10日，全体团员共四十二人，由张念祖、蔡云带队奔赴前线，由设在宜昌的国民党第五预备战区（后改为第六战区）接收，分往各部队。其中余好文和另一些同学在战地光荣牺牲了。曾在泸州市市中区新民公社医院任主治医生的刘德冠，当时也是这个战地服务团的团员。

由于兵员损失很大，亟待补充，所以国民党地方军政当局通过派驻各大、中学校的军事教官动员，要求高中以上学生报考军官学校。1937年10月泸县中学高五班全班学生共二十八人，经张念祖校长批准，集体前去重庆办理报考手续，并由级任教师带队前往，结果录取了六名。这些学生经过短期训练，当即开上战场。其中易遵礼同学在风陵渡前线一次侦察作战中与敌遭遇，壮烈牺牲。

此外还有一些同学，奔赴延安，投身到中国共产党直接领导下的抗日事业中去。

三、后方军事训练

国民党地方军政当局也抓了广大民众的军事训练工作，主要的有以下三个方面。

第一，编组壮丁队。泸县城内，各商店的店员和学徒，都组成壮丁队，每天早上"操壮丁"。由于抗日救亡宣传活动的发展，这些年轻的壮丁都在清晨开店之前上军操，兴奋而愉快地接受训练。

第二，1937年底，川康绥靖公署组织初中以上学生寒假战时训练。训练内容是学习《抗战必读》，男生受军事训练，女生学战地救护，学习时间一个月。由于派来主持训练的人员水平过低，训练草率完事。

第三，1938年暑假，国民党当局集中高中以上学生进行军事训练，泸州学生到重庆集中受训。这时武汉行将陷落，参加受训的同学们整日为战局不安，训练也没有收到预期的效果。

缅怀抗战的艰苦岁月，中华儿女万众一心，同仇敌忾，不分党派、阶级和信仰，只要站在抗日救亡的旗帜下，就是亲密的战友。后来由于一连串历史的原因，文中一些提到姓名和另一些没有提及姓名的抗日青年们，思及旧日学友，我等如是记述，未知可以为然否。

本文选编自《泸县文史资料选辑》第七辑，1995年

绵阳人民支援抗日战争二三事

李光福

自卢沟桥事变后，身处大后方的绵阳人民也和全国人民一样，义愤填膺，争相为国效劳，在支援抗战中做出贡献。笔者身临其境，有的是亲自参加，有的是耳闻目睹，现就忆及略举二三事。

一、街头宣传活动

1937年冬，县民众教育馆馆长张希武组织了学校学生、社会青少年进行街头宣传活动，形式有活报剧、歌曲、金钱板、莲花闹等。同时会同南城小学校长吕应丰组织了抗日剧社，发展成员二十余人，社址设在民众教育馆内，利用业余时间进行排练。剧目有《放下你的鞭子》《电线杆子》《最后一计》等。适合街头演出的《放下你的鞭子》《电线杆子》等就在城区的警钟楼（现东风路口医药公司门市处）、十字口（现西大街口邮电局处）、公园口（现少年宫背后居民点处）巡回上演。据回忆，当时排练《放下你的鞭子》时，由张希武扮演"老头"，"小女"一角由北小学生李惠书（现名李琳，地区文工团退休话剧演员）担任，"工人"一角由吕应丰校长邀请绵阳邮政局职员金人发担任，"小伙计"一角由张希武馆长邀北城小学学生杨明理（德阳市川剧团退休演员，现在绵阳）担任。由于北小这两位小演员具备文艺天赋，经民教馆出面，校方也允许暂时停课参加演出。各剧所需道具都比较简单，是演员自己找单位、朋友借用或自备的。大型的话剧如《最后一计》，则由剧社人员分工借用，布景及舞台摆设道具则由剧社人员因陋就简、改制而成。这些活报剧在街头演出的效果很好，如《放下你的鞭子》在演出时，围观群众每次都达两三百人，每当小女儿挨打时，哭声、愤怒声、打倒日本帝国主义的口号声在演员和观众中响成一片，此起彼伏。群众的爱国热忱被推向了高潮，不断向演出场地掷铜元，我们每次演完收下铜元满满一铜锣，都做抗日募捐款，上缴有关部门寄往前线。

凡是在街头活报剧演出前，都要组织学生高唱抗日歌曲，有《大刀进行曲》《义勇军进行曲》《游击队之歌》《流亡三部曲》等，有时还在节目中插以金钱板。这些剧都由张希武自编自演，颇受群众欢迎。活报剧演出先后深入到魏城、自家坝（忠兴镇）、太平楼（建华乡）等乡镇演出，把抗日爱国的宣传活动开展到偏远的场镇山区，收到更加广泛且良好的效果。在抗日战争的数年中，全县各校都先后开展和坚持了抗日宣传活动。笔者所在的私立育德中学附属小学也组织了抗日宣传队，每周星期五下午到茶馆开展抗日宣传活动。笔者当年以十岁小学生充当宣传队副队长，指挥演唱了《大刀进行曲》《义勇军进行曲》《游击队之歌》《抗战谣》等抗日歌曲；亲自参加了在城内的"庆康""陆羽春""三鑫居"等大茶馆里以"有钱出钱、有力出力"为主题的抗日救亡的讲演募捐活动。我们每到一个茶馆，二十多个小学生排成两排，站在进茶馆的门槛边街沿上，集体唱上几支歌，待茶馆内人静下来，街沿下围满了观众时，再来上一两段金钱板或莲花闹，然后借用茶馆圆独凳站在上面进行讲演。我们这些小演员奶声奶气的童声也颇得群众赞赏。

为了莲花闹表演从形式到内容都能更好地起到募捐作用，张希武把我们几个中小学生化装成乞丐去表演。第一次他首先带头，穿着褴褛衣衫，带上一顶破草帽沿商店募捐，有的知道他是民教馆馆长，笑着踊跃捐助，有的还真把他当成乞丐，闹场笑话。由于他的带头，我们有时也照着办，记得莲花闹的唱词写道：

这边走、那边来，尊声发财大奶奶……前方抗日真辛苦，后方踊跃出钱财……

在表演民教馆自编的金钱板唱词中有：

……
闲言几句书归正传，单把这抗战表一番。
日本鬼子真阴险，侵略我中华大好河山。
奸淫烧杀一齐干，抢劫财物罪滔天。
……
男女老少都参战，抗击倭寇保家园。

1940年后，各学校都开展正规的话剧宣传。省立绵阳中学、国立第六中学、南城小学、北城小学等利用节期在公园中正台（现公园群众台）上演出，义务募捐，观众十分踊跃。根据吕应丰老人回忆，他们在国立第六中学一次的话剧演出很有特色，受到欢迎。其中有卖唱的花鼓词写道：

别说我卖唱的多说话，我是苦口婆心劝老兄，我劝别装聋了别装哑，做一个抗日救国的大英雄。

我们在慰问伤兵时，要表演《慰问伤兵之歌》，歌词是：

（说白）各位先生、各位勇士：（接唱）你们正为着我们老百姓，为着千百万妇女儿童，受了极荣誉的伤，躺在这病院的床上。

（说白）各位先生、各位女士们：（接唱）日本帝国主义要逃脱人口的恐慌，他们是这样的疯狂。自从侵占了我们的北方，又进攻我们的长江，以及我们所有的边疆，他们要把中国当作一个屠场。任他们杀，任他们抢，（白）听罗！（唱）飞机还在不断地掷炸弹！大炮还在轰隆隆地响！我们凭着最后的热血，守住我们的家乡！（白）对呀！守住我们的边疆，把敌人赶出去！

绵阳人民抗日救亡的宣传活动，不仅在城内蓬勃发展，而且扩展到区乡。如塘汛乡就曾组织过"抗敌剧团"。该剧团在该乡小学教师尹辛如的带领下，以李仕廉、陈匡辅、毕玉莲等为骨干，组织了学生尹昌言等积极参加塘汛火神庙万年台和场上街头、茶馆的活报剧的演出。他们开展的义演募捐活动不仅在塘汛卓有成效，尹辛如还亲自募得当时绵阳专员钟体道30元法币的捐款。

绵阳人民在抗战中，除照例缴纳粮税外，为了抗日救国保家乡，还踊跃地捐献钱粮。据有关资料记：仅一九四四年、四五年两年中，全县即募捐黄谷七万九千零二十一石（约合二千三百七十三万斤）；增募各种爱国捐国币五亿八千万元，捐献飞机款六亿六千万元。由于激发了农民的爱国热忱，尽管是在艰难的岁月里，许多农民仍愿把"两干一稀"改为"一干两稀"，"一干两稀"又改为三顿吃稀饭，三顿吃稀饭的改搭野生菜吃。除农民外，城乡其他各界人士也都节衣缩食、积极捐献。

二、参加远征军

中国人民的抗日战争与世界人民的反法西斯战争进入了新的阶段后，以中、英、美、苏、法为主的同盟国为了加强打击日本侵略者的力量，决定在中国组织远征军，赴印度、缅甸与盟军协同作战。1944年上半年，绵阳人民掀起了参加远征军的热潮。

先以西巷子叶姓"华西大药房"长子叶荫海首参远征军拉开了序幕，有人立即在神仙街监墙临街面（现市委与市中级人民法院接界处）画了高五米的《叶荫海参军图》。上额为"参加远征军无上光荣"，后书一米见方的大字十个："好男要当兵，好铁要打钉"，画面十分醒目壮观，许多人前往观看，引以为荣。这使各行、各业特别是机关、学校都有所震动。

参加远征军要具备一定的身体、年龄、文化条件，所以中学生则为主要对象。以笔者所在私立绵阳育德中学为例：1944年3月左右，"三青团绵阳县团部"总干事钟斌来我校，对全校学生（包括我们高小毕业班）专门做了参加远征军的动员报告后，不少同学纷纷报名参军。低班次同学由于年龄、身体、文化各方面条件不合格是不会被批准的，全校只有将要毕业的14班周云第同学合乎条件被批准。

由于全校只有一名，同学们都很羡慕，他自己也感到无上光荣，学校为他举行了隆重的欢送会，一起联欢、聚餐、照相。从一个私立教会学校学生参加远征军的盛况也可看出当时绵阳人民参加远征军的热情。据悉，尽管有各种条件的限制，全县参加抗日远征军的青年仍有近百名之多。

总之，绵阳人民在抗战中，为抗日战争的胜利做出了不可磨灭的贡献。

本文选编自《绵阳文史资料选辑》第六辑，1987年

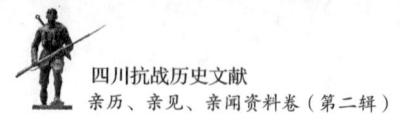

抗战期中的几点回忆

唐哲渊

一、流亡学生的抗日宣传

七七事变后，祖国大片的国土相继沦陷，不少人先后流亡到四川。国民政府也迁往陪都重庆。山东的齐鲁大学、上海的光华大学、南京的金陵大学也迁来成都。

我于1930年生于成都，抗战全面爆发那一年正是我在成都青羊宫上初小一年级的时候。那时的青羊宫庙门外是"八"字墙，中间一片空场地，一边一个大石狮和华表。逢农历的二、五、八是赶场期，空场地的一边是粮食市，另一边则是扯谎坝，有卖药的、看病的、测字算命的、耍猴的、玩蛇的等。我经常去那里看热闹。

1938年的一天中午，恰逢赶场，我又去看热闹。米市已逐渐散了。庙门的一边站着十来个青年男女，有穿长衫的，也有着短装的。一位穿长衫留分头，操外省口音的青年正站在一只高凳上打着手势，提高嗓门宣传抗日救亡的道理。这是我头次得见，我连忙钻进人堆挤到前面去了。听一阵后，轮到一位女青年上去讲。她说，她是南京的学生，是随学校流亡到成都来的。可是她的父母，还有好多乡亲父老都惨死在日本兵的屠刀之下。她万分悲痛，声泪俱下。围观的人群中，也时时发出唏嘘之声。宣传结束后，一位叫金先生的教大家唱《流亡三部曲》。他挥舞双手打着拍子，用洪亮的声音教大家唱"我的家在东北松花江上……"，他教一句大家跟着唱一句，当教唱到"爹娘啊，爹娘啊！什么时候才能欢聚在一堂"时，他喉咙嘶哑，有泪无声了。歌声使我久久不能平静。

此后他们经常来宣传，也有别的学生组成的宣传队来到这里。我还观看了他们演出的《放下你的鞭子》《活捉东洋鬼》等活报剧，并从他们那里学会唱《义勇军进行曲》《大刀进行曲》《工农兵学商，一起来救亡》《我们在太行山上》《到敌人后方去》等抗战歌曲。那些大哥哥、大姐姐们给我留下了深刻的印象。现我已65岁了，回忆这些情景，犹历历在目。在与他们多次的接触中，我终于知道他们是流亡到成都来的大学生。他们的爱国激情使我深受感动。

二、火烧盐市口

1939年6月11日，日机27架来成都空袭。黄昏时警察拿起黄旗在街上走动，这是发出预行警报了。不一阵就拉响空袭警报，成都城内的人如潮水般涌向城外。正在疏散时就拉响了紧急警报，那一声紧似一声的警报，使人们每条神经都快崩断了！时已进入夜间,天上一片黑。我摸进离家不远处的学校操场里,在一道篱笆下坐着,随即听到嗡嗡的飞机声,敌机已临空了。接着一连串的照明弹投下来,四周的一切看得清清楚楚。照明弹像个大电灯泡,上有一个小降落伞吊着。我好奇地站起来看,但几十秒内就熄灭了。跟着响起了炸弹声,我站着直晃,赶快趴在地上。接着火光从城里腾空而起,越烧越旺,映红了整个天。

两天后我进城去看,盐市口以南烧到锦江桥、粪草湖;东边的西东大街烧了一大片,包括现交通路;西边的东御街烧了一段,包括今人民商场侧那一大片;北边的顺城街也烧了一大片至安乐寺止,并烧到九龙巷、沟头巷,青年路是此后新建的。在一片瓦砾的废墟上还有些木头在冒烟。我站在废墟上凝思,这么多家毁于难的人,此时此刻的痛苦想必是摧肝裂肺的吧!我对他们寄予深切的同情,也对这次日寇的罪行,铭心刻骨!

不久,我的伯父从灌县河西中兴场来,将我接到他那里去躲警报。去后听那里的邻居说,轰炸盐市口那天的火光,他们都看得一清二楚。

三、轰炸少城公园

成都在清代有少城,住有满族人,后在其中建公园,便称少城公园(今人民公园)。公园民众教育馆的展室里,陈列了很多文物,有古代的陶器、瓷器、铜器;还有动物、植物、矿物的各种标本;也有医学解剖的标本,有好多我已记不清了。平房木栏的动物馆除饲养一些野生动物外,还陈列着汉代的大瓦棺、古代的火炮、清代从德国克努伯兵工厂购进的六轮大炮,还有些碑碣之类。有一块龟蛇碣,两物相缠一起,别具情态。

1941年夏季的一天,日机多架飞临成都上空。虽然已发出警报,但有些人并未疏散出城,却躲进了公园里。日机一边用机枪扫射,一边狂轰滥炸,民众教育馆的展室和动物馆被炸毁了。多年搜集的文物、标本、兵器、碑碣等全毁了,还炸死了数百人!可怜的父老乡亲,死得真冤啊!

事后我去观看,劫后的少城公园,除见到横七竖八的死者外,陈列馆已是败瓦颓垣,一片废墟了。目睹这一切,给我幼小的心里划上一道创伤,爱国情、民族恨互相交织,在我心里炽烈地燃烧起熊熊烈火!

四、冯玉祥将军来蓉搞献金救国运动

1943年,正是抗战艰难的阶段。那年我上初中一年级了。学校是大同中学,系由学道街疏散出城,在青羊宫酱园碑。校长是李则民,数十年后,才知道他是双流红石乡人。

那年的哪月哪天我记不清了,只记得是一大早,学校集合全校学生赶到纯化街省党部去,还有成都各中学的学生。大厅里挤满了人,都席地而坐。我们去得较早,坐在前面。楼上则是成都各界人士。

不久,冯玉祥将军由人陪同来到台上。他身材魁梧,方形的脸,容光焕发,穿一身灰棉军装外着棉军大衣,和普通士兵差不多。他讲话声音洪亮,不用麦克风全场也能听

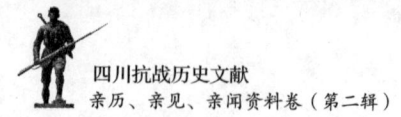

清。他从当前国际反法西斯的斗争形势，讲到艰苦抗战的形势。为了挽救民族危亡，动员全国的爱国人士捐献，以便把抗战继续坚持下去，赢得最后胜利。他脱下棉军帽，头发是剪光了的，和当时的士兵一样。他讲一阵博得一阵热烈的掌声。他的随从人员不时倒开水给他喝。全场肃静，每个人的心都倾注到听他讲话上去了。我虽是个少年学生，也为冯将军的讲话所鼓舞、振奋！佩服他作为一位有名的将军，穿着仍是那样简朴，同时也为他在讲话中流露的爱国激情所深深打动的。

讲话完毕，各界人士有男有女，纷纷解囊向台下的一个大箱里投入现金，有的还摘下手表、金戒指、金圈子放进去。

成都的各行各业，不少都响应了冯将军的号召，积极捐献，凡捐金额到一定数量以上的，他都为之题词。接着成都市内的好些商店里都能见到他的题词。

本文选编自《双流县文史资料选辑》第十三辑，1995年

抗战期中回忆片断

许世贞

一、寒假中抗日救亡的宣传

抗日战争爆发后的第一个春节期间，古蔺人在重庆读书的一些同学有余嗣靖、张隆礼、罗应权和我，在步行回乡的途中，我们就商议了组织抗日救亡宣传活动。1938年农历正月初二晚上抵蔺后，随即联络城里一些爱好文艺活动的青年，组织抗日游艺宣传队，参加的还有陈德昌、杨国威、李天璋、许济初、许世荣等。我们先趁逢场天在城内上下米市坝及劝工局坝子等处进行宣传活动，随后又下乡到小水、付家乡，经龙山镇到水落窝等地做街头宣传，得到各地群众和前辈们的热情支持和接待。在龙山镇住宿的那晚，中共地下党组织的邓伯明（丁伯夫）热情地接待了我们，并给我们以很大鼓励。在各处的宣传活动中，我们先以集体唱抗日救亡歌曲拉开序幕，接着演出街头剧《放下你的鞭子》，然后是讲述抗战形势、日寇暴行和全民动员，"有钱出钱，有力出力"积极参加抗战等，最后是教唱抗日救亡歌曲，如《打回老家去》《去当兵》《大刀进行曲》等。在宣传中还特别生动具体地描述八路军大战平型关，消灭日本侵略军板垣师团，上海八百勇士孤军据守四行仓库以及台儿庄大战重创日寇等战事以鼓舞爱国热情、坚定抗战意志，这些演出在群众中引起热烈反响，无疑对山区农民群众起到一定的启蒙作用。在演出街头剧中，群众中有不少人投赠铜元等硬币，表示对流亡同胞的同情和支持。下乡宣传回来后，群众欢迎抗日救亡宣传的热情鼓舞着我们，我们又进一步联络各方面有志青年二十多人，扩大阵容，在各界人士的热烈支持下，在劝工局坝子搭戏台演出新剧，共演出三天，观众情绪极为热烈。参加演出的有刘泽远、赵佩君、邵肃候、王良英、黄太英、赵廷英、朱成柱、许华初、张家富、赵廷治、路朝宣等人，他们都怀着满腔的热情，担负各方面的工作，地方各界在需用物资上也很积极支持，充分体现了抗日救亡的共同心愿。

二、目睹敌机对重庆狂轰滥炸的感受

日本侵略者第一次轰炸重庆，是1938年夏天，在朝天门码头上游不远的嘉陵江河岸上和上清寺附近学田湾两处投弹数枚。炸后我曾到学田湾看见一块陡坡地的空屋基上，有一团肢体不分血肉模糊的肉泥，是受难者从数十米外炸飞过来的。场面令人惨不忍睹。

1938年10月，国民政府迁都重庆，重庆就成为敌机轰炸的重点。1939年5月3日，敌机54架狂炸重庆，造成惨重伤亡。第二天晚饭后，我和几个同学，正从牛角沱出发去市中心夫子池广场（今解放碑附近），参加学联主办的歌咏大会，还未到两路口，空袭紧急警报的呜呜声逼得我们赶紧返回，刚躲进防空洞，敌机就已临空。顿时，高射炮的砰砰声，敌机俯冲的呼呼声，炸弹下降时刺耳的呼啸和震耳的爆炸声，与大地的震动交织在一起，憎恨、恐惧与焦虑也起伏在人们的心里。到警报解除时，夜幕已经降临，市中心在敌机投掷的燃烧弹肆虐下，燃起熊熊烈火，映红了市空。从高处瞭望，自枇杷山腰的罗家湾（今劳动人民文化宫附近）一带到都邮街，已成一片火海。火焰中带着碎片灰渣，直冲夜空，更显得惊心触目。眼见繁华的山城，毁于一旦。痛愤的心情与民族的义愤感自然地融汇在一起。从当晚到次日清晨，经牛角沱去沙坪坝的公路上，摩肩接踵的人流，彻夜不绝，以十万计的老小妇孺和青壮年都默默无声地缓慢移动，没有哭泣，更没有哀号，是惊惧压抑了他们感情的流露吗？这种反常的情景，颇有些使人难解，然而这正是更加强烈的反抗意志的表现。两三日后，走在市中心过去繁华的大街上，从小梁子（临近朝天门码头）到祠堂街，纵横几平方公里的范围内，剩下的只是残垣断壁和瓦砾场，烧焦的半截电杆上，还残存着受难者的血肉，中山公园的树丫上也是如此，令人心寒！思念那些幸存者在家破人亡之余，离乡背井，流落四方，将是如何下落？其后两三年中，日寇对废墟中草草恢复的重庆，仍不放松，每当夏、秋两季天气晴朗时，不分昼夜，空袭频仍。但顽强的重庆市民，虽在敌机威胁下，决不退缩，仍坚持着正常的工业生产与商业往来，始终维系着后方政治中心的繁荣，象征着中华民族艰苦奋斗的精神。1941年6月5日，日机夜袭重庆，轮番轰炸造成较场口防空隧道窒息上万人，真是空前的大惨剧！这是日寇的又一血腥罪行。相反的，当在清理中所得遗留的贵重财物时，却被国民党的经办官僚据为己有。可见，其时内忧外患，又何甚乃尔！

三、胜利喜讯在成都

1945年8月15日傍晚，当我漫步经过总府街（今东风路中段）智育电影院（今红旗剧场旧址）门前时，突见对面墙上有人在张贴什么，好奇心驱使我前去观看，朱红色大幅纸上，竟然是日本投降的喜讯。反复默读两三遍后，才依依不舍地走出围上来观看的人群，匆匆向住所赶回，想让亲友们尽早地同享这具有历史意义的欢悦。还未走完春熙北段，鞭炮声已在春熙大舞台（中山铜像后侧）首先向行人报喜，鲜艳的国旗也同时从窗口伸出。紧跟着，大街小巷以及弄堂内，都争先恐后地挂出国旗，燃放鞭炮，欢悦的气氛，洋溢市空。人们争相传告，由衷地庆幸着抗日战争的最后胜利终于到来。假中留校的四川大学学生游行队伍，更增添了庆贺的热情，原已渐入静憩的市区顷刻间成为欢庆的海洋，郊区农民也不辞路远，赶进城共享欢愉，像似唯恐错过了这千载难逢的时节，待到大街上人群逐渐消散时，中央军校的游行队伍，又以矫健整齐的步伐出现。一个个黑黝黝的面庞和健壮的身躯，像是在显示民族的威势。多么艰苦啊，多少同胞遭受苦难，多少将士为民族捐躯。在震耳的鞭炮声中，百余年来民族的苦难和屈辱好似都随着硝烟消失，未来中华民族的振兴成了人们的憧憬。

本文选编自《古蔺文史资料选辑》第一辑，1988年

抗战时期我所经历的几件事

王卓维

卢沟桥事件一发生，全国立即掀起了抗日高潮。当时我正在成都师范就读。暑假期中，成都市各大、中学校分别集中在崇义铺（郫县）、龙泉驿（简阳）进行军事训练。总队长为黄杰，负责龙泉驿中等（含师范）学校军训的是一位姓朱的少将。一所学校编为一个大队，下设中队和分队。大队长由军校军事教官担任，中、分队长一律由江西星子训练班毕业的中尉、少尉青年军官担任。我们学校的大队长是军事教官王师克。各校的住宿地多是庙宇、会馆或学校，学生一律睡地铺，伙食由各校总务处承办。

军训分术科和课堂两部分。术科有徒手操、射击、投弹、夜间紧急集合、野外演习等，课堂讲授《步兵操典》《典范令》《防空训练》《战地救护》等。六周集训期满，各回原校开学上课。

在龙泉驿集训期间，我参加过以下两件有意义的事。一次是在场头公路上，曾阻拦包围一辆小汽车。车上坐着几名"摩登"女郎。大家质问她们说："抗战已到紧急关头，你们对国家有何贡献？为什么把军用物资的汽油弄来兜风？"同时，几十张嘴巴还一齐高喊"一滴汽油一滴血""后方多流汗，前方少流血"等口号，强迫她们下车步行，弄得她们十分狼狈。众怒难犯，三个女人终于乖乖地开门下车。

另一次是风闻区长囤积大米、茶叶，我和几十名学生一齐涌入区署，经四处检查，发现有不少盛着大米的麻袋包和装着茶叶的大纸箱。大家一气之下，便抬的抬，拖的拖，把大米、茶叶拖下来摆在过道和街心。愤怒的人群一边要求"叫区长出来答话"；一边高呼"反对囤积居奇""打倒贪官污吏"等口号。区长是下江人，早已闻风逃匿，不知去向了。

抗战开始，四川省、成都市都陆续成立了抗敌后援会，各县、区、街道和学校也都纷纷建立了分支机构，其主要任务是广泛征集慰问品、慰问信、街头募捐、缝制寒衣背心、安抚慰劳军属烈属。同时开展各种宣传活动，以鼓舞士气，增强全民抗战意识。不少慰问品上，都写有或绣有鼓励将士英勇杀敌的言辞，如"保卫中华民族，誓死抗御外侮""打倒日寇，还我河山""日寇不灭，决不还乡""打倒日本帝国主义""将士们英勇杀敌，四万万同胞誓作后盾"等。

我当时参加了成都市抗战后援会大、中学校宣传队、学生生活社和读书会等组织。我所在的演出队是由成都师范和华西协中共同组建的。参加的同学有罗斯品、向时江、杨文远、傅道文、郭锦江等十余人。我们曾奉命去外南簇桥慰问空军将士、上街筹集寒衣捐款、书写慰问信。1938年暑假期间，我们演出队还前往双流、新津、彭山、眉山、夹江、乐山、峨眉等地进行宣传演出。唱的是《流亡三部曲》《抗战进行曲》《毕业歌》《大刀进行曲》《长城谣》《游击队歌》等抗日歌曲，排演的是《张家店》《沈阳之夜》《放下你的鞭子》等话剧。大部分是在街头演出，颇受群众欢迎。我在《张家店》一剧中扮演女角。那时，风气未开，女同学一般不愿同男生一起演戏，尤其是已婚妇女。我们两校都是纯男生，除男扮女装外，实在别无办法。

1937年底，中国飞机曾飞赴日本大阪、长崎、横滨、横须贺几个城市上空投掷"和平炸弹"——散发传单，鼓励日本人民起来反对军国主义者的侵华战争。领航机长是徐焕升（安岳人）中队长。受成都师范邀请，他到校做过一次报告，介绍这次远征经过，师生们受到极大鼓舞。会毕，大群学生涌向徐中队长，要求签名、题词，他在我的日记本上写下了"同仇敌忾"四字并签名。

当年寒假，我和小同乡南充中学的张怀瑜返回西充家后，共同在川主庙开办农民夜校识字班二十多天。夜校采用的教材是省教厅编印的《农民识字课本》，到现在都还记得课本上有这些："农民工人，都是国家主人"，"要吃饭，得流汗，大家的事大家干"，"小日本，野心大，无端侵略我中华"。除识字外，还结合抗日宣传，鼓励踊跃输将、积极参军，为抗日做出贡献。另外，在春节期间走亲访友时，也尽量利用一切机会向亲朋好友宣传持久抗战、哀兵必胜的道理，对鼓舞士气民心，尽一点个人责任。

1938年，抗战进入第二个年头，日寇铁蹄践踏我半壁河山，经常派敌机轰炸我大后方，企图借此扰乱人心，摧垮我抗战基地。成都、重庆、泸州、万县、渠县等地均先后遭到敌机轰炸骚扰。其中以1941年7月27日对成都进行的一次轰炸最为惨重：敌人无视国际公法，对非设防的市区实行狂轰滥炸，使一些医院、学校、居民区的生命财产遭受严重损失。尤其是少城公园内及其附近地区，无辜群众死伤枕藉，有些尸体被炸得四分五裂，周围的树枝上到处挂满血肉模糊的断臂残肢，目不忍睹。其实，敌人完全打错了算盘，以为这样疯狂轰炸就可以吓倒我大后方军民，削弱我全面抗战的力量。殊不知，越是如此凶残暴戾，越是激起我人民大众的愤怒，敌忾同仇，燃起胸中的复仇焰火，更加坚定了抗战到底的决心。

由于敌机几次轰炸成都，有时一天轮番飞来，警报老不解除。为着师生安全和有利教学，省里命所有大中专学校一律往郊县（区）疏散。我们成都师范于1938年下学期经校务会议研究，原打算迁到简阳石经寺，因路途较远，费用较大，最后决定校本部迁成都外东圣灯寺，利用旧庙宇办公，搭建简陋的茅屋做教室、宿舍。我们第二十四、第二十五两个毕业班，仍坚持留在盐道街原址上课，直至毕业。

1939年暑假毕业后，我在南充私立成达小学任教导主任。是年8月，日机轰炸南充，在正府街一带投下炸弹，海清楼书局中弹受损，九十月间，敌机几次飞越南充去轮番轰炸成都，南充警报久久不能解除，我们有时夜晚也得带领住校的学生外出躲避空袭。好几回我们都抱着被单、席子在竹林庵、西落垭一带过夜。为此学校董事会决定，除留守人员外，学校的初中部和小学男生部、女生部一律迁往离县城60华里的南充水罗家场。所有教学用具（黑板、桌凳等）、后勤用物及办公用品，全部装木船顺嘉陵江上驶，先期成行。约一旬之后，师生才陆续分水旱两路到达。

在水罗家场，校本部和初中男生部住场头关帝庙，初中女生部住场外禹王宫，我们小学的男女生则第一次男女合班，同住在离场半里多路的天上宫。整个搬迁工作有序进行，仅停课十来天，就使近600名师生开始了新的学习和生活。

1944年9月至1946年2月，我在岳池女中教书。当抗战胜利日本投降的消息传来，岳池也和全国一样，城乡一片沸腾，人人欢欣鼓舞，奔走相告。城内各街口搭起十多座五彩牌坊和戏台，沿街住户门前都挂起红灯笼。不论白天黑夜，街上男女老少都在列队游行，一路载歌载舞；戏台上都在演唱大戏；入夜，万灯齐放，提灯游行，把街道照得如同白昼，南门外大操坝还燃放盛大焰火。整个城里，人山人海，狂欢了三天三夜。

本文选编自《营山文史资料》第二十三辑，1995年

南充人民抗日救亡宣传活动回忆

王 化

1937年7月7日，日本发动卢沟桥事变后，点燃了全面侵略我国的战火，中国军队奋勇抵抗，揭开了全民抗战的序幕。当时我在营山中学读书，1939年春，进入南充师范读书。为了避免日机的轰炸，不久南师校迁到了蓬安县城（今锦屏镇），我和同学们在老师的领导下参加了抗日宣传活动。川北各县的学校、机关、民众教育馆、社会团体的爱国人士，以文教界为核心，采取各种形式，大张旗鼓地向城乡广大群众进行抗日宣传。回忆抗战，各县的宣传形式有。

一、戏剧宣传

1937年七七事变后，南充、西充、南部、阆中、仪陇、营山、蓬安、广安、岳池、武胜各县中小学师生、社会青年，普遍组织业余抗日救亡话剧团和川剧、曲艺与歌咏队等，极力进行宣传，唤起广大群众积极抗日，反对日本帝国主义侵略。

南充县 1938年秋，中共川北区工人委员会陈静波（陈文）在南充民教馆的领导下成立"南华艺社"，在南充城乡开展抗日救亡戏剧演出。不久，以"南华艺社"宣传队为基础，选出14名共产党员和积极分子组成"南华救亡宣传团"，排练《张家店》《人民公敌》《中华民族的怒吼》等话剧，在县城及西兴、龙门、潆溪、李家、东观、长乐、青居、李渡等场镇演出。戴冠雄、饶雪庵等以耍魔术、唱抗日新歌招集观众，化妆演出，号召农村父老反抗日本侵略。1939年春，他们还去西充、南部、阆中、营山、蓬安、岳池诸县城乡演出《放下你的鞭子》《张家店》《三江好》等话剧。南充嘉陵高中于1939年秋成立"南充学生救亡研究会"，在学生自治会的倡导下，由学生吴淞等在岳池鸡鸣楼建立了"南中剧社"，排练《三尽忠》《祭岳》《投军送别》《流亡途中》等川剧和《王婆骂奸》《八百壮士》等曲艺，以及《一片爱国心》《延安颂》《流亡三部曲》《义勇军进行曲》等抗日歌曲，星期天和节假日在城乡宣传演出。省立南充民众教育馆，1938年5月5日与河东民众学校联合纪念五四运动，演出话剧《东北一角》《张家店》《上当了》《有力出力》及双簧等文艺节目。该馆艺术部还组织"巡回辅导演出队"，坚持在各县城乡演出《放下你的鞭子》《张家店》和教唱《大刀进行曲》《打倒日本鬼》等抗日戏剧和歌曲。南充"新民讲演团""永庆乐剧社"于1939年前后，演出现代川剧《卢沟桥头姊妹花》《乞儿救国记》《滕县殉国记》《独脚将军》等宣传抗日。

南部县 1938年6月，由爱国进步人士何仁辅组建"南部县抗日宣传艺剧社"，排练演出《放下你的鞭子》《打回老家去》等戏剧，教唱《流亡三部曲》《大刀进行曲》等十余首歌曲宣传抗日。县民教馆也组织中小学师生成立"文艺戏剧宣传队",利用星期天和节假日长期向城乡群众宣传抗日救亡。

阆中县 1937年冬,李曙华、杨建华组建"阆中民众剧社",排演抗日话剧《前夜》《放下你的鞭子》,教唱抗日歌曲《中国不会忘》《流亡三部曲》《到敌人后方去》,向群众宣传反抗日本侵略。1938年4月,进步青年陈希、马先炬组织"阆中青年国难宣传团",在本县城乡和邻县南部、苍溪演出。国立四中学生陈洞、谢文祥于1938年发起组建"1940话剧团",意为希望1940年抗日胜利,演出抗日话剧《八百壮士》《最后一计》等。1940年元旦,他们在太平寺剧场演出话剧《凤凰城》,群众看后对日本矮鬼子痛恨万分。这年,由"1940话剧团"部分成员和国立四中青年教师组建"阆中冲锋号话剧团",演出话剧《雷雨》,效果很好,影响很大。

岳池县 1937年初冬,文教界组建了"艺术协社",开展抗日戏剧音乐宣传活动,经常组织支前募捐演出,收入除开支外,全部捐献给抗日前线。县民教馆1942年建立"第二模范演出队",长期在城乡上演话剧、歌舞、曲艺,向群众宣传。岳池在成渝读书的学生,于1943年春成立了"乐群学会",会员有近百人,他们排演话剧《寄生草》,影响很好。"三三川剧社"1940年排演抗日大型现代川剧《等着我吧》,演出40场,场场座无虚席。

广安县 在中共地下广安县委的安排下,1938年由妇女干部王家秀发动女子中学师生及部分群众组成"广安农村救亡宣传团",深入全县各乡场演出《血染卢沟桥》《血染晴空》《浮尸》《大地回春》等歌舞、话剧和《放下你的鞭子》《大义灭亲》《卢沟桥》等街头剧,鼓舞群众抗战到底。民教馆于1943年组织进步人士建立"抗战戏剧队",演出话剧《天国春秋》,教育农民群众支持抗战;曲艺艺人顾癞子,编唱《荷叶》《新叹五更》,控诉日寇侵华罪行。当八路军在平型关重创日寇坂垣师团时,他即兴编唱《荷叶》:"朱德打的是游击战,把兵冲进平型关,截住日寇用大刀砍,砍得日本鬼子心胆寒,有的手杆被砍断,有的脑壳砍脱大半边,有的砍到连二杆,有的砍到脚弯弯……"观众士气高昂,齐声叫好。

仪陇县 1941年夏,民教馆在抗日战争紧张阶段,动员学校师生和社会爱国青年组成"抗敌宣传队",排演《雪地忠魂》《父与女》《封锁线》等十多个节目,在县城和日兴、土门、观紫等乡场演出。宣传队的歌咏宣传组专门教唱《大刀进行曲》《流亡三部曲》《慰劳歌》等抗日歌曲,将宣传收入的60元大洋全部捐献给国家做抗日经费。

武胜县 1937年,武胜县民教馆烈面分馆由文家贞、严虞光组建"抗日救亡宣传演出队",演出话剧《东北一角》等节目;1938年,武胜女子师范学校由龚荫榆组织师生成立"武胜女师救亡宣传团";1945年,杨奚勤、杨本泉组织"旅碚同学暑期宣传队"。以上三个宣传团队,在抗日救亡宣传活动中都起了积极的作用。

营山县 1938年,我在营山初中读书时,在进步老师任梓勋、邓托夫、张崇古、孔淑婉、陈远志、唐尚仁等的组织领导下,走上街头进行宣传,逢场天深入农村乡场教唱《流亡三部曲》《大刀进行曲》等抗日歌曲,还到济川、骆市、小桥、观音、回龙、安固、新店等场镇演出《塞上风云》《雷雨》等话剧。县一小1938年组建"晨钟剧团"

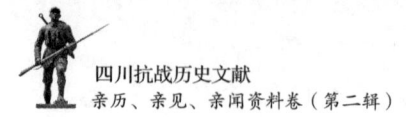

排练话剧《放下你的鞭子》《张家店》等进行宣传演出。民众教育馆1942年会同女中上演《咖啡店之夜》《雷雨》《棠棣之花》等话剧和《禁止小便》《龙王庙》等讽刺剧,抗日宣传活动十分活跃。

蓬安县 1939年,我进入南充师范学校读书,日寇轰炸南充,天天拉警报,真是天怒人怨。人们对日寇恨之入骨,不久学校迁往蓬安县城,与县中、兴华中学、城关小学共同进行抗日宣传,节假日南充师范男女同学刘正宣、衡平、毛成章、张泽浩、罗琼仙、廖丹如、熊德钦和我在城内演出《雷雨》《塞上风云》《打鬼子去》《飞将军》等话剧。在民教馆舞台演出,每场都有观众600多人。寒暑假在外地读书的同学返乡,举办农民抗日夜校,学习抗日《三字经》,教唱抗日歌曲。1940年寒假,我还参与了县民教馆组织的"巡回演出队",到金甲、二道、徐家、金溪等七个乡场,演出《放下你的鞭子》《打鬼子去》《打回老家去》等五个小戏,演出21天,群众边看边呼"打倒日本帝国主义"等口号。观众群情激愤,对日寇骂声不止。县川剧团艺人蒲春田演《五台会兄》时,将台词改为:"我念几声南无阿弥陀佛,那小日本鬼子听了心也惊。"演《太平仓》劝降一场时,他高声唱道:"花将军你是年轻人,要抗战到底啊!"观众鼓掌不绝,齐声叫好。

岳池人吴雪(新中国成立后曾任文化部副部长),1938年率领"四川旅外剧人抗敌演剧队"到广安、岳池演出《塞上风云》《打渔杀家》。丁洪、陈戈1939年又率"四川旅外剧人抗敌演剧队"第二次到南充上演《群魔乱舞》《民族万岁》,久演不衰。观众们奔走相告,争相观看,南充街头巷尾人们都称赞他们的戏演得好。他们先后四次到南充演出,一次比一次好。陈戈、吴雪一到南充,便手提铜锣,在街上边打边喊:"乡亲们快去看戏啊!"演员们五个一群、三个一组分成小分队向群众教唱抗日歌曲,讲述抗日故事,待舞台下观众站满时便开始演出。当演到《放下你的鞭子》时,台下"打倒日本帝国主义"的口号声响彻云霄,甚至有人跳上舞台为卖艺的小女孩打抱不平,由于他们演得好,还被请到西充、南部演出。1940年5月上旬,该队第四次到南充演出,演了《渡黄河》《中华儿女》《三江好》《民族万岁》《群魔乱舞》等话剧,中途他们去广安,音乐家沙梅先生还亲自教他们演自己创作的抗日新歌《打回东北去》,增加了他们的新内容。

国民政府军事委员会政治部的孩子剧团也于1940年来南充宣传演出。这个剧团是抗日初期国共第二次合作时建立的。1937年八一三事变后,中共上海党组织在难民收容所将部分儿童组织起来,建立了一支文艺宣传队伍,取名"孩子剧团",专门从事抗日救亡宣传活动。1938年1月,冯玉祥将军颂扬孩子剧团的长诗云:"孩子团,真能干,演剧歌咏助抗战;孩子团,真正好,不顾死活为国家;孩子团,真正苦,是谁杀害你父母?……"茅盾先生也笔赞:"孩子剧团是抗战血泊中产生的一朵奇花。"该团第一队由16岁的队长许立明率领到南充永庆乐剧场(今京剧场),演出《捉汉奸》《放下你的鞭子》《东北的一角》《到敌人后方去》《募寒衣》《打回老家去》《孩子剧团团歌》《洪波曲》《大刀进行曲》《长城谣》等话剧和抗日歌曲,并走街串巷演街头剧,进茶房酒店做宣传,深入学校写标语,贴壁报,教唱抗日新歌,大大地推动了南充的抗日救亡宣传活动。

二、街头宣传

西安事变后，广安县东城小学师生40余人组成"晨呼队"（歌咏队），每日清晨走上街头宣传。卢沟桥事变发生后，"晨呼队"改名为"民众救亡唱歌团"，走上街头宣传民众抗日。1941年前后，省立民众教育馆、各县民教馆和学校分别绘制抗日宣传画、连环画、漫画、抗战地图、新闻图片挂在街头宣传，罗松柏在街上教民众唱《大刀进行曲》《看！醒狮怒吼吧》等抗日歌曲，尚莫宗、潘洁兹绘制连环画、漫画在街头张贴；营山张崇古背着60余幅宣传画，巡回在城镇街上挂出宣传。四川旅外剧人抗敌演剧队一到南充，就在庙会前、广场上、剧场门口挂满了揭露日本帝国主义侵华罪行的图片。各抗日宣传团（队）组织的大多数剧目和教唱的《上战场》《士兵歌》《精神总动员》《还我河山》《出征》等抗日歌曲，也多是在街上进行，讲演亦在街上人多的地方进行。

三、墙报宣传

黑板报 七七事变后，各县民教馆和中、小学都办起了黑板报，内容主要是揭露日寇侵略罪行和我国抗日胜利的情况，由于版面新颖、图文并茂、语言通俗易懂，群众最爱阅读。蓬安县从1937年起至日寇投降，共出黑板报115期。

门板报 城镇街道居民多将门板取下，用白纸写上抗战消息贴上，立在阶檐上供家人或邻居阅读。

墙（壁）报 各县民教馆、中小学和机关法团每周或半月出一期，贴在街头或机关单位门前的墙壁上。营山旅外学友会编的《大家看》墙报，一年多时间出了30期，很受群众欢迎。

灯笼报 阆中、南充、营山等县运用木制四方形的灯笼，用白纸将收音机收到的抗日消息写好，贴在灯笼四方的玻璃里面，内用油灯照明，专供广大市民在晚间阅读。他的效果很好，深夜十二点还有不少人围在灯笼报前不愿离去。

四、其他形式宣传

标语 在抗日战争中，各县民教馆、中小学校均喜用标语口号呼唤动员民众抗日。他们经常找专人书写各种颜色的大小标语贴在墙壁或房柱上，甚至贴在场头路口的岩壁上。开会时，参加会议的群众每人拿面小旗，旗上也写上抗日标语口号。

讲座 自全民抗日运动开始，广安民教馆团结爱国人士和学校老师举办抗日宣传讲座，每周或每月一次不等。讲演前利用群众喜闻乐见的方式吸引听众，主讲人便以通俗语言讲述抗日救亡的道理，号召广大群众坚持抗战到底。1939年，南充举行纪念五卅惨案活动，在河东斋公山第一中心小学举办讲座。1941年后，南充民教馆长期在果山公园讲演厅讲演日寇侵略中国之罪行。

展览 抗日战争时期，各县多用图片、连环画、漫画和实物进行固定或流动展览，揭露日军罪行并展示我军抗日胜利的实况，号召群众坚持抗战到底，不获全胜决不收兵。南充、蓬安、岳池还将日机轰炸、群众受害的实物和被我击毁的日机残骸进行展出，激起民众对日本侵略者的切齿痛恨。

本文选编自《南充市文史资料》第三辑，1995年，原题作"南充人民八年抗日救亡宣传活动回忆"

抗战前期成都的革命文化活动纪略

何盛明　马善思

一、一九三七年

7月7日，卢沟桥事变爆发，8日，中共中央发出《中国共产党为日军进攻卢沟桥通电》，号召全国同胞和军队团结起来，筑成民族统一战线的坚固长城，抵抗日军的侵略。

是日，成都"天明歌咏团"成立，陈伯林、陈克琴为歌咏指导，彭为果为总务，主要活动是演唱和教唱抗日歌曲。在歌咏团的帮助和指导下，店员、印刷、电话等行业工人纷纷成立歌咏队，开展抗日歌咏活动。

卢沟桥战争消息传到成都，7月9日《四川日报》立即发表社论《为29军英勇抗战，谨致民族的敬礼》，接连数日连续发表《肃清入室之寇》《整军与杀敌》《索还血债》《全国总动员》等社论，积极宣传抗日。《四川日报》社于1936年8月在重庆创刊，陈远光任社长兼总编辑，1938年春共产党员杜桴生任总编辑。1937年5月5日迁成都出版，为适应抗战需要，从8月2日起，增辟多种定期与不定期的救亡专栏，如"科学丛谈""妇女园地""群力""谈锋"等二十多种栏目。该报共出版710号，于1939年4月30日被迫停刊。

8月，以宣传抗日救国为宗旨的《国难三日刊》在成都出版，社长钟汝为，总编辑王达非，参加编辑工作的都是共产党员和进步人士。该刊发行省内外，最高达三万多份。11月被查封，1938年4月复刊，社长刘东父，总编辑赵普炬。

8月，四川漫画社在成都成立，是由谢趣生、张漾兮、蒋登引、苗勃然、梁正宇、车福、乐以钧、龚敬威、洪毅然、刘素怀、巫怀毅、江宁、冯桢、张君将等人筹组[①]，该社为画界进步青年组织的抗日美术团体，决心以画笔为武器，宣传抗日救亡，唤醒民众。9月5日该社在《新新新闻》出《四川漫画》专页，有张漾兮的漫画《没有退后只向前》、苗勃然的《原来如此》、梁正宇的《日本帝国化学队科学兵》、乐以钧的木刻《前线》等，颇受群众欢迎。此后，《新新新闻》和成都《新民报》交替刊出四川漫画社编的漫画专页。次年1月15日，该社在成都基督教青年会举行救亡漫画展览会。展出作品160余幅，有漫画、木刻、水粉、水彩、素描等，深受群众欢迎，不少观众在留言簿上写下观后感，如"看过之后，使人油然而生同仇敌忾之心""每幅漫画都是射向敌

---

① 四川漫画社筹见人员名单据《成都文史资料·读者来信》总第十七辑整理。

人的炮弹"等。展出作品标价义卖,全部收入捐助抗日入川难童。为进一步扩大抗日宣传,该社作品又先后在崇庆、郫县、双流、温江等县巡回展出。

8月15日,《金箭》月刊在成都创刊。抗战前成都文艺工作者协会即在筹备,先在《四川日报》上出《金箭》周刊。七七事变后全面抗战爆发,成都文艺界工作者协会即以金箭社名义出版了《金箭》月刊,提出拥护抗战,为抗战文艺努力的主张。出至第五期,被迫停刊。

8月31日,"抗敌话剧团"在成都大光明电影院彩排大型抗战话剧《保卫卢沟桥》,参加演出者一百三十人以上。9月1日正式公演。当日观众达三四千人。成都《新新新闻》为演出发剧评特刊。

9月18日,"星芒通讯社"在成都出版《星芒周报》,由胡绩伟主编,它以劳动群众为主要对象,以通俗的形式宣传抗敌救亡。共出八期,至11月6日停刊。同月13日与《救亡周刊》合并为《星芒救亡联合周刊》只出了三期。次年4月5日,"星芒通讯社"再办《星芒报》三日刊,社长兼发行人江牧岳,总主笔胡绩伟。《星芒报》是宣传抗日的大众化的小报,它及时报道抗日战争的情况和国内外大事,动员群众参加抗战,并发表短篇小说、诗歌、木刻、漫画和说唱新篇等大众化的文艺作品,深受群众欢迎,发行上万份。《星芒报》曾多次被查封,先后数次易名《蜀话报》《新民报三日增刊》等继续出版。

10月9日,"四川青年救国会"创办《救亡周刊》,由熊复主编,继由王世焕、余明主编,11月与星芒联合办报,但只出了三期。1938年4月复刊,5月20日改为《成都战时学生旬刊》,社长康乃尔,总编辑刘炎。《旬刊》以中学生为主要宣传对象,以讨论学生生活读书及研究战时工作为目的,不仅宣传抗日救亡,还宣传马列主义基本知识;内容有短评、时事、分析专题、生活园地、文艺专栏等;为十六开小报,深受群众欢迎,发行量最高达一万份,1940年秋停刊。

10月10日,"成都文化界救亡协会"成立。800余人参加大会,会上选出李嘉仲、熊子骏、帅昌书、车耀先、张宣、洪沛然为执委。12月20日,被国民党"成都市人民团体临时指导委员会"下令解散。1938年3月27日,"成都文协"在少城公园召开会员大会,正式宣布恢复工作。

10月下旬,上海"影人剧团"到达重庆,经理夏云瑚,剧团由上海明星、联华、艺华、新华等电影公司的演员60余人组成,有著名影星白杨、吴茵、谢添、龚稼农等。它是抗战时期进入四川的第一个剧团,在国泰大戏院演出《卢沟桥之战》,轰动一时。11月底赴成都,在智育电影院演出《卢沟桥之战》《流民三千万》,受到群众热烈欢迎,却遭到成都警备司令部的压制和迫害,限剧团三天出境。在社会进步力量的支持下,剧团改名"成都剧社"继续演出。

11月13日,《大声》周刊复刊,发行人车耀先,"民先"队员周海文等参加编辑工作。《大声》周刊从1937年1月17日创刊,积极宣传抗战,遭受种种打击,曾三次更名,四次被查封。1937年4月15日被查封,改名《大生周刊》继续出版,6月5日又遭第二次查封,7月9日又改名《图存周刊》,出版三期后,7月24日又遭第三次查封。

11月5日复刊，至1938年8月第四次遭查封。先后共出61期。

随着抗战形势的发展，成都地区先后创办了一批抗战刊物如下：由张澜、金满成等支持，于10月10日创办的《抗战星期刊》，发行人刘丕承。该刊以"我们文化工作者也应在民族抗战中尽一份力量，在大后方从事有益抗战的工作"为宗旨，批评种种抗战不力的情况。11月由"民先"编印的《抗日先锋》出版，以青年为主要对象，目的是教育和动员广大青年起来投入到伟大的抗日民族解放战争中去。11月12日，由天池、黎民等人主办的《抗敌周刊》出版，共出五期，宗旨是"唤醒我全民族抗战的情绪……开发还埋藏在地下的我四万万五千万伟大民族力量的宝藏"。12月1日，由周文主编的《国防文艺》在《新民报》副刊上出版，每周一刊。4日由马宗融、张履谦、毛一波等主编的《群众》周刊出版，共出九期停刊。5日由葛乔、沙汀、周文编辑的《战旗》旬刊出版，只出了一期。12月初由吴先忧等主编的《惊蛰》半月刊出版。12日以青年学生为主编辑的《火炬》半月刊出版，共出三期。

二、一九三八年

1月初，熊佛西主持的"抗战剧团"到成都演出了《后防》《吴越春秋》和《中华民族的子孙》。8月熊佛西主持的四川省立戏剧学校成立，抗战剧团的成员大部转入省剧校任教或学习，为四川培训了大批戏剧人才。省剧校还在四川各地巡回演出，10月组织演出队由成都出发，在乐至、安岳、遂宁、潼南、蓬溪、射洪、盐亭七县巡回演出《中华民族的子孙》《盲哑恨》《放下你的鞭子》《三江好》等抗战剧目，在乡镇用方言演出，收到良好的宣传效果。历时三月，于次年1月返回成都。第二次巡回演出是1939年3月从成都出发，到双流、新津、温江、灌县、新都、金堂，在广汉演出受到压制，被迫提前返回成都。

1月8日，成都《大众壁报》社成立，社长赵世兰，组织部长陈心波，宣传部长黄华，总务部长杨戈。《大众壁报》以撰写简短通俗的文章，用壁报的形式在青年中进行抗日救亡宣传，重点发动青年妇女参加抗日救亡。壁报通常是一周出一次，用毛笔抄成大字，在成都闹市区多处张贴，如遇重要消息就出增刊。1939年暑假后停刊。

1月19日，四川省旅外剧人抗敌演出队由渝来蓉，吸收了成都星芒宣传团、国防剧社和天明歌咏团的一些成员。理事长王肇裡，队长吴雪，下设总务部由朱影樵负责，剧务部由陈戈负责，宣传部由丁洪负责，改组后积极进行下乡巡回演出的准备工作。5月17日，旅外剧队从成都出发进行第一期巡回演出，沿岷江而下又经彭山、眉山、乐山、犍为入长江至宜宾、纳溪县；再乘船至重庆，随后沿成渝公路步行，经璧山、永川、荣昌，绕内江去自贡，再返内江后经资中返成都。沿途演出抗战话剧，计有《塞上风云》《米》《飞将军》《古城怒吼》《中华民族的子孙》《渡黄河》《打鬼子去》《有力出力》《三江好》《马百计》《民族公敌》《太平年》等多幕剧和独幕剧，以及街头剧《放下你的鞭子》《难民曲》《木头人》《女扒手》，活报剧《九一八以来》，歌表演《流亡三部曲》等，历时半年多，于12月底返回成都。1939年2月下旬，剧队再由成都出发进行第二期巡回演出，到郫县、温江、崇庆、灌县，然后经简阳转川北的乐至、遂宁、蓬溪、南充，由合川至北碚，转广安、岳池后重返南充。沿途演出剧目，除第一期巡回演出的几十个节目外，还增加了新剧目《血祭九一八》《群魔乱舞》《民族万岁》等，《抓壮丁》就是在根据巡回演出中目睹国民党兵役制的种种弊病，剧队自编的剧目，边演边改，很受群众的欢迎。这期巡回演出，于11月底返回成都。一、二期巡回演出所到之地，对当地宣传、歌咏、话剧团体进行了辅导，对四川的抗日宣传起了积极的推动作用。

1月20日，成都戏剧界发起成立成都戏剧抗战协会，在国民党省党部开发起人会，计到会有平教会抗敌剧团、国防剧社、曙光剧社、剧人协社、新生教育剧社、四川省旅外剧人抗敌演出队、三庆会、成都大戏院、新又新剧院、春熙大舞台、热风剧社、爱国剧社等评剧、川剧、话剧单位，共商成立成都戏剧界抗敌协会。当场推选出刘骥、熊佛西、孙怒潮、周慕源、陈彝、吴雪、倪岭啸七人为筹备委员。

2月18日，"上海业余剧人协会"在重庆国泰大戏院演出五幕十二场话剧《民族万岁》等，历时近一月。4月18日，该会宋之的、沈西苓、赵丹、顾而已等四十余人赴蓉，在成都公演了《民族万岁》。

3月，成都"群力社"成立后，即建立歌咏队、演出队，经常以歌咏、戏剧和讲演等形式参加全市统一的宣传活动，并到成都附近的农村场镇宣传。在郫县宣传时，该社受到国民党县政府无理压制，派军警押送宣传队回成都。成都各救亡团体数百人前往迎接，并举行游行示威反抗，是为"郫县事件"。

3月6日，周文、孤萍、蔡天心、岱辉等在成都发起筹组文艺界抗敌工作团，五十余人出席，由周文主持会议，报告筹备经过。会上提出《成都文艺青年抗敌工作团发起意见书》，并推出马宗融、周文、朱孟引、沙汀、水草平、方白非、任钧、蔡天心、陈思苓、毛一波、羊角（张宣）为筹备员，并议定两周内召开成立大会。但国民党市党部压制抗战文艺活动，不予立案，未能成立。

3月，卞之琳、何其芳编辑的《工作》半月刊于本月16日创刊，在成都出版，共出版8期，至7月停刊。刘披云、游教颐等编辑的《战潮》半月刊21日在成都出版。

5月4日，杜柠生、苏爱吾、江牧岳等26人发起成立"中团青年新闻记者协会成都分会"，选举了首届理监事会并发表了宣言。会址设成都红石柱横街川康通讯社内，会员发展到110余人。分会采取多种形式，开展抗日宣传、战地采访、学术研究等活动，至1940年3月被迫结束。

在成都新创办的刊物有：由毛若夫编辑的《五月》月刊；由学生文艺社编的《学生文艺》半月刊；由雷雨周刊社编的《雷雨》周刊；由流亡学生创办的散文刊物《蜂》周刊等。

6月25日，《时事新刊》在成都创刊，社长张雪崖，总编辑王达非，编辑人员均来自《国难三日刊》。内容主要是国际、国内的政治和抗战形势。副刊每日发去短文约几十字到一两百字。该刊是八开版的小报，文字精练、编排紧凑，不登广告，自编电讯，每日能发万余字。创刊五个月，发行最高达九千份。1940年3月成都"抢米事件"中，该刊记者朱亚凡被逮捕杀害，《时事新刊》被查封。

7月10日，《文艺后防》在成都创刊。由刘盛亚、周文、王白野编辑，刘盛亚发行；主要撰稿人有何其芳、任钧、谢文炳、萧军、陈静波、马宗融、叶菲洛等。该刊逢十出版，是八开版小报，前后共出九期，至10月19日终刊。

8月19日，由王大化负责主持的抗战木刻画展，在成都青年会展出，有十多位作者、两百多幅宣传抗战的作品参加展出。

秋，"民族剧团"（其前身是抗敌演剧队第六队、战区学生移动剧团，撤到重庆后组成的）在重庆成立后，于1939年10月抵成都，年底从成都经温江、崇庆、大邑等地，在农村、矿区进行巡回演出。1940年上半年继续在邛崃、蒲江、丹棱等地演出。该剧团演出了《九一八以来》《放下你的鞭子》《东北一角》《渡黄河》《突击》等抗战剧目，以生动的舞台形象，向农村群众宣传抗日。同时注意配合政治形势的变化，开展歌咏和出版大型壁报的活动。夏天，剧团深入西康，巡回演出到了雅安、天全。国民党中宣部一再行文剧团，勒令立即停止在西康的宣传活动。10月底转回重庆，1941年春被强制解散。

9月中旬，内江"孩子剧团"成立，团长谢碧芳。该团除与"兴华救亡歌咏话剧社"配合演出抗日话剧和歌咏外，1938年12月还从内江步行到成都演出，引起社会广泛注意，成都各报刊都报道了他们的演出情况。

三、一九三九年

1月1日，《医药特刊》在余律笙、徐梓柏、薛仲云、廖冀阶、文琢之等人筹备下在成都复刊。该杂志最早创刊于1929年，曾两次停刊。这次在复刊词中说：本刊最大希望，固然望我全川同志，躬赴前线，救护战士，更望我医药名家，努力于学术上之抗战，治法精进，俾死亡益减，孳生愈繁，无形的为国家保育无量的战士，其责之重，功之宏，与突铦锋、冒兴弹者，亦奚异哉。该刊开辟新闻、通讯、专著、选论、医案、医话、杂俎、吉林人语、医药问答、广告、启示等十多个专栏，逢一出版，每月三期。1939年6月被迫终刊。

1月14日，中华全国文艺界抗敌协会（简称文协）成都分会成立，李劼人、罗念生、熊佛西等六十余人到会，周文报告筹备经过，冯焕章代表总会致辞，老舍报告总会情况。李劼人、周文、萧军等当选为理事。

2月16日，"文协"成都分会会刊《笔阵》半月刊在成都创刊，由李劼人、毛一波、罗念生、萧军、邓均吾、任钧、周文、顾绶昌、陈翔鹤、曹葆华、叶菲洛等十一人轮流编辑。共出版30期，于1944年5月5日终刊。

2月，灌县"抗建剧社"改组，由钟嘉麟负责。该剧社原是灌县抗日动员委员会组织于1938年建立。改组后扩充人员，除在城内演出外，还到乡镇演出。演出节目有《流亡三部曲》《放下你的鞭子》《中华民族的子孙》《国魂》等抗战剧目，每次演出观众达千人。七月被迫解散。

4月，《新华日报》成都推销处扩大为成都分馆（又称川西北总分销处），经理洪希宗，总馆特派员苏渝。从1938年4月建立推销组到成立分馆，在短短一年中，报纸发行量增至一万两千份，推销站已遍布彭县、邛崃、嘉定、新津、雅安、西昌等十余市县。分馆还出售延安出版的各种书刊。

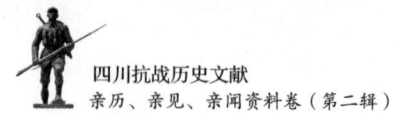

4月21日,由谢文炳、罗念生、叶麐、周煦良及四川大学"文艺研究会"联合编辑的《半月文艺》,在成都创刊。

8月20日,"文协"总会和成都分会联合办《通俗文艺》五日刊在成都出版。发行人周文,由苏子涵、水草平、朱孟引、江农、胡之芳等负责编辑。该刊以通俗文艺形式宣传民众抗战为宗旨,内分唱词、小说、歌谣、常识、通讯、时事浅谈、漫画等栏,共发行45期,于1940年4月被迫停刊。

10月,灌县"轻风社"社刊《文艺堡垒》创刊,第一期内容是纪念鲁迅逝世三周年。该社是灌县一批进步青年组织的文艺团体,于8月在灌县成立,社长石农裕,原以壁报形式宣传抗战,定名"轻风",每隔一场期在柳街贴出一刊。之后在"文协"成都分会会员杨波、水草平的扶植下,出版《文艺堡垒》,12月12日被灌县党政军联合办事处查封。

12月9日,国民党政府颁布了《战时新闻违检惩罚办法》,加强对新闻舆论和报纸杂志的专制控制,抗战舆论和进步报刊受到严重的威胁和迫害。同时,胡宗南部向陕甘宁边区进攻,国民党反动派发动了第一次反共高潮。

是年冬,"华西文艺社"在成都成立,筹办《华西文艺》月刊,于次年3月创刊。发行人王佩玱。主要撰稿人有任耕、寒笳、岳军、毛一波等,共出五期,于1940年10月停刊。

四、一九四〇年

1月,国民政府军事委员会政治部第三厅领导的"孩子剧团",为筹备募捐铸造汪精卫夫妇跪像和宣传抗日救亡,第二队从重庆出发至成都、双流、新津、彭山、眉山,顺岷江而下,在乐山地区演出,六月四日回到重庆。他们沿途公演了《抗战儿童》《乐园进行曲》《小兰子》《复仇》《卖梨膏糖》《抓壮丁》等剧目,深受群众欢迎。

5月10日,《群众》杂志发表社论《文化工作者应努力的是什么?》,号召文化工作者为揭露敌人汉奸伪造的三民主义和投降妥协的胡说而斗争,为消灭阻碍进步的文化专制主义而斗争,努力创建民族的、科学的、大众的新民主主义文化。

7月1日,在成都仁厚街四十九号成立了"挥戈文艺社",宣传挥戈退日。这个社的主要成员都是四川灌县人,其成员有陈道谟(芜鸣)、徐季华(许伽)、安安(安旗)、赁常彬(赁枭天)、敖学祺、谢宇衡(陈汀)、谢文熹、陈敬等同志。挥戈社每月出版的《挥戈文艺月刊》,由陈道谟、徐季华任正副主编。

8月3日,成都文化界举行纪念鲁迅六十诞辰大会。

是日,《新华日报》发表社论《我们怎样来纪念鲁迅先生》。社论说:"为了纪念鲁迅先生,我们要继承他创作的光荣传统和他一生所抱的为民族、为人民和求进步而斗争的精神,学习他坚强不妥协和坚持抗战到底的精神;为了纪念鲁迅先生,我们就要加强进行新民主主义的文化运动。"

本文选编自《成都文史资料选辑》总第十二辑,1985年

忆抗战期间中艺、剧专、中术剧团在大后方的巡回演出

萧晴天（稚苓）

在抗日烽火的战争年代，因为我是一位新闻工作者，所以有机会了解到地处大后方的四川剧坛。在大后方的四川剧团却是一派欣欣向荣景象，誉满全国的中华剧艺社、国立剧专剧团、中国艺术剧社，先后由成都、重庆莅临内江、自贡、乐山这三座城市，公演了十几个进步话剧，为抗日救国做出了积极贡献，赢得了各方的支持和观众的好评。

一

1944年1月中旬，著名演员项堃由成都来到内江。他代表中华剧艺社社长应云卫，和内江有关方面签订了演出合同。项堃是个积极投身进步的戏剧工作者。他曾主动辞退了国民党反动派有高官厚禄的御用剧社，参加了"中华剧艺社"。1937年至1939年间，项堃曾参加过由陈嘉庚主持的宣传抗日爱国的演剧队，去过马来西亚、新加坡等地，演出了大量宣传抗日的话剧，其中如阳翰笙的《前夜》、于伶的《夜光杯》。当演出揭露日寇侵略东北罪行的《东北之家》《放下你的鞭子》时，台下的爱国华侨莫不怒发冲冠，深受感动。有的痛哭失声，有的高呼"打倒日寇"的口号。中华剧艺社在重庆、成都公演期间，项堃和白杨合演过话剧《茶花女》，他饰演男主角阿尔弗莱德。他演正面人物，形象逼真，至今使人难以忘怀；他演阴险狡诈、凶狠毒辣的反面人物，又给观众留下了极其深刻的印象。由于项堃有着丰富的生活经历和多年的艺术实践，所以他是最受观众喜爱的演员之一。

项堃由内江返蓉不久，又随中华剧艺社全体人员浩浩荡荡来到了内江，他们下榻社会服务处和中国旅行社。经过一番酝酿、休整、部署，于1月下旬在《内江日报》上登出了大幅预告。当时先后到内江的名导演有应云卫、史东山、陈铿然、沈浮、贺孟斧，剧作家有宋之的、陈白尘、吴祖光，影剧人有路明、张逸生、金淑芝、张雁、李伟、徐琴芳、丁然、吕恩、刘郁民、赵蕴相、钱千里、吴茵、赵慧深、白杨、顾而已等四十余人。

他们在天星大戏院（惠民宫）首先荣誉献演郭沫若所编的《孔雀胆》。这是影星剧人通力合作、空前演出的一部四幕五场古装历史悲剧。这个故事发生在元朝末年的云南。那时的云南已经是一个行省，但除行中书省的官制外，还立有一位梁王来管辖。这梁王名巴匝拉瓦尔密。大理第九代总管段功出兵赶走了明二在云南的势力有功，梁王以阿盖公主妻之，段功做了云南的平章政事，便留驻云南，未回大理。正在这时，有人向

梁王进了谗言，说段功有吞并云南的野心。梁王听了便想杀害段功。起初授意他的女儿阿盖，把孔雀胆给她，要她把段功毒死。但阿盖不但没有毒死丈夫，并把这个秘密泄露了，又劝段功回大理，段功没有听从。第二天梁王借故把段功暗杀了。阿盖听说丈夫被害，想要自杀，尽管梁王防备严密，最终还是自杀了。

此剧由路明饰演阿盖，李伟饰演段功。阿盖是一位可爱的女性，有正义感的人。她处在父与夫的矛盾间，她的心多么痛苦，她热爱丈夫，又为丈夫殉情。段功生于元朝，是个有胆有识的武人，且属汉族血统，因此受蒙古族的歧视，常遭蹂躏。

从《孔雀胆》这个"中国式"的历史悲剧讲，郭老对历史了解的透彻，想象力的丰富，艺术天才的超群，创作力的伟大都是大家所称赞佩服的。

《孔雀胆》的导演应云卫，三十年代就是左翼戏剧家联盟的一个成员。他不但是影剧界的老导演，更是话剧界卓越的领导者之一。过去上海公演的《怒吼吧中国》以及此后他导演的《复活》《大雷雨》都非常成功。他是一位大家公认的影剧战士！

早在1941年，应云卫为团结广大影剧界人士，搞好抗日救亡工作，就组成了中华剧艺社。他先导演了《长夜行》《离离草》《上海屋檐下》等。同时，还主持过其他剧本的上演，特别是《屈原》中的《雷电颂》等，不仅为当时在大后方醉生梦死的人的一帖消食散，而且不知唤醒过多少青年人，使大家在因循中不忘国家大事！那是话剧界的黄金时代，也和应云卫的辛劳息息相关。他是一个为事业而奋不顾身的人。

那次，我看了《孔雀胆》后，对应云卫导演手法的圆熟、演员表演的认真感到钦佩，完全把剧作者所要给予观众的东西都全盘托出。

紧接着上演了阳翰笙所编的古装历史悲剧《天国春秋》。这剧也是应云卫导演的。连演五场，座无虚席。项堃饰演东王杨秀清，吕恩饰演洪宣娇，金淑芝饰演傅善祥，张逸生饰演韦昌辉。无论是从舞台的布景，还是从人物的刻画以及演出的效果看，都是非常成功的。

第三个剧目就是《胜利号》。这是四幕时装喜剧，由陈白尘、吴祖光、杨村彬等集体创作，应云卫导演，路明、金淑芝、吕恩、刘郁民等人演出，观众也很踊跃。

中艺这次公演，虽只三个剧目，但大大提高了内江观众对话剧的欣赏水平。并使大家知道，一件完整的艺术品是多么珍贵和来之不易！

2月4日，中华剧艺社社长应云卫提前了很多天专程去了自贡，和子诚小学董事会签订了为该校筹募校舍建筑费的合同。2月5日起，自贡《新运日报》等就刊布了有关演出的消息和大幅宣传广告。2月10日，中华剧艺社全体成员全部到了自贡市。2月11日午后六时起，连续在胜利剧院演出了《孔雀胆》《天国春秋》《胜利号》三大名剧，受到了自贡各界人士的热烈欢迎和观众们的好评。

2月13日午前十时，子诚小学募捐委员会在永通银号大楼举行欢迎中华剧艺社全体职演员大会。届时自贡市市长刘仁庵、经济检查大队大队长齐耀荣也出席。会议首先由子诚小学董事王师亮致欢迎词，继由刘市长、齐大队长讲话，对中艺同仁的演技给予了高度的评价。末由应云卫致答词。他说：我社在八一三事变后就已在沪成立，继以抗战军兴，乃分散到前线和后方，为抗战干着自己岗位上的工作。三年前在重庆，又将剧人组合起来演出了八个剧，第二年演出了六个剧，每剧都在二三十场以上，后赴蓉城演剧共四个，一起是九十余场，来自流井之前，我们在内江又演了十四场。此次来自流井，经朋友介绍，得各方赞助，也能演出十余场。

二

中华剧艺社离开内江期间，紧接着国立剧专剧团由杨村彬团长率领来到了内江。该团演员素质之高，舞台经验之丰富都是享有盛名的。该团主要演员有冀淑平、许庆芝、郭兰田等三十余人，项堃亦应邀参加该团演出。

第一个剧目是四幕十二景古装历史悲剧《岳飞》，所有服饰均经专家考校设计，演员阵容齐整，布景富丽堂皇都是大家所公认的。真是十二金牌，千古遗恨；光照日月，气壮河山！这个剧又名《精忠报国》，系顾一樵编剧，杨村彬导演，一共演了五场，场场客满。

第二个剧目是名作家巴金的《家》，由曹禺改编，这是四幕八场伟大伦理家庭悲剧，有五四时代的情调，四川本地的风光。这个剧是郭蓝田导演的。该剧上座率高，购票者络绎不绝，大有欲罢不能之势。据爱好戏剧人士谈，该剧不仅剧情动人，且导演的成功、演员的卖力、灯光的布景都是一流的。演员中尤以饰演瑞珏的许庆芝、饰演觉新的项堃最为人们所称颂。为父母者不可不看，为儿女者非看不可。它伟大！新颖！悲愤！紧张！

第三个剧目为沈浮编的三幕现代名剧是描绘剧中人物生活和山城景色，抗战先锋，精神堡垒《重庆二十四小时》，由杨村彬导演。这个剧也赢得内江广大观众的好评。

第四个剧目是暴露清廷腐败溃乱内幕，揭发日寇侵略中华野心，指明不平等条约签订因果，显示兴中会革命发展背景的五幕历史古装名剧。该剧场面宏大，是由杨村彬自编自导的，又名《光绪亲政记》。赵蕴如饰演慈禧，项堃演光绪皇帝。内江观众至今对该剧仍记忆犹新、称赞不已。

国立剧专剧团在内江期间，中华剧艺社已去乐山演出。所以国立剧专剧团于同年四月二十日专车去自贡时，那里的观众早已等候多时了。国立剧专剧团为中正、仿葛、西泉等学校筹募基金，先后在胜利剧院演出了《家》《岳飞》《重庆二十四小时》《清宫外史》等四个剧，一共十六场。

三

当国立剧专剧团在自贡上演期间，中国艺术剧社还在重庆。前联华公司导演司徒慧敏是同年5月2日代表中术与内江有关方面签订演出合同的。他三日返回重庆，直到5月27日，中术的张瑞芳、金山、蒋天流、蓝马、白颂天、谢怡冰、王苹、郁风、黄宛苏等四十余人，才专车莅临内江的。他们先后在全记戏院上演了《戏剧春秋》《草木皆兵》《处女的心》《天上人间》《杏花春雨江南》等五个名剧。

很早就听说《天上人间》是抗战初期最好的一个剧本。当时，看了这个剧后，我对该剧的印象是很新颖。作者夏衍很明显地将抗战时期的新生力量呈现在观众面前，十五岁的阿澍是一个能够接受真理,一个能服从真理的天真的孩子,也能够判别是非。喻志华这样的小姑娘都是跟着时代前进的战士。相反的,也有像刘德、余明扬这样对抗战失去信心,甚至投降敌人的可耻小人。这个剧是司徒慧敏导演的。主要演员有金山、王苹、蓝马、黄宛苏、白颂天、宋宛琼、曾昌、罗坚、殷野等。

《草木皆兵》的剧情,是弧线式的不断地发展、升华的,每当事件快到高潮时,马上又被另一事件代替了,它仿佛像波浪一样起伏、奔腾不息,引人入胜。张瑞芳真不愧为中国话剧四大明星之一,她在剧中扮演的交际花真令人欣赏!这种身份不一定只有白杨才能得心应手,也不一定《日出》中的场面方可专美。蓝马饰演冲天炮,老成精警。王苹饰演钱英娇,泼辣娇痴。

《草木皆兵》是名剧作家夏衍、宋之的、于伶呕尽心血的结晶品。该剧对伪组织的末路刻画入微,曾在重庆连演三十余场,均告客满。这次在内江上演是林朴晔担任舞台监督。主要演员有张瑞芳、王苹、宋宛琼、黄宛苏、陈潞、季虹、白颂天、蓝马、黄宗江、叶良柯、乔婉、曾昌、胡中里、殷野、岳健中、何一健、田根等十七人。由金山、赵志游担任演出者。

中国艺术剧社在内江演出完毕,适逢中华剧艺社第二次(七月九日)在自贡胜利剧院上演陈白尘编的,应云卫导演的五幕六场进步名剧《大地回春》。所以中国艺术剧社便直接到乐山了,没有去自贡。

四

7月14日,中华剧艺社在自贡,紧接《大地回春》之后,上演了沈浮编剧,刘郁民导演的四幕悲喜剧《金玉满堂》。这个剧有堂皇的布景,整齐的演员,神妙的灯光,紧张的剧情!悲痛处,能使你心酸泪流!喜悦处,能使你笑口常开!所以该剧连演四场,上座率一直不衰。

7月19日,中华剧艺社的又一伟大贡献,就是在自贡上演了郭沫若所编的五幕六场古装史剧《棠棣之花》。这故事发生在公元前371年。潼关以东有韩、赵、魏、燕、齐、楚六国,潼关以西是秦国。秦国最强,有并吞六国的野心,因此关东方面在政治上分为两派:一派抗秦,一派亲秦。严仲子是抗秦派,人很正直有远见。侠累是亲秦派,阴险、毒辣、粗暴。齐国有一位青年侠客名聂政,是一位抗秦派,他果敢、明敏,富于正义感。聂莹是聂政的孪生姐,两人性情有些相近。酒家母勤敏,富于同情心。酒家女春姑,年十八,美好、健康,有正义感和自尊心。

这个剧是吴祖光导演的。剧情是:一天晚上,聂政和他姐姐去拜别了母坟,独自去濮阳探访严仲子。走到濮阳桥,不期而遇严仲子和他的同事韩山坚。严仲子明白地告诉了聂政他和侠累的往事,聂政很同情他。严仲子对聂政说,侠累就在这几天要和秦使在东孟相会。秦想诱引韩国,共同讨伐魏国。就这样,聂政便自愿到东孟之会去行刺。由韩山坚做向导,他们照预定计划,将侠累和秦使韩哀侯刺杀了。韩山坚当场遇害,聂政自杀。后来聂莹晓得了,不顾自身安危,挺身赴韩市去认明兄弟的遗尸。酒家女春姑知道她心上人已自杀,便女扮男装,随着聂莹到了韩市,见死者果是聂政。她们抚尸痛哭，也先后在聂政尸旁自杀了。

该剧载歌载舞，如火如荼。有气派雄伟的画意！一面是：轻歌曼舞，无耻荒淫！一面是：激昂悲壮，舍生取义。这部剧给观众留下了极其深刻的印象。中华剧艺社在自贡连演十五场后，又把原班人马返回内江，先后上演了《大地回春》《金玉满堂》《棠棣之花》三剧，再一次受到了内江广大观众的热烈欢迎。

五

应云卫不但从事话剧运动，他还热衷于电影导演。当年每个校园里慷慨激昂的《毕业歌》和上演《桃李劫》的盛况，曾经不知把多少个青年送上了抗日救亡的征程，应云卫的功绩当然是不小的，更不该遗忘。就是这个应云卫，在"四人帮"的迫害下，却不能以天年终老，也可能早已被人们所遗忘，怎能不令人痛心！

新中国成立以后，项堃被周总理提名，调到北京电影制片厂演员剧团。先后参加了《上饶集中营》《大地重光》《三年》等片的拍摄，尤其在《停战以后》《在烈火中永生》和《南征北战》扮演的张军长、徐鹏飞、李将军这三个凶狠毒辣、阴险狡诈而精神又处于空虚、崩溃状态，具有鲜明个性特点的反动人物，更使广大观众难以忘怀。"四人帮"被粉碎后，项堃再次焕发了青春。他又扮演《生活的颤音》中姗姗的父亲，《玉色蝴蝶》中的慕容秋，《山城雪》里的何应钦，真不愧是活到老，演到老的老演员！

张瑞芳不仅是一个名满全国的话剧、电影演员，也是一个忠于党的地下工作者。1940年8月，荣高棠被调入重庆城里，需要找一个职业，就是通过张瑞芳在重庆电力厂找了个工作，在业务科里当抄表员，抄了一年的电表。在国统区搞地下工作和从事进步的戏剧运动，必须要接触各种人物，也要有独立思考和解决问题的能力，上级只能定期相见。所以在那时就搞了百分之几的进步工作，也是非常可贵的，不应求全责备。

有人说，中艺、剧专、中术走出大城市是一次大的流亡。那时，我以新闻记者的身份和他们接触的机会较多。他们常说：塑造各种不同性格的艺术典型，是每个演员义不容辞的天职。如果艺术离开了时代赋予的任务，又有什么意义！

这篇史料说明中艺、剧专、中术先后到"甜的内江，咸的自贡"和乐山巡回演剧，不是大的流亡，而是艺术革命。

本文选编自《成都文史资料选辑》总第十二辑，1985年

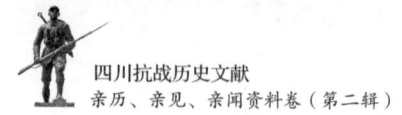

抗战时自贡文艺掠影

肖士雄

1945年以前的八个年头，正值全面抗日战争时期。那时我就读于国立东北中山中学。我是自贡人，为什么会在这所学校读书？因为该校校址在静宁寺，无论离威远县或自流井都是20公里，该校也收四川籍学生，我便考取入校了。对于这个时期的自贡文学艺术活动，我亲历亲见亲闻者甚多。当时抗战文艺宣传真是搞得热火朝天，限于篇幅，我只做一个简要的回顾，或者说，这篇文章也只能算是当时自贡文学艺术的掠影吧。

先从话剧说起，而话剧又要从我校演出的话剧说起。母校从北方迁来，师生身居异乡，来时举目无亲，教学之余，常参加文体活动，所以学校的文体活动十分频繁丰富。当时以班为单位，可以班班演话剧，班班办壁报，班班搞体育活动。演话剧需要排练，平时怕耽误学习时间，排演话剧就往往安排在"三二六"（校庆日）、元旦、春节或是寒假、暑假。因为在假期，四川同学也少有回家，北方同学以校为家，有充分的时间来排戏、演戏。我们常演出《万世师表》、《风雪夜归人》（吴祖光）、《雷雨》（曹禺）、《日出》《升官图》《以身作则》等名剧，还上演过英语话剧《罗宾汉》。其中，《升官图》（陈白尘编剧）一剧，让我仍记忆犹新。

《升官图》这个剧选择演员，已经打破了班次界限。不管哪一班的同学，只要物色到了，就聘请你去担任角色，而爱好话剧的同学，也以能够参加此剧的演出为荣。我当时个子瘦小，在北方人中如鸡立鹤群，我很希望被选上但落选了，他们选了我班赵树棠饰教育局局长，又选郭永伟为"黑白剧社"社长，负责此剧的联系和事务工作。他工作非常踏实，演出成功了，是个无名英雄。这个戏的舞台布景寓意深刻，正中是大半个古钱，中间的方形钱眼就是剧中人上下场的大门。钱眼上下左右有"太平通宝"的字样，由于只出现大半个，这四个字便只剩下三个了。省长的化装也特别，穿一身军装，帽子上竖一根鸡毛掸子一样的东西。卫生局局长手提的医药箱是口小棺材，道具中还有"金条"若干根。这些道具寓意相当深刻，是关四彭假期返校，路过重庆时，在重庆看了一场《升官图》之后学来的。该剧的演出效果很好，受到了校内外观众的好评。

演出成功了，我们找原因，都说这个戏的导演是找好了的。导演是谁？导演是我们的语文老师黄田。黄老师原是电影演员，抗战期间和张瑞芳、石羽在重庆合拍过《火的洗礼》等影片。黄老师个子不高，胖胖的，常穿淡色中山服，对学生和蔼，讲课口齿清楚。不知怎么的，当同学们知道他是电影演员后，都很尊敬他，他在课堂上讲课，课堂真是鸦雀无声。我想，这就是当时电影演员不多，大家太尊重电影演员了吧。所以，他来当《升官图》的导演，真是再恰当不过了。

这期间，《雷雨》《万世师表》《升官图》《风雪夜归人》等进步话剧，不仅我们学校能演出，在当时自贡的其他地方也能演出，加上诗歌、散文、歌咏等活动，客观上，形成了一支抗日宣传的联合宣传队。这支队伍人数不少，他们的抗日宣传力量有多么大？也是可想而知的。

1937年七七事变后，社会上掀起了抗日宣传活动。自贡"学生之友社"的学生组织，应时而生，宣传抗日。抗日宣传日渐频繁，以致后来形成高潮。较有影响的是1937年10月17日，自贡市乡村巡回话剧团和自贡市抗敌歌咏团联合在自流井天后宫，举行话剧、歌咏表演以后，两团又在自流井湖广庙演出大型话剧《打开我们的生路》等。同年12月，两团公演了大型话剧《保卫卢沟桥》，由新运会售票，票款收入除公演支出，其余捐给前方战士制作棉被，此举深得社会好评。于是这两个艺术团体便合并为"自贡市抗敌歌咏话剧团"，经常演出话剧《汉奸》《我们不做亡国奴》《河内一郎》等，巡回城乡，受到全市人民的欢迎。还有一个由当时话剧界名人带领的话剧队，名叫"四川旅外剧人抗敌演剧队"，由吴雪（新中国成立后曾任中央文化部副部长）、陈戈（自贡大山铺人）带队，在1938年夏来自贡，演出了由阳翰笙编剧、陈光导演的《塞上风云》和《前夜》，观众很多。这些演出对自贡这个小城市的话剧艺术来说，培养了更多的爱好者和演员，起到了促进话剧活动的作用。同年，蜀光中学教师万美恩、侯仲桓等演出《回春曲》（田汉编剧）。

1943年左右，自贡话剧受到重庆雾季话剧演出高潮的影响，话剧活动空前活跃，加强了抗日宣传的力量。当时在天后宫演出由王为一等编的大型活报剧《为自由和平而战》，还有由老舍、宋之的合编的《国家至上》，主要演员有金丝曼、张育龄、钟绿云、方斗南等。自贡人民看到自贡人演戏，感到十分亲切。川康盐务管理局工管股"巡回教育团"在该局新村礼堂演出《寄生草》（洪深编剧）。1942年元旦，该局"巡回教育团"演出《飞将军》（洪深编剧）、《空屋男女》。稍后，该团演出《群魔乱舞》（陈白尘编剧）。同年，蜀光中学演出《雷雨》。此时，贡井妇女会为慰问抗日将士募捐，特邀国立剧专的钟锄云、黄征、严励、刘莺演出话剧《出征》（余上沅编剧），上垱镇小学教师在贡井，贵州庙剧场售票公演大型话剧《雾重庆》（导演黄征）。自贡市培德男中学生为学校募捐演出袁俊编剧、钟锄云导演的《边城故事》。蜀光中学演出话剧也很活跃。据我所知，1943年，蜀光中学23级学生毕业，为母校募捐，在自贡胜利剧院公演《中华民族的子孙》。该校在同年冬又演出《雾重庆》。同年荣县师管区为建"中山纪念堂"募捐，特邀"自贡业余剧人"联合演出大型古装话剧《岳飞》（顾一樵编剧），川康盐局"巡回教育团"演出《反间谍》（陶雄编剧）。同年，大文镇中心学校公演话剧《明天》《盗图救国》等。在贡井，贵州庙内公演《两亲家》《重逢》等，并为七七事变抗战六周年纪念演出话剧《卢沟桥》《有志者事竟成》。同年，有富隆师管区剧团来自流井同庆剧院演出话剧《国家至上》，又有教育部所属"川康路线社会教育工作队"三支队全队20余人由尹兰谷、万模群领队，被派来自流井演出三幕话剧《浪淘沙》（姚亚影编导）。

1944年负有盛名的"中华剧艺社"来到自流井,吸引静宁寺读书的多数学生都去看这个剧社的演出。"中华剧艺社"有40余人,于2月中旬由重庆来,为王氏子诚小学募集建校经费,演出地点在胜利剧院,演出了《孔雀胆》(郭沫若编剧)、《天国春秋》(阳翰笙编剧)。演员有知名的戏剧家项堃、路明、赵慧深、徐琴芳、张逸生、金椒芝、李纬、周锋、张立德、李天济、程萝莲、刘沧浪、程济志、骆可、于一、孙为一、王梁永等。这些名家、导演、影星首次来自流井,又有老观众和知识界的口头宣传,使演出轰动一时。稍后,江安的"国立戏剧专科学校剧团"来自流井"为中正、仿葛、西泉等学校及赈济粤灾募捐",在胜利剧院演出杨村彬编导的《清宫外史》和《家》(曹禺改编)两大名剧,主要演员有项堃、路曦、冀淑平、寇嘉弼、温锡莹、夏天、张雁、赵韫如等,也吸引了自贡的大批观众,其中有不少教育界的师生。可喜的是"中华剧艺社"于同年7月,第二次来自流井,仍在胜利剧院演出,剧目有《棠棣之花》(郭沫若编剧)、《金玉满堂》(沈浮编剧)、《大地回春》(陈白尘编剧)三大名剧。演员有吕恩琪、张北等,由著名戏剧家陈白尘、贺孟斧、吴祖光亲自领队,演出再次使自贡观众一饱眼福。

这两三年,可说是话剧与自贡观众结缘的年代。意料之外的是同年9月,当时著名的全国第一流剧团"中国艺术剧社"来到自流井,为育英小学募捐,在胜利剧院演出《戏剧春秋》(夏衍、于伶、宋之的编剧)、《草木皆兵》(宋之的、夏衍、于伶编剧)、《天上人间》、《牛郎织女》(吴祖光编剧)、《沉冤》(陈西禾编剧)等,主要演员有金山、张瑞芳、蓝马、黄宗江、王苹、黄宛苏、谢怡冰、白乐天、曾昌、应大白等。《牛郎织女》是由金山饰牛郎,张瑞芳饰织女,王苹饰王母,表演真实感人。大幕一开,顶幕上现出淡蓝色晴朗的夜空,星星闪闪,白月如钩,牛郎、织女由远到近先后踏着云团飘飘出场,台下立即掌声雷动,可见舞台美术也是很出色的。由于张瑞芳与我校黄田老师在重庆合拍过电影的关系,静宁寺多数学生都在星期六或星期天到自流井来看演出,当时没有公共汽车,看完戏还要走几十里路返校。我当时是穷学生,又想看戏,又想买书,结果选择了去看金山、张瑞芳演戏,先后看了两场,买票的钱是找亲友资助的。"中国艺术剧社"来演出后,观众叹为观止,轰动一时。自贡也掀起了演话剧的热潮。就在这一年,由王杰先(任枫)、黄庆煊等人筹建了"自贡市青年剧社"。该剧社陆续演出了大型话剧,即《大明英烈传》(于伶编剧、宋清涛导演)、《生死恋》(赵清阁根据法国雨果名剧《狄四娘》改编),内容是宣传抗日的,由张育龄导演。这时,南方旅行剧团在自贡众新剧院演出连台话剧《济公传》等。这期间,我们学校的"黑白剧社"已经排演了《升官图》并在威远县演出,同学们也想去自流井演出,剧社便派郭永伟社长去自贡有关单位联系,郭永伟去了一天,步行三十多公里山路回校说:"在自流井演出先要去三青团登记批准,刚登记时他们表示欢迎,当谈到要上演的剧目是陈白尘的《升官图》时,他们就变了脸,要我们换一个戏上演。我说没有别的戏来换,他们说那就不准演!"同学们听了这话,真是把肺都气炸了。同学们坚持要演,处理这件事还是黄田老师的社会经验丰富,他说:"同学们的精神是可嘉的,但这种形势下和他们硬拼不是办法,大家要珍惜自己,将来发挥更大的作用吧!"这样才说服了同学。1946年以后,还有"自贡剧艺社"(黄宗池等人筹组)等演出话剧。

抗日战争时期的自贡川剧，在演出上也是力图配合抗日宣传，且这一时期的川剧在原有基础上更有发展，盛况一时。原因是自1937年卢沟桥事变开始抗日战争后，1938年10月武汉失陷，国民政府迁都重庆。重庆、成都等大城市常遭日机轰炸，为逃避日机轰炸，抗战期间，重庆许多名演员如阳友鹤（筱桐凤）、刘成基、唐彬如、吴晓雷、傅幼麟、筱牡丹、胡漱芳等曾来自贡演出，名家荟萃，剧目丰富，使自贡观众皆大欢喜。"新民讲演团"也来荣县西街办戏园，主要演员有周海滨、幺师弟等。这时演出的传统剧目，多以宣扬民族气节、宣扬爱国主义的内容为主，如《一品忠》(孝孺草诏)《杀家告庙》《江油关》《扬州恨》等，还有时装川剧《哑妇与娇妻》《太太的枪》《卢沟桥头姐妹花》《是谁害了她》。当然，这些剧目，都是力图适应抗日宣传的。1943年，冯玉祥将军来自贡募资抗日，荣县华英中学业余川剧组织"天有社"为了募资，义演自编的时装川剧《武胜千秋》。1944年，富顺县中学为了纪念七七事变抗战，演出时装川剧《遣将》等。

1940年，自流井川康盐务管理局举办"盐务俱乐部"，负责人王振祖（有山东梅兰芳之称，别号"啸云馆主"），俱乐部后改名"盐联剧社"，常演出京剧，其中也有不少宣扬爱国主义的剧目，以配合抗战宣传。

不仅如此，其他文艺形式对抗战宣传也发挥了自身的作用，做出了很大的贡献。1938年11月17日，《自贡市抗敌歌咏话剧团》成立一周年纪念特刊，已由该团编印发行。同年，由中华全国文艺界抗敌协会刘正蓬任主编，柳倩、水草平、刘砀叔任编委的《流火》文艺月刊在荣县创刊，历时一年，共出10期，在当时被誉为"川南文艺的一面旗帜"。抗战时期，自贡的诗歌创作都突出了抗日救亡的主题。国立东北中山中学语文教师高兰也是著名的诗人，他创作了《荣县抗敌歌咏团团歌》，著名诗人臧克家等曾来自贡开展诗歌活动。还有方敬、任钧、柳倩、曹葆华、常任侠、陈敬容、高兰、沙欧、黄花石等诗人在《正确日报》、《火网》副刊和《流火》月刊等报刊上发表了大量的诗作。

抗战时期，自贡的散文也是名家辈出。毛一波先生（1901—1994）在抗战前夕回四川，曾任《新蜀报》《商务日报》《华西日报》副刊编辑，当过《华西日报》《川中晨报》主笔、《合作日报》社长。他的散文集《时代在暴风雨里》，有鲜明的抗日救亡主题。左联作家、中华全国文艺界抗敌协会会员王余杞（1905—1989）先生曾担任上海救亡演剧一队总务，1938年回故乡自贡任《新运日报》主笔，在该报专栏连载随笔《我的家乡》，写自流井的风土民情、盐业生产和抗日救亡运动，影响广泛。杂文家李石锋（1916—1984）于七七事变后参加"中华全国文艺界抗敌协会"，1938年11月受中共自贡中心市委委托接办《正确日报》，并任该报社长兼《火网》副刊主笔。张天翼、魏猛克、王余杞、周文、沙汀、邹狄帆等名家均在《火网》副刊上发表特约稿件，宣传抗日，推动了自贡的抗日宣传，但是《正确日报》被迫在1939年1月停刊。抗战期间，李石锋在《新华日报》《文艺阵地》《抗战文艺》《笔阵》《华西晚报》《新蜀报》等报刊发表的杂文杂记甚多，分别于1940年和1944年集为《破败集》《半边记》。这一时期，自贡金文达、孙遐龄等作家也分别在报刊上发表了一些散文和杂文。

抗战时期自贡的歌咏活动非常普遍和活跃，也是人才辈出，取得了极大的成绩。从我们学校来说，班班有歌咏队，学校组织歌咏比赛，唱的多数是宣传抗日唤醒民众的歌曲。那时教我们音乐课的老师是陈醒钟、杨琦（曾是四川音乐学院教授，现退休）。至于社会上的歌咏活动，由于本市音乐界前辈胡昭奎先生写有这方面的回忆文章，本文在此从略。

本文选编自《自贡文史资料选辑》第二十五辑，1995年

我在资阳组织"孩子剧团"的经过

王冠群

1940年春,我在资阳征属子女纺织染工业训练所工作,一日接读我内兄姜度(中共地下党员)由重庆寄我的来信:"……敌机轰炸我大武汉,当地的'孩子剧团'已转移到重庆曾家岩,孩子们曾到各地上演优秀的抗战剧目,大大鼓舞了广大人民群众的抗战激情。"这封来信,顿时使我心潮澎湃,往事历历在目——两年前我曾在姜度、郭永江等好友的带领下做过抗战宣传,沿街张贴"抗战壁报",借圣谕台(讲民间故事的书台)演讲抗战英雄故事,在城关万寿宫(今文化馆)戏台演出抗战独幕话剧《张家店》等,都收到良好的宣传效果。由于姜度的启示,我起了这样一个念头:我不如就在资阳照样筹办一个"孩子剧团"继续进行抗战宣传活动,完成我作为一名中国公民应尽的神圣职责。

几经周折,我终于发动了城关小学(今二完小)的同学陈复荃、丁瑜、萧如平等二十余人组织成立了"资阳孩子剧团"。我利用课余时间,先后给孩子们编排了一些抗战宣传剧目。暑期中,我们仍然借万寿宫戏台正式公演了。演出剧目有:

1. 抗战歌曲

我们演唱了《义勇军进行曲》《大刀进行曲》《游击队之歌》《黄河颂》等歌曲。

2. 抗战金钱板

主要唱的是《卢沟桥赞歌》。内容描写我国卢沟桥事变后,当地英勇的人民群众奋起对日本鬼子做顽强斗争。

3. 中型抗战歌剧《流亡三部曲》

本剧主要描述九一八事变史实。

一部曲——凶恶的日本帝国主义者突然兴兵向我东北地区发动武装侵略强占我国领土,残杀我国人民。就从"那个悲惨的时候",松花江畔成千上万的无辜难民,泣别了可爱的家乡,抛弃了无尽的宝藏,逃亡关内。

二部曲——敌机对我大后方狂轰滥炸,我国许多人民被炸死、炸伤,许多资财被毁灭殆尽,逃难的同胞们浪迹天涯,也找不到一块安全的土地,只落得"无处流浪、无处逃亡"了。

三部曲——铁的事实,血的教训,促使难民们彻底觉悟了。深知日本帝国主义者是我们国家和人民的共同死敌,要求生存,唯一的途径就只有奋发图强,团结一致,共同对敌。一定要把万恶的日本鬼子彻底赶出中国,才能回到可爱的故乡,和亲人团聚,重建家园,过太平日子。最后他们下定决心,积极参加抗日队伍,扛起长枪,拿起铁锤,去和日本鬼子血战到底!

4. 小型抗战歌剧《车夫曲》

《车夫曲》原曲为我国著名音乐家张曙先生谱写,其内容描写劳苦的车夫们为了全家生计,不得已去给豪绅、资本家搬运货物,"不分晴和雨,不分冬和夏",整日里埋头弯腰去拉沉重的货车,"拉呀!拉呀!!拉呀!!!"到头来吃苦受穷的是车夫们,坐享现成、大发横财的是豪绅、资本家。无情的剥削压榨,终于导致了激烈的劳资阶级斗争。我在编排此剧之前,曾有一番考虑:我们当时正处于国民党统治下,统治者是绝不容许劳资阶级斗争场面出现在舞台上的,不如将此剧改为抗日民族斗争,这样既可避免国民党的干扰,又具有更好的现实意义。于是我将原词做了一些更动,具体表演则改为车夫们被迫为日本鬼子搬运军火,由于他们具有热爱国家和人民的满腔赤诚,不愿帮助敌人去残杀自己的同胞,故而停车不动,坐在车上押运的日本鬼子喝令向前拉走,遭到反对,于是挥鞭就打。这时车夫们义愤填膺,冲向前去将鬼子抓下车来拳脚相加,一阵痛击。"哎哟,哎哟,饶命啦!"鬼子干号着跪在地上,作揖打拱向众人求饶。此刻台下观众吼声如雷:"打呀!打呀!打呀!"

5. 抗战杂技滑稽魔术《鸡蛋下洋操》

这出杂技是采取活报剧、谐剧的艺术形式表演的,其实质是借剧中处理的情节对当时日寇的首恶顽凶们进行讽刺。

演出前的准备:

(1) 先在台口铺盖长幅红绫,下装魔术道具,掌握的人在幕后操作。

(2) 竹篮内预先装好十枚鸡蛋,给它们定上名称,如坏蛋、狗蛋、臭蛋、混蛋、完蛋、糟蛋、王八蛋、污蛋、醒蛋、朽蛋等,象征一小撮日本首要战犯。

(3) 点名册上挨次记载重点打击的十名日本战犯的编号和姓名。

演出时,外幕启,舞台正中站立"战俘营"教练。他左肩佩戴"反战同盟战俘营"大红宽花带,腰系指挥棍,颈挂口笛。他顺手将搁置在身旁的竹篮提起,高声对里面的鸡蛋说:"喂,你们都不要再睡觉啰!时间已到,都快些出来下操啦,快!快快!"他当即将篮内鸡蛋一一取出依次排列台口,又连声催促:"快快站好,站好!"他将鸡蛋整顿完善后,急吹口笛:"嘘!大家听着,点名啦!"说罢取出点名册和钢笔高声点名:"一号战俘日本陆军大将、侵华关东军宪兵司令官东条英机坏蛋!"幕后代应声:"到!""二号战俘侵华日军参谋长板垣征四郎——狗蛋!""到!""三号战俘日本驻沈阳特务机关长土肥原贤二——臭蛋!""到!""四号战俘侵华日军驻中国派遣总司令官冈村宁次——混蛋!"无应声,他重点,仍无应声,于是挥动指挥棍怒斥四号鸡蛋:"冈村宁次,刚才点到你的名字,为啥不应声?你这个混蛋今天莫非变成哑蛋了?"他侧耳一听又说:"嗯,说你刚才是应了声的,那我为啥又没听见?"他又听一下说:"什么?你说你刚才答应得很小声?呸,简直是在胡说!今天你既来操场下操为啥不振作精神?冈村宁次你这个地地道道的大混蛋过去曾在我国实行极其残酷的烧光、杀光、抢光的'三光政策',你是炮制济南惨案的主凶!当时你指挥你的鬼子兵对我中国人民进行血腥大屠杀,是何等威风?何等杀气?哼,你今天做了战俘,一下就这样阴尸倒阳,连声气都没有啦?他妈的，今天你这个混蛋竟改变成软蛋啰！你好好听着，我严正警告你：你过去已犯下了滔天罪行，如果再不彻底悔悟，痛改前非，便只有死路一条。"幕后发出怒吼声："死路一条，死路一条！"他又继续点名："五号战俘日本驻外领事松岗洋右——完蛋！""到！""六号战俘侵华日军北宁路驻屯军司令官香月清野——糟蛋！"小声答应："到！"他厉声斥责："大声点！"当即大声答应："到！"他又点名："七号战俘侵华日军驻上海派遣军司令官松井石根——王八蛋！""到！""八号战俘侵华日军平津路第二十师团川岸文三郎——污蛋！""到！""九号战俘侵华日军平汉路第六师团谷寿夫——醒蛋！""到！""十号战俘侵华日军津浦路第十师团矶谷廉介——朽蛋！""到！"他点名完毕，收好名册钢笔，挥动指挥棍说："好，现在开始下操啰！"当即发出口令："立正！稍息！立正！"此时鸡蛋开始蠕动起来。"向右——转，齐步走！"鸡蛋队伍蹒跚前行。"一、一、一二一！一、一、一二一！"当鸡蛋将行至红绫末端时，他急改口令："向后转，走！"鸡蛋又转身前行。"一、一、一二一！"就这样来回走了两遍之后，突然一个鸡蛋坠落台下，碰得稀烂，他立即发出紧急口令："立定！"鸡蛋队伍便马上停步。他一面注视台下一面查看队形，用指挥棍怒指烂蛋斥责："哼！却原来是你这个血债累累的王八蛋松井石根。你今天滚下这万丈悬崖，粉身碎骨，死无葬身之地，这便是侵略者罪有应得的下场。"这时扮作工、农、兵、学、商的演员们忽然从幕后冲出怒指台下烂蛋唾骂："死得好！死得好！真是罪有应得！"紧接着又高呼口号："打倒日本帝国主义！把日本鬼子彻底赶回东洋去！"这时台下观众也同样齐声高呼："打倒日本帝国主义！"等口号。在台上台下激烈口号声中急闭外幕，剧终。

以上这些剧目，我们先后共上演了四个夜晚，就受到了干扰。一是资阳国民党县党部委员张××和保安队政治指导员李乐丰齐来我家，盘这问那，并追问《车夫曲》的内容实质和剧本来源。我回答："此曲是反映我国沦陷区域中，屈居日寇铁蹄下的一般劳苦大众的呼声与反抗，原剧本已遗失，现在只不过是凭我的记忆排演出来的。"这样把他们两个对付过去了。二是城关小学校长李上林忽然下令严禁学生参加"孩子剧团"，否则要受记过处分，甚至斥退（开除学籍）。同时李校长又向学生家长施加压力说："希望你们家长务必要管好自己的孩子，不准去参加'孩子剧团'的一切活动。如果不听劝告，便后果自负。"不久，我的好友蒋诚佑向我透露消息，我将有被抓的危险，并嘱咐我赶快转移，于是我便匆匆离开资阳，远去西昌。

本文选编自《内江文史资料选辑》第十二辑，1995年

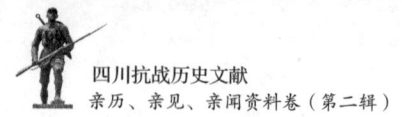

抗战时期国立剧专在江安的戏剧节活动

肖能芳

1939年，国立剧专由重庆迁来江安，在江安招收了一班有高中文化程度的，有一定文艺水平的青年学生，我有幸被招收入校。从事戏剧艺术的夙愿，竟得以实现，这是我始料所不及的。同年10月，国立剧专和江安戏剧协社、青年剧社等又联合举办了"中华民国第二届戏剧节"，从10月10日起至19日止，为期十天，我虽然参加了这次戏剧节演出的后台工作，但事隔多年，早已遗忘，这次在余师母家见到这本她珍藏多年的当时实录手册，重新泛起了回忆，并填补了记忆中的空白，现把它摘抄了来，加上自己的一些回忆，并为江安的戏剧史研究，提供一点参考资料，想是不无裨益的。

一、"戏剧节"纪念大会的组织和实况

主任委员：余上沅——剧专校长
秘　　书：吴祖光——剧专校长室秘书
委　　员：曹禺——剧专教务主任
　　　　　黄佐临——剧专教授
　　　　　阎哲吾——剧专教授
　　　　　冯泽生——江安戏剧协社社长
　　　　　陈伯渊——剧专总务主任。
　　　　　高彦卿——江安青年剧社社长
　　　　　邢胥衡
　　　　　杨村彬——剧专教授
　　　　　陈永京——剧专助教
　　　　　沈蔚德、郭兰田——剧专助教
　　　　　蔡松龄——剧专助教

总务主任：冯泽生
副 主 任：陈伯渊
文书宣传组：沈蔚德、张秉钧
票务招待组：高彦卿、汤树周
总务组：肖承恩、汤树周

剧务主任：阎哲吾
副主任：席明真
技术组：陈永京、郭兰田
人事组：蔡松龄、肖福先

会　计：崔鼎新——剧专会计员

前台职员：张定和、景灵慧、周庆、王元美、杨福安、毕文西、郑浩然、刘荩民、胡文同、沈桐阶、路品月、程抑怦、丁秀成、王道纲、肖俊苏、郑凤兰、杨祖惠、黄佐臣（以上皆是剧专师生），冯栋庭、胡仲秋、王希传、张树森、高兰生、席亚兰、王德勋、曹永萱、饶建章、朱建常（以上皆江安人士）

后台职员：方匀、冯振、徐里、雷光禄、肖能芳、何朝芳、徐毓英、夏次飞、骆冰、肖敬慧、彭行才、苏提、章国均、周良源、谢婉痕、白熹、车鸿章、梁碧云、梅萝、陈荣金、王新盘、张凤辉、韩鸣英（以上皆剧专师生），王鸿金、朱显章、朱培旃（以上皆江安人士）

10月10日上午八时，在剧校剧场，开纪念大会。除我校全体师生外，江安戏剧界及有关人士都积极参加，济济一堂，气氛非常热烈。余上沅校长身着灰色毛料长衫，青团花马褂，胸前戴着一朵大红花，步上主席台，他在致辞中，以爽朗的声音讲到：抗战两年来，中国戏剧界的同志们尽了最大努力，对于抗战救国宣传工作，树立了空前未有的功绩……为了检视既往，策励将来，中华全国戏剧界抗敌协会，规定每年10月10日为戏剧节。并且于去年10月10日在重庆举行了中华民国第一届戏剧节。抗战又是一年了，全国同胞都在奋勇地迎接又一个双十国庆的来临，今年的中华民国第二届戏剧节更是扩大了范围。全国各地一致举行。我们江安的戏剧界同志都要携起手来，让江安的戏剧节在国庆纪念的十天里，与观众诸君见面，我们选了民国初期和抗战以来的优异之作以及最新的剧作，为这次戏剧节的脚本，把三十年来戏剧奋斗的经过，做一个公开的展览，寓教训于实践，以观众的批评，做改进的标准。票价收入，全部充作前方抗敌战士寒衣之费，算是在宣传效果之余，在物质上对我们的神圣抗战，再尽一点微力。敬候观众诸君的赞助，全国戏剧界的同志们的指正。

全场热烈鼓掌，接着宣读巴金、洪深、应云卫、宋之的等文章，戏剧界知名人士的贺电、贺信，又由江安剧协及江安士绅致辞。当远道专程而来的马彦祥教授致贺词时，场内响起了有节奏的掌声。当时不知是谁，即兴编了几句歌词，以《打倒列强》调配唱："欢迎姑爷（因马的爱人原是我校同学）马天才（凑巧曹禺新作《正在想》剧中角色），姑奶奶为什么不来，大不该。"顿时全场狂欢起来，紧接着四个男同学跑上主席台，将余校长抬起来，高高举着绕场一周。在欢乐的掌声中散会，并发给每人一个"戏剧饼"，是用木模刻上希腊戏剧面具，特制而成的圆形糕饼。

二、剧目和演出

从10日起，每晚在剧场演出，我校演出的剧目有：

1. 独幕话剧《求婚》 编剧：柴霍甫 导演：黄佐临 翻译：张平群
2. 独幕话剧《反正》 编剧：冼群 导演：蔡松龄
3. 四幕话剧《魔窟》 编剧：陈白尘 导演：阎哲吾
4. 四幕话剧《一年间》编剧：夏衍 导演：杨村彬
5. 独幕话剧《一生大事》 编剧：胡适 导演：夏光华
6. 独幕话剧《一只马蜂》 编剧：丁西林 导演：胡智清
7. 独幕话剧《一幅喜神》 编剧：宋春舫 导演：刘厚生
8. 独幕话剧《一对近视眼》 编剧：熊佛西 导演：耿震
9. 独幕话剧《一出戏》 编剧：寇嘉弼 导演：李铮普
10. 独幕话剧《地下层》 编剧：李恩杰 导演：李乃忱
11. 独幕话剧《红色马》 编剧：张家浩 导演：寇嘉弼
12. 独幕话剧《正在想》 编剧：曹禺 导演：曹禺
13. 街头剧《重整战袍》 编剧：钟锄云 导演：林颂文
14. 杂技

江安戏剧界在我校剧场演出的有：

1. 川剧《围炉斩邈》

演员：马邈——高彦卿饰，李氏——杨青云饰，邓艾——陈伯渊饰，邓忠——曾辉武饰，乳娘——刘光祥饰

2. 话剧《三江好》

编剧：舒群 导演：席明真

演员：三江好——席明真，伪警长——朱葛村，伪警甲、乙——王希传、罗照

3. 街头剧《谁使我们流浪》和我校《重整战袍》都是在江安中城公园（现橙乡宾馆处演出的）。

在演出早年的剧目中，如《求婚》《魔窟》等，大都为揭露、讽刺当时的假恶丑社会，用以开通民智、改良风气，以求得人生的真善美。演出的抗敌救亡剧目，则多是以宣传抗战和动员全民参加抗战为主要内容，有悲愤、惊险的情节，有为国捐躯的壮举，大大激发了人们的爱国热忱。还有曹禺的《正在想》，根据墨西哥剧作家约瑟匪纳·尼格里的剧本改编，由他自己导演，故事梗概是一个马戏班的班主，变耍花样百出的戏法，但不受观众欣赏，变来变去变不出好戏，观众都走光了，最后问他还有何新戏法！他无可奈何地说："正在想。"该剧以辛辣的台词、巧妙的情节，讽刺国民党政府。每场剧情，各具特色，扣人心弦，引人入胜，道出了大众苦闷的心声，反映了人们对于未来的向往。

演街头剧的前三天，在大"十"字口就贴出了"海报"，通知当月12日和15日下午在江安中城公园演出，届时城乡男女老少观众，早已先到场地，公园内挤得水泄不

通，连那假山尖、榕树上都爬满了人。那时虽然没派纠察队，当我校演出《放下你的鞭子》时，人们看见那伙计用鞭子抽打卖艺女，一个站在前面的老大娘，简直认为是真的发生的，边擦眼泪边把钱丢过去说："别打了！我这点买盐巴的钱都给你，好造孽的姑娘！"逼真的情景，感动着观众，不少人接着也纷纷丢钱过去，当演《流亡三部曲》歌剧时，演员中大都是从沦陷区逃亡出来的，当唱起"我的家在东北松花江上……九一八……哪年，哪月，才能够回到我那可爱的故乡？"时，他们以亲身感受，真实的感情，个个热泪长倾，全场突然沉寂下来，观众中亦传来一片哽咽抽泣之声。当唱到第三部曲："走！朋友！我们要为爹娘复仇！走！朋友！我们要为民族战斗！你是黄帝的子孙，我亦是中华的裔胄！锦绣的河山，不能让敌人践踏……我们走向战场，争取民族解放的战斗！来来来，我们休为自己打算，我们休要个人逃亡，我们应当团结一致，誓死抵抗，跑上战场，打倒日本帝国主义，争取中华民族的解放！"这坚强、豪迈、同仇敌忾的歌声，使全场观众的感情像火山爆发一样，振臂齐呼："打倒日本帝国主义！中华民族万岁！"

戏剧节十天的演出，除将售票收入捐做抗敌战士寒衣之用，在物质上为抗战做出一点贡献外，还使江安观众在看戏中，触于目，入于耳，感于心，激发了爱国热情，在精神上为抗战起到了宣传教育作用。

本文选编自《宜宾文史资料选》第四辑，1995年

抗战时的"四川漫画社"

乐以钧

日寇侵华期间，全民抗战的口号响彻大地，成都美术工作者深感抗日救亡责无旁贷。张漾兮、乐以钧、苗勃然、谢趣生、梁正宇、蒋登引、龚敬威、冯桢、江宁、洪毅然、刘素怀、巫怀毅等十余人，成立了鼓舞抗日军民斗志、激励广大群众爱国热情的"四川漫画社"。

他们自己掏腰包，买铅皮钉木框木架，用磁漆代替油画颜料，绘制出三幅题为《日寇到处无净土》《平型关大捷》《捐献支前线》的大型宣传画，树立在春熙路、祠堂街的街口，吸引着行人止步观赏。又自费绘出一批宣传抗日的彩色漫画幻灯片，无偿送给各电影院于正片放映之前放映，深受观众欢迎。

四川漫画社同仁还拓宽宣传阵地，经常为《新民报》《国难三日刊》《星芒》《新新新闻》无酬提供漫画稿件，并由张漾兮、谢趣生在《新民报》和《新新新闻》每周出漫画专版。1938年1月，他们借春熙路基督教青年会举行"救亡漫画展览会"，展出作品一百六十余幅，这在四川美术史上是空前的。观众人山人海，这种面向群众的美术活动也是前所未有的。成都各报刊纷纷发表评介文章，赞誉此壮举！

展览会闭幕后，为了进一步扩大抗日宣传，我们栉风沐雨，又到附近的温江、郫县、崇庆等地展出。各机关学校员工、学生结队参观，城镇住户，赶集农民，男女老少，更是川流不息，看得入迷，学生们在激动之余，自发担任解说员，由教师组队高唱救亡歌曲，不仅为展出增色，也使广大人民深受教育。

是年夏初，"全国漫画宣传队"在武汉成立，四川漫画社立即与他们取得联系，为他们出版的《抗战漫画》杂志，提供了社员创作的漫画稿件，如龚敬威的《日本皇军的王牌军》组画三幅，执笔的还有乐以钧、鲁少飞、张光宇等。后来，四川漫画社应"中苏文化协会"征求，选送了社员作品十余幅，在莫斯科举办的"国际反法西斯漫画展览会"上甚获好评。1938年底《华西日报》还写了新闻报道。殊不知，他们的爱国行为反被当局视为眼中钉，最终以四川漫画社没办"登记"手续为借口，勒令其停止活动。

本文选编自《芦山县文史资料选辑》第四辑，2005年

陪都时期的王芸生

王芝琛

父亲曾几次召集我们兄弟姐妹六人,讲过他的生平,但每当提到抗战时期,提起重庆,他就会非常兴奋,眼睛也特别有神。

一、坚决抗战　文章报国

1938年秋,武汉大撤退,刚迁往武汉一年多的《大公报》,也将迁至重庆。父亲在1938年10月17日,汉口休刊号上发表的《本报移渝出版》的社评说:"我们自誓绝对效忠国家,以文字并以其生命献诸国家,听国家为最有效率的使用,今后到了重庆,而心神却在大别山边,在鄱阳湖上。同样的,在江南、在塞北、在淮上、在粤东,我们永远与全国抗战军民的灵魂在一起。"第二天父亲即率《大公报》汉口版全馆人员乘江华轮溯江而上,船行至宜昌,遭敌机轰炸,造成巨大损失。

直到1938年12月1日《大公报》才在重庆续刊。

这时总编辑张季鸾因肺病渐重,已不常写文章,《大公报》每天一篇社评,这是《大公报》的老规矩,自父亲担起这一重任后,由于劳累,上火的事又多,经常流鼻血,有时厉害起来,一流就是小半盆痰盂。1939年5月3日和4日敌机对重庆连续大轰炸,5月4日那天,我家被震倒了一半,父亲从来不跟家里人一起躲警报,是母亲领着我们躲警报,才幸免于难。

从5月5日起,《大公报》改出各报联合版,共出101天。父亲又被公推为联合版编辑委员会委员。到8月13日《大公报》才在李子坝新址复刊。

《大公报》搬到李子坝后。于8月30日,再次被敌机轰炸,报馆把印报机半数搬进防空洞中工作。1941年7月《大公报》又两次挨炸。这时,正值重庆无雾期,日本飞机持续轰炸。损失惨重。8月18日,父亲到南岸江山探望张季鸾,张季鸾当时病势沉重,转月6日就逝世了。父亲与张季鸾谈到了敌机轰炸,张季鸾说:"芸生,你尽管唉声叹气有什么用?我们应该想个说法打击敌人。"父亲答:"敌机来了毫无抵抗,我们怎么可以用空言安慰国人打击敌人呢?"突然张季鸾拥被而起,兴奋地说:"今天就写文章,题目叫《我们在割稻子》,就说在最近十天天气晴朗而敌机连连来袭的时候,我们的农民在万里田畴间割下黄金稻子。让敌机尽管来吧,让它来看我们割稻子。抗战到今天,割稻子是我们第一等大事。有了粮食,就能战斗。"父亲按此意,于次日在《大公报》发表了《我们在割稻子》的社评。社评代表了中国人民的坚毅精神,代表了中国知识分子不屈的气节。

二、愤世嫉俗　廉洁自律

父亲常跟我们说:"我是一个从事言论的人,常随国家之忧而忧,国家之喜而喜。在这个大时代,我自然也忧深而喜浓。"他认为,一个能克尽厥职的新闻记者,须具备几种异乎常人的条件:第一,"须有坚贞的人格,强劲的毅力,丰富的学识,以明敏的头脑,热烈的心肠,冰霜的操守,发为'威武不屈,贫贱不移,富贵不淫'的勇士精神"。第二,"对新闻事业有浓厚兴趣。报纸是现代历史,新闻记者是替现代做历史的一员。因此,对时代应有一种独立的观点和立场"。第三,新闻记者要具有"是非之心,羞恶之心,恻隐之心,奖善惩恶逾法官,济弱扶倾如义侠"。第四,"不锦上添花,尤其不要为少数'要人'虚张事实,新闻记者最忌阿谀谄媚"。

经济拮据,父亲便带头减薪,被委以军委会参议,又把聘书和钱款如数退回。有些人认为他"不知好歹","太不通人情"。陈诚甚至当面还讥讽过他,说:"芸生先生,你不要搞得太清高了!"然而,父亲说:"我服从司马迁一句话,戴盆何能望天?"意思是说,头上已经戴上了新闻记者这个盆子,便看不见别的了。父亲还常诙谐地对别人讲:"我是办报的,报纸是我唯一奋斗的事业。至于报纸它有一定的价格,出这些钱,我们给报,少了不行,多了也不要。"

在当时,蒋介石是每日必读《大公报》,于是,许多军政要员为了提高自己的威望,想在《大公报》上登上一个什么"消息"或文章之类,亲自登门带上红包之类,都被父亲严厉拒绝了。抗战期间,国民党中宣部每周都要举行一次例行的招待会。正当长沙弃守时,主持人答记者问,总以"军事秘密"为由对战局推测守口如瓶。当时局势严重,新闻记者鼓噪唏嘘,这场记者招待会弄得收不了场。突然间,坐在第一排的父亲,顿足高声喊道:"这是什么话?成什么体统?抗什么战?究竟机什么密啊?简直气死人!不听招待会了,走,大家都走。"会场气氛顿时紧张起来,有人低声说:"王先生发脾气了,好家伙,除了他谁敢?有种有种!"

父亲在生活上一直俭朴,也许跟他出身贫苦有关,不喝酒、不吸烟。自我懂事起,从来没见过他大吃大喝,吃顿饺子,就算过年。

听母亲说:"特别是到重庆,你爸爸有了点名气,前后追他的女人,有好几个!但你父亲都不为所动。最后都很敬佩你爸爸的为人。"尽管父亲在政治上,在事业上,可谓崎岖坎坷,然而在家庭生活上却是幸福美满的。根据父母亲临终的遗愿,他俩的骨灰安放在一起,寄放于八宝山上。

三、多次碰"蒋"　为民请命

《大公报》与国民政府间发生了数起冲突,有人称之为多次碰"蒋"。

早在1940年夏,张季鸾还在世的时候,四川粮价连续暴涨,老百姓叫苦不迭,父亲曾于该年6月29日在《大公报》上发表了题为《天时人事之雨》的社评,主张用曹操借人头的办法,杀几个囤积居奇的奸商以平抑粮价。文章发表后,不少读者表示拍手称快!但当时就连张季鸾也曾埋怨父亲说:"我们的文章怎么可以主张杀人?"1941年末，《大公报》重庆版出现了一连串关于"紧缩论"的文章，这些文章大都由《大公报》社外人士谷春帆所写，不署名，以社评形式出现。文章中举出官吏兼差冗滥、机关庞大重叠的若干例子，要"政府要下大决心，来纠正这种风气，那不但节省了国家的开支。同时也收到修明政治之效"。《大公报》这一大套"紧缩论"，受到广大读者的欢迎和赞同，但是，孔祥熙坐不住了。一天，他束请父亲到他在曾家岩的官邸吃茶，就《大公报》某篇论财政的文章，以其中所引的事实及数字不确切表示抗议。当时场内鸦雀无声，气氛甚是紧张。父亲当时镇定自若，立即表示，如报上文章某点不合，孔副院长或有关部门可致函《大公报》辩论或要求"更正"。在座的各位官员都默无一言，一幕戏剧性的场面收场了，孔祥熙也终无文字找《大公报》辩论。

1941年12月8日，太平洋战争爆发。《大公报》香港馆遭毁。当时总经理胡政之陷于香港。蒋介石已电告香港有关机构，让胡政之尽快乘飞机离港。《大公报》派人接机，机门打开不见胡政之却见大批箱笼，几条洋狗和老妈从飞机上下来，由着男式西装的孔二小姐接运而去。父亲得知，甚为气愤，写了一篇题为《拥护修明政治案》的社评："……现当国家如此艰难之时，而个人如此排场享受。于心怎安？……此等事例，已传遍重庆，乃一不见于监察院的弹章，二不见于舆论的抗言，直使是非模糊，正义泯灭。"社评出来当天，蒋介石就罢免了外交部长郭泰祺，同时叫交通部写信要求《大公报》更正。

1942年河南省大旱灾，而国民党政府照样征收粮课。父亲对比重庆的情况，于2月2日发表了题为《看重庆，念中原！》的社评。社评提出质问："河南的灾民卖田卖人甚至饿死，还照纳国课，为什么政府就不可以征发豪富的资产并限制一下富者'满不在乎'的购买力？看重庆，念中原。实在令人感慨万千！"

1944年是世界反法西斯胜利的前一年，对此《大公报》不断地发新闻、社评，鼓励前线部队，希望他们"在大艰难中作大努力"！日军当初在河南中部发动攻势，《大公报》还希望国民党能打胜仗；湖南紧张了，《大公报》开始着急；日军打到广西，《大公报》急呼"开辟亚洲第二战场"，日军侵占独山，重庆震动了，《大公报》更是着急，要"最高统帅部移驻贵阳"，去顶住干。事后，父亲形容他当时的心情说："当时真是急死人了，好像心急得都要跳出胸膛！"

1944年12月19日，《大公报》发表了父亲写的题为《为国家求饶》的社评；12月22日，又发表父亲写的题为《晁错与马谡》的社评。

在纪念抗日战争胜利四十周年之际，原北京《大公报》副社长李纯青撰写的《抗战时期的〈大公报〉》一文中，对这些事实做过下面的评介："12月5日日军占领独山，前一天，《大公报》发表社评，强烈批评国民党政府，反对以空间换时间的战法，主张彻底革新政治。同时吁请蒋介石到贵阳督战。这些意见都拂了'人主'的逆鳞，《大公报》对国民党不积极抗战是异常不满的。同年12月19日《晁错与马谡》社论，不指名地暗示国民党应该罢免某财长，杀掉某将军。作此论的王芸生愤激到如此田地，三吁'请你们饶了国家吧！'《大公报》同仁一心一德，这一片爱国赤诚之心，可指天日，不能訾议。"

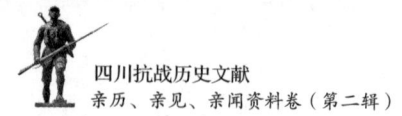

四、与中共有关的笔墨官司

1941年5月,日本以五万余人的兵力进攻山西南部黄河北岸的中条山地区。集结在该地区的国民党军队,共计25万人。日寇在军事进攻的同时还发动了舆论攻势,挑拨中国抗战军队之间的关系。例如:所谓"八路军不愿和国民党中央军配合作战""八路军乘机扩大地盘""打通国际路线""另立中央政府",等等。父亲应陈布雷之托,写了篇题为《为晋南战事作一种呼吁》的社评发表于5月21日的《大公报》上曾评论到:十八集团军向主团结抗战,并常将其衷曲向国人呼诉,全国同胞皆知。十八集团军是抗日的,是会打游击战的,现当晋境敌军求逞之际,近在咫尺的十八集团军,岂能坐视敌军猖獗而不抗?岂能坐视国军苦战而不援?

正在重庆的周恩来看到《大公报》社评后,十分重视,当晚就提笔给张季鸾和我父亲写了一封长信中说:但我可负责敬告贵报,贵报所据事实并非事实……只要和日寇打仗,十八集团军永远不会放弃配合友军作战的任务,并且会给敌人以致命的打击的……我信贵报此文是善意的督责,但事实不容抹杀,贵报当能一本大公,将此信公诸读者,使贵报的希望得到回应。敌人的谣言从此揭穿。

张季鸾和我父亲在收到周恩来的信后,也十分重视。不仅于5月23自《大公报》上全文发表了周恩来的来信,而且同时发表了张季鸾写的长篇社评《读周恩来先生的信》,最清楚也最典型地表达了他所信奉的"国家中心论",并建议"最好毛泽东先生能来重庆"。

时间流逝,几十年后,父亲亲自将此信送给中国革命历史博物馆。当我问他:"为什么在'文革'中几乎将你自己所有的文稿和几十年一天不缺的日记都烧了,而这封信却这么完好地珍藏着呢?"他只回答了五个字:"难忘的教诲!"

五、重庆谈判　呼吁和平

1945年8月15日,日本宣布无条件投降,整个山城——重庆震动了。整个中国震动了。8月17日《大公报》发表了父亲撰写的社评《日本投降了》。社评最后写道:"在我们欢庆胜利到来之时,国内也有一个令人兴奋的新闻,就是,蒋主席致电毛泽东先生,请其克日来渝,共商国是。这真是令人兴奋欣慰。当此重大时会,国家今后的治乱,人民固然有责,而其转捩与善导,毕竟握一二贤明领袖之手。"稿子发排后,被新闻检查所扣住了。该所向"侍从室"请示,陈布雷说:"绝无此事,是《大公报》造谣。"原来像这样的重要电文向来是由陈布雷经手,而这次却由吴鼎昌献策并经手发出,陈布雷心里能舒服吗?

1945年8月28日,毛泽东主席率中共代表团到达重庆,父亲写了社评《毛泽东先生来了》。该社评最后写道:现在毛泽东先生来到重庆,他与蒋主席有十九年阔别……多少离合悲欢,今于国家大胜利之日,一旦重行握手。真是一幕空前大团圆!认真的演这幕大团圆的喜剧吧,要知道这是中国人民最嗜好的!

就连几十年后,父亲回忆当初的情况时说:"当时过于乐观了,也太天真了!"

9月1日，父亲他第一次和毛泽东见面，毛泽东握着他的手，亲切地说："久闻大名，如雷贯耳。希望你们新闻界朋友，多为和平宣传。"父亲连连点头，并表示一定尽力。9月5日下午三时许，在红岩新村中共中央南方局办事处，毛泽东会见了父亲，父亲说："他（指毛主席）首先说目前尚未可能有确切之结果，以慰国人，可以说者仅为内战决可避免。我国政令、军令如果不再统一，的确为不得了的事体。然统一之政令必须建于民主政治基础之上。只有包括各党各派无党无派代表人士之政治会议，始能解决当前国是，并建立民主统一的联合政府。对于国民大会的代表，提出了普选的要求。最后对中苏条约缔结作了评论，认为中国获得强有力之盟邦，可勿疑心被其他国家侵略。"

9月20日，毛泽东主席再次会见了父亲等三人，父亲向毛泽东建议："共产党不要另起炉灶。"毛泽东回答说："不是我们要另起炉灶，而是国民党灶里不许我们造饭。"宴会结束时，毛泽东为《大公报》职工题写了"为人民服务"五个大字。

1946年，我们全家随父离开重庆复员上海。从重庆朝天门码头登船，驶过三峡，在武汉换船，直至上海。重庆啊，重庆。父亲常说："我在重庆度过了一生中最不平常的年代！"写到这里，我又仿佛听见哥哥、姐姐们常唱的那首歌曲——《嘉陵江上》。

本文选编自王芝琛《百年沧桑：王芸生与〈大公报〉》，中国工人出版社，2001年

郑用之与"抗战电影"(节选)

陈兰荪　孔祥云

一、"中制"成立，规模宏大

国共合作共同抗日的战斗体系于1938年4月组成，成立军委会作为最高司令统帅部，八路军、新四军编入国民革命军，享受国民革命军待遇（实际上并没完全做到）。军委会政治部由国民党上将陈诚任部长，副部长由上将周恩来和国民党内的民主派（后为第三党——农工民主党）黄琪翔二人担任。国民党人张厉生为秘书长（后为贺衷寒）。下设一厅管军队政工，厅长贺衷寒；二厅管民众组训，厅长康泽（贺、康系复兴社前后书记）；三厅由副部长周恩来领导，中将厅长郭沫若；另还有四厅，属总务之类。第三厅规模很大，阳翰笙任主任秘书，下设三个业务处。第六处，即文艺处，田汉任少将处长。下有科长，有著名作家洪深等。郑用之任六处上校电影科长，从中校升上校，他下面的各课（等于股）也同升一级。

郑用之是郭沫若领导之下唯一的国民党复兴社分子，既有复兴社做后台，又有共产党帮助。郭沫若是他所敬佩的，阳翰笙（欧阳继修）又是他亲若手足的同乡，田汉、洪深等人在上海时就有联系。跟这些人在一起工作，真是如鱼得水，他认为是"上天安排"，乃昂首长啸"天助我也！"他新拍了《热血忠魂》（袁丛美编导，黎莉莉、高占非主演）后，即写报告，由郭沫若转呈部长，委员长批准，将汉口制片厂扩大更名为中国电影制片厂（简称中制）。有了经费，他把从上海退下来的编导、演员尽行收纳。接着拍抗战故事片《八百壮士》，写在八一三事变时上海国军坚守四行仓库的故事，编剧阳翰笙，导演应云卫，由共产党人袁牧之、陈波儿主演，片子质量高，故事真实感人，效果极好。除在各大城市放映外，还去前线及后方农村巡回公映，鼓舞了士气和民心。又拍《最后一滴血》，由金山导演，上海新秀王莹、田方主演。此时"中制"奉命由武汉迁重庆。郑用之有远见，早派人（于1937年5月在四川拍《川灾特辑》的罗静予）于1938年初在重庆寻厂址并做好迁厂筹备，因此一步到位，"中制"厂全体乘轮西上，顺利进入重庆纯阳洞街44号（现为市文化局话剧团所有）新厂房。中国电影历来落后于西方，上海的一些电影公司如"天一"（后迁香港叫邵氏电影公司）、"联华""友联"都较简陋。"中制"则招牌大，财力雄厚，加上共产党和接受共产党领导的力量的支持，人才济济，并集上海所有公司之长，成为颇具规模的电影制片大厂。

笔者（陈）考进"中制"宣传组任上尉助理编辑。宣传组在编制上属业务课，实际由郑用之直接指挥。组长何酩生干得很久，他的特长是受得住"厂长的脾气"，"挨批不生气"。笔者的任务是收集资料，协助编《扫荡报》（日刊）、每周副刊《影剧战线》，还有《国民公报》(日刊)、每周副刊《电影与戏剧》,都只是写些电影评论和宣传文章。

办公大楼底层的厂长室还有位办公室主任金擎宇。他年纪大,有古文造诣,稳健持重,做厂里的行政工作四平八稳,使得各行政部门井井有条。郑用之对他非常尊敬,甚至言听计从,请一个老到的来坐镇全厂,这本也是为官之道。编导会的主任委员阳翰笙,第三厅撤销后改为文工会,阳翰笙是文工会副主委兼秘书长,在"中制"是兼职。他的号召力甚强,许多知名的剧作家、艺术专家分别以编导委员和设计委员集于一室。剧作家刘念椠、徐昌霖和诗人徐迟常在办公室任秘书,协助阳翰笙处理编导之事宜。

军事教育影片室主任是袁丛美,新闻片室主任是郑君里,袁、郑两人20世纪30年代在上海影坛被推为"四大小生"之列。袁丛美在四川部队政工部门工作很久,常挂上校衔全副武装进出于"中制";郑君里大学毕业后翻译了不少有关苏联电影理论的文章,还出过专集。两人均兼导演。

"中制"拍摄的影片,都在内部小型放映室试放,以便进一步修改。如《日本间谍》完成后,蒋纬国就来看过。罗静予用从香港带回的美国彩色胶片,拍摄了中制人员的内部生活,也在此放映,此为中国第一部彩色电影。上海卡通专家万氏兄弟古蟾、籁鸣负责的卡通制片部最引人注意。画卡通的有十几个人,个个穿得很漂亮,平常不外出活动,只埋头在工作室里。如遇镜头中或舞台上需要跳交际舞时,他们就会大显身手。

"中制"属军事机关,表面上还是军事管理,警卫森严,对外来者还有一套会客手续,对内则较马虎。

在重庆,郑用之拿出了一系列抗战故事片,如《热血忠魂》《八百壮士》《青年中国》《保家乡》《塞上风云》(写汉蒙民族共同抗日)。以日本战俘为演员现身说法的《东亚之光》和《日本间谍》都是揭露日军暴行的电影,《火的洗礼》写一个日本女间谍混入重庆兵工厂的"反间谍"故事。他离厂后,"中制"拍的《还我故乡》《气壮山河》《血溅樱花》《警魂歌》都记录了中国人民浴血抗战的事迹。

"中制"拍摄的军事教育片和新闻纪录片共百部以上,还先后组织了战地拍摄组,奔赴前线,不畏艰辛,冒着战火抢拍。如《娘子关战役》《保卫大武汉》中以实景再现了中国共产党领导的军民,在敌后有力地牵制和抗击日本侵略军的场面。其中拍下了八路军誓师出发,奔赴前线东渡黄河,伏击日本坂垣第五师团第二十一旅团于晋东北平型关要隘、截击日军的镜头,剪接成纪录影片,由放映队跋山涉水,送到各战区和各大小城市放映,大大鼓舞了军民的士气。

故事片首先是在重庆几家大戏园(电影院)上映。本是作为抗战宣传的,不料影戏院的老板租金叫价昂贵,颇难承担。郑用之只好招待各报记者,报告情况,向社会呼吁。私人老板也有他们的难处,亦同样招待新闻记者,倾吐他们的困难情况。郑用之便决心自办影院,专走财神爷孔祥熙的路子,拨了一笔钱就修起了"抗建堂"。这在当时算是接近标准的两用影剧院。郑用之全力以赴,还挪用了演职员三个月的工资,方才顺利完工。开幕那天,还在"中制"厂门口贴出红色海报,欢迎厂内职工参加开幕盛典。厂长郑用之在会上讲了话,接着是文艺节目表演,由著名的相声演员欧少久、董长禄和京韵滑稽大鼓演员富少舫表演。会开得十分热闹。后来大家才知道原来都当了一次义务群众演员，因为大家被摄进了《火的洗礼》的镜头中。影剧院"抗建堂"的经理由导演史东山的夫人华妲妮担任。史东山是在上海任联华公司导演时结的婚，夫人华妲妮是上海一家大绸缎商店老板的独生女，出身商业学校，做生意很能干。

此后，"中制"摄制的影片就在抗建堂放映，但因此地处比较偏僻，还要上坡，市中区（那时至七星岗止）的观众不来，郑用之又以分股和私股收购了解放碑（当时叫精神堡垒）地区的唯一电影院（现为劳动影院），还在重庆大学附近的沙磁区建起露天电影院，在内江、自贡两地建胜利大戏院。自己制片，自己发行，自己放映，形成了一条龙的经营形式。

郑用之壮志凌云，大量收罗人才，养兵千日以备不时之需。在文艺上除电影、戏剧人才之外，还有音乐家、美术家、舞蹈家、诗人等。在科技上，声、光、电、化、精密机械等人才都有。他还把原来的三个放映队扩大为下设十个分队的放映总队，由郭沫若任总队长，他为副总队长。三厅撤销后由他任放映队总队长，杨村彬为副总队长。此外，他还成立了附属机构。

一是中国万岁剧团。陪都时期，国际口岸被日本军国主义封锁，胶片进口困难，"中制"的编导及演员都精力充沛，为了加强救亡宣传，决定双拳出击，既拍电影，又演抗战话剧。第一个话剧为唐纳写的《中国万岁》，由王为一导演，由"中制"演员出演，演出非常成功。在南昌行营政训处时期，原编制有"怒潮剧社"，后来停止活动。郑用之便以此为理由恢复其活动，经批准，依郭沫若建议改为"中国万岁剧团"（简称中万），直属第三厅，交"中制"管理，以郭沫若为团长，郑用之为副团长，于1940年4月1日正式成立，郭沫若还撰写了《中国万岁剧团之歌》歌词，首次上演老舍写的《国家至上》。

当时重庆称得上大剧团的只有"中万"和中央电影摄制场的"中电剧团"。较次的有"中青剧社"（属三青团中央团部）。这三家都为国民党官办，但三家的编导、演员绝大多数都是共产党员和中共领导的进步人士，这是抗战电影和抗战话剧最大的特点，也是中国共产党统战政策的成功。

"中万"上演的话剧除《国家至上》之外，有《夜上海》（于伶编剧）、《残雾》（老舍编剧）、《天国春秋》（阳翰笙编剧）、《国贼汪精卫》（马彦祥编剧）、《陌上秋》（陈白尘编剧）、《棠棣之花》（郭沫若编剧）、《蜕变》（曹禺编剧）、《虎符》（郭沫若编剧）、《雾重庆》（宋之的编剧）等大大小小（包括街头剧）50部以上。唯一一次剧界大团结，是演员中有国民党中宣部副部长、国立剧专校长及共产党人联合上演的《全民总动员》。郑用之为演出委员，并派出了"中制"人员应云卫担任执行导演，起了主导作用。

二是中国合唱团。由著名音乐家盛家伦、贺绿汀领导，有歌唱家周小燕，作曲家刘雪庵、少梅等，在山城和大后方风行一时。

三是中国魔术团。团长郑用之，副团长阮振南是越南人，由胡志明（本姓阮）保送至广州进入黄埔军校的，其喜爱魔术，自成一体，北伐时以"革命魔术"为主题，抗战时期就以抗日救亡为主题，成为中国"四大魔王"之一。

四是"中制"香港分厂。郑用之考虑到胶片及电影器材进口困难，还有敌机轰炸，就在香港办了个"大地电影制片公司"作为分厂。拍摄有《孤岛天堂》，1939年完成，由蔡楚生编导，黎莉莉、蓝马主演，写上海失陷后各阶层市民的爱国激情，以各种方式进行抗日活动，连不会说话的哑巴也成为积极的抗日分子，感人肺腑，激动人心，这是部较为卖座的抗日救亡的故事片。然后是《白云故乡》呼唤海外游子回国参加神圣的民族独立斗争，由重庆演员风子（女作家封禾子）、江村和香港演员黎灼之、卢敦共同演出。

五是《中国电影》月刊。发行人郑用之，是纯电影理论的刊物，在当时也是唯此一家。

六是《今日电影》。由宣传组何酩生任发行人，宣传组同仁编，属报刊性质，是自我宣传的周刊。

二、半生心血，付诸东流

"拿国民党的钱，做国民党的官，替共产党办事。"若干年来，蒋介石的侍从室从军、政各个情报渠道，收到检举郑用之的情报比较多。

皖南事变后，国民党政府军委政治部长张治中奉命撤销了第三厅，并将其改为"文化工作委员会"，把这批进步文化人士送至疏散区的巴县赖家桥画地为牢，只做研究活动，不再参加抗日宣传，没了军职，没有任务，只拿一点生活费而已。

郑用之的问题也正式提上了政治部会议议程，原则上是停职反省，表现得好还可以继续任厂长，否则撤换。张治中认为撤销第三厅对陪都文艺界震动太大，如果再动郑用之，恐引起混乱，得慎重些。复兴社的前后两任书记，黄埔军校老大哥贺衷寒、康泽都到郑家做工作。郑用之对此违反"国共合作"的做法非常反感。他说，没有这样一批人才，"中制"也好，"中万"也好，都将成为一个空壳。国民党没有这批人才，戏剧学校培养出来的学生，在校算国民党的，出校就走到共产党那里去了。

郑用之十分坦然地说："我不是舍不得这个少将厂长，我是舍不得从电影股开始，近八年的心血，我不愿它在我手中送了命。你们另派人来当厂长吧。"郑用之真的舍不得自己一手创办的"中制"，返厂后他神志不清，次日便"郑用之下条子关押郑用之"以示抗拒，消息传出世人无不大惊，内部十分混乱。

张治中撤换了纯阳洞街44号警卫排，连阳翰笙上班也遭到新警卫的盘问。蒋介石发动的第二次反共高潮，从皖南延伸到重庆，山雨欲来风满楼，敏感的文艺界人士惶惶不安，演员、作家们都四处转移。晚报上有文章暗示，影剧界"孔雀东南飞"了。

"中制"不再像文艺单位了，阳翰笙、孟君谋、应云卫都先后撤离。应云卫在大家的支持下，办起了民间剧团"中华剧艺社"，一时编导演职员们都纷纷离开"中制"而加入"中艺"了。不久，金山利用杜月笙的名义，又办起了"中国剧艺社"。1942年，政治部长张治中明令由吴树勋（胡宗南部的政治部主任）接任郑用之的厂长之职，"中制"果然成了个空壳，不幸为郑用之言中。电影拍不走，话剧炒现饭，拖时吊命而已，后来又把战前任上海公安局长的蔡勋军任命为第三任厂长。

本文选编自《重庆文史资料》第十辑，西南师范大学出版社，2008年

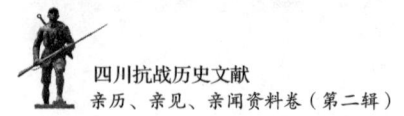

抗战故事之老川大：
弦歌铿锵峨眉山，望江楼畔扬风帆

党跃武　刘　乔　谭　红[*]

由于抗日战争的爆发，国立四川大学的发展受到不可避免的破坏，一度被迫迁到峨眉山。虽然跑警报也成为学校师生的必修课，但是与国内其他高校相比，处于大后方的四川大学在相对安定的环境中坚持发展，因而被当时的教育部称为"全国独善的最高学府"和"西南培养人才的总枢纽"。时任美国副总统的乔治·布什1985年莅临四川大学，他认为："第二次世界大战时期，四川大学确实起了保持中国高等教育传统的作用。"

一、战时教育

张颐上任不久，抗日战争就爆发了。按照黄季陆的说法，四川大学成为"后方唯一有充实设备而未受战争损害的大学"。经济学家赵人儁说："差幸在川大，此项报章杂志力为搜集，参阅便利。他处则重要刊物亦不易见。此吾人对于今日之川大深为欣感者也。"抗战期间，一位美国学者裴飞参观了农、理两院的设备后，兴奋地说："我以为中国的大学都是一间间的大教室，想不到僻处成都的川大有这样完备的设备。"立足民族复兴最重要根据地的四川，四川大学自觉担当了在国难期间延续中华民族文化命脉于一线的使命。

张颐就职后，特别重视教师的学识修养。由于沦陷区教职员纷纷撤退，云集川内，张颐优礼聘请名师。四川大学一时名流学者荟萃，蔚为大观。其中，包括哲学家朱光潜、天文学家李珩、农学家王善佺和董时进、文学家饶孟侃等人。任鸿隽离开了学校，对学校依然颇为关爱。四川大学获得了中基会资助的七个讲座教授席位，有冯汉骥、吴大猷、张洪沅、萧公权、赵人儁、徐中舒、黄建中等。当时，在中文系读书的王利器说："日寇入侵华北，平津名教授多来川大任教。同学们私下里认为，这是四川的北京大学。"

由于国土沦陷，大量学生失学，四川大学成为他们的首选。1937年夏季，学校录取新生270人后，教育部命令再次招生137人。1938年6月，学校先后收借读学生488人。对于大批涌入的借读生，张颐表示，对"因母校不能开学，来到这里借读的学生"，"我们更当一面表示同情，一面表示欢迎。因本校既属国立，合全国为一家，应无主客

---

[*] 作者为四川大学档案馆工作人员。

之分"。由于借读生大大超过本校学生,学生的结构发生了巨大变化。1938年,川大在校学生共1318人,其中四川学生912人。

二、战时科研

"国家不幸诗家幸,赋到沧桑句便工",抗战的爆发为四川大学带来了新的挑战,也使这一时期的科研带上了浓厚的战时色彩。后方建设的需要使四川大学更为重视与社会的联系,特别是在农业知识的推广方面,做了很多工作。

1938年,四川大学组织成立了"川军抗战史料搜集整理委员会",并函请中央古物保管委员会联合调查四川文物。学校对四川的石器时代遗址、汉晋墓葬、古代建筑、壁画、石刻、造像等进行了全面普查。这是国内第一次文物普查工作。学校成立了应用化学研究处,研究包括"利用川省资源提制代替汽油或汽油之研究""川省盐产之利用与溴碘之提取""纯碱制造之改进""四川天然硫黄之调查与提炼""利用川煤提取煤膏苯甲苯等物之研究""测量彭山芒硝之产量与藏量"等战时急需的课题。

三、最强的农学

在抗战期间,四川大学的农学所受影响最小,长期在九眼桥望江楼一地办学,也没有迁到峨眉山。1938年夏,农学院受四川省教育厅委托,办理了四川省立高级农科职业学校,为四川省农业人才的培养做出了巨大贡献。同年,农学院开设了农民学校。在四川省建设厅的建议下,农学院学生分赴各县推广农学院教授杨开渠研究的再生稻。在学生出发前,农学院院长曾省除了要求学生注意采集农民的经验,"留作研究改良的借镜"外,还特意提醒"对乡人应持和蔼态度,举动应该慎重,服装勿事华丽。乡民有问必答,勿惮繁琐。如此定能给乡民以良好印象,而结果亦必佳"。他还说:"本院同仁对于后方生产的农垦事业,向甚关心,总希望在危急存亡之秋,打通一条血路。"1937年,美国康乃尔大学博士董时进接任农学院院长。1943年,李约瑟在考察了中国高等教育后认为,农学是四川大学"最强的学科",成都可以说是当时中国的"农业中心"。

杨允奎是我国玉米杂种优势利用的开拓者之一。1944年,玉米专家、美国副总统华莱士访华时曾经专门拜访他。在四川大学期间,他有计划地开展了小麦、玉米、豌豆的遗传育种研究,先后培育了秋玉米综合杂交种川大201、小麦新品种川大101、豌豆新品种川大红花豌和川大无须豌豆,使农学院成为具有国际声誉的农学基地。

四、抗日救亡运动

七七事变爆发后,文学院学生康乃尔、王玉琳在学校发起声援华北抗战大会,成立了以进步学生为主体的全校的群众救亡组织——四川大学学生抗战后援会。此后,成都各校学生抗战后援会也相继成立。

四川大学学生抗敌后援会成立后,主要负责少城公园、中山公园、提督街、西御街、东御街、祠堂街、外东九眼桥和望江楼、南较场、文庙西街等处的宣传,上街演说、演唱、张贴标语、散发传单,为抗日将士募捐。他们还组织了两个宣传队,印制了传单、口号、漫画和国难地图等，前往温江、郫县、新都、新繁、德阳等地，在广大农村传播了抗日救亡的火种。于北辰是四川大学抗敌后援会的负责人，后来担任了内蒙古大学校长、中央教育行政学院（现国家教育行政学院）常务副院长兼党委书记。

1937年秋，为了欢送川军出川抗战，四川大学全体学生仅用六天时间，缝制棉衣1075件赠送川军，同时收集旧衣服数百件赠送战区难民。另外，他们赠送了毛巾1200条和锦旗十六面，上面写着"为民族解放而抗战""保卫中华，争取我们的生存""把我们的血肉筑成我们新的长城"等口号。

四川大学师生下乡宣传抗日救亡

1937年冬，国民政府征集数万民工，扩建凤凰山军用机场，四川大学和成都各大中学抗敌后援会组织师生前往慰问民工。在目睹民工住所简陋的条件后，他们用国立四川大学抗敌后援会的名义购买了三万斤稻草，捐赠给民工垫铺御寒，并组织学生代表前往省政府要求政府改善待遇。

四川大学学生演出抗日救亡戏剧

在四川大学抗敌后援会开展活动的同时，1938年，以四川大学学生为主的成都学生抗敌宣传团成立，四川大学文学院和法学院的学生为第一团，四川大学理学院和农学院学生为第二团，华西协合大学、燕京大学、金陵大学、金陵女子文理学院、中央大学、齐鲁大学学生为第三团，光华大学学生为第四团。他们利用少量经费和大家的捐款，制作旗帜，在星期日走上街头讲演，教唱革命救亡歌曲，出演街头剧。

在抗日救亡运动的推动下，各种救亡刊物如雨后春笋般涌现。其中，由四川大学师生创办和协办的有《文艺月刊》《前进》《活路》《成都新闻》《大声》《救亡》《星芒》《金箭》等，这些刊物都是进步学生们以笔杆做刀枪的有利战场。许多热血青年还积极报名参加青年军和远征军。据不完全统计，四川大学有133人，华西协合大学有47人，燕京大学、金陵大学、金陵女子文理学院、中央大学、齐鲁大学等学校共有138人。

1944年11月，正在燕京大学研究院考古部学习的成恩元，其在贵州文水老家的母亲和哥哥在八天内相继病饿而死。他悲痛欲绝，自书"仇必报，必报仇，为了家、国、民族"，弃笔从戎，参加了抗日杀敌的青年军，担任青年军随军记者。他后来长期在华西协合大学、四川大学博物馆和历史系工作。

奔赴延安的四川大学学生

抗日救亡运动的发展，促进了四川大学党组织的恢复和重建。在学校，经常活动的党员多达120余人，四川大学建立了当时国民党统治区最大的基层大组织之一，先后向革命圣地延安输送了大批骨干。一部分学生党员，如后来任北京大学党委书记和中共中央纪律检查委员会书记的韩天石曾任中华民族解放先锋队成都队总队长，他和后来任四川大学校长的康乃尔被推上党的重要工作岗位。四川大学党总支副书记、理学院学生邓照明后来被选为白区党组织的代表，到延安光荣地出席了党的"七大"。

五、南迁峨眉

1938年10月，国民政府迁到陪都重庆后，日寇飞机接连轰炸重庆、成都。当年，日军两次轰炸成都，共出动飞机35架次，投炸弹199枚。1939年4月，当时的国立四

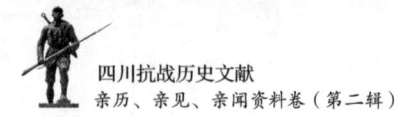

川大学校长程天放呈准教育部,决定将校本部和文、理、法三个学院迁至峨眉,农学院以及理学院的应用化学研究处、测候所、植物园继续留在成都。

6月初,学校雇用了1500部板车将图书和仪器等从水陆两路开始运送。在搬迁过程中,运输的木船在岷江中遭遇狂风被打翻,仪器、箱子沉入江中,桌椅、板凳满江漂流。运送图书和档案的板车在山道上被抢劫,一些教员的衣物也丢失了。

1941年7月27日的成都大轰炸证明了学校南迁的正确性。这天,皇城校本部和南校场的理学院、法学院中弹着火。至公堂、明远楼一带的办公区和教学区,留青院和菊园一带的宿舍区,以及图书馆和博物馆等,共127间房屋变成废墟。据目击者回忆,"从国立四川大学缀有'为国求贤'匾额的正方进去,但见一片残垣破瓦,竹林还在冒烟,血迹斑斑,触目惊心"。所幸的是,四川大学的绝大部分师生已经来到峨眉山上,几无人员伤亡。

在1939年新学期开学前,学校的搬迁基本完毕。搬迁后的文、法两院设在伏虎寺,理学院设在保宁寺和万行庄,新生院设在鞠槽的将军府,校本部和教职员宿舍安排在报国寺、红珠山等处。在峨眉开学后,《四川大学校刊》发表了一篇文章,反映了刚到峨眉的师生们的心情:"'峨眉天下秀',我们是多么幸运的来到这个'天下秀'的所在,朝夕领略这美丽的景物哟!虽然如此,我们却永远不会忘记,是谁逼我们到这边野的角落里来。因为这,中国优秀的青年们,衷心蕴藏着无限的悲恨、愤怒之火,燃烧着我们整个的心灵,于是,他们把它发泄到学术研究上去。整日里图书馆中,便挤满了他们的足迹,为着抗战建国的需要,埋下了整个的心灵。"

六、莫嫌破屋一间小

由于当时物资严重缺乏,缺医少药,师生生活十分清苦。特别是老年教师常年登山上课,十分艰难。入秋之后,山中淫雨久下不止,体弱多病者更是苦不堪言。虽然办学不易,师生并没有因此而退缩。

南迁峨眉之后,学校教职员子弟无小学可入,乡间适龄儿童也无读书识字的机会,教育系主任张敷荣主动创办报国小学,将其作为教育系学生实习园地。1940年春,报国小学开始上课,后成为师范学院附属小学。

体育活动似乎没有以前那么活跃,但是,学生必须参加晨操,无故缺席者即予以警告,警告达三次即作一小时,三个小时即记一次大过。如果体育课不及格,学生不得毕业。因山中没有大面积平地,除理学院操场较大之外,文、法两院在伏虎寺下开辟一个小体育场,新生院在河边开辟了可容纳四五百人的运动场。学校在伏虎寺下将就山涧石桥修建了游泳池,组织开展爬山和越野赛跑等活动。学校请专门教员教授武术,还请峨眉山武艺高强的僧人指导,参加武术练习者达160余人。1941年4月,四川大学第四届运动会在伏虎寺举行,这在峨眉山是空前的盛举。

1941年5月,学校还组织师生和家属参加在伏虎寺举行的展览会,陈列艺术品3000多件,琳琅满目,观者称快。师生和家属自行组建了平剧社、望峨剧社、歌咏戏剧队等,演出川剧、川戏和话剧。

近四年的峨眉岁月是痛苦的,也是幸运的。著名新月派代表人物、外文系教授饶孟侃在给同事朱寄尧的《题画》诗中说:"幸有梅花三两株,幽香尽日满庭除。莫嫌破屋一间小,如此风光十里无。"四川大学师生在困境中培养出一种乐观豁达的精神,他们意志得到历练更加成熟。

国立四川大学的研究生教育始于迁峨之前,但是却发展于此。理科研究所1938年成立,两年内发展到专任指导教授4人,研究生17人。最早,理学研究所设化学部,分无机组、有机组、理论组和药学组,研究项目与军事工业、医药有关。其中,应用化学研究处的研究方向是化工学术及辅助工业的发展,主要受工矿生产单位和有关政府管理机构的委托,进行专题研究或者器材化验。文科研究所成立于1940年,分史学、中国文学、语言文字学三组,研究生十余人。1941年11月,教育部正式批准学校设文科研究所和理科研究所作为研究生教育机构,向楚和张洪沅担任所长。

七、"两千万富翁"

王利器是著名的国学大师,一生整理校勘出版的中国文献古籍总字数超过两千万,故称为"两千万富翁"。王利器就读江津中学时,适逢吴芳吉当校长。吴芳吉是个非常勤学的人,每天早晨三点钟就起床读书,也要求全体学生同时起床自习。王利器进入重庆大学高中部,向宗鲁讲清儒,何鲁讲几何,因而受益良多。王利器考取了四川大学中文系后,游艺于众多名师之间,如鱼得水。大学三年级时,重庆大学文科并入川大,向宗鲁与王利器在成都师徒相逢。迁校峨眉后,在向宗鲁的指导下,王利器撰写了100万字的毕业论文《风俗通义校注》,实际上是一本专著。经学校推荐,王利器获得了当年全国大学生毕业论文竞赛中国文学组的第一名。在之前的1940年教育部举行的全国大学毕业生论文竞赛,国立四川大学获奖者达31名,居全国第二。毕业后,王利器考取北京大学文科研究所,师从傅斯年。抗战胜利后,他返校任教,1956年调入人民文学出版社工作。

八、两本书代表一生

在四川大学1941届毕业生中,除了王利器之外,还有一位经济学大师,他就是经济学家蒋学模。抗日战争开始后,辗转入川的蒋学模进入四川大学并随校来到峨眉山。1941年,他毕业于法学院经济学系。1939年,他在四川大学图书馆里读到了英文版法国著名作家大仲马的《基度山伯爵》,产生了将其翻译给中国读者的冲动。抗战胜利后,他随复旦大学复员上海时,因交通原因滞留重庆的途中开始翻译《基度山恩仇记》。1947年,复旦大学文摘出版社出版了他的译著。1978年,《基度山恩仇记》更名为《基度山伯爵》,由人民文学出版社再次出版。

但是,蒋学模的本职却是经济学研究和教学,1949年起历任复旦大学经济学系讲师、副教授、教授。他一生所撰著述近千万字,最著名的是《政治经济学教材》和《基度山恩仇记》首译中文版。前一本书发行1800万册,是同类出版物发行量最多的。蒋学模自己也说:"这两本书可以代表我的一生。"

九、同年毕业两院士

1941年毕业的不仅有王利器和蒋学模两位人文大师，还有两位中国科学院院士，他们是化学家陈荣悌和物理学家李荫远。这是四川大学历史上第一次同年毕业生中有两个院士。陈荣悌是四川垫江人，是化学系培养的第一个院士。1952年，他获美国印第安纳大学博士学位。在热力学和热化学、动力学及反应机理、结构和配位理论、络合催化理论和应用等方面，他都有突出的成就。1980年，他当选为中科院化学学部学部委员。物理学家李荫远是成都人，1941年毕业于四川大学物理系，1951年获美国伊利诺伊州博士学位。他是中国固体物理学的开拓者之一，1980年当选为中科院数理学部学部委员。

十、群贤毕至

在抗战时期，四川大学英才辈出，得益于许多著名教授学者云集四川，受聘到校任教。除了前面提及之外，还有数学家李国平院士，创建了四川大学自然博物馆的前身——植物标本馆的植物学家钱崇澍院士，"两弹"元勋、高能物理学家张文裕院士，中国科技情报所第一任所长、化学家袁翰青院士，遗传育种学家鲍文奎院士，著名的数学家、物理学家吴大猷院士，中国科学院副院长、全国政协副主席、胚胎学和发育生物学家童第周院士，园林及花卉专家陈俊愉院士，以及数学家吴大任教授、经济学家胡寄窗教授、经济学家陶大镛教授、古典文学家肖涤非教授、教育家张敷荣教授等。

陶大镛对社会主义思想史、现代资本主义和欧洲经济有突出的研究成果。在校期间，他与彭迪先、李相符三位"红色教授"连同已经不在学校的爱国民主人士张澜，曾经被反动派伪造所谓署名"发行人张烂，主编狸像狐、盆地陷、逃达蓉"的壁报，诬蔑他们出卖祖国。最后，在广大师生的强烈要求下，时任校长黄季陆和教务长叶石荪给肇事者以解聘、开除等严厉的处理。李相符后来是国家林垦部副部长、北京林学院党委书记兼院长。

十一、黄季陆的万人大学

黄季陆是四川叙永人。早在儿童时期，他就心怀天下。保路运动时，年仅12岁的黄季陆发起组织童子保路同志会，手指血书："破约保路，与民同休。"钟士秀曾经写诗称赞他："髫龄志趣更精神，名册标题血有痕。死生争竞谁能让，铁血心肠铁汉身。"黄季陆先后留学于日本庆应大学、美国俄亥俄州立大学和加拿大多伦多大学，学习政治学。1927年，他曾任国立成都大学教授。1943年，黄季陆身为国民党四川省党部主任委员，受命担任国立四川大学校长。

一到学校，黄季陆就呼吁四川大学要"在建国的大业中竭尽其国立大学应尽的任务"，提出在三五年内把四川大学办成"万人大学"的目标。1943年，他把四川大学迁回成都，回到当年任鸿隽确定并已经开始建设的望江楼畔。从成都到峨眉，再从峨眉到成都，迁校工作总是十分艰苦，主要搬迁工作基本上在2月12日至3月12日一个月内完成的。当时，校刊这样报道迁校途中的情景："一时嘉蓉道上，飙轮竞驰，青衣江头，舳舻相接，渐见峨山山城冷落，寺门荒凉，弦歌歇处。"

返蓉后，破败的皇城已经无法成为办学之地。从1905年四川师范学堂和四川法政学堂、1906年四川农政学堂、1908年四川工业学堂、1918年国立成都高等师范学校、1927年国立成都师范大学、1931年国立四川大学，到1943年从峨眉山返回，四川大学及前身各校前后在皇城办学近四十年。1943年迁校回蓉时，农学院成为校本部，也就是今天的望江校区。但是，学校已经竣工的只有任鸿隽校长奠基的几栋建筑物，包括数理馆、化学馆、图书馆等，农学院暂移至南城小学，师范学院借用军管区房屋，新生院安置在南较场原理学院旧址。

1943年3月18日，学校开始在新校区正式行课。与此同时，在校内大兴土木。经过黄季陆的建设，从九眼桥到三瓦窑，"新校址濒锦江南岸，负郭面流，土地平旷。校舍建筑样式，采用中西合璧，质料坚实，巍峨雄壮。锦江绕流于前，帆樯往来，沙鸥明灭。四周农田菜圃，花木成林。江畔垂柳，倒影水中，江天为之生色。望江楼在其附近，为蓉首胜之区，青年学子，作息其间，对于身心上之进益，诚非浅鲜。"

由于峨眉山的条件远非望江楼畔所能比，当年迁校峨眉对生源影响最大。回到成都后的学校第一次招生，报考的人就十分踊跃。光是招收的一年级新生就有1031人，加上转学生，一共招收了1706人，比原来全校学生还多了近四百人。迁校回蓉后，学校仅半年时间，就聘请了五六十位专任教授，各个学院的各系增聘了专任教授一至四人，包括一些研究马克思主义经济学说的学者，如彭迪先、黄宪章、陶大镛等。

对教授的聘任，学校实行联聘制和终身制两种，鼓励教授在本校连续任教。凡被本校连聘两年，本期又续聘的教授、副教授，均再续聘两年；凡在本校任教十年以上的教授，便为终身教授。在培养师资力量、提高教学科研水平方面，学校定期对教员进行业务审定，把升等晋级的工作经常化。学校成立升等晋级审议委员会，由院长和年资高的教授组成。

在科研方面，不少教师的著作在国内外学术界都获得了极高的赞誉。如萧公权的英文版《中国政治思想史》，李梦雄的《世界文学史年表》，刘盛亚改编的《钟楼怪人》，余群宗的《中国土地法论》，李景清的《统计学大纲》，方文培的《峨眉植物图志》，陈杰的《黎曼氏函数》，何君超的《有机化学》，朱剑农的《土地经济学原理》等。1946年校庆时，农学院师生在学校农场培育了十五个优良稻种作为献礼，包括川大洋尖、川大白脚粘、川大白节子、川大长须谷、川大红嘴燕、川大大盖花、川大野大红、川大轧十石、川大银糯、川大岩糯、川大杭州糯和川大早糯等，这些稻种在四川地区很有推广价值。

学校十分注意提高学生外语水平。据1947年《新新新闻》的报道，四川大学一年级基本英文课素称严格，每年结束考试不及格者大有人在。由于学校留学国外者多，并且聘有外籍教师，所以要求学生有较高的外语能力。爱好英语的同学发起组织英语茶会，每周一、五举行，由美籍教授孔保罗等参加指导。

为了满足公教人员渴求知识的需要，四川大学于1944年2月创办夜校。校址设在南较场，即原来理学院所在地。修业期五年，期满合格，授予学士学位。设立中文、法律、商学、教育、英文、新闻等单科。夜校学生不少是科长、股长、秘书、校长、经理，也有官衔到少将的军人，年龄从二十多岁到四十多岁不等。这是当时全国推行夜间成人教育之始。

十二、最完备之实习工厂

在黄季陆正式受命以前，四川大学毕业同学会成都分会在报纸上建议："增厚学术风气，添设工商学院，迁返峨各院系。"黄季陆接掌四川大学之初，明确指出："要增设实科学习，培植西南建设人才。"他说："建校时期，重点在立规模；治校时期，重点在立制度；弘扬学术时期，重点在充实内容。"

1944年，航空工程系、土木水利工程系开始招生。学校特聘航空研究院专家林致平院士任航空工程系教授兼系主任，中央水工试验室专家张久龄任土木水利工程系教授兼主任。两个系的微分方程、应用力学、材料力学等课均由两位系主任亲自讲授，发动机专家饶国璋、水利局总工程师李镇南等亲自为同学们上课。为了教学实习的便利，国民政府航空委员会向学校捐助了各式大小飞机20多架和工具500余件，学校成立了中国高校第一家航空馆。其中，有参加了武汉空战的战斗机，也有夜间拦截战斗驱逐机美制P-61即黑寡妇战斗机。这是目前世界上仅存两架黑寡妇战斗机之一，保存在北京航空航天大学，这是五十年代院系调整从四川大学调往北京的。

当时，学校有各式各样的发动机四十余部。中央水利委员会与学校合办水工试验室，有些实验还借用航空研究院的设备。1945年，学校增设机械电机系，由都江电厂厂长童舒培任系主任。山西铭贤工学院迁校复员，赠送学校一大批电机和机械，加上在重庆购买的若干机器，机械实习工厂也成立了。

1945年，经教育部批准，理学院扩建为理工学院，由郑愈教授任院长。1947年，理学院和工学院分设，新任工学院院长是毕业于法国国立航空工程大学，创办和主持过中央滑翔机械厂的李寿同教授。1948年夏，土木水利工程系主任、原中央大学工学院院长林启庸教授任工学院院长。

1947年3月，成都兵工厂移交给四川大学。工学院搬到这里，建立了自己的木工厂、翻砂厂、锻铸厂、金工厂。据报纸报道："此种机器之设备，国内工学院尚不能望其项背。"四川大学工学院"获得中国各种大学工院中最完备之实习工厂"。工学院的实习工厂，不仅满足了学生实习需要，还生产了当时较先进的油印机、碾米机、排水机等产品。

1948年，工学院新建化学工程系，化工专家、南洋橡胶事业开创者何玉昆教授任系主任。1949年，机械电机工程系分为机械工程系、电机工程系。由此，工学院设五个系，航空工程、土木水利工程两系已有毕业生。全院在校学生超过700人，使四川大学工学院在国内大学中迅速崛起。

本文写于2015年8月

抗日战争中华西的那些人、那些事

廖志林*

一、"五大学"盛况：联合办学办医共克时艰

抗日战争爆发后，华东、华北相继沦入敌手。不甘被奴役的广大教职员工和青年学生们，纷纷向远离战区的大后方迁徙。地处四川成都的华西协合大学，在民族危难之时，为使友校不致停办、学子不致辍学，以强烈的责任感和使命感，接纳了内迁的学校和逃难的师生。

彼时汇聚华西坝的高校除华西协合大学（校长张凌高）外有：南京中央大学医学院（院长戚寿南）、金陵大学（校长陈裕光）、金陵女子文理学院（校长吴贻芳）、山东齐鲁大学（校长汤吉禾）、燕京大学（校长梅贻宝）。人们习惯称这一时期为抗战"五大学联合时期"。1938年5月，"'五大学'联合管理委员会"成立。"五大学"的校长们每周至少举行一次例会，协商关于行政、财政、人事和有关公共事宜；每月有教务会议，由各校教务长、注册主任会商关于授课时间安排、招生考试等问题；同样也有训导长会议，磋商关于学校训导事宜。在教学方面，各校采取了统一安排、分别开课的办法，允许各校学生自由选课，学校承认所读学分。

华西坝"五大学"校长合影
由左至右：燕京大学代理校长马鉴、金陵女子文理学院校长吴贻芳、
金陵大学校长陈裕光、华西协合大学校长张凌高、齐鲁大学校长汤吉禾

---

* 廖志林为华西医院统战部部长。

随着中央大学及齐鲁大学医学院相继来蓉，仅靠仁济、存仁为主的教学医院，很难满足中央、齐鲁、华西三校学生的临床教学、实习需要。为此三校两院及主办两院的差会，约集起来，经过多次坦诚协商，决定把三校两院的人才、设备集中使用，多家医院统一管理，以组建三校联合医院的办法来解决。同时还商定了组织机构、管理体制、人事安排及工作制度，最后于1938年7月1日，在各医院门口正式挂牌，宣告"华大、中大、齐大'三大学'联合医院"成立并开始运作。由中央大学医学院院长戚寿南任总院长，对各医院统一领导。各医院的原用名称仍保留。仁济男医院和仁济女医院是联合医院的主体，开设有内、外、妇、儿四大主科，为"三大学"医学院的临床教学及实习的主要基地，提供各校共享的病床计380张。

1941年，南京中央大学医学院在正府街建立成都公立医院后退出联合医院，齐鲁大学和华西协合大学两个医学院仍继续合作，改名为"华西、齐鲁大学联合医院"，由杨济灵任院长。1942年，华西协合大学部分建成新的大学医院，华西、齐鲁两校的医科师生便在更为方便良好的条件下进行临床教学和实习。抗战胜利后，内迁院校返回原址，联合医院即告解体。

"三大学"联合医院的医生合影

"五大学"联合办学，华西坝上学术交流蓬勃发展，华西协合大学因此获得重要的发展机会，在全国高等教育事业中的地位及教育质量和效果得到提高，并且对维持非战区的医学教育不受影响做出了巨大贡献。"三大学"联合办医，建立了从住院医师、住院总医师、主治医师到科主任，从助理护士、护士、护士长到总护士长的一整套医院管理制度，对提高教学水平和医疗水平都起了较大作用。

二、华西坝的抗日怒潮：战时学生运动

1939年6月11日，日本海军第二联合航空队出动27架飞机，对成都市区盐市口、东大街、东御街、提督街、顺城街一带进行了轰炸。炸死无辜百姓226人，炸伤600余

人，损坏房屋 6075 间。此次空袭，给华西坝上的"五大学"造成了巨大损失，华大及金大各有 1 名教员牺牲，齐大有 2 名女生受重伤，其他教职员及家属受伤十余人，被毁房屋十余处，直接经济损失约 5 万国币。

日机轰炸后的华西协合大学校园

在日军敌机轰炸中损坏的医牙科楼（今启德堂）

当日本帝国主义的铁蹄践踏着祖国大地，中华民族处于生死存亡关头的时候，全民族抗击外敌侵略、维护民族生存的伟大斗争开展起来了。在中国共产党倡导的抗日民族统一战线的旗帜下，全国人民同仇敌忾，共赴国难，同日本侵略者进行了浴血战斗。华西协合大学和内迁各大学的师生们,关心着整个民族的命运和前途。他们协同组建各类面向公众的抗日救亡团体,积极参加抗战工作,在1940年前,先后建立过"抗敌救援分会""华西学生救亡剧团""'五大学'学生抗敌宣传第三团""'五大学'学生战时服务团"等。青年学生们继承和发扬五四和一二·九运动的光荣革命传统,走在斗争的最前列。

1937年,医科学生积极组织各种形式的医药服务活动,包括有诊疗室、出诊部、公共卫生宣传队,每周开三次门诊,免费为贫苦病人诊疗;为小学生体检、种牛痘;开展卫生宣传活动,对公众卫生、家庭卫生、环境卫生进行指导;举办婴儿健康比赛;进行卫生演讲等。部分医科学生组成乡村服务团沿成渝公路而去自贡,沿途为农民治病。当时霍乱大流行,医科学生发挥所长,治愈了不少危重病人。服务团还进行了宣传、文艺演出、慰问壮丁等活动。医科留校的一些高年级学生组成医药服务组,赶赴乡镇和县城为贫民治病,同时做抗战宣传。

华西学生救亡剧团徒步去新繁县宣传演出

1938年4月,华西学生救亡剧团约四十名学生,利用春假徒步去新繁县城宣传演出。活动内容十分丰富,他们把新繁县城闹得热火朝天,使支援抗战的道理家喻户晓。宣传队受到广大人民群众的热烈欢迎,也受到县政府的热情接待。

1938年6月,世界学联代表团一行四人到访成都,代表团介绍了西欧学生在反法西斯战争中的斗争和生活及学习情况。代表团还约集成都学运的部分领导人韩天石、胡绩伟、邓照明、张文澄等在华大美籍教授J. Spencer Kennard的家里座谈成都学运情况,促进了成都市学生的抗日救亡运动的开展,对欧亚反法西斯的学生运动起了相互联系、互相支持的作用。

1939年1月1日,成都市开展了义卖献金的活动。"五大学学生战时服务团"组织了十个义卖小组，分赴城区活动。师生职工们献出自己的衣物、书籍、钢笔等物，由义卖小组上街销售。他们提出了响亮的口号："多买一角钱东西，等于多买一颗子弹，多杀一个敌人。"同学们冒着寒风，伫立街头，不断向过往行人宣传买物献金、支援前方的意义。在寒衣捐献、慰劳捐献、军火捐献等活动中，全校师生职工同样表现出了高昂的爱国热情。在一次冬季募捐寒衣的活动中，教职员的捐献启事说："此次国战，全赖前方出力，后方输资，乃能长期抵抗以求最后胜利。本校教职员爱国表现，应为前导，务记在国难期间，节衣缩食，出其所余，以济战区。"歌咏队还组织了一场盛大的音乐会义献募捐，音乐界的喻宜萱、易开基等应邀参加演唱、演奏，华大牙科教授刘延龄（加拿大籍）和教师德乐尔（美国籍）登台演出，受到各界人士的好评。

冯玉祥将军与"五大学"学生战服务团合影

1939年1月13日，"五大学学生战时服务团"邀请正在成都访问的冯玉祥将军来校，他以"坚持抗战到底"为题发表了热情洋溢的演说，又挥毫题写了"还我河山"四个大字，并号召师生们为抗战将士募捐，演讲结束后"五大学"师生向冯将军献旗。

抗战期间，学校还组织"五大学学生战时服务团"进行了军事和战地救护训练以及爱国教育。学校照例于每周一举行的周会，增加了抗战形势、防护教育等内容，由有关人员做报告，如胡文澜的《为何抗日》、黎光明的《抗敌》、傅葆琛的《沪战见闻》、林兆倧的《防毒面具与活性炭》等。张凌高校长也在德育会上讲演《复兴道路》。

三、校友驰骋疆场：华西学子在前线

因抗战前线部队医药人才十分紧缺，从1942年起，连续三年，华大医、牙科及制药系有100多名应届毕业生应征去军队或军事机关服务，有些还加入远征军的队伍奔赴滇缅前线，1945届毕业的医科学生提前在1944年11月全部应征。

华大校友罗盛昭从四圣祠医院辞去职务后到中国红十字总会救护委员会救护总队任职，并受命到各地征集医务人员，组织救护队，并任救护第二大队第十一中队队长。他

带领的救护队驰骋数万里，救治受伤军民12万余人。1938年1月27日，《大陆晚报》发表社论，赞美罗盛昭为"模范医生"。1939年，他从江西来信，介绍他在前线救护伤员的情况。信中写到，他在去往前线工作时，经贵阳转湘西沅陵，得到总队长的命令，便率队改赴赣北修水三都巫溪一带服务，7月中返长沙，湘北紧张时，他于9月26日连夜逃出，经湘潭搭本会车赴邵阳，旋于29日转衡阳醴陵接受赣北退回各队，调整补充，又于11月6日由醴陵返修水山口继续工作。他队中有医师二十余人，护士百余人，均青年有为，深具苦干精神，此外有三名西籍医师跟随他，驰驱数千里，常给他精神鼓励。在修水武宁一线，每日手术有七八人，内病百人以上，有时为伤病换药！

另一位华大校友陈文贵，则是揭露日军侵华细菌战第一人。1940年12月，国民政府卫生署在重庆召开全国卫生技术会议，秘密讨论浙江宁波鼠疫流行案。陈文贵根据汇报的情况，尖锐而肯定地指出日军在我国进行了细菌战。不过，当时陈文贵的观点遭到会议主持人的反对，他被诋毁为"神经过敏"。直到后来浙江省卫生厅从宁波某居民家的鱼缸中搜集到的跳蚤，被鉴定为人鼠共同蚤后，陈文贵的观点才被肯定。

距浙江鼠疫疫情一年之后，湖南常德又发生鼠疫。陈文贵率队前往调查，经调查实验，判明并揭开了此次鼠疫的真相。1941年11月4日凌晨五时许，一架敌机趁常德大雾弥漫，低空投下谷、麦、棉絮、纸片等物。七天后，当地发现了第一例疑似鼠疫病例，接着又有五例病人，全都为高热死亡。陈文贵亲自主刀，经解剖化验，发现这六例病人均感染上了真性腺鼠疫，死于鼠疫菌引起的败血性感染。根据敌机空投地点与发病地点的一致性，加上从空投到发病的时间与鼠疫菌感染潜伏期的一致性，确认这次鼠疫流行是敌机散布感鼠疫物体所致。掌握了大量事实证据的陈文贵义愤填膺，亲自执笔撰写了近万言的《湖南常德鼠疫报告书》，交给国民政府卫生署。这份长达万言的报告书，第一次证据确凿地揭发了日军在中国进行细菌战的罪行。然而，当局认为"事关国际信誉不得谎报疫情"，指使军医署篡改了报告内容，试图捂住事实真相。直到1950年，人们在清理国民政府卫生档案时，才从资料中得知日军曾经进行过细菌战。常德的大规模鼠疫直到1943年才止于常德会战时日寇放火焚烧的烈焰中。

新中国成立后，陈先生倾心投入到新中国医疗卫生事业中，1961年回到四川医学院担任副院长，分管科研工作，进一步筹建和完善川医的科研组织。如今在四川大学江安校区景观水道两侧的历史文化长廊中，竖立了一块刻有陈先生头像和简介的卧式长碑，记录了先生曾在这里学习和任教的经历，表达了莘莘学子对这位杰出校友和伟大科学家的真挚敬意。

华大远征军远赴滇缅战场，到达印度汀江招待营后，为了"发扬作战情绪，解决同学们之疾危，联络同学们之消息"，二十九名华大学生成立了华大远征军同学会，并推选丁崇甫为同学会会长。同学会写信给母校，介绍他们在印度的衣、食、住、行等情况。书信主要内容有：12月1日，飞抵印度汀江招待营，换上全武装，即陆续分散在各种部队受训，如医院服务，充任译员，及骑兵、炮兵、步兵均有本校同学；受训期满，得依成绩及特长，再酌量分派工作……又见战车，飞机大炮，川流不息，往前线运输，一面开山，一面修造铁路公路……在汀江招待营，已成立华大远征军同学会，当时参加有二十九位同学，兹列表附呈母校存查，其余当设法登记再呈报……

四、胜利属于中国人民：难忘峥嵘岁月

抗日战争胜利，各校返迁。1946年6月30日，齐鲁大学、金陵大学、金陵女子文理学院和燕京大学联合撰写了《五大学联合办学纪念碑文》，表达了对华西协合大学的感激之情。

十四年抗战岁月里，虽然历经了重重困难和艰辛，但民族复兴的勃勃生机让华西坝上的青年学子们满怀着希望和英雄气概。华西协合大学也正是在"五大学"的共生效应下才取得了如此巨大的辉煌成就。

本文写于2015年9月

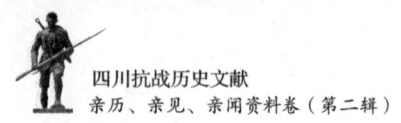

抗战期间迁蓉的燕京大学

燕京大学成都校友会（整理）*

一、北平燕大被迫解散

1937年7月7日抗日战争爆发后，日本侵略者很快以武力占领了华北，平、津两地大学多数迁往后方。燕大（今北大）、清华、南开三大学在昆明组成联大，因陋就简，坚持课业。

燕京大学则以校产、经费来自美国作为对付日本侵略者之策略，继续在北平办学，为华北广大青年提供一片自由求学的净土。

日军对这片"自由之土"，耿耿于怀，妄图插足。他们一再要求燕大聘请日本教授，燕大校方不能答允，与之周旋。在时局艰难的条件下，燕大在北平苦苦支撑了四年，培养了大批人才。

1941年12月7日，太平洋战争爆发了。几小时后，位于北平西郊的燕京大学即被日本军宪包围，强迫解散。

中外教师、职员及在校学生三十多人被拘押，燕大美丽的校园，最后竟被用作日本军官疗养院。

二、复校筹备处成立

北平燕京大学被日本摧残、解散的消息，传到战时首都重庆，校友们一致决议，立刻在后方复校。

珍珠港事变两个月之后，就在重庆召开了临时校董会。一致决议：燕京大学在后方复校；成立复校筹备处；推梅贻宝先生为复校筹备处主任。

临时董事会议决议之复校宗旨，有以下数端：燕京大学不容日敌摧毁，校统亟应延续；燕京大学师生陆续来到后方，需要接待安置；燕京大学旨在为国家培养人才；澄清燕京大学在日伪窃踞下维护校务之立场，并防止日伪在北平开办燕京大学。

千头万绪的复校工作开始了。

三、迎接前来后方的师生

复校筹备处成立后之第一项任务，乃是迎接由北平前来后方的师生。

---

* 本文燕京大学后简称为燕大。

抗日战争时期，从沦陷区到大后方成都，有南、北、西等线路。条条道路都要穿过日占区。沿途日军凶狠，盗匪横行，充满危险，加以交通不便，千里迢迢，跋涉辛劳，可想而知。其间，亦不无趣闻轶事。有两位学生买了两辆自行车代步，竟不意愈向前进，车价愈高，梦想不到地发了一笔小财。另有七名学生路过西安，捡得铺盖卷一件，送交青年会招领。同时向燕大西安接待站支借了二千八百五十元，前来成都。等他们到成都办理报到手续时，经管人通知他们，有人替他们还了债。一打听才知铺盖卷的失主是个商人，铺盖卷中藏有大量钱款，商人从青年会取回行李后，感激之余，拿出钱替他们还了账，并将余款捐赠给了西安青年会。

但在路上有的人绝了粮，有的人被抢，有的人体力不支，一到成都就病倒了，在成都去世。为拒绝侵略者之统治万里负笈而埋骨异乡，使人黯然伤神。

四、棘手的校舍问题

当时最大之困难为校址问题。华西协合大学位于成都南郊，按理来说，接待燕京大学短期搭驻，应无问题。

但是，抗战发生后，金陵大学、金陵女子文理学院、齐鲁大学，早已分别搭驻华大校园，四校学生总数已达两千五百人，再难挤进第五所大学。

当时，日本飞机，滥肆轰炸重庆、成都。政府因此通令成都市的中小学一律疏散外县减轻损失。位于成都陕西街的华美女子中学和毗连的启华小学正好空出。这一意外的机会使燕京复校最棘手的校舍问题得以顺利解决。

燕京大学复校筹备处当即以月租两千元租妥校舍。将华美女中辟为办公、教学用房。女生宿舍挤在后院一座二层的楼房内。启华小学用作教员宿舍。七家教授包括校长，每家配给两间，以避风雨。至于男生宿舍，只好借用华阳县何公巷文庙。单身男教员分住文庙西庑各室，东房各室住男生，一室要住二十多人，走路都要侧着身子，这才将两百多名住校学生安排住定。文庙的大成殿用作餐厅，学生们在夫子脚下进餐，吃着配给的平价大米，其苦乐可知。

五、招收学生准备开学

校址宿舍大致有了安排，已是一九四二年的晚春了。公开招生之事又迫在眉睫。

成都燕人招生消息一经公布，学生报名之踊跃，远出意料之外。只能招一年级新生一百名，转学生五十名，不料成、渝两地报名投考学生，竟超过三千，平均二十人中录取一人。

在开学前夕，宣布复校工作顺利完成，推举梅贻宝先生为代理校长及代理教务长，为便于维持燕京大学的种种国际关系，学校英文名称用"成都燕京大学"。1942年10月1日，燕京大学在成都正式开学。莘莘学子，济济一堂。到第一学年结束时，学生共计达三百六十四人。

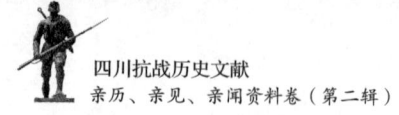

六、成都燕大教职员之阵容

由北平先后到达成都的教职员,总计约三十人。

这就是成都燕大的班底。各院院长及各系系主任,大都由这些老师担任。

一个大学之所以为大,不在大楼而在大师。这是一句不刊之论。成都燕大非常重视师资。当时,成都燕大聘请了在国内外学术界享有盛名的陈寅恪教授(历史)、肖公权教授(政治)、李方桂教授(语言)、吴宓教授(文学)、徐中舒教授(上古史)、赵人隽教授(经济)等来校讲课,使学校生辉,学生受益。

燕大教授待遇,历来月薪以三百六十元为限。但对于陈寅恪等六位特约教授,特订为四百五十元。超过代理校长等学校行政负责人的月薪,聊表崇敬。

除了上述六位特约教授外,燕京文、理、法等学院的名教授、名学者堪称济济一堂,人才荟萃。据不完全统计:文、法学院中荣获博士学位的教授有梅贻宝等九位先生;教授(副教授)有马鉴等七位先生。理学院代理院长赖普吾教授等七位教授中荣获博士学位的占一半以上,阵容同样严整。嘉惠青年学子,为燕大理学院增添了声誉。

七、成都燕大的教学制度

1942年制定的"成都燕大本科教务通则"第七条中首先明确规定:新生入校后,第一学年为试读期,如有成绩不及格者,本大学得随时令其退学。第八条又规定:凡请求入学或已经录取之学生如经发现有伪造证明文件或入学试验时有舞弊情形,或其他不端之行为者,本大学得随时取消其入学资格。第三十七条还规定:学生如有身体羸弱,成绩欠佳或品质不良,难望成就者,本大学得斟酌情形,令其于指定限期内休学或命其退学。这几条规定说明:燕京新生入学后,必须力求德智体全面发展、品学兼优。学业成绩不佳,难望成就者固然要遭受淘汰,被取消入学资格,学业成绩虽佳但行为不端、品质不良者也同样会被取消入学资格。

为了严格考核学科成绩,成都燕大继承优良教学传统,采用学分制。学分制分为十个等级。考核成绩在五十一分以下者得"零";五十一分至五十五分得"一",以此类推,每增加五分升一个等级,九十六分至一百分得"十"。凡学科考核成绩为"二"以下者均不能得学分,各科学年总平均成绩不能超过"五"者(七十五分以上)仍不能升级,不能毕业。

因而燕京学生,必以成绩优异或优良为学习奋斗目标,成绩中平者想混个大学文凭,是绝不可能实现的。

燕京在教学中除了采用学分制外,还特别重视各门基础课的教育。一年级新生入学后,人人必修语文、英语、中国历史等基础课。文、法学院学生必修一定学分的理科基础课,理学院学生也必修一定学分的哲学和社会学科。如各科成绩均佳,唯独英语一科成绩较差者,则须编入英语补习班上课,经多次考试合格后,方能修读大一、大二英语课,如果英语课不能连续"过关",获得规定的学分,就会被迫中途退学或转学其他学校。正因如此,燕京学生的英语阅读、写作水平普遍高于其他院校。外籍教师皆用英语讲授、课堂问答、考试书写均用英语。英语听读、写作能力差，在燕京是寸步难行的。

又如，文、理、法学院各系还规定进入大学二年级后，学生所选学科必须分为主修科系和副修科系两大类，主修科学分不够不能毕业，副修科学分不够同样不能毕业。有"主修"又有"副修"，可启发诱导学生广开学术眼界、不偏废于某一专业，在重视通才教育的前提下，力求精研、深专，学有所成，学有所长，为国家培养出多层次、多学科的高级专门人才。

八、学校生活一瞥

燕京大学原有的好传统、好作风不仅丝毫未变，而且有所继承发展。

燕大的好学风首先表现在勤奋好学上。抗战时期，教科书极缺。因此，学校图书室虽然整天开放，仍常人满为患。即连华西大学图书馆阅览室中的座位，也多被燕大学生捷足先登。傍晚当一些学生们还在散步谈笑时，不少燕大学生已进入了图书馆，一直到闭馆才走。

燕京大学提倡独立思考，自由探讨，注重实践效果。现以燕大新闻系为例，可见一斑。

燕大新闻系在国内享有盛誉。《西行漫记》作者、世界著名的新闻记者埃德加·斯诺就曾在三十年代主持过燕大新闻系系政。我国名记者肖乾、杨刚和抗战时期《大公报》、国民党中央社在世界各大都会主持国际宣传的记者朱启平、黎秀石、卢祺新、沈剑虹、徐兆镛也一概出自燕京。

燕京延请了当时桂林《大公报》社编辑主任蒋荫恩先生担任系主任，讲授新闻概论、采访写作。聘请原《大公报》主笔张琴南教授，《中央日报》经理张明纬，《南洋商报》总编辑冯列山，新闻界老前辈如《大公报》王文彬、《新民晚报》的张恨水等给学生讲授、演讲、做报告。

蒋荫恩先生当时风华正茂，亲自带领新闻系学生实地采访、写稿，率领学生为成都花会办特刊，当时参加这项工作的学生，现在都已成为新闻单位的负责人或骨干了。

新闻系为培养学生的能力，在极端困难的条件下，继续出刊《燕京新闻》周刊。周刊从总编辑、经理到编辑、记者、校对，全由学生担任，学生很快就掌握了新闻工作必要之基础知识和基本训练，常为各报社优先录用，深受各报社之好评。

蒋荫恩先生尊重每一个学生的思想和才能，他始终不渝地强调新闻要真实，要尊重事实，要客观公正，竭力培育学生独立思考、独立工作，千方百计采写独家新闻活动的能力。

九、活跃的社团生活

燕大校风的另一特点就是各种社团活动非常活跃，这是培养人才不可或缺的一个部分。

在文学艺术方面，有文学研究会、北极星社等。在话剧方面，有燕大海燕剧团，演出过《少年游》《芳草天涯》等大型话剧。至于各种学会和同乡会就更多了。四川籍同

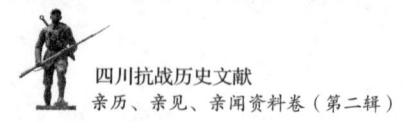

学就组织了益友学会和诚正学会两个组织，借以砥砺学行，联络感情。

在燕京还有一种学生组织是其他学校少有的，而为燕京大学特有的。它的名字叫"团契"。它把基督教义概括为几条生活准则和一些生活方式，主张身体力行，因此受到大学生们的欢迎。

燕大在成都复校后，团契名称增加到十个以上。通过团契活动，传阅进步书刊，经常探讨国事和各种社会问题。燕京同学社交活动能力较强，富有进取精神，品德端庄，待人接物彬彬有礼，这和各种团契活动的熏陶培育，是有密切关联的。

十、复员和成都燕大之结束

1945年8月15日，日本宣告投降。因当时交通拥挤，决定在成都再延续一年。北平燕大也在胜利后恢复开学。因此1946年这一学年，北平、成都两处燕大同时进行课业。

成都燕大师生，在最后的这个学年中，一面维持学业，一面准备长途旅行。南路由成都乘汽车到重庆，然后坐船到上海转天津，再坐火车去北平。全程约一万二千华里，需时一月，旅费较昂。

北路由成都乘汽车去广元，经宝鸡，坐火车去西安，然后坐汽车入山西，到太原，再坐火车去北平。全程约八千华里，需时二十天左右。沿途之辛苦，甚于南路，但是旅费较节省。成都燕大师生绝大部分都走的是北路。

学校组织了复员旅行委员会，负责策划路线，租赁和购买车辆，组织旅行团体，分发旅费津贴等任务。

在这次复员中，曾受到周恩来总理亲自接见的中国人民的好朋友美籍教师夏仁德先生（Randolph C. Sailer）花了很大的心血和精力，担负起组织带领全校师生复员回北平之重任。要坐大卡车，夏仁德先生沿路总是坐在大卡车之最后面，从不坐司机台。尘土若雾，头上、身上全是厚厚的黄土，此情此景，使同行的同学们深受感动。

成都燕大师生四百多人，分成五批，从1946年夏初开始，陆续复员回到北平。

十一、人才辈出，声誉满寰宇

随着抗日战争之胜利，成都燕大完成了肩负的历史使命。

短短四年内，在成都入学或在北京入学、成都毕业的燕京学子，前后总共有六百多人。岁月沧桑，物换星移，如今成都燕京学子，绝大多数均在国内外文化教育、新闻出版、科研学术机构或外事单位任职。其中，有不少校友已成为知名的学者、专家、教授、作家、新闻记者和政治活动家。在各自的工作领域，做出了卓越的成绩和可贵的贡献。如校友曹天钦、谢家尘和关肇直分别为中国科学院化学部和数学物理学部委员；校友刘适为武汉大学历史系教授；赵靖、林焘为北大经济系和中文系教授；校友杨富生、费景汉、骆惠敏等均获博士学位，分别在美国、澳大利亚任大学教授；校友韩迪厚多年教学国外，现任副教授；校友薛寿生现任澳门东亚大学校长。另如校友卫永清多年担任我国驻委内瑞拉等国大使，校友李慎之（李中）现任中国社会科学院美国研究所所长，均堪称是冒尖的人物。

新闻出版界的成都燕京校友，同样人才辈出、声名远扬。校友彭启新、钱淑程为新华社驻美国首席记者。校友谭文瑞任《人民日报》副总编辑，校友钱辛波为全国记协书记处书记，等等。

本文列举校友中粗略知其姓名、职称者仅二十余人，力求说明大学之大贵在多出人才，多出成果。成都燕大确实培育出了大批人才，大批成果，所列校友仅属众多人才中之少数，实有挂一漏万之嫌，尚望诸位校友恕谅。

本文选编自《成都文史资料选辑》总第九辑，1985年

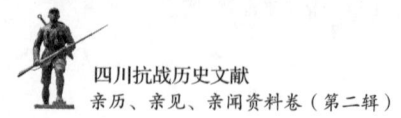

抗战时期迁蓉的金陵大学

金陵大学成都校友会（整理）

南京金陵大学创建于 1888 年，已有百年历史，是国内建校最早的高等学府之一。她的前身是汇文书院、基督书院和益智书院，校址位于南京鼓楼。1926 年后，各科调整更名为文、理与林农三个学院，成为全国著名的综合性大学之一。最盛时期，全校有系、所（部）、科 35 个，为数之多，居当时全国各综合性大学的前列。

金陵大学在新中国成立前的数十年中，为国家民族培养的人才辈出。早期培育出享有盛名的如教育家陶行知、病理学权威侯宝璋、内科权威戚寿南、农学权威谢家声、林学权威陈祯、化学工程权威陈裕光。以后各时期培育出的更有不少在各方面知名的专家、学者，如郭中一、刘国钧等 58 人。

一、面临抗战烽火举校西迁成都

1937 年 7 月 7 日，发生卢沟桥事变，日本侵略军侵占北平后，八一三事变后又进犯上海，10 月强占苏州，逼近威胁南京，日机频繁轰炸，学校已无法上课，金陵大学校长陈裕光决定迁校入川。最初打算迁到万县，已得到当地有关部门的支持和协助，并已选好文、理、农三院的校址，但因初选校址分散，当地又无其他高等院校，不利于教学和发展。校方又会同南京金陵女子文理学院、山东齐鲁大学，与成都华西协合大学联系，协商借用华西协合大学的校舍和教学设备，并在师资方面互相交流充实，实行合作办学。这项联合协作办学的倡议，当即得到了华西大学的同意和支持。于是，1937 年 11 月，金大即从南京举校西迁到成都华西坝。原选定的万县部分校址则由迁川的金大附属中学和中央工业学校使用。

金陵大学迁校是分批由指定的教授与教师率领行动的，第一批在 1937 年 11 月 25 日动身，由裘家奎教授和孙明经老师领队，乘长沙号江轮溯江而上。这是人数最多的一批，由于乘客太多，船上拥挤不堪，厨房不能按时做饭，师生和其他乘客们曾经在四天四夜中只吃到两顿饭，轮船共行驶十五天才到达重庆，12 月南京沦陷，航运愈加紧张，以后几批师生在船上所受艰苦，更为深重。先后几批师生到达重庆时，均由陈裕光校长和农学院王绶教授、理学院马杰教授，会同在重庆工作的校友们负责接应，并联系解决去成都的公路交通问题。当时，重庆与成都间只有一条公路，依靠少数以烧木炭为动力的汽车行驶，车速很慢，由渝到蓉需要三天或更多时间，另外还有马车和人力滑竿可以使用，一般则要走十天以上。交通非常困难，旅途食宿也很不方便。全校教职员工约五百人，学生两百多人，大家心向母校，虽备受艰难险阻，仍毫无怨言，终于在 1938 年初到达成都。是年1月在蓉第一次招生，2月即复校正式开学上课。

金陵大学理学院的电机工程系及电化教育专修科、汽车专修科等高级班次，因重庆的工业较为发达，对教学实习有利，则由理学院院长魏学仁会同该系、科的师生留在重庆教学上课。

二、发扬优良传统学校生气蓬勃

金大校本部和多数院系科在成都复校开学以后，在极其艰苦的工作和生活条件下，教师们辛勤地授课，学生们则孜孜不倦地学习。由于全校师生员工共同努力，华西大学等院校的协作配合，克服了一个又一个的困难，学校办得生气蓬勃，为维护和发展祖国的教育事业做出了不小的贡献。

（一）因陋就简，积极认真办学

金陵大学因仓促迁蓉，许多教学设施、图书资料无法运出。到成都后，华西协合大学多方面支持，除借给部分校舍外，还把一些教室、实验场地和图书馆，都提供当时挤在华西坝的"五大学"（除华西协合大学本校外，还有内迁来的北京燕京大学、山东齐鲁大学、南京金陵大学、金陵女子文理学院、中央大学医学院）共同使用。但因金大的院、系、科、所、部单位甚多，师生员工千余人，所需教学和科研的设施较多，仅靠借用显然不能应付，只得因陋就简，增建几栋砖木结构的平房，作为办公室和教学室，把大部分教室都集中于此。这些教室内只配备有"连桌椅"，这种木椅右边有一形似船桨木板的扶手，以代替书桌，供学生记笔记之用。还有一些系、所在此办公，各系、所都设有小图书资料室，储备有国内外新版书籍、杂志或专著等，供学生特别是研究生参考使用。

教师宿舍则租用普通民房，分散在华西后坝、小天竺街、南门一巷子、青莲巷、浆洗街、红瓦寺等处，有的距华西坝五六华里。

学生宿舍大体分在三处：一是在邻近四川大学的红瓦寺，利用坟地庙宇，修建草房较多，每室设上下铺供八个同学使用，这是一、二年级的男生宿舍。中午则由炊事人员送饭菜到华西坝，不管春夏秋冬，学生都是蹲在地上八人一桌就餐。红瓦寺距华西坝明德楼六华里以上，无论酷暑严冬风霜雨雪送午餐也从未延误，为同学们能安心学习，炊事人员付出了辛勤的劳动。二是在南门桓侯巷修建一楼一底的砖木结构瓦房，作为高年级的男生宿舍。三是在小天竺街，修建草顶平房 院，作为女生宿舍。

当时学校的各项物质、生活条件十分简陋，教职员工配备较少，但教学与后勤工作都是积极认真的。各院、系、科、部门办事人员（不多），都很精练，人员不多，职责分明，工作认真，效率较高。校长陈裕光，除全面主持校务外，还担任化学工业课教授。校长办公室工作人员仅有两人。校部的教务处、训导处负责人，都由有教学任务的教授兼任。各处办事人员只有三人至四人，总管全校千余师生员工的有关事项。如教务处，负责招收新生、安排课程、考试等极为烦冗的工作，由于使用科学的管理方法，保证了教学质量，取得较好的教学和科研效果。又如总务处，办事人员亦仅四五人，负责教学设施的建立和用品购置，校舍的维修、新建，办理师生的部分生活必需事项，对由

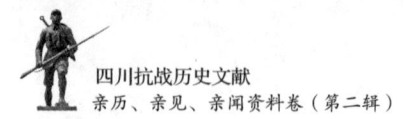

同学们自行管理的学生食堂进行监督，并给予必要的协助。校部会计室独立掌握学校全部经费的实际收支和账务处理。学校的常年收入，主要靠教会拨款，其次是学生缴纳的学费和教育部为数甚微的补助；学校的常年支出，主要是教职员工的薪金和教学方面的必需开支。

抗战期间，教职员工的生活每况愈下，但校部仍对受聘的著名教授、学者，尽量维持其原有实际报酬；对必须修建的宿舍和教室，做到造价低而实用价值大，既不影响教学，又能节约开支。处室负责人大都能廉洁奉公、以身作则，对下属职工监督考核严密，未闻有中饱私囊之事。

这些事实说明金大各部门的教职工，在学校的顺利迁蓉，迅速复课，正常教学，年复一年地为祖国培养各方面的人才等方面，起到了重要的作用。

金陵大学的办学方法颇具特点，例如：

严格录取新生。金大每年春夏两次招收新生，各院、系、科报考者逾数千人，而录取仅两百余名。通过入学考试，鉴定应考者有关学科基础知识水平。考卷统一命题，但根据不同科系的要求，定出符合录取的标准。例如，英语试题多达三四大篇（八开），大题目下又有多项小题（约有一百道题），内容包括词汇、语法、阅读摘要和简略写作等，很不容易在两小时内解答完全，考得高分者自然不多。其中部分题目还有错答扣分的规定，故应考者多以知为知，不知为不知，不敢存侥幸心理。如此做的目的，主要是考核掌握英语知识的深度、广度、熟练程度、准确度和反应速度。其他课程命题办法大多类似。这样，可以比较可靠地鉴定出应考者的实际知识水平。同时，根据考生各科的成绩和报考科系的不同要求与标准，来决定录取与否。比如，报考外语系，则外语成绩应在一等或二等（考核学科成绩用五分制，具体办法容后述）；报考文学院其他各系也应不低于二等；报考其他院系则须在三等以上才算合格。总之，与主考科系有关学科成绩较优，其他学科中有一两科成绩在三等者，虽可能被取录，但在入校时，对该科必须进行补考；若补考成绩仍较差的，则须补读。补读课程不计学分。金大学生很少不补读的，所以一般四年毕业者较少，多数要四年半或五年才能读完学分，正式毕业。

课程的选读。每学期开学前，教务处编排出本学期开设的课程表，列出课程编号、学科名称、学分数、教授（讲师）姓名、上课教室等项目（全部使用英文或代号）。学生根据本科系规定的应学学科，包括本院公共必修课、主（辅）系必修课、每学期应选学分数和毕业总学分数等，自行选定本学期学习课程。入校新生由教师或高年级同学辅导，交教务处审查后发给所选各课的听课卡片，于本学期第一次上课时呈交教师，以凭上课。同一课程有若干种编号，如英语则有 English 120、English 125、English 130、English 135。其他课程亦然。凡编号 120、125 均属补读课程，不计学分。课程编号顺序由下而上，表示课程内容由浅而深。有些课规定必须在下一编号读完，成绩达到三等以上，才能选读紧接上一编号的课程。如必须读完 Agricultural Econmics 151 即农业统计学，才能选读 Agr Eco 156 即农产物价学。不同课程之间也有先后，如必须读完植物学（Botany 140）和动物学（Zoology 140），才能选读农艺学、园艺学、遗传学等课程。

还有十多个学分，供学生凭个人爱好，自由选课。

严格考核，奖优汰劣。学校对学生学习成绩的考核制度极为严密，考核方法是：随堂考试（事先不通知）、期中和期末考试相结合。学习成绩评定是：课堂笔试、实习作业和参考阅读计分相结合。这种办法要求学生既要深入理解，更要联系实际；通过实验和不定期的考试，使学习效果得以巩固提高。学习成绩的评定很严格：任何考试如发现作弊，本期不给学分，必须重读，并在成绩档案上加以注明；如三次违犯考试纪律，则将受到停学处分。考试计分按定期考试或测验、实习或实验成绩，指定参考书阅读摘要或解答问题等给分，全面综合计算，再根据本期选读本课程的全班学生成绩分为五个等级。大体上是：一等和五等各占百分之五，二等和四等各占百分之二十，三等占百分之五十。但考核成绩不到六十分者，不论其为几等均不给学分，并在成绩簿上等级后注以红字"F"（Fail，失败）。一般认为一等表示优异，二等为良好，三等属一般，四等以下为不良。但亦有四等过班（得到学分）的，此系指自选课或参考课；也有三等被注上"F"而得不到学分的。在校期间累计有三科得"F"时，则处以停学。毕业时，计算各科学分总成绩平均为一等者，将受到表扬，给予"金钥匙（Golden key）"作为纪念，并可优先得到公费出国留学深造的机会。高年级学生成绩优良的，将担任一年级学生实习辅导，并为毕业后担当助教做准备。在这种制度下，学生对自己要求亦很严格，学习质量得到保证。但由于要求特严，各院系在每年取录的两百多名新生中，本科学生能在学满四年后毕业的约一百余人，仅为一半左右，学校在蓉八年期间，得到"金钥匙"的仅农业经济系端木中、化工系林颖等极少数人。大学本科须读完 150 个学分，不同课程，学时不同，学分也不同：各门课有四等学分的不同规定；经过选题实习，通过论文，才算毕业，授予学士学衔。研究生一般要读三年，学完必修课程，通过论文答辩，才认为毕业，给予硕士学衔。专修科一般为两年，修完 80 个学分，即可卒业；如要继续转入大学本科，则须补足该系规定的课程和学分。

（二）适应抗战形势，发展教学科研

金陵大学迁蓉后，教学和科研都有很大发展。在 1937 年前，三个学院共设有 26 个系、所（部）、科。1938 年至 1943 年，先后增设了 10 个系、所（部）科，成为全国拥有最多系、所（部）、科的综合性大学之一。此外，由于战时建设事业的需要，还举办有电化教育人员训练班、电焊职业训练班、中国银行高级和初级农贷人员训练班，以及仁寿籍田铺实验农业补习学校、新都实验农民基础学校和林学函授学校等，加上原有的共计达 41 个系、所（部）、科。

期间，金陵大学各院系研究所（部）的成立和应用科学专修科的增设，促进了有关科学研究工作的进展，取得了可喜的成绩。如在农业方面，当时育成的小麦新品种"金大2905"，在川西南和川北推广万亩以上，增产约 20%。园艺新品种番茄（新品种），也是由园艺系引入四川后，通过试验所研究总结出番茄在川栽培法，并大力推广，从此，四川才开始生产和食用番茄。此外在华西区还栽培了一大片优良品种的桑园，这也是四川过去没有的。在理工方面，如电化教科主任孙明经教授写的《抗战前夕万里猎影记》，其中很多图片是赶在日本侵略军抢占国土前夕拍摄的，对当时祖国的大好河山，

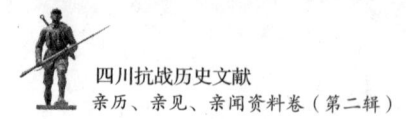

做了真实记录,在全国各地(包括成都、重庆)多次放映展出,激励了人民抗日救亡的热情。理学院还拍制了中国教育影片一千多本,数百卷幻灯,其中1943年就先后摄制了《蚕丝》《防空》《日蚀原理》《电机学的电磁感应》等直观教学影片,并经常在华大阶梯教室、电化教学室配合备课和讲授时放映。这种电化教育也是我国历史上最早最新的教学方法。在文学方面,如外语系张传惠,翻译出何其芳著的《还乡记》英译本等。

理学院在重庆的电机工程系,还附设有变压器、发电机和电动机制造厂,湿电池厂等,既便于学生实习,又创造了工业产品。另附设有微缩图书资料室及卡通制作室等,创制和储存有关科学影片,供教学放映选择使用。

金陵大学的教学与科研发展如此迅速的原因,除抗战形势急需的要求外,主要是拥有为数众多的充满爱国热忱而又具备真才实学造诣很深的专家、学者、教授的师资力量。他们为了振兴国家民族,不辞终日辛勤,以育天下之英才为己任,竭智尽力,兼职兼教,多做奉献。如文学院院长刘国钧教授,是当时国内知名的独一无二的图书馆管理学专家,他于1941年创办了国内第一个图书馆专修科,除负担教课任务外,还兼科主任;为了进一步培养中国文学高级人才,他又创建了中国文科研究所,亲自兼负责人,并担负教学。社会系主任柯象峰博士,是国内外著名的社会学者、人口问题专家,他的教学任务不少,所著《社会学》一书,是当时大学普遍采用的教本。理学院物理系名教授戴运轨,是《普通物理学》的编著者,这本书是当时有名的大学教材。农学院院长章之汶教授,是知名的农业教育和农业推广专家,1941年他创建农业教育系,兼任主任;并与有关单位举办了多种农业训练班,又兼任班主任之职,还参加授课;他著的《农业推广》一书,被列为当时大学丛书之一。在我国开办第一个农业经济系的系主任、美国专家卜凯博士在金陵大学期间,曾编写了《中国土地利用》一书,是为蜚声国内外的名著;他还著有《中国农家经济》一书,是当时国内大专院校所采用的主要专业书籍。他曾一度回到美国康奈尔大学任教,在抗战时期又特地再度来到中国,返校执教,并同系内孙文郁教授等合作,创办农业经济研究部,为我国培养农经学人才,付出了很多的心血。

"良师出良徒,良徒寻良师。"金陵大学初来蓉时,每期招新生报考者一千余人,而1940年以后猛增至两千余人,这是莘莘学子寻求良师之有力说明。在抗战期间,受聘到本校各院、系、科孜孜不倦执教的知名学者、专家教授有一大批,其中有校长陈裕光(化学博士),教务长柯象峰(兼社会系主任)。文学院有刘国钧等28位,理学院有魏学仁等22位,农学院有章之汶等29位。

金陵大学的教授,绝大多数都是随校来蓉的,到蓉后教学生活条件很差,其操劳情况可想而知。加之抗战期间,货币不断贬值,老师们的生活更是清苦。如园艺系朱雄教授夫妇,两人均留学美国,工资收入仅够维持五口之家十天的生活,其余全由他父亲汇款补助。朱师母还常挤出时间,去农经系做英文打字工作,以略增收入。文学院黄方刚教授因患病无钱购买新药而致病逝,后来黄师母只得让幼童上街叫卖油条,贴补生活费用。

（三）学用结合，培育各种人才

金陵大学的教学以启发为主，培养学生的独立思考能力。同时，着重理论与实际联系，力求学用结合。如分析化学实习，除专有教师辅导外，裘家奎教授还经常到实验室指导实习并结合进行教学。农艺学实习，师生同样脱鞋下田，进行田间操作和观察研究。农经系调查实习，主讲教授卜凯博士（美籍）虽年逾六十高龄，仍不辞辛苦，骑车经历二十多里的崎岖小道，去观音桥到高店子浅丘地带，实地教学。此外，还利用每年寒暑假期间参加实习，如农经系在1943年曾利用暑假约四五十天，由戈福鼎教授领导学生前去华阳县（现双流县）中和、新兴、太平等乡进行平坝和丘陵区的农业生产调查实习。其他文、理学院，特别是研究部和专修科，实验场地虽各不同，但教授老师们无不亲自参与实际操作，具体指导。

在抗战前后，金陵大学为国家社会培育出各种人才数逾千人，计有硕士四十余人，学士六百余人，专修科约五百人，其他短期训练班（所）约两百余人。其中当前还在各项科技领域中和国内外有关单位担任要职的知名专家、教授，不乏其人，如谢道炉（谢韬，现人民大学校长）、朱声（方然，现江西省文联主席）、王金陵（大豆专家，现辽宁省副省长）、左天觉（烟草专家，现在联合国任职）、张德慈（水稻专家，现在菲律宾国际水稻研究所）、卢良恕（小麦专家，现中国农科院院长）、李隆术（植病专家，现西南农大副校长）、李扣汉（植物学家，现南京大学教授）、陈彪（天文学家，现中国科学院学部委员）、李卓浩（生化权威，现美国科学院院士）、余鸿津（现在美国任教授）、但功泓（现在美国任教授），等等。其他尚在文教、科技界各部门，为祖国四化建设而奋斗，担任部长、大中学校校长、院长正副教授、研究员、总工程师、高级工程（农艺）师等重要职务，从事高中级科技领导工作的同学约有数百人之多，未能一一列举。

金陵大学在教学中不仅重视德育、智育，而且对于文体培育也极为重视，除经常按院系举行文娱晚会、迎新送别晚会活动外，还培训了一支在当时国内也很有名气的足球队。其教练、体育教师徐绍武，原为金陵大学学生，是国家著名的足球运动员，在成都时就经常组织"五大学"联合足球队举行球赛，曾与我国家球队（包括世界球王李惠堂）、英国皇家空军足球队、美国空军足球队等进行比赛。

三、返校南京

抗日战争胜利结束后，金陵大学立即筹划迁返南京事宜。从1946年4月起分批分两路出发，一路经成渝公路到重庆，沿长江而下；一路由川陕公路到宝鸡，经陇海铁路转津浦铁路南下。途中备受折磨，有的在长江乘木船触礁落水，有的在川陕公路乘汽车翻车，有的行至西安，因铁路不通，换乘汽车，在硝烟密布的田野中爬行一周才到郑州，再经京汉铁路南下到武汉，停留近月始坐木船沿江而下。尽管如此，大家终于克服种种艰险和困苦，先后返回南京。凡有暑期实习任务的学生，7月起即开始实习。8月，金陵大学又在南京恢复招生，9月中旬开学复课。

在历史的长河中，金陵大学在抗战时期，坚持认真办学和刻苦教学，积极投入抗日救亡爱国民主运动的变化发展事迹，远非以上叙述所能概括，尽管在蓉的和外地的大批校友为我们回忆提供了许多宝贵资料，但由于执笔编写者水平低，时间又紧，整理取裁可能欠当，加以事隔已四五十年，难免有挂一漏万及失实之处。敬请原金陵大学的校友和知情者补充指正。

本文选编自成都市政协文史学习委员会《成都文史资料选编·抗日战争卷下，天府抗战》

抗战期间迁蓉的金陵女子文理学院

肖鼎瑛

金陵女子大学于1930年改为金陵女子文理学院。

1937年7月，日本帝国主义开始全面侵略我国，日本飞机从8月15日起每日轰炸南京，持续近四个月，沪宁、沪杭线上的学校都无法开学，校长吴贻芳与各方商议后决定迁校。

起初，金陵女子文理学院在上海租界内借用几间房子设立一个教学中心，便于在上海和附近地区的学生入学。另一个教学中心设在武昌中华大学内，仅有学生三十五人，教师六七人。不久，日军侵占南京，武昌已非安全之地了，乃于1938年1月，将武昌的师生迁来成都。接着又有五名学生随六位教师从上海前来。至于散居在各省的同学，往往以难民身份逃难来蓉，也有结伴而来的，从二年级到四年级都有，来自江苏、安徽、江西、湖南、湖北、福建、广东、山东等地。

初来时，学生借住华西大学学生宿舍，教师借住外籍教师住宅，上课则借用华西大学教室。

临时宿舍建成后，金陵女子文理学院从1938年秋季起招收新生，包括大学各系本科及体育专修科。

当时华西坝校园，除原有的华西大学外，还有金陵女子文理学院、金陵大学、齐鲁大学、中央大学医学院，以后又迁来燕京大学的一部分。至此，华西坝共有六所大学。由于教授不足，允许各大学学生在各校所开课程中互相选读。

我是1938年7月底，由苏北乘免费难民车船而来，校舍虽已建成，但无家具，只好睡地板。当时的成都破烂不堪，确实是："灯无三日明（电灯不亮），地无三尺平（街道不平），人无三日宁（军、警、特、袍横行）。"

这时，由于战争的灾难，大部分学生的生活都很困难。学校采取多种措施帮助经济困难的学生：让学生在课余或假期做些工作，如打字、管图书馆、收发信件、接电话、为体育课钢琴伴奏、为学校购置用品等，均给予一定报酬；向国家争取救济物品进行补助；降低学费并设立奖学金。我就是在学校的帮助下才读完大学的。

为了节约开支，学校的行政管理人员特别少，但工作效率却很高。例如，1938年的行政管理人员，只有十几个，计院长室两人，会计处两人，注册处一人，图书室一人，农村妇幼服务处开始只有三人，以后随着工作的开展增加至七人。许多教师都身兼数职，如教务主任兼化学系主任，训导主任兼授教育学，总务主任兼院长室中文秘书，全校伙食管理只有一人。

过去的金陵女子文理学院，由于深受宗教教育、学校环境和出身家庭等影响，一般都存在着不问政治的倾向。但是自1937年迁入华西坝后，便敞开了大门，让学生与其他大学自由联系。当时各大学都有了进步的学生组织，因而金陵女子文理学院也有少数进步学生加入了抗日救亡活动的行列。1938年成立了"五大学"学生的战时服务团，组织和发动"五大学"学生的抗日救亡活动，如宣传、义卖、募捐、慰劳去前方抗日的壮丁等，义卖所得都做抗日经费上缴。以后又由"五大学"学生战时服务团倡议组织救护队，号召"五大学"学生报名参加救护因敌机轰炸而受伤的市民。金陵女子文理学院同学周曼如（中共地下党员），在这两个组织中都起了积极作用。特别是1939年6月11日夜，敌机疯狂轰炸成都，有些居民区几乎夷为平地，学校墙外的一家茶馆也被炸，市民伤亡惨重。"五大学"的救护队员，在空袭警报还未解除时就冒着生命危险，抢救伤员，将他们抬到华西大学的礼堂，帮助华西医学院的师生抢救、护理，还煮稀饭喂伤员。由于被炸地区有几处起火，深恐敌机乘火光再来空袭，吴贻芳校长和几位教师守着不睡，到午夜以后，她们还步行看望伤员，逐一问候，给大家很大的安慰。

金陵女子文理学院在成都时期，曾被迫建立国民党、三青团反动党团的筹备组织，但从未发展反动党、团人员或进行其他活动。学校领导不为当时统治者卖命，未出卖进步师生，也不让特务学生混入，所以学生与领导之间没有对抗情绪。加以当时领导学生运动的中共地下党组织极注意团结一切可以团结的人，许多一向不问政治但有爱国心、有正义感的教师，终于在事实面前逐步觉醒过来，走上了中国知识分子应走的抗日救亡道路。

有一次四川大学校长黄季陆来金陵女子文理学院，向教职员工宣传国民党。黄讲话后，吴校长接着说："大家都听见了黄先生的讲话，你们谁愿参加国民党可以随便。至于我呢？我不参加，因为今后凡遇重大问题，就不便站在公正的立场讲话，否则人家就会误认我是带有党派色彩来发言的。"所以那时全校只有四个是国民党员，即训导长和训导员、中文秘书和伙食管理员，他们大多又是当时省政府规定必须是国民党员。

金陵女子文理学院一向重视体育，一、二年级每周有四节体育课。三、四年级每周有两节，体育不及格者不能毕业。另外还设有体育系和体育专修科。在体育专修科毕业的同学中，现在已有些成为大学的教授和副教授。抗战时期外地来蓉的人很多，便将跳交际舞的风气传入成都。吴校长曾在全校大会上告诫师生，不许在外面跳交际舞。当时有一个住成都的美国军人写信给吴校长，责问她为什么不让学生跳交际舞？吴校长直言不讳地给他回了一封信说：成都地处边区，不能与上海等地相比，风俗比较古板，当地人认为跳交际舞的女子与上海的卖艺舞女相同，有损大学生的名誉和地位，所以坚决不准她们出去跳交际舞。

金陵女子文理学院特别强调为社会服务要见诸行动。抗战前，金陵女子文理学院在南京学校对门设立邻里服务处，为失学儿童开办小学等；1939年春，又在四川仁寿县设立乡村服务处，筹备时仅有三人，均是本校毕业生。仁寿距成都百余华里，还要翻过二峨山。当时既无火车又无汽车，乘黄包车在沿途小镇要宿两夜，县城仅有两条街，十分钟可以走完。街上既无医院，亦无挂牌的正式医生，连个家具店也没有，所以在筹备期间，对定制家具、访问居民、农民，了解群众的困难和需要等，费了较长的时间，直到同年秋季才开展工作，计设有：

妇婴组：由成都进益产科医院支援医药器械，并借用有经验的助产士一名，在当地招收初中程度女青年一人为助手。每天上午开展门诊，检查孕妇及婴幼儿疾病，根据季节给儿童打预防针、种牛痘等。孕妇亦定期来检查，只要来请，不论远近，日夜出诊接生，白天收接生费五角，夜晚收一元，贫苦农民无钱缴费就免缴。接生后还要做家访，直至婴儿脐带脱落。每逢召集母亲会，宣传育儿知识，她们都踊跃参加。说明这项工作是切合群众需要，所以受到她们的信任和欢迎。

幼儿教育组：在农忙季节，组织免费上学的幼儿班。由我们三人去农村挨户招生，再按年龄程度分配班次，并请成都迁仁寿的协合女师学生担任教学工作。

挑花组：组织当地妇女，用不褪色丝线或十字线在白麻布上挑花，按线的根数计工资，有助于改善家庭生活。妇女所挑绣的桌布、床单、窗帘、餐巾等，由学校运往外国换取外汇。

鸡种改良组：四川母鸡产蛋率低，经常抱窝。"来航"鸡年产蛋可达两百多个，但抗疫力差，于是学校特派一个生物系同学来仁寿实习，在仁寿试验鸡种改良工作。

仁寿乡村服务处，还是金陵女子文理学院的实习场所，每年寒暑假都有同学来仁寿实习。齐鲁大学医学院的同学也来此实习。

1943年，学校把仁寿乡村服务处迁到华阳县中和场。设幼儿园，每期收幼儿六十名；设妇女班，分甲乙两班，各三四十人，教识字、唱歌、手工、卫生常识、珠算等。

1944年秋，学校在华西坝小天竺街邮局银行背后，将曾经喂过羊的草房三间及侧面的三间瓦房加以修理，兴办金陵女子文理学院儿童福利实验所。主任为本校留美教授，总干事及干事均为本校毕业生，另聘幼儿教师（均为幼师及幼教专业毕业）、助教（保育员大姐姐）各两名。招收幼儿班共约五十人。另设小学高、初级两班，特请小学教师一人辅导（华大教育系学生上实习课），由本校勤工俭学教师（大学生）授课，并负责两班班主任职务。总干事负责全所行政事务，安排实习生工作，查阅大学生实习纪录，主持全所工作会议及家长会议。另一干事专做家访工作、个案工作，并指导金陵女子文理学院学生个案实习，审阅实习生个案记录。所内特约齐鲁医学院护士一名，每周来所一次，进行简易治疗，并按季节施行免费预防接种。所内所收儿童均为附近摊贩及小商和城市贫民子女，小学内全部为失学儿童，一律免费。入所时全部在所内体检一次，冬季特设儿童浴室，每周开放一天，所内供给热水、肥皂，由家长来所代洗，很受家长欢迎。

1946年，金陵女子文理学院迁回南京时，将儿童福利实验所所有一切家具、玩具、教具、用具及档案资料、实习纪录等，全部交给华西协合大学，由该校社会系接办。

抗日战争时期，学校曾与华西大学医学院附设医院合作，在专家程玉麐的指导下办了"儿童行为指导所"，参加工作者除华西医学院师生外，还有本校社会系助教和社会系一些高年级学生。这个指导所专为一些有异常表现的儿童（如孤僻、喜怒无常、拒食、多动、遗尿、痉挛、捣乱、逃学、游荡、偷窃、说谎、留级、口吃、迟钝等）诊治。1943年至1946年间，来所诊治的儿童中，达到痊愈或显著进步的占88%，进步的占10%，只有少数人因受先天影响较大，诊治无效。

金陵女子文理学院校长吴贻芳是金陵女子大学首届毕业生，是金陵女子大学的第一任中国籍校长，连续执掌校务二十三年。她勤勤恳恳，专心致力于教育事业，既无家事牵累，又无个人私心杂念。抗战前后，她和一般教授一样，参加师生共同组织的每月六元的集体伙食，与教师八人一桌，毫无特殊。抗战初期来到成都，许多华西协合大学外国教师认为她生活太清苦，请她去他们家过周末，她都婉言谢绝。有人主动将沙发椅、落地台灯等抬来借给她用，在免得对人太不礼貌的情况下，她才留下一两件，短期使用后即行归还。

吴校长在成都时，有两件事给我留下深刻的印象，也是至今她在我们心中仍有很高威信的重要原因。

其一，在成都时，教职工烤火都得自己买炭，秋天开学每人都去总务处登记，到时由薪水内扣除炭费。一天晚上校长到两个助教房内，看见火盆内有许多碎炭渣，她忽然惊奇道："我的炭内为什么没有炭渣？"接着又说："我的炭渣到哪里去了？难道我做校长的就能享受特殊权利（待遇）吗？明天我要去总务处查问。"在场的同学们虽没说什么，但心中都很受感动。

其二，一次她得了肾炎，遵医嘱卧床休息，饮食中忌盐。伙食管理员嘱炊事员，在每样菜未放盐之前给她铲一份起来。校长看见给她送来的菜，便带信对管理员说："今后不必为我留无盐的菜，我已找了一个临时保姆，她可以在木炭炉上帮我煮。"管理员仍然要留，并且理直气壮地说："您和大家一样付了伙食费，应当有您一份菜，又不是单独为您做什么特殊的菜，对炊事员来说也没有增加他们多少劳动，只不过早点盛一份起来就行了。"校长仍然给管理员说："你说的固然是事实，但是学校里这么多人，如果任何人生了病都这样办，我就接受你这样做，否则是我在享受特殊待遇。"驳得管理员哑口无言，只有顺从她的意志。

校长的言传身教，给我们一生的处世、为人、工作学习、思想、品质等，都带来极大的影响。

本文选编自《成都文史资料选辑》总第九辑，1985年

抗战时期迁蓉的中大医学院

罗建仲　何光侃

1937年7月7日卢沟桥事变后，抗日战争全面爆发，国民党政府将重庆作为陪都，南京中央大学（下简称中大）的文、法、理、工、农、师范等学院随着迁往重庆。由于重庆缺乏医学教学基地，乃将医学院（包括牙科）和农学院的畜牧兽医系迁至成都。

1910年，加拿大、美国和英国的教会联合在成都老南门外成立了华西协合大学（简称华大），称其校地为华西坝。华大是全国有名的教会学校之一，校园宽敞，风景优美，建筑为中西合璧。华大医学院设有医科和牙科，中大医学院的六年制本科和牙科（原为四年制牙医专科，后改六年制牙医本科）与之协作，最为合适。因此，中大医学院于1937年10月迁至成都华西坝。当时中大医学院还只有三个学年的学生，第一学年新生留在重庆校本部读医科前期课程（如生物学、无机化学等），第二、三学年的学生则借用华大教室和实验室，攻读基础医学课程，其中大部分由中大医学院单独开设，小部分与华大、齐鲁大学（下简称齐大）医学院合起来上课。学生宿舍设在小天竺街浙江会馆旧址内，内有三个大院，勉强住下，教员则住在华西坝明德宿舍之中。到1938年秋，中大与华大、齐大医学院签订三年协议，将四圣祠北街的仁济医院（男医院）和牙症医院、惜字宫街的女医院（设妇产科，后遭火烧）与陕西街的存仁医院（设眼、耳、鼻、喉科）合并成为三大学联合医院。第四、五学年分别在四圣祠医院和布后街听临床课程，五年级见习与六年级实习各在四个医院进行。并在城内增置学生宿舍，分别设在布后街志诚高级商业学校旧址、牙症医院以及布朗教师院内。

1941年，三大学联合医院协议期满，学生增多，医院床位有限，见习和实习机会相对减少，中大医学院乃于同年7月与华大、齐大分道扬镳，自行成立附属医院。将正府街122号天府中学旧址改建，取名公立医院，内设门诊部及内、小儿、皮肤、眼、耳、鼻、喉科等病房，旁侧还设有一个由小门通往的精神病房的院落，另在老西门外花牌坊南薰巷设立分院，有外科和妇产科病房，而基础课和牙症医院仍设在布后街。1945年7月，成都霍乱大流行，中大医学院临时在公立医院旁的国民党监狱里成立了一个霍乱病房，医师、护士日夜奋战一月余，直至抗日战争胜利后才结束。1946年2月，抗日战争胜利已半年，公立医院总院又由正府街迁至青龙街103号南薰中学旧址。

1946年4月，中大医学院早于重庆校本部迁回南京。公立医院交国民党四川省政府卫生实验处接收，6月成立四川省立医院，由原中大医学院教授黄克维担任院长，直到1948年10月。

中大医学院远离校本部，条件有限，之所以还能正常进行教学、见习、实习工作，培养许多优秀学生，最重要的是拥有一大批国内外知名的医学专家和教授。中大医学院院长戚寿南是美国约翰霍布金斯大学医学博士，心脏内科专家，心电图创始人之一，为内科学领域内的权威人物，先后兼任三大学联合医学院和公立医院院长。中大医学院基础医学课程和临床医学课程的教学阵容都较整齐而强大，他们治学严谨，教导有方，有的还兼任学生的导师。其中，基础课程的专家、教授有：解剖学张查理、潘铭紫、陆振山，组织胚胎学童第周，生理学蔡翘、吴襄，生物化学郑集，细菌学飞卿、白施恩、林志靖，药理学于光元、周金黄，病理学康锡荣、李佩琳等；临床课程的专家、教授有：内科戚寿南、黄克维、吴洁、杨宜、郭绍周，外科董秉奇、陈恒义、吴公良，小儿科陈翠贞、樊培禄、项全申，神经精神科程玉麐、王慰曾，妇产科阴毓章，皮肤科翁之龙、于光元、李鸿迥，耳鼻喉科胡懋廉、姜泗长，牙科黄天启、陈华，公共卫生学陈志潜、李延安，放射科荣独山、邱焕扬等。他们理论基础扎实，教学和临床经验丰富，虽在极端艰苦的抗战期间，物价飞涨，生活艰难，仍然培养出一大批国内第一流、高水平的中大毕业生。

早在1938年2月，华西坝就成立了华西学生救亡剧团，4月改为成都学生抗敌救亡宣传团，不少中大学生积极参加抗日救亡活动，其中张涤生还担任了抗宣第三团的副团长。同年11月，华西坝的中大、华大、齐大、金陵大学、金陵女子文理学院等，进一步联合组成"五大学"战时服务团，成为中共地下党的抗日救亡外围组织，由中共党员韩天石、艾尔达（"五大学"党总支书记）、郭号等同志领导，郭号、徐伟英、汤克湘先后担任过团长。中大的地下党员李世坚（医学院支部书记）、熊德邵（畜牧兽医系学生、任副团长）、谢务平、邝清等与非党群众张涤生、吴孝感、章燕诒（已病逝）、罗建仲、方定一（畜牧兽医系学生）等，是"'五大学'战时服务团"的积极分子。他们写壁报，去壮丁营慰问，为壮丁诊病治病、义卖，在街头化装宣传，在智育电影院上演话剧，还接待过民主人士沈钧儒与冯玉祥。1939年至1940年，国民党反动派掀起了第一次反共高潮，严密限制中共和一切进步分子的思想、言论和行动，"五大学"战时服务团于1939年5月1日，在成都南门外簇桥举行最后一次抗日宣传活动后，被迫隐蔽下来。1939年6月11日，成都遭日机大轰炸，华西坝在中共地下党组织领导下，乘机成立了空袭救护队，队长是中大医学院解剖学老师张查理、陆振山，学生罗建仲任会计。1939年夏，"五大学"组成暑期乡村服务团，中大学生吴孝感、章燕诒、罗建仲、方定一等人，随团从成都北门外三河场上船，在赵镇换船，沿沱江到简阳和内江，以后就日行三四十里，步行到自流井、贡井、荣县、五通桥、乐山等地，进行抗日宣传（如街头抗日漫画、演救亡话剧、救亡歌曲等）和霍乱预防注射。我们在自贡演出话剧《打城隍》，在闭幕前有个（学生）演员喊了一句"跟毛泽东打游击去"的口号，次日就被当地国民党党部驱逐出境。1939年下半年后，"五大学"战时服务团的活动被迫停止，部分团员在读书会的名义下进行读书、座谈、宣传等活动。1940年夏，传出国民党反动派有一个抓人的黑名单，其中就有中大学生。果然在六月下旬，"五大学"的学生汤克湘、胡德姜、曾俊修、李志迅、王选俊等五人被抓进了成都东郊狮子山集中营。中大的熊德邵得知消息较快，幸未被捕。但中大的地下党并未退出学校，学生党员裘嗣同、张国钧、熊大衡、康杰等,一直坚持到见习期将满,于1945年春才离开成都,奔往抗日根据地。

中大医学院在成都虽然只有八年半的时间,但对医学界的影响却很深远,连北京协和医院的学生都来借读和实习。老一辈的医学家如戚寿南、董秉奇、樊培禄、黄克维等教授,以高尚的医德和精湛的医术在成都行医,以丰富的学识和教学经验,培植了大批优秀的医学人才,并输送到四川省和全国各地,主要是成都、西安、上海、北京、天津、广州、南京等大城市,其中不少已成为全国著名的专家、教授,有的还蜚声国外。抗日战争期间在成都攻读而至今仍在成都工作的,有袁明昕、吴孝感、何光侃、富仁寿、罗建仲、李锡川、黄蜀丹、孙铁航、刘信强、马万文、张桂实、杨大中、向天瑚、周时锷、张健孚、潘慈康、黄桂芳、李锦蓉等,代表了中大医学院十个班(1941年至1950年毕业)的学生。他们在各自的医疗、科研、教学、卫生、计划生育、行政岗位上,兢兢业业,为党的事业,为保障人民身体健康,做出了有益的贡献。与此同时,三四十年来还培养和带出了大批业务技术干部,为四川省、成都市医疗卫生事业的兴旺发达,付出了辛勤劳动和代价,取得了可喜的成就。

本文选编自《成都文史资料选辑》总第九辑,1985年

烽火年代的复旦大学

张 宗

抗战期间,复旦分为两部,一部迁往重庆北碚,一部留上海市区在租界另择校址办了复旦大学补习部。补习部由原校长李登辉①负责。太平洋战争爆发后,日军占领租界,李登辉提出不向敌伪注册、不受敌伪津贴、不受敌伪干涉,否则宁可停办的"三不方针",并在敌伪环伺的情况下,坚持学校不教日文,维护了民族气节和复旦声誉。以上好"最后一课"的精神,维持复旦在沪之根基。西迁的一部分师生,于1937年底到达重庆,借重庆复旦中学菜园坝校址上课。

1938年2月,在重庆的复旦校友协助下,副校长吴南轩赴嘉陵江上游小三峡一带寻找校址。后确定以北碚对岸的夏坝为永久校址(原名下坝)。夏坝背靠琼玉山,面临嘉陵江,位于黄桷镇与东阳镇之间,有平坦土地一千多亩,与北碚夹江相望,风景秀丽,诚为建校佳地。2月下旬,师生分批到达,暂借黄桷镇河神庙(又名紫阳宫)为办公室,小学房屋为教室,煤炭坪为学生宿舍,王家花园为教师宿舍。荒村茅店,屋宇简陋,风雨晨昏,江水暴涨,有成泽国之虞。但五百师生,不避艰险,间关万里,来此小镇,均能以抗战自励,精神振奋,教学认真,生活简朴,课余之暇,从事救亡宣传,进行社会调查,颇有一番新兴气象。

最令人悲愤难忘的日子是1940年5月27日,日机疯狂轰炸北碚,我校损失惨重,死七人,伤者数十人。教务长兼法学院院长、《文摘》旬刊负责人孙寒冰教授,当时正在打乒乓球,一块破片飞来,正中孙老师前额,孙教授当即罹难,时年38岁。同时遇难的有《文摘》旬刊的职员江兴楷,同学陈仲燧、王茂泉、王文炳、朱锡华及刘晚成(刘航琛之子)等六人,有的被炸得遍体鳞伤,有的被炸得四肢不全,血肉模糊,场面惨不忍睹,全体师生同声哀悼。同学们采集了许多鲜花,放在孙老师及死去同学遗体的周围,并自觉守灵,表达对死者的哀思和敬意。1941年10月1日,学校在东阳镇校园内特为罹难者立碑,永资纪念。

由于校舍被炸损失巨大,仓促间难以恢复,学校宣布本学期暂时告一段落,下期不放寒假,以补足所缺课程。

复旦大学原设文、理、法、商四个学院十三个科系,迁到重庆北碚后,针对四川地

---

① 原编者注:李登辉(1872—1947),字腾飞,福建同安人,曾任复旦大学校长。致力于建设、发展复旦大学,邯郸路校区有一条以他的名字命名的路——登辉环路。在重庆的复旦大学旧址有一座以他的名字命名的小楼——登辉堂。

方之需要，为开发四川培植人才，先后增设了史地学系、统计学系、垦殖专修科、统计专修科、园艺学系、农艺学系、茶叶专修科、银行系、数理系、中国生理心理研究所、商科研究所。1940年，在园艺学系、农艺学系、茶叶专修科、茶叶研究室及附属农场的基础上，设立农学院，以李亮恭教授为院长。到1946年10月凯旋上海时，我校共有五院二十三个科系了。沪渝两部共有师生员工四千余人。

我们的校舍，散处于黄桷镇的每一角落，到处是复旦，但没有一处特别是复旦。因人数日增，居住困难，而且简陋过度，我们一部分同学当时住在一个镇上的大煤栈内，屋系穿斗夹壁，九十多平方米，上下铺，住有同学三十多人。室内阴暗潮湿，晚上照煤油灯，烟雾缭绕，卫生条件极差。后学校在离黄桷镇不远之东阳镇勘定永久校地，广约千亩。建筑经费由原教育部和四川省政府各拨助五万元法币（当时国民政府的通用纸币），又得赈济委员会和各地工商业资本家的捐款，在夏坝逐渐建筑简单的校舍。陆续建成的有相伯图书馆、登辉堂、寒冰馆、大礼堂、"博学、笃志、切问、近思"等教室以及男女宿舍、农场等，这样才初具规模，改善了教学、科研、文体、居住等条件。

抗战期间，全国著名文人、学者、科学家不少都集中重庆，仅北碚就设有中央研究院的下属单位、国立编辑馆等学术机构。复旦自1941年11月改为国立后，经费较前充裕，又注意建筑教授宿舍，聘请了不少著名学者前来任教，其中有：陈望道、周谷城、顾颉刚、吕振羽、陈子展、章靳以、曹禺、马宗融、梁宗岱、洪深、李蕃、张志让、潘震亚、童第周、吴觉农、言心哲、褚一飞、邹依仁等人。虽然当时图书、仪器仍嫌不足，但学术地位较前有所提高。

在校内，学生民主运动蓬勃兴起，各种学生社团如雨后春笋。壁报超过五十种，大多具有反对专制，争取民主的进步倾向。以复旦大学师生为主要力量创办的《中国学生导报》和《诗垦地》等，都是当时的进步报刊，在文化界和青年学生中产生过较大的影响。

各个学生社团的工作也很活跃，经常举行晚会、讲座或座谈会，邀请著名民主人士郭沫若、邹韬奋、陶行知、胡风、老舍、沈钧儒、史良、黄炎培、许德珩等人及我校进步教授发表讲演，发展了抗日民主运动的声势，把我校民主运动一步步推向高潮。

复旦大学有优良的校风和浓厚的学术氛围。绝大多数同学在学习上都能刻苦钻研，努力掌握高深的科学文化知识，并拥有一大批著名的进步教授和专家学者，他们勤勤恳恳，诲人不倦，受到广大学生的敬重，师生关系十分融洽，蔚为优良风气。1945年8月下旬，陈望道、张志让、周谷城教授还曾受到毛泽东、周恩来同志的亲切接见。

在北碚，师生们颇能与地方民众打成一片，推行社会服务事业，如举办民众共乐会，举办民众学校；参加或主持各项纪念活动；与地方人士合作响应寒衣运动等各项政府号召；襄助三峡实验区署编辑《嘉陵江日报》；参加区署之暑期小学教师训练班；并组织宣传队、话剧队、歌咏队从事抗战救亡宣传活动，等等。

总之，复旦大学在北碚办学是做出了显著成绩的八年，正如重庆市北碚区党史办公室的文章说,"她对取得抗日战争、解放战争的胜利做出了重要的贡献。这是母校的光荣,也是复旦大学全体师生的光荣"。

复旦大学当时死难师生见《复旦大学师生罹难碑记》。

本文选编自四川省政协文史资料和学习委员会《鏖战神州的川军将士》

抗战期间迁川的铭贤学校

范敬一　成　一

一、铭贤创建的历史背景和条件

铭贤学校的前身为"欧柏林山西纪念学校"，欧柏林是美国俄亥俄州一所著名大学的校名。1882年前后，组织一小分队的毕业生，以传教士身份来到交通闭塞、十年九旱的山西太谷等县，边学汉语文字边做传教活动，同时，还开办了医疗诊所、戒毒戒烟所、儿童识字班和成人文化学习班等，以联络城乡居民，传播基督教义。

1900年，我国北方发生了震动中外的义和团运动。住在山西太谷的美国传教士、欧柏林大学的校友全部遇难。教案发生后，欧柏林大学的校长和师生认为：纪念这些欧柏林死难校友的最好办法是募集基金，在山西筹办一所"启发民智、服务人群"的纪念学校，以促进文化交流。

1900年，孔祥熙先后从美国欧柏林、耶鲁两所大学毕业。回到山西太谷，他受欧柏林大学委托，在太谷城内明道学堂旧址，以"铭贤"二字命名创办一所"纪念在山西死难的欧柏林校友"的学校。两年后，又利用"庚子教案"征地，把铭贤学校迁到太谷城郊孟家花园（现山西农大所在地）。这时，孔祥熙身任校长掌管全校行政教学事务，并亲自教课。

1914年，孔详熙和宋霭龄结婚后，宋霭龄也曾以孔夫人身份来到太谷。协助丈夫办学，使铭贤学校成为山西省最先破除封建旧学制，吸收西方教学经验，建立现代新学制的学校。

二、抗战南迁　艰苦办学

1937年下半年，正当铭贤学校农工专科准备公开招生之际，卢沟桥事变爆发，抗战烽火四起。日寇蹂躏华北，平津沦陷，南口失守，太原告急。在战云密布的紧急关头，为摆脱日伪统治的浩劫厄运，铭贤学校开始了颠沛流离的南迁岁月。

从1937年10月至1939年4月，铭贤师生辗转几次迁校，历时一年半，途经山西的运城和陕西的西安、沔县四地，前后行程近两千公里，终于排除艰难险阻，入川到达金堂安静的乡寨开始了新的学习生活。

三、从严从难　校风纯朴

铭贤学校迁金堂后，中学部毕业班每年参加四川省高考，各科总成绩均名列前茅。

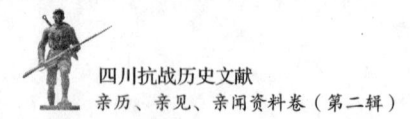

在金堂、成都两地逐年招收新生，报名者均极踊跃，入学人数激增至五百多人。1940年农工专科（1943年更名学院）相继招生后，全校包括大学、中学、小学的师生员工共达八百多人。这一乡村学府教学制度严格，学生读书风气浓厚，各项课外文体活动、勤工俭学、社会服务活动也搞得生气勃勃，形成了德、智、体全面发展的良好校风。

首先，最可贵的是学校拥有一支具备真才实学、不图名利、矢志献身于教育事业的领导班子和教师队伍：代理校长贾炎生、校务长吴克明、事务主务武星三（后任学院教务长），皆为留学国外、阅历广博、致力教育始终不懈的有识之士。教务主任臧惠泉、训导主任李彝亭，尽职尽责，身体力行，以一丝不苟著称。

教师赵子明、任达理、李彝亭等，大多毕业于燕京、清华、齐鲁、北师大、山西大学等高等学府，专意治学，具有一定学术成就和丰富的教学经验，有的自编教材，出版学术专著；有的后来在其他大学担任教授、副教授，成为有名的专家学者。英语教师全系从美国欧柏林大学毕业后选派来中国的。

在各科教师同心协力的辅导下，全校教学秩序井然，纪律严明，勤学苦读蔚然成风。每日清晨，在老寨、上寨附近的田野里、小道旁、池塘边以及宿舍的走廊上，到处是诵记国文、英语的琅琅读书声。早操、朝会号声一吹，同学们立即从各个角落跑步集合，极少无故缺席者。在各个教学院里，上课铃声一响，课堂即一片肃静，只听到老师讲课和学生记录笔记的沙沙声响，听不到任何嘈杂私语声。

各门课随时都有作业测验，间以月考、期中考试。每逢期末，全部学生集中于上寨礼堂，实行总考。各班各科考卷统一印发，一人一座单手扶椅。答卷时，严禁弄虚作假，可容纳六七百人的礼堂，一时鸦雀无声。凡两门主课不及格者留级，连续两次留级者退学。由于教学考核严格，学生学习的自觉性很高。

抗战期间，曾家寨距县城较远，既无电灯照明，又缺汽油汽灯。全寨大小二三十间学生寝室，每舍少为四五人，多则近二十人。人人自备菜油小灯一盏，每晚七时后，各室窗明灯亮，点点红光，闪耀床头，埋头作业，温习功课，彼此关照，互不干扰。倒是训导处做出了一项规定：每晚11时，宿舍必须全部熄灯，不准加班"开夜车"。训导主任李彝亭常常深夜轮番查访宿舍，凡遇不按时熄灯者，必予以劝说制止。

学校既倡导学生刻苦读书，又倡导学生积极参加各项课外活动锻炼，促进身心健康成长。通过师生义务劳动先后开辟了篮球、排球、足球、垒球以及单杠、双杠、跳远、跳高等场地。各班级每周都有两节体育课。周周有篮球、排球班级比赛或校队表演赛、师生对抗赛。每年秋季还组织一次全校性的运动会。大多数同学每天都要参加半小时左右的球类、田径、技巧等课外锻炼活动。

校内的音乐歌咏活动也十分活跃。音乐老师王文辅等自编教材，每周给各班级上音乐课时，分别讲授乐理基础知识，并介绍中外音乐家的生平事略和代表作品。各班级同学也常用课外活动时间组成小型合唱队，练唱抗战救亡歌曲，参加歌咏比赛，选拔歌手，举办夏季音乐会。

学校还设立了壁报专栏，利用老寨小院偏房四五间作为壁报社团活动场所。由学生根据共同志趣和爱好，自愿组成，并聘请教师辅导，其中有民众、知行、笔阵壁报社等。诸家壁报，各具特色。有的介绍时事知识，分析抗日战争形势，讨论国家大事；有的介绍鲁迅等著名作家作品和苏联翻译小说；有的倡导"知行合一"学说，以介绍社会哲理和人生品德修养为主要内容等多种形式。

由于各个社团的思想、主张、观点不同，难免有激烈言辞，但多持"君子风度"，自由辩论，各抒己见，以理服人。师生中有国民党员、三青团员，还有左派进步人士与中共地下党员（如徐焕滋、李琼仪、王瑶等教师），也有无党派人士、民主主义者。各种政治倾向的报刊书籍均有传播，未受严格查禁。这反映了在当时团结抗战的政治形势下，地处金堂曾家寨乡间的铭贤学校，在政治思想和学术研究等方面是保持了一定的民主自由气氛的。

勤工俭学，半工半读是铭贤校园生活中的另一特色。家在敌占区的不少同学离乡背井，经济来源断绝，全靠半工半读维持学业。有的参加军乐队，司号报时；有的代替校工，清扫校园；有的协助教师管理图书、整理化实验仪器和运动场体育用品。部分同学还组织了学生生活服务社，出售文具纸张，供应豆浆、油茶；有的为同学理发或为宿舍挑担生活用水。通过紧张、艰苦的生活磨炼，培养了同学们自立自强、自尊自治的能力和团结友爱、进取服务的精神。学校遵循"学以事人"的校训，每年都由各班级宿舍的同学们相互提名，民主选举一位热心公益、品学兼优的学生代表予以"校史题名"的特殊荣誉奖励。被提名为候选人者，多系在勤工俭学活动中成绩显著深孚众望的同学。

四、农工专科及学院的建立与发展

1939年，校董会董事长孔祥熙鉴于国内外时局之发展，深感要坚持长期抗战，复兴中华，有赖于大批科学技术建设人才之培育成长，加以开办大学工科、农科，又为铭贤早年兴学之夙愿。基于此，孔祥熙遂责成代理校长贾麟炳（炎生）、校务长吴克明等，就地规划，筹办铭贤农工专科。一面商谈拨付筹办专款和教学经费；一面在金堂县城北的古城桥购买土地数十亩和小型水力发电所一处，作为专科筹建场地。

农工专科筹建一年左右，于1940年秋季正式招生开学。当时，在古城桥畔的乡间田野中，建起一座座高厚土墙上覆盖着茅草屋顶的大厅式简易建筑物作为教室。另在城内金刚公园侧租赁房屋数十间作为教职员工、学生的宿舍、饭堂和自修室。真可谓艰苦创业，精打细算，因地制宜，因陋就简。难能可贵的是：在抗战后方，交通阻塞，实业不振，一切物资都告紧缺的条件下，学校竟不惜耗费有限的教学资金，竭智尽虑，从各方购进了大批教学科研必不可少的贵重仪器设备、图书资料和生产实习物资器材。在近两年的时间内，学校除办公室、教室、实验室、图书馆、运动场外，还陆续建成了小型水力发电厂、机器实习厂、翻砂实习厂、锻工实习厂、木工实习厂、化工实习厂、酿造实习厂、纺织实习厂、染布实习厂、印花实习厂、钳工厂、模型室、工程制图室，等等。同时还在城郊开辟了具有果园、苗圃、稻麦、烟草、蔬菜作物等栽培实验基地的农场，和拥有乳牛、美国纯种猪、来航鸡等良种家禽家畜的牧场。

铭贤农工专科的办学目标是：培养国家农工建设所需要的高级技术人才。一切教学设备和教学方法，力求传授课堂知识与掌握生产技术并重，将教育与社会需要相结合。

教学中尤注重学生品德之陶冶，务使学生于卒业后，非但学有所长，学能致用，而且身心兼修。通过教学和实习，培养起一支刻苦耐劳，具有牺牲服务精神的科技队伍。

为了实现这一目标，学校除一面尽最大可能充实教学设施，一面本着礼贤下士、尊师重道的精神多方求索，延聘教学人才。在师资队伍不断增强，教学规模日益扩大，教学成绩蒸蒸日上的情况下，农工专科积教学三年之经验，于1943年秋正式扩建为学院。学制由三年改为四年，学系也有所调整扩大，另增设工商管理和银行两个学系，每年招收的新生，由五六十人增到一百多人。

学生在校学习期间，实行学分制，各系各科均按教学规划，进行严格考核。凡一年内不及格学分逾该学年应修学分总数三分之一者不得升级；逾该学年应修学分总数二分之一者，即令退学。在考试中发现有夹带、枪替、换卷、抄袭及其他舞弊行为者，除取消该学科成绩外，并视情节轻重予以记过等处分。

有的学科，考试成绩在40分以上60分以下者给予补考机会，但以一次为限。两门课程补考不及格者留级；一门课程考试成绩不到四十分者，不得补考，必须重读。

学生有违反校规者退学；品行不端，经导师证明不堪教诲者退学；连续两次留级者退学；休学逾两年者退学；有特别疾病难以治疗者退学。

学校在课堂理论教学之外，重视科学实验和生产应用技能的结合，学生做不好应知应做的教学实验和生产实习报告，是同样不能升级的。

与此同时，学校积极倡导学生利用课外时间，自由开展学术研究讨论活动，并根据讨论内容，分别撰写文章，在各学会主办的刊物上发表。为了给学生自学、科研提供方便，校图书馆天天开放（星期日也不休馆），借阅各种参考书籍和科学文化资料者，从早到晚，络绎不绝。青年学生莫不省悟到：艰苦抗战，国难深重，民生凋敝，百业待振，读书良机，来之不易，效力报国，责无旁贷，唯有发愤图强，方能不负社会父老、师长之殷望，岂容苟安偷闲，虚度青春年华，愧为中华儿女。

从1940年到1945年抗战胜利，铭贤学校在艰苦创业，真知力行，崇实务专，学以事人的纯朴校风的熏陶下，教学成效卓著，科研成果累累。师生们紧密结合教学实践，写出了不少专题论文，内容既具有学术研究价值，又具有社会实践价值。兹列举部分重点论文如下：《四川省金堂烟草生产制造及运销调查》（周文卫、朱旬余）等；另有部分论文，如《花生饼与油菜枯之比较》等，也分期在《中华农学汇报》等刊物上发表。

不少教学科研成果，受到了当时学术界和有关部门科研机构的重视，如财政部四川烟叶示范场与学校合办金堂烟圃，进一步开展了烟草品种比较试验、雪茄烟之制造研究等科研项目，获得良好成效。农林部与学校合作，先后举办金堂县植棉推广试验，稻虫防治试验及推广，川北玉米示范推广，小麦优良品种区域性试验。并委托学校代办畜牧兽医讲习班，培训畜牧兽医技术人员，从事畜牧兽医指导及防治工作，讲习班每年一期，每期招收学员20人。由于四川各地农村迫切需要畜牧兽医防治人员，每班结业前，学员便被争聘一空。学校还在姚家渡设立了乡村社会服务部办事处，服务内容包括：开展农村社会调查，为贫苦农民发放小本贷金；推广农作物良种，介绍兽畜医疗防疫和大众卫生健康知识；举办成人、儿童教育补习班，普及文化科学技术，深受农民赞扬。

机械、化工、纺织等系主持的教学实习工厂在教授、专家们的精心指导下，通过各种产品的规划设计，加工制造，也获得了一系列科研成果。在当时抗战大后方的成都，机械、化工、纺织等行业，都没有现代化设备的工厂，有些小型手工机械作坊，基础既极薄弱，设备又很陈旧，因而生产质量数量都极有限。金堂作为一个县，情况更可想见。但自铭贤学校教学实习工厂建立以后，的确给人以耳目一新之感。机械实习工厂不仅能生产具有一定精密度的车床和织布机，而且还与航委会订立合同，制造出了当时在成都市场上难以购得的风筒天秤，化学药品实验工厂制造的硫酸、硝酸、醋酸等产品，质地纯良，吸引了成都等地用户竞相来校订购。酿造实习工厂采用科学配料酿造方法，制出的精酿酱油口味香鲜，可与成都各家名牌酱油比美，日产五六百斤，供不应求。纺织实习工厂生产的草绿色斜纹布、条皱麻纱布、方格布、半毛呢制服布等，也别具风格，行销一时。这些教学实习成果的问世，为在抗战时期备受封锁、物力艰难的成都地区工农业的开发，显现了一线生机。

五、学员近千　人才辈出

1945年8月15日，日本侵略者无条件投降，举国欢腾，铭贤学校积极筹备复员。

铭贤在山西太谷孟家花园（现山西农大校地）的校产，由于各方协助，大部校产幸获保全。经一年修整，渐复旧观。

1946年4月，在金堂成立迁校委员会，原拟直接到太谷复校，后因山西省区内战迭起，同蒲铁路交通受阻，乃决定中学部先迁往陕西三原。

曾家寨校址由地方士绅曾通一（曾道，老同盟会会员）等发起建立的蜀贤中学接管，铭贤中学部搬不走的教学设备全部捐赠蜀贤中学使用。不能随校迁移的多数川籍同学，均转入蜀贤肄业。蜀贤就成了铭贤的姊妹学校。

鉴于当时时局的动荡不安，学校大专部（学院）仍暂留金堂，继续上课，有部分同学转入四川大学借读。1946年底，学院在西安芍林里设立办事处，由田子方、马骏一等负责招收工管、银行两系走读生六十多名，聘请西安各专科院校知名教授兼课。行课数月，教师教学认真，学生勤学苦读，深受西安教育界好评。

1947年夏，内战范围日趋扩大。迁往太谷复校困难重重，而学院仍留金堂，招生也有困难。在这种情况下，孔祥熙召集校董会讨论决定：学校全部出金堂迁往成都开学。当年10月，学院即在成都招收农艺、畜牧、机械、纺织、工商管理等系新生96名，租用东门城内锐钯街造币厂和天仙桥等处房屋数十间，于11月3日正式开学。随后，铭贤学院西安办事处和三原中学部的师生也先后迁回成都。当时全校师生共三百余人。在恶性通货膨胀，经济崩溃，社会动乱，人心惶惶的艰苦环境中，大家同舟共济，艰苦撑持，终于在1949年12月，迎来了成都解放。

1950年10月，在西南军政委员会文教部的直接帮助下，铭贤学校（学院、中学、小学）师生全部由成都乘车迁回山西太谷孟家花园旧址。

从1939年至1949年的十年间，铭贤学校（学院、专科、中学部）在四川成都金堂，先后毕业（肄业）的校友近千人。他们迄今遍布全国二十余个省市（自治区）。据初步统计，从事科学、文化、教育、卫生事业者占一半以上，在各地大专院校和科研机构担任教授、副教授、研究员、副研究员、高级工程师等项职务者有近两百人。

如今山西农业大学的养猪专家张龙志教授，养牛专家冀一伦教授，养羊专家吕效吾教授，小麦专家朵振华教授，山西太原工业大学机械系教授张志僖，山西纺织厅总工程师、化纤纺织专家马宝厚等，均为铭贤校友。另如校友郑哲敏在中国科学院力学研究所任职，已成为全国知名的力学专家。校友李炳坦在农业科学院从事畜牧科研工作，成绩卓著，受到了国家颁布的农业科研项目荣誉奖励。在成都各大专院校担任教授、副教授的校友有：成恩元（川大历史系文物考古专家）、秦卫平（川大数学系）、刘玉成（川大物理系）、肖森（川大化学系）、邓尚平（华西医大附属医院副院长）、王世阆（华西医大妇产科专家）、杜传诗（华西医大口腔科专家）、余淑尧（华西医大口腔科专家）、郎恩普（华西医大消化系统专家）、温绍仪（华西医科大学外语教研组）、梁增相（成都科大水利专家）、杨元芳（西南民族学院、少数民族研究专家）。另如校友阎焘（曾任西南交大副校长、党委书记，已离休）、张凤山（四川省高教局副局长）等，都在成都地区高等院校教学科研领导工作中做出了一定贡献。

此外还有不少校友在党政教育、新闻出版等单位工作。其中有受人尊敬的教师；有学有专长的工程技术人员和企业管理人员；有医务工作者、新闻记者、编辑和演员，有县长、局长、厂长、经理、中学校长等基层领导干部。他们都在不同职业，不同岗位上尽心竭力为人民服务，成为推进国家社会建设事业不可缺少的骨干力量。校友众多，实难一一列举，尚希恕谅。

本文选编自中国人民政治协商会议四川省成都市委员会文史资料研究委员会《成都文史资料选辑》第十六辑，1987年

抗日时期的成都"抗大"——朝阳学院

黄飞声　傅桢学

朝阳学院是一所私立大学，创建于民国初年，校址原在北平（北京）。学院设政治、经济、法律三个系，而以法律系著称全国，当时有北有"朝阳"，南有"东吴"（上海东吴大学）之誉。

一、迁校经过

抗战爆发后，朝阳学院因经费困难，本来不准备搬迁，国民政府司法院为了培养政法人才，就接办了这所大学，由司法院院长居正出任董事长，司法院秘书长张知本担任学院院长，宁柏青（为当时著名的破产法专家）任教务长，并由北平迁往湖北沙市张知本的公馆继续上课，随校迁移的学生只有几十人。

上海、南京相继沦陷后，武汉岌岌可危，沙市受到威胁。1938年7月，学校又由沙市迁来四川成都，校址选设新南门外法云庵，在沙市和成都继续招生后，全校学生增至三百余人。1941年暑假，国民政府教育部部长陈立夫为了直接控制这所学校，便勒令迁往国民政府陪都——重庆附近的巴县兴隆场。直至1945年抗战胜利后，朝阳学院才由巴县迁回北平，1949年1月31日后并入了人民大学。

二、朝阳学院是成都的"抗大"

当时在成都的学生中曾有过这样的流传：朝阳学院是成都的"抗大"（延安的抗日军政大学），协进中学是成都的"陕公"（延安的陕北公学）。因为这两所学校，有很多师生都是共产党员，教师对学生公开讲授马列主义，宣传共产党的抗日民族统一战线政策，是共产党领导下在国统区的两个抗日救亡运动的战斗堡垒。

进步教授多。朝阳学院搬到成都后，由于院长张知本是国民党内的开明人士，他聘请了很多进步教授，如邓初民（共产党员，新中国成立后曾任民盟中央副主席）、马哲民（新中国成立后曾任湖北省民盟主委）、黄松龄（共产党员，新中国成立后曾任高教部第一副部长，人民大学副校长）。当时校内外同学都很尊敬他们，把他们三人的姓连在一起，叫邓马黄。此外还聘请了杨伯恺（共产党员，民盟中央委员，新中国成立前夕被国民党特务杀害于成都通惠门外十二桥）、黄宪章（新中国成立后任四川省民主建国会主委）、潘大逵（新中国成立后任四川省民盟主委）、李续纲（共产党员，后去延安）及陈中凡、陈家芷等进步教授多人。

公开讲授马列主义。这些进步教授讲授的基础课程如社会学、政治学、经济学、哲学、中国通史、西洋史和货币银行学等，都是坚定地运用辩证唯物主义和历史唯物主义

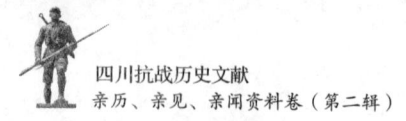

的科学观点进行讲授,并结合我国的实际,充分阐述了马列主义的原理原则。当时的政治系主任是马哲民教授,他讲授新社会学和哲学。经济系主任是邓初民,他讲授政治学和中国通史。法律系主任由宁柏青教务长兼任,黄松龄讲授新经济学,杨伯恺讲授西洋史,潘大逵教政治学,黄宪章教货币银行学。

学术研究自由。由于这些进步教授公开以马列主义的观点和方法进行教学,于是在他们的影响下,我们学校便形成了学术研究自由、读书风气浓厚,尤其是读进步书籍的同学比较普遍。如田原的《政治学》(田原是邓初民教授的化名),马哲民的《新社会学》,苏联经济学家里昂节夫著的《政治经济学讲话》,沈志远的《新经济学大纲》,李达的《社会学大纲》(李达是中国共产党创始人之一,新中国成立后,曾任武汉大学校长),《联共(布)党史》《列宁选集》《列宁主义问题》《科学的历史观》以及《新华日报》、《群众》周刊(共产党机关刊物),这些进步书报在学校中广为传播,有的同学还参加其他的读书学习活动。

用各种方式学习。有时邓初民教授,还在学校内向同学们做时事或专题报告,使同学们明确当时的斗争形势和任务,鼓励学生们积极参加各种抗日救亡活动。

爱好文艺的同学,秘密地请进步作家萧军来学校做有关文艺方面的专题报告。

《战时学生旬刊》,是成都抗战初期,在共产党领导下的学生组织(简称战学)创办的刊物,每旬出刊物一期。在朝阳学院的"战学"社的成员经常组织进步同学去参加时事座谈会、报告会和郊游学会等各种活动,了解政治形势的发展,明确斗争方向和任务。有的同学还给《战时学生旬刊》及"星芝"通讯社写文章和通讯,提高写作能力,当时参加《战时学生旬刊》的同学有董仲平、谢扬清、郭伟等,谢扬清和王哲镜(他以后去福建参加游击队),还参加"星芒社"任编辑和记者工作。

因成都是四川省的文化和政治中心,有些政治家和社会活动家常来成都。如救国会领袖沈钧儒及进步作家柳湜来成都时,常由邓初民教授邀请到我校做时事报告,听讲的师生很多,受到热烈欢迎。

办补习学校。为了扩大对青年学生的教育,杨伯恺教授在城内祠堂街附近办了一所补习学校,对青年学生进行马列主义的教育,宣传共产党的抗日民族统一战线,争取更多的青年团结在共产党周围,为坚持抗战而斗争。

为进步学生做报告。邓初民教授是成都当时著名的政治活动家,他善于言词,发表的演说受群众的欢迎。因此,成都的进步学生经常请他去做报告,听讲的人很多。同学们都很尊敬他、爱护他,在他的影响下,很多同学都积极参加抗日救亡活动,走向革命道路,他为共产党的教育事业做出了卓越的贡献。

三、为党培养和输送干部

朝阳学院为共产党培养了不少干部,从1939年到1940年,就输送了郑森林、董仲平、彭为果、徐丽水、陈明烨、杨锡从及盛衍猷等同志去延安和抗日根据地,为抗日战争贡献了力量。没有去抗日根据地的地下党员,在1941年以后,都先后与党失去的联系,但无一人变节投敌,仍留在白区坚持艰苦的斗争,这是党教育的结果。有的同志和进步同学在离开学校后参加了民主党派,如罗鸿章、邹维新、傅祯、管琛等同志,他们在邓初民、马哲民、黄宪章教授领导下,进行民主活动,如在成都的同志不少参加了马哲民教授主编的《大学月刊》,做采编方面的工作。

在这个学校学习过的同学,因受到共产主义的教育,离开学校后,有的在教育界、文化界做了一些对革命有益的工作。有的在抗日战争和解放战争时期还参加了共产党,如钦本立、谢韬、洪经明,等等。

开展抗日救亡活动。1938年8月,朝阳学院由湖北沙市搬到成都时,正是抗日救亡运动高潮的末期。那时还可用各种方式进行抗日救亡活动,如组织宣传队、演剧队和歌咏队到街头或外县或在校内进行抗日救亡运动的宣传,有时还由马哲民教授亲自率领到灌县、新都等地做社会调查,记得董品煊还写过一篇《农村调查与批评》及肖远煌写的《灌县、新都财政概况》,《新新新闻旬刊》揭露了国民党反动政府横征暴敛下农民生活困苦、民不聊生的现状。

进步力量迅速发展。中国共产党建立的抗日根据地和武装力量不断壮大,共产党的组织也迅速发展,这本是有利于争取抗日战争胜利的大好事,可是国民党反动派,惧怕抗日力量的壮大,于1939年初开始,在全国范围内掀起了第一次反共高潮。

成都的进步组织如"星芒社"和《战时学生旬刊社》等先后都遭到特务捣毁破坏。进步刊物如《大声周刊》《民生报》《时事新刊》《星芒周刊》《国难三日刊》及《战时学生旬刊》等均先后被取缔。

在成都教育界,国民党反动派则首先向被誉为成都的"抗大"——朝阳学院开刀,当时国民政府教育部部长陈立夫,于1939年上半年,借视察我校为名,召集全校师生训话,宣传国民党一党专政,反对学术研究自由。于是在1940年上半年开学时,他撤换了院长张知本,解聘了进步教授邓、马、黄等人,另派司法界耆宿江庸来当有名无实的院长,派他的心腹干将陈德征来当训导长,把学校的领导权置于中统的控制之下。广大师生对此群情愤激,在共产党领导下,掀起了反江的学潮,这对国民党反动派所掀起的反共逆流给予了有力反击。当时师生中的国民党和三青团分子却厚颜无耻地站出来拥江,出现了"反江"和"拥江"的对垒,整整闹了一学期未上课,后来反动派以强行迁校的手段结束了学潮。

组织护校队。为防止校内外特务对我们学校进行捣乱和破坏,由同学组成护校队,在学校内外巡逻,保护学校师生的安全。有一天,我们巡逻队的同学发现校外来了一些便衣特务和伪警察人员,也就是江庸率领随员来校接事的当天,我们发现这一情况后,立即向邓初民教授反映,由他向成都警备司令彭焕章说明情况请求保护,彭焕章即派了一连军队来校,这是事前布置好了的,起初特务扬言要逮捕进步同学,因有军队护校,这些特务不敢动手抓人,不得不一个个灰溜溜地走开了。

江庸来校被驱逐。江庸由当时成都地方法院及警察人员保护,乘私包车来学校接任院长,一到校,就贴出开除进步同学王哲镜的布告,更激起广大同学的愤怒,遭到同学们的坚决反对,把他的私包车都砸烂了。他见情况不妙,只好在警察的保护下,从女生院后门逃走。

组织请愿代表团。由邓初民教授率领傅开续等同学，带着请愿书赴重庆国民政府司法院，向居正院长请愿，坚决挽留张知本任院长。由于国民政府教育部采取了停止拨给教育经费为手段，欲将朝阳学院置于困境。当时正值成都发生大特务康泽制造的"抢米事件"，川康特委书记罗世文及军委负责人车耀先被捕，另外还逮捕了《新华日报》馆负责人、救亡团体领导人及爱国人士十多人，成都市笼罩于严重的白色恐怖之下。从川康特委到基层组织的干部和暴露了的党员大量撤退，为避免无谓牺牲，朝阳支部的几位同志也撤退了，在这种情况下，"反江"运动才被迫停止。

共产党在朝阳学院继续领导斗争。1938年7月，朝阳学院搬到成都时，在学生中只有三四个党员，1939年初，在新招收的学生中进来一批党员，和在学校发展的党员共二十多人，四月份建立支部，由经济学学生彭为果（现名李澄）任第一任支部书记。不久，他调任川康特委青委委员，由同班同学许存信继任支部书记。下半年后期开始，由黄飞声任支部书记，一直到1940年3月14日，成都"抢米事件"发生，调离学校为止。

审时度势，尽量采取公开的、合法的形式。如1939年上半年，由党支部决定：通过学校当局，公开发动全校同学组织募捐队，募捐支援抗战前线，由各党各派同学参加，分成若干小组，进城到餐厅、剧场、电影院、旅馆、茶馆和公园去募捐，共产党员都积极参加活动，团结了同学，进行了一次爱国主义教育，为抗日救亡尽了一份力量，受到学校当局的表扬。

此外，我们还利用合法的政治、经济、法律三个系的系会，组织动员各系同学都参加，我们就利用这些机会，讲解有关抗日救亡和革命的故事，教育团结同学。

四、保存革命力量

那时，成都虽然还没有发生逮捕共产党人的事，但我们的同志就捡到中统特务监视我们同志活动的笔记本。有的特务向军事教官密告我们的同志某人是共产党，如军统特务在公开场所对我们的同志郑森林说："你娃娃不要洋，你的命操在我手里。"所以我们从1939年暑假开始，及时将暴露的同志转学或送去延安，避免了损失。朝阳学院在成都的三年内，共产党员没有被逮捕过，党组织也没有遭到破坏，为党保存了革命力量。

开展上层统战工作 1939年暑假，邓初民和黄松龄两位教授去重庆，为爱国将领冯玉祥分别讲授政治学和经济学。这两位教授从1938年来成都后，在川康特委的领导下，同原在成都的潘大逵教授，积极为四川地方实力派代表人物刘文辉、邓锡侯、潘文华等经常讲解政治形势，宣传党的抗日民族统一战线，阐明共产党的方针政策，建立和巩固了我党与国民党中央及地方的上层人物的统战关系，争取他们与我们一起抗日，孤立、打击国民党投降派。在解放成都时，刘文辉、邓锡侯与潘文华在彭县宣布起义，这不是偶然的，是共产党长期统战工作的结果，其中，我们朝阳学院的几位教授也有一份功劳。

朝阳学院在成都的三年，是战斗的三年，做了不少有益的革命工作，对成都的学生运动，起了积极推动作用。

本文选编自《成都文史资料选辑》总第九辑，1985年

抗战期间的光华大学成都分部（节选）

孙 恭

一、筹办分校

从1937年七七事变以后，光华大学亦决定入川设立分校。咏霓校长提名，加聘谢霖甫及四川地方人士邓锡侯、邓汉祥、甘绩镛、缪秋杰、康宝志、杨培英六位先生为校董，并以谢霖甫兼任副校长，托请全权办理光华大学分校筹备事宜。霖甫先生是江苏武进人，1909年，曾应四川劝业道周善培之约，在道署历任商业科长、商业讲习所长等职。他在川中不乏友好，与军政关系亦较融洽。于是，霖甫先生受命奔走，得到各方支持，由省库拨助创立经费5万元，积极进行筹备。适有本校前商学院长薛迪靖（字观澄）先生，校友林树湘、郭基荣、黄德清诸君义务为助，租定成都原新南门内王家坝房屋为校址。咏霓校长在沪，容启兆先生，陆寿长、李恩廉两校友，先后经香港、海防乘飞机来川，分任教务长、总务主任、注册主任等职。

1938年3月1日，光华大学成都分部正式开学。当年6月，咏霓校长经香港飞抵重庆，历访迁川各大学。随即来蓉与谢霖甫诸先生讨论，认为"教育系百年树人大计，光华大学既已在川设立，岂容停顿，况已受四川省政府补助，又有川绅张仲铭、富安、寿龄昆季赠送校址五十余亩，应以永久留川为是"。张咏霓校长回沪后，又致函谢霖甫先生，摘录如下：光华大学虽为避难分设入川，然亦可借此在川留一永久纪念，以谢川人，嗣后既有上海光华大学造就东南学子，又有成都分部造就西南学子，将来扬子江上下游，两校毕业同学，合力报效国家社会，东西辉映，岂不懿欤。这就是光华大学成都分部后来移赠四川，改为成华大学的原因。

自1938年春，光华分部在成都筹备开办，所需经费原拟由上海本校接济，后因京沪一带相继沦陷，上海本校辗转迁移，遂自顾不暇。谢霖甫先生肩负建校重任，不仅未受副校长正额薪金，即往来城乡亦从未向学校支取交通费用。即以成都王家坝校舍一切修葺用度而论，最初皆由谢霖甫先生垫付。故本校虽在成都开学，但经费困难，特别是修建校舍，购置图书、仪器和必需设备。若无资金，谢副校长取得校董会同意，乃向社会募捐，故川坤张仲铭、富安、寿龄昆季，捐赠成都新西门外黎家碾以西土地57亩有零作为校址。随后，学校相继收到自流井富荣盐场和康宝志等人捐款共7万元，连同教育补助拨款8万元，共15万元，统作建校经费基金。光华大学成都分部校舍，自1938年7月，破土开建，至1942年5月竣工，历时近四年，校址扩充达一百五十余亩，建有礼堂、教室、餐厅、图书馆等共六百余间。另外植有园林花木五千余株，校具六千六百余件，电灯设备两千余件，中西之书籍两万七千余册（注：上海本校在成都分部开办之初，曾运来书籍4796册包括在内），化学仪器及药品五千余件，生物仪器及标本三百余件，土木工程仪器之百余件，医务器械及药品四百余件，体育用具两百余件，军训用品一百余件。上列校产在我光华大学成都分部办理期间，足够学生一千七百人及住校教职员眷属三十余家之用。这都体现了谢霖甫先生在光华大学成都分部新建期间惨淡经营、白手兴家的精神。霖甫先生坚守"募捐用以建设""建费专赖学费"的原则，在建校期中，四方奔走，卑躬求援，既要与各方周旋，取得社会支持，又要团结教职员工，讲求教学实效。光华大学成都分部校内有"蜀华""肇海"二路，其一为纪念蜀华实业公司为成都分部校舍义务设计而命名，其一为纪念吴肇海先生在扩充校址地亩尽到努力而命名。此外，对热心赞助人士在校内建筑物上题名纪念，如"丰寿堂"纪念王丰镐（省三）、张寿镛（咏霓），"甫澄堂"纪念刘甫澄，"富铭堂"纪念张仲铭、富安、寿龄昆季，"富荣堂"纪念富顺、荣县两盐场，"祥熙堂"纪念孔祥熙，"寿长堂"纪念陆寿长，"冠能堂"纪念谢霖甫、仁甫、雨辰之尊人，"季琴图书馆"纪念康心如、心之、心远之尊人，"康斋"纪念康宝志，"鸣斋"纪念邓鸣阶，"绩斋"纪念甘绩镛，"可亭"纪念徐可亭，"治斋"纪念王治易。"灏斋"纪念翁文灏，"六三别墅"纪念校庆（1925年6月3日）；"三人路"纪念1938年3月1日成都分部成立；"绍孚路"纪念陈绍孚；"金融路"纪念各银行；"六六路"纪念屈文六；"剑霜路"纪念缪剑霜。这就可见当时谢霖甫先生苦心孤诣，团结社会各方面力量，为建设成都分校而表现出愚公志气。今光华大学成都分校旧址，已蔚然改观，屋舍相连，今胜于昔，旧时故老乡人，犹问"谢老"在么？

二、培育人才

光华大学成都分部之设，其目的盖使上海本校学生，因战祸而入川者，得有安身就学之所。其次则使流亡来川的其他大学肄业生，亦可兼容并纳，不荒学业。因此，成都分校开办以来，上海本校及其他大学肄业学生到成都者，多投入本校肄业。他们对蓉校热情相就，有如游子还乡，重见父母。学生中常有衣衫不齐，生活极端困难者，蓉校尽先予以补充，酌情照顾，然后再谋永久救济之方。当时除向教育当局请给贷金外，其他尚有困难者，学校或许其在校为工读生，或使其在课余之外兼做临时工作，所得收入维持生活，仍责其照缴学费，这样就杜绝了其他学生的借口，凡此情况，非独对上海本校学生或外籍学生如此，即川籍学生家遭剧变，缺乏宗亲接济之人，蓉校一视同仁，普遍予以帮助。更有外省籍学生携带年幼弟妹来校者，蓉校亦量情纳入我校附属中学或附属小学就读。似此一个全无经济基础，由外地移来的私立大学分校，而承担起这一兴学济众的社会责任，不可不谓厚矣。

中日战争，人民蒙难。1937年，上海、南京、芜湖相继沦陷，家破亲亡、流离失所的儿童，当时以鄂、豫、皖、苏四省为多。经社会抢救，光华大学附属中学（于1938年春季建成），接收战时儿童保育会送来难童两百名，计湖北省113人，河南省35人，安徽省33人，江苏省7人，浙江省3人，河北省2人，四川省2人，湖南、江西、山东、山西、福建等省各1人（教导经费由川康盐务局担负）。难童入校后，学校为他们理发更衣，仪容一新，当时难童入学摄影留念，照片保存于季琴图书馆内。先是校内有少数人，见一群衣着破烂的难童入学，不免对谢副校长发起非议，认为"不该以学校作为孤儿院"，大、中学两部学生对难童亦不免歧视。谢副校长乃在全校扩大周会上说明本校收容难童原因，并指定他的夫人张慧卿女士担任保育生（难童）管理员，料理难童衣服、饮食、疾病治疗等事，前后六载，使难童得从高中毕业，或升学，或就业，都能各得其所。

谢副校长还认为，本校既设在郊外，应对附近农村子弟有所加惠，乃于1938年秋增设成都分部附属小学。他说，本校既设附中，再有附小，农村子弟循序渐进，即可能由小学而中学而跻入大学的机会，亦是我光华对社会的一种贡献。成都分部离城较远，在校教职员工子女就学不便，为谋集体福利，凡教职员工子女能入本大学及附属中学肄业者，皆一律免费。后来附属小学及幼稚园一所之设，都援此例。小学初设，租赁民房，房东张氏之子张崇茂自1939年进光华附小，经初小、高小毕业而升入附中，又经附属初中、高中毕业而投考成华大学经济系，录取为第八名，霖甫先生深为嘉许，补助张崇茂学费半额，促成毕业。当时光华小学有改组募捐启事一则，启事中提到学校校址定于成都市新西门外黎家碾，由谢霖甫先生主其事……接收二百名被侵区之儿童至光华大学成都分校之附属中学肄业，已有由陆军军官学校毕业者，有往美国学习航空者，有入各大学肄业者……1939年，创立附属小学一所，名曰"光华大学附属小学"，内设初小、高小两教……1944年春，光华大学以经济困难，决定将该小停办……将此小学交由地方人士接办，原有校具，一并赠送……

现在统计光华大学成都分部（含成华大学）十二年来（1937—1949）毕业学生人数如下：

大学各学系毕业生	一二〇五人
会计专修科毕业生	三五五人
土木工程专修科毕业生	三人
附属中学高中毕业生	四七六人
附属中学初中毕业生	一九四人
附属小学高小毕业生	四四人
附属小学初小毕业生	七五人
总　计	二三五二人

三、两次风潮

光华大学成都分部历时十二年，经受过两次学潮。

1941年太平洋战争发生后，光华大学成都分校教职员工的薪资随着币值贬低，已难维持一般生活。而成都分校既无固定基金垫支，唯有酌量增收学费，以资维系。忆1938年本校入川开办之初，每一学生每期收取学费现银币60元，到1943年上半年，每生业已陆续增至法币850元。当年8月,正值开学,物价又复大涨,即以粮食部官价售给全市的平价米已由每1市石(重三百市斤)原价340元,涨至680元,其他物价也相继飞涨。故本校经费日见拮据。当时战事业已绵延六载,社会日趋穷困,即使变更原定宗旨,移捐款以养校,亦无每一学期究能募得若干之确实把握。于是,谢副校长与在川校董磋商,一致认为除增加学费,并无良策。当时并曾求助于国民党政府教育部,亦以"私立大学之补助,事关通案,无从特别救济"遭到拒绝。故不得已才将每生学费增至法币1900元,布告既出,所有新生,皆如数缴纳。而旧生度假返校者,亦皆照章交费,未有异言。当年9月初,忽有学生数人,往谒校董张仲铭、向传义,声言本期所收学费太多,同学无力负担,校中师资,亦多咨议,并要求改为国立等。该生等随即口头宣称"我等主张,校董并不反对",遂即贴出标语,内有"欢送谢霖甫先生离开光华以娱晚年"。又复有学生多人,推波助澜,扩大声势,更进而向同学收费,分头请愿,招待新闻记者,派遣代表赴渝,请求改为"国立"等。值得一提的是,在请愿学生中竟有人声言"此事背后有人出力帮助,同学不必恐惧"等语,后来,教育部电饬本校仍照上期每人法币850元之数,收取学费。谢副校长认为如果遵令办理,则全学期之收入,仅敷半学期之经费,不足之数,无法筹措,乃向在蓉校董会提出辞职。谢霖甫先生经办光华大学分部四年期间,不仅未受副校长应得薪金和支取任何公差费用。即便师生有困难,必须经济援助之时,因规章不能支付者,皆由他自行解囊,表现出他急公好义的精神,也赢得了光华多数师生赞扬。据后来有人透露,此次学潮,是排挤谢霖甫的一幕闹剧,幕后主使者为谁,因不知其内幕,未便妄议。

谢霖甫先生辞职后,又有学生两次赴渝请愿,部批"改国立碍难照准"。随后校董会推校友张登寿代理副校长,遭到学生反对,闹来闹去,直至当年11月,始由向传义出面执行校务,学费仍须每人缴纳法币1700元,学潮遂息。

1945年8月日本投降后,9月1日光华大学校董会在重庆召开,议定四事:

(1) 取消上海在抗战期内所设之诚正文学社、格致理商学社。

(2) 聘请朱经农校董为本大学校长。

(3) 依大学规程不准设立分校之规定,决遵张校长寿镛、谢校董霖甫当初拟议成都分部永久留川之计划,议定两种办法。

其一,现有成都分部财产,赠请川省人士接收,另组校董会,继续办理。呈请教育部立案,从此上海光华大学成为弟兄学校。

其二,甲项办法若不能成功,则由本会(校董会)呈请教育部并入国立四川大学,全部财产,亦悉赠送。

(4) 呈请政府褒扬张寿镛校长。

后来,本校成都分部,川省人士决定接办,更名为"私立成华大学",另组"成华大学校董会"以董其事,董事会推邓锡侯、刘文辉为副董事长,并推邓锡侯为代表向本校致谢。但是,成都分部学生,对更改校名,表示不满。当年11月20日校内发生风潮,一周以后,学生罢课,列队游行,表示反对,后经研究决定:"凡不愿改作成华大学之学生,均准在成华大学借读,将来仍由光华大学给予毕业证书。"风潮方暂告平息。

然而，国民党的党团骨干任觉伍、李天民等，对由邓锡侯、刘文辉的地方势力渗入大学教育，已有意见。继而以邓、刘为首的成华大学校董会，聘请王宏实先生为校长。王先生自日本归国以后，历任私立上海学艺大学、省立安徽大学、国立四川大学等校校长，声望素著，他们无可奈何。可王校长以认真办好成华大学为目的，聘请了周太玄（教务长）、熊子骏（商学院长）、李炳英（文学院长）、李培甫（中文系主任）、刘星垣（外文系主任）、彭迪先（经济系主任）、黄宪章（银行系主任）、杨佑之（会计系主任）、吴照华（训导长）、吕振修（秘书长）等著名学者、教育家、进步民主人士担任教学和行政骨干，这就使国民党反动派坐卧不安，恼羞成怒。他们遂唆使学校的三青团干事谢乐康教授，组织国民党区分部书记兰亚民、三青团干事王义可等学生，随时伺机捣乱。他们竟在1947年9月诬蔑学校囤米居奇，殴打总务主任余如南，煽动罢课，并提出"不改私立为国立誓不复课"等无理取闹的口号，使学潮拖延了22个月之久。结果还是在1948年把1928年成都"二一六"惨案的刽子手，当时的省参议会议长向传义拥戴出来挤走王宏实校长，学潮才告结束。

谢霖甫先生为保证借读生的正常学习，于1948年7月1日起自行延师授课一学期，刘星垣教授为此还将自己薪资移作捐助。

改校时借读于成华大学的学生为1035人，虽由上海本校在复员经费中已拨交法币2700万元，作为收录借读生之津贴，但在物价高涨、社会动荡、学校不宁等情况下，带来了学生"借读"的困难。谢霖甫先生在此期间，任劳任怨，勉为其难，至1949年6月，本校借读于成华大学学生期满毕业计167人。除已毕业者外，其余均转入成华大学肄业，至此，光华大学成都分部方告结束。

四、全始全终

成都西郊光华大学旧址，今已屋舍相连，蔚为村落。回忆1938年至1949年，光华大学因抗战入川设立分部到抗战胜利后改名成华大学，凡12年，学生毕业人数达1563人，而川籍学生毕业人数达百分之八十以上（中学371人、小学104人未计入），为西南各省远道来学者多创设了学习场所，为国家培育了数以千计的财会企业人才。

回忆光华大学成都校史，缅怀张寿镛、谢霖甫、容启兆、陆寿长、李恩廉诸先生兴办学校的创业精神，不揣固陋，爰就本人四年在校亲见亲闻，写成《光华大学——成都分部简史》，限于水平，挂一漏万，当属不免，请有识者以教正。

本文选编自《成都文史资料选辑》总第九辑，1985年

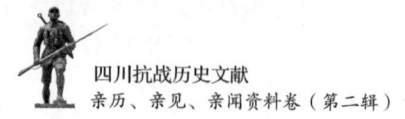

抗战中的西南联大叙永分校

孙鹏程（口述）　孙元蓉（整理）*

山城叙永，本是川滇黔三省交界边地的一个小县城，却因抗战中北京大学、清华大学、南开大学三所有名的大学组成西南联合大学，设分校于叙永，闻名川、滇、黔。听三伯（孙鹏程）说，在七七事变后，日本帝国主义的铁蹄践踏了中国大地，东北、平津、淞沪相继沦陷，国内有名的三所大学惨遭摧残。清华、北大被日军屯兵养马，天津南开大学遭到敌机轰炸、纵火焚烧。为了保护中国文化实力，三校合迁湖南长沙，组成"国立长沙临时大学"。不到两个月，南京又陷敌手，武汉告急，长沙震动！临时大学被迫再迁昆明，成立"国立西南联合大学"。日军进兵越南，封锁滇缅路，昆明受到威胁，决定设分校于川南叙永这个小县城。

联大40级招收的616名新生和先修班18名学生、33名旁听生全数到叙永县报到就读。在那个山河破碎的年代，学子们穿草鞋、点油灯、住古庙、蹲在地上吃饭，无热水洗脸、洗脚、洗澡，在永宁河边做学问，天当教室地当铺，为中华刻苦努力地学习。那些艰苦的条件是难以想象的，正如校歌所唱："千秋耻，终当雪，中兴业，需人杰。"从全国各地及各沦陷区招来的学子们跋山涉水，有的通过敌占区，有的绕道香港海关，负笈到叙永求学。

叙永是一个闭塞、偏僻的小县城，仅有一条简陋的公路与外界相通。长江的一条小支流永宁河纵贯其间，将小县城一分为二，俗称"东城"和"西城"。由于分校仓促建成，校舍只好分设在破落的庙宇里。校本部及部分教室设在文庙（南大街），男生宿舍设在春秋祠（关帝庙），女生宿舍设在帝主宫，食堂设在城隍庙。学校房屋破漏，宿舍简单，教室、饭厅等都极不方便。处于兵荒马乱时期，学习条件差是可以想象的。学生们起床后就端着面盆等盥洗用具到永宁河边去漱洗，完毕后，再端一盆清水回宿舍做晚上的洗脚水。学生听课也是来去匆匆，东城跑西城，去迟了没有凳子，只能站着听课，晚上点燃灯芯草的油灯照明，风稍大一些灯火就要被吹灭，有时还要躲空袭、跑警报，永宁河沿岸是他们早、晚自习和看书的地方。尽管条件这样艰苦，学生们发扬联大"刚毅坚卓"的校风，不甘沦亡，奋发向上，努力成材。

联大分校虽然在偏僻的叙永县办学，教师队伍却配备精良、整齐、充实。有名的杨振声教授，吴晗、郑华炽、吴之椿、陈嘉、蒋硕民、李广田等国内外知名专家学者，国外学成归国的新秀，可谓"人人握灵蛇之珠，家家抱荆山之玉"，他们甘于艰苦，甘于

---

* 孙元蓉为叙永县政协永宁诗书画院常务副院长。

淡泊，严谨治学，为民族培育人才，不失民族气节，对抗战抱着必胜的信心，既教书又育人，诲人不倦，在艰苦的条件下克服一切困难，奋斗着、努力着，造就了不少优秀的国家栋梁，教学质量没有因条件艰苦和战乱而受到影响或降低。指导联大学生们创办了《流火》《布谷》《野草》《山泉》《红叶》等许多壁报，宣传抗日救亡。还在献金募捐义演中演出京剧，将义演所得八千元钱全部捐款支持抗日前线。

1941年4月，联大叙永分校学生们知道冯玉祥副委员长到泸州为前方抗日将士募集军款，便决定举行了为期三天的义演和义卖活动，把活动所得全部送交冯将军，支持前线。4月的永宁，忠义路（陕西街）上分外热闹，南华宫内锣鼓喧天，联大师生们为抗战募捐演出京剧，叙永县父老乡亲们闻讯慷慨解囊，支援抗战。大街上人山人海，群情激愤，声援联大叙永分校学子们的抗日义举。春秋祠外长街一百步内全是地摊，摆满琳琅满目的半新半旧货物，有皮鞋、中山装、毛哔叽上下装、华大呢西服全套、半新旧的中式长衣、长裤、白市布汗衫、短裤，还有旧黑皮靴、高跟女士皮鞋、花袜子，也有新民牌自来水笔、金星牌金笔、方形圆形的铜墨盒、山西洪洞的羊胡子毛笔、各种旧书名著等物品，还有三十年代出版的《彷徨》《呐喊》《女神》《碳王》……收款处设在南华宫戏院门口，交了钱就开单子去摊子上取货。叙永民众争相购买，好些人交了钱却并不去摊子上取货。戏票也是如此，掏钱买了票却不一定进南华宫内看戏。所以三天的义卖义演活动集资了上千元大洋，联大叙永分校学生专门派代表去泸州，亲自交到冯玉祥将军手上。冯将军从学生代表手中接过大洋，热泪盈眶，流着感动的泪水亲笔写下"抗战到底，有钱出钱，有力出力"十二个大字交给学生代表带回，这幅字当年就挂在叙永县南华宫剧院门口，激励着叙永县民众团结一心，众志成城，抗日救国！

1943年，盟军来华对日作战，西南联大叙永分校这群热血青年积极报名应征入伍，报效国家，充当翻译。他们欣然投笔从戎，奔赴抗日前线。这群曾在叙永磨炼了意志的西南联大叙永分校的学子们，联大的"叙永哥"，大多被分配到盟军在印度、缅甸的部队当翻译，包括美国十四航空队、十六航空队、工兵团、炮兵训练中心和四十八后方医院。还有十五名"叙永哥"被清华大学老校友、中国远征军三十八师师长孙立人要去军中服务，痛击日寇，战绩辉煌。这十五名"叙永哥"直飞印度，进入野人山原始森林，后来参加密支那战斗和进军八莫等战役。"叙永哥"中也有被选入参与中美两国建立的空中运输服务队，成为副飞机师或副驾驶员，不顾生命危险运送抗战物资，创造了无数奇迹。"叙永哥"朱悔吾遇难殉职，为抗战献出了年轻的生命。

在"国立西南联合大学纪念碑"背面的"抗战以来从军学生题名"中，不少就是当年叙永分校的"叙永哥"。他们的名字永存在国立西南联合大学校园内的松柏翠竹林中，斯碑为证，勒于贞石。而我的三伯孙鹏程，当年也是参加远征军中的一员，去过缅甸等许多地方。说起这段历史，三伯总是潸然泪下，感慨不已。

本文写于2015年2月

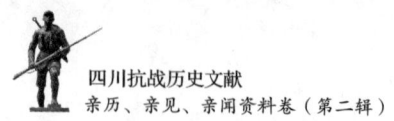

抗战时迁到李庄的文化学术机构

李清泉

抗日战争初期,由于敌机对我大后方各城市不断地进行狂轰滥炸,省立宜宾中学(以前是叙属联立中学)便已迁到李庄上课。1940年,日本侵略军已侵入了湘、鄂、桂各省,滇越路亦被封锁,云南边防危急,原驻的一些国民政府中央级文化机构,得到我李庄镇人士去电欢迎,就不远千里,内迁到李庄来。当时计有以下各单位。

一、中央研究院历史语言研究所

该所驻在板栗坳,租赁张姓大院六处,所长是傅斯年,系山东聊城人,北京大学毕业,曾留美深造。五四运动时他是学生代表,在李庄时兼任国民参政员,抗战胜利后曾参加国共和谈,后去台湾任台北大学校长。该所设有历史、民族语言、考古等组。所藏图书文物达几千箱,单是殷墟甲骨就有十多万片。研究员和副研究员多是国际知名学者,如董作宾、凌纯声、刘仕能、劳榦一、曾昭抡、李光涛、芮逸夫、梁思永等,另外还有一些年轻的助理研究员。

二、中央研究院社会研究所

该所也在板栗坳,租用张姓大院两座。所长陶孟和,系北京人,五四运动时的北大教务长、国民参政员,新中国成立后任中国科学院副院长。该所研究项目包括哲学、文学、政治、法律、经济等,工作是与历史语言研究所相辅相成的,人员较历史语言研究所少些。这两个研究所曾在李庄举行过多次展览,展览的专题项目丰富多彩,有古代战车模型、古代兵器、历代衣冠甲胄、国外进贡文物和文表等。我只有在1941年夏天陪同县长叶书麟去会晤傅斯年时,顺便参观过明清两代今朝鲜、越南、缅甸等国家及国内蒙古、西藏各部族的贡表。

三、中央研究院人类体质学研究所

该所在门宫田张迎恭大宅内(系由历史语言研究所迁到李庄后才分出的),所长为吴定良博士,研究人员不多。主要是根据出土的人类骨骼和化石,研究人类进化和发展过程。

四、中央博物院

该所驻在场西的张家祠,院长李济(字济之,留美博士,与当时美国副总统华莱士为同班同学，主持了殷墟考古发掘工作），湖南人。该院收藏文物多达几千箱，多系历代宫廷遗留下来的珍品，七七事变以前，由故宫迁到南京保存的。

五、中国营造学社

该社驻上坝张家大院，社长为梁思成，系广东人，是梁启超先生的三公子。该社主要是研究我国古代建筑，人员不多，工作上与当时的中央研究院历史语言所和中央博物院有极其密切的联系。

六、金陵大学文科研究所

该所驻在羊街王家大院。因该所所需的资料离不开历史语言研究所，故金陵大学文科女生前来借读。但未到抗战胜利，就迁回本校去了。该所研究人员，很少参加社会活动，主管人的姓名，我也记不清了。

七、长江水利委员会李庄水文站

该站是在金陵大学文科研究所迁走之后来的机构，住原金陵大学文科研究所的羊街王家大院内。后来距场五华里上游的尖嘴龙修建了房屋，即迁往办公，王家大院仍租作职工宿舍。该站后属于长江水利规划委员会重庆水文站管理。李庄站后迁志城乡仙人场，"文化大革命"中已被裁撤。

八、省立宜宾中学

省立宜宾中学是以前的叙属联立中学，1938年即迁李庄大房子（张玉宪家老宅）。当时的校长是高树元，张福阶做总务主任。大房子改做教室、办公室、教职员和女生宿舍。在三百米外的对山有一所文昌宫古庙，改建为男生宿舍。继高树元之后当校长的有银雨苍、杨辅国、文建恒等，在文当校长的任内即迁回宜宾去了。

九、省立宜宾师范学校

该校原驻李庄下坝，抗战胜利后迁到东岳庙原同济大学工学院所住地，校长左禹治。新中国成立后一年多才迁返宜宾去的。

十、国立同济大学

同济大学的前身是德国侨民在上海办的宝隆医院和贝伦子工程学校。第一次世界大战时，北洋政府对德宣战，将这两个机构收归国有，合并办成国立同济医工学校，旋又增设理学院，后又在宝隆医院的基础上建成医学院，在贝伦子工程学校的基础上建成工学院（抗战后期又增设了法学院），定名为国立同济大学。学校采用德语和德国图书仪器教学，留用了一批德籍教授。国内除广东梅县，河南开封两所以德语为第一外国语的中学之外，其他普通高中学生考入该校，文史须先读一年预科补习德语。各学院的本科都是四年制，唯有医学院要另加一年的临床实习，如不及格还得延长一年。因此医学院历届毕业生大都技艺高超，誉满国内外。该校校址原在上海吴淞江湾。八一三事变，上海抗战爆发，校舍悉遭日军炮毁。师生仓皇内迁，经江苏、浙江、江西、湖南、广西五省和越南海防、河内，辗转内迁至昆明，最后循川滇东路迁到李庄。

该校迁到李庄时，校长是周均时（字君实）。四川重庆人，系进步人士，1941年被撤换。继任校长丁文渊（字月波），1944年夏季被撤换，继任者有徐诵明、董洗凡。

该校迁李庄后，总办事处设在禹王宫，图书馆设在王爷庙，体育组设在大操场杨宅，医院门诊部设在新村。

该校医学院，前期住祖师殿，内设解剖、细菌、生理、化学、生物、公共卫生六馆。后期和实习医院、高级护士学校均设在宜宾女学街，附有一个门诊部。院以下分设内科、外科、妇女科、产科、五官科、皮肤科、精神病七科。

该校理学院设在南华宫，内分数学、化学、生物、物理等系。

工学院设在东岳庙，实习工厂设在新村，附设高级工业职业学校，原设在离镇十里的苏家观，后也迁于实习工厂侧，校舍全是新建。

附设高级中学，原在麦坝境内，后也迁于头溪沟西侧，还添了一所完全小学，供学生实习，同时也解决了当地居民和教职员工的学龄儿童四五百人的入学问题。

该校的外籍教授有：司徒博、艳克兰、史梯瓦特、韦特（德国人）、魏特（波兰人）、陈一获（美国人）等；本国教授中比较著名的有：陈永麟（后为学部委员）、王之卓、罗云平、方召、魏洋、卓励之、童第周、郝永林、赵公贵、谢苍璃、王葆仁、彭明江、梁灿英、黄榕增、唐哲、李化民、章元瑾等。

本文选编自《宜宾文史资料选》第四辑，1995年

中国营造学社的重要历程

罗哲文

宜宾市李庄镇（原属南溪，现已批准为四川省历史文化名镇）在抗日战争时期曾经一度成了大后方的文化中心之一。因为当时中央研究院的几个所、中央博物院（筹备处）、中国营造学社和同济大学等许多重要文化教育科研单位迁到了这里。

1937年7月7日，卢沟桥一声炮响，揭开了抗日战争的序幕，北平不久就被日军侵占。中国营造学社被迫南迁，从武汉、长沙、昆明等地，辗转迁移，于1940年迁到了李庄，直到1945年日本帝国主义投降，1946年离开李庄，一共在李庄住了五六年的时间。

我于1940年考入营造学社之后，先是在刘敦桢先生的指导下，为他抄写整理《西南古建筑勘查》的文章和插图，大约为时半年多。刘敦桢先生那种治学谨严，一丝不苟的精神给了我深刻的启示与教育。他还经常教导我如何查考历史文献资料的方法，那些重点书刊资料使我对古建筑历史文献资料有了初步了解。不久梁思成先生见我在绘图和古建筑法式方面有较好的培养基础，便把我收作弟子，辅助他绘图和整理资料等工作。在他的教导培训之下，在四年多的时间里我初步掌握了古建筑的勘查测绘、制图和整理研究的基本知识和技能。在李庄这一段时间里我曾经协助刘致平先生调查过民居和卢绳先生测绘过旋螺殿等项目。我向所有营造学社新老同仁刘致平、莫宗江、陈明达、卢绳、叶仲玑、王世襄等先生学习到不少知识，积累了经验。特别使我难忘的是思成先生的夫人林徽因女士。她这时已身患肺病，在当时来说是不治之症。她在病中还关心年轻人的学习，教我英语。她是建筑家又是诗人，英语是顶呱呱的，美国人都很佩服。虽然她因病情较重未能坚持下去，但也给我的英语打下了一点基础。当时还有一些同济大学的学生到学社来"打工"，其中绘图或做事务工作的学生有许政义、周凤笙等。

这里还得另外记上一笔的是学社与中央博物院筹备处在李庄的合作关系。由于学社是私立学术团体，经济来源没有保证。为了寻求一个"铁饭碗"，也就是政府的编制，经梁思成先生向筹备处主任李济先生商议，在中央博物院成立了一个"中国建筑史料编纂委员会"，学社的全体成员都编入了该院，算是解决了一个大问题。由于这一关系，我经常到筹备处去联系工作，结识了许多老前辈和朋友，如李济、王振铎、曾昭燏、谭旦冏、李霖灿、和才、索予明、高人俊，等等。

当抗战胜利，日本投降的喜讯传到李庄，教授员工们三天三夜不眠，打着用废了的竹制纤绳火把，组织"火炬游行"。

多少往事，一时难以忆起，在此我还要记述一下我所知道的中国营造学社在李庄所做的几件大事。

其一，继续出版了《中国营造学社汇刊》七卷一、二期。我认为这是一件十分了不起的事情，因为学社的主要研究成果大都表现在这份刊物上。至今许多研究中国古建筑的专家学者和教师弟子们还以之为参考、学习的教材。更了不起的地方是在当时的条件十分困难，没有编辑部门，没有出版社，没有印刷厂，纸张非常缺乏。然而学社的同仁并没有被困难吓倒，而是迎着困难而上。自己写文章、绘图、编排，自己印刷，自己装订。纸是土纸，画在药纸上，写在药纸上，然后自己去石印。装订更是有趣，从折页子、跺齐、钉孔、穿线到裱装封面都是由自己动手完成的。他的确凝聚了学社同仁的聪明才智与血汗。其中还包括了梁思成先生老岳母的功绩，因为她也主动参加了这一场"大战"。现在这两期刊物已经成了珍贵的善本书刊。

其二，继续进行田野勘察和古建筑测绘工作。田野勘察和测绘工作是学社活动的重要内容。虽然这时祖国的大好河山正遭日寇铁蹄步步践踏，西南地区的交通困难，加之经费缺乏，但是学社同仁仍然坚持这一基本工作。刘敦桢先生的西南古建筑勘查补充了四川的不少项目。梁思成先生对雅安等地汉阙进行了勘查测绘。刘致平先生对成都、广汉等地的古建筑，特别是民居进行了调查和测绘，莫宗江先生对宜宾旧州塔、宋墓进行了调查和测绘。莫宗江先生还参加了成都王建墓的考古发掘工作。陈明达先生对彭山、乐山崖墓进行了勘查测绘。我因为当时正在为梁思成先生绘《营造法式》图，还要管一点杂务小事，未出远门，就在李庄协助刘致平先生勘察测绘了李庄民居。梁思成与卢绳先生一起测绘了旋螺殿。在短短几年中，在艰苦的条件下，我们对四川、云南的古建筑可以说进行了初步勘查，并写出了简介或研究论文。在新中国成立后，这些研究对文物古建筑的保护维修工作发挥了积极的作用。

其三，整理研究工作。刘敦桢先生完成了《西南古建筑的勘查报告》之后不久，离开学社到中央大学建筑系去任教，陈明达先生也离开学社去重庆。刘致平、莫宗江先生对所调查的古建筑也进行了整理研究。王世襄先生翻译了费正清夫人费慰梅女士的武梁祠石刻的勘查研究论文。这时重点的研究项目是梁思成先生的宋李明仲《营造法式》的注释和研究工作，一直到离开李庄时都在进行。由于他经常到重庆去奔走经费和其他公务，研究工作时断时续，但一直都在进行着。"大木作"一章就是在李庄完成的。新中国成立以后，多年来这本书一直被作为古建筑研究和大专院校的教材。梁思成先生在李庄还完成了对唐代古建筑佛光寺的考察研究报告，并把其译成外文介绍到国外。

其四，古建筑模型图的绘制。这是学社与中央博物院筹备处合作项目中的一个重要组成部分，是为将来博物院做展览模型用的。莫宗江、陈明达先生绘制的应县木塔模型图，在新中国成立以后，提供给北京古代建筑修整所做的应县木塔模型，多年来一直陈列在中国历史博物馆里，成了该馆的一件重点陈列品。卢绳先生绘制的清"工部"工程做法图有上百张之多，后来虽未做成模型，但对清代官式建筑的研究提供了重要的资料。

其五，为敌占区古建筑文物保护和日本古都保护所做的贡献。1944年的夏天，日本帝国主义侵略者已经走向全线崩溃，这时盟军准备要对中国的敌占区和日本本土进行轰炸。为了保护这些地区的文物古建筑,我曾跟随梁思成先生去到重庆,进行了一个多月的工作。在五万分之一军用地图上,标志出在轰炸时要保护的文物古迹的标志。梁思成先生用铅笔在地图上画出来,我用仪器和绘图墨水画上,交给盟军总部。其中梁思成先生还特别提出了要保护日本古都奈良和京都的建议,并也同样标志在军用地图上。

那时我还不清楚图纸的用途,当我1985年去日本奈良参加一个国际学术讨论会时,日本的专家学者们正在议论一个话题,在第二次世界大战中,东京、大阪被盟军(主要是美军)轰炸成一片焦土而京都、奈良却免遭轰炸,许多古建筑文物得以保存。起初以为是美国学者的建议,但美国学者否认了这一事。还是北京大学宿白教授公开了1947年梁思成先生亲口说过,保护京都与奈良是他提出的建议。由于他们知道我那时正在为梁先生当助手,所以向我打听此事。我经过认真回忆,证实了这件事,在日本报纸上把梁思成先生称之为日本"古都的恩人"。这件事情也是中国营造学社在李庄这段时期内他做的。

其六,为清华大学创办建筑系(营建系)。清华大学这样一个著名的工科大学没有建筑系,实是遗憾,于是想到了曾经从清华学堂出国留洋的知名学者梁思成,于是请他回母校去创办建筑系。梁思成先生认为培养建筑人才至关重要,也可以同时进行中国建筑史的教育,便欣然应允了。我想还有一个原因,即是学社的经费来源问题,中央博物院要迁返南京,而学社则要回北平,失去了全社工作人员的编制,工资都无着落。清华大学正好是一个大靠山,一举两得,何乐不为。于是双方达成协议,中国营造学社与清华大学合办了一个中国建筑研究所,继续进行古建筑的勘查测绘工作。我们学社就以清华大学的名义返回北平清华大学。这也算是在李庄发生的最后一件大事吧!

以上所举只是中国营造学社在李庄许多工作中的一部分。回忆在李庄的经历,一则出于我对李庄深厚的感情,二则是把李庄曾经为中华文化事业所做的贡献记上一笔,让李庄的父老兄弟和曾经在这里学习、研究、生活过的人们不要忘记这一段峥嵘的岁月。

本文选编自四川省政协文史资料和学习委员会《鏖战神州的川军将士》

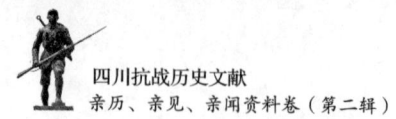

故宫文物存放成都大慈寺档案面世

魏奕雄*

2016年4月下旬，我从《川人抗战档案文献图集》看到两件抗战时期故宫文物南迁成都的档案照片，一是故宫博物院致四川省政府关于转饬大慈寺僧人应遵守事项的公函；二是川康绥靖公署主任邓锡侯致四川省代主席邓汉祥关于派遣保安队伍协同保护运蓉故宫文物的公函。作为长期关注和研究故宫文物南迁的文史工作者，我喜出望外。可惜，这两件档案的照片是分别叠在一起拍照的，第一页将第二页挡住一部分，不能窥其全文。我急忙请乐山市档案馆侯翠容科长向四川省档案馆请求传送这份档案的单页照片。5月上旬，省档案馆工作人员很快通过电子邮箱传来了，我十分感谢。

现将这两件档案全文照录于后，并做必要的说明。

第一件，写在印有红线的十行纸上。

国立北平故宫博物院就寺中僧人应遵守事项给四川省政府的函

国立北平故宫博物院公函

蓉字第一一五号

案查本院存陕文物，奉令移蓉，业承贵府代觅东门内大慈寺为库房，并经陆续运入保存各在案；兹查该寺存放本院文物之藏经楼，后面与僧人宿舍毗连，诚恐僧人不慎，发生意外，责任甚重，迭经本院派员会同贵府秘书处交际股饬该寺将此项

---

* 魏奕雄为乐山市社科联原主席。

宿舍迁移，以免发生危险。嗣据该寺僧人声称，寺中房屋有限，实属无处可迁，恳求格外体念寺中困难，仍准僧人居住，对于火烛，必当谨慎等情。本院以该僧人所称各节，尚属实情，未便过于勉强，除会同贵府秘书处交际股实地查勘，将所有木板隔断，一律改砌砖墙外，兹经拟定僧人应遵守事项七条，相应函送贵府，即希查照转饬该寺僧人切实遵守，以策安全，至纫公谊。

此致

四川省政府

附请转饬大慈寺僧人应遵守事项一份。

请转饬大慈寺僧人应遵守事项
二十七年九月二十一日

一、室内应严禁吸烟。
二、晚间只限用青油灯，不得使用洋油或装设电灯。
三、室内不得设置火盆。
四、室内不得存放一切易于引火之物。
五、厨房应派人监守，晚间并须将炉火完全熄灭。
六、库房附近不得焚烧任何物品。
七、库房附近不得堆积干草及一切易于燃烧之物。

国立北平故宫博物院（盖章）

  1931年九一八事变后，为防止故宫文物落入日寇魔掌，经国民政府行政院批准，故宫博物院精选院中的精品13427箱，连同国子监、颐和园、北平古物陈列所等单位收藏的文物，共19600多箱，于1933年2月开始了漫长而艰难的文物南迁工作，先藏于上海法租界天主堂街仁济医院旧址，1936年12月移存南京朝天宫。抗日战争全面爆发后，这些文物于1937年8月从南京分三路西迁：南路80箱经长沙、贵阳储存安顺；中路9000多箱经汉口、重庆、宜宾落脚乐山；北路7000多箱经宝鸡、汉中、成都到达峨眉。这第一件档案，正是北路文物存放成都后产生的。

  故宫博物院乐山办事处主任欧阳道达（原名欧阳邦华，字道德）说：北路陆运文物再迁汉中、褒城未久，复以避空袭、策安全而谋悉改迁成都，当觅定成都市东门内大慈寺为文物储存所。唐僧玄奘传授《心经》于此寺，故为成都有数名刹，寺宇宏多。其大雄宝殿及藏经楼，悉由本院借以储存由陕迁蓉文物。同时，设本院驻蓉办事处于此，以办理收箱归库及保管库藏。由陕迁成都文物，在大慈寺分设三库储存：大雄宝殿编第一库，较干燥，以存图书、文献两馆文物箱件及前秘书处之皮、丝等字号畏潮箱件；藏经楼下编第二库，较潮湿，以存古物馆及前秘书处之瓷、铜、玉器不畏潮箱件；藏经楼上编第三库，最高爽，不宜载重，以选存较轻箱件。

  故宫博物院驻蓉办事处主任那志良说：大慈寺大殿让给我们存放箱件，后殿仍由寺中做佛事，而寺的周围，都是民房，在消防上的顾虑太大。正因为这个原因，便有了上述第一件档案，其内容是强调小心火烛，以免危及文物安全。

从陕西汉中运成都存大慈寺6051箱，自1938年5月至1939年2月分批运完，1939年5月至6月再迁峨眉，存大慈寺的时间先后约13个月。这是大慈寺的一段光荣历史。其余1000多箱直接由陕西经成都卸于峨眉。

第二件，写在"川康绥靖主任公署用笺"上。

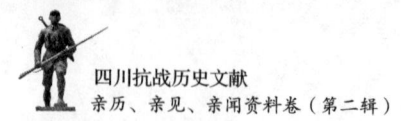

邓锡侯致邓汉祥信笺

鸣阶主席勋鉴：

顷准故宫博物院马院长来署谈商，现将运输故宫古物到蓉存储，所有沿途警戒责任，须由经过沿途各县保安队负担，嘱为转函查照办理等由。正函达间，复奉大函嘱派部队协同保安队，成、华县府，共同负责保护运蓉存储之古物过署，自应照办。兹拟由本署暨贵政府会同饬令成都警备司令部派队协同保安队及成、华县府，负责保护。希即主稿会行一并令运送古物经过沿途各县保安队，于运送古物经过时负责警戒为荷！耑复，顺颂勋安。

弟邓锡侯拜启（盖章）

四月三十日

此件无标点，现有标点是我加的。文末只署月日，没有落年份。因为故宫博物院马衡院长是1938年4月下旬亲往成都联系存储文物地点，所以这份函件的时间应是1938年，与上一件民国二十七年同年。文中有一"迳"字，旁边加了一个△，表示应删去。

"鸣阶"是当时四川省政府秘书长邓汉祥的字，那时候他正代理着四川省政府主席，故抬头称之为"鸣阶主席"。其中有"成华县"三字，查四川省无成华县，这里当是成都县和华阳县的简称，故在"成华"两字之间加了顿号。存放故宫文物的大慈寺，在华阳县境内。成都县和华阳县早已撤销，其地盘都已成为成都的城区，今大慈寺在成都市锦江区范围内。

从中我们得知，马衡院长不但拜会了川康绥靖公署主任邓锡侯将军，而且拜访了四川省政府领导人，所以邓锡侯才会有"复奉大函嘱派部队"等语。那"大函"是指省政府或省主席的来函，表明省政府已经知道此事，并且致函川康绥靖公署协商"共同负责保护运蓉存储之古物"。这件档案告诉我们，四川省的军政要员，正认真地商议"会同饬令成都警备司令部派队协同保安队及成、华县府，负责保护"。

从这两件档案可以看出，故宫文物——中华民族的文化瑰宝在战火弥漫中辗转南迁能够安然无恙，是当时的政府、军队、故宫职员和包括僧人在内的广大民众四方面齐心协力、共同保护的结果。

本文写于2016年5月

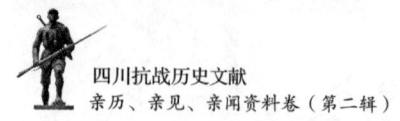

也谈故宫博物院在安谷

杨正甫

1937年七七事变前，国立故宫博物院即撤离北平（今北京）南迁。途经南京、武汉到重庆，离开南京时又将中山公园内中央博物馆的馆藏文物两百箱一并内运。国民政府非常重视其保卫工作和存放地址的选择，特派国军独立二十九师护送入川。事前选定贵州省安顺县城的文庙、四川省峨眉县城东门外的大佛寺（今峨眉山市人民法院处）及附近几座庙宇和乐山县安谷乡的六祠一寺（朱潘刘三氏祠、宋祠、赵祠、易祠、梁祠、陈祠和古佛寺）。其中，乐山安谷乡为主藏地，共存放文物九千余箱，峨眉次之，安顺又次之。

故宫文物是1937年农历七月初运抵安谷的。是时正值洪水期和暑假期，我与一批同学常去看搬运文物的情形。文物从重庆用大盐船载运，溯江运抵安谷。分几处上岸，存放梁祠的文物在张门口上岸；存放赵祠的文物在新开渡上岸；存放易祠、陈祠、宋祠的文物在王落渡上岸；存放朱潘刘三氏祠及古佛寺的文物在顺河场上岸。文物存放的六祠一寺，事前由安谷哥老会大爷兼乡长刘钊（后被故宫博物院聘请为顾问）与各祠堂族长、房长、执事等谈妥，将各祠的祖宗牌位和神像隔离保护，以便在文物迁返时，还宗祠以本来面目。存放峨眉大佛寺的文物在马鞍山上岸，再由汽车转运。

故宫博物院迁到安谷后成立了"故宫博物院乐山办事处"。主任科长是欧阳道达，负责行政事务。他曾任北京大学文学院教授，故宫博物院研究员，又是著名书法家，著作有《悲华经》。总务主任是梁伯华，负责经费开支，以下是科员、库员和雇工。几个科员都是大专以上文化程度，全都精通文物收藏保管知识。库员（相当今日之办事员）专司存放各祠文物的看管工作。雇工专司文物箱子的移动、堆放和库房、宿舍的维修工作。故宫文物（包括中央博物馆文物）的进出库房、开箱封箱、翻晒、守卫，都有严密的规章制度。如夏秋季节大雷雨后，科员、库员必须细致查看各库房文物箱子是否淋湿、受潮，发现异常情况要立即上报，采取有效措施，不准出任何问题。

中央博物院的文物，集中存放在朱潘刘三氏祠与故宫文物分库存放。负责人是尹子文（字焕章），河南南阳市尹家庄人，中央研究院考古系硕士，特约考古研究员（考古经费全由该院支付）。他在安谷期间长期从事野外考古工作，抗战胜利后随文物迁回南京中山公园中央博物院。

故宫文物（包括中央博物院文物）的治安保卫工作由独立二十九师两个营负责。一个营驻峨眉，一个营驻安谷。驻安谷的营长叫陶坚民，是个严肃负责的人。营部设在宋祠，士兵大多是江、浙、两湖人。他们分兵驻守各祠，日夜轮流站岗警卫，军风军纪很好，与本地人很少接触，没有在地方上与任何人发生冲突。1939年换防，陶坚民营调重庆，由刘建国营（仍属二十九师）接防安谷。刘营长性格开朗，和陶营长一样，经常率领官兵到安谷场清扫垃圾，修污水池、铺筑道路为民做好事。1941年秋初，二十九师奉调出川抗日。国民政府乃调中央军事委员会特种工作服务团第五连来安谷接替刘建国营。当时安谷乡政府和地方士绅还为第五连举办接风酒宴，军方出席的有连长冯昌运（字达仁），冯连长是中央军校十四期毕业生，浙江嵊县人。四个排长及十余名班长坐满两桌。下午主客双方进行了一场篮球友谊赛。特种工作服务团通称特务团，它不同于一般军队。他们的团长是蒋中正，士兵多数是浙江奉化一带人（蒋的家乡人），装备、待遇比宪兵还高一筹。肩章蓝底白字，有一颗醒目的"特"字，武器全是美式装备，连排长中，除鲁大渠排长外都是文绉绉的白面书生，他们大都懂音乐、懂美术、爱好体育活动。只有鲁大渠排长蛮横无理。

特务团第五连初来时表现很好，官兵对人和气，买卖公平，作风正派。很快就把陶坚民、刘建国两营士兵未修好的几条乡村公路拓宽完工，他们还在不占用农田的条件下，在各个祠堂附近开辟了几块操场晒坝。这些举措为翻晒文物提供了有利条件。他们还在安谷场、迪龙场上出了多期墙报，宣传抗日救亡道理和科学文化知识。每逢春节，官兵与民同乐，举办田径运动会或灯会等，平时则帮助地方维持治安，惩办罪犯。连长冯昌运到乐山城里武汉大学读培训班，又先后调走三位书生气十足的排长，只剩下蛮横无理的鲁大渠排长。鲁大渠动辄行凶打人、暗设赌场、私自养蚕、强摘民桑、吊打村民、强卖蚕茧、滋生事端，并围剿乡政府，扬言攻打宪兵营等，军纪败坏，民愤日深，影响极其恶劣。鲁大渠多行不义必自毙，他在1945年深秋去炸鱼时，被手榴弹炸断右手，炸瞎双眼，头部及上半身多处受伤；虽经医院抢救，仍严重残废。1946年，特务团第五连随故宫博物院撤离安谷时，他被强令退役，只好留在迪龙场上妻家苟全性命，1962年，死于异乡。

故宫博物院存放在安谷的文物大多都是国宝，弥足珍贵。其中有一幅唐寅《八骏图》，被一些非亲睹者望文生义，说画面上的"八骏"是八匹骏马，其实是以讹传讹。笔者有幸见到过这幅真迹——画面上是呼之欲出的北宋"天波府"杨家八将。还有一则真实而有趣的故事：1944年春天某日，赵祠翻晒文物，回龙场保长赵树斌伙同几个人去看稀奇，守卫士兵和职工因其与之熟悉未加阻拦。他看到翻晒的文物中有清世宗胤禛（雍正皇帝）的黄金甲战袍、披肩、头盔和金镶玉的腰带，征得守卫士兵和职工的同意后，叫人给他穿戴起来，在草坝上大摇大摆来回走了几趟，逗得大家哈哈大笑。不一会儿赵树斌便满头大汗，汗珠顺着脸颊滚落，气喘吁吁，口吐鲜血。人们见状，赶紧给他卸下衣甲、头盔，搀回家中，次年死去，至今回龙场的老年人没有不知道此事的。

1943年，博物院院长马衡与秘书长常惠（字维钧，清末留法学生，曾在北京大学外语系任法语教授）来安谷视察工作。同行的还有老画家齐白石、雕刻家白丈楼，他们在安谷住了十多天。通过尹子文先生的介绍，刘季云设家宴请他们吃了一餐午饭，应邀作陪的有曾任西康省宝兴县县长的李石丹。刘季云和我做招待生。饭前李石丹请齐老画了三幅水墨画，题款、盖印后分送李石丹、刘季云和我各一幅。我的一幅，在解放初期损毁,殊属可惜。此后,常先生便留住朱祠右边的厢楼上。尹先生曾请他为我们几个中学生译讲过《诗经》中的部分"国风"。冯连长和个别排班长也同我们一起听讲,常先生要求我们每听讲一首诗后都要自译成白话文。寒暑假期间,尹先生就教我们学英语。我和刘季云,及稍后来的乡人李定之(北京地质学院毕业,现在地质部工作)三个人与尹先生同吃同住。学习之余还帮助尹先生清理、登记出土文物。尹先生用中央研究院资助他的考古经费,在安谷、车子、五通、乐山一带进行发掘考古,凡发掘过的岩洞、古墓都用石灰水编号登记,重要崖雕墓雕立即用烟子白纸拓印下来,保存归档。尹先生发掘的文物堆了几大间屋子,出土文物最多的是车子大庙山汉墓、大佛乌尤间麻浩汉墓、肖坝上面虎头山汉墓、任家坝汉墓。其中有篆字铭文的方形、长方形四足青铜鼎、三足青铜鼎,还有铜钟、铁钟及各种形态的陶俑、陶器、玉器、牙雕和生活用品……这些珍贵文物证明了乐山历史文化的悠久。尹先生根据出土文物得出结论:在上述几个地方发掘过的岩洞中有汉墓,但更多的是隋、唐以前僚人(羌族)或僰人的居室。这就是民间俗称的"蛮洞子"。现在,沙湾境内还有大小蛮王洞。尹先生考古发掘出的大批文物,经他筛选后,一一编号、登记,详述发掘地点、时间、洞号、品名等,分类装箱,并入中央博物院收藏。尹先生还于1944年到乐山县男中(今乐山二中)任历史教师。他讲课很受学生欢迎。1945年秋冬,尹先生到成都三洞桥鉴定接收前蜀王王建墓中的文物,并负责装箱启运重庆。1946年春夏之间,所有故宫博物院文物,都运到重庆南岸向家坡集中迁返南京。新中国成立前夕,国民政府将其大部运往台北。

尹子文先生毕生从事文物考古研究工作,辛劳卓著,1974年去世。

安谷与峨眉存放的文物同时启运,途中,守卫峨眉文物的特务团第六连士兵逃跑过半,连长郭某(名字忘了)害怕到重庆交不了差,跳车自杀。于是,峨眉、乐山两地文物的护送任务概由守卫安谷文物的特务团第五连冯昌运连长负责,两个连的士兵总共也不过一百二三十人。冯连长到重庆后也受到处分,妻子被迫返回安谷老家陈黄村。他本人奉调到南京陈诚办的军官训练班学习,结业后分到武汉陈潜部任少校营长。1949年7月离队,回到安谷陈黄村妻家,是年秋季受聘到乐山县中城镇小学任教。新中国成立后,他曾任省乐师(今乐山师范)短师班教师,犍为一中、二中英语教师,还是国家语言协会会员,犍为县政协委员。1989年他在犍为教师进修学校病逝。

故宫文物(包括中央博物院文物)存放安谷期间,吸引了许多学者名流、达官贵人。他们中之大多数是为了治学或查找文献资料而来。1942年暑假期中,马衡院长的公子马彦祥教授陪同重庆大学、南开大学、重庆画院的学者教授近二十人来乐山。他们先后参观了存放在峨眉、安谷的文物。1943年,四川大学校长黄季陆、乐山专员刘仁庵曾来安谷看文物。乌尤寺复性书院(从事经、史、子、集和各种哲学的研究)院长马一浮(一名马浮),武汉大学的杨东莼、徐中舒、朱稼驹、邱琨,著名漫画家丰子恺、著名画家华开竟、古文物鉴赏家王世襄等都来过安谷。其中,马一浮是常惠先生的好友,杨东莼是尹子文先生的好友。

故宫博物院在安谷九年,没丢失一件文物,也没发生过损毁事故。九年中本地各阶层人士多与博物院职工友善,有的还结成姻亲,他们对启迪安谷文风起了一定的推进作用。直到今天老年人还有怀旧之感。故宫博物院迁返南京时，为了感谢安谷各个宗祠和人民群众协同保护文物的功绩，特呈报国民政府批准，以国民政府名义颁赠各个宗祠金漆大匾一块，上刻院长马衡亲笔题写的"功侔鲁壁"四个大字。上下款由欧阳科长题写，上款："国民政府题颁乐山县安谷乡×氏宗祠"。下款："中华民国三十五年四月立"。每匾上方正中均刻有篆字方印："中华民国国民政府印"。这足以证明当时国民政府对乐山人民在抗战期间，保护中华民族珍贵文化遗产所做贡献的肯定。

本文选编自《乐山市中区文史资料选辑》第十一辑，1997年

抗战中的乐山三学校

魏奕雄

一、乐山武汉大学

1938年4月,武汉大学(以下简称武大)在抗日的炮火中由武昌迁驻乐山。

武大西迁,为闭塞的乐山带来了新鲜空气,对乐山的政治、经济、文化,都产生了积极的影响,主要表现在以下六方面。

其一,活跃了乐山的抗日救亡宣传活动。武大爱国师生成立了"抗战问题研究会"和"岷江读书社"等,以研讨会、歌咏、演出和壁报、漫画等形式,向乐山人民广泛开展抗日救亡宣传活动。他们在乐山城区街头教唱抗日歌曲,每逢七七、九一八等纪念日,分别到峨眉、夹江、五通桥、牛华、苏稽等地演出活报剧《放下你的鞭子》等节目,向民众宣讲抗日形势,宣传团结一致共御日寇。他们办的抗日壁报,不仅贴在校内,也贴到嘉州公园墙上。还在一些工厂办起工人夜校,既教识字,也进行抗日宣传。这对于乐山民众投身挽救民族危亡洪流,起了很好的推动作用。

其二,培养了一批乐山籍学生。1938年4月武大在校的乐山籍学生仅仅一名,当年9月新招的学生中有5名乐山籍的。其后年年增加,到1946年有30多名了。

其三,提高了乐山中小学的教学水平,并将武大附中留给了乐山。当时武大的教师生活艰辛,为增加收入,绝大多数教授、讲师、助教,分别到乐山的中小学兼课,还创办了武汉大学附设中学,也招收乐山的孩子入学。当1946年6月,武大东返武昌时,将添置的校舍、一部分器材和教学仪器,送给了乐山,武大附中变成了乐山的乐嘉中学。还有一批讲师、助教、技术人员和研究生,留在乐山继续工作。

其四,根治"炞病"顽疾有功。当时乐山流行一种地方病,患者全身炞软,四肢无力,俗称"炞病"。因为不知病因,无法医治。武大校医董道蕴,会同乐山仁济医院(今乐山市人民医院)和成都等地的医生共同研究,查明系食盐中的氯化钡中毒所致。于是一方面请犍、乐各盐灶用芒硝通过化学方法消除盐巴中的氯化钡,另一方面由董道蕴指导武大化学系学生彭少逸、涂主珍等人,提炼中草药马前子中的马前子碱,制成药剂医治,效果良好。

其五,坚持不懈向乐山民众普及科技知识。

举行科技展览会,是武大开展科普的主要形式。1939年3月20日,在乐山城区举办的首次"学术展览会",分理科、工科、美术、图书和体育表演五项,同时举行。

1942年10月12日开始的第二次,改称"科学展览会",细分为理化、生物、土木建筑、机械、电机、矿冶六部分，几十名师生分别讲解，吸引了两万多名乐山民众络绎不绝前来参观，让他们大开眼界。

1943年10月10日举行的"扩大科学展览会"，变换形式，不但将理学院、工学院的各试验室和实习工厂都向民众开放，而且邀请贵阳、昆明的业余无线电台来乐山，进行无线电话表演。更有设在观斗山的武大工厂（现已不存，遗址在今乐山师范学院校园内）的各种铣、钻、刨、磨机床，都是当时的先进设备，让人啧啧称奇。尤其是气锤，一击之力能达三千斤，这震天动地的庞然大物，令参观者惊叹不已。

1944年4月3日第四次科学展览会，分为两处，一在西湖塘工学院展出土木建筑系和矿冶系的各种设备及模型，二在高西门理学院开放理化室及生物模型展览。

第五次科学展览会在1945年4月16日，理学院于李公祠举行物理化学为主的展览，生物系主要讲解常见的农作物病虫害预防常识，并展列了许多昆虫和植物标本。工学院的机械、矿冶和土木建筑三系，在三育中学再一次陈列了各种仪器和模型。武大工厂亦对外开放，观者如堵。

1945年5月6日和7日，电机系为庆祝成立十周年（1935年初创），在高西门外工学院电机大楼举行扩大电机展览，分电流、电力、无线电、普通电子、实验电台五大部分，比历届科学展览规模都大。

以上六次科技展览，内容丰富多彩，形式生动多样，对于提升乐山民众的科技意识，普及科教知识，积累了宝贵的经验。

此外，1944年5月6日，武大电机系利用自有的设备成功开设实验电台，从此每晚七点至九点，向乐山民众播放文艺节目和新闻，颇受欢迎。

其六，积极为乐山工矿企业提供技术支持。

武大对乐山当地工矿企业的技术支持是多方面的，其校办工厂除提供本校学生实习之外，还积极开展跟乐山地方企业的协作，比如与嘉华水泥厂合作试验水泥生产，为乐山各厂加工定做各种器械，也帮助各机械工厂进行设计、翻造、校准和改进技术等。

对乐山至西昌公路的修建，武大的技术支持尤为显著。一是1940年4月武大土木建筑系的教师，与负责修建乐西公路的交通部技术人员，合组公路研究实验室，调查了乐西公路沿途的地质情况，共同进行砂石铺路的多种试验。在乐山王浩儿至峨边新场的79公里中，有62公里采用了国内首创配石子路面，效果良好。

二是1942年修建石棉大渡河大桥，利用修建峨眉河桥剩余的方竹节钢，加工成眼杆，及时地解决了施工急需的桥梁吊杆。乐西公路需要量很大的拉杆螺钉，武大机械系教授赵学田，利用武大工厂的一些边角余料加工，圆满解决了材料难题。

三是武大机械系教授郭霖，1940年为乐西公路设计了大渡河上专用的汽车渡船，对全路的贯通起了很重要的作用。

武大矿冶系肄业学生杨烈宇，1941年在乐山府街创建了乐山第一家机器制造厂，产品主要是盐场和煤矿需要的卷扬机和运输车，也制造碾米机、切面机、纺花机等，还为嘉乐纸厂、嘉华水泥厂、嘉裕碱厂等制作机械配件。杨烈宇聘请武大矿冶系主任周子健教授和机械系解守缙教授为技术顾问，聘请武大机械系讲师蔡名芳为顾问兼工程师。

周子健、解守缙以及武大矿冶系学生宋德元,机械系学生罗辉、钟定谋,电机系学生曾繁衍,经济系学生赵一民、王鸿贤等,都是该厂董事会的董事。新招的工人都由武大工厂的师傅培训。生产忙碌时,也请武大工厂的工人来帮助,直到1945年工厂停办为止。

武汉大学对乐山多方面的贡献,值得我们永远铭记。如今乐山师范学院里设立了"武汉大学乐山纪念堂",当年武汉大学校本部和文学院、法学院驻地乐山文庙里也树立了"武汉大学西迁纪念碑"。这些都是乐山人民在表达对武大师生的深切怀念。而武汉大学乐山校友会年复一年的纪念活动,更让武大"明诚弘毅"的校训得到传承和弘扬。

二、江苏蚕丝专科学校在乐山

从1939年至1946年,江苏蚕丝专科学校迁住乐山七年。

江苏蚕专的前身是报业企业家史量才于1904年创办的上海私立蚕桑学堂,1937年改称江苏省立蚕丝专科学校。

(一)川南蚕丝实验区的建立

1938年初,蚕专校长郑辟疆带领全体教师和部分学生避往上海租界,蚕专蚕业推广部主任费达生带了一批蚕丝技术人员西撤重庆。恰在此时,担任新生活运动妇女指导委员会会长的宋美龄女士,为适应抗战形势的需要,扩大和改组该组织,目的是"动员妇女,服务社会"。为此,在该委员会下设立了一个生产事业组,任命著名教育家俞庆棠女士为组长。俞庆棠有"民众教育保姆"之美称,俞庆棠在重庆结识了费达生。她考虑到当时四川的实际情况,从事蚕丝生产的多为女性,就请费达生到川南一带去考察蚕桑生产情况。费达生本来就想在四川站稳脚跟,发展蚕桑事业,得到这一委托她喜出望外,欣然前往。

费达生(1903—2005),江苏吴江县同里镇人,是我国著名社会学家费孝通(曾任全国人大常委会副委员长)的姐姐,14岁就读于江苏女子蚕业学校,1921年年仅18岁就被著名蚕丝教育家郑辟疆校长选送日本东京蚕丝高等学校深造,1923年毕业回国后,既从事蚕桑的教学和科研,也经常到乡村去推广先进的桑树种植和养蚕缫丝技术,改进土法缫丝,举办制丝传习所,培养中小丝厂职工,研制木头脚踏丝车,是我国乡村制丝工业首创者,是著名的蚕桑专家和蚕丝教育家,被我国蚕丝界称作"现代黄道婆"。

费达生在青神汉阳坝见到了大如葵叶的"沱桑",兴奋不已,兴冲冲地给正在上海租界的郑辟疆校长去信:"乐山桑叶大如席,请吾师速来!"

新生活运动妇女指导委员会与四川省政府商议后,决定设立"川南蚕丝实验区",以推广蚕丝的改进工作。实验区范围包括乐山、青神、峨眉、井研、犍为、夹江和眉山七县。1938年9月14日,实验区正式成立,经费由行政院农林部拨款。费达生被任命为实验区主任,郑辟疆为顾问。

1939年初,费达生迅速购置130多亩田地作为苗圃,又买下苏稽的南华宫和禹王庙,改作简易蚕室,称作"川南蚕丝实验区苏稽蚕种场",开始用江苏带来的优良蚕种进行适应乐山的杂交改良工作,以便从根本上提高当地的蚕种质量。当时称改良为"洋蚕",以区别于本地的土蚕。当年春季就制成改良蚕种数百张,取名"蚕蛾牌",其质量由四川省农业改进所检验把关。农民是现实主义者，他们看到这种洋蚕比土蚕好饲养，产量高，便纷纷购买，很快就普及开来。第二年猛增到一万多张，很快推动了土种蚕向良种蚕的转化。

(二) 江苏蚕丝专科学校迁乐山

有了初具规模的川南蚕丝实验区，1939年5月，郑辟疆从上海租界率领江苏蚕专的师生们来到乐山，先是借住于苏稽蚕种场，尔后在乐山县政府大力支持下，购买了柏杨坝普贤寺附近的十多亩地（今乐山武警医院附近），建起了教室、宿舍、办公室；开辟了操场，用竹篱做围墙。当年秋季开始招收新生，生源主要来自川北、川南，有不少是南充蚕丝职业学校的毕业生。由于蚕专仍然附设江苏蚕丝女子学校，也招收了女子蚕丝班数十人（中专）。

先后设了栽桑、养蚕、制种、制缫丝四个专业。学生除了专业课外，还开设语文、数学和外语等课。

由于郑辟疆和费达生都在川南蚕丝实验区担任职务，所以实际上江苏蚕专与川南蚕丝实验区完全一体化，两块牌子，一套领导班子，学校为实验区培训技术人员，实验区成为学校师生的技术推广区。

江苏蚕专十分重视学生的实际操作能力。他们另买了20亩地作为苗圃和桑园基地，由学生负责种植白皮湖桑和红皮湖桑，另辟桑树品种标本园。三年后形成茂密的桑园，又新建三幢蚕室，由学生用良种桑饲养蚕子。老师按季节带领学生到附近通江、牟子等乡村，向农民传授栽桑养蚕新技术，帮助农民改良种蚕。还建了缫丝车间一幢，茧库一座，消毒灶一处。

苏稽蚕种场既是川南蚕丝实验区的核心基地，也是江苏蚕专的实习基地，学生们经常到这里来参加实践活动。

川南实验区在乐山等三县设大小桑苗圃七处，建立制造场两处。又在七县分别设了蚕桑指导所，配备了指导员，负责配发良种，指导消毒、育苗、栽桑、嫁接苗木，共同催青、稚蚕共育，还对桑农进行培训。蚕专的学生往往随同指导员下乡实际操作。

(三) 江苏蚕专对乐山和四川的贡献

首先是培养了一批蚕桑技术人才。到1945年底，共有大专蚕桑专业三年制专科学生264人和中专三年制蚕丝科学生113人毕业。他们中的绝大多数在川南蚕丝实验区和四川其他地方就业，为包括乐山在内的全川蚕桑事业的发展，发挥了很好的促进作用。

其次，在实验区内变一季春蚕为春秋两季蚕。1940年以前，乐山乡村都是一年只养一季春蚕。苏稽蚕种场建立后，开始推广江苏春秋两季蚕的经验。1941年夏天，费达生到峨眉山踏勘可以冷藏春蚕种的地址，选择了峨眉半山的初殿，由蚕专修建了一座冷库，将每年10月开始的降雪收集入库，保持库温5℃~15℃，进行解除蚕卵滞育的技术处理。当时没有制冷设备，只能用这种土办法冷藏蚕种。这一天然冷库可容10多万张蚕种。又在峨眉山清音阁附近利用黑龙江水建了浸酸池和凉种室，通过浸酸处理，变自然孵化蚕种为人工孵化，为秋季养蚕提供足够的优良蚕种。

再次是消灭白僵蚕病。对于这种川南流行的养蚕大敌之一，因为当地蚕农不懂得消毒,也没有消毒设备,只能徒叹奈何。蚕专和实验区的技术人员通过消毒灶进行严格消毒和蚕室封闭,对不能密闭的采取隔离和硫黄烟熏等措施,经过几年的努力,基本上消灭了白僵蚕病。

最后,改进和提高了乐山生丝的质量。以前乐山多用柞树叶喂蚕,也用桑叶喂蚕,全国闻名的嘉定大绸最初就是用食柞叶的土蚕所产茧子做原料。由于用江苏的经验制出的改良种孵化蚕子喂以桑叶,所产茧色白净匀称,抽出的茧丝质量大大优于土种的。他们又设计了七七式木制立缫车,并且在实验区内推广。1942年,他们将研制成功的复摇式丝车,安装在乐山华新丝厂和凤翔丝厂,生产出了高级生丝,不但提高了产品质量,也使生产效率更为学校先进。

抗日战争胜利后,学校曾希望升格为蚕丝科高级职业学校,均被以经费不敷为由而谢绝。

1946年4月,江苏蚕专迁回苏州浒墅关原址,所遗乐山校舍和地产,由校友朱朝文等人全部买下,开办"嘉阳蚕种场"。苏稽蚕种场由地方政府接收,1957年恢复苏稽蚕种场"蚕蛾牌"蚕种商标。

三、乐山中央技艺专科学校十三年

(一) 白手起家

国民政府于1937年初批准教育部在南京筹办一所学制较短的轻工业和纺织工业的中央技艺专科学校。以实现实业救国,振兴中华。不久七七事变爆发,全国上下忙于抗战,筹办工作就搁置了。

国民政府迁都重庆后,重提中央技专的筹建。1939年1月23日,教育部长陈立夫命曾经担任安徽省立工业专门学校校长的经济部专门委员刘贻燕负责筹创,筹备处设在重庆雷公嘴8号。为选校址,刘贻燕走访了四川许多市县,最后确定在乐山县城。

1939年2月21日,全国各大报纸刊登了中央技专的招生广告。学校设立造纸、皮革、农产制造、染织和蚕丝五科(系),招收高中毕业生,学制两年。当时流亡四川的学生数以万计,报名者很多,分设了乐山、成都、重庆、汉中、桂林和贵阳六个考区,录取了230人,实际报到入学215人,其中有叶圣陶的儿子叶至善。4月24日,正式开学,刘贻燕为首任校长。

最初校本部设于乐山王浩儿江瀛庵。这座尼姑庵今已不存,遗址今为乐山丝绸厂职工宿舍,在原王浩儿粮站附近。江游庵规模不大,房舍有限,只安置了造纸、农产制造和染织三个科,皮革科暂时寄托于成都华西协合大学,蚕丝科远寄川北南充蚕丝高级职业学校。

1939年7月7日补行开学典礼,师生们在江瀛庵两棵大黄葛树下合影留念。从相片上可以看到扎的彩门两侧挂着对联"人尽其才;抗战必胜",横批"其命惟新"。

1939年8月19日,日军第一次轰炸乐山,城区一半成废墟,王浩儿乐山嘉属联合中学(后来的乐山一中)为避轰炸,举校迁往夹江县杜公场。中央技专就租用了嘉属联中暂时闲置的校园和华新丝厂(后来的乐山丝绸厂)茧库,将皮革科和蚕丝科迁回乐山，分置于这两处，时在1940年初。

从1940年3月起，五科均改为三年制；染织科改称为纺织染科，包括棉纺、棉织和印染三个专业。1942年秋，因皮革科总共只有20名学生，而且能胜任皮革制造教学的老师不足，决定改设为化学工程科，包括皮革和日用化学工业专业。学校动员原皮革科学生转入造纸、农产制造和纺织染科。只有四名不愿转科的，于1943年9月送到成都华西协合大学化学系借读。

中央技专的组织大纲明确写着：学校以抗日救国为己任，以教授应用科学，养成专门技术人才，发展生产为宗旨。刘贻燕校长在开学典礼上讲道：大后方亟须各种轻工业技术人才，而普通大学年限太长，所以技专必须为发展战时轻工业，推广农村工业，同时也为了给今后建设现代化国家预储高级技术人才。在办学条件极为简陋、经费十分紧张的情况下，技专延聘了许多专家教授，白手起家艰苦奋斗，办起了实验室、仪器室、图书馆和供实习用的简易农产科工厂、纺织科工厂、造纸工厂和蚕种场等，还有一个出版组。

（二）历任校长

《校友录》上有历任校长简介，今摘录几位如下：

首任校长刘贻燕，毕业于英国格拉斯哥大学，曾任北京农业大学教授，安徽省立工业专门学校校长。1941年12月6日调离中央技专。

二任校长周厚枢，美国麻省理工学院化学工程硕士，曾任国立广东大学、河南中州大学、国立东南大学教授，任中央技专校长近四年。

三任校长张仪尊，国立东南大学理学士，法国里昂大学理科博士，曾为国立四川大学教授兼化学系主任。1945年离任中央技专校长。

以上三任校长都曾留学海外，业务素质都很高。

（三）教学和科研

当时技专师资力量相当雄厚，教学水平很高。《校友录》记载，据1942年统计，在校学生仅206名，专职教授却有14名，还有副教授4名，讲师8名，助教8名，其中留美3名，留法6名，留比利时2名，留德1名，留日11名，另有一部分兼职教授。那年头时局混乱，教师流动性大，有进有出。乐山市档案馆存有技专1942年8月公务员生活补助费及特别生活补助费清单，1945年8月教职员生活补助清单，上面列有当时全体教职员工详尽名单。我仔细数了1945年这一叠清单，共有教授26名，副教授10名，讲师9名，助教15名。《校友录》刊载了从1947年技专编印的学校概况中摘录的教师名录及简介，先后共有教授85名，副教授21名，讲师16名，并注明这个名录不完全，而且没有计入兼职教师。其中特别提到曾任农产科主任的方心芳教授，后来成为中国科学院学部委员（院士）。

方心芳（1907—1992），微生物学家，中国工业微生物学的开拓者，河南临颍县石桥乡方庄人，1931年毕业于上海劳动大学农学院农艺化学系，留学比利时鲁文大学酿造专业，也曾在荷兰、法国和丹麦的多家研究单位做访问研究，担任过天津永利化学工业公司所属黄海化工研究社研究员，从20世纪30年代就开始收集保藏菌种，为中国的菌种保藏事业奠定了基础，为创建中国的菌种保存机构做出了重大贡献。永利公司迁徙四川五通桥后，被中央技专聘为兼职教授，1946年至1949年任技专农产制造科主任。1952年后调中国科学院从事微生物研究，曾任微生物研究所副所长。1980年当选中国科学院学部委员。1992年3月病逝北京。他在乐山期间，与黄海化工研究社同事一起，成功地用人尿代替硫酸铵，以糖蜜为原料发酵生产出了酒精，为缓解抗日大后方汽车能源短缺做出了贡献。他为技专相邻的全华酿造厂进行改造酿酒用大曲的试验，在大曲中接种曲霉、根霉和酵母菌，提高了大曲的粮化和发酵效率。同时对制曲的场所曲房进行改造，实现一年四季都能生产大曲，可惜未能推广。又用乐山盛产的五倍子，以霉菌发酵法生产出没食子酸，为合成染料和其他药物提供了原料。

作为综合性化工大专学校，技专主要是培养实用性人才。全校五科中，造纸科在全国影响最大。这个科的课程有英语、微积分、高等物理、高等化学、机械学、机械制图、热工学、电工学、工程力学、工业分析、定性与定量化学、纤维素化学、木材化学、胶体化学、造纸工程、造纸机械、制浆造纸工艺、纸厂设计、工厂管理等20余门必修课。所毕业的11届学生共223人，或赴全国各省大小造纸厂从事技术工作，或到各大专院校造纸专业任教。可以说，中央技专是培养我国现代造纸专业人才的主要策源地。

蚕丝科附设的蚕种场，每年春秋两季都要制出三四万张改良蚕种，广售乐山、峨眉、夹江、洪雅、眉山一带，对当地蚕丝的发展做出了贡献。

全校共有毕业生1200多名，有的远赴我国台湾地区和美国、加拿大、新加坡、菲律宾、荷兰等国工作。

（四）撤销之后

1952年6月，全国大专院校统一进行校系调整。西南军政委员会当年10月发布了《关于乐山技专调整的命令》，宣布撤销该校，所有五科分别改建或并入其他学校。

纺织染科的一部分扩建为重庆纺织学校，后来变更为成都纺织工业专科学校，现住郫县犀浦镇。原中央技专的所有人事档案和其他档案的大部分，现今都保存于成都纺专。

化工科并入泸州四川化工学院。该院后来纳入成都工学院。其后成都工学院更名成都科技大学，再后并入四川大学。

造纸科和棉纺、棉织专业并入天津大学纺织系，后又分别发展为天津轻工学院（今称天津科技大学）和天津纺织工学院（今称天津工业大学）。

印染专业并入上海京华纺织工学院，现发展为东华大学。

农产制造科和蚕丝科并入重庆西南农学院，后发展为西南农业大学，现并入西南大学。

撤并的善后工作，直到1953年才完成。

本文选编自魏奕雄《抗日乐山》，原题作"武汉大学对乐山的贡献""乐山中央技艺专科学校十三年""江苏蚕丝专科学校在乐山"

犍为县清溪国职校

罗长安（整理）

一、学校组建

犍为县清溪镇原"国立清溪农业职业学校"（简称清溪国职校），系国民政府于1941年创建，1949年停办。建校正值抗日战争进入相持阶段，国民党政府由南京迁往重庆陪都。

上海人陶玄（女）便是随迁入川的国民政府参政员，她被任命为清溪国职校首任校长。同时任命嘉峨师管区某长官的爱人罗剑虹为教导主任。两人合作共同筹建清溪国职校。

校址选在清溪河畔的两座古庙——大庙子和老庙子三教寺。经过装修，因陋就简地将大庙子辟为教室，三教寺辟为师生员工宿舍。

同时，上面派来部分教员，加上陶玄和罗剑虹物色的教员共计有40多人。这些人绝大多数都是抗战爆发后流亡入川的具有大专以上文化水平的人。譬如江苏武进人、人称"蒋氏三兄弟"的大哥蒋咏秋，战时迁来的武汉大学毕业生，原在国民党政府经济部资源委员会任职，来清溪国职校教数学；二弟蒋咏留，武大毕业，来校教理化，其妻乐山技专毕业，来校执教蚕桑；三弟蒋咏和，音专毕业执教音乐。还有辽宁、吉林、山东、河南等省的教师。他们之中，有的原为教师，有的初任教师，还有的才改行，自然教学水平不一，质量悬殊明显，但都热心教学，尽力而为，颇受好评。1945年抗战胜利后，国民政府还都南京，不少教师随之复员，教学质量一度下降。1946年陶玄离任返回上海，教育部选派萨本熙接任校长后，很快调整补充教师队伍，教学质量迅速好转。

二、办学目的

国民政府创办清溪国职校，主要是为了培养中等农业技术人才，以便开发大小凉山（今凉山州）。这一目的，明确地表现在当时清溪国职校校歌的歌词："屏山巍巍，马河潺潺。这是推进边疆教育的基地，这是边地青年的乐园。寺庙改教室，乱冢变农场，我们以辛勤结成美果，谁能再相信知易行难！要培养农夫般的身手，要培养成科学家的头脑。同学们大家起来，开发祖国的边疆！"尽管如此，毕业学生自谋职业者多，去边疆者甚少。我们初四班学生有的尚未毕业，就"跳槽"离开。我仅读了四期便奔赴成都求学。同班黄世武，读了五期就到成都考入省师校。还有相当部分，毕业后改读其他学校。有的改行从事了其他职业。

三、招生情况

1941年秋，招初一班，1942年，招初二班，1943年，招初三班。1944年，招初四、初五班，这便是我投考时的双班。当时，尽管他是一所职业学校，但是，投考场面却相当踊跃、热烈。我们荣县东佳乡中心校七个同学去投考，加上犍为、沐川、峨边、马边、宜宾、泸州以及雷波、屏山等十多个县市的前去投考者近千人，但学校仅录取双班一百人，我们七人全都"金榜题名"了。随后每年秋季又招收一个班。高中于1942年秋开始招收高一班，以后每年均招一个班。这所学校，高初中招生都按普通中学招生办法，经过笔试、口试、体检三关，择优录取。高初中合办，男女生同班，每班五十人。这样，在校人数由少而多，班级办满时全校达六百人左右。

四、收费标准

清溪国职校学生大都来自农村，又处于战时，家境比较贫困，上不起普通中学，才读这类公费学校。所谓"公费"，就是学校收费标准低，每期学费一石多米，约值现在400元。我家系佃农，连年遭受天灾与高额交租，被折腾得几乎家贫如洗，我读高小都是上半年在家打草鞋，与父亲一起供养八口之家的生活，下半年挖了红苕有口粮了才能读书。就这样，我读一期停一期，读一期停一年，本来高小两年结业，我时断时续，四年才毕业。毕业后，已经无力再升学了。但在部分教师和学友的鼓励下毅然投考了清溪国职校。考起后被盖都没有，与高小一位同班好友搭铺。他生疥疮，我也染上了，一年后到了暑天，经常去学校外面的清溪河洗冷水澡才治好。至于学费更是问题，幸而同时考起的一位表兄暂借200元给我，我又向学校申请缓交200元，才准予报到注了册。后来父亲把一头与人合养的小牛折价出售后才还清这笔欠款。学校膳食免费供给，大米和菜金由上面分期拨给学校，以解决学生吃饭问题，故时称"吃公粮"。后取消公费制，实行奖学金制，每期成绩前16名者全公费，17名至32名者半公费，33名起全自费。同时制发麻制服，时称"罗斯福"布，据说是中、美、英三个同盟国之一的美国总统无偿援助"国职学校"学生的，因而每年每人都有一套麻制服，一件白衬衣。这样衣着统一，高初中生就不易分辨了。

五、学科设置

高初中除开设普通中学国文、数学、理化、史地等科外，还开设土壤、肥料、农艺、园艺、蚕桑、生物和作物栽培等科，约占全部课时的30％以上。"为学成农夫般的身手"，还设劳作课，每个星期两节劳作实习。高初中均分班安排在下午，自带入校时必带的锄头去宿舍背后，把划定的约200亩乱冢开垦出来，作为实习农场，分别种植大麦、小麦、胡豆、豌豆、玉米、红苕、柑橘和爪哇甘蔗等粮经作物。尤其爪哇甘蔗是从印度尼西亚辗转引进的优质高产品种，一般株高4米，干似锄把，表皮薄，红褐色，渣脆，糖分高，蔗尖极甜，学校师生卖不完，还运往犍为、乐山、宜宾等地销售，深受消费者喜爱。为了管好农场，确保各项作物有较好收成，学校还请了十多名农工，从而增加了一定收入，改善了师生部分生活。

六、生活管理

高初中男生都穿麻制服，戴黑色遮阳帽，打裹腿，扎腰皮带；女生蓄短发，按季节着麻色服上装或白衬衣，腰系黑色裙子。男女生都要接受两个军训教官的战时军事训练。每个星期都是两节课：一节是课堂讲《步兵操典》和《兵役法》；一节是操场进行徒手与持枪教学。学生在参加每个星期一的纪念会、升降旗仪式以及一日三餐等项活动时，都按部队建制，编成排、连进行。特别是就餐前，依次站好队后，由值星连长领呼《就餐口令》："吃自己的饭，流自己的汗，自己的事情自己干，靠天、靠人、靠祖宗，算不得好汉。""大家吃饭！"值星连长领呼一声，学生就跟着高呼一声。完后，先女生后男生，依次进入大食堂，各自盛好饭放在八人一桌的饭桌上，直到大家都盛好了饭，值星连长（有时是军训官）把口笛"嘘嘘……"一吹，一个个端起饭碗便"唬唬……"地吃起来。因名为"吃公粮"，每顿都是按人头称米下锅，一天两干一稀，都怕吃不饱，头碗饭都不吃菜，哪怕每顿三个菜，中午一份"俏荤"，每星期一个"牙祭"，也是要在吃第二碗饭时才夹菜细嚼慢咽的。

七、抗战行动

1944年，日寇从我国东南方长驱直入，华中受威胁。一个星期一上午，陶校长在纪念周会上，说明战局形势的严峻性后，动员学生报名参加远征军。顿时，便有20多人报了名。

初四班邢猛宽同学报名应征，他比我大一岁，和我同排同桌坐过，彼此切磋学习，关系比较融洽。当他同被批准的同学们远征去缅甸之际，特意赠我一张照片和一本相册，我视作珍品，长留纪念。

1945年秋，日寇侵入我独山、八寨，直逼四川，形势十分危急。这时，学校又动员学生组成若干个救护队和担架队，准备奔赴抗日前线，担负救护和输送伤病员的任务。当时，我因年龄关系报名参加救护队，准备奔赴抗日战场。

结果还没开始行动，日本就被盟军打败，宣布无条件投降了。这一特大喜讯传来，全校师生欣喜若狂，当即高举"日本无条件投降"等大横幅，个个手执小旗，列队走上清溪街头，奏乐器、放鞭炮，向全镇人民通报这一喜讯。顿时，全镇上下一片欢腾，鞭炮声不绝，宛若海洋潮声四起。接着学校师生员工总动员，写标语、扎牌坊，张灯结彩排节目，为庆祝抗日战争胜利举行了隆重热烈的庆祝大会和晚会。

然而，全国军民经过苦战后彻底赶走了日本强盗，枪炮声刚刚停息下来，蒋介石妄图劫取胜利果实，枪声又响了。中国共产党领导全国军民转入"打倒蒋介石，建立新中国"的人民解放战争。在这场战争的第二年，我便远走他乡另谋出路，离开了我的母校"国立清溪农业职业学校"。

本文选编自《犍为县文史资料》第五辑，1996年，原题作"回忆'国立清溪职业学校'"

华侨第二中学在江津的时候

邹亚邻

1937年,日本帝国主义发动全面侵华战争,并在东南亚各国挑起排华事端,使侨居这些国家的我国同胞和港澳同胞处境日益困难,纷纷要求送子女回国求学。

为了满足侨胞的要求和适应侨生的特点,1939年10月,教育部和侨务委员会向国民政府建议成立华侨学校。同年11月行政院批示教育部在昆明、宝山成立华侨中学。由于侨生的不断增多,1941年5月间,教育部又派王德玺等人,筹建第二所华侨学校。他们先在綦江和江津杜市一带勘察校址,都没有找到适合地方,后来才来到五福场(今五岔乡)。

当时五福场未建乡,他们找到保长程绍贞,但程绍贞拿不出主意,问题没有得到解决。我想我是本地人,一向又在外地和本乡办学,比较熟悉情况,建立华侨中学又是一件好事,应该尽力协助,于是我就邀约程兴昌等人主动同他们联系,提出了一些建议:趁驻扎这里的国民党"军事委员会战时工作干部训练团"(简称战干团)要撤销,该团总部就驻在五福场口地名糖房嘴的一座新房子里。而相距约五华里的临江村,地名小鱼梁的程氏祠堂大院也很适合用来办学。于是定下华侨第二中学(简称侨二中)校址于此。

糖房嘴有一幢带有两厢房的新房子,是在部队任过医官的钟云夫仿西洋式修建的,当时在乡下显得非常特别,一直被称为"洋房子"。侨二中即从"战干团"将它接收过来做校本部和初中部。小鱼梁程氏祠,另有相连的一大一小两院,大多空着。祠首程兴昌对此热情支持,他为说服族人,以程家的子弟能入该校为条件,给侨二中做高中部,侨二中虽分为两片,但均在风景如画的綦河一岸,背靠小铁道,远望对岸是高高耸立的龙登山。

在侨二中的带动影响下,我又多方动员群众资助,于1942年在五福建乡前夕办起了五福中心小学校。1945年,侨二中在其旁边搭个草棚,为当地群众子弟招收一个初中班。

华侨第二中学于1941年1月正式建立。教育部任命担任筹建的安徽合肥人北京师范大学毕业的王德玺为首任校长。以后又在1944年任命广东梅县人、同盟会员李次温为第二任校长;1945年,任命教育部长朱家骅之外甥、中山大学毕业生卢宗敏为第三任校长。

学校有教职员工65人,学生700余人。其中85%以上来自缅甸、泰国、马来西亚、菲律宾、新加坡、越南,以及美国、加拿大、秘鲁、日本等国侨生和港澳学生,其余少部分为敌占区被照顾入学的学生。

学校虽实行公费制，但经费不足，物价飞涨，师生们不得不在十分艰苦的条件下从事学习和开展社会活动。著名画家、侨委主席陈树人为该校写的校歌，在这偏僻的山乡到处传扬："海外是我们的第二故乡，祖国是我们的第二家庭，展望河山带砺，沐受五千载文明。努力学业，奋勇迈进，为祖国贡献力量，为侨胞争光荣！"

侨二中给闭塞的山乡带来了勃勃生气。不少师生不远万里，从五湖四海会集在这里。他们思想活跃，知识面广泛，热情饱满。学校每年都开男女生参加的体育运动会，又利用綦河的有利条件开水上运动会。学校还常在运动场上搭简易舞台开文艺会，演出过《雷雨》等剧，演唱过《义勇军进行曲》《流亡三部曲》等歌曲。

每次活动吸引的观众数以千计，在广大民众中不断起着开阔眼界、提高思想、移风易俗的作用。许多学生组织起来，在乡村、在场镇开展抗日宣传，唤起民众的抗日热情。有一次去綦江县宣传时，不幸因急病死去一个学生。

国民党对这样的学校非常注意。1942年5月，教育部长朱家骅以该校"奸党分子活动甚烈"干涉校政，鼓动风潮……特函请速派得力人员担任训导工作。

的确，侨二中是在共产党的领导下开展活动的。当时在重庆的地下党青年工作领导小组长、《新华日报》青年生活栏编辑刘光，以珠江饭店经理为掩护的党员梁文，一直与该校黄秋发等党员学生联系，通过他们团结师生、传播革命思想、传阅《整风文献》《新华日报》等革命书刊。他们还成立"新文学研究会"，用剧团、歌咏队等公开和秘密的方式开展活动。当时程氏祠堂后面有个大树洞，他们用泡菜坛子把书报藏在那里。大树后还有个隐蔽的岩洞，正好可以在那里秘密阅读书报，讨论问题。

侨生是有斗争精神的，他们对学校检查来往信件本来就不满，一次发现训导主任李克英检查信件，还盗领了一个同学的汇款，马上大闹起来，找李克英说理算账。这本来是学生维护自己权益的正义斗争，但没有得到校方的支持，有两个学生在宿舍内反被李克英毒打。校方为平息事态，竟勾结军队，准备抓人，逼得几名学生乘夜出走，跑到重庆。后来这一事件的经过被《新华日报》如实揭露。

侨二中的学生在进步思想的熏陶下，毕业后一部分考入大学深造，一部分参加青年远征军到缅甸或考入海空军分赴美国、英国学习，大部分则先后到了敌后，在党的领导下从事抗日活动。

现在侨二中学生有270余人侨居世界几十个国家和地区，许多是名流学者、大企业家。

在国外知名的有巴西总统府经济顾问，美国加州大学校长，美国熊猫基金会会长。还有旅日侨领陈学中，香港造船专家林明亮、许约成、陈志坚、吕有利。有任全国政协第七届委员的澳门康显扬，有泰国巨富黄有镜、林鸿鹏、吴乾煌、林猷栋等。有新加坡张开民，马来西亚廖绰林、陈美生，澳大利亚许成坚和旅美钟北谦、赵轩眉等十余名大企业家，有旅欧知名人士陈猷基、黄天雄、黄潮普等。他们都为振兴中华做出了积极贡献。

在国内知名的有广西医学院邓卓霖、陕西师范大学校长陈立人，北京著名国画家刘汉、中国土壤学专家陈启略、中国海洋水产总工程师梁其昌等，他们在各自岗位上，为祖国四化建设尽心尽力。

华侨二中虽已于1946年迁往海南岛，并于1950年更名为华侨中学，但他在五福场的几年中，给人留下了难忘的印象。当地有关方面为表示纪念，现在就地办起了一所"继侨中小学"。

本文选编自《重庆文史资料》第三十三辑，西南师范大学出版社，1990年

抗战时期的四川省成中学

周维和[*]

一、学校转移成都郊外临时校区

四川省立成都中学（简称省成中学）正式成立于1935年7月，1952年改名为成都二中，2002年4月改制为北京师范大学成都实验中学，地址是成都市五世同堂街。

当武汉会战进入尾期时，1938年11月8日，四川省政府发出训令，要各校迅速选择安全的地方转移。

1938年12月16日，省教育厅技士吴立卓、编审姚勤如，同我校胡宇光校长一道，选择了外南华阳县桂溪乡包家桥作为临时校址。这里离成都12华里，把初中部设在李家祠，高中部设三瓦窑西侧的大东岳庙内。两地相隔两里路左右。

胡宇光校长把防空疏散区分散在校舍外，学校完全是战时管理。师生到临时校区后第一件事就是进行防空演习，由教官及各级任教师分组领导。日本飞机空袭成都时，师生有序地潜伏在溪边、田径、竹林、桥脚、碉堡、防空洞内，每一次纪律都很好，没有混乱。

筹建临时校区，经费短缺。校长胡宇光临危受命，靠一辆破自行车，往返于新旧校址间组织搬迁、筹划建新校。他把东岳庙大殿辟作几间办公室；把韦驮殿作为理、化、生的实验室；把十殿隔成若干间作为教师的寝室兼备课室；把戏台台上作为图书馆，台下为贮藏室，同时戏台也是开大会的主席台，演节目的前台和后台；庙里的其他房屋则是各部门的办公室。另外，还新修了高中12个班的教室和宿舍；新修了可容纳600多学生同时进餐的饭厅兼礼堂；庙门前的一大片空地，平整后作为操场；庙门左侧挂着白底黑字的竖牌——"四川省立成都中学军事训练队"。临时校区开建两个多月就开校了，真是抗日战争中的奇迹。

1944年校长由钱智儒继任，他从事教育工作十四年，学识渊博，善诱能教，深受学界爱戴，最为师生称道的是钱校长的廉洁之风。学校经济一律公开，一切收入涓滴归公，每期学费存入银行，所得利息分给教师，以做交通费补贴。厨房的潲水、厕所的粪便，卖钱后也归公使用。由于操劳过度，钱校长身患重病。终因吐血过量，施救无方，不幸于民国三十五年（1946）农历七月二十下午四时去世。

---

[*] 作者为北京师范大学成都实验中学特级教师。

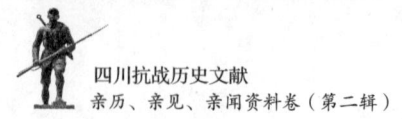

二、名师云集,浓厚的尊师风气

因为疏散造成不少教师流失。学校要复课,就得一一去聘请。胡校长说,哪怕是磕头,我也要找好老师,不能降低了四川省成中学的教育质量。胡校长以三顾茅庐的精神,请来全国不少名师,例如:

陶亮生先生,曾任成都师范大学、华西协合大学、国立四川大学教授,成城中学校长,中国古典文学造诣极深。授课时声情并茂、抑扬顿挫,时常摇头摆脑朗诵古文,极受学生欢迎。因面白,人称"白将"。

文百川先生自幼有"神童"称号,成都高等师范学校文科专业(四川大学中文系前身)毕业,国立四川大学文学院国文教授,因各校争聘,常同时兼任几个学校的教席,门生弟子遍满蜀中。因面黑,人称"黑将"。前后二人统称"黑白二将"。

其他还有后来的校长黎光明、教师周虚白等,都是当代学界名家。

武术家王耀波教太极拳。武术精湛,击败过华北七省之冠、阎锡山的保镖曲玉生。在他的严格要求下,学生的体能得到很好的锻炼。

全面抗战开始,全国进入艰难困苦阶段。一切以前方为重,后方缩衣节食全力支持。1937年9月30日,四川省教育厅就发出训令:省立、联立学校的教育经费,从9月份开始一律7.5折发给(实际还常不足此数),其中7折作为薪俸发给教职员,5%补贴学生办公费。

尽管生活清苦,但教师励精图治,仍以满腔热情培育学生;学生们为复兴中华而学,意气风发,精研努力。学校学风优良、尊师爱生蔚然成风。1941年5月的一天,本校全体学生发起尊师大会,不少已经毕业同学也返校参加。大东岳庙校门前悬挂了两幅大标语,左边是"尊师重道,好学敦品";右边是"饮水思源,源洁流清"。四川省成中学金黄色校旗在校歌声中冉冉升起,师生们群情激奋,许多人热泪盈眶。大会上,老师和同学们都做了热情洋溢的讲话,随后师生们还同台演出话剧,气氛十分热烈。四川省成中学学生的尊师活动,在当时社会上引起了极大反响。

三、战争中艰苦的生活学习条件和开明的体育风气

临时校区办学条件十分艰苦。交通不便,从九眼桥到校区约13华里,是乡间泥巴路,往返城里主要靠步行。学生全体住校,但有不少教师由于有其他职务,所以住在城里,需要每天往返。

住宿简陋,茅屋栖身,卫生条件差,臭虫蚊子多。高中部三个年级12个班的学生,全部住在大东岳庙茅屋中。一屋要住三四十人,全是上下铺,其通道仅容一人通过,如对面有人过来,须侧身相让。若遇雨漏,就只有将油布打开,铺在上铺床上,撑起雨伞,放上面盆,上铺的同学就到下铺挤着睡。

菜不多,放点清油就下锅,常吃白饭。当时大家吃的多是"九二米",有的米因为囤积多年已经变质,还有不少的稗子、谷子、小砂石等,同学们说是"八宝饭",而且不够吃。有时还要等第二轮,等的时间长。同学们把当时等饭的时间称之为"打吊壶",以致这些词成了日常用语。

省成中学执行校纪校规非常严格,初中、高中住校生除星期六晚上之外,平时不得回家过夜,否则勒令退学。有事离校,必须先请假,批准后方能离校。不假外出者,记大过一次,三次大过则勒令退学。上课不得缺席,无故缺席一小时,记小过一次,三小过合成一大过,三大过则勒令退学。

由于旧教育思想的影响,省成中学坚持体罚。还制定了相关的体罚细则:上课耍东西,挨4板;不交作业,挨4板;升降旗着装不整,挨4板;睡觉摆"龙门阵",挨4板;挨打缩手者打得更重,等等。学生在回忆学校的体罚教育时,觉得体罚教育在当时对形成良好的学习风气还是起了一定的作用。

省成中学对学生的着装没有具体的标准,只要穿得整洁大方就行,同学常以清贫自慰。绝大多数同学着装简朴,这与当时某些学校崇尚浮华奇装的风气形成鲜明的对照。有些刚进校的新生,穿燕尾服、戴鸭舌帽,立刻遭到白眼,同学们认为他们破坏校风。学生办的《吊壶》壁报曾针对此类问题刊出短论《"鸭嘴兽"滚出省中》。

同学们学习十分刻苦,突出地表现在早晚自习上。同学们一大早就起床,有的点着油灯进教室,有的带着书本到操场,高声诵读经典古文和英文。晚自习第一节自习鸦雀无声,各人闭口藏舌,静静地复习,细细地消化,然后按照要求,认真完成作业。第二节课气氛活跃,念英文、读古文、记单词、背课文,或各自消化理解,或相互小声讨论。晚自习后大多数同学还要开夜车,当时称开夜车为"操板鸭"。学校允许同学们留在教室里继续学习,但要自备照明设备。

学校十分重视体育。早在30年代初,我校的排球活动已盛行。其中高三班白队最有名,曾在全市中学生排球比赛中夺得过第一名。40年代学校中球队最多,石室中学有SS球队,树德中学有啸风球队,协进中学有克星球队,蜀华中学有流星群球队,军校中有梯恩梯(TNT)球队,省成中学排球队的水平一直保持前三名的水平。

体育活动培养了学生的刻苦钻研和奋发向上的拼搏精神,为取得优秀的学习成绩打下坚实的基础。1943年春,四川省举行第18届中学生会考,参加成都区会考的各校高中生激烈竞争,全省的平均及格率为15.5%,而省成中学的及格率则为52.6%,名列第一!

最为省成中学师生和社会称道的是学生自觉形成的考试风气,一期两次考试,初高中分别集中,编号入座,秩序井然,发卷后,各自埋头答题,不交谈,不窃视,不夹带,不做任何违反考场纪律的事情。如果有个别人作弊,一经发现,同学们就会自觉地行动起来,"鸣鼓而攻之",要求学校取消其考试资格,甚至抓出作弊者游校、挨打、记过直到挂牌斥退。

1942年初,省成中学高七班学生罢考事件轰动了四川,当时的高中生必须参加全省的毕业会考才能毕业,成都市的会考地点设在望江楼对岸的私立成城中学(今田家炳中学),会考头天考英语。大家发现,考场中的其他考生很快做完试题,纷纷提前交卷,整个考场只剩下省成中学。考试结束后,有人在考场附近卖第二天的数学题和答案。高七班学生想办法买了一份传阅,愤慨之中全班同学商定如果第二天再次出现漏泄考题的舞弊现象,就罢考。第二天开卷果然如此,刘克谦同学首先在考场上大呼:"会考被出卖了,太巫教(不像话)了!"接着省成中学高七班学生全体愤然离开考场。此罢考事

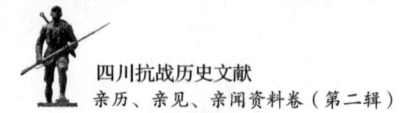

件震惊了教育界和社会,当时的四川省教育厅厅长郭有守立即从重庆赶回成都处理此事。经过调查核实,承认有人买卖试题,严办了相关人员,同时四川省教育厅承认省成中学高七班学生罢考事件是合法的和正义的。但重新组织会考困难很多,无法进行,决定省成中学高七班学生的会考成绩以学校毕业考试成绩替代通过会考。省成中学高七班学生罢考得到社会的普遍称赞,毕业的时候,时任四川省主席的张群特地为高七班毕业纪念册题词:行健立诚。

四、战争年代为国家培养的栋梁之材

抗日战争时期省成中学为成都和四川省乃至大西南有名的学校,为灾难深重的中华民族培养了一批栋梁之材。1941年毕业的高七甲班同学闵恩泽就是其中的杰出代表。

闵恩泽初高中均在本校完成,除学习刻苦之外,还喜爱体育。1941年底毕业后,以优异成绩考入中央大学化学系。1948年3月,入美国俄亥俄州立大学化学工程系攻读学位,当年即获硕士学位,并获得攻读博士学位的奖学金。1951年获博士学位后任芝加哥纳尔科化学公司副化学工程师、高级化学工程师。1955年底回国,1980年当选为中国科学院学部委员。1994年当选为中国工程院院士。2007年荣获国家最高学科技术奖并被评为2007年度CCTV《感动中国》人物。

在抗战期间毕业的优秀学子还有不少,例如:

谭崇台,高三班,1943年毕业于武汉大学经济系。1947年,获美国哈佛大学经济学硕士学位。长期从事西方经济学,特别是发展经济学的教学和科研工作,被认为是将西方发展经济学引入中国的第一人,对中国经济学理论的发展产生了重要影响。

戴念慈,高三班,1991年当选中国科学院学部委员。历任中央建筑工程设计院主任工程师和总建筑师、国家城乡建设环境保护部副部长、中国建筑学会理事长等职,第四届至第六届全国人大代表。他设计的中国美术馆,是国庆十周年的十大建筑之一。

陈启智,高十班,原国防科学技术大学校长。1948年毕业于国立中央大学工学院航空工程系。中华人民共和国成立后,历任航空学校教员、军事工程学院教研室主任、副教授、国防科技大学教授、训练部部长、副校长兼研究生院院长,校长,中国航空学会第二、三届理事,中国宇航学会第一届理事、第二届常务理事,中国工程热物理学会第一届理事,国际宇航科学院院士。1988年被授予少将军衔。1993年被授予中将军衔。

沈玉麟,高十四班,1945年考入上海交通大学船舶制造系。1949年毕业后,到天津新港船厂,任船舶工业研究所所长,1988年退休。1989年以六十高龄重考托福,到美国斯蒂文斯理工学院攻读海洋工程硕士学位兼做助教并在西雅图造船厂工作。1995年又在美国华盛顿大学学习油画。2000年至今,被华盛顿大学聘任教中国书法课程,传播中国文化。

五、热血师生奔赴抗日前线

广大学生牢记学校"上马杀敌,下马草檄"的办学宗旨;奉行学校照壁上的"坚苦卓绝,复兴民族"八字;高唱"教育所以救国,多难亦以兴邦"的校歌,把读书与救国结合起来,投身抗日救国运动。

各班学生办起壁报，撰写文章，抒发爱国热情。学校经常邀请专家、学者、名流（如黄炎培）、华侨（如胡文虎兄弟）、抗日英雄、空军勇士及友邦人士，向学生讲解抗日战争形势，揭露日寇侵略罪行，激发学生抗战热情。

学校还组织学生为抗日战争募捐，为受难同胞募集寒衣，同学们还打着校旗列队前往外北凤凰山慰问修建军用飞机场的数万民工。学校还特别组织了宣传队，好几次到春熙大舞台演出，宣传抗日情况，大受群众欢迎。1938年，初中学生在新都桂湖露营期间，也多次在城关街头演出抗日街头剧。同学们还集思广益，自编自导了《为国忘家》的大型话剧，并在新都剧场演出，其饱满的激情和认真的态度，使该剧受到观众的热烈欢迎。从大东岳庙移回五世同堂后，各班同学还联合起来，演出了大型抗日话剧《长城月》。

这一时期，中国共产党成都市委在省成中组织同学们积极学习和阅读革命进步的书刊，了解抗战情况。1939年春，共产党员栗和奎（高七班学生）在地下党陈文等同志的领导下，筹建了"互励读书会"。参会者采取分头自学、集体讨论的方式学习进步书籍和文献。1940年，栗和奎在担任省成中地下党支部书记兼小组长（这是当时成都中学内唯一的党支部）时，向党员分发了《新民主主义论》的油印本，组织大家学习讨论。同学们利用节假期间或茶余饭后，到密林中、溪流边甚至坟墓间进行座谈，倾听和接触共产党的声音，接受革命思想的熏陶。本校是抗日战争时期，成都市中学里少数建有党支部的学校，对广大青年学生了解中国共产党的抗战主张，增强人民群众的胜利信心和了解中国革命的前途起到重要的作用。

1941年抗战到了最艰难时期，省成中同学们积极响应政府"十万学生十万军"的号召纷纷踊跃报名参军，奔赴抗日前线。

高七班的殷弗康同学在读成都华西协合大学期间，中断学业，1944年参加青年军，被分配在二〇三师搜索连，后又调到师政治部从事文艺宣传，授中尉军衔。

高十班的吴继周同学报考军校，先在成都北较场中央军校学习，后被选为空军赴美国培训，1944年学成回国，驾驶美国B-29远程轰炸机，与美国飞行员一起，从成都新津机场直接轰炸日本的东京。由于作战勇敢表现突出，升任中队长。

报名参加中国远征军的，主要是高十四、十五、十六班的同学。据曾天德回忆，竟有二十多位，个个慷慨激昂、热血沸腾，奔赴硝烟弥漫的战场。他们是：

郑南熏	宋仲书	李鸣皋	孙映航	冷国昌	邓绍宝	李丙元	仝先德
严文荣	杨孟良	辛云桂	穆培源	刘趾祥	高实楷	高谦和	傅怡如
张星辉	徐 明	王万知	张 烈	黄道清	赵永诚	曾祥鹏	曾天德

19岁的曾天德在抗日战争胜利后又回母校在高十六班完成高中学业，1946年考上国立四川大学土木工程系，1950年毕业。毕业后在重庆、山西、四川等地从事建筑类工作和教学工作。

七十年弹指一挥间，历史在慢慢流逝，在四川省成中学学习的这段时光将永远留在学子们心间。

本文写于2016年2月

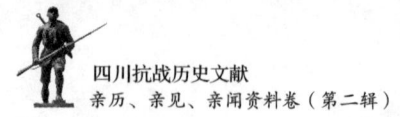

抗战中的石室中学

严裕寿

在全面抗日战争中，历经两千多年磨砺的石室中学本着爱国之忱，复兴之志，除努力精研现代科学知识外，更把培养"德达材实、立志宏远、思济时艰的对国家对社会有用的人才"作为目标，不仅要在学习成绩上，而且要在校风上成为全川第一流的学校。正如1936年夏天校长叶德生先生在《成属联立中学校五十九班毕业同学录序》中所说："诸君已具普通知识，平日富有爱国热忱，慷慨激昂，公忠自矢，则救亡图存之巨任，实盼诸君努力起而负荷之。"

一、积极防空

1938年，成属联立中学（今成都石室中学），为防日机空袭，挖防空壕三道，深六尺，宽五尺，长约三十丈，杉条松板，掩土二尺，共容三百人；继修地下室三间，深一丈、宽二丈（利用文庙泮池拱桥），约容三百人。

1939年春，日机空袭成都，成属联立中学奉令疏散到新繁县。该年五月初"校告"云："迩来敌机肆虐，空袭堪虞，本校遵奉层峰命令，避免无谓牺牲，自民国二十八年五月九日起，二日内师生员工一律离校疏散，一俟新繁校舍布置妥当，跟（赓）即复课。"

二、迁校新繁

1939年下期联中于新繁复课。疏散校址最初以新繁县文庙为高中部，以新繁县城西门外之清凉寺为初中部。一学年之后，两相对换，即新繁县文庙为初中部，新繁县清凉寺为高中部。

新繁疏散校址办学条件差，仅校舍就是个大问题。据1939年11月拟订的《成属联立中学迁校临时费预算说明书》称："文庙及清凉寺旧有房屋，颇为漏滥，均须加以修缮，始能利用。""初中部——清凉寺仅有庙宇三层，复多神像，除酌整为学生寝室外，其余均不适于教室之用"，"初中部旧房整为寝室，尚不敷用"；"高中部——文庙旧有殿宇除修缮教室、办公室、教职员宿房等室外，学生寝室完全无着"。修建的临时住房，多系茅舍，埋下了许多安全隐患。某夜清凉寺起火，烧毁办公室和教室几间。1940年夏天，初中部（文庙）房舍因紧邻失火延及被焚。

1940年，学校更名为四川省立成都石室中学。

1942年下学期和1943年5月学生不满日增，两次掀起回迁风波。学校决定于1943年夏，迁还成都市南郊肖家河，租地募款，建筑茅屋，以为师生讲学安身之所。

1944年8月26日夜，肖家河校舍之茅屋礼堂、饭厅、学生寝室被大风吹倒，省教育厅核拨18万元为修复费。乃就近租用武侯祠房舍一部分做高中高年级学生的教室和寝室，于是临时校舍分为肖家河及武侯祠两处。①

1949年10月8日，新建大办公室一间突发火警，师生奋力救火，幸未延烧。学校给15名奋力救火的初高中学生记功一次，以示表彰。

1945年秋，省立各中学复员。石室中学复员费为法币七百万元，高中部迁回文庙前街原址，初中部移住武侯祠。

1946年春，石室中学初中部迁回原址。数月之后，"四川省干部训练团"始全部从石室中学迁出。

虽艰难困苦，颠沛流离，但学校始终坚持抗战建国的理念，为国家培养人才。

1937年寒假，附设"民众学校"一所，收男生41人，女生16人。

1938年4月30日至31日，举行第二次运动会；10月公布"成属联立中学学生惩奖条例"；12月兼办"民众学校教师班"，招收两班，各40人。

1939年10月12日，在迁校之中仍选派20名学生参加市民运动大会。

1941年起，"晋康奖学金"（邓锡侯设）理事会决定，高初中分别增为年领1600元和1000元；校长刘世楷于新繁增建及修复校舍共20余间，添置图书数百卷，仪器、标本数十箱，学田收入年达法币十余万元。

1942年6月15日，举行石室中学三十八周年校庆。

1943年7月，四川省举行中学毕业会考，石室中学高十八班会考成绩居全省第一，省教厅颁发奖状，以示表彰。

1945年设立"本校奖学金"，每班、组全额两名，奖食米一双斗，半额两名，奖食米一市斗；设立"石室学会奖学金"，每班、组一名，奖食米二双斗；"晋康奖学金"高初中分别调至4000元和3000元。

1945年11月22日双方议定：由本校将图书馆所藏《道藏》经1120卷捐赠英国剑桥大学，而对方回赠中学物理仪器一套，《大英百科全书》一部。

在艰难困苦的条件下，弦歌不辍，书香不绝，为延续中华文脉，培养抗战建国人才做出了贡献。

三、抗日救亡活动在石室

九一八事变后，1931年9月20日，成属公立中学各班学生代表在阶梯教室召开"抗日救国大会"。大会由高中理科三班学生郝威、王高同二人主持。各班代表发言后，高呼口号："打倒日本帝国主义！"大会一致决定，于9月21日、22日、23日停课游行示威三天。

之后，学校组织了多种宣传队，经常到街头宣传。其中校本部抗日宣传队由汪孝龙任队长，军训部由吴瑞华任队长。此外，学校还组织了参加成都市九一八宣传队，以扩大宣传，负责宣传的区域为：文庙前街、下南大街、外南浆洗街、黉门街、小天竺街一带。宣传的内容之一是抵制日货。并从校内做起，清查同学是否购买了日货，将清出之

---

① 此处存疑，有待考证，本文所引为《石室校志》（内部资料）第71页，1989年。另此书第646页，记此事为1943年8月26日。

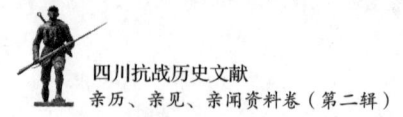

日货在校内办展览。参加此次宣传的学生有：队长毛肇鸿、队员范会河、胡力工、刘萌昌、杨启贤、王叔云、范志成、谢远麟、任昌明、敖光祖、吴仕洁、徐行健、蒲惠民、毛云樵、孙思宏。同时，部分班级还自发办起了墙报。如高中普通科二班古基祥、黄文树、江绍麟等人办了名为《九一八》的墙报，每期近一万字，他们利用课余时间撰稿、誊正、张贴，坚持了约一年。

七七事变后，余有麟、何其芳、曹葆华等创办《战时学生旬刊》等。

九一八事变后，学校各班都参加军事训练，每日午后训练，约进行了一年。

1938年4月，中国共产党成属联立中学支部成立，党员有刘瑞三、韩子重、赵光鲁、余有麟四人。余有麟任党支部书记。在中共四川省工委直属学委宣传部的领导下开展活动，促使抗日救亡运动在学校发展。

1937年7月7日抗日战争全面爆发后不久，成属联立中学成立"抗敌后援会"，利用星期日到乡场进行抗日宣传。同一时期，高中普八班的学生也组织宣传队到街头、到乡场（苏坡桥、太平场）宣传抗日，演唱《义勇军进行曲》《大刀进行曲》等。1938年下期，陈名芳、刘志齐、周俊京、张道熙等初中学生，自动组织"成属联中农村宣传团"，前往温江、双流等县乡镇宣传抗日，演出文艺节目，慰问抗日阵亡将士家属。高普二十一班理组黄元浦等在校内排演了话剧《重庆二十四小时》。1942年上期，高普十七班理组演出话剧《雷雨》。

1938年4月4日，学校为各失地内及各战区内难民儿童募捐，初中部学生向家庭或亲友劝募，共募得捐款一十八元六角正。6月8日，初中部学生韩子重等十四人上交救济战区儿童捐款一十八元六角正。10月29日，教职工募得捐款计616.89法币。下为成属联中为募捐寒衣事给四川省教育厅与全国征募寒衣运动委员会四川省分会之呈文二件。

成属联中呈四川省教育厅公函

成字第二六三号　民国二十七年　成属联立中学呈

奉钧厅二十七年字第一一八号训令，抄发秘书处原代电连同派募寒衣标准数目表一分，饬即遵照摊扣足额，径行报解核收转等因。查前奉二十七年厅字第五一号训令，饬发动学生，举行征募寒衣及慰劳品运动。正拟办间，复准成都市征募寒衣运动会先后函送议决案，规定学校教职员一日所得；中学生每人捐新衣一件。当经并案办理，计本校教职员各捐一日所得，共成法币捌拾贰元捌角玖分；学生各捐新衣一件，每件折合壹元，共成法币伍佰叁拾肆元（参加集训学生之捐款，由集训队统办，不在本数内），随即措齐现款，函送成都市征募寒衣运动支会查收，并于十月三十日以成字第一九一号呈文，报请钧厅鉴核备查各在案。兹奉前因，理合将本校遵募寒衣情形，报请鉴核，不再摊扣。是否有当，仍候令遵。

再本校教职学生，并无向外劝募捐款事情，合并呈明。

谨呈

四川省教育厅

全衔校长　陈伯良
会计　刘级三

成属联立中呈全国征募寒衣运动委员会四川省分会公函

成字第六二三号　中华民国二十八年十一月　成属联立中学发

案奉四川省政府教育厅二十八年厅字第八二七零号训令：准贵会征字第六号公函，本年规定征募寒衣捐款计划，在省会各机关各级职员应捐一日所得薪饷，以便购制寒衣，汇送前方将士，饬令遵办下校，本校已遵于本月份（十一月）在各教职员一日所得薪饷项下计征募得洋壹佰壹拾叁元玖角贰分，相应造具出捐人姓名清册一份，连同缴存中央银行成都分行之缴款收据一张函送贵会请烦查收，仍请按照名册，分别掣给收据，以便转交各教职员收执，以示清楚，如何之处，并希赐覆！

此致

全国征募寒衣运动委员会四川省分会

附送出捐出人姓名清册一份，收据一张（注：洋壹佰壹拾叁元玖角贰分）。

成属联立中学校校长　陈伯良

会计　刘级三

四、赴延安上战场

抗日战争时期，石室中学到陕北延安求学或工作的教师和学生如下（据不完全统计）：

姓名	在校班级或职务	赴陕北延安时间
何其芳	国文教师	1938年下期
曹葆华	英文教师	1939年
曾彦修	高普十一班	1937年10月
余有麟（余明）	高普八班	1939年12月
韩子重	初六十三班	1938年
张宣	高中文科二班	1941年4月
何寿（何振宇）	高普十三班	1938年下期
唐星平		
鄢荣爵（许亮）		1937年12月
黄文澍（黄大明）	高普二班	1939年11月

抗日战争初期，高中学生经申请可缓服兵役。1944年，始征知识青年从军。是年，四川省立成都石室中学成立"知识青年从军征集委员会"，主任委员校长周澧，副主任委员彭聘、罗信让，总干事周大烇，总务股李仲玙，宣传股文正蒙，编组股周教官、罗正鹄。

11月22日，石室中学以第七十号公函上报初中从军学生共计15名。12月22日又呈报共计45人报名从军，高中学生41名，初中学生4名。抗日战争胜利后，部分从军学生退伍，继续完成学业。

1946年3月，高中二十一班从军学生李伯高退伍后请求发给毕业证书之"报告"

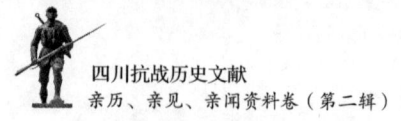

及周澧校长的批文如下:

报告

周校长澧台启:

窃生李伯高系本校高中二十一班学生。当三十三年冬,敌人进犯黔省之际,全国人心惶惶。斯时生离毕业考试之日只隔数日,惟不忍坐看国破家亡,乃于三十三年十一月十八日离校入教二团,抛弃学业,从军救国。同月二十一日,即由新津机场起飞,征途生活即由此起。××日即抵印度汀江,以后则随国军辗转缅北,待缅北战争结束后又回国至南宁(广西),继后至广州市接受日本投降。在此一年余××军生活中,虽然目的达到,日本投降,而生患染胃病不能追随军旅,乃请求退伍,已蒙国家恩准。生自念高中毕业功成一篑,尚望钧座体恤一片忠情,转呈教厅发给高中毕业证明书,以为将来升学之凭证,则生感激无涯,亦正体恤从军学生之学业前途。辞不达意,尚望钧座俯察。

此致周校长钧鉴

高中部二十一班学生李伯高呈

退伍证一并缴存。

该生学籍已否核悉,查卷,所呈如果不虚,准予依照"中等学校战时服役学生复学及转学办法"第七条之规定,呈厅发给毕业证。

周澧

三月八日

注①:此处存疑,有待考证。本文所引为《石室校志》(内部资料),1989年,第71页。另此书第644页,记此事为1943年8月26日。

本文选编自《石室校志》,1989年

一九四〇年前后的树德中学

常如潘

我是1939年进入树德中学女生部高三班，1942年被保送华西坝"五大学"，而离开树德中学的。虽说高中只有三年的功夫，但这三年对奠定我的人格和学业基础，都是至关重要的。树德中学教学、管理等方面，有许多可借鉴之处。仅就回忆将1940年前后树德中学的情况，略介一二。

一、择优录取　奖优惩劣

树德中学招生，每年都属成都市第一批，当时的吴照华校长不论学生家庭富贵贫贱，入学考试时，分数面前人人平等，择优录取，杜绝后门，无有照顾。初榜提示后，复试又考察言行，然后决定是否录取。如某公当时赫赫有名，其公子入学考试未上线，亦不予录取。学生入校后，每期考试成绩列前三名，并得学期褒奖证，即品学兼优者，每期奖申太夫人奖学金40元，免交学费、膳费，全期只交卫生费4角。考试成绩在前十名者，只免交学费。下期考试，倒退下此线者，不再受此奖励；上升至此标准，即可享受此奖励。每期考试成绩，张榜公布，三科不及格者降班，哪怕是达官贵人的子女，亦不例外。由于严格执行奖惩制度，该校学生大都勤奋好学，孜孜不倦，形成良好的风气。在该校高中毕业考入大学的，如家庭贫寒，确堪造就者，树德中学董事会也给予资助。如男高三班的学生焦锐，从战区流亡入川，孤身一人，毕业后考入中央大学，名列前茅，但无经济来源无力入校深造，求救于吴校长，吴校长指示其专谒董事任沧鹏先生。焦锐向任董事面陈实情。任董事翻开一簿，其中所列姓名甚众，皆校董会资助攻读大学者，于是将焦锐名字注籍其上，应允解决其学费及膳费，四年供给，无有间断，直至毕业（焦锐新中国成立后被被评为高级工程师，现已退休）。我本人也是靠以上奖学金读书，直至毕业。

二、尊师重教　师高风正

树德中学尊师成风。吴校长礼聘教师，在聘师会上，除面呈聘书外，还奉上一揖以示郑重，某教师本为树德高中毕业生，大学毕业后，回母校任教得校长聘任时，仍向之奉揖。该教师诚惶诚恐，从座上起立，言："我是您的学生，实不敢当。"吴校长答："昔日你是学校学生，今日你是学校教师，教师育才树人，责任重大，请受我一揖。"有位满族物理教师，教学效果良好。一日，他课毕刚走出教室，有同学无意中呼之为"满伯儿"，他闻后十分生气，竟然辞教。吴校长登门代学生道歉，仍不允教。后全班学生前去谢过，始允复教。每次全校开会，学生按班级在礼堂就座后，由学生会主席、各班班长前去各教研室请各位老师在礼堂前台就座。老师进入礼堂，学生全体起立，待老师入座后，学生方落座。会毕，待老师退席后，学生方依次离去。校内路遇老师，学生立

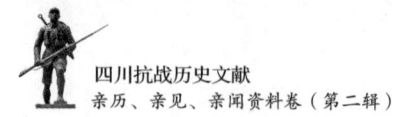

道旁，老师过去，学生方行。抗战时期，米珠薪桂，物价飞涨，树德中学对教师除发薪外，按月送米五斤，为当时教师待遇之最高者。逢年过节，学校慰问教师，送上礼品，各班同学亦自发向老师贺节致敬。

当时树德中学所聘教师，均属全川第一流者。老师之间，互相敬重，大家同心协力，目的只有一个，即办好树德。老师讲课，既教书，也育人。如物理老师胡卫于、地理老师罗孟祯都学识渊博，讲课深入浅出，生动感人。至于国文课老师，男生部是陶亮生先生、魏炯若先生任教，教女生部的是罗孔昭先生。罗先生本在四川大学讲经学，受吴校长礼聘，来树德中学任教。三年里，我们读的作品是《经史百家杂钞》。罗先生读文章抑扬顿挫、铿锵有度、感情贯注，我们听得字字入耳，声声流入心田。我想我班同学绝大多数至今仍能背诵《报任安书》。至于作文，对我们更是严格训练。文字学讲授采用许慎《说文解字》，这本是一门相当枯燥的学科，但我们听罗老师这门课，感到如沐春风，他还讲文学史兼讲文学批评。《文心雕龙》虽未讲完，然而所讲的《辨骚》《明诗》《情采》诸篇，给我们的印象很深，讲到曹植之熬煎，文字狱之残酷，令人不胜其愤。罗孔昭老师，安步起越、目不斜视、端方正直，不愧学高为师、身正为范、令人敬爱。我们的英语课，将文法与作品分授。文法的学习采用实验高级英文法。李老师讲文法，从不看书，书上第几页、第几行、某个定义、例题、习题，他都记得丝毫不差。教我们作品的是钟作猷老师，他是英国爱丁堡大学的博士生，留学回国，系四川大学、西北大学教授，受吴校长礼聘，教我们英语。他发音纯熟，表演自然，讲《灰姑娘》时他边讲授边比画，把我们带入戏剧的情境中。教生物的叶仲翔老师，号称"机关枪"，他讲课从不看书，在黑板上边画图边讲，画完了也就讲完了。课后翻书，该讲的，叶老师都讲了。杨俊明老师给我们讲解析几何、微积分，他那手板书漂亮极了，行距整齐、字迹工整、图像准确，可以说，他那板书就是一幅艺术品。饶德滋老师讲范氏高等代数，我们用的是英文本，他讲课语言极为风趣，讲排列组合，也是边写板书边讲，板书写完了，课也讲完了。周守谦老师教我们化学。做化学实验，同学两人一组，事前他与一位工友做好实验准备，然后给我们讲课文、做示范，讲操作要领以及注意事项，做完实验后应做哪些善后工作也——交代，所以我们做化学实验，从未出过事故。当时，学校有那样好的实验室，诚不多见。不久，郑实夫老师又在树德中学创办了生物实验室，开中学生的生物实验之先例。这些老师，刚一解放，绝大部分被调到川北大学（今四川师范大学前身）、南充师范学院、成都电讯工程学院（今成都电子科技大学前身）任教。教几何的萧筱田老师、教化学的周守谦老师与罗孔昭老师新中国成立后不久均被评为中学一级教师，留在中学带青年教师。这一代名师，如今大半已物故，可他们培养出来的学生，许多都担当过或尚担当着大任。

树德中学的教师是第一流的，学习考试的制度非常严格。那时，有些学校每期行课18周或20周不等，可树德中学不折不扣是每期行课22周。开学第一天第一堂课即正式上课。教科书、老师的教具、学生的书本、副本及文具都在事前准备齐全。教室座次已排定，半期一换座次。教务员每堂课自教室后门进来考勤。半期考试、期末考试的试题内容老师不暗示，学生不探问。考场非常严肃，每堂考试，必有教务处老师监考，教师凭卷记分，绝无恩赐、照顾及印象分等。准时开考，准时交卷，从无拖延时间及作弊现象。先交卷者，自觉远离教室，绝不在教室附近逗留、喧哗。由于师高、严考，学习氛围极浓，学生成绩一般都很好，男高二班学生李宗泌以高中一年级修业报考中央大学，名列1939年中央大学成都考区第一名，女高三班同学毕业后除三名结婚，十余名参加工作外，其余三十名全部考入大学，且多数在名牌大学，考试名列前茅。后来大部分被评上高级职称，担任领导者，忠于职守、廉洁奉公，为社会做出一定的贡献。

三、管理严格　生活军事化

当年在树德中学读书，只有寒暑假才能回家住宿，平时都住校，星期六、星期天也不例外。每天清晨6时，起床号响，立即起床，整理内务、盥洗。寝室有室长，负责派值日生、检查内务。寝室一律用白被单、白包单、白枕套、白纱布蚊帐。被盖折成正方形，用白被单包好，用夹板夹出棱角，置于床尾。白枕套枕头，置于床头。白床单上印有"树德中学"字样，蚊帐折成一条平面，中间不能成弧形。寝室地板，每周大扫除时刷洗出本色，进门脱履，着木屐，进出门鞋成"一"字形，摆在门前。储藏室按寝室编号划分地区，箱子成排，无杂乱现象。面盆置于盥洗室，毛巾搭在架上，肥皂盒一律放在面盆右上角。6时半，全校学生跑步集合，各班整队集于旗台前，向值周生报告人数，值周生向值周导师报告人数，然后升旗。升旗后值周导师训话，讲爱国、诚实、礼貌、勤奋、自修……一两周讲一中心，由导师具体贯彻。7时上早操，按指定地点站定，以便训育员考勤。早操后自习，可在自习室，也可在校园内读英语、背国文。7时40分早餐，7时55分从宁夏街出发，男生走石灰街，女生翻越城墙到万佛寺分校，规定行路30分钟。8时半开始上课。每节课50分钟，两节课后有课间操。12时半午餐。下午2时至3时50分上课两节，课后返回宁夏街。下午4时半至5时在宁夏街自习室自习。下午5时至6时课外活动，课外活动时间，不准在寝室，可洗涤衣物，可去图书馆看书。如不在盥洗室、图书室，一律下操场活动。当时体育老师为王世琨老师（新中国成立后在成都体育学院任教）及朱文芳老师。两位老师体育运动技能上是多面手，工作责任心很强。学生可自由参加各种球类活动、掷铜球、铁饼、跑、跳、踢毽子、跳绳、做体操，活动开展得很好。1942年夏天，树德中学全体女生曾在少城公园表演手巾舞，获得好评。下午6时整队降旗、晚餐。下午7时至9时，在自习室上晚自习，训育员清点人数，教师辅导备问或抽查笔记。晚9时半灭灯号一响，各寝室一律关灯，训育主任、训育员在寝室外巡查，保持寂静，真正做到寝而不言。进餐只有15分钟，8人一桌，每桌有桌长一人，盛好饭，同学都肃立桌旁。廖老师哨音一响，立即入座进餐，添饭自觉依次进行，无争先恐后者。15分钟一到，听到廖老师哨声，一律离开食堂，真正做到食不言。如有抛撒饭粒者，唯桌长是问。星期六、星期日晚自习照常。星期日早晨7时检查内务，合格者，放假回家，不合格者禁假。如家有要事者可回家，但下周补禁假，廖老师陪同在校。全期不旷课、不请假、不迟到早退、不犯规者，期末发给褒奖证，并在学期成绩总评分上加1分。高中女学生制服，一年四季蓝布衫，长度为过膝3寸，黑线袜子，黑布操鞋，短发齐耳。不准戴首饰，不准涂脂抹粉。冬季可加大衣一件，一律麻黑人字布面料。高中男生一年四季灰麻色布中山服，风纪扣必须扣好，下打裹腿，可穿黑布操鞋，也可着草履，但不准赤脚赤膊。我们在校时，因系抗战时期,所以女生部开"看护学",讲止血、包裹消毒、急救等护理科目;男生上"军事训练课",由国民党军官任教官,训练也极严格,有时引起学生反感。总之,行动听号声、钟声、哨声,节奏非常紧张。

四、进行爱国主义教育

有人说,树德中学老古板、死读书,这话有一定的根据,但确实不全面。树德很重视"爱我中华"的教育。那时的校歌是陶亮生先生作词、音乐老师陈砚芳先生作曲,歌词是:"干家桢国,树人斯树德。大勇气集义所生,大精神诗书所泽。举目异山河,新亭滋泗多。终军能请长缨,汪琦能卫社稷,匣中宝剑及时磨。东海斩鲸,西山化鸟,复仇填恨止干戈。泱泱大国,弦诵雅声机。"这正是很明显的爱国主义教育。每次集会,必唱校歌。当时学校教唱《保卫大武汉》歌时,陈砚芳老师结合歌词讲武汉是9省的交通枢纽,要大家做宣传,保卫大武汉。教唱《爱我中华》歌时陈老师讲:"木兰从军,良玉杀贼,不羡鹿车。"这不只是唱唱而已,应随时勉励自己。天下兴亡,匹夫有责。罗孟祯老师告诉我们,看报纸,不仅要看正面,还要仔细看背面。我们理解罗老师的意思,是让我们学会分辨是非曲直。他说:"什么'背进',不就是打了败仗后退吗?这样抗战,怎能取得胜利?"罗老师不顾下面坐着某军阀的女儿,直呼某军阀名,揭露其恶劣行径。我记得当时请来著名教育家黄炎培先生,他讲共产党很重视生产,还请来从前线回来的某将军,讲日寇之残酷。是时,学校没有国民党、三青团的牌子,学生中没有国民党员、三青团员。我们用的统一毛巾,上面有"救国不忘读书,读书不忘救国"等字样。当时学校有战区同学会,该会出的壁报名"泰离",言战区学生颠沛流离,间或报道家乡沦陷后等信息。学校每年开展春季运动会及秋季运动会各一次,运动场在西城墙下操场,操场很大,足有40余亩,许多项目可同时进行。每个学生除必须参加班级活动的团体操、接力赛、拔河等活动外,个人至少必须参加一项体育活动,不仅培养体育选手,还要普及体育运动。1940年春举行的十年校庆活动,十分隆重。老师学生都参加征文,开展老师情况介绍、学生成绩展览、毕业生状况介绍等。校庆歌由罗孔昭先生作词、陈砚芳老师作曲,歌词是:"岷峨之崔巍兮锦水之旁,有郁其特兮吾校之光。度宏规而道问学兮,壮肌臂以营四方。惟三事之并隆兮,夫神胄之发煌。育英才周十载兮,遒纪念乎辰良,逞才力以角技兮,狡若脱兔与鹰扬。宏浩序于无穷兮,茂实腾于未央。勖矣哉,如山之高兮,水之长。"我们看到前两届同学考入大学后向母校的汇报,不禁激励自己,奋发向上。要求进步的同学,不乏其人,女作家安琪即当时从学校辗转至延安的。同学中暗里传看《列宁的一家》《萍踪寄语》等书。当时我们的膳费每月4.2元,每天轮流有两名学生助厨,和厨师们谈防空、特价,偶尔也听到校外茶余饭后的消息及前方战况,有时失望,有时振奋。我班毕业时,还演了一幕话剧。总的说来,树德中学的教育方针还是比较全面的。

本文选编自成都市政协文史学习委员会《成都文史资料选编.教科文卫卷上,科教文苑》

抗日战争时期的铭章中学

张祖涌*

私立铭章中学创办于抗日战争时期，用以纪念王铭章上将尽忠职守，为国捐躯。该校以培植前方抗日将士家属子女及有志向学而无力上学的青年为目的。开办以来，造就了不少英才，为国家、为家乡做出了一定的贡献。

一、烈属捐资兴学

王铭章，字之钟，四川新都人，任国民革命军二十二集团军第四十一军一二二师中将师长，抗战殉国后，国民政府追赠为陆军上将。为缅怀王铭章烈士英雄业绩，二十二集团军总司令孙震、团长王文振、家乡人士及王铭章将军遗族共同发起创建学校，遗孀周华玉等家属慨然拿出部分家产捐资兴学。兴建学校也是将军本人的遗愿。将军出征前夕，曾对家属嘱咐："我幼年双亲相继病逝，家境窘迫，无力读书，后得赖心田大爷的资助，才毕业于新都县高小第一班，读书不多，便到军队。现在新都还没有一所中学，我很有心在新都办一所学校，为家乡谋福利，为国家培育人才，但至今尚未实现。"

1941年3月正式成立校董会，孙震任董事长（也是成都私立树德中学董事长），周华玉为名誉董事长，校董有：吴照华（树德中学校长）、熊子骏、范物安、王见三、王铸西、王琢生、王道鸿以及李镕成、汤万宇、徐集燊、廖仲和等。

周华玉将王将军的特恤费12000元捐做筹办费用。1941年6月15日，周华玉又将田产613亩6分2厘6毫捐赠学校，以所收租谷859石6斗3升作为办学经费。

学校定名为私立铭章中学，校址确定在王铭章墓园对面，占地60亩，由创办人周华玉于私有田内拨出，赠予学校使用，1945年再赠校门外田地20亩，作为扩充校址之用。

1941年上半年动工新建校舍，下半年招生开学。由于时间紧迫，只能先完成急需四个教室、男女生宿舍、办公室及少数生活用房。以后连年兴建，至1944年7月已具相当规模——校址占地面积85亩，共有房舍166间，其中教学用房71间，虽然清简，但很实用。

校园正面对着王铭章墓园，中间横亘川陕公路，校园墓园隔路相峙。校门四根粗大砖柱，挂着"铭章中学"四个大字。进门一条约60米通道，正对着礼堂，礼堂两端是总务处和教务处，礼堂的主席台挂着一副对联，文曰：

---

* 作者系新都一中校志编写组成员。

铭事功以慰英灵，中外共仰；
章盛德而兴庠序，学育兼施。

联文嵌"铭章中学"四字，体现这所学校的办学宗旨。礼堂后面是操场，平坦宽阔，绿草如茵，有篮、排球场；操场右侧是教员院，左侧是厨房、食堂；最后是理、化、生实验室。房屋全是瓦木结构的平房，校园四周用竹篱固定。

当时成都地区的中等学校，很少有男女生合校的。铭章中学为便于抗日将士的子女入学，同时招收男女生，开风气之先。学校男生部、女生部的修建都很别致。通道右侧是女生院，左侧是男生院，中间由进校门那条通道隔开，两院各横排纵列六间教室、一座两层楼房，楼上为教室，楼下为住校生宿舍，两边形式对称整齐。校舍本是竹篱围墙，唯独男生院、女生院校内部分反用砖墙围隔，不能互通往来。同为一校，分为两院，上课分开，甚至食堂也分开，又有点像两所学校。

二、重视师资 严谨治学

铭章中学和树德中学是一对姊妹学校。1941年开学典礼会上，校董、树德中学校长吴照华讲："因为两校的董事长都是孙德操将军，所以树德中学和铭章中学是一对姊妹学校。今后，两校师生要多多联系，多多互访，以增进友谊，并肩前进。"铭章中学在办学中学习树德中学，严格要求教师和学生，努力办成成都地区第一流学校。

师资水平的高低，是办好学校的第一要素。因而学校尽力选聘教师，对于学识丰富、教学有方的教师，不惜重金聘请，一时成都的不少有名教师前来任教。

第一任校长王章树，学校创始人之一，新都人，北京大学文学学士，英国爱丁堡大学文学硕士。他有学者风度，办学重视智育，选聘教师极为严格。他所聘用的教师34人中，大学本科生24人（其中2人为留学生），占70.6%，多是名牌大学毕业，学哪科教哪科。事务主任郑季通也是国立北京研究院生物研究所研究生。其余专科毕业的教师，多是担任艺体课程。教师平均年龄为39.3岁，最大的国文教师赖炽臣，53岁，毕业于北京国民大学；最小的是英语教师黄万钊，30岁，毕业于川康农工学院。

第二任校长熊子骏，成都人，日本早稻田大学经济系毕业。聘用教师43人中，大学本科生32人，占74.4%，平均年龄为40岁。年龄最大的是女生部主任李筱舟，58岁，成都师范大学毕业；年龄最小的是数学教师李维先，26岁，同济大学毕业。

学校要求教师教好所任学科，同时严格要求学生。除对学生经常进行常规教育、礼貌教育外，还建立有学习制度、考勤制度、考试制度、奖惩制度等规章制度。

学生分住校生和家膳生两种。早、晚自习和上课不得迟到、无故缺席。三次迟到算作一天旷课，无故缺席一周，给予警告，两周记大过一次，三周给予退学处分。

全期无迟到、无缺席的全勤生，总平均成绩加2分。学期成绩平均达85分以上者，且操行优等、体育及格可获得奖学金——免交学杂费；初中、高中升学考试成绩为前五名者，免交全部学杂费；初中毕业考试为前五名，可直接升入本校高中，并免交学杂费。当时一学期的学杂费为36元，对学生的鼓励极大，很多人学习勤奋，力争品学兼优。另外设有清寒助学金，家境清寒（含抗日将士家属）、成绩优秀者，就可申请得到。家道贫寒的学生因能得到奖学金或助学金而能继续学习，直到高中毕业者不乏其人。

教务处一月召开一次各科意见听取会，各班选代表参加，发扬教学相长，有利教师改进教学。各科作业都有一定的规范要求，每期各班作业进行评比，最好的要发奖。学校经常开展讲演比赛、作文比赛、书法比赛、数学比赛、理化演示比赛、英语讲演比赛、歌咏比赛、体育比赛，等等。各种比赛取得前三名的，发给物质奖励，有力地调动了学生学习的积极性，有效地提高了学习成绩。

生活上对高、初中学生的衣着、女生的发型都有规定，学生的学习用具、生活用具的放置也有要求。如照明用的菜油灯，白天一律放在教室后面，排列整齐，寝室必须按要求整理好。

三、抗日救国教育与活动

抗日救国的爱国主义教育是铭章中学思想教育的重要内容。校长王章树在第一次开学典礼上讲："铭章中学的命名，就是纪念抗日殉国的王铭章将军，使大家不要忘记为国捐躯的抗日烈士，因此，要求每个学生必须做到两条：一要树立爱国抗日思想，二要好好读书准备救国。"校董吴照华说："铭章中学的经费来源是两条：一是王铭章家产600亩田的收入，二是烈士的抚恤金，决不依靠当地政府和各界人士提供一分一文。"

1942年3月17日是王铭章殉国四周年纪念日，为王铭章建立的专祠在新都亦告落成。国民政府明令于是日举行公葬及铜像揭幕典礼，中央及省市政府派专人参加，省主席张群主持祭礼，第二十二集团军总司令孙震揭幕，铭章中学师生首次参加这一活动，仪式隆重而庄严，气氛热烈而肃穆，内容主要是缅怀王铭章上将，进行抗日爱国教育。以后每年这一天，是铭章中学全体师生必须参加的例会，集中地进行一次抗日爱国教育。

学校实施战时军事训练，有野营、行军、追踪等。战地救护训练有救护、包扎，还有防空演习等。夜间紧急集合，事前不告知，号令一响，必须三分钟内理好铺、穿好衣集合排好队。床单一律白色，被子要叠成四方形现棱角。行动、生活要求军事化。

学校每周星期一举行周会，对全校学生进行思想教育。不少教师通过课堂对学生进行爱国教育，或介绍当前形势，或抨击社会时局，或痛斥日寇侵华，或宣扬民族英雄。如语文教师熊先知经常讲抗日英豪视死如归的事迹和陕北的艰苦生活，美音教师胡梅秀教抗日救亡歌曲。历史教师张良珠讲：日本帝国主义是最可恨的敌人，当今市场上充满美货，这明显是经济侵略，美国也不是朋友。史地教师戚式循向学生介绍订阅《时代文摘》，理化教师陈初尧带领学生在铭章墓园里印抗日宣传品。

学生受到这些教育，激发了抗日热情，自觉组织各种形式的抗日爱国活动，如校内张贴不少抗日的标语，纷纷出版壁报，宣传抗日主张。如男高四班杨文卿等创办《日新旬刊》，发刊词的副标题是临摹岳飞的手迹"还我河山"，下面还有一首诗：

倭寇侵略我中华，半壁河山遭践踏。
军民一心齐抗战，马革裹尸保邦家。

表达了学生的爱国激情。女高四班学生在纸币上书写标语，借此流向社会以做宣传。

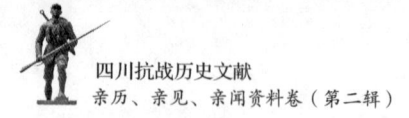

举办歌咏会,演唱以抗日救国为主要内容的歌曲,如《黄河大合唱》《流亡三部曲》《义勇军进行曲》《大刀进行曲》《大路歌》《老黑奴》等以及苏联歌曲。一次会上音乐教师夏端演唱《流亡三部曲》,边唱边演,声泪俱下,一时群情激愤,给人留下极为深刻的印象。

演出歌剧话剧。演出剧目有《桃李满天下》《放下你的鞭子》《雷雨》等。女高一班学生演出《雷雨》时,受社会旧意识的影响和学校的限制,剧中的男角,还是由女扮男装,不敢男女同台演出。

1944年,独山失守,四川震动。中华民族濒临生死存亡的关头,学生义愤填膺,热血沸腾,在"一寸山河一滴血,十万青年十万军"的号召下,毅然决然投笔从戎,踊跃报名参加抗日远征军。连女初一班的女生也有七人报名,最后批准高中学生陈某参加远征军,学校举行了热烈的欢送仪式。

四、艰苦而生气勃勃的学校生活

铭章中学是一所完全中学,高、初中各为三年。开创初期,校舍简陋,师生的生活非常清苦。学校房舍不多,教师宿舍不过十间平房,除担任行政职务和两三名后勤人员住校外,其余教师只能在校外自己家中住宿。在成都兼有课程的教师,还要从成都坐黄包车赶来新都上课。尽管条件差,生活艰苦,教师从未缺一堂课。有的学生反映:"我在校六年,从未见老师缺过一堂课。"教师上课循循善诱,不仅认真传授知识,扩大学生知识领域,而且注意教学方法,启发学生思维活动。课堂上,随着教师的讲课,有时笑声不断,有时鸦雀无声,学生无不专心致志地听课,深感收益良多。

学校想方设法满足理化实验,保证教学。

学校开办头三年收费不高,学生每期交学杂费约36元,教师的月薪120~150元法币,校长200元。以后纸币贬值,物价高涨,1944年秋杂费开始大大增加,每生每期交费2石5斗大米,其中包括尊师米和修建费。由于货币贬值,教师待遇低,每月补助尊师米5斗,由学生负担。学生的伙食也不好,仅能饱腹,住校生用冷水洗脸,晚上并无电灯照明,学生自备"手照子"(一种瓦器,点菜油的灯具)以为自习之用,虽是豆火昏黄,晚上教室里灯光摇曳,无人缺席,有的做作业到深夜。

学校开办初期,设备不全,操场凹凸不平,上体育课,师生担土填操场。课余时间,师生动手修走道。下大雨时,新建的寝室地上淌水,得光着脚进出。学校连年修建,逐步改善,到1944年已具有一定规模,校舍修建较为齐备,教学设备也相当完善,全校高、初中共12个班,已是名副其实的完中。

学校在师生的共同努力下,短短几年,形成了自己的特色:校风正,师生生活俭朴,衣着朴素,学习风气浓厚,校园里早上书声琅琅。学生探求知识的欲望强,课外活动非常活跃,有各种活动小组,有球队、歌唱队、读书会、文学社等。如咤云球队、英语研究会、文华学会、新月月刊社、鄂鄂月刊社、文峰壁报社、群力壁报社等。这些组织都是为了"研究学术、联络感情、培养办事能力"。

壁报是学生喜爱的形式之一,班班都有,有的班多达三四种,张贴在礼堂和男、女生院墙壁上。最盛时,学生为了抢占张贴壁报地盘,先用粉笔在墙壁上圈划出一块,标出某刊壁报已占字样。这些组织有章程、有机构设置、有人事安排，相当完备健全。现在还能看到当时学生的申请呈文六份。

铭章中学从1941年9月开始招生，在成都、新都两地报考。由于延聘成都名师，教学设备较为完备，青年多慕名报考，当时录取省内各县和湖北、安徽、西康等省的学生不少，一时在成都地区声誉颇高。当年招收高中男女生各一班，初中男女生各一班，共四班。以后每年秋季招收高、初中男女生四个班。自1941年秋至1945年秋，共招生五届。1944年秋第一届学生毕业，1945年第二届学生毕业。据不完全统计，两届毕业257人，其中高中138人，初中119人。至1948年（因缺1949年资料）高中毕业406人，初中毕业333人；在校学生高中202人，初中193人。至解放为止，铭章中学虽然校龄不到十年，却培育了不少英才，不少人在新中国的成立和建设中做出了卓越的贡献。1950年，铭章中学合并为四川省新都中学，1978更名为四川省新都县第一中学，沿用至今。1980年定为省重点学校。

本文写于2014年

我外公罗象翥兴办内江大洲中学

李如荣[*]

罗象翥

我外公罗象翥，字号鹤龄，内江双河乡人，1898年4月出生在内江龙井沟。

外公于1918年考入国立北京大学（下文简称北大）经济系。外公积极上进的人生态度很快就接受了爱国反帝的思想。特别是在蔡元培校长民主、自由、科学、"兼容并蓄"思想的熏陶下，和北大教授陈豹隐、北大进步同学陈炎、张帜、樊荫堂等一起探讨时政。一边刻苦学习，一边参加学校的进步活动。1919年5月，为了抗议北洋政府出卖国家利益，北京学生发起了五四运动，外公是此次运动的召集人之一，是走在游行队伍的前列的学生代表，首当其冲被抓捕。后在社会各党派、知名人士各行各业声援学生的强大的民意压力下，北洋政府最终释放了被捕的学生，五四爱国运动取得胜利。

外公于1923年由国立北京大学毕业，于1925年考入黄埔军校第六期工兵科。抗日战争爆发后随二十三集团军出川参加抗战，1938年任二十三集团军少将副参谋长，赴皖南抗击日寇。

外公在抗日前线看见国军炮兵在阻击日寇中因知识与技能太差吃亏不小，究其原因主要是国家教育落后，军中高中生太少，难以掌握与传授现代化科学技术，认识到要富国强兵，打败日寇，必须大兴教育。当时家乡内江县连一所高中也没有，遂产生了在家乡办一所完全中学的念头。后来外公任二十三集团军驻重庆办事处处长，与中华基督教卫理公会办的重庆私立求精中学校长杨重熙交往甚密。杨重熙系内江人，是他的儿女亲家。杨重熙得知外公想在内江兴办中学，极力支持。他向外公建议："办私立中学立案要费相当长的时间。求精中学疏散到水土沱后，那地点不宽，教职员又多，不如分一部分到内江。就将桂湖街建德中学原址设立求精中学分校，先行招生开学，再购地立案建校。"外公急于办校，赞成先按杨重熙的主张在内江办求精中学分校。于是约得内江在渝的商人张子谦、曾述舆及二十三集团军总司令唐式遵的夫人罗子桓参与集资，作为内江校董，然后与杨重熙专车回内江筹办。办校进展较为顺利，共同商定：校董事会由罗子桓任董事长，学校行政由杨重熙负全部责任。1939年秋，求精分校在内江桂湖街开

---

[*] 李如荣为罗象翥的外孙。

办，先招初中班学生。

1940年，我外公代理罗子桓担任校董事会董事长，与杨重熙商定在桐子坝购地建校，招收高中班的学生，建校资金由卫理公会与内江校董事会各出一半。由于中西办学方针不同，于是邀集内江校董事会组织了一个强华学会与卫理公会多次论争，终于确定了办校的方针以宣教中华文化孔孟为主、以西方文化基督教为辅。学校办校的经费、资产双方各一半。校名由"求精中学分校""精强中学""内江私立大洲中学"上报，由省政府审查后确立为四川省内江县私立大洲中学。

1941年，我外公辞去军职回到原籍内江为民。

1943年下期，大洲中学董事会推荐我外公兼任校长，但学校教学骨干皆系卫理公会的人，诸如教务主任、训育主任、事务主任、英语教师等，思想感情上与强华学会及外公本人均有不同程度的距离。

1944年初，训育主任、卫理公会的卢邦本等离校他任。为此，外公自选人才配备教学班子，除找官世瑀做训育主任外，不惜旅费亲自到西安，请来曾任洛阳中学教务主任的王廷林做大洲中学教务主任，又到同济大学请来龚保材等三人教数学，还在成都、重庆各聘请了一些科任教师。经过外公多方努力，克服了种种困难，大洲中学成为一所既设初中部又设高中部，既分男生部又分女生部，学生人数多，教育质量高的内江著名的完全中学。

外公以北大校长蔡元培先生"兼容并蓄"的思想，对学校师生员工的各种信仰及活动大多数采取不做干预的态度，但却强调民族气节，爱国抗日。1944年6月，冯玉祥将军来到内江，发动节约献金抗日救国活动，外公在中国国民节约献金救国运动总会内江分会成立大会上致辞："我们要努力发动献金救国，一洗中国百年之耻。"他积极动员教职员工及全体学生参与捐献爱国金，通过节约伙食，义卖鲜花，演出话剧等宣传活动，全校献金一百三十七万八千元，超过全县其他公私立中级学校献金之总和。冯玉祥将军很受感动，在他所作的《内江人颂》中赞扬：学校谁最先，大洲超江阳，献出爱国心，勇灭日寇贼。1944年12月，县府发动知识青年志愿从军活动，大洲中学学生入伍者三十余人。一次重庆应征远征军学生路过内江，次晨在内江女中操场欢送他们上车，大洲中学就有两名学生爬车随去。我外公还先后在重庆南岸办了两所留校，以东林党敢于批评政府，誓死爱国为榜样取名为"南林学院"。"南林"二字即仿"东林"而来。外公还在内江东兴镇办了"景福中学"，还在县城里面开办了一所医院，为家乡人民服务。这些事是他牵头许多人出钱、出力共同办的，他做官半世仍然两袖清风，返基家乡后自己连一所住房也没有。现在内江的师范学院地址就是原大洲中学地址。现内江六中是原大洲中学。1948年至1949年我外公任重庆市教育局局长。

本文写于2016年3月

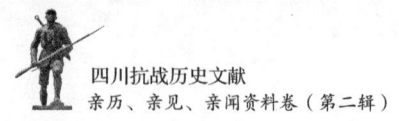

抗战期间学校生活纪实

杨文泽

1938年秋,我有幸考上了成属联中初中(今四川省成都石室中学),实现了我梦寐以求的愿望。这是一所历史悠久的学校:它自西汉景帝末文翁始创"文学精舍"迄今已历2千多年;自清光绪三十年(1904)设为成都府中学堂。他在汉代为中国开办最早的一所郡级地方官办学堂,清代中叶以前,历代均认为他是巴蜀地区唯一由官府直辖的郡学、州学、府学、书院,近代亦为成都府属、四川省属中学。民国时期,曾一度名为"成属联中"。联中经费由成都附近16县(成都、华阳、简阳、崇庆、广汉、温江、郫县、崇宁、新都、灌县、金堂、彭县、新繁、新津、双流、什邡)每年摊解,还有温江学田300余亩。四川军阀混战,成属16县俱沦为战区,均当战争之要冲,学校经费来源几乎断绝。1936年下期开始,四川省教育经费由政府统收统支,统筹调拨,成属联中办学经费从此不再由成属16县摊解。1940年,更名为四川省立成都石室中学。该校校址在成都城南文庙前街,即汉文翁石室故址。20年代末,成都府文庙(省文庙)与各宦祠全部划归该校。全校总面积达四万多平方米,城市中学如此宽敞者实属罕见。

该校面对全省招生,报考人数历来众多,我投考时,仅初中报考人数就达千人以上,仅收55人,外5人为备取生。

学生入校后管教极严,单以教而论,不仅注重规定课程,严加考绩,如主科有一科不及格,经一次补考不及格,定为留级。考试严格,学生对舞弊者将嗤之以鼻。此外,竭力提倡课外活动,提高求学兴趣。加之本校教师大多学识宏博,教导多方,颇能引起一般学生求学之兴趣,而教学质量益蒸蒸日上,故师生感情素称融洽。当时如秦惕安、高咏涛、何叔宜、杨俊明、文百川等诸老师颇受同学们欢迎和尊重。学生中读书的空气是相当浓的,喜欢读什么书,在一定程度上也是自由的。校内也能感受抗日救亡的氛围,抗敌救亡歌声萦绕校园,如《义勇军进行曲》《大刀进行曲》《流亡三部曲》《黄水谣》《保卫黄河》等歌曲,时隔五十多年,我至今仍记忆犹新。

为防日机空袭,学校挖防空壕三道,可容三百人左右,继而利用文庙泮池修地下室三间,亦约可容三百人。可惜不久积水盈尺,便无法使用。

1939年春,日机空袭成都。4月的一天,忽闻恐怖而凄厉的空袭警报声,许多同学都到城外去躲避了,可我和几位同学却抱着一种侥幸心理待在自习室附近,前临文庙泮池,古柏森森,正是隐蔽的好地方,而内心却是紧张的。须臾,紧急警报拉响了,稍倾,万籁俱寂,忽然南方远处空中隐约有嗡嗡之声,声音越来越沉闷,突然,敌机临空,我偷偷从树叶缝中窥视。但见多架日机正临头顶,机翼上的红膏药旗和机舱内驾驶员的面目清晰可辨,我当时的心情既紧张又愤恨,我多么希望我空军能立刻出现把日机全部击落啊！眼看敌机由南向北飞越市空，实在令人义愤填膺。数分钟后，隆隆的炸弹声骤然响起，大家愤恨地说，这方向准是凤凰山机场被炸，日本鬼子太猖狂了。不久，解除警报拉响了，这时我们才感到每一根紧张的神经松弛下来了，但当忆起敌机临空的情景时，惊恐心情又会使人不安起来，大家都说："今后再有空袭警报，我们一定不能再冒险了，还是跑警报安全些。"

此后，我们学生受尽了日寇空袭的苦难。有时正在上课，警报一响马上停课，老师慌忙带着学生跑警报，不仅白天要跑警报，有时夜晚也要跑，特别是晚间要进行灯火管制，即晚间不准点灯，以免暴露目标，其惊恐之状可想而知。

令人难忘的是，有一次仅十多个小时内就连续跑了两次空袭警报。记得在一个4月初夏的傍晚，月明星稀，我们在专用的自习室安静地复习功课。刚下晚自习不久，突然空袭警报拉响了，大家快速锁上门和住校老师一起疏散。当时为了便于疏散、躲避空袭，政府在城墙多处拆出半坡式缺口。学校附近南较场的一段城墙也拆开了一个缺口，因此，我校师生和附近居民都从这里疏散出城，由于人多，缺口更显得狭小，特别是居民们扶老携幼、身背小包、手提小箱，多半是重要东西。人人摩肩接踵、呼儿叫女，都争先恐后地往前挤，可怜那些老年人吃力地爬上坡又紧张地下着坡，他们生怕被挤倒、摔倒。我和同学们在你挤我撞的人流中上坡和下坡，终于艰难地挤出了南较场缺口，便沿着田间小道往前奔，似乎越远越安全，人太多的地方又怕不安全，所以东寻寻、西觅觅，不易找到一个很安全的隐蔽点，直到紧急警报拉响了。才匆忙地找个小麦田隐蔽下来。初夏的夜晚，在潮湿的麦地里，露水溅湿了衣衫，带来几分寒气，更增加了紧张的心情。过了许久，空中没有一点动静。人们有的低声耳语，有的或坐或躺。警报不解除是不允许走动的，虽然难耐也只得勉强忍受着，只要敌机不来就算幸运了。凌晨，天还未明，忽然，呜的一声长声汽笛响了，解除警报拉响了，我们紧张的情绪松弛下来了，很快会聚的人流都向南较场的方向散去，巴不得快点回去睡一觉，好恢复一夜的疲劳。我们这群十三四岁的少年们，拖着疲乏的身躯沿着原路返回了学校。同学们纷纷忙着洗脸、洗脚，争取尽快补个好觉。我刚上床，盖上了被子，合上双眼，令人讨厌的空袭警报又拉响了，我立即披衣而起，和同学们一道仍然朝南较场跑去。大约过了两三个小时，解除警报拉响了，我才拖着疲惫的身体慢步回到了学校。

5月初的一天，校内布告栏张贴着一张"校告"云："迩来敌机肆虐，空袭堪虞，本校遵奉上峰命令，避免无谓牺牲，自民国二十八年五月九日起，二日内师生员工一律离校疏散，一俟新繁校舍布置妥当，赓即复课。"此后，同学们都纷纷做离校返家的准备，按时离校。

1939年下期，联中于新繁复课。疏散校址最初以新繁县文庙为高中部，以新繁县城西门外之清凉寺为初中部。文庙及清凉寺旧有房屋，颇为漏滥，均加以修缮。初中部之清凉寺仅有庙宇三层，复多神像，除酌整为学生寝室外，其余均不适于教室之用，因而学校另租清凉寺田土、包工修建茅舍做学生的寝室、教室，还修建运动场。高中部之文庙旧有殿宇，除修缮为教室、办公室、教职员宿舍等室外，沿文庙大成殿之后围墙包工修建临时茅舍寝室。一年之后，两相对换，即文庙为初中部，清凉寺为高中部。总之新繁疏散校址办学条件差，师生甚感不便。恰巧我的家就住在新繁县城东街，对我来说，真算是就近入学了。

我于1941年在石室中学初中部毕业。接着，我顺利考入了四川省立成都中学（今成都二中），人称"省成中"，是当时成都几所有名的学校之一。原校址在成都市五世同堂街，抗战期间，学校疏散在成都老东门外十余里地的三瓦窑附近的大东岳庙，堂兄在这里读高三，我住进大东岳庙后，有了他的照顾，因此我并不感到陌生。省成中学都是男生，同学们戏称自己是"大东岳庙的和尚"。

虽名大东岳庙，但面积并不大。高中部三个年级十二个班的学生一律住校。庙子的房子并不多，除山门外有一戏台，大殿和方丈房后房一院，戏台上面为图书室，举行纪念用的地方。下面改装为医务室、体育器材保管室、储藏室，大殿改作办公室，方丈后房作为教职员宿舍和理化实验室。学生的教室、寝室和食堂全都是草房，建筑在庙宇周围。房上盖的草也很薄。上课时不仅两隔壁教室声浪互相干扰，就连对面教室的声音也影响听课。寝室的上铺可以看到墙外田野，墙和柱头之间稀牙漏缝，一屋住30人以上，都是双人床，床与床之间要侧着身子才能走过，真够挤的。一遇风雨，教室寝室都不安宁，这里不漏那里漏，真没办法，只得望雨兴叹！

但是，学校的读书风气特别好，任课的老师都是成都有名的老师，当时教数学的饶德滋，教国文的刘君惠、周虚白、程千帆、郭君恕，教化学的程祥云，教地理的吴永成等老师深受同学们欢迎。这些老师很辛苦，住在城里的老师常常雇鸡公车到校上课，雨天的情景就可想而知了。况且还要跨校兼课。学生来自全省各地，相互之间在学习上的竞争非常激烈，却没有人叫过苦。省成中有个传统风气，一是进校后要习惯开夜车。因为旧同学们喜欢开夜车，很少有十点钟前睡觉的。对开夜车，学校并不管。有时开夜车的人还没有回寝室，睡了一觉起来早读的同学已到教室来了。一次，我班有个同学不懂得省成中学这个开夜车的老传统，刚听到下自习声响了，赶快拿着手罩子（上有带嘴的壶，中有一手把，下有一平盘，用陶土烧的，外上了绿釉，点清油。此种照明工具在坛罐铺里早已绝迹了）朝寝室走，刚走不远，旧同学就吼叫道："懂不懂省成中的老规矩？"这个新同学似感到理亏一声不吭地转身重返教室，直到十点多钟才小心翼翼地跟在别人后面回寝室，这一次却无形中为新同学上了一堂生动的传统学风课。老实说，当时一天埋头在书本里面的确没有苦的感觉。

还有一个传统是：高中一年级学生都积极争取代数、几何、三角的平均分达90分以上，因为只有达到这一标准，才有资格在二年级进入理科班，对考大学将会带来好处。我算有幸读了理科班，这为我以后升大学打下了一定的数理基础。可是伙食上经常吃的是混有沙粒、稗子的"八宝饭"，睡觉时又因臭虫太多往往睡不安寝。短短几年的高中学习生活，就在这简陋的物质条件和浓厚的学习风气熏陶下度过了，城内五世同堂街的校址还是报考时去过，距今已是很多年前的事了。

本文选编自《崇州市文史资料选辑》第十一辑，1982年

四

后方工农业生产亲历、亲见、亲闻

从抗战前线疏散内迁成都的工厂

杨忠义

一、前 言

号称天府之国的成都,是有2300年历史的文化名城,也是一个农村自然经济发展缓慢的城乡结合的城市。更由于成都地处西南边陲,交通闭塞,接受现代化先进技术及新兴工业发展的思潮,比较迟缓,因而,多年停滞在小手工业生产的局面,工业基础极为薄弱,现代化工厂寥若晨星。截至抗战前夕,近代机器工业,除官办的兵工厂、造币厂、火柴厂外,仅有民办的启明电灯公司、四川制革厂、肥皂厂等,其余主要是手工业工场作坊,设备简陋,生产技术落后,不能适应社会需要。凡属于国计民生需要的商品及日常生活用品,除土特产外,皆仰赖于沿海城市及外国进口。因此成都素以消费城市闻名全国。

抗日战争爆发后,由于日本帝国主义不断扩大侵略,我沿海城市港埠相继沦陷,使我国刚兴起的民族工业,备受摧残,濒于奄奄一息。一些资力较为雄厚的工厂企业,为了保存实力,纷纷内迁。由于当时重庆是国民政府的陪都,经常遭到日机侵袭,人心惶惶,一些内迁私营工厂的负责人,总想物色较为安定的城市,重新建厂生产。于是成都就为计划疏散内迁的民族工业家所瞩目了。

自1937年以后,陆续迁来成都筹建工厂的有数十家。其中,由于建厂的规模,经营投产的项目,以及生产设备的不同和资金的大小不等,对于大后方的西南地区和成都市的国计民生与市场调节,所起到的作用也就各不相同。这里仅就几个主要工厂内迁成都后的建厂、投产,以及在抗战期中这些工厂为促进大后方工业生产发展,经济繁荣,适应国计民生需要,服务于军工民用等方面所起到的作用和贡献,做一简略介绍。

二、一批捷足先登的纱厂

随着抗日战争形势的发展和人民生活的迫切需要,沿海一批纱厂基于在国内历史悠久,资力雄厚,机器设备颇具规模和人员管理等方面的优势,很快迁到成都占据了阵地,主要有成都裕华纱厂、申新第四纺织公司成都分厂、成都宝星纱厂,规模较小的大昌纱厂、大经纱厂和中和纱厂。

这些纱厂的基本情况如下:

(一)裕华纱厂

成都裕华纱厂,当时是成都地区纺织工业中规模较大,历史较久,人们称其为代表成都民族工业的"三个半烟囱"的"一个烟囱"。而这个工厂却是属于湖北武昌裕大华纺织股份有限公司的六个纺织厂中建立最晚、规模最小的一个。裕大华公司是裕华、大兴、大华三个纺织股份有限公司的总称，其主要股东在三个公司均有投资。公司名称虽有三个，实系一个统一的体系。

裕大华公司先设厂于湖北武昌下新河，机器设备都是通过利英洋行由英国进口而来的。

抗战开始后，随着上海、南京相继失守，武汉形势紧张，民族工业资本家的裕大华公司不愿将机器资敌。在迁川工厂委员会的安排下，即将武昌厂的全部机器设备拆迁四川重庆，在南岸窍角沱购地建厂，是为重庆裕华纱厂。在建厂之初，正值国民党政府在重庆实行花纱布管制，渝厂备受盘剥，明账原棉为花纱布管制局收尽，暗账原棉分存西安、广元，尚待设法利用。公司鉴于成都尚处于地方实力派势力范围，国民党中央难于控制，当时成都尚未实行花纱布管制政策，企业内部人员认为只要能够争取地方势力的庇护，在所谓"经济特殊化"的消费城市内，开办小型纺织工厂，既可逃避花纱布管制政策，也可以谋求生存发展。董事长苏沐余是四川人，与成都的川康绥靖主任邓锡侯是旧识，可以争取他的支持。

基于以上因素，经公司董事会决议，于1941年，将迁川尚未装完的机器，拨出纱机五千锭，布机一百台，运成都设厂。派常务董事黄师让代表公司到成都主持开办事宜，调渝厂副厂长芮廷玉为蓉厂经理，主管生产，调董事苏先勤为蓉厂副经理，分管业务，并聘约中央大学毕业富有建厂经验的汪原沛为土木建筑工程师，即由黄师让率领到蓉建厂。

他们来蓉后，通过邓锡侯的幕僚贾定洲的引见，取得了邓锡侯的支持。同时，通过驻成都九十五军军长黄隐的帮助，结纳了军政界的头面人物。从而有了政治上的靠山，得以在成都顺利建厂。

为了尽快获取利润，当时采取了边建筑、边安装、边生产的办法，并缓报开工日期，逃避税收。直到抗战胜利后才上报开工日期，正式对外营业。建厂地基，经成都聚兴诚银行经理陈梓材介绍，在本市东门外三官堂购买新华公司已购未用的坟坝地一块，约四十余亩。由华西建筑公司及天坛建筑公司承建土木工程，建筑楼房两栋，作为办公及职工宿舍之用；另建三间砖木结构房子，作为仓库之用。建成后，先在其中安装部分纱机和布机，进行试生产。此外，还建造了一栋正规的物料栈及三栋楼房，一栋住单身女工，一栋住职员眷属，一栋住技工眷属。1947年才建成了锯齿形纺纱车间一座，将纱机全部集中投产。

纺织厂工序比较多，每道工序几乎就成为一个车间。裕华纱厂只有纺纱车间和织布车间，没有染整设备。工人总数约六百多人，在两个车间分班生产，每天工作十二小时。每枚纱锭每天产量为零点七磅，每台布机每天产布六十至八十码（均按二十四小时计）。

为了运输棉花及产品，裕大华公司曾向国外购买运货卡车五十辆，由仰光进口。通过国民党军政部军需署的征车连，行驶于川陕两省之间，并以公司工程师艾衍畴为征车连连长，除管理车辆调配外，主要与沿途地方军政界交际联系，使运货畅行无阻，保证了物资及产品的及时运送。

裕华纱厂的经营管理方面，有一套制度。工人实行日夜两班制，每人每天工作十二小时，每十天休息一次，出厂要女工管理员开出门条子，始能放行。如有违犯厂规，扣掉出门条子，不得休息。有出厂搜腰的规定，到新中国成立前夕才废除。此外，对职工也实行奖励制度，每三个月发白布一次：职员每人半匹，技工每人一丈四尺，一般工人每人七尺。春节期间，为了使工人出满勤，在每年除夕到正月初三，每天晚上都举办堂会彩排，招待全厂职工看戏。正月初三晚饭后，还举办摸彩，备有实物奖，以鼓励工人按时上班。

当时该厂生产的棉纱商标是"金飞鸟"牌，棉布为"天马"牌。由于质量好，在市场上很吃香，以后又经销联厂大华的"雁塔"牌棉纱。由于掌握的货源较多，在棉布市场有举足轻重的地位。由于调度灵活，资金雄厚，销售收入及时订购原材料及机器，赖以保本保值，在伪币成灾的年月，得以安全渡过。

1947年，公司调永利银行成都分行副经理黄鱼门为裕华蓉厂经理，范敬存为副经理。黄鱼门原系经营银行的能手，与各商业银行如永利银行、聚兴诚银行、建业银行、云南实业银行、长江实业银行等互相利用，在工商界中，颇称活跃人物。1948年，他又兼任大华纱厂广元分厂经理，利用九十五军的关系，周旋于广元、成都之间，应付裕如，使这个厂得以保持稳定发展的局面。

(二)申新第四纺织公司成都分厂

自八一三抗日烽火在京沪线上点燃后，华东、华中一带的城市，相继沦于敌手，敌军刀锋直迫武汉。当时开设在汉口的上海申新第四纺织公司经理李国伟等，鉴于局势恶化，时机紧迫，决定内迁。1938—1939年间，先后将汉口申新四厂的生产资料纺纱机等拆卸装箱，一部分运往重庆，设立申新四厂重庆分厂；另一部分运到陕西宝鸡，成立申新四厂宝鸡分厂。

不久，又在成都设申新四厂蓉庄办事处于西沟头巷三十六号，专门为申新宝鸡分厂及重庆分厂推销产品（棉纱和棉布）。李国伟经理来成都视察工作时，发现此地区缺乏生产棉纱、布的工厂，而且市场又需要这些商品，乃于1942年委派何致中、李异曜为建厂筹备主任，厂址选定在华阳县桂溪乡三瓦窑。购了基地以后，自筹建筑材料，于1942年7月破土动工，兴建基本厂房、仓库、办公大楼、食堂、职工宿舍、家属宿舍等，全厂占地面积约五十多亩，经过半年多紧张施工，即初具规模，定名为申新第四纺织公司成都分厂。

同时，将原已由汉口抢运疏散存放在申新四厂宝鸡分厂及重庆分厂的纺纱机、织布机，分期分批装运成都。纺纱机是全部配套的包括清、网、精、油、标等装置，计有细纱机十三部，每部四百锭，共为五千二百锭；织布机是铁木结构的，共计六十部。于1943年上半年安装机器，七月份正式投产。

在建造厂房期间，同时利用沙河堡"建成面粉厂"生产面粉，供应市场。

为了壮大技术队伍，培训技术工人，由重庆申新厂请来老技工指导，另招收新工人进行基本功操作技术的训练，从而使生产工人迅速成长起来。全厂男女职工达到六百多人。

自正式投产以后，每月可产棉纱四十件至五十件，每件纱是四十拼，重量四百二十磅。棉布生产的是劳动布、苎麻布、棉白布等，每月产量约一千五百匹，深受广大劳动

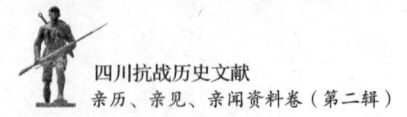

人民欢迎,市场上经常出现供不应求的缺俏行市。

从1943年7月至1950年初这六年的情况看,共计生产出成品十六支至二十支头的棉纱约计四千件,产值约三百二十万元;各种棉布将近万匹,约计四十万米,产值约五十万元。

这些产品,不仅保证了抗战时期川西平原的需要,而且远销云南、贵州及西藏,解决人民生活需要。特别是排斥了外国货涌入市场,发展了民族工业,对于国计民生起了极为显著的作用。

(三) 成都宝星纱厂

20世纪30年代初期,宝元通兴业股份有限公司的几位创办人,基于爱国热情,主张实业救国,发展民族经济。于1940年由该公司出资聘请留学日本的纺织专家黄朗斋先生在成都王化桥创办宝星染织厂。管理人员由宝元通委派,技术人员由黄朗斋聘雇。第一经理孙燮阳,主管行政及业务;黄朗斋任厂长,主管工程和技术。最初是木机手工操作,工人三十余人,资本一万元。主要生产毛巾被和提花线呢。

在抗战时期,布匹来源困难,因而宝星产品销路畅旺。特别是提花线呢,在各市县更为缺俏。1942年又由公司增拨资本二十万元,增添印度老式纺纱机五百锭,既为织布厂扩充棉纱来源,又为办纺纱厂做了试探性准备。由于印度纺机陈旧,生产率低,耗棉多,成本高,乃于1945年又购置了重庆一家纱厂的铁件全套纺机,纱锭二千锭。并将成都宝星染织厂,改名为"成都宝星纱厂",进行棉纱生产。

1943年,宝元通公司在重庆又成立"宝星兴业股份有限公司",资本登记为六千万元,由郑星垣任总经理。其经营管理范围是:加强自办工厂的领导,建立、健全各自办厂的规章制度;筹备资金,向美国订购纺纱机和织布机,新建宝星纺纱厂;培训纺织工业技术人员和管理人才;管理对外投资。

重庆宝星兴业股份有限公司成立后根据公司章程,把成都宝星纱厂作为公司的第四纺织厂和发展纺织工业培训技术人员、管理人才的实验基地,加强领导班子,增派黄孝宜为副厂长,实行厂长负责制,健全组织制度,实行民主管理,增强技术力量,改造了前纺的生产技术,更新了后纺的机器设备,发展为两千纱锭,使产品质量提高,誉满蓉城。1945年后,每年都提前完成生产任务。生产的"兰宝星"牌二十支棉纱,成为成都市场的畅销产品,各织布厂争先购用。

该厂在企业管理上有一套比较成熟的经验:

首先,实行厂长领导下的民主管理体制,发挥各级职能人员的作用,废除对工人不民主的规定,不设厂警,不搜身,不准管理人员打骂工人和侮辱女工,不准职工参加袍哥及会道门,严禁赌博,不准女工涂脂抹粉、擦口红、烫发等,从而树立了良好风气。

其次,实行对工人职员生活及健康的保障制度:对全厂职工都供应一定标准的膳食,除白班外,深夜班照常供应;保证清洁卫生和饮食质量;对生产职工,每天中午和午夜停车一小时,让大家吃饭、休息;在厂内设灯光球场,提倡体育活动;成立京、川戏组,聘请京川剧名教师来厂教导,节日公开演出,以丰富职工文化生活;设立医疗室,免费为职工治病,供给医药,定期进行职工体检;并设洗衣间,免费为工人洗工作服,免费为工人理发等。

最后，工人工资及年终分配制度：该厂职员按宝星总公司级别规定任用，红利按年终分配办法办理。对工人月薪，比其他纱厂略高。年终红酬不低于三个月工资总额开给，每季度发给每人棉布十二尺。

1947年这个厂已初具规模，实现了棉纱机械化，产品质量提高，成为较有信誉的工厂。它为旧中国民族工业闯出了一条新路。

（四）几个小纱厂的概况

大昌纱厂，地址在成都外东牛王庙街。经理娄兆馗，上海人。有纱锭约四百锭，工人人数约二百余人。

大经纱厂，地址在成都外东糍粑店。主持人李之涛，安徽人。有纱锭两百锭，工人百余人。

中和纱厂，地址在外南致民路南面。厂主丁作霖。有印度纱锭五百锭，工人两百余人。

三、民康染厂旗开得胜　创名牌誉满蓉城

1942年4月，中国纺织公司染整厂工程师朱宏祥，应同乡人（浙江宁波）董一峰的邀请，由重庆到成都筹办民康染整厂。这是当时成都唯一的机器染整厂，也是被誉为新中国成立前成都市"三个半烟囱"中的民族工业标志的"半个烟囱"，于1943年正式投产。

这个厂的出现，对于在染整行业开创了近代染色技术的新局面。

该厂是浙江人集资法币五百万元兴办起来的。董事长是乐美龙，浙江宁波人；总经理董一峰，浙江奉化人；协理沈光宰，浙江宁波人；襄理乐美城；厂长兼工程师朱宏祥，浙江上虞人。

这个厂投产后，由于机器设备好，花色品种多，质量好，深受顾主欢迎。如承担染色大量军需用品，为成都被服厂染制大量黄色陆军服装布，为空军被服厂染制草绿色空军服装布，为抗日战争所需的被服，做了较大贡献。

由于战争时期民用色布来源于外地困难，该厂利用其技术优势，生产大量的"阴丹士林"蓝布，创造出"民光兰"的名牌布。远销全省广大农村，很受劳动人民称赞。同时又为"福生庄"和农本局承染大量的本地棉布，满足市场需要。还针对当时内地缺俏货和外地货物不能来川而造成市场供不应求的状况，为春熙路的一些棉布行业专门染印度卡其。不仅赢得了广大顾客的盛赞，也为市场商品的翻新开创了新的途径。因而业务十分兴旺，开工后不到半年时间，就赚回全部投资。

民康染厂随着业务逐渐发展，在朱宏祥的脑子里升起了扩建规划的蓝图。他主张更新设备，添置机器，实行扩大再生产。提出要增添大锅炉和烘燥机以及蒸汽引擎，保证在停电时也能继续生产。他的建议得到了全厂职工的拥护，可是却遭到了占民康染厂总资本五分之一的大老板董一峰的反对。在董一峰的眼里是要赚更多的钱，要从已经到腰包的钱再掏出来放到机器设备投资上，他哪里舍得呢？

朱宏祥发展生产的希望火花，并没有因此而熄灭。他和同事们商量，想出了两个办法：一个是通过努力提高质量，增加花色品种，发展生产，促使董一峰产生要想赚更多的钱就得添置设备的念头；另一个是针对业务迅猛发展的势头，如果不添设备，就会使

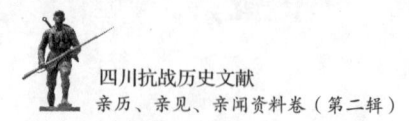

生产停顿，让其他厂迎头赶上，就有被淘汰的危机；反之增加设备，不到一年就会获得加倍的利润，用这样的激将法，终于使董一峰同意了他的建议。于是朱宏祥立即在重庆机器厂翻制了十六个烘筒的烘燥机一台，卧式平炉胆蒸发量1吨/小时的锅炉一台，十马力蒸汽引擎两台。这样就保证了在停电情况下，仍可继续生产，为民康的壮大发展奠定了良好基础。

四、华兴电机弹花厂别开生面　弹花、压光造福机房千万家

成都的手工纺纱和织布，在抗战时期尤为兴旺发达。由于战争年代交通阻塞，手工作坊和个体户在市场上购买棉花纺纱极为困难，因而不得不利用旧棉弹出新花，以供纺纱及编织衣物、帽子、围巾等日常生活用品所需。华兴电机弹花厂在成都的出现，就为抗日后方基地的广大城乡个体手工业者造福不少。

华兴电机弹花厂的创始人是顾伯森，江苏宜兴人。他于1937年流亡到西安，1938年应宜兴同乡会的朋友聘为西安南关东大巷胜利药棉厂经理，由于业务关系，结识了西安华兴机器厂经理刘奉璋。华兴机器厂系刘奉璋独资经营，主要产品是电动弹花机，这种机器弹出的棉花产量高，质量好，在当时西安行业中，比较突出，市场上供不应求。

1941年，顾伯森又应聘担任了这个厂的副经理。当时成都地区已有山东人到西安该厂购买机器，在磨房街开设弹花厂，生意很好。继后，又有长盛公号正头号的李印卿派驻西安的办事人员到该厂联系。此厂经理刘奉璋看出成都搞弹棉花的生意大有市场，即派顾伯森来成都。顾伯森根据市场上手工业者的需求情况，决定开展弹花业务，便租了成都南糠市七十号房子，由刘奉璋投资，开设了华兴电机弹花厂。

弹花厂开办后，业务兴隆，不仅成都附近各县区前来加工，资阳、简阳、三台等产棉县区也都挑担皮棉前来加工，业务蒸蒸日上。原来从西安运来的两部弹花机已不能满足生产需要，于是1943年又在成都仿制了两部安装生产。日产量由原八百市斤，提高到一千六百至两千市斤。

基于当时四川的纺织工业基础很差，仅有两个电机纺纱和织布工厂的生产量，远远跟不上市场要求，很大一部分依靠手工业者纺织；当时农村购买力也很差，农民生活困苦，通过以旧棉弹出的棉花，翻新更旧，价格低廉，容易为用户接受。而华兴电机弹花厂正填补了这个生产上的缺口，在成都年产弹棉五十万斤，为促进经济繁荣，调剂人民生活，起到了重大作用。

1943年，顾伯森发现成都手工织布机房虽较发达，可是织造出来的花布上光技术极为落后，不仅产量低，而且压力和光度都很差。他回忆起在西安胜利药棉厂时，隔壁长安染厂有一台上海压光机，便建议华兴电机弹花厂仿造一部。1944年，该厂赶制成了简易喷雾机和压光机各一台，部分零件在成都加工。1944年冬，在义学巷试行生产，结果受到手工机房的极大欢迎，广大顾主前来加工压光。这一新兴项目，不仅提高了花布质量，而且十分美观，用户十分满意。压光业务由他们独家经营三年（从1945年至1947年），这样就为1945年开办华光染厂打下了经济基础。

顾柏森调查成都市场，分析了消费情况，把纺织工业从手工到机器化生产的层层环节掌握起来，组织了一条龙的生产形式。即是把加工过程，从棉花的弹制加工，到织布

的压光增彩，再到机织和手工布的染色，联系起来服务，产品面向手工业者、个体户和农村的劳动人民。

五、结语

抗日战争时期的内迁工厂，虽然为数不多。但可以说：在成都平原上出现了几个不平凡的烟囱，这是成都从消费城市转化为工业城市的信号，也是中国民族工业进入成都平原的显著标志。从成都工业发展的道路来说是一个良好的开端，它体现了中国民族工业的生产，在外援物资断绝的战争年代里，如何自力更生、奋发图强的一段珍贵的战斗历程；它也体现了中国民族工业真正为劳动人民服务的方向，对于保证抗日战争的军需用品和稳定人民生活，发展城乡经济，繁荣市场，做出了应有的贡献。

本文选编自《成都文史资料选辑》总第十二辑，1985年

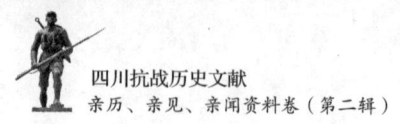

抗战时期的乐山三厂一盐

魏奕雄

一、乐山的永利碱厂

（一）"新塘沽"崛起岷江畔

1938年3月21日，天津塘沽的永利碱厂选定犍为县五通桥的老龙坝（今属乐山市五通桥区桥沟镇）为迁建之地。

永利碱厂也称永利制碱公司，正式名称是永利化学工业公司，为我国著名实业家范旭东先生于1918年创建，生产纯碱（碳酸钠），是我国民族化工史上的第一家制碱企业。他聘请美国麻省理工学院化学科毕业的侯德榜博士（1890—1974）为总工程师，引进美国设备，于1934年在江苏六合建厂（简称宁厂），并于1937年2月投产，生产硫酸铵、硝酸、硝铵和硫酸，成为当时远东最大的氮肥厂。

1937年卢沟桥事变后，日军很快占领了华北、华东，永利碱厂遭日军破坏，宁厂挨了敌机轰炸，随后两厂都被日本三菱公司霸占了。

范旭东、侯德榜决心重整旗鼓，艰难地带领员工辗转湖南、湖北、四川，寻勘重建新厂址，最终确定了五通桥老龙坝道士观附近，购地700多亩建厂。这里盛产的盐，正是制碱的主要原料。

1939年，新厂房于老龙坝的岷江之滨建成，称作永利川厂，侯德榜为厂长兼总工程师。总经理范旭东亲题"新塘沽"三字，刻于虎口湾的石岩上，激励员工承继民族化工产业，要在这里生产抗日工业急需的纯碱。

永利川厂的兴建，得到国民政府经济部的大力支持。当时经济部和四川省政府计划将乐山、犍为、屏山一带建为工矿区，先后拨款600万元和2500万元，永利公司和黄海化学工业研究社联合出资500万元，共建新厂。一年多后，就开始生产了。

（二）永利川厂的巨大贡献

对于抗日军工和大后方工业发展，永利川厂的贡献是多方面的。

首先，它拥有制碱厂、炼油厂、翻砂厂、机械厂、陶瓷厂、煤矿（鼎锅山）、发电厂、实验厂、土木工程处和深井工程处等，其产品不但有用途十分广泛的化工原料纯碱，还有军工必需的硝酸铵等。他的200辆货运卡车，除了本厂自用外，还承担了一部分军用物资的运输任务。其翻砂厂、机械厂、土木工程处帮助乐山、犍为各厂矿制作、加工各种零部件，修建厂房等。还为岷江电厂、嘉阳煤矿、犍为焦油厂等制造电话机用2V蓄电池、铸造单片炉条、铁质活塞、生铁车床花盘等。

其次，在五通桥完成了著名的侯氏制碱法。厂长兼工程师侯德榜用了三年时间，分别在香港、上海、纽约进行了 500 多次制碱技术新探索的试验，于 1941 年 3 月在五通桥的制碱车间，成功创造出这种新工艺。它把合成氨厂和碱厂建在一起，联合生产，循环操作，同时产生碳酸钠（纯碱）和化肥氯化铵，作为原料的食盐利用率一下子由 70％提高到 96％。又变废为宝，既利用了氨厂的废气二氧化碳，又将碱厂原先只能弃置的氯化钙转化为化肥氯化铵，还解决了先前氯化钙占地毁田污染环境的难题，使纯碱的成本比原先降低了 40％。侯德榜这一新工艺，将中国乃至世界制碱的技术水平推向了新高度，开创了中国制碱工业的新纪元，1943 年被中国化学工程师学会命名为"侯氏联合制碱法"，至今还在应用。1953 年，这一制碱法被授予新中国第一号发明专利。

再次，为乐山地区工业生产的发展，做了许多富有实效的帮助。一是制碱需要大量食盐做原料，推动了犍乐盐场各井灶产量的提高。二是为犍乐盐场开凿深井，犍乐盐场长期为井浅卤淡所困扰，永利的深井工程处在三块碑、杨柳湾钻凿深井达一千多米，井内不但有黑卤，还发现了石油、天然气和煤层，只因石油和天然气含量不高，没能进一步开发。三是永利川厂工程师刘学义 1943 年试验电动机汲卤成功，既节约了成本，又提高了效率。电力汲卤的应用和推广，带动了乐山、五通桥一带铁工厂、电焊厂、修配厂和电料行业的发展。四是应周边厂矿的要求，永利川厂不时派出技术人员帮助解决生产技术问题。

范旭东创办了我国第一家专门的化工科研机构——黄海化学工业研究社。该社是在久大精盐厂和永利碱厂化学实验室的基础上创办的，与永利厂、久大厂合称"永久黄"，由著名化工专家、中国化工科技事业开拓者之一孙学悟（1888—1952）主持，1937 年 7 月迁五通桥梅子坝，后移四望关，其遗址今犹在。永利厂的许多技术人员都在黄海社兼职。曾进行蜜糖发酵以解决制酒精的重要酵母及营养问题；五倍子发酵制棓酸供医学化工用；倍子生产单宁酸、焦棓酸、单宁蛋白和倍子染料及其衍生物、微菌分析等重要研究；碱业、盐业生产工艺和氧化铝提炼工艺研究；参与以芒硝消除食盐中的氯化钡以解决"粑病"的研究。办有学术性科技刊物《黄海》。黄海社对传播科技思想，促进现代制碱制盐工艺的进步、微生物研究和机械制造业研究等，做出了多方面的贡献。他驻五通桥达十三年之久，1950 年迁北京。1952 年 3 月，被中国科学院整体接收，改建为该院的工业化学研究所。黄海社成员文心芳后来成为中国科学院学部委员（院士）、中国科学院微生物研究所所长。

1945 年 10 月，总经理范旭东病逝，侯德榜继任。这时抗战已经胜利，永利川厂职工陆续返回塘沽，有少量留守人员继续在五通桥生产。至 1956 年，留守人员相继调入成都四川化工厂，1958 年 4 月留守处撤销。1965 年 5 月，其遗址被扩建为东风电机厂。

二、乐山保险伞制造厂

抗日战争期间，为空军飞行员制造降落伞的保险伞制造厂，在乐山存在了八年多，有不少乐山籍人在这家军工企业工作，这是乐山人民对抗日战争的重要贡献之一。

乐山保险伞制造厂编制上隶属于国民政府军委航空委员会，业务上由成都空军第三路司令部领导。1937 年以前，我国空军所用的降落伞，完全依赖外国进口。七七事变后，空战频繁，降落伞的需求量大大增加，仅靠进口，供不应求，国民政府遂于湖南长沙建立了保险伞厂，其主要原料——丝绸是由乐山生产。1938 年冬，保险伞厂迁到原料供应地乐山，落脚于县城半边街护国寺（今乐山五中）。负责寻觅厂址的是时任成都航空机械学校保险伞制造训练班主任张星煜。

张星煜（1904—1958），字炳奎，四川夹江县甘露乡文沟村人，从浙江大学机电系毕业后，考入杭州笕桥空军学校，担任过航空委员会驻重庆办事处主任，重庆真武山飞机修理所总技师。1938年，他被任命为成都航空机械学校总教官兼生产部主任和保险伞制造训练班主任。当时乐山护国寺空置，经乐山县政府同意，提供给了保险伞厂。

整个保险伞厂有工人200多名，最多时接近300名，其中女工50多名，外省籍的约120名。因为是军工企业，制伞部的所有职工都有国民革命军军衔，实行军事化管理。厂里设有保警队，负责安全保卫工作。

厂内的设备都是新式机器，在当时是很先进的。职工的工作时间，按规定是每天10小时，但经常加班、加点，有时加班时间达到12小时，甚至更长。制伞部实行月薪制，1940年制伞部工人每月最高40元，最低25元，每三个月加发2元。

1941年，我国有一架飞机被敌方击中，飞行员虽然跳出了机舱，却无法张开降落伞，不幸摔死。事后查明，原因是降落伞的铁锁失灵。为此，乐山保险伞制造厂的许厂长和刘技师被免去职务，由张星煜上校继任厂长，调中央技艺专科学校教授严宝仁为技师。为了不再出现同类事故，张星煜招揽了一部分人才，以保证产品的质量。所有的降落伞，都要经过反复严格检验，合格的方能出厂。张星煜还招收了不少乐山人和夹江人进厂。

1945年8月抗日战争胜利，保险伞厂于1947年8月由张星煜带领迁往杭州，1949年再迁至台湾省台东县。尽管由于当时军工保密的缘故，在乐山的八年多里，生产了多少降落伞无法查考，但是有一点可以肯定，那就是1939年至1945年，中国空军飞行员用的降落伞，全部或大部分由该厂提供，当时全国只有这一家降落伞厂。乐山保险伞制造所对抗日战争的历史性功绩是不能磨灭的。

三、一九四二年投产的嘉华水泥厂

1942年1月，嘉华水泥厂在乐山城东郊马鞍山破土建房，占地80亩，有大小85间厂房。同年11月开始生产。

当时整个四川只有重庆一家水泥厂，是犍为老乡宁芷邨经营的"四川水泥厂"。随着国民政府迁都重庆，水泥的需求量骤增，水泥厂供不应求。1938年，重庆华西兴业公司董事长胡叔潜抓住机遇，与工商界的其他人士一同筹款另建一座水泥厂。经过一年多的紧张筹备，于1940年选址乐山的马鞍山，这里离乐山城只有5公里，又濒临岷江，原材料、燃料和水泥成品，都可以通过水道进出。初名"华嘉水泥厂"，1941年8月改称"嘉华水泥股份有限公司"。公司总部初设重庆市左营八号，后迁牛角沱。14位股东中，有胡子昂、刘鸿生、张伯苓、胡叔潜等，首任总经理胡叔潜。

1943年，嘉华的山牌水泥参加在成都举办的四川省特产竞赛会，被四川省政府评估为超等奖，声名大振。经济部部长翁文灏、四川省政府主席张群、中央工业试验所所长顾毓环等，都到嘉华厂参观，美国、法国、加拿大等国的专家也先后来厂交流。

自1943年至1945年，嘉华水泥平均每年行销西南各地四五万桶（每桶170公斤），广泛应用于交通、水利、国防、建筑工程，对于巩固抗战大后方的贡献，是不可磨灭的。

1953年嘉华水泥厂收为国营。20世纪80年代新创的G级特种油井水泥，填补了国内的空白，质量达到国际水平。

四、乐山的盐

1938年8月上海淞沪之战失败后，我国东部沿海大片国土相继沦丧，淮、扬等地的海盐都被日军控制，盐源损失十之六七。

川盐历史悠久，从春秋战国时期即已引集天然气汲卤熬盐，川南、川北、川东、川西都有盐场，最集中的产地是富顺、荣县、犍为、乐山，称作富荣盐场和犍乐盐场。国民政府改变了过去限制川盐产量的做法，积极鼓励起复废井，新添锅口，增产赶运，支援前线。其主要措施，大体上有以下几项。

其一，扩大五通桥盐务管理分局管理范围。早在1937年6月，国民政府财政部就将原监督盐税征收的五通桥盐务稽核支所，改组为五通桥盐务分局，管理犍为、乐山、井（研）仁（寿）盐场及府河（成都）、南河（新津）、康雅（雅安）、宜宾、叙永和纳溪盐务支局。1939年元旦，西康省正式成立，次年四川省盐务管理局改组为川康盐务管理局，驻自流井，将西康省的盐源、盐场划归五通桥分局管理。桥盐除行销川康滇黔藏外，还要担负济楚的任务。

其二，国民政府财政部盐务总局迁驻五通桥。1937年8月盐务总局从上海迁重庆，1938年6月再迁五通桥，至1941年2月返回重庆。五通桥一时成为全国盐务管理中心。

其三，成立自贡市。1939年10月，将富顺、荣县盐产区单独划出，成立自贡市，取两个最大盐井名称自流井和贡井的首字，组成市名，其目的就是为加强对富荣盐场的领导。

其四，政府从政策和资金上支持盐业扩产。1948年7月，盐务总局局长缪秋杰的对此做了粗略回顾，抗战军兴……盐源减少，而人口内移，后方食需顿增，爰就各产盐区域，积极增加产量，以应销区需要，除按年规定各产区应产盐额外，复设为种种奖励督导方法，如颁布增产考成规程，贷款扶助井灶设备，奖励开发废井与措办新井，厘定预防注射牛只死亡津贴，规定推牛健康保险，鼓励推汲增加卤量办法，保障井灶，以及补咸津贴、少产津贴、溢产奖金、推卤奖金、淡卤补价、塔篾补价，凡所以为增产计者，靡不尽力提倡。总计后方各区产盐数量，自民国二十七年（1938）增产后，均年有增加，尤以川康区成绩最佳。除了上述政策，还有重要的一条：盐工中的壮丁可免兵役，不能抓去当兵。以上众多政策发挥了良好的激励作用。

其五，民间业主积极吸收科技成果以降低成本增加产量。下面重点举几个例子。

犍乐盐场首富吴子春的儿子吴鹿苹留学日本攻读化工归来后，进行了一系列技术创新。一是用水泥井筒代替木质井筒。原先都用青杠木掏空成筒，竖在盐井腔内防止塌陷堵塞，但木料易腐，每三四年就要更换一次；改为水泥筒后，既节约了材料，又延长了盐井寿命。二是改有边坦口锅为平锅熬盐。三是扬卤晒水，用抽水机将卤水抽到20米高的排水架上，使之顺着架上的竹枝下流，借用日晒和风扬，自然蒸发掉一部分水分而浓缩之，减少烧熬时间和煤炭用量。四是改牛车汲卤为船用绞锚机汲卤，再改为蒸汽机汲卤，大大提高了功效。五是利用锅炉废气烘制盐粉。

1939年秋，牛华溪的盐井业主请来湖北应城的技师范国材和武昌人杨春城，搭建枝条架，以"竹枝斜挂法"利用日光风力蒸发水汽浓缩卤水，如同上述吴鹿苹的办法。所不同的是，吴鹿苹用抽水机抽卤上架，范国材的做法全靠人力"扯水龙"抽卤上架，且所搭竹架也不一样。

岷江电厂建立后，从天津塘沽迁到五通桥的永利化工公司，有一位技术人员刘学义，试验电动机汲卤，由西迁乐山的武汉大学附属工厂制作电动机，经黄海化学工业研究社在义和灶大顺井应用，取得成功。只用5马力电即可代替26头推牛，7分钟至9分钟可推卤水一筒，每天可达70担至90担，而26头牛所推，每天至多50担。

当时的汲卤方式，牛推、电汲同时并存，1946年犍场计有灶户474家，统井2461眼，其中牛推井2421眼，推牛2972头；电推井18部，推井40眼。乐场计有灶户678家，统井2568眼，其中牛推井2446眼，推牛1824头；电推井61部，推井122眼。电动机需要钢绳，推牛最怕牛瘟。盐务机关为保证完成盐产额，想尽办法解决五金钢绳，在五通桥设置制盐原料材料统制分会，实行统一购配。又加强牛瘟防治，注射防疫针剂，并推行推牛健康保险。

以上政府的鼓励政策，加上业主逐利而积极配合，工人的辛苦劳作，使犍乐盐场的盐产量明显提高。1938年犍乐盐场实产盐124.36万担，比政府下达的77.3988万担产额超出47万担；1939年实产122.65万担，也大大超额了。

1937年至1945年，犍乐井仁总计产盐1032.62万担（缺井仁场五个年份的数据）。这是乐山人民对抗日战争实实在在的突出贡献。

本文写于2015年

抗战时期自贡盐工的贡献

蒙德铨

抗日战争爆发后,沿海各省相继沦陷,向赖海盐供应的湘、鄂等省食盐来源断绝。地处内地的"川盐产地,既无沿海各区而受敌袭之危险,在地势交通及数量上,又较其他各地盐产为优",为解决军需民食,国民政府于1938年3月下令增产川盐,并特别强调:"增加产量先从富荣东西两场着手。"这是继太平天国之后,第二次"川盐济楚"。

当时财政部及其所属盐务管理机构为了增产赶运,大量提供低息贷款,以解决增产所需资金问题;给予盐商各种生产补贴;大量淘办起复旧井、开凿新井,起建和新建火灶、炭灶;统办凿井、采卤、制盐器材、燃料,配售给井灶商;修建盐区公路、疏通运盐河道、修建船闸;开办煤矿、电厂,等等。并于1939年10月,从富顺、荣县中划出产盐区域,正式成立自贡市。

自贡盐业迅速发展,1939年产盐457万担。1941年增加到526万担,创新中国成立前自贡产盐最高纪录。

自贡盐业在全川和全国的地位,随着增产不断上升。抗战后随着海盐产区沦陷,全国盐产量减少了一半。川盐在全国总产量中的比重由战前的17%上升到1939年的43%,1945年川盐产量虽有下降,但因"国统区"进一步缩小,总产量进一步下降,川盐在全国的比重上升为64%。自贡盐产在全川的地位,战前为45%,1939年上升到54%,到1945年达60%。在全国总产量中,自贡盐产由战前6%上升到26%。自贡盐产不仅在全川举足轻重,在全国当时也是首屈一指的产盐中心。

盐业增产,盐税增加,国家财政收入也增加。四川盐税历来在四川财政中占有极重要的地位,1938年达到全川财政收入的54.1%,1941年达到66.5%。当时中国田赋是财政收入的大宗,但历来四川盐税超过田赋。1938年盐税为田赋的2.06倍,1941年更是上升到5.17倍。1941年以后,国民政府实行征实征借政策,田赋大增,但仍然低于盐税。1946年,盐税为田赋的3.19倍。而四川盐税主要来源于自贡,"税过全川十分之七",即以这一年估算,自贡盐税收入就超过全川田赋两倍。

在抗日战争中,以四川为主要基地的大后方,地仅数百平方公里,人口仅二十余万的自贡盐场,从财力、物力上支持抗战,做出了显著的贡献。取得如此辉煌的成绩,固然有盐务当局大力扶持、盐商积极经营的因素,但千万担卤水要从上千米的深井中提捞出来,成千上万吨食盐从卤水中煎制出来,千万吨成盐要从灶房运到河中装船,从盐井河运到泸州、重庆出夔门运到销区,靠的是谁?是几万胼手胝足、流血流汗直接创造财富的劳动者,当时称之为直接盐工和间接盐工!

在我国井盐生产史上,直接创造财富的盐工劳动负荷之重,工作时间之长,生活水平之低劣是极为突出的。在增产赶运中，盐务当局要更快更多的刮取盐税，盐商要获得更大的利润，都必须从生产工人那里榨取尽可能多的剩余价值。盐业工人工种繁杂，劳动条件和工资待遇不同，但除极少数高级技工如机车修理（当时称之为工程师）外，都是劳动艰苦、待遇菲薄。以人数较多，待遇还算中等的烧盐工人为例，他们分为上下手，上手工作一昼夜，歇工一昼夜，叫"十五班"，下手为"三十班"，更辛苦，只有在每烧一锅盐，盐锅盖了盖子，即结晶成盐时（这时叫烧窑火）才有一点休息时间。他们在灶房不仅没有宿舍，连床铺也没有，冬天在"坐包"里休息，夏天则躺在"睡板"上歇稍，就是在烧窑火时也不能睡过头，否则会把盐巴烧糊，加上灶房中高温、潮湿、阴暗，灶挨灶，极易发生烫伤、跌跤甚至滚进盐锅的事故。他们每月的工资买不到几斗米，大约从1939年起物价飞涨，1938年大米每斗三元多，到1945年涨到三千多元，工资涨不赢物价，后来改为发大米折价，烧盐工人每月大米6斗，以当时每天公布的大米牌价为准，但牌价公布在先，发钱在后，拿到钱时就少了一截，到米行里去买米又少了一截，6斗米的钱赶快拿去能买到6斗苞谷就不错了。再说卤井中的开车工人，每班时间要短些，但要高度精神集中，很容易发生搬竿竿、打龙头之类的事故，弄不好车毁人亡，卤井报废。供给蒸汽作为动力的锅炉大多年久失修，全面抗战时期就发生锅炉爆炸十余起，单是裕隆井的锅炉爆炸就死44人，伤30人。

就是在这种劳动、生活都极为恶劣的条件下，几万盐工仍然努力生产，他们不分昼夜地淘办起复旧井，凿办新井，积极改造现有卤井生产设备工艺。当时机车汲卤早已使用钢绳，但战时进口的钢绳来源断绝，职工们只好以他们掌握的传统工艺，以原来推水的篾索代替部分钢绳。盐岩井卤淡了，他们试验成功机车扇水，提高了卤水浓度，开车工人为多推卤水，减少耽延时间，盐岩井每昼夜至少推水264筒，每5分钟推一筒，黑卤井每昼夜至少推水220筒，每6分钟推一筒。烧盐工人想方设法"抢轮子"，缩短每锅盐的成盐时间，不少井灶还推广久大制盐公司的办法，搭起枝条架（蒸发壁）晒卤台，以浓缩卤水。盐工们还冒着被敌机轰炸的危险，坚持生产。从1939年到1941年，日机曾七次十一批轰炸盐场，投弹1544枚（其中燃烧弹465枚），炸死365人，伤残622人，炸毁房屋2431间，震倒354间，单是东场郭家坳、东亘两盐区，就有50多个井灶被毁。可是在生产岗位上的盐工，并没有像一般市民那样"跑警报"，在敌机空袭时仍然坚持生产。卤井上的工人，要等到拉"紧急警报"，即敌机将要飞到市区上空了，才扎了锅炉火，抬盐锅，覆盖井口，进入附近掩体。而烧盐工人，即使敌机轰炸时也不淋火熄火，仍然坚持煎盐，因此在整个轰炸中，除部分井房灶房炸毁炸倒外，井口井腔都未受到破坏。负担运输的转捆装运工人，不分晴天雨天，不分洪水枯水季节，日夜加紧赶运。泥木石帮工人，昼夜抢建维修井房灶房，敌机轰炸期间，他们还担负"拆卸队"的任务。1940年3月15日重庆有记者采访后写道：这里，空气很紧张，场面很宏阔，没有一个闲人，连懒的都不见，都直接间接从事盐业生产。

自贡盐工虽然待遇菲薄，生活困难，但为了反抗日寇侵略，还多次献金捐款，1940年元旦献金，两场盐工捐一日所得，共240元。1942年为响应《新华日报》献机运动的号召，捐献盐工号、盐船号各一架。在征集出征壮丁优待金时，捐献400万元，并积极缴纳每人200元的缓役金、抗战捐等。1943年，发起"伤兵之友"捐款，每个职工捐3元，共捐28947元。同年11月，冯玉祥将军来市倡导"爱国献金"运动，东西两场盐工以8月份食米差价津贴捐献50万元，占全市献金总额200万元的四分之一。1944年6月，冯玉祥将军第二次来市支持"爱国献金"，自流井场盐工每人捐端午节口食费40元，节约捐出6个月的牙祭钱（每月三次），零工及运输工人每人捐献100元，转捆装工人在6个月中每月献一天工津，共献金680万元，贡井场盐工献金340万元，两场盐工共献金1020万元。《新运日报》发表了盐工抢作先驱，自贡两场献金一千万的消息。冯老将军亦大受感动，他说：盐工们在此非常时期，所负之责任尤重，值此献金运动，独立将血汗所得，挨饿受饥凑集之工资献给国家，实令人感奋！

自贡盐工还积极声讨汪精卫叛国投敌，捐款支持为反对汪精卫卖国集团而罢工的香港工友。1939年8月13日，汪精卫在香港办的《南华日报》《天演日报》两报工人，不甘受汉奸卖国贼的利用，举行总罢工。15日，《新华日报》致电慰问，连续发表援助香港罢工工友的社论，号召全国人民支援香港《天演日报》《南华日报》等报工人罢工。自贡盐工立即支持响应，他们节衣缩食，多次写声援信并捐款寄到《新华日报》转交。《新华日报》12月18日在《援助反汪工友，自贡盐工热烈捐款》的标题下，登载了一封未署名的来信，摘录如下：你们这次行动是民族的光荣，尤其是我们中国工人的光荣，由于你们这次行动，更鼓动起全国工人积极参加抗战……汇上21元9角，实在太少，说不上慰问各位，不过只是我们一点诚意罢了。一个盐工在信上写道：我们在后方，除敬佩和学习你们这种精神外，更自愿捐出法币62元3角，作为些微的帮助。12月3日，在一封署名自贡盐业劳工的声援信中说：我们是后方一群产盐劳工，用血汗换来一些金钱过日子，虽然度着贫苦生活，但为了你们的伟大运动，我们在饥寒挣扎中，拼命节省下国币7元4角1分，交《新华日报》转寄你们，共数虽微，也算表示我们区区的一点同情。1940年1月10日，《新华日报》在题为《反对汪派汉奸的伟大力量》的社论中说：自贡市最苦的过着牛马不如的生活的工友，而最先响应捐款，最广泛的还是这般以自己一双手来挣饭吃的劳动群众。

自贡盐工在抗战中有如此高的政治和劳动热情，为抗日战争做出卓越的贡献，是和中国共产党的领导分不开的。1938年，党在自贡重新建立中共自贡特别支部委员会，其后成立中共自贡中心市委，在工人中发展党员，在盐工中建立党支部15个，中心市委并组织建立工人运动委员会，把发动盐工抗日救亡、增产赶运作为中心任务，在工人中广泛进行宣传教育，发行和阅读《新华日报》以提高盐工的觉悟。1939年7月底8月初国民党地方政府保甲违反国民政府的"盐工缓役"的政策，在盐工中乱抓壮丁，将直接盐工袁少章、邱少华等抓到五云村新兵验编处，激起了全市盐工的极大义愤，纷纷赶到五云村要求放人，而被关押的壮丁想冲出来时，被看守壮丁的士兵开枪打死烧盐工人刘泽民，并打伤前来要求放人的工人，这一事件进一步激起全市盐工罢工停产。中心市委因势利导，利用盐务当局、盐商和市政筹备处的矛盾，本着有理有利有节的原则，由工人代表提出五项条件，迫使官方接受，保证今后不再在缓役盐工中抓壮丁，斗争取得了完全胜利。但从此之后，国民党对自贡盐工加紧控制，成立了各级"盐工管理"机构，军、警、宪、特都来"管理"盐工，使盐业工人在政治上受到更大的迫害，这已不是本文所要叙述的了。

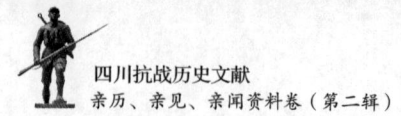

自贡盐业工人在抗日战争中做出了卓越的贡献。值此纪念抗日战争胜利五十周年之际，我们要发扬工人阶级艰苦奋斗、热爱祖国的光荣传统，勇敢地站到改革开放的前列，为建设自贡、为建设有中国特色的社会主义强国而奋斗。

本文选编自《自贡文史资料选辑》第二十五辑，1995年

魏岩寿创办四川酒精厂前后

李建友

四川酒精厂是内江第一座较大的近代工厂，其厂筹划于 1937 年抗战之初。随着 20 世纪 30 年代的抗日战争全面爆发，位于上海浦东的全国最大的上海中国酒精厂，因受战争影响而产量锐减；当时仅有的广东揭阳、陕西咸宁等几家规模较小的酒精厂，生产的酒精产量不能满足战时医疗及交通运输所需。基于此，这个十分紧迫的问题被提上了时政当局的议事日程。1937 年 9 月，隶属军事委员会的资源委员会，特指派在化工领域颇有建树的化工专家魏岩寿，前往当时四川产糖中心的内江，筹办酒精厂。当月 17 日，魏岩寿离开南京，前往四川，与四川省政府洽商筹办四川酒精厂的事宜。

魏岩寿，1900 年出生于浙江鄞县。1921 年从南洋中学毕业后，考取政府公费留学生，入日本京都大学化学工程科，从师于喜多源逸教授，在其指导下，学习化学和微生物学。魏岩寿是中国第一代微生物学家，也是一位应用化学家。1935 年，他在国立中央大学任教授时，兼任设在上海浦东的东亚最大酒精厂（中国酒精厂）总工程师。这期间，他曾实验用甘薯生产酒精，获得成功，成为全国可再生能源生产研究的先驱。

之后的 1937 年到 1945 年，他任国家资源委员会酒精工业总工程师，在内江、泸州、昆明等地创建酒精厂。研究、生产战时急需的替代能源。

以内江为中心的沱江流域，虽盛产甘蔗，有丰富的酒精原料，但当时却无一家酒精厂，四川所需的高浓度酒精全部依赖于省外。又受战争影响，交通受阻，四川的能源缺口不断增大。魏岩寿研究甘蔗榨汁后产生的副产品，即利用糖蜜提取酒精代替汽油，获得成功，成为中国以甘蔗废弃物制造酒精的第一人。

内江椑木镇，地处沱江中游的产糖中心，生产酒精的原料，即废蜜与土酒（红苕酒等）来源十分丰富，加之舟车并通，交通便利。1938 年 1 月，经勘定，以椑木镇凿坝滩为厂址，决定在该地建厂。同时，在内江设立筹备处。

四川酒精厂由国家经济部资源委员会与四川省政府建设厅共同投资。由四川省建设厅厅长何北衡负责建厂资金筹集，民生公司经理卢作孚属下的民生公司机器厂承担制造蒸馏塔的任务。是月，资源委员会与四川省政府建设厅先后各拨建厂经费 7 万元，当即收购一山地 53 亩，开始共建厂房。6 月，厂屋建筑大致完成，7 月，机器铸成装就，乃取消筹备处及内江办事处，一并迁厂办公。8 月份试产。9 月起动力酒精及代汽油两项产品，均正式产销。

在国家危难之际，魏岩寿与全厂技术团队一道，用智慧攻坚，建成了一座用生铁翻砂铸造代替紫铜板的蒸馏塔，用木板代替钢板建成发酵桶。

四川酒精厂的组织管理机构设置为：厂下设工务、总务、业务、会计四课及驻渝办事处;厂的生产部即称工场,由工程师负责;课长及驻渝办主任、工程师、厂长等组成工厂厂务会议,协调各方工作。

酒精工厂建成后,魏岩寿给厂发酵室撰写了一副对联"一滴汽油一滴血;十厅(听)糖蜜三厅(听)醇"以激励员工,努力生产,节约支前。四川酒精厂是一座能连续生产高质量、高浓度酒精的工厂,这在当时还完全处于手工作坊制糖、酿酒的西南地区,是一次重大突破。在这之前,东北、上海、陕西等地建有几座酒精厂,均为国外进口设备,是采用紫铜板制成的蒸馏塔的酒精厂。这座由我国自己设计、自己制造安装的酒精厂,最高月产酒精达9万加仑。1941年1月,四川酒精厂被资源委员会升为丙种厂,是为抗战提供能源保障和提供医用酒精的国家级重要酒精厂,肩负国家使命。

魏岩寿在战时创建的这座酒精厂,不但使内江的蔗糖副产品得到最大限度的开发利用,还打破了由外国人垄断酒精行业的历史。在投产时,魏岩寿撰联祝贺:四海为家,源泉基地大后方第一家;川流不息,动力酒精送前线杀倭寇。

四川酒精厂在抗战时期的大后方起到了示范性的作用。之后的几年时间内,一个以内江为中心的酒精生产基地随之形成。这期间,仅沱江流域就先后建有颇具规模的酒精厂三家,日产酒精最高可上百吨。其中,内江境内就建有十三家。除四川酒精厂外,还有设在白马庙的军政部第一酒精厂;蛤蟆石的"中国胜利酒精厂"等。1943年,上述酒精厂的月产酒精总量达267000加仑,对于战时工业与军用燃料影响很大。其中四川酒精厂的规模及产量居各厂家之首,年均产量为569445加仑,月均产量为60000加仑。其中2月达70280加仑,居全年之首。到1944年,四川酒精厂生产的酒精数量占整个资源委员会提供的抗战所需酒精的13%,仅1943年,全县大小酒厂产酒精总量为7105008公升,占全国总产量的四分之一。"地球牌"酒精质量居全国第一。同时,大后方云南、贵州等产糖的省,陆续按照魏岩寿提出的生产工艺建立了酒精厂。还为后来新建立的酒精厂输送和培养了工程、工务、总务诸方面的实用型人才。如1941年初,由运输总局委托汽车燃料实验所,设计建立的简阳酒精厂,其主要技术干部均参加过四川酒精厂的基建和设备安装、技术施工、管理等工作,管理水平及生产效率均良好。另外,1939年迁乐山的中央技专校,其就学于中央技专农产制造科的三届同学都曾于1943年在四川酒精厂实习,学到了不少应用化工及制酒知识。

在任四川酒精厂厂长期间,魏岩寿还促成兴办了一所培养技术后备人才的"四川省立内江实用职业学校",并出任第一任校长。学校针对生产实际,设置农艺科和应用化学科,招生对象为初中毕业的男女生(应用化学科招收男生,农艺科招收女生,学制三年)。这所职校以酒精厂的技术骨干为依托,由时任省教育厅厅长的郭有守出资,收购与厂相邻的李治衡的糖房为校址,以酒精厂的车间为学校的实习基地。至1949年下期,该校已设置九个班,共270名学生。这所职校,不但为酒精厂培养了后备人才,还为整个四川酒精及化工行业培养了数百名技术骨干。

随着抗战胜利后,经济秩序的逐渐恢复,动力燃料吃紧的问题随着汽油供应的正常化而得到解决,曾经为抗战运输做出过巨大贡献的四川酒精厂等众多酒精企业也就退出了历史舞台。

神木镇凿坝滩原四川酒精厂的崖壁上,尚存有魏岩寿在当年供职酒精厂期间的题刻:"凿坝滩上黑烟飞,凿坝滩下血泪挥,何处是,何处非?"字里行间,铭刻了那段特殊的历史。

1945年,抗战胜利后,魏岩寿前往台湾省,接管日本台北帝国大学,并出任工学院院长,从事教学、科研工作直至1973年去世。他一生著作颇丰,共发表论文82篇,著作7部。1933年主编的《化学词典》,系化学工业的权威工具书。

本文选编自《内江市中区文史资料选辑》第五十一辑,2012年

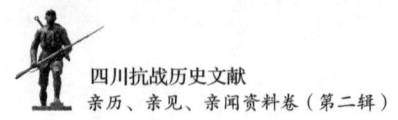

中元造纸厂在抗日战争中的贡献

长江造纸厂厂史办

一、在日军炸弹下建起的工厂

1931年九一八事变后，中华民族与日本帝国主义的民族矛盾十分尖锐，我国民族工业在"实业救国"思潮的影响下，在这一时期也有了一定程度的发展。1932年，钱子宁、郭开始、朱尊民三人从德国留学归国，服务于上海天章造纸厂。

1933年，他们合伙集资2万元（以后逐步增至10万元），同时，得到当时的造纸专家方汉成（留日造纸专家，当时的大华纸厂工程师）的支持和帮助，在苏州浒墅关严广桥租用了一家已倒闭的碾米厂的旧址，约2000平方米，因陋就简，创办造纸试验所。时间是当年"仲秋"之月，即农历八月十五的月圆之夜，故取名为"中元造纸试验所"。

正值建厂期间，1937年的七七事变，日本帝国主义悍然发动侵华战争，全面抗战爆发。正在建设中的工厂，遭到日机轰炸，毁于战火，仅抢运出部分机器。同年11月，当时的广西省政府邀钱子宁等到桂林办纸厂，于是将锅炉、铜网及在浒墅关的部分造纸机械，计有数十吨物资运往广西。由于日本帝国主义的大举进攻，国民党军队节节溃退，广西也是朝不保夕，国民政府西迁重庆。机关、团体、学校、企事业纷纷向西南搬迁。钱子宁拟在昆明建厂，并派周志善、周根度、殷根泉、路全恩、李苏生等人由桂林将设备运往广西隘口（今友谊关），试图通过越南运往昆明。国民政府经济部工矿调整处则不同意在昆明建厂，并训令在四川宜宾建厂。1939年2月，工矿调整处批准借款10万元做搬迁费。钱子宁等将借款在香港购买道奇卡车数辆，从广西隘口出发，辗转迁徙，几经坎坷，于1939年4月，才将造纸设备先后运到宜宾。

1938年秋，接到国民政府经济部工矿调整处迁川训令后，钱子宁等人便于1939年初来宜宾选择厂址，钱子宁认为位于宜宾下江北的马鞍石地理环境对办造纸厂来说较为优越。首先，"造纸所需大量木材、煤、碱、漂白粉、石灰、松香、明矾、竹木等原材料以川康两省实具有之，且可利用顺流之水"。其次，靠近宜宾发电厂可节省铺设输电线路资金。再次，厂址距宜宾城仅几公里，购买生活用品亦是便利，再加上此地上游是岷江、金沙江，下游是长江，水运终年通畅，原燃材料、机器设备、产品可经水运解决。厂址紧靠长江边可节省铺设抽水管道，根据上述条件，即呈报申请购买建厂土地。

经工矿调整处批转当时的宜宾专员公署和宜宾县政府财委，并由曹秀生（中元造纸厂管理员，已病故）直接主办在白沙乡十二保马鞍石靠近宜宾发电厂，地名叫螃蟹湾、红燕碛、陈家院的地方购买土地30亩，作为建厂初期的占地面积。以后扩建中又购买土地1416482平方米。并呈宜宾田赋粮食管理处，要求减免土地税。该处批示："查该厂非国营事业与因公征用土地减免规定办法不合，不能请求减免。"

1939后初勘察地基，7月初平地修建临时工棚及简易仓库堆放物资。于1939年9月27日，正式破土修建厂房。至此，中元造纸厂诞生了，开始了她半个世纪的风雨历程。

二、克服困难　勤俭建厂

全面抗战爆发后，在国民政府经济部工矿调整处的指导下，由部分实业家、民族资本家于1939年组成了迁川工厂联合会。该会建立章程7章33条。章程中，就协助会员工厂做了有关规定：会员工厂迁川协助事宜，征地及设计事宜，协助会员厂请求借款及津贴事宜，政府委制各项物品及会办事宜，购办检验、工业原材料供应事宜；条文中还规定了非常时期奖励资金内迁办实业办法以及迁川工厂营业税变通办法予以优待等。中元造纸厂也按章申请并被批准加入了该会，迁川时，在上海所购部分设备就曾得到上海迁移委员会的支持顺利运出。

然而，尽管建厂中对资金做了几次调整扩充，但是创业艰辛，发展尤难，问题仍然不少。由于物价上涨以及建厂初期由苏、杭二州迁川机器设备共有200余吨，途经江、浙、赣、湘、桂、黔等省，运输费用就高达20余万元，1939年至1940年用于购买土地、厂房修建、购置机器设备共用去130余万元。虽然在1940年将全厂资产折算为100万元股本，仍负债30余万元。因此，当时生产周转资金及员工工资极为匮乏。从当时郭新（郭开始之父）与钱子宁来往的信件中亦可看出。郭新在信中提到，"近因欧战关系，新加坡政府统制兑汇限于家用。每次不得超过15元"。郭新在信中嘱钱子宁"在国内设法以渡目前之急"。钱子宁在信中说："查敝厂正式出货之后，每月开支至少需国币30万元方可周转。因生产有把握，销路无问题。弟不敢坐失良机，故将已生产之纸张向银行抵押国币30万元（南溪县李庄农民银行，亦称农本局），暂以一年为期，以全厂资产作担保。"

由于资金短缺，周转不灵，遂采取对"老班底骨干员工"停发三个月工资以渡难关，可见当时中元造纸厂创办之初的困境。

三、抗战时期在国民经济中的贡献

中元造纸厂创建后就进行了商标注册。由于当时生产原料主要是马尾松，开初是钱子宁、郭开始、朱尊民合资兴办的，因此，以三棵树形成一个"森"字作为中元造纸厂的厂标申请了商标注册。

在边建厂房，边安装机器设备，边生产中，也在不断开发新产品，改革工艺条件，由于产品从试制到批量生产都注意了产品质量，使之在社会上享有很高的声誉，并获得了一系列的奖励。

1941年3月，国民政府经济部，奖励工业审查会，工业司批准本厂"苛性钠制成碱性化学木浆所制牛皮纸专利权三年，并发给工业奖励执照"。

1942年1月，本厂牛皮纸、绘图纸在迁川工厂联合会举办的产品展览会上获超等奖。

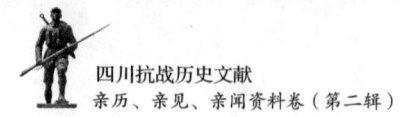

1943年4月，本厂磅纸、道林纸、打字纸等七种产品，获当时四川省政府颁发特等奖。

1943年11月，本厂产品电报纸、打字纸在广西桂林展览会上获特等奖。

中国西南实业协会曾对中元造纸厂进行了调查了解，在这之后给中元造纸厂的函中提到："查贵厂数年之煞费经营，艰苦奋斗，实为后方生产之劲旅，奠定抗战胜利之基石，实足令人敬佩。"当时的国民政府四川省政府主席张群在全国经济委员会全国造纸工业会议上提出："减少输入纸额，增加国家生产，中元造纸厂可增至日产50吨。"

由于中元造纸厂地处抗日后方，运输亦比较方便，因此一些单位纷纷来信、来函、来电，要求签订供货合同。中央信托局在函中说："查我国印钞用纸系给欧美诸国，自太平洋战争爆发，海运困难，钞纸来源即将断绝，自制钞纸刻不容缓。本处现奉命推进自制钞纸，深佩贵厂造纸技术优良，对于上项计划想亦愿尽全力共谋实现，拟请于最短期设计产制办法，倘有困难问题本处亦可设法予以协助。"

国民党中央宣传部在函中说："印刷所用薄型纸均系舶来品，价格甚昂贵。自太平洋战争爆发，来源困难，影响出版事业及文化教育至为重要，特此函达，拟请贵厂予以研究设计制造以应需要。"

四川邮局在求购电报纸的函中说："本局因公务所需拟采购大批纸张，贵厂出品精良，用特函达，即希查照示知所产各种纸张价格以凭办理。"

从以上情况可以看出中元造纸厂在当时的造纸行业中已占有重要地位。在当时在川的十二家造纸工厂中，中元造纸厂是出类拔萃的。

四、生产钞票纸　为国分忧

迁建宜宾后，中央信托局提出要中元造纸厂生产钞票纸，1939年12月，中元造纸厂在向中央信托局的复函中提出："自制钞纸势不容缓，贵处奉命推进国内自制钞纸计划，值此战争期间交通梗阻，木浆可制炸药，各国禁止出口，自制木浆免受其制，印制钞纸系本专业技术之职责，稍事研究有适当之机械设备与原料大量制造无何困难，但钞纸非比普通纸张可在市场销售，如无确定销路，万难贸然制造。"香港沦陷后，钞票纸来源断绝。1941年初，中央信托局进一步要求中元造纸厂生产钞纸"以应急需"。

生产钞票纸是中元造纸厂发展的关键步骤，也是与中元造纸厂生存息息相关的大事，而在全国抗战期间要顺利解决诸如筹集资金、购买土地、扩建厂房，购买及安装设备等问题确非易事。但这又不失为一次发展中元造纸厂的大好机会。审时度势，为不失良机，于1941年初申报借款，经工矿调整处批给中央信托局。由中央信托局批准借款500万元（国币）。

1941年7月，由路全恩等人在本厂化验室自制钞纸工艺。经过反复试验，产品质量基本达到国外纸样指标，同年购买了湖北省武昌白沙州造纸厂具有11个烘缸，3信圆网的1092型造纸机一台。中央信托局催纸甚急，员工们日夜奋战，连农历过年都未放假。经过反复改装试车，终于在1943年3月1日正式生产出钞票纸。

由于生产钞票纸，国民政府在当时给了中元造纸厂许多方面的便利。如因抗战需要，军务运输繁忙，一般车辆不能通行，而中元造纸厂通过函报"四联总"（农民银行、中央银行、中国银行和交通银行）及中央信托局批转国民政府军事委员会运输统制管理局得以通行。其批文中指出：查太平洋战争发生，外纸来源断绝，本局奉财政部及"四联总"促请中元造纸厂赶速制钞纸以应急需，业由本局贷给巨款增加机器设备限期出货，兹该厂已购买卡车多辆分赴衡阳、柳州、贵阳、金城等处装运造纸机械及一切原材料来渝转运宜宾应用，请贵处转川、黔、湘、桂沿路各站对中元造纸厂车辆不在普通商车统制之例，随时查验放行。

为保证员工们安心生产，中元造纸厂对全厂员工造册，报送当时的叙泸师管区司令部核准缓服兵役。

中元造纸厂属于抗战发生后由省外迁川的工厂，又加入了迁川工厂联合会。除享受迁川工厂联合会章程规定的待遇外，还要享受迁川工厂营业税变通办法。并报请财政部将一切税收予以豁免，铁路运输机械按七折付费。

这些便利的条件，对中元造纸厂的发展是极为有利的，因此，在此后的数年间，中元造纸厂有较大的发展。

由于生产规模的扩大，盈利亦在逐步增长，概括地说，从建厂、试制到批量生产的九年间，特别是1943年至1947年是中元造纸厂的兴旺时期。主要生产设备由1940年的仅有一台单烘缸造纸机，到1947年纸机已增加到七台，其中还有当时国内最先进的造纸机。纸张品种由蚕种纸、道林纸逐步增加到生产打字纸、牛皮纸、香烟纸、钞票纸、绝缘纸、证券纸、电报盘纸、青壳纸、新闻纸、书面纸、滤纸、吸水纸、绘图纸、电缆纸、连史纸、炸药包装纸等18个品种之多。

五、培训人才以图我国造纸事业的发展

第一，开办造纸培训班。

钱子宁与朱尊民分别在江苏浒墅关及浙江碧湖造纸厂、龙泉手工业所纸业改进场举办造纸培训班。

苏州造纸培训班，以钱子宁为主举办。学员高中文化，学习时间两年。教材系德文，由教员翻译，结合实际教学。所学知识实用性强，收效快。

浙江碧湖造纸培训及龙泉手工业所纸业改进场培训班，以朱尊民、毛乃琅（浙江造纸厂工程师，留日造纸专家）为主举办。共举办三期，每期数十人。

第二，艺徒训练班。

随着生产的发展，人员也不断扩充。先后招收艺徒80余人。为使这批人能较快掌握造纸工艺，在本厂先后开办了六期艺徒训练班。学习内容有数学、化学、物理、造纸机械；教学人员均由本厂工程师担任；学习时间每期为三年；教学方法强调理论和实践相结合，以业余为主，晚上理论学习，白天跟班学习技术操作。艺徒训练班学习后经考试合格者升为技助，再经两年升为技工。整个训练班先后毕业70余人。

第三，工友进修班。

1943年10月，由蔡时椿倡议。中元联谊会举办工友进修班。主要是通过进修，增强工友识字和工业生产常用知识，熟悉简易造纸机械原理。任课教师均是本厂技术和管理人员，学习时间以业余为主，6个月为一期，期终考试成绩优良者给予奖励。参加学员由各车间选派共计 124 人，经过进修和考试，绝大多数合格。

经过各种不同形式的培训和实际工作的锻炼，一大批艺徒、练习生、学员以及工人逐步成为本厂机台、工段、车间专业技术骨干。促进了本厂的发展，大大增强了本厂的竞争能力。经过培训的工人和技术人员，有不少输送到了其他造纸企业。

为使本厂得到更充分的发展，利用抗战时期当时不少技术和管理人才集聚后方的机会，聘请留用了一大批高级管理和技术人才。也有一批各类人才主动投奔到中元造纸厂，在此厂的发展时期，已具备中高级造纸及机械专业技术人员一百多人，形成了一支庞大的专业技术力量。同时，还有同济大学一些专家、教授常到厂或住在厂，成为厂的"智囊团"。纸是中国人发明的，中国现代造纸技术却起步较迟。而他在人民生活中，在国民经济运转中，已经是不可或缺的重要物资，在抗日战争的艰难岁月里，中元造纸厂的员工们，在敌机轰炸下，在恶劣环境中，创造了奇迹。无论是对人民生活，还是对全民族抗战的最后胜利都做出了可贵的贡献。

本文选编自《宜宾文史资料选》第四辑，1995 年

抗战中诞生的"嘉阳"

代世和　孙雁鸣

抗日战争爆发后，日军占领地区的工矿企业纷纷内迁。此举既保存了中国抗战的经济力量，又在较大程度上改变了中国东西部工业发展不平衡的格局。嘉阳集团便是当时内迁乐山的工矿企业之一。

"宁拆也不给日军使用。"抗战爆发后，身为河南焦作中福煤矿股份有限公司总经理的孙越崎做出了这样的大胆决定。他力排众议，千里迢迢将煤矿机械设备辗转运到犍为芭蕉沟。"嘉阳"由此诞生。源源不断的"乌金"流向重庆等地的钢铁冶炼企业，撑起抗战军工生产的脊梁。

一、决不让煤矿落入敌人之手

1937年7月，卢沟桥事变发生，中日战争全面爆发。日军占领华北后，地处中原的焦作面临被日军飞机轰炸的危险。中福煤矿股份有限公司（以下简称中福公司）总经理孙越崎从报纸上看到政府号召沿海地区工厂拆迁到内地的消息。他想："中福公司也可以这样做啊。"为长期支持抗战，孙越崎下决心把中福公司在焦作的设备全部拆迁到大后方。他一下决心就动手去做，工人们在他的指挥下开始拆卸矿山的机器。而当时拆运的第一个目的地暂时定为湖南。

正当孙越崎组织员工拆卸各种机器设备时，中福公司的一些董事坐不住了。四名河南的董事来到孙越崎的办公室，非常严肃地对孙越崎说："我们听说你要把机器拆运到湖南，这可是我们河南的财产，你不能拆走。"听了董事们直截了当的话，孙越崎没有绕弯子，他开诚布公地说："以前这里打仗多是内战，不管谁胜利，矿山都在我们中国人手里。可是这次不同，是日本帝国主义侵略我们，非内战可比。我想过很久，分析了我们的处境。我认为，敌人打来了，我们有这样三条路：第一条是不拆不迁，那么矿上的设备敌人可以用，我们不能用；第二是把矿上的设备全部破坏掉，这样敌人不能用，我们也不能用；第三条是把井上井下的设备全部拆走，这样做的结果是敌人不能用，而我们能用。"见几位董事有所心动，孙越崎又说："拆走的机器设备产权仍然是你们的。拆迁到后方后，找矿、安装和重新组织生产这些事由我来负责，新开矿以后取得的利润全部分给你们。"董事们听了孙越崎的分析后，心里对设备被拆走还是有点舍不得，也很不放心，但相比之下，只有第三条路最可行，所以就勉强同意了。

然而，中福公司的英方代表又出来表示反对。英方代表说："日本是英之友邦，不会损害我们的利益。"孙越崎态度很坚决，明确指出："日本是你们英国的友邦，但却是我们中国的敌人。我们不允许日本人利用这些设备生产煤炭，帮助他们的军队来对付中国人,一定要拆。"最后,英方代表请示伦敦董事会后,同意拆迁。

二、千余吨机器设备大转移

1938年5月,徐州失守,日军西进中原,南下武汉,湖南危急。中福公司在湖南湘潭谭家山新办的湘潭煤矿再度拆迁。拆迁的机器设备和材料先经湘江驳船运到宜昌,再从宜昌溯江而上,经三峡入川,部分员工随船而行。矿长汤子珍带领三十多名重要员工分乘汽车,从湖南经广西、贵州,从陆路入川。1938年10月24日,中福公司最后一批人员撤离湘潭煤矿。至此,中福公司共抢运煤矿机器设备和材料1000余吨,撤退员工近400人。

中福公司在撤离湘潭煤矿期间,已派人赴乐山勘查矿区情况。在最后撤离时,矿长汤子珍与湘潭煤矿工程师详细研究了到犍为办矿的步骤,决定钻探、平面测绘、旧煤窑考察、房屋租赁、材料购买等事项同时进行。

1938年12月17日,嘉阳煤矿股份有限公司第一次股东大会在重庆牛角沱资源委员会本部召开。董事会推荐翁文灏(资源委员会委员长)为董事长,聘请孙越崎为公司总经理,孙越崎聘汤子珍为矿长。1939年1月1日,嘉阳煤矿股份有限公司正式挂牌。在特定的历史条件下,一方面拆迁入川的煤矿设备急需寻求出路,另一方面各业撤退后方,燃料紧张,军工民用物资短缺,促成了嘉阳煤矿的诞生。嘉阳煤矿公司总部设在重庆,矿厂办事处设在马庙溪,后迁至芭蕉沟。1940年11月,成立嘉阳营运处,具体负责煤炭营销事宜。

嘉阳煤矿是由外国资本、国民政府资本和私人资本组成的川内较早的中外合资企业,隶属经济部资源委员会。抗日战争期间,内迁的工矿企业有400多家,机器设备12万多吨,中福公司为煤矿中的唯一一家。中福公司在抗日烽火中历尽艰难拆迁入川,对发展大后方的工业和支持抗战发挥了重要作用。

三、获得新生的"嘉阳"

新中国成立后,嘉阳煤矿、嘉阳营运处原资源委员会的国民政府资本被人民政府没收为公股。1951年4月,嘉阳矿厂与营运处合并,总称嘉阳煤矿。同年8月,西南军政委员会派代表正式接管嘉阳煤矿。

几经演变,1996年6月,嘉阳煤矿组建成立四川嘉阳集团有限责任公司,性质为国有独资企业。2004年9月,嘉阳集团公司产权划归四川省投资集团有限责任公司,成为川投集团公司下属的国有全资子公司。

而今,嘉阳集团拥有年产原煤120万吨的煤炭公司,装机容量9750万千瓦的煤矸石发电厂,以及嘉峨水泥厂、矿山机械厂等下属单位。新中国成立以来,嘉阳集团已为国家生产煤炭2000多万吨,为四川的经济社会发展做出了重大贡献。

本文选编自陈玲、徐澄泉《人文犍为》,四川美术出版社,2010年

五通桥美亚织绸厂

罗长安[*]

五通桥美亚织绸厂也是抗日战争期间迁入犍为的一家工厂。

1937年八一三事变后，上海被日本占领。上海美亚织绸厂在上海及苏州、杭州的工厂被迫停工，时在香港的蔡声白就地成立美亚办事处，作为未来华南营业基础。8月30日，蔡声白回到上海，决定把上海闸北、南市的工厂分别迁往汉口、广州、香港、重庆等地。随后美亚改行分区制，在上海、香港、汉口、重庆分设华东、华南、华中、华西等四个管理处，统一管理，分散经营。

随着抗战时局的变化，美亚重庆厂开工后，因日本战机对重庆的连续轰炸，正常生产与营业受到影响，于是，经过再三考察后，蔡声白决定将重庆厂部分机器运到乐山犍为县五通桥桥沟镇（今五通桥区桥沟镇），开设美亚五通桥厂，以分散风险。

1940年10月，五通桥美亚织绸厂正式建成开工。时有国内电动织绸机100多台，职工200余人。其主要生产30余种规格的产品。产品驰名中外，曾远销南洋诸岛国、英国等地，为抗战时期的国民经济发挥了积极作用。

1942年后，战局虽然稍趋稳定，但物价浮动剧烈，通货膨胀严重。为了达到公司资产保值的目的，蔡声白要求各个管理处尽量将现钞转化成物资存储。同时，他在上海创办利亚实业股份有限公司，经营进出口贸易，以降低投资风险，蔡声白担任总经理。并入股环球企业公司、南洋企业公司、中新企业公司、惠工银行、新华银行、中国工业银行、科学化工厂、大陆制革厂、光华百货公司、同益南北货股份有限公司，等等。1942年，美亚股票在上海证券交易所上市，由于资本雄厚，运营良好，美亚股票迅速成为股市"最为活跃"的红股之一。

1944年，美亚织绸厂开展栈单交易。为了解决织绸厂的原料问题，1943年3月，蔡声白与金融界合作共同发起组织中国丝业公司，担任该公司总经理。由于蔡声白的努力经营，美亚织绸厂在抗战时期的困难环境中，不但资产方面没有出现大的亏损，而且有了新的发展。

1945年8月，中日战争结束，美亚企业集团面临新的机遇与挑战。早在1944年，美亚便开始战后发展规划，欲在生产与营业范围上有大的突破。战争结束后不久，美亚即宣布将五个管理处改为分公司，并恢复长沙、衡阳、昆明、福州等地办事处，增设北京办事处。但时势变化却往往不遂人愿。对日战争刚刚结束，国共内战硝烟又起，正常生产秩序恢复仍属无望。金融也陷于困境，通货膨胀加速，外汇管制严格。加之交通阻

---

[*] 作者为《犍为抗战记忆》主编。

塞，商人投机成风，国内民族企业的经营环境愈来愈恶化。在此情形下，蔡声白决定美亚公司的运营原则为"紧守范围、步步为营"。正常的经营环境既然遭到破坏，金融界及企业界对政治局面好转也没有太大信心，蔡声白乃寄希望于国外贸易业务的拓展，希望能在国内丝绸销售市场萎靡不振之际，扩大产品在海外的直接销售。同时，也增加利亚实业公司资本，扩大其业务。

到1949年，国内战局全面恶化，尽管到10月，国共战争基本上告一段落，新的政权也在北京成立。但报告显示，美亚上海分公司已经"亏损甚巨"，天津分公司处在困境中，西南的工厂也停产。像此时中国其他内迁民族企业一样，美亚织绸厂面临因秩序失宁而带来的严重危机。12月，蔡声白从香港到天津，视察天津分公司业务，举行美亚设计会议，希望能群策群力，解决企业遭遇的许多难题。会后蔡声白返回上海，在新的局面下负责美亚织绸厂的各项工作。由于实行机构改革，妥善处理劳资关系，1950年8月23日，《人民日报》甚至专门发表消息介绍美亚织绸厂的经验。蔡声白大概也在政府统战对象范围内。

1950年，中国对外贸易受到严重影响，蔡声白的国外贸易战略也没有办法实施。国内美亚各家工厂在经营不景气的同时，工人薪资仍需要及时解决。蔡声白在此种环境中也有一筹莫展之感。到1953年，他原来就有的高血压病也严重起来。于是，蔡声白向美亚公司请长假，请童莘伯代理总经理职务，自己赴香港养病。从此，他对美亚业务基本上不加过问，美亚香港厂及海外一些营业机关虽然仍在他管理范围，但从资料来看已经没有什么发展的迹象。于1954年美亚全部参加了公私合营，企业名字都全部更改。曾经在近代中国历史上显赫一时的美亚织绸厂渐渐为世人所淡忘。

抗战时期内迁到犍为的五通桥美亚织绸厂的历史，到此也就彻底画上了句号。

本文写于2015年7月

爱国兵工专家李承干

郑洪泉

一、同仇敌忾，迁厂复工出奇迹

李承干，字直卿，1888年7月7日出生于湖南长沙东乡清泰镇。1906年，他被选派赴日留学，毕业于东京帝国大学电气机械科。回国后，他曾就职汉阳兵工厂、九江兵工实验厂、金陵兵工厂，1931年5月任金陵兵工厂厂长。

1937年8月13日淞沪抗战爆发，南京受到日本帝国主义侵略铁蹄的威胁，金陵兵工厂曾多次遭受日本飞机的扫射与轰炸。仅8月16日至25日，日机即来厂空袭十多次，职工死伤十多人，部分厂房设备被炸毁。李承干率领全厂职工同仇敌忾，一心报国，视死如归，在敌人空袭情况下，不分昼夜，照常工作。一面赶制军火，供应前方将士杀敌；一面改善防空设施，并做疏散准备，以避免无谓牺牲。

11月10日，国民政府下达工厂西迁命令，厂里立即成立专门迁运机构，李承干亲自指挥迁厂工作。他一面指派得力人员负责组织机器设备和物资材料的拆卸装运及职工与家属的迁移，一面指派专人分赴长江沿岸和铁路公路沿线重要城镇做中途物资转运和人员安置工作。他要求首先将机器和物资拆卸装箱，然后发给每位职工及家属10元路费，使其分头赶赴汉口集中。

当时，上海已经沦陷，日军正逼近南京，日机亦昼夜前来骚扰空袭。局势之日益危急，使市民思想极度恐慌，社会秩序亦显混乱，加之交通工具缺乏，这一切给工厂迁移造成很大困难。

李承干与负责迁运工作的人员，日夜奔走于车站码头，督促员工迅速将机器物资装进车船，并交涉车辆船只使职工及家属及早出京。当他眼见扶老携幼的职工往往不能一家人同时登车上船，而造成骨肉惨别的凄凉景象时，顿生肝肠寸断之感。由于他日夜操劳，已疲惫不堪，乃至两眼陷落，声音喑哑，与人交谈，只得以手代言。厂里一位叫周永福的同仁，见李承干忙得顾不上吃饭，便买来包子与其分而食之，李承干深受感动。

由于全厂职工上下一心全力抢运，仅用16天时间，即将4000余吨机器设备、材料和半成品装上4列货车、30辆卡车、6艘轮船和6只木船，分头运出南京。

这时，还有70余吨钢材、铜材，毛坯和半成品，确因找不到交通工具而无法及时运出。李承干便嘱托姚志良、吴堂、王相越、蔡金清等工友及数名卫士，暂时留守，看管好这批物资，并伺机设法抢运出来。然后，他依依惜别了苦心经营十年的金陵兵工厂，于12月1日登上"松浦"轮，溯江而上。

按照李承干和迁运机构的周密安排，派往武汉、沙市、宜昌等地负责中转的人员，妥善地解决了机器物资的沿途转运和职工及家属的生活问题。途中，李承干与职工同甘共苦，打成一片，并不断勉励大家克服困难，加紧迁运，以便早日复工，赶造械弹，供应前方将士杀敌报国。全厂职工均不顾生活艰苦，战胜了各种艰险。1938年1月，一支西迁船队中的两只木船，在秭归巴东段触礁沉没，随船队的押运人员和工人奋力打捞沉船上的物资，致使人员和物资均无损失。船队过三峡时，随船队的员工与船工一起上岸拉纤，顺利通过了险区，最后安全抵达重庆。

1937年12月26日，日军进攻南京时，留守南京的工友冒着生命危险，把这批70余吨遗留物资装上几只民船，在炮火硝烟中离开南京，辗转两个多月，行至安徽望江地界，得到厂里中转人员接应。接着，他们又历尽艰辛，继续西上，终于在1938年2月底将这批物资运到重庆江北簸箕石码头，受到职工的热烈欢迎。李承干高兴地与这几位工友合影留念，并呈请军事委员会给他们各颁发一枚陆海空军乙种勋章。

到1938年2月底，金陵兵工厂的西迁工作已基本结束。李承干到重庆后，先是与单身职工同住在靠嘉陵江边的一个旧仓库的楼上，不久移住总厂办公大楼的一间办公室里，指挥建造简易厂房和安装机器设备，争取早日复工。李承干的办公室与负责秘书、人事、成品库和运输工作的事务主任的办公室紧挨着，事务主任的办公桌上有三部电话机，与厂内外保持密切联系。夜里，每有电话铃响，李承干必起床赶来旁听，不搞清内容不离开，有重大问题总是立即指示解决办法。他白天在厂里到处巡视，晚上仍坚持办公，有时劳累不堪，只能弓着身子行走，于无人处捶捶背，口里不住地哼着"哎哟！哎哟！"这时李承干已是一位50岁的老人了。

由于李承干以身作则，带头苦干，工厂自迁厂之日起，仅用了三个半月，即于1938年3月1日，宣告正式复工。这一天，全厂职工欢腾雀跃在嘉陵江畔举行复工庆祝大会，厂名从此改为军政部兵工署第二十一兵工厂，仍由李承干任厂长。一个月后，全厂职工将赶制的40挺重机枪等武器运送抗日前线。第二十一厂成为当时全国复工最早的内迁兵工企业。兵工署长俞大维对该厂迁移之快，复工之早大感惊讶，甚至不敢置信，及至他与副署长杨继增亲临视察，并在靶场观看了新造重机枪打靶后，才为事实折服而惊叹不已。

二、抗战军兴，为兵工厂生产晨宵计虑

金陵兵工厂更名为第二十一兵工厂后，规模不断扩大。从1938年7月起，汉阳兵工厂的步枪厂、第二十兵工厂的轻机枪厂和重庆武器修理所等单位陆续合并进来。此外，还在云南省昆明市郊区建立了安宁分厂，全厂职工增至近万人。第二十一兵工厂成了抗战时期中国最大的兵工厂。然而，这个厂是在克服重重困难的过程中发展起来的。李承干为办好这个厂，在这十年里，晨宵计虑，几乎心力交瘁。

工厂初迁重庆时即面临难以想象的困难。首先是选定的原裕蜀丝厂和燮和火柴厂两家小厂的厂址地域狭窄，厂房破旧，根本不能满足兵工生产之急需，且厂内无职工宿舍，随厂来渝的职工和家属竟然无容身之地。

尽管条件如此简陋，李承干仍坚持，一面因陋就简改建厂房，一面安装机器，争分夺秒，争取早日复工。对于带家属的职工则采取分散租赁民房或搭盖临时棚户的办法以

解决其住宿问题；单身职工则利用旧房做临时集体宿舍，大家都在楼板上铺谷草睡地铺。

第二十一兵工厂复工后，又面临生产所需原材料短缺和职工及家属生活所需之粮食、柴炭、布匹、食油等供应缺乏的难题，加上日本飞机轮番狂轰滥炸，造成了人员的伤亡和厂房设备的严重破坏。

当时，大片国土沦丧，沿海沿江交通为日寇封锁，解决生产所需之机器设备和原材料供应是一个突出的难题。李承干派员四处采办生产物资。战区各厂内迁之际，湖南省衡阳县存有废钢铁3000吨。各兵工厂在衡阳设立的几十个办事处，都想把这批材料弄到手。于是，各办事处给本厂的请示报告和电报、电话不绝，但由于手续繁琐，公文旅行，数月拖而不决。第二十一兵工厂获悉此一情况后，派了一个代表到衡阳去，他到达衡阳的当天上午即向厂里发来电报，说明情况，李承干即命秘书科回电："电悉，照购，货款即付。"八个字电文解决了问题，把3000余吨废钢铁全都买了下来，使其他工厂的数十位办事人员惊叹不迭。

1939年11月，李承干派员经昆明赴越南海防、缅甸仰光接运从国外购进的设备与材料，到1940年5月，只用了半年时期，辗转运回12000吨物资，以满足生产的需要。

抗战期间，李承干向兵工署提出实行军火定价制度的建议。要求政府只按照各种武器的定价交厂生产，各厂在制造费内的经费有比较充分的自主权，盈利则用于本厂修建厂房和福利设施。这是他在金陵兵工厂建立成本核算制度的新发展。

第二十一兵工厂产品品种多，数量大，效益高，盈利甚大。该厂在整个抗战期间基本上没有向上级请求拨发建筑费。修建职工和家属宿舍，均自盈利中开支。后来修建技工学校、宁和中学校舍、开辟大操场、游泳池，增设露天剧场，也都只申请上级批准建造，而说明"经费均在制造费下开支，不另请款"。职工的其他福利事业，也都靠厂里的盈利。这是李承干在经营管理上的一条有效的经验，也正是依靠这种办法，该厂职工得以依靠自己的力量缓解抗战时期大后方的艰难生活。

李承干积极致力于武器制造技术的研究和改进，要求职工不断提高武器的精度和质量。自1940年8月开始，试制中正式步枪（最早于1935年由巩县兵工厂开发研制），三年后成批生产，在枪筒质量、瞄准和击火性能等方面均优于老式的汉阳造步枪。这种步枪是当时中国军队普遍使用的武器，蒋介石非常高兴，亲自接见负责试制的工程技术人员。中正式步枪后来在兵工署的步枪比赛中获最优奖，得奖金15万元，李承干批示将其全部"奖步枪厂工作努力之员工"。

1942年又改进重机枪，使枪管内零件可以互换。李承干把这称之为重机枪"空前一最大之改革"，后来又继续改进，将水冷式改为气冷式，枪体重量亦由44公斤减轻至31.75公斤。此外，还试制成功ZB-26型捷克式轻机枪，改进了82迫击炮弹等。

三、以身作则大贡献

对于厂里凡努力研究技术并在武器制造上做出成绩的技术人员，李承干均呈报兵工署给予优厚奖励。他本人在百忙中仍然热心于技术研究，提出淬火新方法，并为解决机械加工中的铁屑处理问题，亲自翻阅技术资料，想出许多办法，取得了一定效果。

李承干主张，"厂中事务必须群策群力"以共负"国防重任"，他尤其要求厂里各级领导人应"具牺牲精神"，"硬干苦干以相表率"，"凡事须以身作则"。抗战时期人力、财力缺乏，李承干常亲自带动职工到江边码头搬运物资，以节省国家开支。

1941年夏，有2000余石稻谷运至江边码头，为了防止敌机轰炸和江水上涨，在来不及组织运粮劳力的情况下，李承干在总厂办公室振臂一呼："挑谷去！"说完便直奔江边，办公室职工闻风响应。各自手持扁担箩筐跟到江边，连放学回家的职工子弟小学的学生也加入了运粮的队伍，稻谷很快抢运回厂。又一次，一批机器设备运到江边，也是李承干带领职工搬运上岸。当时的一位具有少将军衔的厂长，竟然能与职工一道干体力活，这确实是难能可贵的。在李承干的带动下，全厂职工不分职务高低，上下一心自觉为工厂出力，已蔚然成风。

李承干还十分重视振奋职工精神，为了激励职工不为日本侵略者所屈服，并战胜抗战时期的各种艰难困苦，他特地邀请在日本留学期间的好友和同学、中国著名的学者和文学家郭沫若为第二十一兵工厂厂歌作词。郭沫若欣然命笔，且主动请著名音乐家贺绿汀谱曲。厂歌词曲雄浑有力，热情奔放，表达了上万名职工的心声。从1939年底起，厂里各种集会上便传出了这样的歌声：

　　战以止战，兵以弭兵，正义的剑是为保卫和平。创造犀利的武器，争取国防的安宁。

　　光荣的历史，肇自金陵。勤俭求知，廉洁会正；迎头赶上，尽我智能，工作是不断的竞争。

　　我们有骨肉般的友爱，我们有金石般的至诚，我们有熔炉般的热烈，我们有钢铁般的坚韧。

　　量欲其富，质欲其精。

　　同志们！猛进！猛进！同志们！猛进！！猛进！！

这歌声鼓舞职工在敌机空袭的日日夜夜为前方赶造枪炮弹药，激励大家在极端艰苦的环境中不断奋进。

自1933年至抗日战争胜利，第二十一兵工厂为抗战将士生产各种型号的轻重机枪27000余挺，迫击炮7660门，步枪293300余支，此外还有十多种其他轻武器及大批弹药。其产量约占全国兵工厂武器总产量的一半，单是步枪厂每月造出的步枪即可装备一个步兵师。这就为争取抗日战争的胜利做出了巨大贡献。

本文选编自《重庆文史资料》第三十五辑，西南师范大学出版社，1991年

中国实业界的"敦刻尔克"

卢国纪

1937年7月爆发的卢沟桥事变,是日本帝国主义大举侵略中国的先声;卢沟桥中国军队的抗战,是中国全国性抗战的先声。

为实行对日抗战,国民政府行政院在8月10日举行的三二四次会议上,通过了首先将上海工厂拆迁内地的提案。八一三事变突发,使这项提案的施行变得更为紧迫,8月22日,上海工厂迁移监督委员会在沪成立。从8月27日起,爱国的工商业者和广大职工冒着枪林弹雨,日夜奋战,将大批机器设备和技术人员,陆续撤向内地。

根据国民政府当时的决定,由沪拆迁工厂的第一站为武昌徐家棚。但随着战局的恶化,国民政府于11月20日宣布迁都重庆,南京随之沦陷,武汉亦告危急。

在此情况下,1938年3月28日,在武汉的各内迁厂代表与国民政府经济部商定,将所有已撤至武汉的工厂设备再次迁往大后方重庆。已撤至武汉的大批机关和学校,亦拟分批撤至重庆。

当时中国的交通闭塞,运输工具稀少,如此大规模的撤退任务,绝大部分有赖于水运。因此从抗战一开始,国民政府即委任掌握了大量船只的民生公司总经理卢作孚为国民政府军事委员会第二部副部长兼运输联合办事处主任,随后又委任他为交通部次长。至此,一个紧急撤退的重担,落在卢作孚及其所属的民生轮船公司肩上。

一、抗战初期的抢运工作

抗战之前,民生公司的主要业务是办理重庆—上海之间的客货运输。淞沪战事一起,上海烽火连天,江阴水道封锁,民生公司的主要航线顿时被割断。当时有人对此十分悲观,认为战事一开,民生公司的生命就完结了。

其时,正在南京帮助国民政府研究总动员计划草案的卢作孚却并不这样看,他说:"国家对外的战争开始了,民生公司的任务也就开始了。"他认为,长江下游的水道虽然沦入敌手,长江中、上游的水道仍大有民生公司的用武之地。他以"民生公司应该首先动员起来参加战斗"为口号,号召公司职员积极拥护抗战,投入全民抗战的洪流。

1937年八九月间,为支援江浙前线的战斗,川军四个师、两个独立旅的数万官兵要出川抗日,民生公司集中了所有船只,在半个月内将这批部队由重庆、万县两地赶运到宜昌,圆满地完成了运兵任务。

此后,上海战事吃紧,长江下游及沿海各省的厂矿陆续内迁,居民相率逃难,长江航运顿时紧张。于是,民生公司的船只便改以镇江为起点,除搭载难民外,还抢救各种物资五千余吨,联运至南京或武汉。

由于日寇步步紧逼，上海失守，民生公司的船只又改以芜湖为起点，撤退金陵兵工厂；以南京为起点，撤退国民政府的人员、公物，学校的师生、仪器和图书等；以汉口为起点，撤退所有的兵工厂及钢铁厂。

在此期间，民生公司的船只第一期运送物资一万两千吨，两个月完成。第二期运送物资八万吨。按卢作孚的意见，第二期的运输划分两个大区间：集中长江上游轮船，担任宜昌、重庆区间的运输；集中长江下游轮船，担任汉口、宜昌区间的运输。第二期除运送物资八万吨外，还运送了国民政府中央机关的全部人员、学校的大批师生、航空委员会的全部航空器材以及大批工厂设备，运输量也在八万吨以上。

1937年12月，南京失陷，武汉时受日机袭炸和骚扰，民生公司遂以长江中、下游船只及海运轮船的全力，与招商局、三北轮船公司合作，将已撤至武汉的人员和器材，再次抢运到宜昌。

1938年5月，民生公司在武汉承担抢运汉阳兵工厂、汉阳及泸河沟铁厂器材的时候，卢作孚承诺所有撤退物资由民生公司包运，并且每吨货物只收平时运费的十分之一，负责将积压在宜昌的八万吨器材全数运川。

二、宜昌大撤退

1938年6月，日寇调集南北两战场兵力，沿陇海路和长江大举西侵，准备夺取郑州和武汉。国民政府在组织武汉保卫战的同时，将前期运至武汉的物资陆续撤至宜昌。

汉口、宜昌区间由大船上运之物资，集中到宜昌后，均由民生公司的川江小轮转运入川。这两区间行驶船只的载运量相差悬殊，往往是汉宜段大船每航一次的载运量，川江船只必须转运若干次。这种在转运上脱节的情况，使在宜昌待转的货物器材滞积日多，以致仓库、货栈、驳船等设施都不敷应用。

当时，虽然民生公司增设了临时的仓储设施和驳船，增建起重设备和添雇三百多名装卸工外，卢作孚还特派童少生以重庆总公司业务经理兼宜昌分公司经理长驻宜昌，加强部署和指挥。但是由于长江上游已近枯水季节，宜昌以上河段不能行驶大船。所以，宜昌物资积压的情况仍然未能得到缓解。

1938年10月下旬，在日寇南北夹攻之下，华中重镇武汉失守。此时尚有三万以上的待运人员，九万吨以上的待运器材在宜昌拥塞着。全国兵工业、航空业、轻工业的精华都在这里。

宜昌城内一片混乱，敌机不时临空骚扰，满街都是撤下来的公职人员和难民，人心浮动、惶恐不安。城外江边，从宁、汉来的兵工器材、飞行器材、武器弹药、后勤辎重等黑压压地沿江堆放，绵延数里。这堆积如山的宝贵资财，为国家的经济命脉所系，如果一旦被炸毁或落到日寇手中，后果不堪设想。

宜昌告急！宜昌告急！

驻宜昌的各轮船公司从大门起，直到每一间办公室里，都塞满了来要船只的各部门人员。轮船公司的职员们，主要精力都在办交涉上，甚至没有时间来办理运输，情形十分紊乱。

此时，卢作孚已由渝飞宜，他以军委会水陆运输管理委员会主任的身份，在宜昌召开紧急会议。会上，依据船长、领工们提供的情况，估计川江水位尚能维持较大船只航行四十天左右。于是，卢作孚提出以四十天为限做出运输计划，由各机关据此分配吨位，各自选择重要器材，配合成套，次第起运。

当大家听到四十天内保证可以撤走的消息后，人人心中都放下一块石头，各职能部门开始转入有效的工作状态。

紧张的抢运展开了。

由于川江滩多水急，只能白昼航行，于是民生公司的船只便尽量利用夜间装卸。因为从宜昌上溯至重庆的航程需要四天时间，下水至少需要两天时间，民生公司又采取尽量缩短航程的办法。除将最不容易拆卸的设备直运重庆外，一般的货物只先运至万县、奉节、巫山等地，有的货物刚运进三峡即卸下。这样每日清晨均可从宜昌开出五艘或七艘船，下午也总有几艘空船驶回宜昌，保证了运输的不间断。

为了缩短装船时间，卢作孚还要求各交运单位将待运物资提前装箱，运上囤船，做好种种准备。而从上游卸完货驶回宜昌的空船，也在途中将船舱盖板揭开，舱门敞开，起重机检修待用。

空船一驶进宜昌码头，那一条条早已装满物资的驳船即被拖轮拖至空船边加固。空船上的起重机也立即伸出吊臂，从囤船上吊起大宗货物，堆放在早已敞开的货舱内。无论是敌机临空扫射，还是风雨交加，抢运工作都不停地进行，宜昌两岸和轮船、囤船、驳船上的灯光交相辉映，犹如从九天撒落下无数颗绚丽的星星。岸边的装卸工人们分为数人或数十人分队，吆喝着响亮的劳动号子，肩挑背扛，将一台台机器设备源源不断运上驳船，这紧张的撤退抢运，谱成了一首极其悲壮的交响曲，显示了中国人民团结一致，反抗日本帝国主义的无比威力。

经过四十个日日夜夜的抢运，滞留在宜昌的人员全部脱离了险境，积压的器材抢运出了三分之二。后来，卢作孚的好友晏阳初先生惊叹这一规模宏大的成功撤退，将之誉为中国实业界的"敦刻尔克"。

晏阳初先生的这一比喻并非夸张，因为当时位于长江上游的仅有二十四艘中国轮船，其中只有两艘不属于民生公司。从这个意义上讲，民生公司为抗日战争做出了不可磨灭的巨大贡献。当时虽亦有数条外轮在长江上游，但均因保持"中立"而拒绝运送有关中国抗战的一切物资。

在此次宜昌抢运中，民生公司为了报效国家，对兵工器材每吨仅收运费三十元至三十七元，其他公物收费仅四十元。民间器材每吨收费六十元至八十元不等。而承运商品的外国轮船，每吨收费竟高达二百元至四百元。而在此次抢运中，民生公司有一百一十六名职工为祖国献出了宝贵的生命，另有六十一名职工受伤致残，这是我们永远不能忘记的。

宜昌失陷以后，湖北三斗坪还有一部分待运器材，正处于日军威胁之下。卢作孚又亲自前往组织抢运，使这批物资安然转移到大后方。

三、最难的是准备战时运输

从宜昌到重庆的大规模撤退工作，是整个抗战运输中的一项最艰巨的工作，这项工

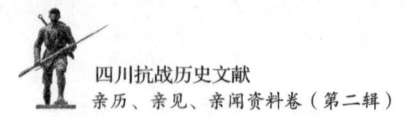

作之所以最终能够完成，与民生公司总经理卢作孚的远见卓识且分不开。早在抗战初期，卢作孚就认为，在抗战中最难的还不是运输，而是如何准备运输，做到未雨绸缪。

抗战开始后，民生公司有四十六艘轮船，其中的三十二艘均以柴油为燃料。江阴水道封锁后，柴油断绝了来源，当务之急是要寻求这种燃料。于是，民生公司接连派人到香港、广州和长江沿岸，千方百计购买油料，共得四千多吨。这批油料在汉口至宜昌的撤退中就用去两千多吨，否则有船也开不动。

抗战前民生公司有十六艘轮船，一半以上在上海维修，五金材料完全取给于上海。一部分船用机器设备是外国制造的，其配件主要取给于国外。战争开始后，上述材料完全断绝了来源，而维修船只的重担，也落在民生公司自己身上。这样，寻求五金材料和扩充民生机器厂，就算民生公司的第二件大事了。

民生公司从上海、香港、汉口等地尽量购买了五金材料两千余吨。但汉口撤退的第二年，因必须改造和建造若干船只，即消耗备用材料一千余吨。

民生公司使用柴油的船只，如果全部投入运行，每月需要油料三百余吨。从宜昌撤退后剩余之两千吨柴油，足够使用半年。半年之后油料告罄，民生公司将被迫让大部分船只停航，这必然会对长江上游之交通运输造成极大的困难。

好在民生公司一向善于改造轮船，遂尽量在宜昌及其附近接收长江中下游逃难而无所依归的旧船，将其锅炉、机器及船壳彻底改造和整修，使之能勉强航行于长江上游。

民生公司便这样先后接收逃难船只六十余艘，但其中可以改造和适用的并不多，乃决定订制以煤为燃料的新船，前后共十五艘。另又制造以油为燃料的浅水船两艘，以满足川江航运的需要。

在民生公司订制的新船中，最大的两艘长137英尺，宽25英尺，吃水7.5英尺至8英尺。其中有四艘为铁壳，有十二艘的机器是重庆制造，锅炉是民生机器厂制造的。在造船过程中，民生公司为材料和技术的问题费尽了周折。例如锅炉钢板，曾在香港购买了一批，到了海防却受阻无法运进。在上海买的一批钢板，绕道运至仰光后亦无法运进，只好在昆明另购一批。预先订购之轮船，两年之后才姗姗来到重庆。技工方面，冷作工系从上海招聘而来，木工系从湖南招聘而来，招聘过程亦十分费力、耗时。

此后，民生公司一半的航线主要靠新船和改造的旧船营运，原来烧柴油的轮船停了一大半，只使用吃水最浅的烧油船，节省了大量柴油。这样，节省的油料和五金材料配件才能勉强维持战时运输，减少民生公司的亏损。若不如此，则要仰靠高价油料，于支撑航运极为不利。

国民政府迁川后，川江航运成为大后方运输的主干。为了战时运输的需要，民生公司不断增添船只，其最多时为1939年，共有轮船116艘，30400余吨。那时收购的旧轮达到最高纪录，订造的新轮则尚未完成。此后新轮17艘陆续加入航行，又购得海关轮船4艘，共有船舶137艘，36000余吨。过了一段时间，又因部分船只不适用于川江的航行而拆卸了20余艘；被炸毁沉没15艘，仅有少数被打捞修复。

一般人觉得，拥有大量船只的民生公司维持战时运输，绝不至于感到为难。事实上，在运输过程中要准备油料、零配件和备用船，还得培养后备船长，准备工作的工作量是很大的。

四、巨大的损失与牺牲

在整个抗战期间,民生公司为了抢运长江中下游的难民和物资器材入川,把抗日部队不断运往前线,付出了巨大的损失与牺牲。在此期间,共有一百多名职工伤亡,令人伤悼。此外,先后被敌机炸毁、炸伤船只16艘,其中无法打捞及修复的共11艘,4700吨。在撤退抢运中,因汽油着火,炮弹爆炸等事故,又损失驳船4152吨。至于民生公司被敌机炸毁的厂房、仓库、机器设备,以及被损坏的码头、囤船、货栈等,亦为数甚巨。

在抗战期间,运费、票价都由政府当局限定,而运输开支却无法限定,远在一般物价尚未限价之前,轮船即已开始限价了,其水准比一般物价为低,更比轮船本身所需的油料、零配件的价格为低。例如,1943年钢板的价格已超过战前一千倍以上,圆钢条超过战前三百倍以上,柴油超过战前三百倍以上,机油超过战前两百倍以上,煤炭超过战前一百二十倍至一百六十倍以上,其他物价也无不超过战前百余倍乃至数百倍。唯有轮船的票价、运价平均仅比战前提高四十余倍,再加上名目繁多的差运,遂使民生公司的收支失其平衡。

民生公司除战时被炸毁沉没的船只外,尚有98艘船。其时川江航运的最大限度,仅可供其四十艘船运行,其余船只无法航行,但得准备航行。因为,首先需根据差运的缓急备好船只,其次因江水涨落的变化需要备好船只。例如嘉陵江水易涨易退,涨水时使用五艘烧煤的船,退水时立刻要改换五艘烧柴油的浅水船。要维持经常航行的,即需要一倍以上的船只备用,凡此困难,均是外人难以理解的。因此,在战时参加运输的若干轮船公司中,民生公司亏损最大。

本文选编自中国人民政治协商会议四川省重庆市委员会文史资料研究委员会《重庆抗战纪事1937—1945》,重庆出版社,1985年

抢修抗战公路——乐西公路

罗长安[*]

一、乐西公路的基本概况

20世纪30年代末至40年代初，在中国西南边陲，有一条简易公路蜿蜒在崇山峻岭之间，这就是连接抗战国际通道之滇缅公路。这条公路连接着成都和陪都重庆，其乐山至西昌段，简称乐西公路。

当抗战进入最艰难时期，中国半壁河山沦陷，日军切断了中国的铁路交通，封锁了海运和内陆水运，四川成了抗战大后方。为此，国民政府在四川大量征用民工进行国防工程建设和地方建设。当时以四川为基地而抢修的川陕、川滇、川黔、川湘、滇缅等交通公路，四川征工总计即达250万人以上。乐西公路就诞生在这危急关头。

建设期间，蒋介石连续下达六道指令，严令要求在限期内建成乐西公路。20多万中国工程技术人员和民工（民工来自四川20多个县，其中包括14000多名犍为民工），抱着筑路救国的坚定信念，殊死赶工，褴褛开疆，用血肉之躯，筑起了乐西公路这条一线系千钧的抗战生命线，同时开辟出西南边陲的又一条经济大动脉。

乐西公路东起乐山王浩儿，西至西昌的缸窑。全程525公里，其中四川省（实指今乐山市）境内198公里（随着后来的区域调整，现在只有178公里），西康省（今雅安市汉源县至西昌市）境内327公里。整条公路桥涵1300座。

乐西公路于1939年8月开工，全路于1941年2月通车，历时16个月；1942年3月办理结束，整个工程历时两年七个月。总计耗资9571.5万元（法币）。

这条公路全部穿行于中国西南边陲大小凉山，全路五分之四都是崇山峻岭。全线经过的地方，三分之二以上纯为大峡谷，山岭重叠，深谷纵横。部分公路就悬挂在高度超过400米的悬崖绝壁上，抬头不见顶，低头不见底。全线海拔高程从400米到2800米，最大高差达到2400米。

大渡河畔施工现场

乐西公路工程的艰巨具有险工、难工两大突出特点。险工主要有第一总段之大小峭壁，第二总段之大小火铗，第三总段之岩窝沟，第五总段之铁寨寨，第八总段之望乡台

---

[*] 作者为《犍为抗战记忆》主编。

等处，皆峭壁陡立，湍流激鸣。难工为施工地段之恶劣气候，主要有第七总段之蓑衣岭，海拔 2800 米，第五总段之菩萨岗，海拔 2500 米。乐西公路的马鞍形纵断面的两个鞍峰，约为全路五分之一，100 多公里左右，其海拔高于 2000 米，属于高海拔。海拔每升高 1000 米，温度降低 6℃，海拔愈高昼夜温差也愈大。蓑衣岭、菩萨岗气候凛冽、人迹罕至，再加之补给不足，工程施工格外艰难。工程处施工课长成希颐评价道："乐西路高桥至大桥四百公里，天寒地冻，断指裂肤，非经艰苦奋斗，无以观成。然而天时不可抗，地利不可造，要在如何避害取利以人力克服困难而已。"

中央视察组视察时通过公路

二、死亡之岭——蓑衣岭

蓑衣岭，海拔 2800 米，乐西公路全程最高点。上山路长 28 公里，高差 1300 米；下山路长 16 公里，高差 800 米，平均坡度达 5.5%。从大渡河边的金口河至岭顶相距不过 50 公里，驿道有 70 公里，而两地高差竟达 2000 米。在山间仰望巅峰，耸入云际，荒山野岭，十里无人烟。九十月间，雨雾天气占百分之九十。岭上气温比山下低 20 度左右。从十月到翌年四月，气温常在零下十度，"积雪没径，五月解冻"。大雾起处，蔽日无光，雪风吹来，砭肌欲裂。由于终年多雨雾，少晴天，行人过岭，必带蓑衣、斗笠等雨具，蓑衣岭因之得名。

施工现场

蓑衣岭同时也是乐西公路的最难点之一。由于路基土质为黏土质，含水量多，吸水性亦大，故当剧寒之时，冰冻深达一两米。不良的地质条件、恶劣的气候，两者相加大大增加了施工的难度。

蓑衣岭工程为赶工解决险难工程计，工程处于 1940 年 4 月，在第二、三总段间蓑衣岭地带增设第七总段。总段长成从修，湖南人，毕业于湖南大学土木系。总段辖 25、26、27、28 四个分段，所辖路段从峨边县楠木园越蓑衣岭讫川康交界之岩窝沟东，全长 51.7 公里，距乐山 195 公里。其中，27 分段承担蓑衣岭最顶端段，民工来自乐山、夹江、仁寿、井研、犍为、洪雅、蒲江、内江、资中、资阳等十县，以及百余名兵工和少量小包商公司。

蓑衣岭

在蓑衣岭段全面开工的日子，山上搭了 200 多间临时工棚。"民工搭工棚无稻草可咨购买使用，捆扎棚盖悉用山间野生细竹苗，既不能避风，又不能避雨，这样的工棚就是细雨亦滴漏不止。棚内积水成凼,起居坐卧皆在泥塘,蓑衣岭又常是十风九雨。白天工作,夜间亦不得休息,可谓困苦万状。"民工们曾吵嚷说:"我们已经进山来三个多月了……衣服破了,连草鞋也没有……吃洋芋苞谷,没有米吃,连菜也没有,更没有钱……""与其活活冻死在这里,倒不如一枪打死了痛快……"后在王仁轩等管理人员的动员下,民工们才纷纷表示:"我们宁愿冻死在蓑衣岭,决不摔死在大渡河(逃走),就好比宁愿战死沙场,决不愿做临阵脱逃的败兵。"一定要"凿开白家山,打通蓑衣岭,填平脚鱼沟"。

西康省民工管理处工程第一大队

蓑衣岭民工死亡人数为全路死亡人数之冠。蓑衣岭全面开工已逢初冬,高海拔山地奇寒。川境各县民工大多居平原丘陵地区,且携带衣被薄少,严寒和强体力劳动,使配给食粮难以果腹,而且糊口的工粮还经常接济不上。民工们几乎长期食不果腹、衣不蔽体,就连草鞋也没有。许多人身披破衣、打着赤脚在冰天雪地之中劳动。民工工棚极其简陋,睡眠湿地,而且营养不良,风雪相摧,大多民工患上伤寒等多种疾病。加上缺医少药,不病则已,一病多亡。死亡原因多为冻、病、饿复加相摧。据不完全统计,在修筑蓑衣岭路段中,死亡民工共计3000多人,其中据"修筑蓑衣岭段公路时的一位邹工(浙江大学学生)讲,蓑衣岭最高点约100米处,修通这段工程,就死亡2400多人"。故蓑衣岭被人们称之为"死亡之岭"。

1942年2月,大渡河桥工所主任郭增望路过蓑衣岭,正遇雪霁天晴,大部分民工已回去。沿途山坡、山腰,残骨新坟随处可见,郭增望感慨万分:"真是一路打通万骨枯啊!"

为铭记蓑衣岭筑路死难的筑路员工,赵祖康批交工程处设计一价值千元纪念碑,赵祖康题词"蓝缕开疆";27分段亦立蓑衣岭纪念碑一碑,王仁轩题词"蓑衣岭"。两块碑在潇潇漫漫的雨雾中,至今屹立在蓑衣岭峰顶乐西公路路旁。

三、魔鬼住所——岩窝沟

岩窝沟位于汉源县永利乡境内,是一个三面峡谷的地质断层,地处蓑衣岭南麓,海拔2000余米,一沟界当年的川、康两省。沟呈狭窄的巨"V"状,环绕三面近似垂直的峡谷,沟深1500米,宽800米,悬崖绝壁,陡峭险峻。乐西公路从蓑衣岭蜿蜒而下,绕沟而筑,长约6公里。其公路沟口宽约200米,沟深200米以上,俯瞰沟底,深邃黝黑,深不见底,石块下落,数秒才听得到回声。从美国回来的筑路专家、第一总段长陈孚华,抗战期间他回国参加筑路建设,走遍了陕西、甘肃、四川、青海、西藏、云南以及缅甸、越南等地,从未见过如此恶劣、险峻异常的可怕地形,他给岩窝沟取了一个恐怖的名字叫"魔鬼住所"。

岩窝沟顾名思义,岩石成窝,几乎全是三叠纪之石灰岩层。工程石方集中,赶工只修筑单车道,石方量也有20多万立方米。岩窝沟沟东川境段石方工程最为艰巨,有一段明挖有26米长,接下来更为艰巨,是一段明深挖33米、长100多米的深沟路堑,再

岩窝沟工程

接下去便是一段 20 多米长的半山峒，然后到公路沟底过水路面，弯入康境。石方之集中，工程之艰巨，国内外极为罕见。

在岩窝沟路段，公路要从绝壁上开凿一条约一华里多长、四米宽的路基，因山势险峻，全是挑选体力好、反应敏捷的青壮年民工组成"敢死队"，三人一组，分坐三个箩筐，用大拇指粗的麻绳拴着箩筐悬吊在峭壁上轮流掌钢钎，抡二锤，"掏耳屎"（挖炮眼里的碎石渣）、装炸药、点引线实施爆破。施工难度特别大，设备又太简陋，给敢死队造成很大伤亡。每天早上组织上百民工出去，晚上回来时已所剩无几。造成民工伤亡大的原因往往是拴箩筐的麻绳被磨断之后，连人带筐一起摔下山谷，或是被山上的飞石击中直接砸下岩去，再就是实施爆破作业时，点燃火线后上面负责收拉麻绳的人动作慢了，当炸药爆炸时点火的人还在半岩上无法躲藏，于是眼睁睁地看着一个甚至十几个大活人一起被炸飞。这种可怕的情形不仅让许多民工葬身于岩窝沟的谷底，更让活着的民工心里无比恐惧。

由此，岩窝沟工程成为乐西公路最后攻克的堡垒。由于工作面狭窄，峡谷内 6 公里路段集中了 3000 多人施工，平均每公里 500 多人。施工尽量扩大工作面，只要能站下一个人，就安排一个施工，工地尘土飞扬，几可蔽日。徐以枋科长上路视察，从蓑衣岭下来，遥望岩窝沟"尘土翻腾，上升数十米高空。放炮声、滚石声像火炮声、鞭炮声，响成一片"。为了赶工，施工采取夜班作业，用火把照亮，24 小时不停止施工，连续开足 33 天夜工。每天中午和半夜十二时，施工人员全体歇工。爆炸人员点燃炮眼，一时间，爆炸声震天动地，乱石纷飞。

工程结束后，据不完全统计，岩窝沟 6 公里路段的施工中，就有 125 名工程技术人员和民工因爆破和坠崖身亡，平均每公里死亡 20 多人，伤者不计其数。为纪念死者，当时在沟底路旁立了一块碑，后为岁月所湮没。2011 年 6 月 22 日，中华爱国工程联合会、华藏山社、汉源县乐西公路抗战文化研究联合会三家联合，又在岩窝沟桥头重塑了一座高 2 米、宽 1 米的石板式纪念碑，碑文内容为"忠魂精骨，永昭日月"。碑首题款内容为"纪念抗日战争期间修筑乐西公路为国献身者"。

岩窝沟路段虽然如此艰巨，但是员工们并没有向其屈服。在乱石狰狞，灰尘弥天的岩窝沟工地上，当年有一条醒目的标语："用我们的血和肉，去填平岩窝沟。"这条标语既鼓起了全体员工的士气，又诠释了岩窝沟筑路之艰辛和悲壮。

1942 年 9 月 27 日，在乐西公路畅通期完结后，乐西公路修筑民工绝大部分已返乡。乐西公路工程处在乐山凌云山大佛寺举行了修筑乐西公路死难民工、员工公祭。乐山《诚报》于 9 月 12 日刊发了公祭启事。

为了纪念那段历史，中国现代雕塑奠基者、雕塑大师，北京天安门广场人民英雄纪念碑主体浮雕作者刘开渠，1948 年赠送赵祖康一尊"开路先锋"雕塑，用以纪念参加抢修乐西公路的所有筑路员工。

当年参加修筑乐西公路的民工，涉及当时的川康两省31个县20多万人，整个工程中死亡超过4000人，死亡率达2%，平均每公里死亡8人。其中岩窝沟路段平均每公里死亡达20人，修筑蓑衣岭最高点100米处路段，即死亡2400多人（整个蓑衣岭路段死亡3000多人，其中一个晚上因冻、饿、病而死的即达200多人）。成为中国公路修筑史上死亡之最，也是中国近代建筑史上死亡之最。另外尚有两万多名伤残人员。

而修筑乐西公路之艰辛，还可以从另外一个侧面看出：据当年的民工奖励办法记载，"鼓励办法，多为奖以牙祭（肉食）、草鞋、土烟、辣椒、盐巴、酱油等"。

乐西公路建成后，东连成都—重庆，西接滇缅公路、中印公路和支撑驼峰航线，成为构建抗日大后方基地公路网的一条重要战略通道，在中国抗战中那段特定的历史时期里发挥了十分重要的作用。

当年亲自参加修路的一位工程技术人员，后来为这条公路题写了一副对联：抗日卫国，一寸山河一寸血；蓝缕开疆，一米路桥一米魂。这副对联深刻地表述了修筑乐西公路的艰辛、悲壮以及其意义和价值。

四、犍为在乐西公路建设中的贡献

在抢修乐西公路这条抗战公路中，根据四川省国民政府下达的任务，犍为县先后共计动员、组织了民工14000多人参加乐西公路建设工程，时两任县长杨子寿和董家骧先后兼任犍为县民工总队队长。

在抢修乐西公路工程施工中，先后共有400多名犍为人献出了宝贵的生命。他们和整个死难员工一样，将尸骨留在了蓑衣岭的深山峡谷和荒郊野岭之中，至今无名、无姓、无墓，尸骨也无存。

抢修乐西公路，这也是犍为人为抗日战争做出的不可磨灭的贡献！

和那些当年在前方战死沙场的犍为籍抗战阵亡将士一样，这段鲜为人知的、可歌可泣的、十分悲壮的犍为人在后方抢筑抗战公路的历史，全县人民应当世世代代永远不能忘记！

本文写于2015年

抗日时期道孚地区修筑康青公路概况

廖由松

1939年经国民政府批准筹修康青公路。

康青公路系按原驿道旧路由康入青。即由康定起，经乾宁（现八美区所在地）、道孚、炉霍、甘孜、玉龙（马尼干戈）、石渠至青海省玉树。全线长约674公里。这条公路的修筑，为康定至青海转西藏再通印度所共享。明修康青路，实际上兼筹了康藏、康印两路。此外，修筑康青公路还在于以下几种原因。政治方面：为了安抚藏族、治理西康。经济方面：开发康西北资源，沟通康青、康藏贸易。文化方面：国民党政令易于推行，加深影响，增强控制，借以促进文化之交流，弥合种族之鸿沟。军事方面：北接甘新，南连滇缅，西通藏印，东达渝蓉，实为连通大西南和西北之交通干线，亦即最深藏之国际通衢。

修筑经过。1939年由西康省交通局派队初测康定至泰宁段。1940年交通部公路总管理处组队复测泰宁至甘孜段，并同时踏勘甘孜至青海玉树段。同年康青线路正式确定由康定起，经泰宁、道孚、炉霍、甘孜、玉龙、石渠至青海玉树。线路确定后，西康省府请先修康定至泰宁段，交通部意见先修康定至甘孜段。由于国民政府经费短绌，且川康公路改善工程整修未遂，后勤运输困难，致使康青路的修筑暂时搁置。直至1941年春，交通部觉得康定以西营官寨地势开阔平坦，可修建民航机场，为使机场能与康定有陆空联络，决定首修康营公路（康定至营官寨），即康青公路之首段。此段共71公里，全段筑路资金系"库款省办"，即由财政部拨款，西康省交通局督造。

康营段全段工程，以大坪至折多塘5.5公里，地势起伏无定，悬崖峭壁，加之施工设备简陋，工程最为艰险。且折多山气候严寒，海拔高度达4360米，时为国内外已成公路高度之冠。康定至折多山垭口长32.5公里，而高差为1800米，亦属国内外罕见。该路工程标准，原按部定丙等路山岭区及丘陵区施测，但因工程限期紧急，工款既少，物价又每日飞涨，乃改按单车道之标准进行赶筑，做权宜之处置。

同年10月下旬，对海拔较低处的路基土石方招工承包。1942年，国民政府严限10月底打通该段，筑路经费亦有所追加。时值川康公路改善工程告一段落，一则承包商增加，二则后勤运输亦较便利。根据运输统制局公路工务总处"除包商外，应尽量招雇土著民工，以期降低工程造价"的指示，制订了征调筑路民工办法，经西康省政府核准，征集民工共3500名。计泸定1200名，康定1000名，丹巴500名，九龙200名，雅江150名，道孚400名，泰宁50名，每个民工筑路时间预计为42天。道孚县政府按各保差役情况，分别从城关、民政、格西、孔色、麻孜和瓦日等征派藏、汉族民工400余人，由县府郑伯筠（士兵排长）、何树堂警佐带队，民工自带口粮衣被于同年7月赶至折多山筑路。麻孜乡张伯清、城关李银生、彭错等不少藏汉老人对当时筑路实情记忆犹新,感慨万分。民工待遇,西康省筑路当局规定,按糌粑一市斤半或玉米二市斤,酌加五角至一元计算。工效定为普通土一点五立方米,松石零点六立方米,坚石三分之一立方米。征调大批民工修路,虽属创举,由于事前有周密筹划安排,工程进展颇称顺利。至10月底,该段全部土路打通。

民工筑路,亦有赏罚。凡按时完成任务,质量达标持续半月以上者,每民工奖励大洋两元,以资鼓励;对偷工者,限期返工,直至达标为止。

康营段初通后的纵坡尚多有9%～10%,甚至有12%者。陡坡与高海拔两者集于一处,汽车能否爬越,尚属疑问。故有关部门心存疑虑,为求此路成功,同年11月决定正式试车,用二吨半道奇卡车,满载行驶,因天寒地冻,除打火起动困难和需沿途频频加水外,其余尚称圆满。

康青公路营歇段(营官寨至青海歇武寺),此段筑路资金等"库款自办",即由财政部拨款,交通部监造。

该段沿线地势,自跨越折多山后,已进入无大山的高原地带。又系河流发源地,桥涵亦少,工程较为简易。营官寨至甘孜,海拔在3000米以上,甘孜至青海歇武寺,海拔在4000米以上,唯气候高寒,不产稻米,施工所需工人及粮秣,全需由成都、雅安等地招募购运,工具材料又需由重庆、昆明等地收购。至于运输则全赖牛马驮运,以重达千吨之材料工具,仅赖载重百余斤,日行数十里之驮马运送,运输之艰难可想而知。据此,采取分段施工之办法,先修营官寨至甘孜段。

1943年5月,交通部川康公路管理局设营甘段工程处于营官寨,处以下设五个总段,总段下设分段。遵照《西康省征工委员会征集康区民工修筑康青公路营甘段实施办法》之规定,由德格、邓柯、甘孜、炉霍、道孚、泰宁、丹巴、康定、九龙等九县共征得民工8000名。民工待遇,按糌粑三市斤之市价及规定之工效,计算出工程单价,拟定为普通土每立方米一十七元二角六分,间隔土每立方米二十五元八角八分,松石每立方米四十三元一角三分。

道孚的筑路民工由县政府在城关、民政、麻孜、孔色、瓦日等保甄派,玉科牧区负责后勤运输。1943年9月,道孚民工先后在松林口至炉霍虾拉沱沿线开工。第三总段设在道孚,总段长徐维然,总段办公地点设阎家锅庄,运输总队长王子均,总队下设粮料处,分管粮食、筑路工具、材料等的运输,负责人是童权森,职责是将康定运至道孚的筑路型具及生活物资转发至炉霍、甘孜等各总段。据童回忆,每天收发筑路物资五六百驮。粮料处设在县城较大的新锅庄内,虽场地广阔毕竟堆放不了成千驮的各类物资,故物资随到随发,不致产生积压。

工程期间,西康省银行为便于承包商及民工的工资支付,在道孚城关阎家(锅庄楼上)设省银行派出机构,即道孚办事处,有四名职员:陈孺林任办事处主任,会计林子居,出纳廖品清,炊事兼勤杂彭述均。工程移至甘孜段后,该办事处即撤销。

道孚麻孜、城关两地民工在格日村一带筑路时,因一马毡纠纷,曾发生群起互殴,双方均有负伤者,此事曾一度影响筑路工期。后经县府派员斡旋调解,给双方伤者物资做劝慰,事乃平息,得以重新复工,完成了道孚的筑路任务。营甘段于1943年11月土路修通。甘孜至青海歇武寺段由交通部川康公路管理局甘玉段（甘孜至玉树）工程处，于1944年10月修通，康定至青海歇武寺全程764公里，土路粗通，路基宽6～7米，最大纵坡9%，偶有12%者。

1944年10月31日，由交通部公路总局专职委员容祖诰、川康公路管理局总工程师赵祖康、甘玉段工程处处长邵福宸及西康省府、西康省参议会、中央大学教授以及新闻记者共十四人组成试车团，以三辆美造大道奇卡车、两辆中吉普小车由康定出发至玉树，12月13日返回康定，往返费时44天，行程约1600余公里。据"试车报告"，按实际行车天数计算，去程平均时速16.8公里，回程时速14.4公里。每日行程二三十至六七十公里不等。其间因路基土质松软，过水路面不良，或盘山陡坡打滑，曾多次下车步行，并须推车前进。全程创纪录地段为道孚至甘孜，除在道孚格日村和万木卡之间汽车过鲜水河渡船时，时间有较大的耽搁外，其余均感顺利。全程150公里费时12小时，时速最高达40公里。回程途中，两辆中吉普车坏在道孚，停放七八日，后由大道奇卡车拖走。

康青公路虽粗路修通，因工程设施简陋，施工亦十分草率，名虽修通，实则仅试车一趟，并不能通车，也无车可通。1945年8月，抗日战争胜利，此路即失去军用价值，加之沿线商品经济也不发达，因而路线通阻与否不为当局所重视。加之民国时代，公路主管部门亦未认真养护，青康公路名存实无，全被废弃。新中国成立后，中国人民解放军进军西藏时，入藏大军和各族民众一道重新修筑此路，边筑路，边进军。现在川藏公路康定至玉龙段的前身便是原康青公路之一部分。

本文承蒙曾亲身参加修筑康青公路，已退休多年的童权森、叶仲才和李银生等老人提供的大量口述资料，同时，根据王效信先生所撰《四川省公路交通史志公路篇》（第二辑）有关资料，整理选编而成，在此，一并深表谢忱。

本文选编自《道孚文史资料选辑》第三辑，1991年

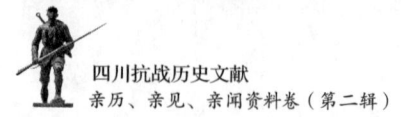

抗日战争时期威远县的水、陆路运输事业发展实况的亲见和亲历

杨绍卿

1937年7月7日,日本帝国主义发动卢沟桥事变并大举进兵侵华后,由于日本军事力量较我国强大,沿海盐场很快被日军所占领。盐的军需民用都转为仰赖于川盐的供给,川盐的产区又以自贡盐场为最大,故川盐的供给区域以自贡盐场为主。

自贡盐场的煮盐燃料中,天然气不能满足需要,就必须增添煤炭作为煮盐燃料。对自贡市煮盐燃料的煤炭供应区,又以威远为主。故川康盐务总局于1939年来威远设立威煤统购处。设置威煤统购处的初期,是以城内南街集贤旅馆为暂驻地点,由蓝子育担任主任,后来又迁驻西街,由自贡盐场的东西场长郑福楠兼处长。

威煤统购处规定,威远县境内中、西、北三路的停办和新办煤厂,可以预领复办和开办费,各煤厂又可预支售煤款。于是,每到城的逢场日期,各煤厂厂商都到威煤统购处的采购组(组长袁戒三,组员袁树均)领取售煤预支款。威煤统购处在中、西、北路的沿线设了煤炭堆栈,各煤厂又设有驻厂员。各厂煤炭送到煤炭堆栈后,由驻厂员出具证明,煤厂厂商便可到威煤统购处采购组领取全部售煤款。

可是在煤炭运输上,由煤厂到煤炭堆栈都全赖人挑或黄牛、骡、马驮运。后以外段的煤无法运往自贡盐场,川康盐务管理局就调了两百部运盐板车来威远抢运内段至河边的上段的煤炭。为了便于统率,就把这两百部运盐板车编为两个板车总队。第一总队驻两河口桥头渡船庵内,由郭金声任总队长。第二总队驻沙树蜩今农机厂内,由我任总队长,我带领一百部运盐车抢运南门外詹家祠坝内堆栈存煤去向家岭堆栈,然后用人力和黄牛转运去自贡的东、西两盐场以应煮盐的燃料急需。

而当时的威井公路未铺有碎石,是一条毛坯路。我总队车辆空车回城时,每车都要拖坚石填补路上的坑洼之处。至1940年,才由川康盐务管理局调内井路技术员颜玉成来威远县养路段工作,把威井公路改为盐区公路。那时,在罗家坝过河,是用一只渡船过河,来去都只能将空车驶上渡船过渡。

南门外的一片水田,从1941年起,是由自贡盐商来威购买修建煤炭堆栈而逐渐建起房屋的。

威煤统购处停止购煤后,由威远煤槽公会颜怀西、煤商公会聂灼南、板车公会杨绍卿、民船公会曾炯熙等私人自由经营威远煤炭的产运销业务。

当时,由威远去新场的公路,开始只能车行到黄石板。后来为了石油厂运无缝钢管才从黄石板将公路修至新场,由第三区陈显良及其妻子李长清负责赶修这段公路。这段公路修成后,我们的板车又由外行驻到新场,运输原由威煤统购处购买的几十万包煤炭到傅家河上船。

1942年，威远至黄荆沟的公路修好后，我们的板车又开始从黄荆沟运煤至两河口上船或由黄荆沟运煤至罗家坝转运站，再转运去自贡盐场。罗家坝的堰坎未修好前，板车行至河边时，是用人把煤抬过河去上坡堆入转运站。现在罗家坝的堰闸管理所即那时的煤炭转运站。

1943年，新场的公路延伸至石牛洞并通车至连界场。威远县城至山王场的公路也已修好，我们的板车又去山王场运煤炭。当时，由威远县城去山王场的公路运输量少，故那时的威远煤炭的产运销等问题，难点在运出而不在生产。同年，由威远县城去高石场的公路修筑完工，开车典礼是由威远县的国民党党政军和民众团体的负责人黄达夫县长、周利群和我一起去参加的。从此以后，威远县境内的几段运煤公路都修通了。西路的煤炭可以大量运往自贡盐场。罗家坝的堰闸修成以后，河道的运输也没有枯水时节难于开船之虑了。

至1944年，威远的板车数量已增加到六百余部。板车工人多数来自广安、仁寿、资阳等县。

为了使威远县的广大群众和各行各业的工商人员，来去于威远和自贡之间乘车方便，我又排除一切困难，尽力从事发展由威远到自贡的客车业务，而将汽车公司定名为威远汽车公司。我私营的这个公司有一部客车运行于威远县与自贡市之间，一直到威远县解放时，威远县与自贡市之间也只有这一部客车行驶。另外，黄荆沟煤矿有一部载货车和一部吉普车。

由于在抗日战争时期威远的水、陆路交通畅通，煤炭业、冶铁业、食糖业以及其他的各行各业也就都能逐步发展起来了。

本文选编自《威远文史资料选辑》第五辑，1987年

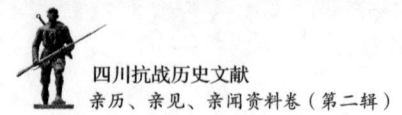

四川水利工程界学会活动纪实

熊达成

抗战期间,沦陷区的水利技术人员纷纷来川工作,修建了许多新式的灌溉工程。如洪雅县的花溪渠、三台县的可亭堰和郑泽堰、绵阳的龙西渠、遂宁的四联堰等,成效均显著,对军粮民食的增产起了一定的作用。1943年6月19日,四川省水利局总工程师张季春等发起,在灌县成立了"四川省水利局工程学术研究会"。会上选举产生了研究会成员。

名誉会长:何北衡
会　　长:张季春
副 会 长:张　瑨
总 干 事:张　瑛
干　　事:
　文　书:刘炳炎
　会　计:黄用诚
　庶　务:贾书河
　出　纳:刘　朴
　编　辑:施建臣　李殿冀
候补干事:吴应琪　朱培寿　叶嘉禾　李元亮

这个研究会虽然以四川省水利局水利工程技术人员为主,但会员中有气象、地质、农林、土木、机电和航运等专业技术人员。当时,我在自流井川康盐务管理局工程处经办威远河和盐井河的船闸工程,写信给张瑨要求入会为赞助会员。张瑨鼓励我在自流井组织成立学会,并建议以"中国工程师学会信条"办会,其主要内容:

(1) 遵从国家之国防经济建设政策,实现国父孙中山之实业计划;
(2) 认识国家民族之利益高于一切,努力贡献能力;
(3) 促进国家工业化,力谋主要物质的自给;
(4) 推行工业标准化,配合国防民生之需求;
(5) 不慕虚名,不为物诱,维持职业尊严,遵守服务道德;
(6) 实事求是,精益求精,努力独立创造,注重集体成就;
(7) 勇于任事,忠于职守,有互切互磋的合作精神;
(8) 严以律己,恕以待人,养成整洁朴素、迅速确实之生活习惯。

因为工作变动,我离开了自流井,原打算成立的"四川水利工程学术研究会自流井分会"就"流产"了。现将张瑁寄给我的《四川省水利局工程学术研究会章程》抄录如下：

四川省水利局工程学术研究会章程

第一条　定名　本会定名为四川省水利局工程学术研究会。

第二条　宗旨　本会以研究工程学术为宗旨。

第三条　会员　本会会员分下列三种：

（一）会员　凡四川省水利局及其所属各机关工程人员均得为本会会员；

（二）赞助会员　凡对于本会会务热心赞助者，经会员三人以上介绍，提请干事会通过，得为本会赞助会员；

（三）机关会员　凡四川省水利局直属机关得为本会机关会员。

第四条　会员权利及义务　本会会员有下列权利及义务：

（甲）权利

（一）会员有出席本章所规定各种集会之权利，并享有选举权及被选举权；

（二）赞助会员有列席本会年会之权利；

（三）会员有接受本会工程学术研究发明奖励办法之权利；

（四）会员有享受本会出版物优待办法之权利；

（五）会员有利用本会所设图书馆陈列馆等各种设备之权利。

（乙）义务

（一）会员有遵守本会一切规章之义务；

（二）会员有缴纳入会费、常年费及经募本会基金之义务；

（三）会员有尽忠于本会组织当选任期中一切责守之义务；

（四）会员有担任研究、讲演、投稿会刊及向本会报告研究工作之义务；

（五）会员有发展本会纯粹工程学术团体精神，而不以本会名义参加政治活动之义务。

附则：凡会员违反上列各项义务时，得由干事会酌情惩罚之。

第五条　会费　本会经费除募集基金另订章则外，有左列各项之规定：

（一）会员缴纳入会费国币四十元，常年费国币二十元；

（二）机关会员缴纳常年费国币五百元。

第六条　会务　本会以左列各项为中心工作。

（一）举行学术研究座谈会及讲演会；

（二）编纂及发行本会会刊；

（三）设立图书馆；

（四）成立幻灯电影读书会；

（五）组织工程考察旅行团；

（六）设置永久性之水利工程陈列馆。

第七条　组织　本会组织及职权列左：

（一）本会设名誉会长一人；

（二）本会设会长一人，总揽本会一切事务；

（三）本会设副会长一人，襄助会长处理会务，并于会长因事缺席时得由副会长代理执行之；

（四）本会设总干事一人，受会长及副会长指挥，组织干事会处理本会常务。总干事因事不能执行职务时，得委托干事会干事之一人代理之；

（五）本会设干事六人，秉承会长、总干事分掌干事会各项事务；

（六）本会职员由会员大会选举之，均为义务职，其任期为一年。于每届本会年会改选一次，连选得连任之。

第八条　干事会　本会设干事会，由总干事及干事组成立，受会长及副会长指挥处理会务，其职权如后：

（一）实施本会计划，发扬本会精神；

（二）执掌本会文书、会计、庶务和出纳事项；

（三）编辑发行本会刊物及图书馆、陈列馆管理事项；

（四）造报每年预算、决算及会务报告，并年会议案准备事项；

（五）本会需用的助理员、司书等的任免事项；

（六）办理本会其他事项。

第九条　特种专门委员会　本会依事实需要得设临时或永久性之特种专门委员会，其章程另订立。

第十条　年会及临时大会

（甲）年会

本会每年举行全体会员大会一次，由干事会召集之，照章举行各项会务报告、会议选举及各种工程学术研究讨论事项。

（乙）临时大会

经会员十五人以上之提议，由干事会召集临时大会。

第十一条　修订章程　本会章程得由会员十人以上提议，经年会到会人数三分之二以上通过，得修订之。

第十二条　本章程经全体会员大会三读通过，公布施行。

四川省水利局工程学术研究会成立后，在团结水利技术人员方面起到了较好的作用。因为当时水利工程技术人员来自各省，亟须团结共事建设大后方，以争取抗战的最后胜利。该会曾编辑出版《水工》专辑，于1944年1月出版了创刊号。其中刊载的李仪祉先生遗著《都江堰视察报告》、张瑨的《都江堰工程之修治与管理》、张瑛的《都江堰史略表解》、黄呈穆《三十二年洪水问题之研究》、李赋都和施建臣的《都江堰治本工程计划概要》等文章都是很有水平的，在研究水利学术、促进水利建设、解决水利问题和介绍水利常识等方面，都有积极的意义。又该会曾与金陵大学理学院教育电影部合作拍摄过龙西渠、郑泽堰、可亭堰、四联堰及花溪渠等四川新型灌溉工程，在重庆、成都、灌县及美国华盛顿放映。这个学术研究会还介绍欧美水利工程技术资料，并将其运用于省内水利建设中去。在创造和推广"刘朴式水轮泵"等方面，也是很有成绩的。"刘朴式水轮泵"由刘朴工程师在灌县高地实验场试验成功，并先后在三台可亭堰、郑泽堰及华阳沙河堡高地泄溉工程中安装运行。现今仍遍及全国的水轮泵，追溯其历史，应从抗战时期算起。研究会对创造和推广工作起了一定的促进作用。

1946年夏，中国工程师学会在成都市商业街励志社成都分社礼堂召开大会，提出要在各地成立分会。会后，我和四川省水利局总工程师李镇南（1985年，任长江流域规划办公室顾问）商量，发起成立"中国水利工程学会成都分会"。以四川省政府建设厅四川省水利局、四川大学土木水利系、成都水工试验室以及都江堰等各大堰管理处的技术人员为主要会员。当时成立这个学会有一个特殊的目的和动机，即自1945年8月抗日战争胜利后，外来的技术人员多要求回老家；同时又有一些出川的机关单位，拉技术人员去搞接收敌伪财产的工作。我们感到四川水利技术人才太少，如果大家都离开，就无从谈水利建设了。故成立中国水利工程学会成都分会，借以团结一大批水利工程技术人员，为四川水利建设服务。一句话："为四川留才。"

1947年12月7日，中国水利工程学会成都分会正式成立。成立大会是在我家召开的（布后街二号熊克武的息庐）。我用了400元做开办费（刻印章、印会费登记表和会费收据等）。会上选举李镇南和林启庸为正、副会长，下设文书、会计和庶务三组。张瑛任文书干事。虽然这个学会是纯学术团体，但我到四川省社会处去登记时，就受到刁难（筹备期间，我负责对外联系工作）。开成立大会那天，我们邀请了有关单位的领导，如四川省建设厅厅长兼四川省水利局局长何北衡和四川大学校长黄季陆，但他们都没有亲自到场。他们怀疑我们在搞什么政治活动。仅成都市政府派了一名社会科科长到场监视。本来，在当时的形势下，约集近百人在我家里开会（包括前来祝贺的四川大学水利系学生），我也不是没有顾虑的。但我二哥熊克武赞许我"为四川留才"的想法，支持我在家里召开这次成立大会。中国水利工程学会成都分会成立后，虽然干部很少，经费奇缺，但是办起事来还是很带劲的。我每月都亲自到各机关向会员收取会费，征求意见，交流工作信息，使我有机会同水利界各方面的同仁交朋友。学会确实起到了为四川留人才的作用。抗战胜利后，一大批水利工程技术人员继续留川服务，如李镇南、吴应琪、郭耀观、吴际春、魏振华、巩坚壁、张先仕、李元亮、朱塘庄、贾书河、詹国华、包士塑、叶嘉禾等。他们在四川成功地修建了许多水利工程。有些重要技术人才如张瑨回山东，李赋都回陕西，但这毕竟是极少数。

成都分会成立后，做过许多好事，如1947年7月成都发生特大洪灾，我被聘任为府南河导修工程处处长，在1947年到1948年的冬春季中进行了水毁工程的恢复和善后工作。当时，我使用的经费是来自南京、上海、北平和天津等地的赈灾捐募款项；技术力量是依靠中国水利工程学会成都分会的会员。如叶嘉禾担任了设计工作并主办了宝云庵河堤工程，詹国华主办了洗瓦堰的泄洪闸和节制闸工程，陈茂芹主办了东安桥工程，刘振华办理了望江楼河堤工程，还有许多同仁义务参加了水毁工程的修复工作。

本文选编自中国人民政治协商会议西南地区文史资料协作会议《抗战时期西南的科技》，四川科学技术出版社，1995年，版本后略

父亲郑献徵和三台郑泽堰

郑碧贤[*]

2006年,我得到了由我大嫂从美国带回来的父亲的日记,我翻阅这本藏匿了五十多年的日记,又从三台县档案馆里复印出150页有关父亲郑献徵的档案材料。终于,父亲和父亲修筑三台县郑泽堰的历史清晰起来。

1937年10月16日,郑献徵受命主政三台县,他带着何乃仁等四位同事上任。

当年百日无雨,春旱,收成不足两成。夏旱,土地干裂、庄稼枯死、井水皆涸、滴水难求,人食糟糠、观音土等。

父亲进入三台县境,沿途到处可见农民们在向老天爷祈雨盼水,百姓没有吃的,一个个骨瘦如柴,肚大如鼓。

一、为官一任 造福一方

上任第一天夜晚。父亲在办公室,一页页查看这些布满尘土的历史卷宗。关于水,历史记载着三台县修渠的历史。

乾隆二十六年(1761)县民陈所沦创修,灌溉数年,废。

嘉庆十五年(1810)邑令沈昭兴议复修,历时十年,1820年春竣工,灌三年,复废。

光绪二十九年(1903)天旱办赈,慈禧太后看见奏折后,动了恻隐之心,当即脱下手上的金镯说,没钱拿去卖了修堰吧!故取名"金镯堰"。前后耗时三年。终因山峦起伏,地势复杂,农民负担太重,无法偿还皇款,而再度作废。

尚存一息的上游永成堰仅有点滴涓流。而下游,沿涪江有坝地两万余亩,土地平坦肥沃,历因无水灌溉,种植仅以旱粮玉米、红苕、花生、棉花、麦类、油菜等。

农民为争夺水源而血战,打得头破血流,亲戚、朋友为此反目成仇,祖祖辈辈打了上百年!

这就是历史,近两百年间三度修渠无果。

到任的第二天,天刚亮父亲便带领部下首先去查看这残存的永成堰。县政府为他备好轿,但他选择了骑马。

这时,衙门外面来了一位绅士模样四十多岁的大汉,说:我有急事找新任县长。父亲下马,请他进来。来人急匆匆地从皮包里掏出一摞材料,双手呈给县长,说:郑县长,我就是为兴修水利来的。我叫霍新吾,是原二十九军测量局局长。

---

[*] 郑碧贤为郑献徵之女。

父亲小心地打开霍新吾的图纸，铺在地上仔细看起来。大家都围了过去，屏气凝神，空气突然凝结了。图纸画得具体翔实，从如何引水到穿越的路线，清清楚楚。

父亲抬头一扫心中的阴霾，挥舞着手中的图纸，哈哈大笑："老兄，你来得太及时了，三台人民将因你获救。"

一条生命之堰，从霍新吾拦马开始。

霍新吾原名霍维璋，三台争胜乡人，生于清光绪十七年（1891），宣统二年（1910）入叙府中学，受革命思想影响改维璋为新吾。后入四川陆军测绘学校，实习一年后任南川县矿务局局长。民国十七年（1928），三十七岁的霍新吾回到三台，被聘为二十九军田颂尧部队测绘局局长，他带队深入到三台的每个角落，历经八个多月翻山越岭的实地考察绘制出第一张"三台县地图"。1930年大旱，他亲眼看见百姓为水求神拜佛，耍龙求雨，吃草根，吃树叶，吃观音土，每天都在死人。凄凉景象对他触动很大，他产生了依靠科学拯救人民的想法：兴修水利，把涪江这条巨龙引进来与天老爷斗。

郑献徵

1937年在乡亲的支持下，霍新吾连夜将三台的修堰治水报告写出，并交给郑献徵县长，郑县长看后并迅速呈送到成都的建设厅厅长何北衡手上。

信中反映的情况令何厅长震惊！三台的旱情他是知道的，但没想到这么严重。信中郑献徵表达了三台县急切要求兴修水利来尽快解决农民用水的问题，并附有二十九军原测量局局长霍新吾的详细地理测绘图及报告。

何北衡当即决定召开会议，研究三台修堰方案。

抗战时期，全国水利专家、学者，随着黄河、扬子江、导淮委员会水利机构相继迁入川，云集四川。

何厅长向他们如实地介绍了川北一带的旱情。然后，拿出霍新吾绘制的图纸，请大家共同来研究，同时申明，这也许是我们抗战以来第一个农村水利工程计划。

1937年10月30日，四川省水利局局长邵从燊奉何北衡之命率队从葫芦溪至刘家营，沿涪江两岸三十余里，勘探渠线。

这样，在郑献徵县长接任后一个月，三台县迎来了自清乾隆以来第一批真正的水利技术专家：留美博士曹瑞芝、工程师万树芬、总监王鸿遇。他们是来负责实地勘测考察、确认方案及工程前期的筹备工作。

于是前期工作启动，郑献徵自己亲自兼任渠堰管理处处长，霍新吾为副处长。郑县长对部下要求很严格，对自己也不例外，他制订了一套修身治事的规则，并以身作则：乐观、自信、挺起胸膛勇往迈进，要有抗战精神。

二、大敌当前　同仇敌忾

渠道要经过三乡，需要三地协商。

协商会议在三台名刹争胜寺召开，郑献徵县长亲自主持会议。永成堰和桃、李、太三坝各派代表参加，其他农民也可以自由列席发表意见。

会上，我国著名的水利桥梁学家黄万里充分阐述了他的解决办法和见解。他认为：抗战时期民生维艰，要充分发挥技术的效能，以提高工速、降低成本，取得尽可能高的工程效益。重新开口，这既耗费资金又费时，不如从永成堰引水合沟，扩大进水口流量，改造渠系建筑物。上游下游一齐抓，连接成一条完整的堰渠。

修新堰对桃、李、太三坝绝对有利，代表们举双手赞成，毫无异议。

然而，老堰永成堰水利协会坚决反对：永成堰历史久远，堰基还算巩固，水源虽不丰富，总比没有强。

父亲从抗战形势大局对大家进行教育，再从先辈修堰的艰苦历史，到连年不断的天灾，从为争夺水源血溅田地的严重后果，再谈到以先进的科学技术修堰的可能。他说："修堰，就是要你们从此不为水愁，让大家吃上白米饭，就是要生产更多的粮食支持前线，彻底打败日本鬼子！难道我们愿意当亡国奴吗？国难当头匹夫有责啊！"

父亲说，决不要永成堰出一分钱。明年春耕前完工，保证不误农时。我以乌纱帽担保。

最后经过协商，达成协议：永成堰同意桃、李、太三坝合沟引水。与会者饮血酒盟誓。

1937年，除夕夜。父亲身着长棉袄，在书桌前秉烛书写。

他在这天的日记中写道：对小日本蹂躏我大好山河恨不能食其肉。大局险恶至此，殊令人杞忧不置，至万不得已时，除杀家告庙，只身参加游击战与丑类肉搏为快外，殆无他道足以痛快泄此胸中恶气也！

他是三台县的父母官，需要他做的是改变三台穷困的现状，减轻三台县人民的痛苦，振奋他们的精神，多产粮食，贡献前方。

他决定在新一年的第一天，颁发文告，作为建设新三台的起点。

新年文告第一条明文规定：堰，新年元旦动工，当于今明两年春季以前次第完成涪江流域之堰工。

新年文告第二条明文规定：县府须时时有可供紧急调遣之游击队一百五十名至三百名，时时有应付非常事变之准备，时时有非常事变之戒备侦查，务使县境内无一匪奸回窝主之潜伏。县境以外纵有三百人之股匪，亦不能长驱直入为害地方。

经过几个月的筹备，修堰工程于民国二十七年（1938）1月1日早上七点准时动工。

经过工程部门的仔细计划，动员了15000名民工，2500名石匠，由各户摊派，以谷子和现金作为工钱，每天完工即行发放，绝不拖欠一粒粮、一分钱；工钱按天计算，每天有专人用箩筐抬着铜钱和纸币发给每个人。钱，不一定要交到具体人手上，只需放在他指定的地点，上面再压上一块石头，就完事，不是怕偷是怕被风吹走。

工人每天分三班干活，人歇工不歇。

永成堰二十二公里的渠系整治工程，历时仅70天。1月1日动工，3月10日试放水。正值春灌，农民看见清澈的渠水，一路欢歌穿越支渠，再流进他们的田地，流进他们祖祖辈辈望眼欲穿的田地。水，增强了大家的信心。永成堰灌区又有2000多人投入到桃、李、太灌区的修建。自此，已增加到两万多工人的庞大队伍了。

开工，不等于万事大吉，困难的事在后面。

三、克服困难打通障碍

左家岩有个左大爷，他有钱、有地、有枪，还有护院的家丁，没有人敢惹。

根据测量的路线，水渠必须从他家门外过，这条路线几经修改，已做到最大限度的照顾，否则，走直线肯定会穿院而过。事实上，水渠距他家有好几米远，对他进出毫无妨碍。

左大爷不干，他说这是他祖宗留下的风水宝地，挖渠堰破坏了他家风水，让他的财运顺水流走，谁敢动他的地，就让他走着来趴着回去。左大爷财大气粗，省里有他认识的人，靠山也硬。霍新吾、刘度、吕福堂轮流去晓之以理、动之以情。他软硬不吃，全然不把这些人看在眼里，就是县长来了又能把他怎么样？就是不让挖。护院家丁在他唆使下也都端起枪来，时不时放上一两枪显威风。

父亲决定亲自出马。

此时，一封县长亲笔书写的请柬，送到左大爷手上。左大爷看后暗自得意，便耀武扬威坐轿启程去县政府赴宴。

左大爷前脚走，父亲就带着一排荷枪实弹的正规军，骑着马一阵风似的赶到现场。

家丁们看来到来了真的机枪手，立即狼狈逃回院，紧关大门。

父亲命令一个班，持枪密切注意院内动静，其余的全体参加修渠劳动。

那边左大爷当夜被县办主任留下来吃了中饭，吃晚饭。好吃好喝好招待，吃了晚饭又安排休息。

第二天，左大爷匆匆赶回来，看到外面毛渠堰沟凿开修完，这才恍然大悟，被别人施了调虎离山计。进得门来，正想发火，只见父亲一身戎装端坐在他家的堂屋里，眼里透着不怒而威的神情。时年三十七岁的县太爷，巧施调虎离山计，震慑了左大爷。

工程最艰巨处，为老马镇境内长约两百米的输水隧道，这条道绕不过去，必须穿山。霍新吾精心测定其走向和水平坡度，督导两端同时开挖。当时民工们对此举存疑，后来霍先生当场立军令状：我霍新吾，愿以身家性命担保，若隧洞不能按设计标准打通，请报上峰枪毙我，以谢乡人！

两端同时发出的叮叮当当凿石声，这条约两百米长，高宽两米多，呈半圆形的"通天钻地"隧道被打通！穿山洞里的石匠们一颗悬着的心落地了！

当那清澈的涪江水，一路欢歌湍流而来时。民工们称了一斤白糖，提上一罐子渠水，真诚地向霍先生谢罪。真是鱼水情，人天意啊。

现在这条位于争胜乡青皮嘴的"穿山甲隧洞"和两侧十二里长的劈岩渠，还是那么神气活现满载着清澈的流水，昼夜静静流淌，把水送到农民田地里、送到家门口，老婆婆、小媳妇端个脸盆就能洗衣服、洗菜。大渠、中渠、细渠，如网状覆盖着这片土地。

郑泽堰按老规矩一年十一个月的长流水，只有冬季一个月断水岁修。穿山甲隧道工程，再难也才两百米；但有的地段，既不能凿洞穿山，又不能架桥；只有在半山腰劈山开渠，修一条傍山渠道，又称劈岩渠。石匠们得一个个身上捆着绳子，从山上吊下来挥锤凿山，脚下几十米是波浪滔滔的涪江水，"张着嘴"随时等你掉下去。这样的高空浮悬作业，没点胆量、体力、技术，连想都别想。

1938年修堰图

四、高家桥渡槽

高家桥渡槽是渠上的又一处难点，它是由黄万里设计的。

黄万里在全面抗战爆发时，任四川水利局工程师。任职的第一天，接待他的就是时任四川省建设厅秘书长郑献徵。不久，黄万里被任命为涪江航道工程处处长。

1937年底，何北衡任命黄万里为修堰的总工程师，黄万里带着家人来三台，他选择离工地最近的地方修了一栋茅草房，供他的家眷和员工住宿。在茅草房里他一住就是三年！在这间茅屋里，指挥修堰，设计石质渡槽，培养工程技术人员，管理涪江航运工程，还生了可爱的女儿。

他来三台之前仔细研究过霍新吾的测量图和计划，也查过三台的地质地貌。但他要亲自再进行实地考察，几天时间纵横行程一百五十多公里，新自指导该水利工程建设。

在争胜乡南七里到新德乡之间，需要在两峰之间架一座渡槽，把两山连接起来，水由争胜上山通过渡槽引向新德山。

高家沟是架桥的必经之路，沟底全是烂泥巴、流沙，根本无法施工，一个民工下去探底，立即就陷进去，只好用抬绳拉上来。霍新吾他脱光衣服，用四根绳子捆住自己亲自探底，没想到只要一动就陷得更深，泥没到脖子还没踩到底。

霍新吾忧心如焚，终日冥思苦想。这天，伙夫送饭来。把筷子插在饭上，出去了。伙夫走后，霍新吾看着干饭上插的那双筷子，像发现了新大陆。他从床上跳起来顾不得穿好鞋就往高家沟跑，工人们看他疯疯癫癫地不知发生了什么事，也跟着他跑。他说："我们可以用木材打桩作基础，而且就用我们当地的青冈木。"

郑县长听了汇报，高兴地用双手抱着霍新吾，高家桥肯定能如期完工。马上送报告给黄万里。于是，两岸滑坡台地，逐台梯次打桩，编栅护坡，垫桥桩就用了三万多根青冈树棒。

桥身用坚硬的花岗岩条石,以石灰、砂子、糯米、碎麻,混合而成的四合土砌筑;一座由东向西,桥高50米、长150米、桥面宽4米;中间水槽宽2米,深2米,左右各一米宽可供人行。六孔桥下,宽阔的河水由南向北穿流而过,上下两层互相呼应。

以乡人的情意,为它取名"万里桥"。但黄万里的父亲黄炎培先生不同意,以当地的村名叫"高家桥"。

五、毁家纾难 全渠通水

从1937年10月18日,郑献徵到三台上任,向省建设厅提出申请修堰。工程师们实地勘测设计,落实贷款资金,到1938年元旦开工,总共两个多月!

从1938年1月1日到1939年3月26日全部完工,耗时仅十四个月!

这条位于三台县城北面,通过涪江左岸三绵交界处取水的中型自流灌溉渠堰。主渠长46.5公里,灌溉千亩以上的支渠十二条,长68.4公里。自流灌溉开渠面积45200亩,浇河边地15000余亩。主干渠系建筑物164座。据统计,这条堰,一共挖了81万立方米的土石方,每一寸都出自二千五百名石匠辛勤的巧手。

工程用款甚多,除贷款资金外,亏欠部分由郑县长变卖自家田产填补。为了歌颂郑县长的功德,三坝堰代表开会决定,将堰取名"郑泽堰"。

"桃李太三坝水利协会"命名为"三台县郑泽堰水利协会"。

郑泽堰竣工后,其灌区内农作物顿然改观;旱地改水田,粮食增产甚多。三台人民生活开始改观,也有更多的粮食支援前线。三台后来成了抗战粮仓,成了抗战模范县,郑泽堰被誉为"中华抗战第一堰"。三台人的腰板挺起来了,三台人长了志气。

2014年,台湾国民党前主席连战为郑泽渠题字:中华抗战第一渠。

本文写于2016年

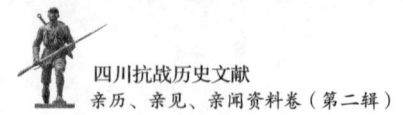

西昌新村特区修建经过

傅惠和

1938年，国民政府自南京、武汉辗转迁到重庆。日本侵略军继续向西南进逼，并以空军对四川各主要城市狂轰滥炸，重庆成为其轰炸重点。1939年至1940年间，袭渝敌机每天经常有一两百架次，市区遭到严重破坏，人民死伤数以万计，市民生活全被搅乱，不得不实行疏散。

为持久作战计，大本营于1940年初令财政部拨专款，由蒋介石手谕西昌行辕主任张笃伦在西昌赶建一批战备房，以便必要时供国民政府迁来使用，张笃伦立即在城内外选址，最后选中城东南十余里邛海泸山间风景幽美环境宁静的格来古一带，被命名为新村特区。

行辕随即设立特区工程处，由总务组少将组长耿心（季钊）担任处长，请康专校土木科主任余家洵教授等设计，自重庆招来营造师和技工担任施工，建设内容包括房屋、园圃、道路、发供电、通讯设施、供水等系统，大小项目共100多个，这是当时西昌规模最大的房建工程。

工程主体是房屋，分布在海滨近两公里的狭长地带，总建筑面积约6000平方米。按功能分三类。一类是通用办公房或集体宿舍，共20多栋，自西向东依序编号，都是长条形两坡水带柱廊平房，西式门窗、青瓦屋面、泥砖粉墙、灰板条天棚。每栋分为8间或10间，建面210~240平方米。这种建筑样式在当时西昌十分新颖，绿树掩映中显得典雅别致。

二类是高级办公及住宿用房，共8栋，每栋自成一个院落，除两栋楼房（南楼、北楼）外，都是四方形四坡水平房，与一类不同的是廊宽、窗大、门多、内外装修讲究。后来做稽查组的一栋，围墙大棚门内除花台外还有一个简易泳池。这类房编号前冠有特字。

其中的特6宅，蒋介石夫妇1945年9月底10月初来住过一周，并在此指挥解决云南龙云问题，接待过张群、孔祥熙、宋子文、杜聿明、戴笠等军政特要员。1950年1月顾祝同，2月蒋经国也先后来此住过几天，其他军政大员朱绍良、胡宗南也来住过，所以成了历史名宅。西昌市府20世纪80年代将其列为重点保护文物。特6宅在今铁路卫校西北、陆军医院宿舍楼南面，距公路百余米，东西长16.6米，南北宽16.05米，建面266.43平方米。从东面大门入内是过道，中有门隔为内外两段，后门在西。过道两侧共有大小房六间，最大一间带拐角卫生间，面积25.7平方米。其西是小套间，这就是蒋介石夫妇用房。房外为"L"形走廊，分别宽2米、3米，可眺望邛海。

三类房是各种生活、生产、辅助用房，包括厕所（两宅共享一个）、伙房、饭堂、电台房、电话总机房、发电配电房、警卫住房等，大小十余栋。

为解决交通运输，行辕令乐西、西祥两工程处将公路绕泸山前后至新村特区连接。

经一年施工，大小项目一一完成。行政院于1941年7月组织验收团自重庆经乐西路来西昌验收。该团有国府20多个院、部、会代表参加，团长是原外交部常务次长、行政院参事王家帧，他们对外称"康昌考察团"（有的报纸称为旅行团），后来公开印发下一本小册子名《行政院康昌考察报告》，内中只讲了西昌气候宜人，物产丰富，邛泸风景优美之类。验收后各院部部在所分房子外挂上了"西昌办事处"的木牌。接着设立了新村特区管理处，由行辕第三组上校科长马镇岱任处长，调三十六师一个加强团驻特区四周负责警卫。

但抗战进入战略相持阶段，日机对重庆的轰炸减少。国府也就没有再迁。新村特区房屋闲置。后来将两栋特宅拨给国民参政会"川康建设期成会"西昌办事处（主任为原驻苏联大使、参政员莫德惠）。另两栋特宅和部分普宅则拨给川滇西路局使用（普宅在路局撤后又做了西康技专校学生宿舍）其余房屋由行辕控制管理，以备中央大员来西昌时住用，直至解放。

半个世纪过去，当年所建房屋除15、16宅、特6宅等少数几栋犹残存外，其余多数已难觅踪迹，特6宅虽被列为重点保护文物，却因产权不明，又无人管理维护，已遭严重破坏，海内外游人多为之惋惜。

本文选编自《凉山文史资料选辑》第十四辑，1996年

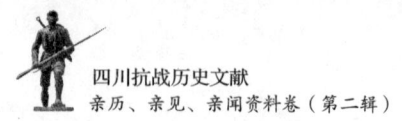

关于"川康藏电信"

刘 伦

1935年,国民政府派参谋团入川,对通讯设备(除军用电台外)以行政院交通部名义接管。仍照外省一样,邮电分设,最先是部属直辖全国邮政总局,部里本身部分设电政司主持电信事宜,至1942年添设电信总局后,部里的电政司才改称邮电司,兼掌邮、电。下至各省区内,邮、电部是分设,如在四川省邮政方面,设有东川邮政管理局驻重庆,西川邮政管理局驻成都。至于电信部分,则设川藏电政管理局,西康建省后改名川康藏电政管理局,先驻成都,后又更名交通部第四区电信管理局,1940年迁住重庆市郊区小龙坎天星桥。在参谋团入川时,电政司直接用交通部名义,在成都设置一座"交通部成都广播电台",呼号(XGOG),台址在成都市外南华西坝小门侧,这是当时四川境内唯一的、先行设立的一座无线电广播电台,是四川省内开办无线电广播事业的开始。1939年,该台并入成都电信局,内设广播科,下分技术、播音两股。其时,成都市内,收听广播,用自制矿石收音机,戴上耳机收听。此时听众并不普遍。

一、上海交通部国际电台内迁成都

1929年,交通部在上海设置一座电台,当时是较高技术标准的无线电报快机通讯机构(自动化程度较高),即"交通部国际电台"。内部设中央控制室(工作房)于市内沙逊大厦,并设置真茹发射台、浏行收讯台。这三处之间都有线电线路联络,遥控控制;发射在南,收讯在北;中央室位南北之中,系采用自动化较强的无线电快机工作。据说当时在终端机轮流值班的值机员,大部分是留过学的大学生,归来担任此项职务的。由于设备较优良、先进,员工技术能力较强,因此在上海地区,与外商水线公司竞争,就具备了条件。

七七事变后,国际电台奉命陆续迁来四川省成都市,其内部中央控制室设在成都市中心慈惠堂街第32号内。发射台设在外南华西坝广播电台内。专室装置各型发射机器,院墙外装置对欧、对美定向天线,一律绑上树丫,伪装成树林的样子。收讯台设在北门外梁家巷口新繁马路旁大院内,院内设有菱形收讯天线多条。

在成都国际台没有专门设置营业处,其营业递送等业务均由成都电报局永兴巷总营业处办理。1939年,我在成都实习过。1943—1945年,我被调入成都国际电台中央室,担任过值机员。为了疏散,中央室迁至成都市外北郊李家花园工作。当时日本飞机轰炸频仍,有时日夜都在躲警报,睡眠很成问题,工作颇为艰苦。在蓉国际台期间,每日工作时间为6小时,每天4班轮值,工作很忙,每月仍然有4天休息。成都国际台成都电信局分管国际国内通讯,成都局当时还与沦陷为日本人管辖的上海互通无线电报。据说上海电台设在上海的外国租界内营业。成都国际台主要与欧洲及亚、非、澳洲等地互通无线电报，一律使用英文字母电报传递；重庆电信局国际报房主要与美国进行无线电报通讯联络，因此在抗日战争期间，成都国际台与渝局国际报房互相间的电报传递就很为繁忙，采用载波电路，双方用快机收发工作。

早在1939年夏秋间，日本飞机狂轰滥炸成都市区，就把蓉国际台中央控制室与发射台及收讯台间的遥控有线电路炸断了，交通部与国际间的电讯联络因此停止了三天多。从业人员伤亡也不少，正所谓"覆巢之下，岂有完卵"！后经改用地下线路，架设绕道架空线，抢修修整，并添架郊外线路，使国际通讯得以维持。

从1943年起，积极筹组重庆国际电台。新建台址于重庆上清寺街，设营业处，开展国际报话业务。收发讯台设置郊外，人机由蓉台抽调，成都改设分台，维持部分国际通讯。1945年8月，日本侵略者无条件投降，国际电台迁回上海，在重庆设分台，在成都设支台，成都支台仍与昆明国际支台通报，分、支台人员大部随去上海。1947年蓉支台撤销，人员分调全国各地。

二、在川康两省境内几次设立无线电报台

抗日战争中，蒋政权对于川省的电信布置十分重视，建立了西南电话网工程总队，积极架设干线和分支线，以期尽量配合他的军事部署。

当时，国民参政会通过筹组"川康建设期成会"，开会决议："开发西康省，必先建立西康地区电信网……"但由于建立有线电路条件不够，主要是经济能力不能负担，所以暂先设置无线电报网，以为先驱。由蓉国际台调出人机，设置西康省丹巴、越西、会理等三台，在康省康属地区，第一批设置九龙、道孚、瞻化、稻城、定乡、德荣、邓柯、石渠等八台。后经交通部电政司与西康省政府协商，瞻化改设德格，稻城改设严源。由于多种原因，这一批仅先设置九龙、盐源、道孚、德格等九台，当时我系担任九龙电台主任。第二批设置理化（理塘）、得荣、邓柯、石渠等四台。川省设置马边台。在川省境内，凡属通达有线电路之处及重点地方，都添设无线电台，隶属当地电报局领导，计有泸县、宜宾、乐山、叙永、遂宁、南充、广元、通江、达县、万县、万源等台；在西康省有冕宁（仅有电台）、宁南、昭觉、富林场、汉源场等电台；在川省赵家渡还设了一座电台；并在雅安、康定、西昌等重点电报局，添设无线电话台，兼发收电报。此时有线无线电信网，简直是四通八达。其设台经费，在交通部电信基金军线专款内拨付。抗战胜利后，泸县、宜宾、乐山、叙永、遂宁、南充、广元、通江、达县、万源、冕宁、富林场、汉源场、赵家渡等台，相继裁撤。川省境内有线电报局改成营业处的计有富顺、威远、荣县、犍为、德阳、梓潼、剑阁、林沟、开江、潼南、兰田坝、江安、南溪、纳溪、洪雅、安岳、乐至、仪陇等18处。并将川康两省地区划分成八个电信局，计有渝管直辖指挥局、万县、泸县、宜宾、成都、遂宁、西昌、黔江电信局等。

当时西康省建立无线电台时，条件极差，所以员工们大都不愿去，即或去了的也不愿久住，纷纷托人情，找门路，希图调回内地工作。有人甚至另找饭碗。拉萨电报台的员工，得到三倍薪（要比康属多10元的边境津贴）尚不愿意久住边区。该台某工程师已在拉萨与藏族姑娘结了婚，生了两个孩子，还连同眷属调回重庆电管局供职。后来经

济、交通两部（百余人）联合组织康青视察团（西康省及青海省）视察康、青两省经济、交通及其他事项。其成员中有一个工程师包永可，认为边区电信员工生活艰苦，待遇菲薄，建议交通部给边区电信员工以优待，除原有工薪不动外，加发藏洋币，然后将藏洋折合法币发给，如上月1元藏洋折合2元法币，次月1元藏洋折合5元法币，则上月100元藏洋就须领200元法币，次月100元藏洋就须领500元法币，以补法币贬值之损失；只要当地县政府盖上大印，县长盖章的折合率证明，就可以向电信管理局领款。但是法币贬值过甚，太不值钱，个别地区还拒用法币，就是领到法币也起不了多大作用，所以电信员工更不能安心工作。

康青视察团由康定出发时，我在九龙县电台工作，采购了几十床擦尔瓦（系牛毛织的披毡，手工制造，披在身上可以遮雪御寒）送交康青视察团，供途中骑马做披衫之用，以御寒冷。他们非常感谢我。当时由康定西进，经由泰宁、道孚、炉霍、甘孜、德格、邓柯、石渠等地，赴青海省玉树，转道赴青海省会西宁，这样一段漫长的道路，叫作骑马走草地（当时未修公路及任何便道），途中人烟稀少，甚至杳无人烟，冰天雪地，还要自带食物，自带帐篷，野宿很多天。据说当时石渠、邓柯等县连县政府都没有定居点，也没有房屋，县政府只有自带帐篷随着藏胞逐水草而居，以收税款并掠夺虫草、贝母、麝香、鹿茸等昂贵物产。羊毛也是大宗货。在青康高原上，终年不化雪的地方太多，就是骑马，亦得带上墨晶眼镜（系有色眼镜，亦称风镜）。记得我到九龙电台去上任，随带员工、通司（藏语翻译人员）、乌拉差娃、马匹、牦牛专门运送电台物资及生活用品等。康定县派兵护送时，有一个士兵的脚上，包扎的毡子太薄，踏在终年不化的雪途上，当然湿冷，浸透了皮肤。将晚时，驻宿野地，烧火取暖（牛屎最好烧，烟比较少），第二天起来，这个士兵感觉脚痛。详细查看，原来脚趾与脚边，都在头一天晚上烤火时因离火太近被火烤焦了，把肉都烤成了炭焦灰，简直没有脚趾了，脚边也是残缺不齐，当然疼痛，无法行动。可见当时当地气候恶劣异常。后来我调回内地，与朋友们谈及，他们莫不吃惊。

三、接收电信——点滴见闻

1945年8月，日本侵略者无条件投降，交通部把全国划分成几个交通接收特派员区（大概有京沪区、平津区、东北区、武汉区、广州区等），但是各大区交通电信接收委员们所带的工作人员大部是从川、康、黔、滇、陕、甘、青等省电信机构内抽调的，日本正式签字投降后，不到几天，交通部电信总局就下达命令，将川省内泸县、广元、宜宾、达县、南充、乐山等所有已有有线电路的电信局内设的无线电台全部撤销，人机全部调渝，听候出川，接收全国电信。因此我亦得此机会，调渝电信管理局供职。

本文选编自中国人民政治协商会议西南地区文史资料协作会议《抗战时期西南的科技》

五

民众参与全民抗战的亲历、亲见、亲闻

四川民众与抗日战争

金振声

在关系国家民族生死存亡的抗日战争中，大后方的四川人民为之做出了巨大的贡献。川军出川，英勇杀敌，血溅沙场，屡建奇功，不少川籍抗日将士在前线献出了宝贵的生命；后方人民，顶住敌人的狂轰滥炸和层层封锁，努力生产，踊跃捐输，从人力、物力、财力各方面支持前线。忆及往事，令人感慨万千。现就我所接触到的当时的资料，将大后方四川人民支持抗战的主要情况简介于后。

一、应征入伍

抗日军兴以前，中国军队除红军而外，其兵员概系招募而来，行的是佣兵制。为适应抗战新形势的需要，乃于1937年开始，改行征兵制。四川省于是成立军管区，分设二十个师管区，配属作战各军，大量征集壮丁入伍，补充前线兵员。据不完全统计，征丁人数如下：

1937年8月至12月为13.4万人；1938年为17.4万人；1939年为30.6万人；1940年为46.4万人；1941年1月至8月为19.2万人。

以上四年征兵赴前线者共130余万人。

1941年以后，全国沦陷区域扩大，四川征兵额亦随之年年加大。这后四年所征之兵不下200万人，前后8年总计征兵在300万人以上（按川军建制部队出川抗战的六个集团军的人数，四川5万知识青年从军人数，中央直属各军由前线调来四川进行整补的人数，均不在上列入伍壮丁300万人之内）。

从历年在四川征兵入伍人数看，当时所谓"无川不成军"之语盖有由来，绝非虚语。

二、应征出工

自古以来，四川就是著名的关山险阻、蜀道艰难之区。在全民抗战时，四川是军需所赖之地。当此军需孔亟之际，开辟四川交通以便水、陆、空运及时支持军需，保障前后不绝，成为头等大事。当时以四川为基地而抢修川鄂、川滇、川黔、川湘四大公路，以及南北前线和滇缅前线在川省境的交通路，并整治川江航道等，所用民力，前后从四川征工总计在250万人以上。全川又新建空军基地33处，前后征工共计90万人。两项合计征工在340万人以上。

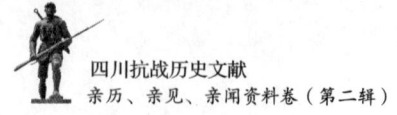

三、纳粮

抗日战争时期,四川实为军粮民食的主要供给之地。按四川田赋自1941年由缴纳现金改由征收米粮实物起,至1945年止,计征缴、捐献政府者,总计稻麦为8400余万石,占全国解征的粮谷总量的38.5%。其中在1944年竟占全国征解粮谷总量的50%。当时,政府除征解粮谷外,长江南岸各省战地军民所需食盐亦全赖川南自贡等地所产的井盐输出供应。长江北岸各省战地军民所需食盐,即靠川北一带所产的井盐输出供应。

四川盛产蔗糖,产量向居全国之首,历史上最高年产量在16万吨以上。自政府实行食糖专卖征实后,不仅增大税源,并对各省战地军民所需食糖源源不断地保障了供应。

四、完税

为了充实抗战财力,保障财政开支,自1938年起,四川的财政收入,一切国税全部解入中央国库者有:盐税为2400万元以上;田赋为2000万元以上;禁烟收入为2000万元以上;统税烟酒税为1000万元以上;合计上列税收在8000万元以上。1939年、1940年各项税收解入国库者,均与上述数字相同。

自1941年田赋改为征收实物粮谷后,随之附增加的各种税捐,在川中大量摊募的各种公债、美金公债、美金库券,劝募的各种储蓄及美金储蓄,各种捐献等,四川人民无不踊跃输将,使中央国库历年收入皆有增无减,得以增厚国家抗日作战之财力。

五、发展生产

发展军需民用工业生产,支持抗战需要,在七七事变后,由各地纷纷迁来四川的工厂和本省的厂矿,军需民用大小数百家。其中仅上海迁川的民营工厂就有148家,武汉迁川的工厂有64家。所有这些内迁和本地原有的厂矿,主要分布在长江、岷江、沱江、嘉陵江及涪江与渠江流域的交通线和原料产区。以川东(重庆、江北、合川、江津、綦江、永川、长寿、涪陵、丰都、云阳、万县;川南的乐山、宜宾、江安、纳溪、合江、泸州;川中的成都、简阳、资阳、资中、内江、自贡及川西北的灌县、彭县、绵阳、三台、遂宁、广元、南充、渠县)等县市为基地。带动千家万户的半机械工场和手工作坊,土洋并举(特别是纺织业),工商兼营,构成了大后方战时工业生产的基地。四川民生轮船公司在抗战中为了抢运难民、学校师生员工、军工物资和迁川工厂,先后被敌机轰炸、机枪扫射死亡员工100多人,受伤60多人,被敌机炸沉、炸伤轮驳20多艘。仅为军工民用工厂抢运的物资即达10多万吨。由于四川江河纵横,除轮船外,还有成千上万条木船担负运输任务,对于发展大后方生产极为有利。四川天府之国资源雄厚、物产丰饶、人民勤奋,有了上述水运之利和陆路车马长短运输之便,军需民用主要所需的煤、铁、电力、机械、酸、碱、酒精、纺织品、建筑材料(水泥、油漆等),以及造纸、制革、橡胶加工品、盐、糖、粮谷油料加工品、地方名特产品、农具、医药卫生用品等,都优先得到发展。当日寇空军对四川狂轰滥炸时,各厂矿或开山凿洞,就洞建厂,或依山傍水,隐蔽建厂,虽在硝烟弥漫之中,仍能坚持生产,支援前方,战胜了日寇对大后方的破坏。

这时的四川出现五湖四海豪俊云集的盛况,英雄有用武之地,无不各显其能,形成了一支工业生产大军,为支援抗战,争取胜利,做出了重大贡献。

六、发展文教事业

抗战开始,从津、京、沪、汉及沿海和西北沦陷诸省许多教育文化单位纷纷内迁四川省,计有大专院校50所,中学学校46所(包括职业学校),合计96所(这些学校按其性质分,有国立、公立、私立、教会办的几类,以其科别分,有文、理、法、工、农、商、医、师范教育、艺术和戏剧、音乐、体育等专业),还有国家和民间的各种科学研究机构,各种学术文化艺术团体,陆、海、空军各级军事学校,主要安置在成都、重庆、北碚、合川、铜梁、江北、长寿、涪陵、丰都、万县、江津、綦江、璧山、泸州、江安、南溪、宜宾、乐山、西昌、内江、自贡、金堂、绵阳、三台等县市,得到当地人民群众的欢迎和支持。四川省教育厅和地方政府亦以接待和安置迁川学校,作为重要工作,责成专人办理。

当时海内名流、专家学者皆荟萃于蜀中,他们与四川原有的16所大专院校、270所中等学校及各种科研学术文化团体的文教界、科技界人士相处一地,宾主尽欢,相得益彰。特别是同道老友,师生故交,急难相逢而又同舟共济者,倍感亲切。彼此讲文修武,砥砺学行,发展科研,促进文化,培植英才,不遗余力,惠及广大学子,得有机会实现充实自我、报效祖国之宏愿。这时四川文风之盛,为有史以来所仅见。文教事业的发展更是突出,即以中等学校而论,从原来的270所增加到445所。教育文化科技战线上的济济多士,国之桢干,和四川人民同心同德,为争取抗战胜利,为科学教育文化事业,都做出了重大贡献。抗战胜利后,我在省外遇见一些从四川还乡的老友,每谈及抗战往事,无不百感交集,对四川人民在抗战中做出的贡献称道不已。全面抗战终于夺得胜利的后援力量,其来自四川者应当是首屈一指的。

本文选编自中国人民政治协商会议西南地区文史资料协作会议《西南民众对抗战的贡献》,贵州人民出版社,1992年,版本后略,原题作"四川民众与八年抗战"

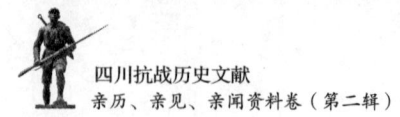

抗战期中四川的田赋征实

张惠昌

我在抗日战争中,搞了六年田赋征实,先在四川田赋管理处任第二科科长两年,后在富顺、内江任县田赋处长四年,根据个人亲身经历的回忆。从持久战与四川田赋征实的关系,我来谈谈一些肤浅的认识和体会。

一、抗战初期四川省政府对粮食问题的措施

对日抗战,是一个持久的、相当长期的战争。中国的古话"民以食为天","兵无粮而自散"。鉴于第一次世界大战德国失败的教训,我国抗战的粮食问题也就突出来了。四川省政府最初的措施,是增产节约办法。增产方面,规定垦荒和公共坟地种植杂粮;节约方面,则通令专员县市长,以身作则,督励所属公教人员实行一日两餐,并严禁制售精白米,一律制售健康米,禁止米麦烤酒、熬糖和饲养牲畜等。这些杯水车薪、缓不济急的措施,不能解决问题。1940年国民政府在重庆成立全国粮食管理局(卢作孚任局长,何廉、熊仲韬为副局长),统筹全国粮食。9月1日四川成立粮食管理局,由嵇祖佑、何乃红任正副局长,主要办理购买粮食。他们用了各种力量,在成都、绵阳、泸县、宜宾等地购买了几百万石粮食。但因政府购买大批粮食,粮价更涨,粮价涨了,更刺激物价上涨,财政开支更加增大,军粮民食问题,均很严重。

二、准备田赋改征实物并由中央接管

国民政府针对这种情况,颁布《军民粮食统筹办法》,规定征购与实谷折征田赋并行,令川省实施,蒋介石一连来了几个手令指示,"以后征粮,应以谷米为准,而不以货币为主",令饬切实研究具体办法,报核施行。我国田赋有几千年的历史,自三代之贡、助、缴,春秋之亩税,以迄唐初之租庸调,都是征收实物。自唐德宗杨炎为相,改行两税法,准钱粟并征,逐渐进行货币纳税,历宋、元、明、清田赋征收货币已达千多年的历史了。此次田赋改制,返回原始,征收实物,各方反应强烈。1941年3月,国民党五届八中全会,正式通过田赋暂行收归中央接管,并斟酌供需改征实物的决议。行政院同月颁布《田赋改征实物暂行办法通则》饬令施行。这样,田赋改征实物,并由中央接管,已做了硬性决定。

三、第三次全国财政会议确定征实办法

1941年6月16日,国民党中央召开第三次全国财政会议,会议对于征实办法,几经修改决定:

(1) 自1941年下半年起，各省田赋战时一律征收实物。

(2) 田赋征收实物，以1941年正附税总额每元折征稻谷二市斗为标准（产麦区得征等价小麦，产杂粮区得征等价杂粮，其赋额较重之省份，请由财政部减轻）。

(3) 征收实物实施办法及细则，由各省财政厅分别于本年7月30日前拟订，呈准施行。

(4) 各省征收实物，采用经征、经收划分制，凡经征事项由税务机关负责，经收事项由粮食机关负责办理。田赋征实逐渐趋于具体化。财政部负责人电报，鱼米之区的江浙等地相继沦陷，西北陕、甘、宁等地又不产稻谷，故田赋征实，四川是个重心。

四、四川改变征实标准和征购数额

根据第三次全国财政会议的决议，其征率以1941年正附税总额每元折征稻谷二市斗为标准。按此计算，是年四川省田赋正附税总额，共为9000万元，全省应征稻谷1800万市石，负担过重，民力不能胜任。经川省当局与国民党中央往复多次协商，乃准将征收总额减为1200万市石。至于征购标准，四川省田赋，自清雍正间，摊丁于地，订定赋额，中经太平天国战争，与石达开入川及庚子赔款，曾三次于正粮之外，摊筹所谓捐输、津贴及新加捐输等款，日久成为常赋。此项摊款，县与县间常因肥瘠之不同而异其多寡，故同为载粮一两，轻者课征仅数元，重者竟达二十余元之多，而县附加一项，恒由各县自造预算，摊筹余粮，摊加之多寡，县与县异，差额甚大（1941年度之预算，县附加轻者为一征正额45%，最高竟达1200%）。最初本省拟定的标准，是根据川省两、钱、分、厘之粮额，每两折征稻谷11市石，迭经讨论，认为一律按两，一部分县吃亏太大，乃决定采用"两、元并用，征购平摊"办法。其办法为按廒册载粮，每两征谷11市石，另又按两正税一折征的元数，每元征谷8市石加起以二除之所得商数，则分别为征与购的税率，以为折中（仍不平允，如安岳与富顺，渠县与大竹产粮悬殊，征粮食相同，这些历史遗留问题，不易解决，只好劝说克服困难）。

五、张群举行茶话会的谈话

关于田赋改征实物，四川要征收的数额和征收标准，虽经商定，但各方意见仍多。张群在成都励志社邀请在蓉的绅耆举行茶会座谈，说明当前抗战的形势，田赋改征实物的迫切性和必要性。席间仍有一些绅耆陈述地方疾苦，不愿田赋改征实物，增加人民负担。张澜以"不私、不苛、不扰"三义勉之。最后，张群引明儒吕新吾的几句话："事有大于劳民伤财者，纵劳民伤财亦应为之。"就是说，为了抗日战争的早日胜利，争取国家民族的生存，田赋改征实物，就是有什么毛病，亦非办不可，大家听了，也就不好再议。

六、加紧进行准备如期开征

1941年8月1日正式成立财政部四川省田赋管理处，由财政厅厅长甘典夔兼处长，原财政厅第二科科长董厚陶升任副处长，借用财厅印信人员，省府公款食米及茶店子疏散茅屋三间办公，加紧进行，积极准备开征。县处设正副处长各一人，处长由县长兼任,副处长多由原征收局长改任,其余人员则皆调用原征收人员充任。乡镇办事处设正副主任,正主任由办事处所在之乡镇长兼任,副主任则由管区内非办事处所在之乡镇长兼任,所属经征、经收人员,由县田管处及县政府分别派任。为了征询各实际负责者的意见和解释有关法令,并加强征实责任,省府于8月中旬,特在成渝两地分区召集专员、市县长、田管处副处长,征收处主任、粮管会主任、粮食督察长、田管处督导员等开行政会议,宣传抗战形势和田赋改征实物的重要意义,务期各尽职责,全力以赴,只准成功,不准失败。

七、各方动员加强宣导督励

各县田管处规定于9月1日成立,16日开征。党政军学一齐动员,分别函令所属,率先完粮,以为倡导。10月中旬,省府并派民、财、建、教、保各厅处长,分赴各地宣导,并饬令各区专员、县长、田管处长,会同当地党政机关学校及地方士绅大肆宣传田赋征实的意义,各种力量一齐出动,分区包干,督饬进行,未稍有误。省府把田赋征实列为专员、县长的中心工作,严加考核,征收成绩占其总考核成绩的三分之一。征收数字,日有日报,旬有旬报,月有月报。

八、伟大的贡献

田赋征实,虽然于9月16日正式开征,但进行情况如何?中央和地方均很重视,害怕稍有失误,指派专人收听电话。出人意料以外,喜报频传,各县农民踊跃输粮,肩挑背负着晒干风净、颗粒圆实灼灼黄谷,络绎不绝,路为之塞。各地经征经收人员,终日忙于收粮,夜以继日,无暇用膳,每以干粮充饥,且食且作,官民均表现了爱国的热情。灌县、温江、新都、合江、铜梁、南川、安岳、荣县、江北等县,开征一两个月即行扫解。截至1942年2月底,全川共收起1330余万石,超过原定配额1200万石的11%以上,军粮民食有济,人心大定。以后数年征实,亦进行顺利,数年除中央额定数额外,四川都加摊了两百多万石,以保中央需要的定额,和抵补流滥及解决灾款问题。从1941年起到1945年,五年中四川人民交纳之粮食共为8443万另748市石,占全国总额的三分之一。

九、几点体会

自田赋改征实物以来,机构庞杂(财政部设田赋管理委员会,省、县设田赋管理处,乡镇设征购办事处,新成立粮食部,省有粮食局,县设粮政科;新设储运局、储运分局、县储运处、粮食聚点仓库、民食供应处等),人事很不健全,还出了一些贪污分子。但是8400多万石粮食怎样征收起来的呢?我的体会有以下几点:

第一,这是粮民高度爱国热忱的表现。各地粮民踊跃交粮,争先恐后地交纳粮食,不计负担加重,不计路途遥远,为了国家民族的生存,同仇敌忾,将自己辛勤耕耘的粮食,省吃俭用,尽先支持国家,供应反击日本侵略的作战需要,结合各方力量一齐动员协助,有很多可歌可泣的事迹,表现了高度的爱国热忱。如顺潼道上的视察人员,在一茅店小息,见沿途粮民肩挑背负着金黄的粮食,汗流不息地前进。问一老农:"你们今年丰收吗？"答曰："歉收。"再问："何来余粮交纳？"他慨然答曰："军队在前方拼命，无粮吃不饱，虽有命也不能拼，只要能打败日本帝国主义，我辈虽吃点苕藤菜叶亦可生活。"粮民们一片赤诚爱国之心，克服了若干困难，超额交粮，使人万分感佩。

第二，这是发扬了民族优良传统。我国自古以来，把完粮纳税当成人民应尽的义务，视为国课。宋代朱熹曾集其为治家格言："国课早完，即橐橐无余，自得至乐。"家喻户晓，深入人心。当此外敌入侵，生死存亡，间不容缓之际，更是发扬优良传统，为国输粮。如盐亭耆老曾绍一，乃前清廪生，家计本寒，开征之日，竟以高耄之年，亲负应交的稻谷，首先完纳，并劝导邻里早日交纳，以应需要。人问老人何必如此着急？答曰："吾读圣贤书，所作何事，国难当头，岂敢后人。"闻者叹服。

但抗战胜利后，又发生内战，由于战争的意义不同，粮民不愿交粮支援国民党去打共产党，办粮过程中弊端百出，我亦不做催科之徒。1947年便从内江离开了此工作岗位。

本文选编自张惠昌《文史拾遗》，四川大学出版社，1993年，版本后略

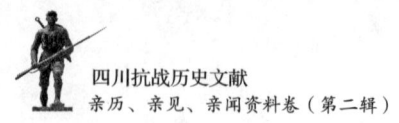

四川抗战时期的人力贡献与兵役积弊

张兆馥

抗战时期四川人口众多，又是大后方，国民党军政部成立兵役署（后曾两度改为兵役部、兵役局），专司全国兵员的征集、编练、补充事项，采取兵役管区制度，设军、师、团管区。军管区以省主席兼司令，设渝酉、夔绥、建南、成茂、叙泸、川北等六个师管区，由军政部委派专任司令。各师管区分辖若干团管区，以行政督察专员为其管辖范围，一般二至三个专区，多则为四个专区，团管区司令亦由国民党军政部派任。军、师、团管区分层隶属指挥，其业务由师、团管区司令部按《兵役法》规定，自行规划进行，不得逾越。

四川各师管区成立时，我由国民党中央直辖的二十六师调任建南师管区参谋长，自该部1938年成立至1941年，都参与这项工作，师团管区情况较为熟悉。爰将所能记忆的，分述如下，以供抗战时期的兵役史料参考。其他管区的情形，恐不完全相似，望了解四川整个兵役的读者，予以充实和纠正。

师管区司令部的组成：设参谋长或主任参谋一人，中、少校参谋各一人，中校征募科、编练科科长各一人，少校及上、中尉科员若干人，另设有军法、会计、副官、秘书或书记室雇员等。

师管区成立时，同时设立师管区政治部，有书记长以下各级人员。

与此同时，还设立有中国国民党建南师管区特别党部，由中央党部委派司令黄泽勋（陆军大学将官班毕业）、参谋长张兆馥（南京中央军校军官高等教育班第二期毕业）、雅安团管区司令余安全（黄埔军校第一期毕业）、西昌团管区司令史正荣（黄埔军校第五期毕业）、眉山团管区司令周树德（二十一军军官队毕业）为执行委员（乐山团管区司令由师管区司令兼），并以黄泽勋任主任委员。政治部主任陈世航（黄埔军校第五期毕业）兼任书记长，主持党务。

师管区下设团管区，建南师管区依行政督察专员区，分设眉山、乐山、雅安、西昌四个团管区，主管36个县的兵役行政和壮丁的集训征调。

师管区受四川编练总处的指挥调拨。对各行政专员行文用令或代电。团管区司令对行政专员用函或咨文。

师管区之下，还成立一个或几个补充团，其团长人选，由军政部或指定受补充部队派定（建南师管区初由一个团逐渐增加至六个团）。前方兵员紧缺时，得成立志愿兵团或营，先后共成立志愿兵三个团，两个志愿兵营。

建南师管区划归补充部队的有四川编练总处，二十八集团军所属各军师，及临时指定的战斗部队。

志愿兵团或志愿兵营，由各团管区号召新辖各县有一定资历的在乡军官自行募集，编足一连，即册报团管区转师管区电军政部兵役署起支经费，编制足额，遵令开赴前线交拨指定部队接收，可以抵消壮丁配额。

为了储备各补充团军士头目，师管区还奉命办有军士大队，选拔壮丁中有相当知识的壮丁以6个月为一期，经过训练，分拨补充团服务。

各团管区所辖各县的有关兵役组织：1937年抗战初期，各县成立有国民社训总队，专司组训年满18岁至45岁适龄壮丁，县辖各区设区队，县长兼总队长，区长兼区队长，并专设有副总队长、副区队长。不久，又将社训总队改为国民自卫总队，县长兼总队长，专任副总队长由军管区委任。其组织与社训总队相同，另增设了3~4个自卫中队，专负地方治安责任。1938年为适应抗战形势需要，成立军、师、团管区，县的自卫总队撤销，成立国民兵团，县长兼团长，由军政部委派专任副团长，下设常备中队3~4个，专司壮丁在营训练，备供调拨。另设自卫中队3~4个，作为地方自卫武装。设后备中队3~4个，专司壮丁在营轮训，以一两个月为一期，结业后回家，备必要时征调。各区仍按行政区划，设置区、乡（镇）保队，普遍进行组训。

抗战胜利后，又将国民兵团撤销，改设自卫总队，其编制情况与1937年的国民自卫总队和1938年的国民兵团组织相类似，由县府军事科主管其事。县长仍兼总队长，其副总队长，由该县参议会推荐，经县府同意，报四川省保安司令部核委。

经县组训的国民兵，由军、师、团管通过县府指挥调遣。

师团管区在抗战期间，随形势变化，亦有所变更。1941年将四川1938年成立的六个师管区予以改组紧缩，裁减不必要的团管区。就我所知如建南师管区改为嘉峨师管区，所辖范围，仅限于原乐山团管区（乐山专区）各县，增设邛大师管区，辖邛崃、大邑等县。成茂师管区及其所属团管区裁撤后，设立成都师管区，辖原属之川西各县。此外如川东的隆富师管区、川南的叙泸师管区等，其特点是团管区裁撤，师管区增多，范围缩小。

建南师管区每年的壮丁记额，军政部规定约有8万名，各县按人口和适龄壮丁名额比例分配。每县不到三千名，每乡镇不到百名，有时配额有所增减。

每年开始征抽壮丁之前，各县成立征兵委员会，由县长兼主任委员，县国民党书记长、三青团主任、县参议会会长任副主任委员，县属有关单位和士绅若干人任委员，按各乡镇适龄壮丁名册，当众抽签，照分配名额抽出应征数的第一、二、三、四、五签号，如前号中签壮丁因故不能应征，即由次号中签壮丁应征，依次顶补。抽签完毕，暂不列榜，以后补行公布。

适龄壮丁中有合乎免、缓役（如在校学生、特技工人、单丁、独子、伤病残等）条件者，可免予抽签。应征中签壮丁，由接丁部队发给衣被鞋袜，供给伙食。

以上壮丁征抽、入营过程，《兵役法》都有详细规定，任何主办单位，均不得违反，或擅自更改，违则依法治罪。规定虽绵密，然等同具文，兵役人员和县乡保甲，只求能凑足壮丁名额，每每置法令于不顾，甚至得钱卖放，乱抓顶替。

本文选编自四川省政协文史资料和学习委员会《四川文史资料选辑》第四十七辑，巴蜀书社，2004年

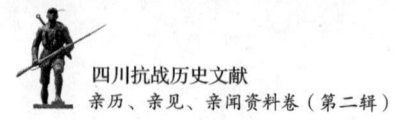

四川妇女战地服务团

邓山兰

四川妇女战地服务团于 1938 春在成都成立后即开赴安徽前线，在川军第二十三集团军作战地宣传和服务，历时近半年，行程数千里。在四川人民和皖南群众中留下了深刻的印象。

一、烽火中诞生

1938 年春，妇女抗敌后援会（妇抗）党支部在省工委的领导下，决定由妇抗发起，组织一支女青年队伍——四川妇女战地服务团，开赴抗日前线。这个决定得到各方面、各救亡团体的支持，地下党不少负责同志亲自参与领导，张曙时、赵世兰曾指示"要很好发动群众参加，服务团组织要有共产党员，有拥护抗日的群众"。车耀先自始至终地帮助筹划、组织、训练，直至服务团出川。杜桴生亲自去车站送行，更多的同志则通过各种渠道做上层统战工作，争得国民党党、政、军各方赞助，使服务团的群众性、代表性更加广泛，工作进行得更迅速，更顺利。

服务团的组建于 2 月开始，"妇抗"首先在先期妇女救护训练班的基础上挑选思想纯正，有爱国热情，有一定工作能力，能吃苦的 9 名女青年。她们是：艾文凤（艾林菲）、白筠（白静）、陈岐、陶素卿、黄俊林、周世芳（金苗）、高俊、彭澈（彭玉梅）、罗慰群（罗为群），由团长肖玲（民先队员，后改名吴一铿）、副团长吴华（鲜国学，共产党员）带领，共 11 人，组成"四川省妇女抗敌后援会战地服务团"第一队，集中一个月训练。

集训的主要课题如下：

其一，政治思想训练。学时事、学政治，着重讲解抗日战争的时局、形势和任务，讲片面抗战和全面抗战两种方针、两套办法、两个前途的斗争理论。明确在国家已面临亡国灭种的紧急关头，服务团的任务就是要在军队中、在民众中大力宣传全面抗战的方针，争取全中国人民、政府、军队团结起来，筑成民族统一战线的坚固长城，打倒日帝国主义，妇女要在民族解放中解放自己。

其二，训练工作能力。学习写作、讲演；学习唱歌、演戏，排演节目。

其三，训练过集体生活。训练班集体住宿，有严格的生活制度和作息时间，每天清晨起床，用冷水洗脸，跑步唱歌，组织晨呼队，还参加各界救国会组织的战地救护演习，抬担架抢救伤兵，包扎伤口。

经过一个月的训练，女队员们的政治觉悟和爱国热情大大提高，她们怀着对日本侵略者的深仇大恨，抱定为唤起民众、促进军民团结、驱逐日寇而努力奋斗的坚定决心，用激情写下了《告同胞书》,作为她们的宣言:抗战的怒火,已燃遍了四方。从千万重高压下,从万条的锁链中,起来吧!中华民族的儿女们,保卫我们的祖国,保卫全世界的和平!

二、在怒吼中出征

服务团即将出发,党及时指示,要利用时机,造成政治声势,把欢送服务团出征搞成盛大的群众示威。车耀先积极参加并领导了这一运动,他召集了几个有关群众团体,专门进行研究、布置。3月16日,在青羊宫正殿后走廊开会,大家分析形势,认为:蒋介石在刘湘病逝后不久就任命张群为四川省主席,来抢占抗战大后方四川的地盘,遭到了省内地方势力的反对,在这危急关头,我们掀起欢送战地服务团的政治声势,对稳定抗战大后方我省军民抗日救亡的信心和决心,大有好处,如果把欢送仅仅搞成一个茶话座谈会,就没有多大政治意义。一定要召开正式的欢送会,还要把战士们出发时的送行,搞得有声有色,搞成盛大的示威。

3月18日,"妇抗"在春熙路青年会举行各界招待会,到会的有各界代表百余人。会议由"妇抗"副主任邓名芳主持,肖玲汇报服务团的组建经过、目的和任务,宣布服务团将分期、分批出征到抗日前线为军队和战地民众服务,即将出发的是第一队,服务地点确定在皖南前线川军第二十三集团军唐式遵所辖部队。接着省政府代表王白与发言,他说:"前线有很多受伤的士兵没人救护,使不该死的死去了,这对于抗战是极大的损失。诸位这次要到前方去,既有热忱且有决心,所以政府去电唐总司令,现唐总司令已回电,只需诸位热心服务,政府总是尽力帮助,不单这次对诸位如此,以后也是一样。如有困难,政府将设法解决。"接着省动员委员会代表周德珍,《大声》代表车耀先、钟世鹏,新闻界孙蕴实,话剧界吴雪,妇女界王枫,文艺界周文,《国难三日刊》苏爱吾,医师肖露嘉和女青年会代表相继发言。

3月24日,服务团由省府秘书钟世鹏带领,向省政府代主席邓汉祥、川康绥靖公署主任邓锡侯和教育厅厅长辞行,邓代主席对服务团爱国精神给予勉励,并嘱服务团各团员将略历、住址开下,表示政府将对后方家庭负责代为照料,以解后顾之忧。

3月26日下午三时,成都各界人士400余人在国民党省党部大礼堂召开欢送服务团出征大会。当11位身着军装的女队员进入会场时,全场欢呼,热烈鼓掌,大会举行赠旗仪式后,接看省党部、市政府代表讲了话,新生活运动委员会、新闻界、文化界、戏剧界、各机关学校、女工代表等发表了演说。

最后肖玲团长致答词,表示服务团将代表大家的心意,代表四川父老、兄弟姊妹到前方去,慰问四川子弟兵,为子弟兵服务,和子弟兵站在一起,抗战到底,不打倒日本帝国主义,决不回家。全场热烈鼓掌,欢送会开得很成功。这种全民动员,政府长官和平民百姓、女工齐聚一堂,同台讲演的局面,在成都还是空前的。

连日来,成都各报刊都发表了消息和评论文章,《华西日报》一日一篇通讯,专题报道服务团的活动和各界为服务团离蓉出征筹划欢送的情况。《国难三日刊》也发表了相关文章。3月26日,车耀先创办的《大声》周刊发表《欢送战地服务团》的评论文章,高度赞扬了服务团。

3月27日，服务团离蓉出征。是日早晨六点街道就开始热闹起来，当服务团来到春熙路青年会出发地点时，欢送的队伍已排得整整齐齐。服务团员们身穿灰色军装，脚蹬草鞋在歌声、欢呼声、口号声、鞭炮声和"打倒日本帝国主义"的怒吼声中出发了，后面跟着欢送的人群，形成一支浩浩荡荡的游行队伍。

来到牛市口，群众中竖起了"欢送四川妇女战地服务团出征"的横标。这时牛市口汽车站公路两旁田埂、土包上都挤满了人，在欢呼声中，地下党成都市委书记杜桴生和车耀先都以各界代表身份发表了热情洋溢的讲话。肖玲代表战士们向欢送群众告别说："我们马上就要离开成都，离开家庭，离开亲友，我们一点不悲伤，因为在这民族解放斗争中，除了民族利益，不应有私人得失。谢谢你们欢送我们的热情。我们有个希望，希望全川妇女继续出来，我们十个人力量太小，希望在战地，能和你们见面，希望我们走后，四川救亡工作有新发展。"女战士们肩负着全川父老乡亲兄弟姐妹的重托，怀着激动的心情告别了亲人，告别了家乡，光荣地踏上了抗日的征途。

三、活跃在征途上

四川妇女战地服务团第一队的女队员们乘坐四川公路局一四五号专车离开成都，沿途受到各地机关团体和各救亡组织、各界群众的热情接待和欢送。一路上战地服务的女战士们不顾疲劳，不懈地找机会开展抗日宣传活动。

3月29日，服务团到达重庆，受到地下党重庆市工委书记漆鲁鱼的关怀和支持（罗为群同志就是经漆鲁鱼同志介绍参加服务团的），重庆抗敌后援会热情接待了她们，并为服务团安排了在渝活动的日程。次日，女青年会举行招待会，重庆市党政军机关、各救亡团体、报社代表20余人参加由肖玲团长报告战地服务团此次出川目的和工作计划。重庆党政军和各界代表都讲了话。纷纷对服务团的爱国行动表示敬佩和鼓励，漆鲁鱼以群众代表身份出席会议并发表讲话。

31日，重庆市抗敌后援会在市党部礼堂召开了隆重的欢送大会及赠旗仪式，由该会主席胡文澜致欢送词，并代表市抗敌后援会赠送"为国效劳"锦旗一面。4月2日，省女职校也在沙坪坝校舍举行欢送大会，邀请各学校参加，并赠送锦旗一面，上书有"为国宣传"四个大字。在重庆还召开了各类小型茶话会、座谈会，一日数起。

4月3日，四川妇女战地服务团离开重庆，乘"差船"东下。船上载1000多人，其中有第二十三集团军的补充队，还有一部分是到湖南受训的装甲兵。服务团的队员们采取个别交谈、教唱救亡歌曲等方式，和士兵们打成一片。船到万县已是晚上八时，她们又抓紧停船的短暂时间上岸张贴标语、漫画，回船后又与来访的万县有关抗日救亡团体的同志商谈救亡工作至深夜。

在宜昌，因要换乘"招商局"轮船，需停留两日，女战士们又抓紧时间，步行到医院去慰问前线受伤转到后方的抗日军人，在病房演唱抗日歌曲，宣传抗日救亡的意义。赞扬伤残军人为民族独立而抗战的英勇战斗精神，并带去家乡人民真挚的慰问。使伤病员受到鼓舞，一些轻伤员情绪激动地高呼："坚决抗战到底！"表示一定要争取早日康复，重返前线。紧接着，女战士们又到陆军一三三医院去慰问抗日伤病员，这里住的多是重伤兵。服务团肖玲团长在写给省妇抗的信中说："当我们踏进第一个门时，一个伤员很伤心地哭了。我去问他,他用棉被蒙紧了头,经我再三问他时,结果他说他不好意思见我们,我们要上前线去,他却躺在后方医院里了。他的话使我非常感动,我劝他,唱歌给他听。他终于笑了,全院的人都笑了!歌声赶走了伤病的痛楚,我们教他们唱歌。他们虽然没有了脚,没有了手,他们躺着哼唱我们教他们的歌。这时空袭警报突然响了,伤兵们都叫起来:'你们来吧,老子不怕你!'我们伏在外面的地上,直见飞机掠过头顶,炸弹下来了,大地震动冒起一股浓烟。警报解除后,团员们又沿街贴标语、宣言和壁报。回船已是下午四点了,一天的兴奋,使我们忘记了还没有吃饭。"

女队员们刚回到船上,就听到邻近一支船上有四川人的口音,并有呻吟声。经过了解,这只船是从南京开来的,运了几百伤兵到后方治疗,需要搬运伤兵上船,女队员们又主动地担负起了抬伤兵的任务,直到第二天早上四点钟才抬完。大家干了一夜都不觉得累,反感到高兴,认为这是为抗战出了一点力。回到船上,座位都没有了,大家毫无怨言。

4月8日,战地服务团到达武汉。正遇上武汉庆祝台儿庄大捷宣传周。服务团和各方取得联系,肖玲团长拜访了郭沫若、田汉,服务团参加了他们主持的祝捷大会和火炬游行、江上赛歌,她们还到汉口医院慰问抗日军队伤病员。四川妇女战地服务团的战旗出现在武汉群众的行列中,群众赞扬说:"日本鬼子还没有打到四川,四川妇女都出来抗日了,我们武汉人民也应该组织起来,到前方去。"

在武汉期间,邓颖超等同志接见了肖玲团长,对贯彻党的统一战线和开展妇女运动的问题做了重要指示。

4月29日,《新华日报》在题为《艰苦奋斗的四川女健儿》的文章中,对服务团的创建经过和艰苦历程做了详尽的报道,对她们的工作做了充分的肯定。

战地服务团到达武汉时,正值第二十三集团军总司令唐式遵在武汉参加国防军事会议。服务团到武汉后即受到第二十三集团军接待,住在江汉路一个旅馆里。军事会议结束后,唐式遵在璇宫饭店西餐厅举行西宴欢迎服务团,出席宴会的有军官、记者、唐夫人和以唐夫人朋友名义陪同上前线的俞维华。19日,服务团随唐世遵和他的部队以及唐夫人、俞维华等一同出发,先后乘轮船、火车、汽车,经九江、南昌到达安徽青阳第二十三集团军总司令部。旅途中,服务团员大部分时间用在下船舱、车厢和士兵在一起,教士兵唱歌、宣传四川抗日形势,转达家乡父老兄弟姊妹的慰问和殷切希望,鼓励他们多杀鬼子,打倒日本帝国主义。一路上凡停车船的地方,都留下了服务团的标语、墙报、《告同胞书》,播下了抗日的种子。服务团路经安徽许村新四军军部驻地,即受到新四军战地服务团接待,服务团和她们一起座谈交流了经验。之后,又得到第一支队司令员陈毅同志亲切接见,他以四川老乡名义,欢迎家乡来的姑娘们,同服务团座谈。他详尽地询问了每一个人的情况和四川人民抗日救亡运动的情况,给服务团讲形势、战局、战区驻军情况。着重指出服务团的任务:要搞好军队的统战工作,士兵的政治思想教育,民众的宣传组织工作,给服务团上了一次战时教育课,使大家受到鼓舞。

四、战斗在前线

服务团到达青阳第二十三集团军驻地后,住在离司令部约三五里的司令部招待所,开始了战地服务工作。这里军队不多,老百姓不少,军队工作多半都在士兵值勤下来以后,傍晚才能进行。她们教士兵唱歌、讲故事、代写家书。民众工作则除标语墙报外,普遍开展家庭访问,办识字班,组织儿童歌咏队。五四纪念日举行了一次军民联欢晚会,服务团表演了《九一八以来》《上前线》等节目获得群众好评。这一天新四军第一支队司令员陈毅同志来到总司令部,到招待所看望服务团全体团员,并参加了晚会。服务团利用这个时机,请陈毅同志在军民联欢晚会上发表演说,陈毅同志的讲话博得军民雷鸣般的掌声,给青阳军民留下了深刻的印象。

第二十三集团军总司令部在九华山召开武汉军事会议传达会,要服务团去参加组织会议期间的军民联欢晚会。和服务团一起组织晚会的有重庆战地服务团、青阳战地服务团。四川妇女战地服务团和青阳服务团合演得最多,合作得最好,晚会办得很出色,军民受到教益。总司令部非常满意。

参加军事传达会议的是第二十三集团军所辖部队的军、师、团、营级军官,除第一线值勤的指战员外,差不多都到了。听说四川派来妇女战地服务团要下到各部队去工作,各部队都表示欢迎。五十军军长郭勋祺抢先提出,邀请战地服务团去五十军工作,得到总司令部同意。

九华山会议结束,5月20日左右,服务团来到木镇,住在五十军军部附近的一条小街上。这里工作条件较好,有比较集中的居民,军部官兵很多,军长郭勋祺是川军中的少壮派,比较开明,富有朝气,在他的周围拥有一批青年军官、参谋,还有一个军官球队,多属青年学生,军长本人每天坚持长跑,工作之余时好打网球!对服务团的工作十分放手,可以自由出入军部,可以找军官、士兵交谈,可以和军队合唱、演戏。官兵们把来自家乡的服务团视为亲人,工作很快就开展起来。

军队工作有军官座谈会,服务团和他们一起学时事讨论形势,围绕团结抗战的主题,讲坚持团结,反对分裂,坚持抗战到底。对士兵则教唱救亡歌曲,用歌声、歌词来教育士兵,鼓舞士气,诸如"大刀向鬼子们的头上砍去","枪口对外,齐步前进,不杀老百姓,不打自己人","工农兵学商一齐来救亡,拿起我们的铁锤刀枪……"服务团的住地尤为热闹,来找谈话的、代写书信的、要歌单的川流不息,成了士兵之家。

民众工作,有标语、墙报、简报、青年识字班、儿童歌咏队,同时开展家庭访问,每天除了留下抄写墙报、刻印识字课本、歌单、代写书信的两三人以外,全部下到四乡挨家挨户进行访问,加强对女青年、妇女的宣传教育工作。有时访问一家需要跑十多里路,她们带上自己编印的识字课本,个别上课,识字偏于阐述内容。比如课本中讲述了日本鬼子在沦陷区烧杀奸淫的罪行,民众应该怎样团结起来帮助军队。还有顺口溜:"英勇的抗日军,我们胜利有把握,努力杀敌莫错过,冲破敌人的乌龟壳,我们真快乐。"以及男女平等、妇女解放的内容等。有时她们还带上阿司匹林、红药水等上门行医,从关心群众疾苦中增强宣传力。傍晚时则教儿童唱《红缨枪》《卖报歌》等,她们满街去唱,把木镇唱得热气腾腾。每周周末,举行军民联欢晚会,有讲演、唱歌、演戏,周围十几里路的群众都来参加,很受战士和群众欢迎。服务团在木镇的工作是极其紧张、繁忙的,她们不分白天黑夜地忘我工作,很少休息。彼此配合得也好,尤以演出最为紧张,她们既扮女又扮男,既扮好人又扮坏人,演年轻的还要演年老的,往往一人要扮几个角色，还演得感情逼真，表演动人。一次由肖玲执笔编写和导演的《流浪儿》短剧，高俊、艾文凤、陈歧、陶素清分别扮演四个流浪儿童，演唱时，她们自己哭了，台下观众也哭了，真切的表演感动了所有在场的观众，更加激起了观众对日寇的仇恨。

正当工作蓬勃开展的时候，服务团却遭到国民党中顽固势力的破坏，他们千方百计要解散服务团。俞维华（国民党参议员，CC分子）以窃取到陈毅同志给肖玲团长和全体团员的一封信为口实，借此大做文章，向第三战区司令长官顾祝同密报（第二十三集团军属第三战区管辖），说："服务团是新四军的外围组织，是异党分子，搞异党活动，应予取缔。"顾祝同下令唐式遵解散服务团，服务团被迫停止工作并回到了总司令部。

后来五十军军长郭勋祺着人送来100元，这对服务团是莫大的支持。

几天过去了，总司令部负责人仍避而不见，但对服务团也没有采取任何措施，这时肖玲团长到新四军军部汇报情况，请示对策。军部对服务团处境做了分析后，建议她们化整为零，开展工作，团体不动人动，把服务团的旗帜插在哪里，团员撤出去工作，这也是斗争。总的精神就是又团结又斗争，有理、有利、有节。

肖玲回团以后即按军部指示开展了与第二十三集团军总司令部的斗争。她三天两头照例跑总司令部，要求见总司令，谈情况，解决问题，总司令仍旧避而不见。服务团除团部留下两三人看守外，其余撤出去，艾文凤、陶素卿参加到太平县宣传队，白筠参加石棣中学下乡宣传队，高俊、彭濒投考了石棣县动员委员会组织的工作队。吴华带领了几人在石棣、太平一带参加地下党领导的群众宣传活动，弄得总司令部无可奈何。这期间，党派了谢云辉以肖玲表哥的身份去到青阳协助工作。

斗争相持了一个多月，在地下党组织的交涉和安排下，8月初第二十三集团军派车将服务团全体团员送出第三战区。至此与第二十三集团军总司令部的有理、有利、有节的斗争方告结束。

回到南昌以后，在新四军南昌办事处的领导和安排下，服务团的工作宣告结束，团员经组织安排，踏上新的征途。女队员中的一部分同志到了延安，其余的同志转赴不同的岗位，继续参加抗日救亡宣传活动。

本文选编自孟广涵《大西南的抗日救亡运动》，重庆文史书店，1987年，版本后略

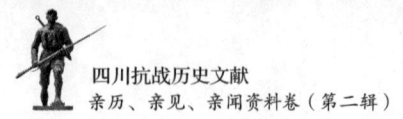

1938年威远县举办妇女干部训练班的经过

李 麟

1938年春季,威远县政府根据国民党中央经四川省政府发出的命令,向各乡发出通知,要求选出年满十八岁以上和四十岁以下的城、乡妇女代表集中在城内训练。其公开的理由是,由于国家处于抗日战争时期,日本帝国主义对我国各地进行轰炸,威胁着每个人的生命财产的安全,要将我县妇女组织起来,学习军事基本知识和救护知识,以保卫国家,保卫家乡,在必要的时候协助抗日军队作战,以促进抗日战争的早日胜利。

威远县在这一年,在城区进行的妇女干部训练和训练情况是:

一、组织情况

这个妇女训练班设一个大队,由县长程厚之任名誉大队长,大队长由威远县社会军事训练总队部副总队长、少校军事教官罗仕铸充任,大队附是罗度中的妻子颜伟斌(外号罗胖婆)。大队之下设两个中队:

第一中队长由李麟劲(现名李麟)担任。

第二中队长由罗定中的爱人钟离慧(颜伟斌的弟媳)担任。

每个中队分三个小队,小队长由县抽调保长或小队附担任。每个小队下属三个班,班长则由学员自己推选。

二、学员人数及训练时间

这一次的妇女干部训练班,共有学员三百人左右,如威远县百货公司会计肖玉琴(现已退休)、镇西锅厂张丽华(现已退休)、原威远私营永盛瓷厂女工现住严陵镇文化街的居民罗振先(现名罗玉卿),都是当时这个妇女干部训练班的学员。在训练期间,学员的吃、住费用全由学员自己支付。训练时间为两个月。

三、训练内容

(1)政治训练:讲解三民主义、爱国主义和时事政策等。主讲人是县长、大队长和国民党县党部有关负责人。

(2)基本军事训练:分课堂讲解和操场制式教练两种方式。

在课堂上的讲解,一般是一个军人应具备的军事知识、军风守纪应遵守的范围与各项有关规定等。

在操场的制式教练是先进行徒手教练和各种行进步法,如正步、跑步、便步等。然后进行持枪教练,最后进行实弹射击训练。在实弹射击中,虽然在说法上要人人过关,但因学员射击能力差别很大，多数人是没有过关的，即多数人的射击都不能中靶。尤其是妇女干部们多怕打枪，于实弹射击时，对射向不能瞄准，多是埋头扣着扳机击发了事。

（3）基本救护常识训练：其中包括敌人飞机空袭的时候，如何隐蔽和躲避敌机的轰炸与扫射，炸伤了人时，如何进行紧急救护和如何抬运伤病员；当敌人施放毒气的时候，应如何避防中毒等。在这一训练中，多数学员的领会和实际操作是较好的。

训练期满后，由县长主持结业典礼，发给毕业证书，并对优秀学员发给奖品，如笔记本等。中队长有佩剑一把，上刻有县长、大队长的名字。对毕业学员们规定的回乡后的任务是组织训练各自所在乡、保的妇女。

这一批妇女干部受训毕业回乡后，有些人在乡、保长的支持下，虽也进行过一些妇女训练工作，但未能持久。县内的妇女干部训练班也就未继续举办了。

本文选编自《威远县文史资料选辑》第三辑，1985年

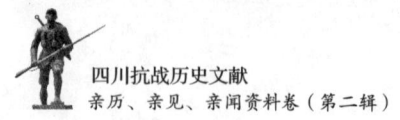

冯玉祥推动爱国献金的川南之行

高思伯

1943年到1944年间,抗日战争正面战场节节失利,国民经济一蹶不振。前方战士浴血奋战,出生入死,由于物资供应困难,缺吃缺穿,艰苦异常。

爱国将领冯玉祥当时是军事委员会副委员长,为坚持抗战到底,以中国国民节约献金救国运动总会会长的身份从事爱国募捐活动以支援前方。从1943年11月到1945年初他由重庆出发溯江而上,先后到(江津、白沙、内江、隆昌、富顺、自贡、乐山、泸州、合江、江安)等县市,掀起了群众性的爱国捐献热潮,取得了很大的成绩。

冯玉祥将军每到一地,就指导组织有各界人士参加的献金分会,并规定动员群众捐献时要注意的三条原则:一、有钱的人出,贫苦人不出;二、不要勉强别人出;三、要感动别人出。他总是亲自参加,做动员工作。在每次的群众大会上,他都要亲自讲演,分析抗战形势,指明抗战必胜的前途,控诉沦陷区敌人的暴行,介绍前方将士的困难处境,他常说:"四川是抗战后方,赖有前方将士的浴血奋战,打击敌人,才能过着安定的生活。为此,大家应该同仇敌忾,有钱出钱,有力出力,支援前线,争取抗战的最后胜利。"

他不仅口头讲,还写文章。抗战七周年纪念日,他在《自贡新闻》上发表的一篇短文,就写得很有感情,他说:"倭寇说三个星期即完事,又说三个月可以完,又说至多不过半年。看看吧,今天是第八年的第一天,真的实在的越打如钢的一样了。我们在新天新地新的世界上生存着呢!我们在今天,无老无少无男无女要立个新的志向,下个新的决心,抗倭战争才算是自今天才开始,我们是非把倭寇打出中国去决不罢休!同胞们起来,起来,赶快起来!"

为了推行捐献,他几乎每天都泡在人群里,成为广大群众的贴心人。他的夫人李德全女士,也在百忙中抽出身来,赶到自贡、富顺等地,协助他在妇女中组织捐献。

冯将军推行捐献,采取了多种多样的形式。他非常崇敬岳飞,所到之处,多手书岳飞遗训"还我河山"四字策励大众,且勒石留念。他在合江榜书四大字后,附跋云:"民国三十二年春,余以节约献金救国来合江。此间同胞,爱国超居前人,突破各地成绩,为书武穆遗训以作纪念。"此四字刻于赤水河与长江会合处——马街渡口的岩壁上,至今完好。

冯玉祥在推行献金活动时期,几乎利用了所有的空闲时间作书作画,除以一部分赠送爱国献金表现突出的人士外,大都标价义卖,当场捐献。在合江的一次义卖中,几天工夫便卖了78000余元。当地国立女中国文教师唐铁和国画教师金月波两人受他的鼓舞,也将所作的绘画数十幅在商会展出义卖,全部捐献国家。

冯将军在推行节约献金之初，便自费制造了很多合金戒指，上面铸有"献金救国——冯玉祥赠"，是以转赠捐献者的。合江国立女中校长龚慕兰女士，在发动全校捐献时，首先脱下自己戴的金戒指捐献，并向女同学们说："这种装饰品，战后可以用钱买得来，而献金得的纪念戒指，是永远光荣的纪念品，是用钱买不来的。"在她的鼓舞下，便有女教师吴懿纯及李兰芳、黄舜英等女同学凡有金戒指的都献了出来，共24只。在献金大会上，还有华侨张先生献出价值数万元的钻石戒指一只，都高兴地换戴了纪念戒指。

每逢义演及举行游艺会，冯将军多次登台歌唱他的山东民歌《爸爸在家》，歌词约五段，其第一段是："爸爸在家受欺凌，孩子在外真心疼。一定打回老家去，救我父母，救我兄弟；救我父母，救我兄弟。"冯将军以其雄浑的歌喉，悲壮的曲词，唱出了怀念家乡的感情，闻者无不泣下。

合江国立女中举行义演，在演出《反间谍》一剧的间歇时，将军走上台也唱了这首歌，听众非常感动，女校教师唐铁接着上台去说："我的家乡沦陷了，听了冯先生的歌声，眼泪禁不住流下来，想起了故乡，想起了故乡父母；我们难道不应该勉励自己，把一切都献给国家，早日赶走倭寇，收复失地么？可是还是有人对节约献金抱消极态度，还要等冯先生唱歌来感动我们……"她说得声泪俱下，引得全场大哭。冯将军也忍不住掉下了眼泪。

在抗日战争中，富顺出征将士达两万人，不少战死沙场，特别是一些阵亡军人家属，没有受到应有的照顾和抚恤，对于前线士气影响很大，冯将军离开富顺前，通知县政府办了十多桌酒席，专门招待县城（金江镇）抗日军人家属，并即席讲话："这次宴会，只有你们才能做我的客人，这是对你们的子弟为国流血流汗，功在国家，崇德报功的光荣答谢。"抗属们深受感动，将军和夫人亲到各席敬酒，并祝抗属们福寿双全。午餐后，还每人送大洋两元，亲送出县府大门。

冯将军对小学生更是像父母般的爱护，经常到学校去看望他们，自称是他们的"大朋友"，勉励他们要尊师重道，努力学习，走科学救国的道路。乐山的东山小学欢迎将军来校讲演时，孩子们制了一幅"欢迎大朋友冯玉祥"的大标语张贴在校门。会上将军风趣地向小朋友说："苏东坡、陆游都在这里读过书，只要大家努力学习，以后不知要出多少个苏东坡和陆游。"学生听了兴奋得欢呼鼓掌。由于他的态度和蔼亲切，孩子们能无拘无束地说出心里话。

在冯将军的鼓舞下，各地爱国人民掀起了节约献金的高潮，出现了县与县、人与人之间的竞赛，出现了许许多多动人的事迹。

合江白鹿乡粮户施晋生，首先派代表向冯将军和分会表示个人献金60万元。将军称赞这是震动全县、全川、全国的爱国新榜样。接着县中首富私立祖毅中学校长、三益和锅厂经理陈秋农也捐献了60万元，后在学生征募时又捐献2万元。捐献30万元的粮户丁镇辉、木商雷绍清、劝募直属队长匡国祥率先把准备办学纪念父亲的10万元捐献出来。

捐献中冯将军向商人讲了春秋时期，郑国商人弦高以十二头牛犒劳秦师以保郑国的故事，鼓励大家向弦高学习。木业公会当即献金61万元，并承认每月献金1万元，直至抗战胜利之日止。

以上几起献金,就超出了200万元,为此,合江的《节约献金专刊》登载了一则《献金谣》的顺口溜:柳树绿,菜花黄,冯老将军到合江;笑劝同胞们,节约献金保家邦。听巷议和街谈,交头接耳带笑颜,此次将军在,献金救国无弊端,老也说,少也说,冯老将军多快活。粗布短大衫,他的献金在节约,又有位,大粮户(指施晋生),准备献金破纪录,六十万元钱,大会场中早宣布。

内江金台旅馆经理李焕章,也慨允每年捐献黄谷600市担,直到胜利。他的爱国表现,受到国民政府军事委员会传令嘉奖。

冯将军在盐都自贡住了一个多月,对于殷实的盐商做了很多启发,他说:"自贡市是献金运动的发祥地,以后才有成都、江津、合江、泸县、隆昌、内江等地的成绩,望继续努力。"

盐商余述怀一马当先献出了1000万元,突破全国个人奉献的纪录。冯将军为之作画题诗,并特赠刻"今日弦高"的铁如意一柄。

在市长刘仁庵陪同下,将军到大安寨,拜访了自流井场的首富王德谦,王德谦受将军爱国精神的感召,有鉴于余述怀的先例,慨捐了1500万元。将军以"见义乐为"匾额赠之。

在献金高潮中,竟有献600万元而不愿留名者,特别令人感动,将军作诗表扬道:

> 有名很光荣,无名更乐意;
> 有名和无名,爱国出于一;
> 都是主人翁,手足亲兄弟;
> 方式虽两样,纯洁皆无比;
> 自贡典型作,坚贞明大义;
> 祥受大感动,感动泪沾衣;
> 何以报大德,打过鸭绿去。

隆昌县李崇文,因抽大烟被判有期徒刑,在监狱里听说冯将军莅县捐献,为了立功赎罪,出了1200万元,成为该县个人捐献最多的一个。

自贡市的盐业工人早在1942年就响应《新华日报》献机运动的号召,献金达1100万元之巨。在冯将军上次来自贡推动捐献时,工人们勒紧腰带,将节省的伙食费50万元献给国家,约占全市献金总数的二分之一。这次将军特在市民众教育馆,约集工人代表七百多人,说:"各位工友去年献金的热烈情况,我还清楚记得,在这场争取民族生存的战争里,前方的士兵与后方工人所尽的力量都很大,生活也很苦,我们的士兵和人民不能一天没有盐吃,所以我在这里要谢谢各位……"

在乐山的武大同学多数来自沦陷区,生活艰苦,但爱国情殷。学生郑德信、熊汇萱主动向战区同学发起每人捐献10元运动。虽然已届冬令,许多同学寒衣尚无着落,几天中便有上百人签名认捐。

合江国立女中的沦陷区同学,进城去给人擦皮鞋,用劳动挣来的钱捐献。她们的口号是:"爱国不分畛域,爱国没有顾虑,爱国超居人前。"国文教员唐铁,还把准备给在云南八岁儿子开刀治牙病的一万元钱做了捐献，并将自己所作十数张画捐出义卖。

在江津白沙的某大学先修班学生，来自沦陷区，为了爱国捐献，他们在轮船码头当力夫，擦皮鞋，冯将军在献金大会上指出："最使我感动的是先修班同学，他们当力夫，擦皮鞋，甚至把从战区带来仅有的一点东西也拿出来义卖……"当大会宣布先修班献金64万元时，会场震动。新本女中马上以65万元的最高额压倒全场。在掌声和欢呼声中，忽然先修班同学高呼："我们增加10万元。"一时"追加"之声响彻全场，在这种气氛的带动下，女师学院附中、聚奎中学都各自动追加10万元。沦陷区来的国立十七中学也表示节食一天，追加1万元。

内江的沱江中学的师生们减膳两个月，并举行游艺募捐，两项共捐献了17万元。内江五所中学和部分小学，献金数达420万元之多。献金会上，一群幼儿园娃娃，两只小手捧着钱币，让人扶上了主席台，乖乖地把钱交给了台上的叔叔阿姨，赢得了会场的热烈掌声。自贡育英小学一个九岁女学生，手捧着妈妈给的糖果费150元，爬上主席台交给冯爷爷，将军亲切地把她抱在怀里。

最令人感动的是乞丐献金队，他们配合献金宣传向有钱人呼叫爱国，并在大会上当众捐献2250元。冯将军热情地代表政府接受了他们的盛情，并将钱再转赠给他们，但他们坚决不受转赠，便将献金送上主席台。

泸州城北小学学生，在教师董剑华等率领下，上街义卖糖果。内江县立女中的同学们听说冯将军即将莅县，便日夜赶制各种各样的手巾，于将军到县次日，便结队上街义卖。

在彭赞、廖德瑜等负责人的带动下，泸州妇女会理监事们每人捐献戒指一只，共18只，各乡镇分会及保分队长中无特殊困难的，基本上每人献一只。仅南北城和小市镇就献了45只，某中女教师曾衡青、廖德佩把订婚戒指也捐了。彭赞等还分片的走访殷实之家，劝说家属捐献，泸州妇女会共募得金戒指122只，重20余两。

捐献金戒指最多的为自贡和富顺两地。自贡市举行献金大会时，主席台正中，安放着一个用募得的725只金戒指组成的一个"爱"字，并在四周放满了以长城为图案的花篮。在富顺县举行献金游行时，由学生乐队先导，接着便是一面青色丝绒大横幅，上面是用数百只金戒指组成"献金救国"四个金光闪闪的大字。这是富顺县女界在冯夫人的鼓舞下掀起的一个捐献金戒指的热潮，七天之内所献的金戒指达1200只。

冯将军同夫人到内江时，冯将军对当时任内警备司令郐子举说了这样一段话，他说："各地老百姓的爱国热情，都极纯朴真切，可歌可泣。""在渝参加全会，党（国民党）中的老同志于休息室中，见到各地民众捐献给国家成千上万的金戒指，光彩夺目。莫不欢呼和惊叹国家潜在力量的伟大……这是民众的血汗，民众的良心，大家一定要珍重。"接着深有所感地说："外籍记者到中国来，只看两样东西：一是汪精卫的铁像，一是中央党部礼堂的金戒指。今天我们用铁的事实给外宾看，中国全体民众的抗日决心。"

冯将军很关心富顺县的宣传工作，他在自贡主持捐献时便派了一位韩秘书到富顺组织学生演街头剧等文艺宣传，并协助县立中学师生排演曹禺名著《雷雨》，在药王庙剧场义演三天，捐献两万余元。

白沙献金大会上，当商会献金60万元的数字（内有工厂的20万元）由大会报告出来时,全场议论纷纷,都觉得太少,这时有学生代表提议每校选出五名代表,在台前向商会跪求。商会代表在群众爱国热情的激励下,增加了10万元,但学生们仍感到不满,场内又响起了"200万"的呼声,学生代表意识到要进一步感动商会,必须采取有效措施,于是发动全场学生一致跪求,登时全场一万多名男女学生都一齐跪下了!冯将军抹着眼泪向大家说:"你们这种爱国热忱,就是铁石心肠都会感动的……可是我们献金是完全出于自愿啊!"又说:"出钱多少,是和知识有关的,我们对这关系到国家民族命运的大事,要本着自己的良心!"在冯将军激动人心的讲话和学生们"商会不增加,永远不起来"的呼声中,商会代表终于受到了感动,答应献出200万元,学生们这才高兴地站了起来。

接着重庆《大公报》便刊登了题为《我们都跪下了》的一篇报道,热情赞扬了白沙此次盛况。冯玉祥在《给爱国朋友第七封信》中写道:"(白沙)学校的献金总额达320余万元,单凭这个数字就赛过了自贡市,压倒了乐山县。"又说:"在归途中,(参观捐献的)美军朋友罗斯先生,抑制不住激动的情绪,湿着眼圈对我说,他真是深深地受到了感动。"

献金大会之夜将军的心情非常激动,他在《川南游记》中写道:"十二点钟上床,无论如何也睡不着,起来写了五首丘八诗。"

诗云:

青年跪地哭,请君快救助;献金救国家,不做亡国奴。

青年跪商人,请快救沉沦;财富千千万,敌来化浮云。

青年捐衣服,为复我国土;不畏饥与寒,雪耻最为主。

青年血泪哭,赤诚复国土;泪血做警钟,同跪齐御侮。

白沙献金多,热烈如茶火;各地皆如是,一定能救国。

此次推动节约献金活动,成渝两地和省外报纸迭有记载。1943年12月2日乐山《诚报》,1944年3月28日合江《党政公报》,1944年6月8日《内江日报》都有报道。

这是扼要的介绍几个表现突出的地区。

盐都自贡是四川富庶之区,也是献金活动的重点,将军曾两次在这里工作。第一次住了三天,募得200余万元,这次同夫人到这里住了四十天,在将军的感召下,殷实盐商表现突出,个人献金有高达1000万元以上,甚有献巨款不留名者。妇女们在冯夫人的鼓舞下,献纳也不后于人。据献金分会统计,全市献金为12000万元,金戒指800只,金镯10只,布鞋10000双,愿按月献金及按年献黄谷直至抗战胜利者计318万余元,黄谷2214市石,创全国献金最高纪录。按当时自贡市人口22万余人计算,人均献金50元以上。冯将军在献金会上兴奋地说:我们这个爱国行为,震动了全国和全世界,也震惊了我们仇敌。这个伟大数字,就像一个很大的炸弹,这个炸弹飞到东京去,把日寇的东条内阁炸翻……

合江是一个二等县,人口不过40万,而且三年农业歉收,城北繁荣之区,1940年遭敌机轰炸创伤未复,但这次献金表现突出,出现许多动人事迹。将军是1944年3月26日到合江的,经过短短几天的努力,4月1日晚将军得知献金总额已达1250万元以上时，立即亲笔写信给献金分会道：顷闻贵县最低数目已达一千二百多万元，祥深悉各位努力不少。请各位为国家为抗战的胜利想一想，若合江超居江津之前，则泸县定超居合江之前。如此进行下去，数目之可观，不但震动全国，且真真地震动全世界，大难可以冲过，胜利可以早临。

  结果献金总额达到1400余万元，超过了江津。

  白沙是四川四大镇之一，手工业发达，商业繁盛，抗战期中，由沦陷区迁来的中等以上学校达十五所，学生万余人；因此，学生们的爱国行动，实令人感奋。这次献金总数为700多万元（实物未计入），将军在《给爱国朋友第七封信》中称之为"最爱国的市镇"。

  富顺献金力争超过泸县，于1944年10月11日截止，计献交金戒指1200只，黄谷30000石，军鞋12000双，这些实物按时价计算为4100万元，加上现金，略高于泸县。冯玉祥在《我所认识的蒋介石》文中称富顺献金仅次于自贡市。

  不久冯玉祥去成都开展献金运动，川南之行即告结束。

本文选编自中国人民政治协商会议西南地区文史资料协作会议《西南民众对抗战的贡献》

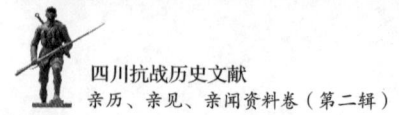
四川抗战历史文献
亲历、亲见、亲闻资料卷（第二辑）

血沃中华　功垂千秋
双流、华阳人民全面抗战贡献概览

熊德成　徐安全

十四年抗战中，四川是抗战大后方的主要基地，双流、华阳则是这个基地的腹心地带。抗战中期，四川成为日本法西斯的轰炸目标，双流、华阳人民也惨遭日寇蹂躏，饱受日寇空袭之苦。面对日本法西斯的猖狂入侵，双流、华阳两县五十万中华儿女满怀民族仇、国家恨，在中国共产党倡导、坚持的抗日民族统一战线旗帜下，团结起来，奋勇反抗。无论是参军参战，抗击日寇，还是在抗战军需物资特别是粮食补给、抗战经费的筹集和空军基地建设等方面，都付出了自己的血肉、血汗和血泪，为抗日战争的最后胜利做出了宝贵贡献。

一、日本法西斯在双流的血债

1938年10月，武汉失守前后，国民党中央、国民政府、军事委员会各主要部门和一些重要工厂迁入四川，重庆成为国民政府的"陪都"。1939年1月13日，中共中央南方局在重庆正式成立，设立了八路军办事处，继续出版《新华日报》。中国共产党倡导、坚持的以国共合作为基础的抗日民族统一战线的工作重心向重庆转移。四川成为正面战场的政治、军事、财政、经济的中心和支持前线的后方主要基地。日寇梦想摧毁抗日大后方，对四川进行绝灭人性的狂轰滥炸。据档案资料记载：自武汉失守后的1938年11月开始至1944年7月，日寇共出动飞机386批、7300多架，投下炸弹26800多枚，对四川108个市县，特别是重庆、成都、自贡、万县、奉节等地的机关、工厂、企业、学校、乡镇进行狂轰滥炸，破坏了许多重要军事设施，残酷屠杀了无数手无寸铁的无辜群众。据能找到的统计资料，遭到轰炸造成伤亡的有61个市县，炸死22500余人，炸伤26000余人，毁坏房屋233200余间。"陪都"重庆损失最为惨重，省政府所在地成都居第二位。双流、华阳环绕成都东南，又是重要的抗战兵员、军需物资补给和抗战经费筹集地之一，加之机场林立，所以也屡遭日寇飞机轰炸。仅1940年和1941年，双流遭到日寇飞机空袭轰炸的乡镇就有8个，占全县16个乡镇的一半。计有：中心镇（今东升镇）、簇锦镇、红石、金花、维新（今胜利乡）、双华（今黄甲乡）、永福、九江。双华两县共炸死70余人，炸伤10余人。其中双流县簇锦镇被日寇飞机轰炸，遭受损失最为惨重，后人称为"南桥惨案"。

"南桥惨案"：1941年5月22日，下午一时左右，成都近郊的双流县簇锦镇附近，紧急警报声急促鸣响，空军校边南桥一带民众慌忙躲避。顷刻日寇飞机嘶叫而至，投弹数十枚，并向慌忙躲避、手无寸铁的民众扫射。顿时，南桥一带火光四起，黑烟滚滚，房架垮塌，血肉横飞。炸弹爆炸声、房屋烧毁声、群众惊呼惨叫声令人撕肝裂肺。警报解除后，南桥一带房、财、物毁尽，只见残垣断壁中，横七竖八地躺着被炸的平民。有的肢体残缺，血流遍地；有的尸骨被焚，面目全非；有的被炸成重伤，危在旦夕……真是惨不忍睹，令人悲痛欲绝！无不对日寇暴行切齿痛恨。据档案资料，此次日寇空袭，南桥一带受灾者计有85户。遭日寇轰炸、枪弹打死者共53名；其中男17名，女36名，另有负伤6人；焚烧民房85座，损失瓦房187间；草房79间，粮食193石。

仅次于"南桥惨案"的是1941年3月14日日寇飞机入侵双流，轰炸双桂寺机场，机场附近的金花乡、维新乡、双华乡部分村庄也被炸。计有17户77人受灾，住房被焚，财物毁尽。金花乡第14保（今金花倒流水一带）受害达12户53人；绝大多数系贫苦人家，生活悲惨，仅靠县、乡给的微薄生活费度日。维新乡第5保村民杨氏，房屋及家具、衣物全被烧光，母子三人生活无着，抱头痛哭……

太平洋战争爆发后，我国防空力量加强。日寇飞机空袭轰炸相对减少，但仍有华阳县琉璃厂窝窝店于1944年9月8日遭到窜扰川东各地的日寇飞机夜袭轰炸。

在长达四五年的日寇飞机空袭期间，双流、华阳人民生产、生活受到严重骚扰；精神上、财富上受到极大损害。几年中，乡村集市限在午前、午后，夜间实行灯火管制，寺庙不准敲钟击鼓。每当空袭警报发出，城镇店铺关门，乡村碾坊停工，路上交通管制，城镇居民拖儿带女，扶老携幼，四出逃难；乡村家家敲起竹梆，人心惶惶。当时民谣道："今晚脱下鞋和袜，不知明天穿不穿。"日本法西斯侵略中国的暴行，尤其是对双流、华阳欠下的血债和罪行，使双流、华阳两县人民深受国破家亡之苦，由此产生了强烈的民族恨；人民纷纷投入抗日救亡、保家卫国的历史洪流。

二、踊跃参军参战　血沃神州大地

抗战以前，中国实际上没有建立现代征兵制度，备役兵员储备缺乏。国民党政府现役部队虽有170多万人，但量多质不高，各师的火力配备不足。而日寇在发动侵华战争前，早实行了现代征兵制度，备役兵源充足，加之日本国防工业比中国发达，部队火力强大。所以，抗战初期，中国军队在作战中伤亡重大。仅淞沪战役，中国军队伤亡超过30万人，其中川军伤亡近万。为了保证抗日正面战场坚持长期抗战，必须及时补充兵员。抗战期间，在大后方普遍实行征兵，四川应征人数最多。据何应钦当时公布的数字，全国征兵总额达14050521人，四川征兵为2578810人，约占全国总额的五分之一。抗日战争期间，四川人口总数不过4000多万，应征壮丁占四川总人口的6%多。而双流应征壮丁达14703人，约占双流县总人口的10%。华阳资料不全，仅1942年征兵达3186名，为双流同年的两倍。

尽管当时的征兵工作存在一些弊端，特别是有些地方恶势力从中操纵，导致征兵中存在"三不平"的现象，被征者多为贫苦大众，又存在壮丁入营后遭受虐待、致残致死现象。但是双流、华阳人民仍同全川人民一样，以民族大义为重，纷纷应征，用自己的鲜血和生命去抗击日寇，换取中华民族的生存。据1941年初统计资料显示，双流县自愿入伍人数达千余人。其中，涌现了不少感人事迹，如黄甲乡"甘愿出川，为国牺牲"的肖国明；九江乡"自愿参加壮丁，出征杀敌，为国增光"的彭卓廷；彭镇"自愿抗

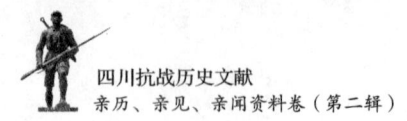

敌"的沈昭明；城厢深感"国难临头，人人有责"，"决心要出川抗战"的冯春廷；黄水乡"鉴于国难严重，民族存亡，千钧一发之秋，正为祖国效忠之际……自愿从戎，出征抗战"的独子张璃林、瞿彬如；金花乡"痛恨日寇残暴，自愿申请上前线服役杀敌"的彭德昌、彭英、彭斌三兄弟……

特别感人的是在中共地下党组织的教育、帮助下，双流、华阳的一批革命青年，历尽艰险，奔赴抗日圣地延安，参加八路军，投身抗日洪流。如在成都从事抗日革命活动的田家英，在苏码头从事抗日革命活动的王孟凡、杨梓楠、夏森（女）、夏逊、冯德枢、江宗禄、欧阳翼、杨显基，在建平小学从事抗日革命活动的周錽镐、王泽成、辛树云，在中和场小学从事抗日革命活动的叶春、邓泽。辛树云在1938年秋，深感"处在现在这个不是和平的时代，尤其是在我们中国正受日本帝国主义残酷进攻到了生死的关头，不是能够在家安稳过活的时候了。不论男女老幼，都得参加这个决生死的战争"，毅然离别新婚不久的妻子，长途跋涉，历尽险阻，到山西找到八路军总部，到抗大学习，参加了八路军。1944年，因工作积极负责，久劳成疾，病故。

双流、华阳入伍官兵，有许多直接参加了抗日正面战场的重要战役。他们英勇战斗，不怕牺牲，不少志士为保卫祖国献出了生命。仅据双流档案不完全统计，他们战斗过的地方有：江苏、江西、广西、云南、山东、山西、湖北、湖南、河南、河北、安徽、上海、南京、嘉定等省市。抗日志士们慷慨赴国难，马革裹尸还。其爱国精神，感天动地；其民族气节，气壮山河，浇灌出无数充满民族魂的鲜花。略述几例，可见一斑。

华阳籍刘一，国民党第一四五师团长。1941年在浙江衢州与日寇激烈战斗，壮烈牺牲！

华阳籍王成桂，国民党第三十二军团长。1937年在河北正定城抗击日寇，亦同全团一起壮烈牺牲！

双流籍周文富，国民党陆军一七一师团长。1940年4月，在湖北龙王山一带率部与日寇血战，战役结束后，周见部队伤亡重大，愤恨而死！

双流籍彭德明，中国空军罗斯洛轰炸机队飞行员。1937年11月11日，随队轰炸日寇"龙骧号"航空母舰，炸毁舰上敌机13架，重创敌舰，并奋不顾身与敌机空战，以身殉国！

双流籍颜泽光，中国空军驻湖北恩施机场中队长。1943年11月21日在恩施空战中，随队迎战日寇飞机群，奋勇杀敌，击落敌机多架，不幸被敌机击中，血洒长空！

三、建设空军基地　痛打入侵之敌

1943年秋，美国以大量空军支持中国，拟定从成都地区的基地起飞轰炸日本本土，要求中国在成都地区修建一批空军基地。空军基地建设从1943年12月全面开工，于1944年5月完成，并交付使用。基地计有：新津、邛崃、彭山、广汉四个轰炸机场，新津、邛崃为扩修；另有驱逐机场五个，分别设在成都、温江、双流、德阳等县。统称特种工程。参加修建的民工达50万人。双流共派出民工8100人，华阳共派出民工21240人。现将档案中记载的双流、华阳人民对成都地区空军基地建设所做出的贡献列举如下：

新津机场。新津机场始建于1929年，1937年成为抗战大后方的重要空军基地。1939年5月为适应战时需要，对新津机场第一次扩建，征用民田3292亩，修建了跑道、机棚。参加修建的民工10多万人，来自16县。双流、华阳均有民工参加。1943年12月新津机场第二次扩建。从当年1月就开始组织民工，共调集22县20多万人。双流、华阳均派出民工数千人参加。第二次扩建的目标，是把新津机场建成B-29型超级空中堡垒的基地。B-29型轰炸机是当时世界上最大的也是性能最优越的飞机，是专为轰炸日本本土而设计的。为适应B-29型轰炸机的需要，扩建工程分三个部分：跑道、停机坪、机场环境。其中，最主要的是跑道。跑道及停机坪所需碎石不下10万立方米。如此大量的碎石，把新津到眉山沿岷江两岸数十里的鹅卵石几乎掘取殆尽。搬运全靠民工一担一担挑，十挑运一立方米。民工挑运过久，双肩肉裂血流。新津机场这次扩建，任务重，时间紧，劳动强度非常之剧。加上一批贪官污吏克扣口粮、打骂民工，民工生活十分悲惨。但是为了抗战胜利，双流、华阳等县民工仍然坚持工作，保证了工程在1944年5月按期完成。扩建后的新津机场，仅次于浙江金华机场，为全国第二大机场，也是亚洲著名大机场。

成都凤凰山机场。抗战开始后，双流等九县屡次派出民工扩建凤凰山机场。1937年10月至11月，双流派出民工5527人，1939年5月又派出500人。

温江县黄田坝机场。参加修建的有16县，民工总数达万余人。双流、华阳均派出民工参加。

双流机场，又叫双流双桂寺机场。1938年12月25日动工修建，1939年3月建成，占地面积达3293亩。参加修建的有11个县的民工，双流派出807人，华阳派出1886人。1941年7月，双流又派574人修建了机场加油便道。1943年12月扩建为驱逐机场，双流、华阳均派出民工参加。

除以上特种工程外，双流、华阳还为县境军用机场太平寺机场、彭镇机场、姐儿堰机场等修建做出了贡献。仅机场占地1014亩（原编者注：一说为2926亩），如1939年建成的彭镇机场占地1718亩，1944年建成的姐儿堰机场占地1200亩。投入的民工也相当多，单是太平寺机场，双流、华阳派出参加修建、扩建的民工总计近3000人。

双流、华阳参与修建的空军基地和其他军用机场，为打击日寇、保卫领空、建设空军，发挥了重大作用。

轰炸日本本土。1944年6月16日，美国空军驾B-29型超级轰炸机从成都地区各不同的基地出发，轰炸日本钢铁工业中心——八幡，使日寇遭受巨大损失。负责指挥的美国将军伍虎准将轰炸日寇归来，立即接见中央社记者，他说："盖非有50万的中国爱国人民，离其农作，建造机场，此一出袭必不可能也。"以后，美国空中堡垒继续从成都基地起飞，轰炸日本本土，给予日寇沉重打击。

还击日寇袭击。空军基地建起后，日机虽曾进犯，但总是挨打，再也不敢大肆空袭。美空军轰炸机从新津机场起飞，在由黄田坝机场、太平寺机场、双流机场起飞的驱逐机机群保护下，还轰炸了洛阳的日寇炮兵基地、长沙的日寇军火基地及其他日寇军事目标。

特别值得一提的是：1938年，苏联组织空军志愿队到中国援助抗日，给予日寇重大打击。其驻扎地就有新津机场。苏联在新津机场停放过的作战飞机先后有：北美型重轰炸机，埃耳型轻轰炸机，E15、16型驱逐机与捷克蚊型驱逐机。苏联空军自愿队的飞行人员作战英勇顽强，军纪极严，生活艰苦。初来时没有宿舍，就在机翼下睡觉。直到1942年才撤走。

培训空军人才。1938年，在苏联自愿空军援华领导人的建议催促下，在成都成立了空军军士学校。该学校侧重专门培训实战技能，尽快培养出飞行人才，以适应长期抗战的需要。学校每期招考录取的新生，先送空军入伍生总队受军事训练一年，期满后受飞行训练两年。飞行训练期间，实习飞行的机场是：初级飞行教练在太平寺机场，中级飞行教练在双流机场，高级飞行教练在新津机场。成都空军军士学校在抗战期间，依靠太平寺机场、双流机场、新津机场提供实习飞行基地，办了四期，培养约600名空军人才。这批人才非常勇敢，实战技能好，战斗力强，对抗战起了重要作用。

四、奉献粮食 保证军需

1938年10月武汉失守后，长江中下游平原产粮区相继被日寇占领，粮食问题极为严重。1941年，田赋改归中央直管，并实行田赋改征实物。四川在五年中征缴的粮食约占全国征粮总额的三分之一。当时全川135个县，双流、华阳征缴的粮食占全省的2%以上，为保证抗战胜利做出了宝贵的贡献，请看1941年、1943年、1945年的档案记载：

1941年田赋征实。征粮（稻谷），双流为64855市石，华阳为99192市石；购粮（稻谷），双流为64855市石，华阳为99192市石，总计328094市石。其中双流征购为129710市石，华阳征购为198384市石。该年全省田赋征实为1382万市石，双流、华阳占全省的2.3%。

1943年田赋征实。征粮（稻谷），双流为92309市石，华阳为141134市石；借粮（稻谷），双流为76614市石，华阳为114020市石，总计424077市石，其中双流征借为168923市石，华阳征借为255154市石。该年全省田赋征实为1605万市石，双流、华阳占全省的2.6%。

1945年田赋征实。征粮（稻谷），双流为91321市石，华阳为138533市石；借粮（稻谷），双流为119355市石，华阳为170269市石，总计为519478市石，其中双流征借为210676市石，华阳征借为308802市石。该年全省田赋征实为1822万市石，双流、华阳占全省的2.9%。

田赋征实既解决了军粮、民食、公粮，又解决了缺粮省份的粮荒，对争取抗日战争的最后胜利，起了重大保证作用。

以双流、华阳来看，有四个方面的贡献：

军粮供应。国民党军事委员会1941年10月在给各战区及各省驻军的通令中披露：自1941年10月起，一年内所需之粮，已就征实数内拨足。据统计，1941年共调拨军粮碛米300万市石（约相当于稻谷600万市石），其中双流县就征购了2万市石（稻谷）。军粮的供应，自实行田赋征实后，从没短缺，双流、华阳人民是有功的。

民食供应。抗战以来,成都米价不断上涨。1940年3月,每市石骤涨至60元以上;当年7月,持续上涨:月初每市石80元,8日每市石100元,9日每市石115元,10日每市石120元。1941年10月,又涨至每市石285元。以后各年,继续上涨,每市石价格,1942年为900元,1943年为1800元,1944年为10000元,1945年为12000元。人民生活毫无保障。政府为了解决米价问题,采取了平价米供应市场和平价米配售。成都设有第一民食供应处,所需粮食从双流等附近各县调拨。对保证民食供应,安定民心,促进抗战,起了一定作用。

公粮供应。主要是军警团队、公务人员、教师等的用粮。由于物价飞涨,政府给公职人员发薪时拨发一定数额的公粮。当时一般公职人员工薪很低。1940年,小学校长月薪仅20余元。1937年,警长月薪10元,警士6元,伙夫、清道夫4元。以后公职人员的货币工薪虽然也在增加,但远远低于物价和米价的上涨指数。所以公职人员生活支柱唯有所拨发的公粮。公粮需求大时,田赋增加。1945年,双流、华阳县级公粮不敷,在田赋征借总额中加征弥补,双流加征14949市石稻谷,华阳加征32120市石稻谷。

优待抗日军人家属。为激励前方将士英勇杀敌,双流、华阳从1938年起,对出征抗日军人家属除减免地方临时捐税、解决特殊生活困难外,还给予长年优待。双流县1938年共发优待金2035元,优待谷932.4市石。以后每户每年发给优待谷8石,分四季发放。从1939年至1945年,累计发放稻谷52397市石。优待谷来源,1941年前,由乡镇筹募。以后每年随粮带征。

五、竭力捐钱捐物　支持持久抗战

抗战期间,双流、华阳人民比抗战前多承担了省政府新开征的房产税、土地税、土地使用税和加税的屠宰税、契税附加、斗息等的增税部分,认购了种类繁多的公债。据档案资料记载,双流、华阳仅1942年就认购战时公债231.5万元,同盟胜利公债23210元(银元)。同时,还节衣缩食,捐钱捐物,支援前方将士长期抗战。各界人士特别是劳苦大众在自然灾害较多的情况下,积极捐献,仅升平乡一次就募捐1600元。出现了许多动人故事,九江乡教员龚学明、彭启瑞就是其中一例。1938年10月,龚学明、彭启瑞面对日寇疯狂侵略我国的罪行,不胜愤恨,深感:凡属食毛践土当报涓埃,毁家纾难,输财助道,亦系国民应尽责任。职等身担教育,为民众之表率,社会之先导,何敢惮劳,袖手偷安后方,今愿献半臂之劳。虽然自己不能上前线卫国捐躯,但可以在后方募集寒捐。他俩不辞劳苦,白天黑夜奔波,在九江乡自发组织了宣传、歌咏、救护、巡查活动,举办了抗战游艺大会,演出了《救国女青年》《家庭血肉案》等剧,鼓动群众募捐,支持抗日。

双流、华阳人民捐钱捐物,支持抗战,做了许多好事。据档案记载,双流所办好事有:慰问、照顾驻县部队和县境机场驻军,慰问黔桂将士、滇缅将士;接待过境部队,帮助新兵移送,千方百计提供住宿;接纳成都避难民众,收养战区难童,安置工作涉及七个乡镇;接济全国湖北、安徽、江苏、河北、江西、山东、山西、河南的过境难民,一些部队伤兵近百人;安抚抗战军人家属,仅1940年中秋节在城关双江公园就宴请

1099 户。此外还救济河南灾民、华阳灾民各数千元。最突出的要数劝募寒衣、捐献飞机和节约献金三件大事。

（一）劝募寒衣

1937 年 9 月，川军出川抗战，开赴华北和西北战场。天气渐寒，可是士兵仍然穿着短衣、短裤和草鞋。由包括共产党、国民党、地方实力派和各界知名人士参加的"四川各界抗敌救援会"发起劝募寒衣、布鞋运动。双流人民积极响应，广献布鞋、棉衣，于当年 12 月 20 日前上交。1938 年 10 月又掀起征募万件寒衣活动，农村按田赋多寡征收，县城按营业税多寡劝募，年底征募得 1.4 万元，合万件寒衣价额。1939 年 11 月又劝募 1680 元，合 1120 件寒衣价额。同期，华阳也进行了征募寒衣活动。

（二）捐献飞机

抗战初期，中国空军飞机主要是 CЪ 型轰炸机和 И-15、И-16 型战斗机，是苏联志愿空军离华时留下的，总数仅 200 架左右。这些飞机无论航速、爬高还是其他性能都落后于日寇飞机。当日寇飞机轰炸成都、重庆等地时，中国空军奋起反击，由于飞机质量差，尽管飞行人员拼命杀敌，结果总是败多胜少，伤亡惨重。为了壮大空军，战胜日寇，1940 年 10 月 24 日，中国航空建设协会四川省分会发起献机 100 架运动，规划四川捐献驱逐机 100 架。双流、华阳按分配各捐一架，每架折合法币 20 万元。按省分会规定，"以殷实富绅或商民为对象"劝募。双流县因县中无工厂，故以粮户为对象，按缴纳田赋能力定劝募。以税率粮银 1 两劝募 45 元，从政府征购田赋粮应发的 30% 现金内扣除。因当时民众负担太重，"已竭尽全力"，"民力有限，收缴极难"。所以，直到 1942 年 4 月 17 日，献机款才募集上交 15 万元，至 1943 年初，全部募集上交完，共计 19.39 万元。贫苦群众在这次献机运动中做出了巨大奉献。1940 年底，四川土地兼并与地权集中的情况十分严重。川西地区，占人口 7.2% 的地主有 85% 以上的土地。成都 90% 以上的土地被仅占人口 1.1% 的地主占有。按当年双流租额，每粮一两约收租谷 130 市石，粮户交的飞机捐款，实际上都是贫苦佃农的血汗。1944 年，又献飞机一架，仍折合法币 20 万元。双流县在机场工款中挪用解汇，直到 1945 年 5 月机场工账将结束时还未归垫。

（三）节约献金

1943 年，抗战进入第六个年头，抗日经费更趋紧张。爱国将领冯玉祥将军想到国家处境艰难，"愤恨政客、奸商、好发国难财者，一切总是为自己个人打算……"坚定地依靠爱国同胞，倡导了节约献金运动，并亲赴各地发动。他首先在《新华日报》刊登启事，卖字献金。11 月 8 日自重庆出发，先去自贡盐场募捐，然后经乐山等地，于 12 月 21 日到双流。次日，冯将军在双流县城的双江公园"抗战建国纪念堂"召开了抗日募捐民众大会，参加者有各界人士共 4000 人。民众当场献金，盛况空前。彭家场推鸡公车的李治平捐 100 元，受到冯将军特别嘉奖。23 日，冯将军又发动城区中、小学生上街劝募，群情激动，献金民众人如潮涌，许多贫苦劳动人民争相捐献。仅仅两天，双流共捐 80 万元。其动人场面，亲临目睹者至今激动不已。正如当时《大公报》社论指出的：他们的献金是自动的、无条件的……民心之可爱，民心之可用，在这次献金运动中，充分表现出来。

伟大的抗日战争胜利后，中国共产党的喉舌《新华日报》于1945年10月8日发表了一篇重要社论：《感谢四川人民》。社论在总结了四川对抗击日本法西斯侵略所做的贡献后，深情赞扬道："……仅从这些简略的统计，就可以知道四川人民对于正面战场送出了多少血肉，多少血汗，多少血泪。""在八年抗战之中，这个历史上最大规模的民族战争之大后方的主要基地，就是四川。自武汉失守以后，四川成了正面战场的政治军事财政经济的中心……我们想到四川人民，真不能不由衷地表示感谢。"双流、华阳是四川的腹心地带，四川人民为抗日战争胜利所做的贡献有双流、华阳人民重要的一份！双流、华阳人民不愧为伟大的中华民族的优秀儿女，其不朽业绩和爱国精神将载入我们伟大祖国史册，永放灿烂光辉！

本文选编自《双流县文史资料选辑》第十三辑，1995年，原题作"血沃中华　功垂千秋　双流、华阳人民八年抗战贡献概览"

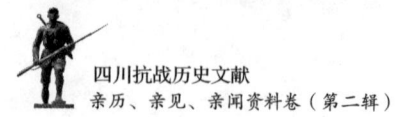

中江民众抗战中的卓越贡献

赖天国[*]

在抗日战争中,中江人所表现出的坚毅、果敢和大义凛然的民族气节,足以让我们骄傲和自豪!

一、中江县在抗战期间的战略地位

中江县民国初期隶属嘉陵道潼川府。1935年改属四川省第十二行政督察区,行政专员公署设遂宁。1946年据县府文件记载中江县面积2458平方公里,与七县接壤。1947年中江县有161933户,927952人,是全省人口较多的大县,在全省136县中居第五位。

1929年以前,全县有中广、中潼、中绵、中罗、中德以及横过县境的保宁、顺庆等古驿道。一直是当东西两川、云贵秦陇之要冲。中江经集凤、古店到广汉,历来为通往蜀都的捷径。1930年,唐巴公路县境段筑成,基本可以通车。中江水路货运较为发达,航运远达重庆,中江进出货物多由凯江航运,日往来木船百余只,年运量6万吨左右。因之,中江在抗战时期的战略地位不可忽视。

二、抗日救亡思想的传播和抗战期间的宣传动员工作

辛亥革命成功之后直至1935年川政统一之前,四川一直处于军阀混战时期,但中江教育事业仍然随历史潮流向前发展。至1937年,全县公立小学183所,私立小学92所,初级中学2所,简易师范1所,所有教职员工572人,学生23901人。在572名教职员工中,有许多师范毕业的优秀青年教师,他们在校学习期间,积极参加进步活动,成为坚定的反帝反封建革命者。中江最早的中共党员戴资杰和黄志鼎,就是进步青年教师的代表之一。"誓雪国耻"的爱国教育一直没有间断,抗日救亡的思想由学校传播到学生,由学生传播到家庭,由家庭传播到全社会。

九一八事变和一·二八淞沪抗战后,抗日救亡的爱国运动风起云涌,中江的抗日救亡的宣传活动也进入新阶段。为了唤醒民众,模范小学青年教师训导主任戴资杰、教导主任张真仁、体育主任林舒乔、自然课老师秦瑞甫、元林堂书店店员向廷美(均为中共地下党员)、国语老师白逸平、县中仪器图书管理员唐静秋等率先利用周末假日组织部分学生到郊区做抗日救亡宣传。同时他们还在模范小学等学校发动进步师生进行抗日宣传活动,组织进步师生参加"火花社"的读书会,阅读进步书刊,编排救亡戏剧,他们

---

[*] 作者为中江县历史文化研究者、中江县住建局干部。

给学生讲时事，读新闻，教唱抗日歌曲，散发抗日标语，演出抗日救亡话剧，揭露日本的侵略罪行。

1936夏，县府教育科设收音室，省建设厅发给收音机一台，每日收播新闻时政。是年专职收录员胡永骧自装直流收音机一台，置于县城公园，收听成都和南京广播电台节目，从此，中江的民众能在第一时间知晓政治时事和新闻。胡永骧还收录整理新闻，编印成《广播新闻》四处张贴、散发。1937年7月抗战爆发，《广播新闻》成为宣传抗日救亡的小报。

卢沟桥事变爆发后，国民党中央发出了成立各省、市、县各界抗敌后援会的紧急通知，国民党中江县党部立即发动社会各界成立"中江县抗敌后援会"，又于1937年秋组建了"中江县各界抗敌后援会游艺宣传队"，接受县抗敌后援会的领导。"游宣队"是职业团体，管理主任为陈克锦、编剧赵孟渠、剧务主任易墨村。在城镇以演脚本话剧为主，农村以川剧新唱为主。演出剧目为著名剧作家田汉、洪深的剧本《生路》《一片爱国心》《流亡道上》《放下你的鞭子》等，即兴表演《大战卢沟桥》《大战台儿庄》《黄浦江边》等，活报剧《张老汉投军》《九一八以来》《打老虎》等，还应邀赴附近三台、射洪、蓬溪、遂宁、盐亭等县宣传演出。

1938年春，"县立初级中学校抗日游艺宣传队"成立。校长郑士章兼任了队长，宣传队分歌剧、话剧和川剧组。他们在县城及大镇、回龙等地巡回演出《流亡三部曲》《放下你的鞭子》《滕县血战记》等十多个节目。

1938年春，中共四川省工委派共产党员刘明晰（中江人）回中江恢复和发展中共地下党组织，开展抗日救亡活动和党的地下斗争。刘明晰回中江后，首先将《抗战壁报》扩大为"抗战壁报社"，发动县城知识青年参加抗日救亡活动。当年夏天，四川大学中江籍学生、共产党员郑涛（新中国成立后曾任四川师范学院副教授）回中江，向中江的五十余名学生、青年介绍全省抗日救亡形势和抗日民族统一战线问题。

1938年，县立初级女子中学（城北中学前身）成立了七个宣传队分赴农村进行抗日宣传。

以曲艺艺人组成的"讲演社"也在龙王阁内恢复讲坛，以群众喜爱的曲艺表演形式昼夜宣讲，宣传抗日救亡。

设在中江公园万花楼的以社会教育为职能的民众教育馆（文化馆的前身）也以抗战宣传教育为中心展开工作，除了增加馆内阅读报刊、借阅图书的品种和数量外，还在县城的大、小十字路口办以抗日救国为内容的黑板报，每周刊出一次。在节日期间，在馆内举办抗日内容的书画展览、戏剧演出和歌咏活动。

三、热血青壮年踊跃从军，英勇赴死，杀敌报国

全面抗战中，全县共有41431位热血青壮年应征入伍。其中712名中江籍官兵为中华民族的复兴献出了年轻的生命而埋骨他乡，其中年龄最小的名叫唐光德，只有14岁，牺牲于滇西惠通桥遭遇战。在这场战斗中，与唐光德一起牺牲的中江籍抗战将士还有九人，年龄最大的叫张有龙，48岁，都是三十六师一〇六团一连的将士，在三个月后的反击战中，又有两名中江籍官兵阵亡。在712名中江籍抗战阵亡将士中，年龄最大的是

一个叫罗大生的上等兵，他随二十二集团军四十五军一二七师卫生队参加了太原作战、滕县保卫战、信阳战役、罗山战役、大洪山阻击战、鄂北会战、枣宜会战等重大战役。1943年11月罗大生在湖北阵亡，时年51岁。他是中江县抗战阵亡将士中年龄最大的忠烈将士。与他一起牺牲的还有四位同在卫生队的中江籍战士，其中有个叫刘茞生的，一等兵，50岁。

川军三十集团军（王陵基部）第七十二军新十四师副师长的林梅坡将军（中江广福人）激于爱国热忱，代理师长职务，率部赴赣北修水河与中井良太郎指挥的日军第一〇六师团作战，为这次战役胜利立下了功劳。在最惨烈的滕县战役中，姚光中校（中江柏树乡人）等14名中江籍官兵英勇阵亡，为台儿庄大捷流尽了最后一滴血。1942年开始，一些中江籍官兵随远征军奔赴云南边境和缅甸、印度抗日前线作战，喋血疆场。在远征缅甸的战役中，梁仁金等23人为国捐躯，把鲜血洒在异国的土地上；李敬中尉等49人喋血云南边疆，为保卫保山、滇西抗战的胜利壮烈殉国。1944年9月，县中校学生凌武常等89名青年学生参加远征军，受训结业后编入青年远征军二〇一师、二〇二师等部队，担任交通运输、坦克车兵等技术兵种工作。先后参加了缅北大反攻的密支那、八莫、南坎、腊戍诸战役。有一本《青年远征军二〇一师六〇二团人员名册》，载明的1428人中有52名中江籍士兵，如1944年9月，中江县太和乡九保四十五甲的曾天金入伍十个月了，是中国驻印军重迫击炮一团三营二等弹药兵，签署证明书的是总指挥史迪威。

41431位中江籍抗战将士，每一位都有一个可歌可泣的壮烈故事，他们在战场上拼杀，他们在战斗中建功立业，为我们中江人民争了光，为德阳人民争了光，为四川人民争了光。

1940年中央陆军军官学校（黄埔军校）军官训练班第八期中的
15位中江籍学员（中间两位为军校教官）

1940年举办的中央陆军军官学校（黄埔军校）军官训练班第八期，就有15位中江

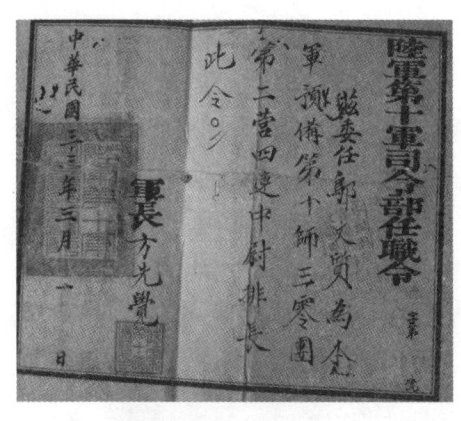

抗战前夕的一张任职令

籍学员（中间两位为军校教官）。1942年6月，21岁的白儒琮在中央陆军军官学校第十三期二总队步兵科毕业的毕业证书证明其后历任军政部十一补充兵训练处上尉连长、少校团副、少校连长、少校营长、教导第三团中校军事教官、军事委员会知识青年军编练总监部少校督训官等，1945年9月9日，亲历了在南京国民政府中央军校大礼堂内举行的中国战区日军投降签字仪式。还有一张大战前夕的任职令。1944年3月1日，驻守西南战略要地衡阳的第十军军长方先觉给中江籍抗战将士邬文质签发任职令，任命他为第十军预备第十师三十团二营四连中尉排长。6月23日，震惊世界的衡阳保卫战打响了。这是中国抗战史上敌我双方伤亡最多，中国军队正面交战时间最长的城市攻防战。国民革命军陆军第十军在湖南衡阳以孤立无援的疲惫之师抗击近六倍于己的日军，血战了整整47天，这一仗的影响，震动了日本朝野，直接促使东条英机内阁下台。为策应衡阳保卫战，外围部队的中江籍抗战官兵阵亡30名，其中一位是新十三师三十八团九连的中尉排长，他叫张学文，时年37岁。1947年3月，邬文质从中央训练团第七军官总队奉令退役返乡。

四、抓紧巩固后方，支援前线抗战

1937年11月成立中江县防空支会，由县长刘珍任会长。在城厢、东山、西山、南山等乡，在魁山、亚松山、铜鱼山、龙华山、西山等山麓挖掘大小不同的防空洞2000余个，以备御日机。1938年10月，中江建立了防空监视哨，由黄克任中江城区第一哨哨长。1940年1月10日，在中江防空支会内成立"四川省防空司令部八二监视队"先后由李联五、唐道华任队长。监视哨共辖中江大镇、永太、广福、胖子店、建林驿五个哨所，队部下设独立监视哨、普通监视哨各一个，负责对空监视及情报传递。

1940年6月，5000余名中江民工，响应政府"为抗战有钱出钱，有力出力"的号召，自带衣被和口粮，前往崇庆县修筑王场坝飞机场，次年春，县府又调5000人前往协助。为了争取按期完工，民工们风雨无阻抢修，施工中突遭日机空袭，80余中江民工死伤。

1937年，中江县按照四川省颁发军事训练纲要规定，成立了社会军事训练总队，负责开展社会军事训练。8月，奉命主编国民自卫总队常备队。11月4日，中江县兵役监察委员会在县府内成立。1939年3月至5月，中江县开始对中年男丁进行军政训练，3个区51个乡镇，共编为250个分队，受训男丁25396名。是年8月21日，成立国民兵团，上属乐安师管区和保安司令部，负责征集壮丁入营、组训国民兵和维护地方治安。据1943年底的统计，全县有壮丁112435人，普训国民兵3520人。1941年至1943年三年内，应征入伍出征抗战前线的壮丁共计10543名。

1939年，中江县利用国民月会做抗日时事报告，开展全民抗战总动员，劝募救国公债7万余元。1943年的"献机运动"中，中江全县人民为抗日摊募大洋20万元，购买飞机一架。

中江县元兴乡中心国民学校校长唐俊卿的
战时工作干部训练团《毕业证书》（1939年8月）

抗战时期，中江是农业一等县。1939年11月，建立了农业技术推广所，至1941年该所推广2905小麦良种2万余亩，被省政府列为23个水稻主产县之一。中江每年捐献运送军粮千多万斤，自1941年田赋改为征收实物谷粮后，中江县当年就解征粮谷113180石。随之而增加的各种税捐，大量摊募的各种公债，中江人民节衣缩食，予以完成，有力地支持了前方，对增厚国家抗日作战之财力做出了贡献。

教育文化科技战线的知名人士，也与全县人民同心同德，为争取抗战胜利做出了应有的贡献。中江籍经济学家陈豹隐在1938年应张治中将军邀请，被聘为重庆国民政府军事委员会经济顾问并被遴选为国民参政会议员，为发展我国战时的经济献计、献策。

五、抗战时期的拥军优属和抚恤工作

抗战中，全县还捐赠寒衣千余件，军鞋2962双，毛巾万余条运往前线，慰问抗日将士。各个中小学校学生给前线抗战将士书写慰问信，鼓励抗日将士杀敌立功。县府还制订了《出征军人恳亲周实施办法》《征属田地义务代耕办法》，每年以区、乡、保卫单位，组织慰问队，在春节和七七事变抗战纪念日前夕，分户或集中慰问出征将士家属，每户送肉、面条各一斤。

1943年，中江冯店人周元武随川军中的"铁军——杨森的国民革命军二十军"一三三师七九四团八连参加抗战在前线阵亡，其母周邓氏领取政府发放抚恤金国币480元。

每年春秋两季，以保为单位，把年满18岁至55岁的男女组成义务代耕队，为困难将士家属代耕土地，每年代耕达千亩以上。期间，中江县共优待出征将士家属34142户，102456人，发放优待金10535.8万元，安家费77038.5万元，征属医药费、安葬费等221万元。按当时全县总人口计算，每年每人平均负担139元、优待谷8斗2升。当时，中江县还执行了《出征抗敌军人婚姻保障条例》，对抗日阵亡将士及伤残人员进行了抚恤。这些措施，鼓励了出征军人的抗敌决心

六、缅怀忠烈，建祠立碑

1939年秋，县政府将坐落于县城西郊栖妙山麓的昭勋祠（官府祭祀因公死亡人员纪念堂）培修改建成抗战阵亡将士忠烈祠。1940年1月28日，首批入祠受祀阵亡将士228人。祭祀典礼庄严肃穆，主祭人唱念公祭祭文：惟灵抗敌效命，为国捐躯。武功彪炳，丽河岳而常新；大节昭垂，与日月而并耀。宜肃岁时之祀，当申崇报之诚。呜呼！黄封三锡，励六卿忠义之心；碧血千年，立百世孺玩之志。载陈尊篚，来格几筵。尚飨！

青年们在中江县抗战阵亡将士纪念碑前合影留念
（此碑现已不在）

祭祀后，又规定一年两祭：3月29日为春祭，7月7日为公祭，抗战胜利后规定一年三祭，将日本在投降书上签字的纪念日的次日9月3日增为秋祭。直至抗战胜利结

束，共 712 位中江籍阵亡官兵入祠受祀。

1941 年，石质四方形"抗战阵亡将士纪念碑"在中江公园万花楼西北建成，碑高十米，县长萧烈题词，县人王西浦、罗宗泉撰写碑文。

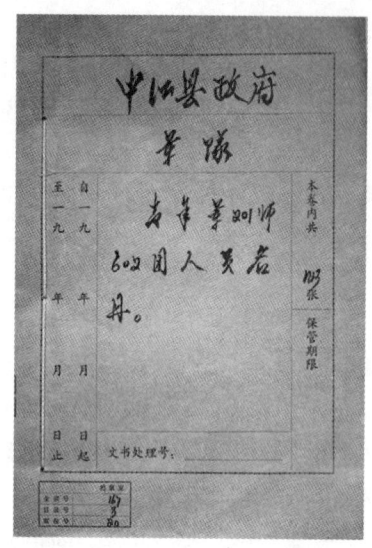

《青年远征军二〇一师六〇二团人员名册》
载明 1428 人中有 52 名中江籍士兵

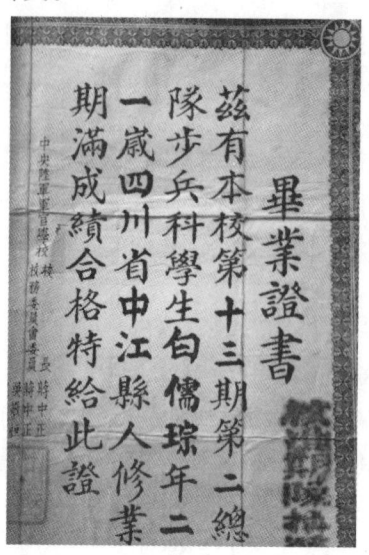

白儒琮的《毕业证书》（1942 年 6 月）

七、胜利大游行

1945 年 8 月 15 日，日本宣布无条件投降，这一喜讯传到中江，全城轰动，万众欢腾，人民奔走相告，喜气洋洋。9 月 3 日，全县军民热烈欢庆胜利，县城上万群众沿街游行，高呼"打倒日本帝国主义"，"热烈庆祝抗战的最后胜利"等口号。当夜，县城和农村各场镇居民，家家张灯结彩，群众手提纸扎红灯，高举火把游行，乐队和群众载歌载舞，全城锣鼓喧天，鞭炮齐鸣，人民欢喜若狂，庆祝活动一直持续到深夜。

本文写于 2014 年 8 月

抗日烽火中的遂宁

刘安治

　　遂宁人民早在1931年九一八事变和1932年一·二八事变后，就掀起了抗日高潮，省立遂宁第三师范学校和遂宁县立男、女初级中学的同学组成宣传队，星期天、赶场日就上街宣传。当时我正在精一小学读书，该校虽然是教会小学，但教师都是热血青年，几乎每堂课老师都要先讲一下列强侵略我国的历史。这里面让我印象最深的是蒋青云、刘自若、高自亨几位老师。他们声泪俱下，至今已过六十多年，但我仍记忆犹新。在广泛的宣传教育下，县里面不少青年学生纷纷要求参加义勇军。报名者数百人，最后挑选了第一批四十多人，成立遂宁县抗日义勇救国敢死队，到东北投身抗日战争。出发这天，举行了盛大的欢送仪式，各界代表和中、小学生都列队欢送，县长刘吉甫先多方劝阻无效，也不得不前来参加。这些敢死队队员，一个个雄赳赳，气昂昂，披红挂彩，阔步前进。我那天也站在欢送的队伍里，真羡慕他们。后来听说这批人到重庆后，被集中训练，就地待命。1932年，抗日义勇救国敢死队被解体，押送回遂宁，由县政府将他们集中在正灵泉寺留训，半年后遣散回家。

　　遂宁县于1937年8月，成立了四川省抗敌后援会遂宁分会，由专员兼县长罗玺任主任，下设总务、组织、宣传、调查等组（翌年4月后援会改组，主任、组长由地方人士担任，奉四承任主任），开展抗日宣传及募捐活动。当时我正在遂宁县立男子初级中学二年级读书。在学校里，音乐课都教唱抗日歌曲，除了上课还在每天晚饭后教唱，如教原来不准唱的《流亡三部曲》《抗日战歌》《义勇军进行曲》等，后来还唱《游击队之歌》《大刀进行曲》《太行山上》《募寒衣》等。星期天或赶场天，师生们就上街宣传、讲演。省三师的学生首先组织"晨呼队"，每天早晨五点半钟就跑步进城，然后由大南街、大北街、环城马路游行两大圈，高唱抗日歌曲，接着县男中也有部分大的同学组成晨呼队，每大早上上街游行。后来各乡镇学校住校同学也组成晨呼队在场镇唱歌游行，以唤醒民众。1938年，北平、上海等地的抗战歌咏团来遂，宣传抗日救亡。先后还有"血花剧团""青年剧社""孩子剧团"以及洪琛率领的"包得行剧团"来遂演出生动的抗战剧目。原来遂宁的学校也演出过"文明戏"，这以后才知道叫"活报剧"。他们的演出不拘形式，不一定在剧场，其中这种"活报剧"就是在街上演的。我记得最深的是《放下你的鞭子》。那天是赶场天，中午放学时，我走到南门口，人很多，来了两个外省逃难的，大概是走不动了，坐在街沿边，是父女，父亲五十多岁，穿一件烂棉袄，戴烂皮帽，棉裤是用带子把裤脚捆起的，女儿才十六七岁，穿得很褴褛单薄，正在啼饥号寒，引起了周围不少人的注意并驻足观看，女儿仍哭号不止，父亲悲痛地举起鞭子，要打女儿，这时一个流亡学生打扮的青年挤了进来，抓住鞭子，高叫"放下你的鞭子"。

并问为什么打人,父亲边哭、边诉,他家在东北,日本兵奸杀了他妻子,杀了儿子,烧了房子,他和女儿躲了出来,逃到关内流浪至此。流亡青年也以亲身经历控诉日本兵的罪行,并宣传团结抗战。使围观的人看得唏嘘落泪,义愤填膺,不少人给他们钱,引得铜币、镍币如雨飞落,这时两个学生模样的青年抬一个募捐箱来把钱捡在里面,并说明他们是外地来的剧团,演的是真实的事。演出效果非常好。县内各校师生亦积极组织抗日宣传队,活报剧团在舞台上、街头巷尾广泛开展抗日宣传。省三师是男女合校,能够男女学生同台演出,县男中只有男扮女装,县女中只有女扮男装。男扮女装在社会上曾遭非议,但因是宣传抗战,也没人敢反对。县男中抗战救亡演剧队利用课余时间和星期天排练节目,除在城内进行公演,寒暑假还自带道具、衣服步行到乡间,在各场镇巡回演出。

由于国共合作,民众团结抗战。1937年底,十二区行政督察专员兼县长罗玺邀请共产党川北工委王叙五为小学教师救亡宣传研究会顾问和遂宁县民众教育委员会委员。为配合抗日宣传,王叙五建议创办《遂宁日报》。先后推荐共产党员张治(杨仲明)、朱竹隐、曾似鸿等为副刊编辑。《遂宁日报》设于船山公园民众教育馆内,为四开土纸小报。副刊初名《战号》,后更名为《野火》《后方文艺》等,以诗歌、散文、杂文等文学样式宣传抗日救国。在学校里面,只要报纸一来,大家总是争着看。1939年冬,专员黄绶改组《遂宁日报》为《涪江日报》成为专区地方报纸,日发行量达万份以上,对宣传抗日起了很大作用。

抗日战争最重要的是兵源。民国前期均实行募兵制,大多是家境贫困或亡命之徒应募,1936年,试行征兵制,规定:男子满18岁均应服兵役,18~25岁服现役,26~45岁服后备役。征兵时服现役的实行三丁抽一,五丁抽二,独子不征,按征兵任务抽签。但由于民间流传"好男不当兵,好铁不打钉"的思想和原募兵制的兵员素质低劣,群众谈兵色变,加之征的兵也是用于打内战,所以开始时民众抵触很大。1937年,卢沟桥事变后,为了抵抗日本帝国主义的侵略,及时补充兵源,正式推行征兵制。县政府按上级下达的任务,将征兵名额分配到乡,由乡联保办公处及保、甲召集青壮年抽签应征,在各方面的宣传动员下,青年参军热情高涨。1938年,省军管区给遂宁分配的征送壮丁任务为7320名,青壮年都踊跃应征。共征丁7339人,超额完成任务。1938年成立遂宁县社会军事训练总队部,由县长杨晴舫兼总队长;军训教官周维扬兼副总队长。区设区队部;乡(镇)设乡(镇)队部;保设保队部。凡年满18岁至25岁的男性公民均被编为常备壮丁。当年全县编有壮丁队32个,小队1100个,壮丁84682人。这些壮丁经过训练后,逐步征送入伍。1939年7月,撤销社会军事训练总队,成立遂宁县国民兵团,由县长李绪恢兼任团长。下设常备集训中队四个,配备有军官、士兵和勤务兵,由各乡(镇)抽调常备兵到县集中训练。常备训练班每年举办三期,每期三个月,期满轮换,受训期间的伙食费由各乡负担。常备兵经过集训结业后,即返回本地参加区、乡、保的国民兵队,担负防空勤务,维护地方治安等工作。征兵时直接补充作战部队。征集的壮丁集中于遂宁团管区,然后分配于接兵部队。全面抗战时期遂宁县实征兵37123人,其中知识青年从军的269人。对抗日军人的家属,称其为抗属。1938年,成立遂宁县出征抗敌军人家属优待委员会,由县长兼任主任委员,办理全县出征军人家属的优待事宜（后来乡、镇也成立了乡会）。每年每户发优待谷 5 斗到 7 斗。从 1943 年起，对抗日阵亡将士家属每年每户发抚恤黄谷 4 石。我县 1938 年至 1941 年，抗日阵亡的将士有 601 人。其中官佐 37 人，士兵 564 人。至 1945 年，我县抗日阵亡将士有名可查的，已达 1803 人。

1937 年，全面抗战开始，我国空军力量非常薄弱，正逢蒋介石五十寿辰，于是全国发起义捐购买飞机为蒋介石祝寿。名为"献机祝寿"，要求大县捐一架，小县两县捐一架，预计遂宁捐一架。由于学生、各界法团的大力宣传和筹募，不少人竭尽所有捐献，有的还把金银首饰和埋藏多年的银元、银锭捐献出来。我当时正在县男中读书，除了经常上街宣传募捐，也把自己的零花钱全部捐了出来。最后遂宁捐献的款项，足够买两架飞机，受到国民政府褒扬。

遂宁在防区时代（军阀驻防时代）一年征两三年的粮，已使民生凋敝。1935 年，川政统一，中央宣布一年一征。刚刚一年，抗日战争爆发，为支持巨大的军费开支，1937 年，除正粮外，附加征税达 95％；以后年年增加，1941 年正粮才 13 万多元附加则达 70 多万元。1941 年下半年，为保证军需粮食，实行田赋征实。除正粮外，还征购粮食，一般征一购一。遂宁本来土多田少，素有"安岳田，遂宁土，乐至一堆石谷谷"之称；而遂宁又是"北道棉花南路米，西路红苕东路柴"，以杂粮为主，米麦不能自给；农民都是"糠菜半年粮，红苕打主扛"，每年都从江油、安岳、合川等地输入粮食十多万石。这年应征黄谷 158751 石，购黄谷 142166 石，省县公粮 23813 石。为了抗战，除征粮、省县公粮如数完成外，购粮还超额完成 145494 石。购粮不发现金，只发购粮券，折价五年归还，但由于法币贬值，已形同废纸。其后征购合一，等于田赋增加一倍，不少人稻麦不够，只得买来上交。

遂宁盛产棉花，但是土花（中棉）产量低，一万土（一万棉苗，约五亩）只产皮棉二"个"（每"个"为 20 斤）。纤维粗短，只能纺土纱、织土布。1936 年在遂宁县棘子坝成立省立棉做试验场。试验推广种植长绒棉，最先引进试种的是美国德字棉，由于纤维细长，不适土纺，病虫又多，栽培技术不易掌握，产量虽稍高，但销路不好，难于推广。抗日战争爆发后，沿海城市沦陷，海运断绝，军需民用的棉布靠土纺土织已不能满足。虽有部分纱厂、织布厂内迁，但没有长绒棉，原料成问题。省棉场又引进美国脱籽棉，进行推广；同时推广植棉技术和药械；政府也大力提倡，使中棉、美棉种植面积不断扩大，产量增加。1939 年，农本局米遂举办手纺业务推广训练班，招收有初中文化的学员，结业后分派各地工作。同时福生遂庄与四川棉纺织委员会合作推广脚踩的"七七纺纱车"（又称大车），一架大车有 32 根头，一人操作，每架日产纱一市斤，工效比独头手摇车提高数倍。县政府亦采取鼓励措施，很快县城发展至乡村，从业者 1800 余人。农村大车有 6 千余架，还有手纺车 16 万余架，乡村农户兼营纺纱的达 16.8 万人。内迁纱厂有新宁纱厂、蜀丰纱厂等四个。由于抗战，军需民用急需布匹，县政府大力提倡织造，加强技术指导和工具改革，使遂宁织布业迅猛发展。县城先后办有织布厂 44 家，其中较大的 16 家，每家有织布机 30 台到 100 台，共年产布 8 万多匹；最大的新华厂年产布 4 万匹；较小的 28 家，每家有织布机 5 台到 30 台。个体织户发展特多，县城达 1500 多户，织机 3700 多台；农村专业户 4500 多家，从业 8500 多人。多以土纱织土布或土纱洋纱混合的半纱洋布。遂宁产的花、纱、布远销重庆、合川、璧山等地。土布产量为全川第一。农本局福生遂庄在县城北门裕丰外街，东门环城马路设收换土纱、出售洋纱、收验改良布三个门市，开展以花贷纺，以纱贷织业务。织户经保人介绍，可以纱换花，领纱贷织，交纱、布获加工费。这就刺激了纺织业的迅猛发展，全县赖以营生者不下十万人之众。为保证抗日战争军需布料，参加纺织业同业公会的厂、户改专产军布的达1068家。设置织布机2270台，训练成熟技工21500余人，生产军布百万余匹。1942年，福生遂庄一年就收军布35万多匹，大大支援了抗日战争。随着花、纱、布的发展，促进了针织、印染、轧花、打包、制线、纺织机械等业的发展，年外销土袜、毛巾即达30多万打。

  抗日战争的烽火中，遂宁人民表现出了特有的品格和气概，做出最大的牺牲和贡献。一半以上的青壮年上了前线，剩下的老弱妇孺，竭力耕作、纺织。最大限度地生产粮食，保证了军需民食；特别是以花、纱、布支持了半壁河山的穿用，为全面抗战的最后胜利，建立了不可磨灭的勋绩。

本文选编自《遂宁文史资料》第九辑，1995年

仁寿人民对抗日战争的贡献

叶志宽

抗日战时期，仁寿全县人民，同全国人民一道，聚集在抗日民族统一战线的旗帜下，为中华民族的生存，国家的独立，做出了一定的贡献。

一、出力、出人

1937年抗日战争爆发后，仁寿籍的将领潘文华、唐式遵、董宋珩、陈万仞等以国家民族存亡为重，请缨抗战，率所部奔赴抗日战场。潘文华、唐式遵分别在成都、重庆欢送川军出川抗日的大会上，慷慨陈词："不消灭日寇，决不回川。"随部出川抗战的仁寿县士兵达2万余人。先后在晋东、鲁南、皖南，赣、鄂、湘等省的战场上参加抗击日军，歼敌数以万计，击沉击伤敌舰数百余艘。有的将士因伤因病，劝其回川治疗休养，将士们回绝说："匈奴未灭，何以为家。"据1939年至1940年的不完全统计，在上海、崇阳、浙赣、咸通等战役中牺牲的仁寿籍士兵有167人。

抗日战争爆发后，实行征兵制，尽管"三丁抽一，五丁抽二，独子缓征"的兵役制度，受到破坏，县内征丁，变成买卖、估拉，但县人中为挽救国家民族的存亡，自愿参军者亦不少。1940年2月，方家乡14保熊锡和将其长子允德送征；1941年1月，又将其次子允远送征；同年3月，又将其刚满18岁的三子允敬送征。这年，县内青年学生自愿报名应征者，共计310名。1944年，县政府训令："中等以上学校学生服役，由学校申请、体检、师管区核定，定期入伍。"县内72名学生参加远征军，远赴印度、缅甸投入抗日战争。全面抗战中，全县共计征送壮丁69421人，占全县总人口的7%以上，绝大部分陆续补充前线，与日本侵略军做殊死战斗。

1943年，为了加强对日本侵略者的打击，"盟军"总部决定由中国负责人力、物力，美国负责技术，在彭山修筑军用机场。1944年1月20日，全县征集民工39000余人，县编总队，区编大队，乡编中队，开赴彭山修筑军用机场。该工程本属给养征工，民工的口粮、津贴均有明确规定，定额支付。但被总队长、大队长、中队长，层层克扣，中饱私囊，民工生活极其悲惨，吃的霉变碛米，其中夹杂沙、石、鼠屎、小虫，民工们称其为"八宝饭"，且常吃不饱肚。居住条件极为恶劣，不久，民工身上即生疖疮、虱子。疾病蔓延，又无起码的医疗设备。轻病不出工者扣饭，重病不能劳动即被赶走，完不成规定任务，动辄打扁担。整个工程期，全县死亡民工70人。其中压死19人，病死51人。按规定应发给的死亡抚恤及安葬费亦多被侵吞。民工备受艰辛，截至同年5月3日，苦战113日，基本完工。除留十分之一的民工做清扫工作外，其余全部回县。同年4月16日，驻彭山机场的机群首次执行任务，轰炸日本钢铁中心八幡市，震惊了日本，震动了全世界。

二、纳税捐献

仁寿是抗战的后方，为支援全面抗战，在财力上也做了一定的贡献。自1937年至1941年，单田赋的赋税即向国家提供法币522.8万元，其中，国难费91.1万元。1941年下半年改征实物，对全县田土面积进行清查，结果弊窦丛生，大粮户借机化少、化小，田赋负担多数落在一般粮户及穷苦百姓身上，截至1945年的四年中，全县为国家提供稻谷155.7万余石。除此之外，在仁寿县抗敌后援会的倡导下，全县多次开展募捐运动。1937年计划为前方将士募集棉被心1000件。除动员城区各机关、法团、学校公教人员捐献外，每区各摊140件。其募捐办法是：凡公教人员月薪在20元至29元者，捐一件，30元至49元者，捐两件，以此类推，每增加20元，即增捐一件，如能多捐，听其自便。不足部分由各区向士绅劝募，先后共捐募棉被心3000件。1938年10月，严冬快到，前方将士缺棉衣御寒，又发动民众捐献寒衣，规定全县捐募寒衣11000件，布鞋200双。1939年，全县募寒衣1500件。1940年又募973件，三年内共募捐寒衣13473件。1940年11月，根据县境内绅众家庭经济状况，分等级募捐军粮，全县共募集1000石。清水乡徐濂溪除承担分配任务外，另捐稻谷50石，宝飞乡黄勤生另捐代金2720元。1941年8月，发动全县民众捐献驱逐机一架半，每架折代金20万元，共计应捐洋30万元。按各区、乡（镇）粮额，地方财富，人口疏密，土地肥瘦及工商业情况，列等分级摊派，公教人员一人捐献一元，于同年九月底完成捐献任务。

1937年，发行救国公债，县以粮额为比例派募一年之粮，计16万元。1942年发行同盟胜利美金公债，筹集黄金16.93万元，折合法币338.74万元。同年起至1944年又发行同盟胜利国币公债，全县筹集1171.73万元，以上三项共筹集1104.3万元，等于十年的粮税。

三、抗日宣传

1938年，仁寿县动员委员会成立。1939年4月28日，该会议定，本着《国民精神总动员纲领》规定的重要内容，请县府分别函令各机关、法团、学校依照规定自本年5月1日起，按期举行国民月会，聘请讲师，赴各机关、学校宣传讲述，并动员各级公务人员、学校学生、深入乡村进行宣传。

1938年，县政府召开扩大行政会议，统一思想认识，决议将民间春联，一律改为抗战标语："集中抗战力量，铲除暴敌鲸吞"；"齐心协力抗御外侮，节衣缩食捍卫国家"；"万众一心保卫国家独立，百折不回争取民族生存"。1939年，县政府指定睦阳东、西两联保推行《国民抗敌公约》，将两联保划为三十个组，各自制定《抗敌公约》，由动员委员会派员监督，在适当的地点，分别举行民众宣誓，尽心尽力，报效国家。在宣传月内还组织"晨呼队"，各机关、学校公教人员，每日早晨齐集公共体育场高呼，集中力量抗击日本侵略的口号。

1938年5月，中共仁华特支书记彭红岩深入乡村，大力开展抗日宣传活动，在苏码头组织领导抗日宣传队，公演《米》《祖国》《古城怒吼》《中华民族的子孙》《打鬼子去》《民族公敌》《难民曲》等14个剧目。同时帮助苏码头建立有各阶层人士参加的业余剧团,除在本地演出外,还到仁寿县城、大化乡、文公场、老君场(今钢铁乡)、籍田铺等地公演。纪念七七事变一周年时,中共苏码头地下党组织召开了两三千人的大会,上午公演抗日剧目,下午举行报告会,宣传前方军民抗日的胜利消息,晚上举行规模宏大的"火炬游行",高呼"打倒日本帝国主义""抗战必胜"等口号。

1939年8月,中共地下党员在苏码头组织农民三四百人,用办夜校、办墙报、排演剧目、组织歌咏会、街头宣传、散发传单等形式,宣传抗日救亡。并在煎茶乡组织师生逢场天做街头宣传,演唱《怀念祖国的儿子》《打回老家去》《流亡三部曲》,朗诵《满江红》,激发民众的抗日爱国情绪。

四、抵制日货

1938年3月14日,四川省肃清仇货委员会仁寿分会成立,该会根据县政府指令,责成县商会先将各业商店现存仇货,一律按规定集中,由县商会商务石印社代为廉价拍卖。5月,县政府布告周知,禁绝仇货,严令各机关、法团宴会时,禁用刺参、海带、鱿鱼、东京米等,违者罚。12月28日,将残存仇货再次拍卖,并严令各业商店,如有私藏暗卖仇货者,一经查获,定予照章没收,根据仇货价值,罚款货值的50%至100%,以示惩戒。1939年8月28日,再次进行清理,鉴于仇货难于保管,县商会敦请政府派人监督办理,以示公开,连续拍卖三天,购者不多,仅获金额3.86元,所剩货物,做废物处理。

本文选编自《仁寿文史》第四辑,1988年

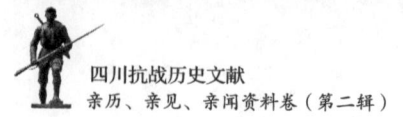

抗日战争中蒲江人的救亡运动

龙 腾*

一、踊跃从军

（一）蒲江出征抗日人数考

抗日战争中，蒲江县人踊跃从军："卢沟（桥）事变，倭寇穷兵，浴血抗战，历经八年。凡属热血健儿，莫不同仇敌忾，远道从征，以保家邦。"

1937 年至 1945 年，蒲江征兵 6225 人。

"自愿入营者，不在计内。""各志愿兵团在县境募去壮丁，本县无案。""前往邻县募去之志愿兵……本府无案。"

现查出自愿入营当兵人员，遍及全县 15 个乡镇，已知名姓的，东北李青云、西南向国清等 211 人。

抗战中蒲江另有 400 余人在军队或军事机关充当军官、办事员。

"县籍军人在外者多，其亲族故旧之子弟早已相率入伍。"李家钰、雷震等蒲江籍将士 180 余人，在抗战前即已入伍。另外在其余各军，及空军、交警、通信兵、担架兵、炮兵等部队中服役的蒲江籍人士计有 200 余人，合计出征 7200 余人。现已查知阵亡将士 335 人。

（二）爱国热忱

1937 年，日本猖狂进攻中国，蒲江县寿安十六保苟文光、西来七保李永章、陈家四保白焕文、霖雨七保刘天钰、政府街汤星武、桂花井廖甫山等人"因痛愤倭寇侵凌，乃自动请缨杀敌，由县中申送出川""自愿出征抗战"。

杨国清"家贫无食，父子相依为命。孰料倭寇兴兵，国难当头……愤不可遏，奋然从军"。

南街妇女周彭氏，"发夫早故，遗子二，长炽昌，次世铭……矢守柏舟之节，抚孤成年，世铭于前年病故。炽昌娶杨氏为妻，育女一，名敏芳……适暴倭侵略，国府迁都（重庆），国家存亡，危如累卵，告诉人（周彭氏）虽属女流，且为独子。但念古训'皮之不存，毛将焉附'之名言，爱国之心不让须眉。故迫炽昌抛妻别女遗母，投效陆军一九五师五八三团，抗战前线"。

1938 年，蒲江北街人万培良上书《呈为倭寇嗜虐，志愿赴敌事》，全县有 25 人"自愿身服兵役，开赴前线抗战"。

---

* 龙腾为蒲江县文管所工作人员，文中引用了蒲江县档案馆档案资料。

中兴十保邹正学等人,"以农耕为业,自抗战军兴,矢志从军,于廿七年考入成都四十七军军士干部训练班,毕业后,服务本军,并即随军出川"。

大兴殷家碥农民殷怀轩调征入伍,其父殷福顺表示,际兹倭寇深侵,狼烟匝地,外人灭我种族之时,正男儿报效国家之秋,子服兵役,义所不辞。"

监狱中,因盗窃、抢劫被判刑一年到六年的监犯罗国正等十人,"愿赴前方效力""调服兵役"。其中左正廷(寿安镇人)、王海(大塘铺人)后来在前方抗日阵亡。

"伊母申送,并呈报兵役科","该丁原未中签,志愿服役"。"三丁抽一",西南五保潘店子罗氏三兄弟,大哥罗万臣1938年已入伍,在七十五军辎重营二连任中士,在湖北省兴山县马良坪抗日,二弟罗世清务农,三弟罗建洲1939年自动入伍,去四十七军一〇四师辎重团一营三连。三丁去二丁抗日。

《兵役法》:"三丁抽一""五丁抽二"。而中兴十五保人李洪发有四子,长子李诗鸣,1937年即从军,在四十七军一七八师五三二团,驻河南孟津;李勋成在四十七军一〇四师三一二团,驻河南新安。1940年2月,李有成又从军。四子三从军。

5月15日,"在狱囚民"梁青云等八人到乐山,加入建南师管区补六团走上抗日战场,其中杨安廷(敦厚场人)后来在九十四军当上下士班长,阵亡在鄂西战场。

东北二十八保人余鳞"自七七事变,参加前线抗战",弟余瑞江1940年3月入伍,"弟兄双双前线服役"。

"监犯"蒲大全等七人,自愿服役,蒲大全(复兴乡人)后来在抗日战场上为国捐躯。

蒲江东街泉源堂李希程医生三子,长子李光渊、次子李光荣已在四十七军抗日,1942年,三子李光雪,又去四十七军。

中兴乡"自抗战以来,历年出征人数已达300余人之多"。"各保出征人数,多则有达到30余人之多,少则12人。"

1943年,松华乡黄玉安等32人,自愿入伍。

西南十四保人王秉辉中签,其子王良春20岁,替父出征,"民青年力壮,正当为国家报效,以尽国民一分子之责"。

日本攻陷湖南长沙、衡阳后,于9月进攻广西。

10月,蒲江县知识青年掀起从军热潮,报名参加远征军者达72人,蒲江县立初级中学一班至三班男生大多报了名。11月12日上午十时,蒲江县欢送第一批志愿从军知识青年六人从军。1945年,抗日战争大反攻,紧急征兵590人,实征614人,超征24人。9月,日本战败投降,停止征兵。

何相臣,蒲江县东北镇五保五甲人,1943年9月29日(农历九月初一)出征,独子,家5口,大女5岁,次女3岁,小女20天,佃田为业。他讲述到,当时由昆明乘(飞)机到印度,参加远征军,任新六军第二十二师六十四团一营二连下士,三十四年反攻缅甸得胜。返国又到湖南与敌奋斗,转战数万余里。

杨开遂,蒲江县东北镇九保单沟人,县中学修业。1943年10月5日,参加远征军,28岁。任中国驻印军军政部学兵部队步兵第一团通信排一等兵。从印度写回家信:有国才有家,有家才有身,日本占到地点;印度、缅甸……老百姓可怜,真可怜……为国家效力，我的国家不能亡。

左平扬，蒲江县文庙街人，又名左承云，眉山师范毕业，东北镇小学教员。1944年12月，22岁去成都参加远征军，飞往印度，入宪兵教育队。1945年1月2日，从印度写家信回蒲江：我之从军，完全为了国家……今日的国家，已到千钧一发之际，生死存亡之秋，好男儿当献身许国……现在是卅四年，所有艰难危险的时候，我们已经把它度过去了，我们的最后胜利，在今年成功……打到南京、武汉、北平、长沙等沦陷的地方，决定在我们手里，把它光复回来，振兴我们的新中华……

杨泽民，蒲江县西南镇一保人，参加中国远征军为国效力。

在中华民族最危险的时候，走上抗日战场，打击日本强盗，保卫了祖国，保卫了家乡。使中国没有在第二次世界大战中亡国，没有沦为日本的殖民地。抗日战争中走上战场抗击日寇的中国将士们，其历史功绩永垂不朽！

二、赶修公路、赶修机场

笔者根据蒲江县档案馆资料整理如下。

（1）修筑新津县飞机场，死难1人。

1938年10月，征调温、郫、邛、蒲、新等16县民工10多万人修筑新津县飞机场（占地4292亩）。蒲江县征调民工500人于10月3日到达机场，技士王厚庵为民工总队长，汤仕栋为总队附，4日动工，19日加派300人到机场工作，至12月8日竣工。蒲江民工完成土方17158.8公方。

（2）修筑川康公路南龙段天全县南坝子至龙胆溪38公里，死难187人。

天全至工段180里。荒无人烟，粮食完全背运，不可担挑。独轮高鸡公车运米至雅安，板车运到天全，再背运到工段。

1938年12月10日至1939年2月8日，蒲江民工3000人，修路4.5公里，完成土方93038方。蒲江县死难187人。

（3）修筑川康公路竹康段（冷竹关至康定27公里），死难26人。

（4）修筑乐（山）西（昌）公路，死难23人。

（5）1943年修筑蒲新公路，死难1人。

（6）修筑邛崃县桑园镇飞机场，死难23人。

三、为抗日捐献金钱、田产

笔者据蒲江县档案馆资料整理出下文。

1. 绥战捐款

蒲江县人捐款，支持抗日，始自1936年。同年11月，日本侵略军进攻绥远省，24日傅作义率部抗日，克复被日本军队侵占的百灵庙。

1936年12月，县立女子小学校长柯俊明发起，全体学生为绥远抗日将士捐款法币20元。

20日，蒲江县绥战后援会宣传、劝募两组同时出动，共募得法币50.7元，汇交前方。

2. 飞机捐

1937年7月起至1945年5月，蒲江县百架献机捐款75092.2元。

3. 临时国难费

1939年，收国难费21013.59元。

1941年，上季收国难费146411.88元。

4. 购救国公债，捐金银首饰，捐献田产

1937年10月，蒲江县成立劝募救国公债支会。

11月，全县共募购救国公债法币15321元。

12月，县城南街孀妇白徐氏、白张氏妯娌，年均在五十岁以上，有田产约四百余亩，前本县劝募救国公债时，两氏闻及暴日侵略我国之状，深为愤慨，自愿捐出田产两百五十亩，变价作为抗战经费……当局深嘉白氏妯娌之输产救国，顷已呈请上峰，予以旌表，用彰高义。县长郝墨庄题赠"毁家救国"匾额。

1943年5月，东北镇四保人孙青廷呈文县府"为国抗敌当前，财力迫于星火，热心爱国……民虽不敏，尤知亡国惨痛，既不能捐躯抗敌……愿将祖遗产业一份，约三亩有零，倾献国家，救全民族"。

5. 捐棉背心、棉鞋

1938年1月至3月，棉背心193件、布鞋427双赠送前方将士。

6. 难民捐

1938年4月至5月，全县募集难民捐251.6元，汇交四川省民众救济战区难民劝捐会。

1945年5月，救济难民捐，县长王沛南捐2000元，国民兵团中校副团长傅甚言捐200元，上尉军医郭治钦、上尉事务员孙利人、上尉队长吕尚贤，中尉书记杨昌龄各捐100元。

7. 为九一八事变献金

1938年9月18日，县民众教育台，纪念九一八事变，群众献金154.39元。

8. 为抗日伤兵募捐

1939年5月14日，蒲江人士，参加伤兵之友社68人，捐款122元。

9. 医生贡献伤科良方

1938年9月14日，县政府训令："本年九月十日，奉四川省政府训令，案准中央国医馆（重庆东华观）……公函，查救护事业，乃抗战时期惟一要务，倘能自制伤科国药，替代舶来，不特可免漏卮，仰亦无虞匮乏。我国医术，发明最早，伤科万剂，定多秘传，惟以向来医生习惯，多守秘密……医林中每多视为家藏珍宝，秘不示人……现值抗战紧张之际，军民受创日益增多……将旧有伤科各种良方，贡献国家，以表爱国热忱，而增抗战力量……"

1939年3月9日，省民政厅训令，中央国医馆为抗战将士征求伤科良方。本年蒲江县医师公会，贡献32个伤科良方方剂。

10. 为抗战将士募捐药品

1939年9月，蒲江为抗战将士募捐药品，捐款122.63元。

11. 寒衣捐

1939年12月11日，蒲江县募捐寒衣代金2500元，汇与中央银行成都分行。

1940年4月14日，募集寒衣捐732元（一区350元、二区215元、三区167元）。

12. 抗战无名英雄墓捐款

1940年吴敬恒、冯玉祥、胡景伊、张澜等人发起，在重庆修建抗战无名英雄墓，铸汉奸汪精卫、陈璧君夫妇像长跪墓前，蒲江人捐款23.1元。

13. 防空节献金

1940年11月19日上午10时，共募洋208.35元。

14. 军需公债

1940年，蒲江购军需公债35000元。

15. 征购黄谷

1941年8月，蒲江召开粮政会议，田赋改征实物（黄谷），成立征购粮食监察委员会。罗泽洲时退居乡里，情殷报国，征购粮食开始，首先完纳，为众倡导。合计征谷244708石763合。借谷248235石637合。征、借谷共492944石400合，1石100斤。计49294400斤。

16. 同盟胜利公债

1942年至1944年，认购同盟胜利公债410000元。

三年，蒲江认购同盟胜利公债151.49万元。

17. 抗日献金

1944年7月8日至12月5日，蒲江人士共献金16187元。

18. 滇缅将士慰劳金

蒲江募集滇缅将士慰劳金6.6万。

19. 航空建设费

1939年，征收航建会会员费4000元。

1944年6月7日，已收航建会会员费5270元。

1945年抗战胜利时，蒲江县政府社会科经管的七届航空费18100元，八届航空费14650元。1届至6届金额不详。

本文写于2015年

犍为，抗战之功不可没

纪志南

中国人民抗日战争，是中华民族全民参战的一场反对帝国主义侵略并取得完全胜利的战争。在这场关系民族存亡的战争中，中国人民付出了巨大的牺牲，也立下了伟大的功勋。犍为人民一如广大的中华儿女，以空前的爱国热忱，以凤凰涅槃的精神，毅然投入全民抗战之中，为抗日战争的最后胜利做出了不可磨灭的贡献。在抗战前线，犍为籍将士浴血奋战，前仆后继，为国捐躯；在抗战后方，犍为民众同仇敌忾，出力出钱，支援前线。历史不会忘记犍为人民的抗战功勋，犍为人民不会忘记抗战功臣……

一

据《犍为县志》（1991年版）记载："抗日战争时期，全县应征入伍的壮丁达6万余人，为国阵亡将士605人，伤残4000余人。"

官焱森，就是这批抗日英雄中的代表。

官焱森是犍为县观音乡（今玉屏乡）人，生于清光绪十八年（1892）十一月二十三日。辛亥革命初期，在成都参加保路同志军，后在刘存厚部当兵。早年参加"反袁护国"之战。后任排长、连长、营长、团长、旅长。七七事变后，他拥护中国共产党"停止内战，一致抗日"的主张，要求率部出川抗日。1938年，官焱森升任第二十九集团军一六一师师长。4月，乘船东下，经武汉到兰溪，参加"武汉会战"外围保卫战。7月下旬，日军两个旅分别攻占太湖、黄梅县，会合沿黄（梅）广（济）公路而进，企图从陆上包围田家镇要塞，主力从蕲春、浠水包围武汉。为策应李品仙部作战，四十四军代军长彭诚孚指挥一六一师、一六二师向敌后截击。官焱森奉命亲自到前线侦察地形，决策进攻方向。他率部与日寇激战两日，浴血拼杀，攻破敌人西北堡垒。敌人退至黄梅城垣，五次增兵坚守。官焱森亲临城下指挥，在城垣下猛烈仰攻，因无炮兵支援，伤亡惨重。他果断采取夜间袭击，连续六个夜晚攻城，牵制了日军的西进。

1938年10月12日，官焱森受命指挥一六一师西撤。15日，日军第六师十二旅以一个联队，配以炮兵、骑兵、步兵和轻型坦克12辆，向官焱森部反击。战斗从拂晓相持到早上八时，敌又以飞机12架轰炸扫射至上午十时，战斗异常惨烈。官焱森临危不惧，指挥若定，全师将士以"有我无敌""奋战则生，背向则死"的誓死精神，与敌人展开殊死激战。一位负伤排长见到临阵指挥的官师长，感动得大声喊道："师长！"顿时泪如雨下。官焱森却说："当军人，打日本侵略者，流血牺牲是我们的本分。"

1939年初，一六一师开赴荆门属地胡家集，接替襄河防务。5月，一六一师协同一六二师攻击臼口之敌。同年8月，六十七军进驻大洪山张家集，令官焱森一六一师向京

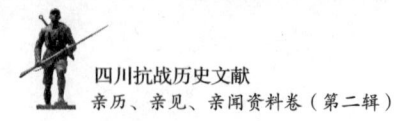

(山)钟(祥)公路之敌袭击。在八月至十月中,一六一师破坏敌桥梁、公路、通讯和仓库多处,并击毁运输汽车5辆。

1940年枣宜会战,一六一师奉令北上增援枣阳,到达资山平林之线时,与日军遭遇于平林,敌我展开拼死搏斗。历时一周苦战,一六一师伤亡甚重。军长廖震感慨地说:"这次作战,一六一师付出了最大代价。官师长始终指挥在最危险的前沿地方,这是指挥者最难能可贵的。"

1940年5月下旬,大洪山保卫战拉开帷幕,官焱森率三个团担任东北面战斗,并派员与平坝新四军游击队联系,协同配合,袭击日军。经过三天激战,加之新四军游击队在敌后出其不意的袭击和阻击,敌伤亡惨重,我方士气大振。

1940年6月12日,日军四十师团2000余人,由随县南下,与三阳店日军1000余人会合,分两股夹击一六一师于三里岗,40多天的浴血战斗,一六一师人员伤亡惨重,武器弹药消耗巨大。官焱森激励官兵说:"这是拼命报国的时候了,我官焱森绝不后退,与大家同生死共患难!"在多次攻坚战斗中,他都指挥在阵前第一线。战斗到危急关头,官焱森挑选50名敢死队员,自任敢死队队长。连长唐茂生深为师长报国精神感动,自告奋勇请战,说:"哪有师长当敢死队长的理?我理应当敢死队队长!"次日天明,在日寇增援部队和飞机轮番轰炸下,敢死队率先冲出重围,部队朝钟祥方向撤去……

1940年8月,官焱森因带兵练兵有方,调任督训处少将处长,回四川接训兵员,接收培训了两批兵员,输送抗日前线。他对征兵中的腐败弊端痛心疾首,写下了"兵役制度弊病三十条",呈二十九集团军总司令和兵役署,愤而辞官,解甲归田回到故乡。

1951年,官焱森在犍为去世,享年59岁。

王承骏,是抗日战争中为国捐躯的烈士。清光绪二十三年(1897),王承骏生于犍为县罗城镇。在成都中学毕业后,又毕业于四川讲武堂。先后在刘文辉、冷寅东、杨向荣、邓锡侯等部任连长、营长。抗日战争爆发时,王承骏为邓锡侯部少校营长,1937年9月初随川军第四十五军步行出川抗日。所在部队曾在娘子关、鱼口镇一带,以及固关以南的东西回村等地与日军作战。后来,王承骏又参加了收复平遥县城的战斗。1937年12月,王承骏所在部奉调鲁南,到滕县、邹县间布防。王承骏所在营防守滕县前沿阵地韩家村。1938年3月12日,日军第十师团及一〇六师团向王承骏营发起攻势。王承骏营官兵拼死抗击,激战三昼夜。在他率部向敌冲锋时,遭敌坦克机枪扫射,胸中数弹阵亡。王承骏牺牲时,年仅42岁,遗体被部属葬于韩家山。1939年春,罗城人民为王承骏举行追悼会,深切悼念这位抗日英雄。

犍为人民永志不忘的犍为籍抗日英雄何止官焱森、王承骏二人!

官焱森长子官常治,参加国民党青年远征军机械化部队,远赴印度加尔各答,与美国盟军一起对日作战。

晚清秀才戚昌仲是犍为清溪人。面对日寇铁蹄践踏我中华国土,他愤慨地对儿女亲属们说:"日寇之所以胆敢侵略我们,就是我们军队不强大。"他积极支持侄儿和女婿及亲属参军抗日。他的大女婿朱玉书、侄儿戚文汉、亲眷温伍育先后投军抗日,参加了娘子关和台儿庄等战役。

犍为县观音乡(今玉屏乡)人邱正明,曾任第二十九集团军四十四军一六一师师部参谋、副团长、作战科长，跟随一六一师官焱森师长出川抗日，南征北战，先后参加了武汉会战、襄河防务、臼口之战和枣阳会战、大洪山保卫战……

为了纪念犍为籍抗日阵亡将士，1938年夏，犍为人民在犍为县城西门广场（今西门体育场）修建了"抗战阵亡将士纪念碑"。纪念碑高13米，碑身由火砖砌成，用水泥沙灰抹平，四方形柱体，每方宽1米左右；顶部为平面雨盖，置有1米多高的风向计；雨盖下部四方有中华民国国徽；中部四方塑刻有凸型的"抗战阵亡将士纪念碑"字样；底座两层，由条石砌成，时任犍为县县长谢璋题有"中华民国二十七年建"字样。纪念碑雄伟、庄严，犍为人每每路过碑前，无不驻足凝思，对抗日烈士肃然而生敬意。惜乎岁月沧桑，纪念碑今已无存，犍为籍抗战阵亡将士的英灵，只能活在犍为人民心中了。

二

> 趁着朝阳初放，
> 多少戎装男女，敌忾一齐来。
> 犍为！犍为！是犍为民众的犍为。

这是《犍为之歌》中的几句歌词。抗战期间，黄炎培先生先后两次到犍为视察，宣传抗日。有感于犍为人民高昂的抗日热情，黄炎培即兴写下了诗歌《我爱犍为二首》。时为犍为女中音乐教师的朱涛，迅速将黄炎培的诗歌以《犍为之歌》为名谱成歌曲，在犍为大地传唱，进一步激励犍为人民积极投身抗日救亡事业。

抗战烽火熊熊燃烧，犍为人民迅速掀起以县城为中心的抗日斗争高潮。七七事变后，犍为城区知行中学等各校师生，组成抗日宣传队，高唱《义勇军进行曲》《游击队之歌》等抗日歌曲；表演街头剧、打花鼓、莲花落、金钱板等文艺节目；书写"打倒日本帝国主义""收复失地"等大幅标语张贴于铺面、墙上和交通要道；编小报、办墙报，散发抗日油印刊物；在全县发起清查和抵制日货的爱国运动。在各学校举行的抗日活动中，犍为小学体育教师周长勋，组织了一支"晨呼队"。天刚蒙蒙亮，几十名小学生就集合起队伍，在周老师的带领下，全城游行，呼喊抗日口号，高唱抗战歌曲，唤起民众，共同抗日。这支"晨呼队"，实为"抗日宣传队"。每逢场期，他们举着"抗日宣传队"的旗帜，上街宣传。同学们站在板凳上宣讲，还以街头活报剧、唱凤阳花鼓等形式宣传抗日。犍为知行小学组织了师生三十多人的"抗日宣传队"，编排《东洋鬼子的下场》《放下你的鞭了》等节目，演唱《流亡三部曲》等歌曲。

1938年9月22日，犍为县成立征募寒衣运动委员会，发动广大民众为前方将士做军鞋、送寒衣、写慰问信。除全县每保募捐银元5元外，各商会、厂矿、学校也都积极响应，为抗战前线提供物质支持。

随着战事的深入，日寇航空兵对我国内陆城市实施轰炸。为防敌机空袭，犍为县于1939年8月成立"犍为县防护团"，设置编制九人，受"四川省防空司令部"指挥。

为开辟国际援华物资通道，1939年10月，连接滇缅公路的乐（山）西（昌）公路动工修建。犍为县抽调了大量民工投入乐西公路修建。

武汉失守，成都、乐山先后遭到日机轰炸。1940年4月12日，日机在犍为罗城投下多枚炸弹，进一步激起了犍为人民的同仇敌忾。各学校立即发起民众抗日募捐，以募款购买飞机打击日寇。抗日募捐队员身着童子军服，手持童子军棍，拿着募捐旗和募捐册，面向民众募捐抗日。1940年至1941年间，学校师生组织的"抗日募捐宣传队"，打着红旗，背着背包和干粮，先后到石溪、芭蕉沟、张沟、定文、舞雩等地宣传演出，激励民众抗日热情，纷纷捐款捐物，支持前方抗战。

1942年，滇黔抗战吃紧，为抗日需要，国民政府派员到犍为县城南郊高家营查勘，筹建机场。12月1日，时为犍为县县长的乐尚富，派员办理丈量机场占地，共征土地1099亩。犍为机场于1943年4月动工兴建。如今，当年的抗战机场遗址，仍被犍为人称作机场坝。

犍为县清溪镇沉犀村六组，有一座修建于七十多年前的渡槽，名叫甘露桥渡槽，是清溪渠的重要引水设施。修建清溪渠和甘露桥渡槽时，正值抗战艰苦时期。前方急需粮食，而修建水利设施是确保粮食特别是水稻生产的保证。据说清溪渠和甘露桥渡槽修成后放水仪式十分隆重，蒋介石夫人宋美龄和国民政府经济部长翁文灏都亲临现场剪彩。翁文灏还题写了"渠成水到"四个大字。今清溪镇渠成村、灌引村之名，就由此而来。

犍为嘉阳煤矿诞生于抗战烽火之中。1937年7月，地处河南焦作的中福煤矿，面临日军飞机轰炸的危险，总经理孙越崎决心把焦作中福公司设备全部搬迁到大后方。中福煤矿初迁湖南湘潭，后迁入川。1938年10月24日，中福公司最后一批人员撤离湘潭，来到犍为芭蕉沟。1939年1月1日，嘉阳煤矿有限公司正式挂牌。在抗战特殊时期，军工生产需要大量的钢铁，冶炼钢铁又需要大量的煤炭，而嘉阳煤矿源源不断的"乌金"流向重庆等地的钢铁冶炼企业，撑起了抗战军工生产的脊梁。抗战中的犍为嘉阳人，为发展大后方军工企业，支持前方抗战发挥了重要作用。

全面抗战时期犍为人民为抗日战争的胜利做出了积极贡献。全面抗战是犍为人永难忘怀的一段岁月。有首犍为儿歌，就是犍为人民抗战生活的生动写照：

> 鸦雀窝，
> 板板梭，
> 爸爸种田妈烧锅。
> 哥哥在前方打日本，
> 妹妹在后方扭秧歌。

本文选编自陈玲、徐澄泉《人文犍为》

泸县为抗战后勤所做的巨大贡献

李克猷（口述）　马鹏程（整理）

　　川滇东路是西南后方的运输动脉，1938年3月10日开始抢修，限定年底完成。当时的泸县负责修建隆昌至纳溪段，全长约八十公里左右，由泸县征调民工万名分区分段日夜抢修。至7月20日仅4个月零10天，既和隆昌、纳溪两头接通，提前完成了修建任务。川滇东路建成后，从云南经九百多里路便在泸州和长江航道衔接，国际军援物资沿路运到泸州。当时的军事委员会西南运输处，就在泸州兰田坝建立分处，共辖隆昌、兰田、叙永、毕节四个大站，兰田上下两坝一时机关林立，人口骤增，泸州的轮船码头也延伸到了兰田坝，大大增添了当时泸州的繁荣景象。

　　为抗日救国，泸县人民将子弟源源输送部队。1938年11月，泸州专署即输送补充兵员10778名，验收合格入伍为10240名，其中泸县籍占三分之二以上。1941年，又输送合格补充兵员6084名；1942年，输送出4472名；1943年，泸州各中等学校响应青年从军号召踊跃参军的学生451人。其他自动参军，以及过境部队自行招收和投考级军校入伍的未做统计。1943年至1945年抗战胜利为止，先后由叙泸师管区和泸永师管区分配泸县应征兵员28640名。总计全面抗战中泸州先后输送补充兵员5万人以上，为支持抗日前线做出了贡献。

　　1939年秋，川南人民自动发起捐献军粮运动，泸州一马当先，捐献了黄谷9436石，杂粮1700石，代金165万多元，处于捐献前列。1941年，泸州城乡各界又发动一次捐献飞机支援抗日前线运动。各地情绪很高，捐献数字据统计当时可购飞机两架。故将捐款汇交航空委员会购买飞机时，曾要求在机上定名为泸州1号、2号机。1944年冯玉祥将军莅泸发动节约献金支援前线运动时，泸州各界人士积极响应，泸州妇女捐出了心爱的金戒指127枚，义演收入现金7600元，总计泸州各界共捐出现金5300万元，为四川全省各县市捐献数字之冠，受到当时四川省府通令表扬。

　　为支持远征军出国作战，处于川滇东路战略位置的泸州，义不容辞地担负起接送出国补充兵员，并为其解决粮秣供应的艰巨任务。当时的军事委员会通令从各建制部队选调士兵组成班排连，指定干部送到泸州兰田坝，交当时军政部在兰田坝（张爷庙内）设立的出国部队检查站。站长为隆昌人彭秉黎少将，主要对调充出国部队兵员从年龄、身高、作战经验等方面做考查、体检。接收整训后，送到昆明，再空运到印度、缅甸补充中国远征军。

　　从1944年7月起，全国各部队选出的出国兵陆续送来泸州兰田坝，交出国部队检查站。这些兵按规定带来的副食费与市场物价大有距离，其差额由当时省府发来一些公文称："由地方暂垫，以后上报归还。"结果只是一大笔糊涂账，泸县老百姓为此做出牺性。当时军政部为了出国部队的柴草马干问题,在泸昆公路沿线设立军民合作站来办理此事。泸县这个站由军政部派寇继明中校(南溪县人,后在任师长时于遂宁起义)任军民合作站站长。在他规划下,仍由泸县地方来解决后勤供给。

从1944年7月至1945年抗战胜利为止,几乎在一年时间里,每天来往周转的部队均达数千人(最高峰时一天五千人左右),每人每天至少要发给马干1斤,木柴5斤左右。所谓"马干",即马吃的料粮,如黄豆、玉米、豌豆等,实际也是人吃。泸县近邻百姓运送柴草马干还不算太远,而边远的玄滩、毗卢、石桥、天洋、雨坛……在100华里以外的山乡,运送柴草马干到兰田坝交差,在既无公路,又无马驮的情况下,全凭肩挑背负。艰难的送粮草队列,随时可见,一切都是为了保障部队供给。我记得从1944年上半年就开始筹办柴草马干的,当时的负责人是焦郢中,会计有先永江等,他们在迎晖路警察局内(现白塔寺商场)办公,直到抗战胜利,这个算不清账的摊子才收场。

部队住的问题尤显困难。当时沿川滇东路的运兵汽车日夜奔忙,步行士兵川流不息。那时的军营大都利用各地的祠堂庙宇,兰田坝的庙宇只有南华宫、天后宫、张爷庙等七八处。军阀割据时代,最多住过一团人;可现在各地抽调到泸州待训的出国部队经常留驻的至少也是五个团以上;要经兰田上车或步行赴滇的出国部队前后有十多万人。其驻地都集中在兰田坝,于是利用原有祠庙,在内加搭五层高铺。泸州澄溪口木帮,为支持抗战,主动借出大量的杉条、木板,由泸县的73个乡镇各征调十名木工,星夜赶到兰田坝架搭高铺,兰田和城区的木工们又主动参加工作。数百人情绪高昂地工作,场面非常感人,木工们不但不收工钱,连毛烟都是自己带来抽。原计划十五天完成的高铺架搭任务,只九天就完成了,而且一边架铺就一边住人。军政部曾三次派人视察,结果相当满意,泸县政府受到表扬。这笔巨大的账我想是算不清的。

1945年3月16日,兰田坝军用飞机场动工兴建。从泸县调集民工两万多名,是其他六县征调民工之冠。原限期五个月完成,但只用了近三个月时间,于6月1日竣工。7月6日第一架运输机在泸州机场顺利着陆,又为泸州增加了一项抗战运送出国补充兵员和抗战物资的设施。

本文选编自《泸县文史资料选辑》第七辑,1995年

共赴国难　叙永在行动

孙元蓉[*]

历史是一面镜子，曾听父亲告诉我，抗日战争那会儿，在中国共产党积极倡导下，中国建立了抗日民族统一战线，开始了全民族抗战工作。川滇黔边地小县城叙永，也和全国一样迅速行动起来，积极投入抵御外敌侵犯的抗日救亡运动中。

抗日的烽火在叙永的土地上燃烧，在叙永每个中华儿女心中燃烧。红军长征过叙永留下的革命火种"川滇黔边区游击纵队"迅速改编为"川滇黔边区抗日先遣队"，在四川叙永、兴文，贵州毕节、昭通，云南威信、镇雄等地展开抗日宣传，号召民众团结起来赶走日本侵略者。叙永县在1937年10月9日召开"全县抗日运动大会"，会场设在体育场（文化宫），正中悬挂孙中山先生像，两侧悬挂中山先生遗言："革命尚未成功，同志仍需努力"，时任县长王作宾上台演讲："谁无父母，谁无妻儿，困难当头，寝食难安。我是有心肝的青年人，若省府允准请缨杀敌，当离职戍边，血战疆场，马革裹尸，以报祖国，在所不惜……"演讲慷慨激昂，万众感叹。曾任护国军第一军总司令部秘书、辛亥革命护国讨袁战役中曾获国民党中央颁发的五等嘉禾勋章的叙永知名人士岳选青老先生上台陈词："同胞们，势蹙也！国危也！日本欺人太甚，占我东北，窥我平津，7月7日又在卢沟桥挑起事端，继而进兵淞沪，胆敢妄称九十日灭我中华。吾人是有血有肉的炎黄子孙，誓死不做亡国奴。大敌当前，吾人只有团结一致，万众一心，保卫祖国每一寸土地。"当时岳老先生（我姑爷）十分激动，讲到这里在台上振臂高呼：打倒日本帝国主义！誓死不做亡国奴！台下万众高喊：打倒帝国主义！誓死不做亡国奴！他在桌上猛拍一掌，将口中镶磁牙震落地上，激动得说不出话来。据舅舅岳永高（岳选青之第六子）回忆说：父亲当时情绪太激动了，不顾年老体弱登台演说，母亲十分担心，带着我也去了会场，目睹了此情景。当时会场万众动容，群情振奋，各界代表和民众们义愤填膺，同仇敌忾声讨日寇滔天罪行，誓死不做亡国奴。

10月10日，王县长全副武装到兴隆乡黑石包指挥战时大演习，各乡镇青年进城游行，高喊"收复失地""还我河山"的口号。群众纷纷加入游行队伍，群情激愤，万人空巷。游行队伍绕城一圈，晚上又进行"双十节"提灯大游行。10月11日，县抗敌后援会自卫大队牌子挂在草市街"经征处"，接着各界组织军事操练、实战演练、长途拉练、军事训练等，为抗战上前方做准备。

会后，由岳选青、王作宾等十三人组成了"叙永县抗敌后援会"，主持全县抗战后援工作。整个叙永县全民行动，各界为抗战捐钱捐物，用行动支持前方将士英勇杀敌。

---

[*] 作者为叙永县政协永宁诗书画院常务副院长。

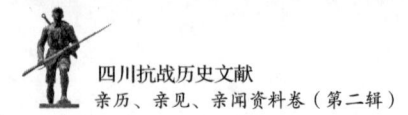

适龄青年踊跃报名参军参战,妻子送郎,母亲送儿,感人的事迹比比皆是。1947年编写的《中华民国忠勇将士英名录》上,叙永籍官兵在抗战中光阵亡将士就有206人,负伤者无以计数。前几年有人做了简单了解,叙永还现存抗战老兵三十余人,均为九十高龄的老人。每说到当年的抗战,老兵们还热血沸腾,深感自豪。在震东乡普占村的刘吉良老人,当年就参加过台儿庄的血战,战斗的惨烈与中国军人的顽强英勇,可以说是震撼中外。

每天清晨,县体育场上都能看见叙永健儿刻苦训练的身影,训练一直坚持到寒冬,即使风雪交加也从未停歇或间断。回族青年积极参加自卫大队,各商号、店铺也派员参加。中小学校长分批到成都集训,整个叙永县全民皆兵,做好了抗战到底随时上前线的准备。全县青壮年民兵进行长途跋涉演练。这支声势浩大的千人队伍从叙永城出发,至大州驿返回,全程160多里,民兵个个精神抖擞,人人斗志昂扬,队伍齐齐整整,士气高昂,参加演练的还有中学生。永属联中宣传队在演练中负责沿途书写抗日标语及进行抗日宣传,起到了很好的抗日宣传作用,所经乡镇万人振奋。

叙永的学子们也积极参加了抗日救亡运动。父亲说,叙永当时最有名的学校组织有"抗日救亡宣传队""省中晨呼队""双城读书会""铁牛社""雪花剧团"等十几个活跃组织。他们在叙永城乡的土地到处宣传,上演各种街头剧,如《放下你的鞭子》《游击队长之死》《中国不会亡》《流浪三部曲》《孔雀胆》等抗战剧目,高唱抗战歌曲,如《大刀进行曲》《松花江上》《工农商学兵一起来救亡》等抗战时的流行歌曲,宣传抗日救国,鼓舞民众抗日士气。省中学生"晨呼队"一日三次上街高喊口号、发传单,唤起民众同仇敌忾、抵御外敌侵略之心。父亲和二爸当年也参加了晨呼队的救亡活动,上街宣传抗日救国道理。县立中学学子岳凤高与张景范还创作了《送别歌》,敦促同学们学业有成,在抗战中施展才能,热血报国,做中华中流砥柱。父亲回忆说,这首歌深得同学们喜欢,当时唱红了各个学校,许多同学就是唱着这首歌投笔从戎,共赴国难的。歌词有:几载琢磨磋切,荧火雪窗红。金瓯残缺恨重重,时势待英雄。三载学成归去,劳燕或东西。三叠曲,诉离衷,太匆匆。前程万里,中流砥柱,破浪乘风。说到激动处,父亲还会哼上几句给我听,歌声让我感受到了当年的硝烟烽火。

叙永县的回族群众也行动起来了。父亲回忆说,在1939年的7月7日,城区南门巷灯草田清真寺召开大会,成立以马俊明、马伯和马勋成等18人组成的"叙永县回民抗日救亡促进会",积极为抗日救亡宣传奔走,募集钱物。当时叙永一批青年还进行了军事拉练演习,声援抗日救亡。全县妇女也积极行动,不光细心看护从前线送下来的伤员,还积极为前方将士赶做军鞋。父亲说,当年母亲和奶奶为了赶做军鞋,数夜未眠,手都磨出了泡。叙永家家的妇女都是这样自觉行动的,数天就筹集了上万双军鞋送往前线。这一针针一线线都代表了叙永民众抗日救国的耿耿丹心,针针线线都是叙永人民的爱国情结。当时叙永还发起"一日所得捐献"活动。城乡民众踊跃参与,捐钱支援抗战。城区公教人员节衣缩食,捐出法币3000多元。民众教育馆除出版《救亡板报》外,还捐出价值2000多元的名人字画和古玩玉器。各界捐出的义卖物资在各个商行里堆如小山,充塞了整个叙永市场。

叙永县商会在抗战中更做出倾情贡献。从1937年8月起,县商会每月都组织商贾自发缴纳"防空捐",月大洋350元,年计4200元。后又陆续增加,总数无法统计。同年11月,南京沦陷前夕,叙永商会从中央银行重庆分行(当时叙永无银行)汇给中央军事委员会捐款大洋362元。1940年发行"同盟胜利公债",商会成立"同盟胜利公债筹募队",根据公债派募比率(营业额4%)派募收取,商家积极交纳,仅1942年6月,即缴交法币37.68万元。1943年,缴交988.46万元,超过营业额款14%(当年营业税款总计收16.34万元)。同年,叙永成立"军民合作社组织经费筹募委员会",全县城乡筹募抗战经费100万元。除按田赋比率计募外,商会即担负了40%,计缴40万元。

叙永作为后方,前线受伤官兵很多都送来叙永,政府成立了第七教养院。当时经费短缺,死亡丧葬棺木费用都是由商会筹办。世伯杨体仁(现已90多岁)回忆说,仅1943年8月至11月,三个月间就先后筹办棺木90副,时值价款25600多元,还有平时慰问荣军、驻军的礼物和过境部队的迎送、防空疏散、建筑物捐款等,数目众多,根本无法统计。还捐款3000多元协助政府买飞机等,这些都是叙永县商会在抗战期间积极支持抗战的热血丹心。1945年,正是国家抗战高潮时期,国军赴滇过境,商会奉令筹办食油1万斤,黄谷12000斤,玉米约合9000斤,计折价款约7万余元,全是商会商家捐出。同年3月,为抗战需要抢修泸州兰田坝机场,叙永先后有两万人次民工参与,叙永县商会出人出钱出力,组织慰问团慰问,送去肥猪10头,丝烟30斤,草鞋1987双。世伯杨体仁还说:"当年商会为抗战真是出力不少,爱国商人们个个不遗余力,丹心耿耿!拳拳赤子之情,浓浓爱国之意,感天动地,动人肺腑!"

以上种种,都是全面抗战叙永民众与全国人民一道共赴国难,支持抗战的点点滴滴。在那个腥风血雨的岁月里,从城市到乡村,从工厂到学校,无论是知识分子还是工农大众,不分民族、不分老少,同仇敌忾、众志成城,为挽救中华民族危亡披肝沥胆,抛洒一腔热血,一颗丹心,形成一股锐不可当的抗日力量,勇敢战斗、万众一心,取得了抗日战争彻底胜利!这是中华民族共御外敌的胜利,这是中华民族爱国主义精神的胜利,这是中华民族千古传承忠勇报国、耿耿丹心的胜利!我们将牢记这段历史,发扬爱国主义精神,为祖国更灿烂的明天谱写新的篇章。

本文写于2015年2月

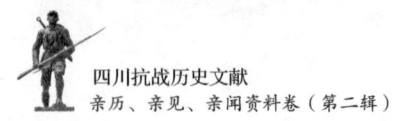

八百壮士赴国难
——西充县首批义勇壮丁抗日简介

李宏毅

1937年七七事变后,西充人民成立了"西充县各界人士抗敌后援会",领导全县人民开展抗日救亡运动。开始的主要工作之一是动员和组织西充义勇壮丁队。据我所知,占山场小学教员李献琛、杨益滋、车龙场、王超等(后来知道这些教员都是中共地下党员)和安宁院、安乐院小学学生会李成清、李汝伦、何正泗等的宣传工作最有成效。他们在街上、农村昼夜奔忙,张贴标语、漫画,用说唱表演等方式动员抗日。

1937年农历八月十九,占山逢场,联保主任办公室门前和戏楼台口边上各贴有红纸告示:"上峰通知,有志抗日的知识青年,参加义勇壮丁队出川抗日,先到南京受训。凡18岁以上,身体健康有一定文化,愿意参加者,请到联保办公室登记。出发日期另行通知。"人们围着观看。登场时,杨益滋老师在戏楼边告示下搭个凳子大声疾呼:"同胞们!青年们!日本鬼子占我东北,杀我父老,奸我姊妹,抢我财物,还抓我青年去做苦工,现在他又向我华北进攻,他一心想灭亡我们……我们不当亡国奴……参加义勇壮丁队抗日光荣!"人们连买卖也不做了,听他演讲的人把戏楼围得水泄不通。

农历八月二十是占山古佛会期,做会唱戏特别闹热。南充龙泉场何老二、何联方(他们都是于江震活动地区的地下党员)率安乐院学生来街上演文明戏,人山人海挤着观看。当演到日本兵拿着刀向中国妇女劈去时,观众都吃惊地叫起来,连续高喊:"打倒日本帝国主义!""我们不当亡国奴!"李献琛老师站在于家茶馆凳子上演说:"……于泽兰(于江震)从延安写信来说,陕北人民组织起来了,有青年抗敌先锋队、武工队、游击队等,打得日本兵狼狈逃窜。还寄回来《抗日统一战线中青年休养与任务》……日本那个国家像条鱼一样,地方没有四川大,人没有四川多,只要我们枪口对外,一定能打倒日本!"还有王超老师拿着几张打日本的漫画,挂在那个拉洋片(西洋镜)架上,引来了不少观众;佛婆婆们佛也不拜了,都挤着来看。太阳偏西了,李献琛还在教唱抗日歌曲。经老师和学生们的宣传活动,使古佛会变成了抗日动员会,当天就有十多名青年报名参加义勇军壮丁队。第二天何注江(龙泉场人,何铁钢之兄,曾是公开身份的共产党员)也来赶庙会,他和我家是亲戚。他动员我说:"参加抗日是青年报国立功的好机会。各党派联合抗日,一定能打倒日本帝国主义。你如往东走就到武汉,往北走就到延安,那里有青年抗日组织。目前争取参加义勇壮丁队,出川抗日。"他还给我母亲做动员工作:"表叔母,青年人要有点出息,让他出去闯,只有抗日才有前途,当亡国奴什么都没有了。"我当时想李献琛、何注江为人正派,他们的话有道理,信得过。这是打仗,国家有前途,个人才有前途,我便下决心与何注江一路上街报名。我们顺路到王家户找王本霆，他在何注江的动员和我的相邀下，也一路去报名。

农历八月二十六，乡上通知，义勇壮丁在街上集中进城。占山有18人参加，联保主任李安民和李献琛老师还有几个绅士办了几桌酒席欢送。在鞭炮声中李安民、何注江送我们进城。农历八月二十七全县集中了义勇壮丁850余人，在东门中学操场编队。共编成八个连，领导和连、排、班长都是挑选壮丁担任，还办起了伙食团。下午，开欢送大会，主席台横幅写道："西充县各界人士抗敌后援会欢送第一批义勇壮丁出川抗日大会。"对联写道："万里赴戎机壮怀激烈，何日平胡虏回望乡关。"壮丁们对这下联写得不景气发生了争议。我说，能写成"百战平倭寇高奏凯歌"就好。还送了"为民前锋""抗战到底"两面锦旗，每人还发了点路费和几叠信笺信封，均署名为"西充县各界人士抗敌后援会赠"。要壮丁们把沿途情况和胜利消息向县上联系。会后还招待吃了一顿肉烧豆腐和干饭。

1937年农历八月二十八，一早吃饭，步行到南充。公路上站满送行的人，有送水果的，有送熟鸡蛋的。还有几个缝纫工人抬了一笼热包子热情地向壮丁们分送，还说："你们先走一步，我们随后就来。"在鞭炮声和口号声中，有妻送夫、父送子、兄送弟，也有同学、邻居一直送到朱涯庵还依依不舍的。

到了南充，"专员公署"还派人来视察和检查身体，我和几个年龄小的站在排尾。检查人员说："你们年龄还小，转去，过两年再来。"我们说："不分男女老幼都要抗日嘛，我们决心已定，当不了战斗兵当勤务兵也要去。"检查人员连连点头："好！好！"在南充住了一天，步行到合川，由合川坐船到重庆。

到重庆，军政部壮丁第三十三大队来接收我们，住在夫子庙和一个酱园铺仓库里。不久转到唐家院受训，年底补充到四十三军廿六师，编成野战补充营，开赴江西景德镇石门街训练。壮丁们在训练中刻苦用功，战斗技术均达到优秀标准，随即分拨到第一线连，每连约20名。李占光等三人分在师部通信连，各团壮丁们的情况都通过他们向西充联系。

1938年夏，在江西湖口殷家山开始和鬼子兵作战。西充壮丁表现英勇顽强，伤亡10余人。在赣江、绍兴等守备战中，壮丁们又得到实战锻炼。1939年6月，攻南昌伤亡100余人。1940年8月再攻南昌，此次战斗异常激烈。战后进驻贤县整补，此时，我调升师特务连中尉排长，各团壮丁代表来我处碰头，统计这次战斗西充壮丁伤亡300余人。我军（二十九军）军长陈安保阵亡，二十六师师长刘雨卿负伤。友邻第五预备师师长段林茂作战不力，到重庆开作战检讨会时，"军令部"部长白崇禧命令当场枪毙。团营以下官兵伤亡惨重，轻伤者没有得到及时救护，造成伤势恶化而死亡，部队层层开追悼会和检讨会。西充壮丁在激战中冲锋带头，奋不顾身，舍身炸敌堡，舍身炸敌坦克，咬着鬼子耳朵下河拼命，敌我双方刺刀同时刺入胸膛的战例很多。两次攻南昌阵亡勇士的遗体，都埋在江西进贤县抚河边梁家渡二十六师阵亡将士公墓。我们怀念同乡战友，怀着沉痛心情，凑钱买了香烛奠品，由我和李利民、何益中等为代表去公墓祭奠，吊唁我们亲爱的同乡骨肉。那里是黄土累累，血衣白骨，秋风月冷，亲人在何处！据清扫战场的卫生队说，他们都是戴着防毒面具去收殓遗体，人已经分不出，一堆一堆的尸体被钩上担架抬下来埋起就是。8月天气，瘴气扑鼻，我们在墓地附近，点烛化纸，号啕痛哭，恨不能钻进坟里和生死与共的战友拥抱。我们在战前都曾宣誓，为了胜利要英勇战斗，并互相约定，没有被打死的人要向死者家属通封信，谁要活着回去，谁就要向"抗敌后援会"的父老兄弟报告我们的作战情况，并去慰问一下遗嘱，我们想到战友们的家属又想到自己的家属……我们噙着眼泪向战友宣誓：我们要为战友报仇，要向鬼子讨还血债，我们决不辜负西充人民"为民前锋""抗战到底"的嘱咐。

我们经常看到日本兵的暴行。1940年12月，日军在浙江义乌县用鼠疫和细菌制造无人区，炊烟断绝，横尸遍野，有的还在爬动，没人去救护。1941年1月，在江西高安县城郊，日机狂轰滥炸，日军杀人放火，奸淫妇女，先奸后杀，好多和平居民家毁人亡，幸存者衣食无着到处流浪。1942年8月，日军在江西广丰县小南街河坝大屠杀，男女老幼五百多具尸体全是赤身裸体，血肉模糊，一个婴儿抱着母亲的头，其母被日军拦腰砍成两段，惨不忍睹！看了这些惨状，我们一个个义愤填膺，满面泪痕，泣不成声，强忍悲痛，自觉宣誓："要为民族报仇，要讨还血债。"杀敌决心更加坚定。西充义勇壮丁在抗战中没有一个开小差的，住院治疗时，有的伤还未愈就回队，不管战斗如何激烈，总是冲锋在前，互相勉励，奋勇杀敌。我们刚到部队时，官兵都说我们这批人"很扯"，开口就是"老子""锤子"，给我们取了一个略带贬义的诨名"锤子"。经过多次战斗表现，"锤子"成了英勇善战带着褒义的名称。师长王克浚对"锤子"都很感兴趣，在战斗激烈时，他都要问："你们那里还有好多'锤子'！"我当排长较早，又遇机会考入了黄埔军校，毕业同队又赶上攻南昌，提升较快，人们称我为"大锤子"。到绍兴战役、上高战役、浙赣战役时，西充壮丁大都当了连长、排长，在第一线起骨干作用，伤亡也很大。龙衢战役时，我七十八团西充壮丁六个连长全部牺牲。至此，西充壮丁只剩几个人了。浙江《衢州抗日战争史料》第34页记叙"龙衢战役"时，这样写道："南路廿六师鏖战之烈，为浙东诸役所仅见。若人尽如此，扫荡倭寇，踏平三岛可也。"到1945年8月9日攻浙江分水、华甫县城，我率领一个加强营从敌后插入县城与敌巷战。在争夺街心制高点时，我负重伤转院，在担架上听到群众欢呼声："鬼子投降了！"才知道这是最后一战，我也是最后离队的西充义勇壮丁！喜极悲生，热泪盈眶！西充抗敌后援会的父老兄弟们，我们西充八百儿男实践了"为民前锋""抗战到底"的嘱咐。血染河山酬壮志，荡平倭寇兴中华。胜利属于伟大的祖国！伟大的人民！伟大的抗日民族统一战线！

西充抗敌后援会于1943年为了纪念这批勇士在西充肃王庙立了一个木质纪念牌，用红字将勇士的名字写在上面，以示全县人民对他们的怀念。

本文选编自《南充市文史资料》第三辑，1995年

我的母亲和川军孤儿寄托所

窦家琳[*]

这组早已泛黄的照片,陈列在四川大邑建川博物馆的川军抗日纪念馆内,特别之处是每个观众走到这组照片前都会发出同一感慨。哎呀!这么多遗孤怎么带啊,你看那全体师生合影中就好像只有一位年轻的女老师呀!但却无人知道,当年仅有26岁的女老师就是我的母亲——窦质斌。《三字经》中有这样几句:"窦燕山,有义方,教五子,名俱扬。"母亲的家族即是窦燕山的嫡传,如果不是"文革"中族谱被毁,还可查出她是哪一代的嫡传玄孙。她是名门之后,算得上是大家闺秀,又接受了新式教育,是成都女师的第一届毕业生,后又去上海南京深造。她既能说一口流利的英语,又能写一手漂亮的毛笔字。这些只能让我辈仰望。我父亲当时已是国民党的高级将官,任三〇七师少将师长。

她本该养尊处优,过着官太太呼奴使婢的生活。那时,我们家中还有我大哥和姐姐,哥哥四岁,姐姐才一岁多,那时是他们最需要母亲照料和关怀的时候。然而国家有难,匹夫有责,当年所有的中国人为了民族和国家都在尽自己的微薄之力。这些看似是微薄之力,凝聚在一起便成了一种伟大的民族力量,彰显出中华民族是不可战胜的。

再回过头来从这组照片说起。川军出川抗战,血战台儿庄,王铭章师长所率五千壮士悉数壮烈牺牲。成都市的市民便开展了抢救遗孤的活动,我母亲得知消息后便主动承担起组织和组建工作。成都市民和不少慈善机构也都捐钱、捐物,终于组建了抗日将士子女寄托所,母亲任寄托所所长。寄托所开始只有母亲一人,后来招募了三个,其中两个是从山东逃过来的难民,一个叫何彩亭,另一个是她的丈夫姓冉,名字不知,还有一个管后勤的钟叔叔。组建时最大的孩子不到十三岁,最小的仅八个月。要养活这八十多个孩子确实是一桩难事,要让每个孩子健康成长更是难上加难。但妈妈和她的助手们做到了,做得那么好,那么完美。

首先要解决孩子们的温饱问题。妈妈生前说,穿衣还好办,新三年,旧三年,缝缝补补又三年,只要不把娃娃们冷到就好。但吃却很困难,本身小孩子长身体,吃的还要考虑营养。有幅就餐的照片,连餐桌都没有就可以看出当初组建时条件之艰苦。在解决温饱的同时还必须要让这些遗孤成为有文化、有知识的人。为此妈妈把孩子们分成三个班,幼儿班、小学班、中学班。她采取多种方法教学,认字的儿童教不识字的认字,当时没有教材,便是妈妈自己用硬壳纸做的字方方。妈妈永远都感谢当年四川大学的学生们,他们轮流来寄托所当小老师,还认遗孤为弟妹,常给他们带些小零食。

---

[*] 作者曾任民革德阳市委委员,德阳市二、三届政协常委。

这批遗孤在离开贫儿寄托所走向社会时没有一个文盲,几乎个个都会写一手毛笔字,熟读唐诗和诸子百家。他们的优秀是妈妈最大的慰藉与骄傲。

照片中的遗孤,虽然我不能对号叫出他们的名字,但我可以负责任地说,他们都有完满的一生,有事业有家庭、有子孙后代。多年后其中的一些人在德阳聚会,他们从台湾、北京、重庆、沈阳来到了妈妈的身边。每个人都亲切地叫我的母亲为"妈妈",围坐在母亲的膝前。这半老的一群人是与我没有任何血缘关系的哥哥姐姐们,我们在一起含泪高唱《世上只有妈妈好》。妈妈也是老泪纵横的亲吻她这群特殊的孩子。

哥哥姐姐们在见母亲和惜别时都向她行大礼(叩头),从这些哥哥姐姐口中我才知道妈妈当年是如何养育他们的,当年只有三间房子,婴儿房、男生房、女生房,离地面十多厘米搭的木板就是床,睡在木板上。每个床(实际是地铺)都定有一个木板架作为书桌写字读书用,开始仅有八十多人后来到了两百多人(另一哥哥说是四百多人)。不知为什么有段时间寄托所几乎要断粮了,妈妈把自己家的储粮全部拉过来,又带我们去盐市口募捐。先是妈妈上台演讲,后又让肖孝亲发言,然后肖惠君去唱歌,再然后徐洪全和王××带着戏脸壳耍猴戏。成都市民都慷慨解囊,募集了不少现款。我的外婆知晓后还批评妈妈,不该带娃娃们到盐市口去丢人现眼,说妈妈这样做会给孩子们增加负担。为此,她即刻卖掉了她的嫁妆、四十亩好田和金银首饰,让妈妈、也让这群孩子渡过了难关。

在中华民族危难之际,像妈妈这样平凡的中国女性,以她对祖国的爱做出了她力所能及,甚至做了她力所不及超负荷的一切。对于她这群特殊的孩子她没有留下任何遗憾,但这期间我大哥因病未及时送医而病故。妈妈匆匆掩埋了亲生儿子,来不及悲伤,也来不及沮丧,因为还有几百个孩子在等着她来养。

但妈妈也是幸运的。她因建川博物馆这张照片,而让后代永远记住了她。我将此文献给我的妈妈,也献给那个时代像我妈妈一样尽了自己微薄之力的平凡而伟大的中国人。

为历史作见证,为后代永流传。

本文写于2017年

甘孜各族民众支持抗战

周正龙

在抗日民族救亡运动中,各族民众充分认识到"要将日本人驱逐出境,必须五族同心,为国事有钱出钱,有力出力,来捍卫祖国的领土,是为迫切者"。在国家民族大义的感召下,他们以各自不同的方式共赴国难,以高昂的斗志投入到抗日洪流中。其爱国行为推动了全国抗日救亡运动的开展,加速了抗日战争的最后胜利。

日军侵华,举国共愤。残酷的国难现实使甘孜各民族上层知晓了"倘若隐忍,国亡立至",从而认识到"欲哭无泪,哭亦非计,此时不战,又将何待"。基于民族大义,他们纷纷谴责和抗议日本帝国主义的侵略暴行,呼吁政府出兵抗战。九一八事变后,正在南京的康藏人士为了共商抗日救国大计,发起成立了"康藏旅京同乡抗日救国会",发表六项抗日决议,通电全国各族同胞一致抗日。甘孜藏族旅京人士格桑泽仁、格桑群觉(刘家驹)、松朋活佛等积极参与救国会的工作,并在电文中慷慨陈词,呼吁救国。"巴安三杰"之一的藏族人士格桑泽仁在电文中慷慨陈词:"敬希政府正式宣战。宁为玉碎,不为瓦全。"表示西康十余万同胞愿为抗战贡献自己的力量。同样是"巴安三杰"之一的格桑群觉于1932年后出任班禅行辕秘书长,随九世班禅巡视上海、北平、察哈尔、绥远、甘肃、青海等地。沿途向僧俗群众讲经传道,弘扬佛法,宣传抗日救国。在巡视期间,适逢日寇占领东北、热河、察哈尔、绥远等省,因此,格桑群觉为班禅草拟翻译了许多有关抗日救国的谈话、宣言、声明等。在他参与起草并翻译的一则通电里,严正声讨了日本帝国主义对我国的侵略。"近闻暴日不顾公理藐视盟约,仗其武力,攻我热榆,揣彼用心,无非欲实现其大陆政策之阴谋……班禅目击时艰,忧愤无已,虽身属空门,而于救国图存之道,何敢后人,除召集当地蒙藏喇嘛千余,自三月一日起,在百灵庙虔诵藏经,广施供养建立法坛,祈祷和平,并追荐前方阵亡将士,借佛力之加被,弭战祸于无形。"此电稿充分表达了格桑群觉等的抗日救国热忱。1938年4月,以贡觉仲尼、格桑群觉等蒙藏回族代表组成"西康民众慰劳前线将士代表团"赴渝,针对日本帝国主义实行的民族分化政策,代表团强调"中国汉满蒙回藏五族,相依为命,为一不可分离之整体。日寇之种种挑拨离间政策及反三民主义宣传,皆为徒劳无益。"他们不仅强烈要求国民政府出兵抗日,并且表示将身体力行投身于抗日救国的斗争中去。

面对日本帝国主义的残暴行为,一些爱国的宗教界人士把爱国与爱教结合起来,愤怒声讨和强烈谴责日本帝国主义的侵略行为,并利用宗教影响,号召群众参加抗日斗争。在日本帝国主义大举侵略中国、中国人民的抗日斗争全面掀起之际,理塘籍的甘肃拉卜楞寺著名活佛、第五世嘉木样活佛正在拉萨学法,他在研习密经的同时,时刻惦念着祖国的安危，率僧众为国祈祷，寄希望于政府早日打败日寇，抗战取得胜利。三年学业期满，回到甘肃拉卜楞寺后，他即投身于轰轰烈烈的抗日运动中。嘉木样五世活佛为揭露日本侵略者的暴行，宣传团结抗战的思想，不顾辛劳，翻山越岭前往西藏，号召四省边区藏族同胞团结起来。"前后藏僧民，经此次宣传，莫不切齿痛恨暴日凌我之奇辱大耻。"随后，他又到甘、川、康、青边疆草地，继续向藏民宣扬，并领导诵经祈祷抗战胜利。当国民党亲日派汪精卫发表"艳电"，公开投敌的消息传入甘孜后，嘉木样五世对汪逆集团的卖国求荣行为更是恨之入骨，率领拉卜楞108寺藏族暨全体民众，通电声讨汪伪组织助纣为虐、认贼作父的行为，决心"誓死抗御敌寇，清除汉奸"。甘孜白利寺格达活佛在红军北上抗日后，日夜怀念朱德总司令及红军指战员们，时刻牵挂着前线战情，不停地为红军战士念经祝福，祈求菩萨保佑他们平安。格达活佛还经常四处派人打听红军的去向和共产党的消息，每当有商人从内地来到拉萨，他就登门造访，询问内地形势和红军的动态。当得知朱总司令率领的红军胜利抵达陕北后，立即设法买了一本有朱德照片的书供在家里，后又从青海西宁买回"八路军陕西奋战图"，挂在墙上，每日为抗日的八路军将士祈祷，并且见人就亮出来，宣传中国共产党领导下的抗日战争大好形势。炉霍、道孚、甘孜等57寺僧人还联合致电国民政府。表示："暴日入寇，五族同仇……僧伽等分属国民，爱护国家，利乐有情，未敢后人。谨于每月东日举行月会时，虔诚挚心，增诵经课，面向三宝，为国家民众祈求胜利。"甘孜、巴塘一带的藏族同胞以独特的方式参加抗日救亡活动。僧众同胞在佛事活动中宣传抗日救国，增加了诅咒日本帝国主义灭亡的内容，并派出喇嘛到陪都重庆为抗日阵亡将士超度亡灵。

抗战军兴，全国各地广泛开展"献金抗战，捐物救国"运动。在这场捐助运动中，藏传佛教高僧表现尤为突出，五世嘉木样活佛是最突出的代表。1937年冬，五世嘉木样活佛电令其弟阿旺嘉措（汉名黄正基）率领由拉卜楞寺和所属108寺组织了一个20余人的慰劳前方将士代表团制作了八面锦旗，携带大批慰劳品，先到重庆，向蒋介石致敬，然后分赴各个战区，进行慰劳。直到次年秋季才返回拉卜楞寺。1940年初，蒋介石就任国民政府主席，拉卜楞寺第五世嘉木样大师派代表团赴重庆致敬，并献羊皮万张，大洋30多万元，可购买战斗机30架，创边民向国家献礼最高纪录。他认为："以佛教救世降魔之精神，辅翊国家，做到我中华民族皆能安乐康宁，降伏危害人类和平之侵略者。"足见嘉木样活佛的爱国抗战热情。因支持抗战成绩显著，国民政府特明令嘉奖，委任嘉木样大师为"蒙藏委员会委员"，给拉卜楞寺颁送了题字为"输财卫国"匾额一方。

甘孜一些知名人士为这场捐献活动四处奔走，极为活跃。1938年，时任蒙藏委员会委员、参谋本部专门委员的格桑泽仁派刘曼卿和贡噶活佛等人到西康募捐，用于购置慰劳品和锦旗，组织以他为团长、刘曼卿为副团长的"西康民众慰劳抗日前线将士代表团"以及"康藏民众抗敌赴难宣传团"去汉口等地慰劳前线抗日将士。他们将在甘孜各土司王公募捐来的金银首饰（银质饰物四十斤零十两五钱，金质饰物6件，纱洋85元4角，大洋19元，小洋11元）一并献给国家以应抗战之需。同时，带去德格土司泽仁登登捐助的狐皮、豹皮、藏康茶壶、经典、摇铃、马鞍等九种礼物，敬献国民政府，并代表四川藏民表示要在中央政府的领导下，齐心协力，誓做抗战前线将士的坚强后盾，继续"倾康藏人力、物力分期分批贡献国家"。1939年,格桑泽仁等到重庆八路军办事处向周恩来副主席敬献锦旗和哈达,向正在前线浴血奋战的八路军将士表示衷心的感谢和慰问。不久他们再次捐赠前方将士上等卫藏氆氇120匹,表达了藏族同胞对中共团结全国各族人民坚持抗日斗争的由衷敬意。1942年格桑泽仁又发动群众和学生,在家乡龙王潭修建了"抗战建国纪念塔",激励前方抗日将士奋勇杀敌。班禅行辕在九世班禅大师模范捐输行为的带动下,也纷纷向前线捐款捐物。1937年10月,班禅行辕秘书长格桑群觉致电首都各界抗敌后援会,"暴日犯华,五族同愤,驹远在青边服务,未能抵戈卫国,穷药虽不敷赡养,但国破家亡,何暇计此",愿"将中行精存之国币1000元,以500元购买救国公债,500元捐助政府购买杀敌枪弹,救济前方将士",表达了他的爱国行为。1939年5月,班禅行辕和西藏僧侣组织了以丁杰佛为团长、拉敏益西楚臣为副团长的14人"慰劳前线将士代表团"由西康甘孜启程,风餐露宿,赶往前线,"献呈医药费九千元,慰劳费若干元","聊表藏胞关念微忱,兹由本团全体同仁合摄献旗影片,连同锦旗暨医药慰劳费呈则由军事委员会分别转送,聊当本团同仁躬亲呈献,敬乞查纳",表达了西藏藏族同胞爱国一家的抗日决心。

在甘孜民族上层的带动下,1939年11月,康定征募寒衣分会发起征募寒衣运动。藏族同胞们尽管并不富有,但仍节衣缩食,自动将各种土特产、皮毛、药材等送到征募寒衣分会。先期征得的各种物品折合成款,竟达两万元。康定夏安良区(木雅区)区长胡绍基接到省、县上级通知,积极动员藏民支持战马,以组建一批骑兵部队。在他的努力动员下,木雅各布布藏族人士与民众十分踊跃地将家中最好的马匹牵出低价出售,支持抗日前线。在甘孜几个县就收购了几百匹马,分批赶往内地。

九一八事变之后,在南京的藏族人士便组织了有北平、南京等地藏族同胞参加的抗日义勇队,积极进行战备工作。西康等地藏族群众也组织了义勇队,进行军事训练,随时准备上战场。抗日战争全面爆发后,甘孜各藏族土司也以"倭寇侵略日急",悲愤难禁,数次联名具呈政府当局,表示"愿率夷兵驰赴前线杀敌",并且"积极扩军骑兵,加紧操练,听候调遣,誓与敌寇血战到底"。1939年3月,川康青边土官康克明、康万庆、活佛罗桑瑞珠等大小头目二十余人,鉴于"倭寇侵凌,共抱同仇敌忾",在刘耀辰带领下,赴蓉晋谒四川省主席,陈述当地藏人现状,并献金暨其他礼品,以表示共赴国难赤诚。1938年10月,武汉失守前方告急,西康藏族人民纷纷请缨,要求开赴前线杀敌报国。

1935年红军长征抵达甘孜后,红四方面军在甘孜地区发布文告,积极宣传北上抗日,接着在若尔盖发表著名的抗日《八一宣言》。甘孜藏族人民以实际行动响应了中国共产党的号召,大批藏族男女青年参加红军,加入北上抗日的行列,直接投身于抗击日本帝国主义的战场。仅甘孜丹巴县巴底乡参军的就有278人。藏族优秀青年如天宝、扎西旺徐、杨东生、沙纳、孟特尔、袁孝刚、姜秀英(女)等就在这时参加红军,随军北上,奔向抗日战场。其中,曾任红四军甘孜骑兵连连长的扎西旺徐受党中央的委托,不畏艰险,深入内蒙古锡林郭勒盟地区发动蒙古族人民起来抗击日寇的入侵,由于扎西旺徐等人卓有成效的工作,推动了内蒙古自治运动的发展。抗战后期,扎西旺徐被选为内蒙古自治运动委员会锡林郭勒盟和察哈尔盟行政委员会处长。

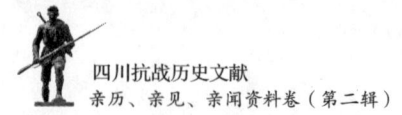

1938年初,日机侵犯南宁上空,国民党空军四大队四中队中尉飞行员,巴塘藏族扎西等驾机九架升空迎敌,将入侵的十余架敌机逐出南宁上空。1942年,盟军在印度帮助训练中国远征军,做反攻缅甸准备。为充实中国远征军力量,国民政府号召四川十万知识青年从军。康定藏、汉、回等族青年,巴塘藏族青年数百人毅然参加青年军,远征缅甸,在著名的缅北八莫、南坎、腊戍等战役中痛歼日军,击溃入侵印缅的敌军主力。其中,他们不少人为国捐躯,长眠于异国他乡。1942年,日军攻占缅北后,前锋进逼滇西怒江边,西南后方震动。木里藏族土司项扎巴松典和巴塘藏族上层爱国人士邦达·多吉等立即应第十一集团军总司令宋希濂将军之约,积极整顿人马,待日军一旦侵入怒江以东,立即率兵开展川边抗日斗争。

抗战爆发后,东南沿海交通迅速被日军截断,致使大西南后方商品、物资十分匮乏,严重地影响了抗战的局势。因此改善交通运输,建设后方基地,尤为重要。为持久抗战,国民政府决定修建川康(新津—康定)公路、康青(康定—青海玉树)公路以及理塘、甘孜、康定营官等军用机场。甘孜各族民众为修建公路、机场贡献了力量。曾在红军长征时建立的博巴政府担任领导的夏克刀登在设电台、兴学校、筑公路方面,其推助之力亦多。时任川康边防军总指挥部骑兵大队队长邦达·多吉和其兄邦达·阳佩,不仅自己从印度购进了修建机场的水泥物资,还利用各种场合动员康藏各大寺商人及上层人士,如康北大金寺、康南理塘、巴塘等地的寺商和俗商以及上层人士,支持甘孜的机场和公路建设,并向他们宣传抗日救国的重要意义。在他们的努力动员下,各地藏族商人、民众和寺庙僧人积极参加这些工程建设,为工程勘测和建设提供方便。参加修建理塘、甘孜、康定营官三个机场的民工主要是当地的藏族同胞,一次就征调当地民工2300人。这些地区交通不便,运输工具原始,修建机场土石方工程全靠一锄锄地挖,一挑挑地运,一篓篓地背。劳动强度很大,而报酬微薄。但是,在各机场工地施工的少数民族民工不计报酬的多少,为抗战含辛茹苦,克服困难,以血汗和躯体换来抗击日寇的机场,为加强抗战空防能力贡献了一份力量。

住在巴塘的藏族上层人士邦达·多吉与其兄邦达·阳佩策划并开辟了印度经西藏直通川、滇完全依靠骡马运输的陆路国际交通线。这条国际驿道交通线就是由四川西部经云南西北部,又经西藏入印度抵噶伦堡的传统马帮运输路线。这条交通线曾经与盟军开辟的"驼峰"运输线并驾齐驱。康定、巴塘、乡城的藏族同胞为坚持这条支援抗战的马帮运输路线奉献了人力、畜力和物力。当时这条马帮运输线转运了由印度海港进口的中国需要的战略物资和川滇黔人民的一些生活用品;同时也运输了美国、英国等反法西斯国家所急需的诸如锡、猪鬃、桐油等物资。他们所运输的军需物资极大地帮助了盟军和远征军,为整个世界反法西斯战争做出了贡献。邦达家族利用自己在印度加尔各答和噶伦堡的商业机构,以西藏拉萨为转运中心,先后在玉树、昌都、芒康、甘孜、巴塘、义敦、理塘、康定、雅安、成都、重庆、昆明、丽江、中甸等地设立固定和流动商号及转运站。从印度购进大批商品,如棉纱、染料、药品、皮革、布匹、香烟、盘纸以及察香、虫草、克什米尔红花和贝母等。由印度噶伦堡直发康定和丽江后转至成都、昆明等地。邦达家族自备骡马2000余匹,行程数千里之遥。其中要翻越雀儿山、二郎山等大山,路上常遇盗匪侵扰,驮运费相当高。但邦达氏的骡马运输队克服了种种艰难险阻,在整个抗日战争中，前后支持抗战物资达 1.5 亿美元，对急救和繁荣战时后方经济起到了重要作用。据《边疆通讯》文献记载，这条驿运线上经常有三万多头驮马往返，每月由印度运出物资约 4000 驮，合 240 吨。照此计算，每年可运物资 3000 吨（单程）。

本文选编自四川省政协文史资料和学习委员会《鏖战神州的川军将士》

国民政府驻藏办事处献机运动和庆祝抗战胜利活动纪事

常希武

1944年8月,国民政府蒙藏委员会驻藏办事处新任处长沈宗濂及其属员到达拉萨。两月后,"双十"国庆节来临。新任处长为了在各方面展示出一个新气象,在节日前召集国民政府设立在拉萨的电台、学校、气象测候所的负责人,拉萨川、回居民的管事及北京、云南、青海商民代表在办事处开会,商议庆祝"双十"国庆的具体办法。同时,为体现远在西南边陲的西藏各族人民为祖国的抗日战争贡献财力,发起献机运动。所有与会人员一致表示拥护沈处长的倡议——热热闹闹庆祝国庆,为祖国的抗战早日胜利贡献人力、物力。

经过拉萨小学师生们的广泛宣传,川、回帮各管事的奔走,诸事都进行得较为顺利。

节日期间,驻藏办事处在处长沈宗濂借住的邦达仓宅邸宴请了西藏地方政府政教两界的僧俗官员和英国、尼泊尔驻拉萨的商务代表。

节日期间,在交通部拉萨电讯局大院演出了京剧、滇剧。在戏台前的大柱上悬挂了一只"献金箱"。演出时,前来看戏的藏胞很多。不少藏胞也热情地向"献金箱"内投放了钱钞。

拉萨的北京商号兴记、文发隆各献机一架(每架折价为25万法币),玉记、德茂涌、义生昌、裕盛永、大乐商行以及在山南坐庄的商家朱宗良各捐献了法币10万元。

云南商家茂恒号献机一架,铸记、恒盛公、永昌祥、元德合、协树昌几家合献机一架。

回族同胞捐献藏银一万两。按当时藏银与法币的比值,折合法币30万元。

川商捐藏银数与回商捐献数差不多。

拉萨小学的学生个个都为祖国购机抗日做了贡献,少的捐献藏银三两,多的有捐献藏银十两的。

这笔献机捐款(藏银)由设在拉萨的云南商号的经理华寄天全数承汇,折合成法币由其设在昆明的商号转交国库。

1945年8月15日,日本宣布向中、英、美、苏同盟国无条件投降的喜讯传到拉萨后,藏汉同胞群情激奋,奔走相告,额手同庆。

驻藏办事处于得知这一喜讯的第二天,召集在拉萨的国民党政府机关的工作人员,当地川、回帮居民代表和北京、云南、青海的商民代表共商举行庆祝胜利的办法。与会人员怀着无比兴奋的心情,一致表示愿输财、出力,隆重庆祝,并决定邀请在拉萨的外宾——英国、尼泊尔驻拉萨的商务代表及不丹王国来拉萨的官员参加庆祝活动。

西藏地方政府的僧俗官员理所当然地参加共庆胜利的活动。

为了把庆祝活动搞得有声有色，安排的文艺节目有京剧、滇剧、话剧、魔术和提灯游行。

制戏装、道具、画布景、扎彩灯等一切费用都是由北京、云南各商家和川、回两帮承担的。

西藏各族人民对祖国艰苦抗战，终于赢得胜利，在思想和感情上都得到莫大慰藉，爆发出炽热的活力。在这些庆祝运动中，大家都全力以赴为办好庆祝活动而尽心尽力。

在沈宗濂处长借住的邦达仓宅邸的大院里，悬灯结彩，鼓乐齐鸣，一派喜气洋洋。三楼正中设着西藏地方政府的主要官员和英国、尼泊尔商务代表及不丹来宾的席位；二楼安排官员的眷属。

庆祝活动共三天，文艺表演都很精彩，尤其是话剧，演得情意逼真，在舞台上再现了日本法西斯强盗对中国人民的暴行和中华儿女不畏强暴、英勇抗敌、可歌可泣的英雄事迹，令人感到胜利得来非易，当缅怀先烈，激励将来。

三天来，藏族同胞前来看戏的很多，大院里容纳不下，大门外、巷道口挤满了人。朗孜厦（负责拉萨市区治安机构）派了警察维持秩序，但没有发生不愉快的事。

第三天，华灯初上时开始提灯游行。参加游行的有拉萨小学的部分师生，川、回帮和商界的部分居民和商民，共约200余人，每人手提纸扎红灯。游行队伍由锣鼓乐器前导，后随身着中山服者代表中国；戴绘着"米"字、"星条"、"镰刀锤子"的纸扎高帽者，分别代表英、美、苏三同盟国。扮中、英、美、苏四同盟国的代表骑在高头大马上，每骑有两人在左右手握马缰绳缓缓前进。紧接着是七人组成的"七巧灯"队，每人手擎一盏红绸扎成的六角灯，灯中燃着红烛。灯队每前行三五百步，择一宽阔地，由七个擎灯人摆出一种灯式，各种灯式象征着佛有七宝、人有六亲、五谷丰登、四海升平、吉祥如意，等等。

游行队伍从邦达仓大院出发，顺八角街绕行，街道两旁围观的人群，见此情此景，不时发出阵阵欢笑声。游行约一小时余，人人尽兴，返回原地。

这次的庆祝活动虽只有短短的三天，但在很长一段时间里，人们脸上总挂着胜利的笑容，藏汉民族之间的情感也增进了许多。有几位藏族人士不无感慨而又意味深长地说，但愿从此海晏河清，国泰民安。

本文选编自孟广涵《大西南的抗日救亡运动》

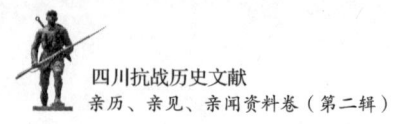

四川少数民族与抗战

李全中 漆明生 张为波

四川人民对抗战的贡献，是包括少数民族在内的全省5200万人民的贡献。聚居在大小凉山的彝族同胞，川西北草原和邛崃山谷的藏族、羌族同胞，武陵山区、乌江之畔的土家族、苗族同胞以及散居在全省各地的回、蒙、满等少数民族同胞，都以不同方式为抗日战争做出了贡献。

1937年9月，抗日民族统一战线正式形成，推动着全民族抗战事业的发展。处于大后方的四川各族人民，掀起了轰轰烈烈的持久的抗日救亡运动。国共两党地方机构，致力于发动民众的工作，协力组织抗日民众救亡运动。国民党四川省党部和四川地方政府，这一时期对待抗日救亡运动持积极态度。省党部书记曹叔实曾表示：现在抗战了，不管国民党也好，共产党也好，都来抗战吧！两党人士共同努力，建立了各党派各界人士参加的"四川省各界抗敌后援会"，在全省各地发动组织民众抗日救亡运动。

成都回教协会适应抗日救亡运动的需要，更名为"伊斯兰抗敌救国协会"。该组织团结成都五六千回民同胞，开展和参加救亡工作。满蒙同胞也踊跃投入救亡活动，热情参加宣传鼓动工作。成都建国中学满族青年学生吴季和、杜光中等，约集同学办识字班，向民众宣传抗日道理。他们还参加学校抗敌后援会组织的宣传队，到龙潭寺、保和场、洞子口等郊外农村向农民做抗日宣传，鼓动农民为抗日捐资出力。满、蒙学生集中的三英小学、组合小学、少城小学和三英初中，进步的满蒙教师带领各族学生开展抗日宣传活动，演出抗日题材的文艺节目为前方抗日将士募捐。

坐落在彝族同胞聚居的大小凉山之间、安宁河谷的西昌，在抗日战争时期是宁属一带抗日救亡运动的中心。1938年秋，中共川康特委派廖质生重返西昌，建立临时支部，创办《抗战周刊》，号召宁属各族人民"不分种族，不分男女老幼，不分宗教信仰，民族危机超过阶级危机，团结一致，对外抗战"。1939年上半年，在西康省主席刘文辉支持下，廖质生担任了二十四军西昌行营办的《建宁报》总编辑。西昌礼州镇邮寄代办所还设置《新华日报》推销点，以后又在越西建立推销点。从此，《新华日报》《群众》《解放》等宣传抗战的进步报刊流传宁属各地城乡，抗日民众运动由西昌向宁属各县扩大发展，组织抗日民众的工作随之在各地展开。如1939年，中共党员与民族民主进步人士联合举办苍溪实验保，实验保的彝汉民众在抗日救亡宣传教育鼓舞下，轮流参加军事训练，演习夜间紧急集合、急行军，随时准备奔赴抗战前线为国效力。

居住在川西平原、邛崃山谷的羌、藏等族同胞也汇入了抗日救亡的洪流。茂县凤仪城区小学和沙坝区中学的进步教师，积极发动羌、汉民众支援抗战。1941年，茂松理汶联立初级中学成立，全校羌、藏、汉、回等族师生组成抗日宣传队，在街头演出，还开展抵制日货和募"航空捐"活动。茂县羌藏群众还组织"代耕队"，为出征抗日战士的家属耕种土地。这一地区的各族人民还为抗战献金募捐，仅1944年茂县各族人民即募捐国币22532元。

位于四川东南边陲的秀山、酉阳一带居住着土家族、苗族等少数民族同胞。这里是四川距抗日前线最近的地方。在秀山，土家族进步青年杨通惠联络秀山中学、国立八中的青年师生和社会进步人士李万霜（土家族）、伍升猷（苗族）、颜学曾（汉族）等三十多人成立"抗敌救亡工作团"，下设宣传、慰问两组，开展一系列抗日救亡活动。他们编导演出反映民众奋起抗战的话剧《保卫卢沟桥》，演唱《义勇军进行曲》《游击队员之歌》等抗日歌曲，唤起各族群众的抗日热情。工作团用秀山县城唯一的一台收音机收抄前方抗战新闻，把平型关大捷、台儿庄大捷等胜利消息油印散发，激励民众抗日决心。各阶层还为抗战积极募捐。据1943年秀山县政府工作报告书反映，这一年全县各族民众共捐款49550多元。

四川少数民族同胞在抗日救亡运动推动下，以多方面的具体行动，从不同角度参加抗战，献身抗战，为抗战出力。

在共产党领导的八路军队伍中，有许多四川籍的彝、羌、藏、苗、土家、回等少数民族指战员。他们是红军长征经过四川时，参加红军北上到达抗日前线的，其中有彝族战士约三百多人，如王作义、王海民等东渡黄河后先在临汾一带作战，以后又转战到太行山。王占清、王占友、李茂林等则随李井泉支队奔赴大青山参加开辟抗日根据地的斗争。羌族青年战士马福寿、何雨农等编入三八六旅七七二团，跟随刘伯承、邓小平在太行山区坚持抗战，以后参加了百团大战。羌族战士郭春荣在战斗中光荣负伤致残。羌族战士苏新、文光华，藏族青年天宝、杨东生、沙拉、黄德章、胡忠林、袁孝刚、江平（女），土家族青年王春青等，有的留在延安保卫抗日根据地，有的上前线对日作战。在陕北高原、华北平原、山东半岛、太行山区，都留下四川少数民族抗日战士的足迹。他们用生命和鲜血谱写了民族革命战争的篇章。

抗日战争正面战场同样留下四川少数民族将士抗击日寇的英勇业绩。在第七战区二十三集团军二十一军一四五师四三三旅，自少将佟毅以下，有四川籍满族、蒙古族将校尉官近40人。少将旅长佟毅（满族），字希湛，在淞沪战局恶化，中央军西撤之际，率四三三旅进抵泗安。日寇以陆空绝对优势兵力向广德、泗安进攻，佟部奋力抵抗，予敌重大杀伤，终因兵力单薄，装备窳劣，付出沉重代价。1937年11月下旬，师长饶国华殉国。佟毅被擢升为一四五师师长后，在冬季攻势中，亲率6个步兵团、1个炮兵团与敌血战。由于他处置果断，经常化险为夷，故有"福将"之称，后佟升任五十军中将军长、二十三集团军副总司令。一四五师中校工兵营长罗永庆（满族），在冬季攻势中为林遵布雷大队征集船只。在民众协助下，他解决了渡河工具，使布雷大队顺利完成布放漂雷腰击敌舰的任务。在固守徐州门户滕县之役中，也有四川少数民族官兵参战。一二四师骡马连连长白文波（满族），战斗中被敌弹穿透双腿，以绑腿扎紧伤口坚持战斗，不下火线；部队后撤中，随一二四师行动的四十一军军部电台少校台长丰德基（蒙古旗），主动以电讯联络协助指挥官将被冲散的三个师合为一个旅，为部队有秩序的后撤做出了贡献。徐州被围后,一二七师突围后撤。夜间军医何春林(羌族)发现前面小屋中有日军一个班,他引导我军一个连将屋内日军全数消灭。出川抗战的少数民族战士中,还有空军飞行员。1938年初,日机犯我广西南宁上空,我空军四大队四中队中尉飞行员札西(藏族,巴塘人)等,驾机九架升空迎敌,把入侵的十余架日机逐出南宁上空。

在全面抗战中,四川的少数民族同胞为争取抗战胜利,随时准备走出四川奔赴前线,1938年10月武汉失守,前线吃紧,四川少数民族同胞纷纷请缨,要求开赴前线杀敌报国。松潘关外二十四部落三十万藏民派出请缨杀敌代表团即为一例。该代表团为抗日事,发表洋溢着爱国激情的请缨杀敌《宣言》称:全国亲爱的同胞们,自从日本帝国主义者于民国二十年挑动九一八事变后,强占我国的东北四省,屠杀我们的无辜同胞,凡为黄帝子孙者,无不痛恨日本兽军的残暴……同时愿追随全国同胞之后……共负保土卫国的责任。我们三十万番民虽居边缘之地,知识比较落后,但爱国之心,不敢后人。在第一期抗战中,我们没有尽到国民应尽的责任,但在第二期抗战中,我们决不放弃这个伟大的使命。我们很知道在日本强盗的刺刀之下,绝没有幸存的可能……只要政府给我们一个杀敌的机会,就可以很快的动员我们所有人力与物力。全国亲爱的同胞们,国家的独立与民族的生存,全靠这最后五分钟的努力,起来吧!最后胜利是我们的。

由于种种原因,他们未能得到出征杀敌的机会,但松潘藏族同胞的爱国热情感人肺腑。彝族爱国青年也做着出征抗日的准备。毕业于成都中央军校的雷波黑彝青年卢占鳌(阿卢什披),在抗日救亡运动的感召下组建"彝民抗日兵团",准备出川抗战。他想利用家乡同胞吃苦耐劳、善骑射的条件一遂报国之志。他打算在家乡雷波黄螂(今黄琅镇)以几百家会讲汉话的彝民组建一两个连作基础,登高一呼建成彝民抗日武装。遗憾的是由于意外事故,他误伤身亡,凉山彝民抗日兵团的组建虽然夭折,但这件事却表现了彝族人民对抗战的积极诚恳态度。四川少数民族青年在知识青年从军运动中表现的爱国激情同样是可敬可钦的,在茂县,羌族青年踊跃报名,其中周登富、郭得高等几人,通过集训加入了入缅对日作战的行列。在西昌,饶氏兄弟(饶绪镇、饶绪道)发起"朋友从军",并发表《告宁属青年朋友书》,号召各族爱国青年朋友携手从军,并肩抗日,响应者甚众,一次报名即达426人,其中有宁属靖边司令部代司令孙仿(彝族)之子孙学孟、孙学固兄弟,靖边部驻昌办事处主任邓海泉也送子邓显亲(母为藏族)报名从军。在"朋友从军"活动中入伍的宁属少数民族青年,没有得到开赴抗日前线的机会,然而他们的爱国行动永远值得人们崇敬。

建设后方基地,开发四川经济是四川少数民族对抗日战争的又一贡献。

抗日战争爆发后,先后在四川修筑机场33处,其中多处建在少数民族地区,少数民族同胞为这些机场的修建施工提供了主要劳动力。1938年至1939年西昌修建小庙机场、彝汉回民工5000多人参加施工。1940年至1942年修建秀山机场,仅开工即征调民工11000多人,其中多数民工为土家族、苗族同胞。从1940年起,成都附近机场不断遭日机袭扰,当局决定修建备用疏散机场,先后在康定银官寨、甘孜、理塘建机场三处。参加修建这三个机场的民工,主要是当地的藏族同胞。上述地区交通不便,使用运输工具原始,土石方工程全靠一锄锄地挖,一挑挑地运,一篓篓地背,劳动强度很大,而报酬微薄。但是，各地少数民族民工含辛茹苦，流汗流血，为争取抗战胜利奋力苦干。

为适应抗战需要，四川先后兴修了几条战略公路。线路所在地区的少数民族同胞为筑路贡献了巨大的人力、物力。为连接云南和后方抗战主要基地四川，方便国际援华物资的转运，国民政府交通部奉令勘修乐西公路和西祥公路。乐西公路起自乐山，止于西昌，与空军基地集中的成都地区相连。西祥公路起自西昌，止于云南祥云，与滇缅公路相接。乐西、西祥两路合称滇西公路，全长1000多公里。乐西公路第一期工程先后征调民工约14万人，其中"罗罗（倮倮）民族（彝族）亦均齐来赶工"。西祥公路修建时参加筑路的彝族民工更多，几乎占筑路民工的一半。彝胞民工出工不计报酬，有的路段的民工还自带食粮，仅由公家酌酬酒浆，这种支援抗战的爱国热情，不仅表现在彝族民工身上，也表现在彝族上层同胞当中，他们也纷纷投身抗日救国行列，为抗战贡献力量。彝族爱国青年、土司岭光电亲率2000名彝工参加修筑乐西路。1941年2月，乐西公路通车。7月，西祥公路初步通车。这条联系川滇、接通国际通道的大动脉浸透了彝族民工的血和汗。经过秀山、酉阳的川湘公路，是连接四川和湘西前线的主要运输线路。这条公路的秀山段凝结了四川土家族、苗族民工的血和汗。筑路临近开工，各族民工"热情洋溢，奔走相告，准备工具，待令上工"。"民工自带口粮、被盖、锄头、撮箕、蓑衣、斗笠等，宿营工地，夙夜突击"，"有地段和工地，竟至火把月光，霜晨残月，坚持十多个小时的劳作"。历时一年艰辛的劳作，终于换来了支援湘西抗战前线的坦途。

藏族同胞以马帮赶运抗日战争和世界反法西斯战争急需的战略物资，并为战略后方的贸易做贡献。1942年5月，侵入缅甸的日军切断滇缅公路，我国南方唯一的陆上国际通道遂告中断。此后，我国抗战补给物资多靠中印空运线转运。但是，四川、云南、西藏的藏族同胞却坚持了一条国际驿道交通线，弥补着空运的不足。这就是由四川西部经云南西北部，又经西藏入印度抵噶伦堡的传统马帮运输路线。四川的康定、巴塘、乡城的藏族同胞，为坚持这条支援抗战的马帮运输路线奉献了人力、物力和畜力。当时中国需要的一些战略物资及川滇黔人民的一些生活用品，要靠由印度海港起运进口。美、英等反法西斯国家，也很需要从中国取得诸如锡、猪鬃、桐油等急需物资。这条驿道承担了这些物资的部分转运任务。

四川少数民族地区持续开展的抗日救亡运动以及其对全民族抗战做出的多方面的贡献是具有深远意义的一段历史，在四川少数民族革命斗争史上占有重要地位。

本文选编自中国人民政治协商会议西南地区文史资料协作会议《西南民众对抗战的贡献》

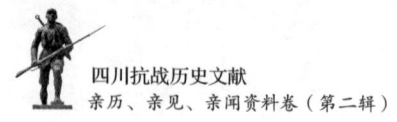

忆乐西公路北段边民筑路队

岭光电

1939年初西康建省，国民党为了控制西康，五月设立"军事委员会委员长西昌行辕"，派与西康省主席刘文辉有密切关系的张笃伦任主任。七月刘文辉到西昌视察，依照蒋介石指示，与张主任会商，筹备修筑乐西公路。为加速工程进度，决定征调民工和征调政府所能控制的边民——少数民族承担土方工程，石方工程则招募有技术的工人负责。全程自蓑衣岭以东到乐山，归四川负责，岭以西转南到西昌，由西康负责。

西康境内分做三段，西昌至现石棉擦罗称南段，以北到汉源富林称富擦段，再东到蓑衣岭称北段。南段设"乐西公路边民筑路队南段督修司令部"，由邓秀廷任司令。征调五千多边民，分成四个支队，行辕派主任副官曲木藏尧任一个支队长，修筑冕宁桥以南到泸沽之南。1940年初动工，到3月邓秀廷率彝汉兵去打"蔡三老虎"，工人减到四千以下。富擦段设督修专员，由赖执中任专员，此段督导汉族民工，其办事处设于农场（石棉）。到是年秋赖因事撤职，由羊仁安兼。北段设"乐西公路边民筑路队北段督修司令部"，由羊仁安任司令，负责一千二百名边民（彝民）。又设"边民筑路队北段支队"，我当时任西康省政府参议，奉命任支队长。督修司令部上设"西康省民（汉）工管理处"，由西康省宁属屯垦委员会秘书长杜履谦兼处长，设处于富林，副处长郑少成长驻负责。全路大部土方，是汉族施工完成的，据云征调了六万多人（有说八万，包括后勤运输）。康境石工如打通岩窝沟、娃娃营、石棉对面等处的，由私人招来石工组成"乐康建筑公司"（设于富林），原曾任四川陆军第八师参谋长陈镇安任总经理。该公司负责修建了一部分工程，大部分工程则由公路管理局调来的技术工人完成。如大渡河上的悬桥（1942年9月，通车）、南雅河桥、流沙河木桥均非该公司完成。

全线工程测绘、定线、监工、器材以及经费和工程人员管理等，由"乐西公路工程管理处"负责。处设于乐山，处长赵祖康；在富林设办事处，副总工程师张佐周任主任。康境工程分五个总段，各有总段长；下有分段，各有工程师或监工。如富林附近为四总段，马烈附近为三总段。

为防止瘟疫，治疗伤病，卫生署在富林、西昌两地设立公路卫生站。富林卫生站长是德国留学生张伯渠，主任医生是中山医学院毕业的张超昧。他们医术高明，也很负责，加之药品完备充足，医疗成效很高，对边民及附近汉民均予照顾，颇得好感。又在大桥、拖乌、擦罗、马烈等处设分店，药械人员稍差。我介绍刘世才、罗正富、马云章等边做翻译边习医，他们得到帮助，我也得到粗懂医药的人才，各得其利。

说做政治工作，行辕派来政治队，队长李自伟（川人），队员七八人。每日朝夕在工地举行升降旗典礼，一周讲一次话要求拥护领袖、拥护抗战、服从政府、尽力筑路等，也解释国内各民族一律平等待遇的含义。边民多不懂汉语，听之渺渺，收效不大。李队长在宣传上是努力的，具体问题不多过问。1940年秋，《宁远报》记者报道地方病失实，引起了富林人愤怒。记者经过富林时被围，李队长保出记者后，记者逃走；李队长也不好再待而离开。继派江苏人谌康炳来，谈留两个队员。他喜欢与边民接触，遇具体问题，代为解释疏通得到解决，甚得边民好感。

在刘文辉过汉源去西昌前几天，我请假返家安顿。又得行辕通知，为准备筑修乐西公路培养干部。叫在田坝招十多名彝族青年去西昌学习。我带着招到的人启程后，在寮叶坪遇到曲木藏尧，他说他也是来招生的，发了五百元招生费，即一同到保安下彝村中做客，主人杀猪相待。翌日到越西城，有三十多个青年来应招，藏尧杀了一头牛招待我，实际是招待彝生。为避免亲戚相袒之误会，藏尧要我做口试选拔，我以口齿清，身体健康为准，选了二十来人。这时刘玉忠等五六人来到，看他们个个身强力壮，决定招去学习。

我到西昌后，张笃伦说为招边民修筑公路培养干部，将办"乐西公路边民筑路干部训练班"，要我把在军校受过训的彝族青年，尽量招来学习，以备任用。我写信或派员将田坝和拖乌原由我保送去受训青年的招来，他们的旅费，我未找上面付，而是由我付给了事。不几天邓秀廷送来几十名学生，此时，藏尧也来到，训练班也正式成立。班址设于西昌白塔寺内。班主任由谁兼已记不起。藏尧任大队长，江煜章、沈剑波（黄埔军校第八期生）分任中队长，我任教官。原受过训的和新招的，共约一百五十名学生，在生活和学习上都严格要求。给张笃伦翻译了两次话，记忆犹新。一次是他说人的天资相差不大，后天培训差别才大。边民聪明才智不弱，其弱在于所处环境、所受教育，像玉米长在肥地上，又施了肥的就长得好，长在瘦地上而缺肥的就长不好一样。问学员同不同意时，学员们议论纷纷，张笃伦还说我翻译得好。

藏尧聪敏好学，善辞令，很活跃，但身体差，十分瘦弱，回家时很疲劳。几天后我去两处视察，就没再见面了。学员在学习时纪律很严，除上课下操外还实习修筑，队长带头，不许偷懒。该班到八月末结束，学员被分配到南、北段督修工作，军校受过训的任中队长，仅在班受训的在中队内任特务长。分配后在南段有十多人受不了苦，他们逃走了。在北段的二十多人则不仅尽了力，也做出了成绩。我之所以得奖状调升，应感谢他们。

北段督修司令部设在汉源富林，部内设秘书一人，由罗席翰担任，督修员由袁子俊担任。另有办事员、文书各一人，工友两人。以司令羊仁安在边民中的声望，在冕宁大桥以北，越西寮叶坪以北，大渡河以南各地征调了彝地民工一千两百多人。原拟征调两千的，经过调查户口，计算运输远近，减少人数。关于购置工具、粮秣，办理征调，调查户口等都由司令部办理。

司令部辖一个支队，统率边民工人，称乐西公路边民筑路队北段支队。我任支队长；羊炯明、王义苏分任一、二大队长；蒋汉卿、邓永陛、骆仕英、谢悟过、胡开又等人任中队长。每队有特务长，规定每队两百人，185人出工，15人搞后勤。

1940年1月1日开工。民工来源是这样的：玉田上关六格二姓200名，海棠的加拉、然夫二姓一百二十人，西番四十人，蒋乃、阿尔白彝二十人，拖乌果基阿月、沙特二房二百人，田坝上土司一百五十人，下土司四百人。先修流沙河经富林到白岩河一段土方。此段五月完工，此时天气渐热，农忙紧迫，只得遣散半数，仅留六百人，并移到地势较高，气候凉爽的马烈修筑，八月完成大半，张笃伦到擦罗来开会。工程处认为边民成绩较好，人日挖土0.8立方米。张笃伦又指示继续修筑。这样就增加了边民的许多痛苦。

完成马烈附近的土方后，移筑马烈以东沟里。入冬后气候较寒，有时在冰雪中劳动，幸而人人有披毡，也较耐寒，又住于民房内，买草来垫，砍柴烧火取暖，经过一个多月，还不像汉族民工那样有冻死或在路上倒毙的。

1941年初，移修马烈以西至白岩河段，此处气候较好。住处取水、烧火、做饭都方便，劳动技术提高，兴趣增长，进度加快，一再得到工程处的表扬。不论在何处，羊仁安与我都再三嘱咐，要与汉地汉民处好，边民照办，早晚帮助房主做些事，把泔水和残羹无条件地送给房主，晚上一同取暖，有的房主也帮修工具，从没发生过吵嘴的事。

挖土、背土、传土、撬石……他们都会，但效率低，进度较慢。七月底行政院康昌旅行团来到北路段，印象中副团长是王家桢，团员有朱契、王治远等十多人。集中工人及干部开会，发给钱和酒做奖励；并决定筑路结束，遣散工人，撤销司令部。此时工人已疲惫不堪，若不解散，不要说六百人，半数也难留下了。

北段督修司令部经费是：司令部办公费300元，另有民工旅费、福利费等。司令月薪200元，副官、秘书各一人，月各100元，督修员两人，各50元，办事员、文书各一人，各30元，工友两人，各12元。支队部办公费，月60元，支队长月薪160元，办事员、文书各一人，各30元，工友12元。大队长两人，各100元，似有20元办公费，中队长六人月各30元，特务长六人，月各20元。初时法币价高，尚称优裕。1940年3月以后，物价高涨，个个叫苦。

边民工人待遇，原来的计划是：以完成土方额计，每方二角，另给四两酒和肉做奖，每日预支二角，月终结算。物价高涨以后，主食玉米，山八角多涨到两元多。五月后更上涨，二角钱连主食也买不到了。一再交涉，改为：每人每日以一斤半玉米，半斤菜（老秤），一钱油，二钱盐为准，每月初及十五预支，月底结算，可以稍饱了。司令部浮报几名工人费，用来补助干部伙食。

原来规定，民工半月轮换一次，照途程发回去旅费。以后：一、农忙了，轮换期缩短，便发半月该得的几分之几，数额减少。二、法币贬值，所得数已不顶事了。三、要到司令部领，移筑马烈后，太绕道了，多不愿绕道，费时间，便不愿领取了。民工来去自付旅费，而司令部则省起这笔钱归私。当时未建议拿到工地发给，感到遗憾。

1940年4月，军委会政治部电影队来沿线放映，绝大部分人没有见过，见映出日寇进行残杀、活埋、奸淫、烧抢及飞机投弹、大炮轰击、房屋倒塌、人畜死亡等情形时，有的惊叫，有的闭目不看，有的愤怒大骂，与布幕上的声音混杂成一团。映完散走，全街嚷嚷不休，即换班回去的也在谈论电影，以后一两年还没淡忘。电影队有名导演郑君里同来，带有电影摄影机，在工地拍摄后，又到田坝拍摄工地情况。据说所摄镜头已见银幕，我不曾见到。下半年西康省电影队曾来富林、田坝、玉田、阿尔等处放映，颇受欢迎。阿尔有一黑彝认为有人在银幕上活动，准备了几头牛，几石白米，说要招待银幕上的人，反复解释才了事。

我本意是想做出成绩的，只是未讲方式方法，处事粗率，发生了一些意外事。我记得在开工初司令部开干部会时，我大胆发言，说我们是中华民族的一部分，已受到中央的平等待遇。该尽到爱民族爱国家，拥护中央的天职，尤其我们是受到中央委托的人，该圆满地完成所负的责任。现在日寇深入，企图灭我中华，毁我国家，全国人民同仇敌忾，奋起抗战，流血牺牲，我们没有上前线已是惭愧，仅在后方修路，能不完成筑路任务吗？修路是与其他族人一同筑的，谁有成绩谁光荣，我们能落人之后吗？这次修路，我们是得到优待了的，尤其司令官是与我们素有关系，早受我们尊敬的人，在他率领下，会加照顾，我们更好尽力。在我个人一定千方百计地使他们发挥作用，民工都是自己人，好好对待，他们会听指挥，尽到力。也该办到工具够用，住地选好，医药及时，保证吃饱，旅费照发……以后一年多中我是想这样做的。可是许多方面就没有做到，固然白天去督促，有时也参加挖几锄，晚上去住处看看讲讲，在办公室要照规定办，而由于时间的推移，物价飞涨，时久疲劳等则没有提出办法解决，徒使民工痛苦增加。

工地在富林附近时，民工一旦生病就送到卫生站就医，医药条件好，很便利。移筑马烈附近时，分站医药较差，送卫生站又困难。且许多人不大相信医药，服一两次药就不愿再服，要求回家搞迷信。但也有受劝，医药生效的。玉田沙家木乃说我救了他的命，一问才知道他在筑路时生重病，要求回家，我不同意就送他去住卫生站，受到重视三天就好了。出来又被强留三天，回家病也没犯过。在工地上学会了编竹，现在老了就编竹过活。

在农忙季节，以我得羊仁安之信任，可以放假让工人回家劳动的。我没这样做（彝谚"人期可动，天期难动"似汉语季节不饶人），使民工在农忙时，几天换一次，在途中奔跑，费时间，费精力，影响家中生产劳动。1940年天候好，但仍有许多人家减产。1941年天候平常，便造成1942年中一些人的饥荒。

彝人贫苦，一般一年穿一套布衣，他们到工地后，在草上睡，加之背土端土，挖土传土等，莫不磨损衣服。参加修路的人，在一年多中，至少磨坏了一套衣服，这对彝人来说还是大损失啊！

有一天下雨，工人多到附近人户避雨，有三人却到土洞中去。洞顶受震动便塌下来，压死一人，伤二人。伤者是医好了，死者则杀牛祭奠后在外火化，送还骨灰，生来死归，家中何等悲痛？我没提出给予抚恤为憾至今。

本文选编自《汉源文史资料选辑》第四辑，1988年

张群主川回忆

张惠昌

1940年10月15日,蒋介石委派张群为成都行辕主任,兼四川省政府主席。张群1940年11月18日就职后,便开始了历时六年的主持川政的生涯。

张群,字岳军,四川成都人,早年入日本陆军士官学校炮兵科肄业,与蒋介石是同学,甚亲善。孙中山先生在日本组织同盟会时,张群即参加同盟会,并深为孙中山所赏识,曾任广州大元帅府副官长。蒋介石当权后,历任军事委员会委员、国民党中央执行委员、上海特别市市长、湖北省主席、外交部长、中央政治委员会秘书长、行政院副院长、院长等党政军重要职务。

1938年,四川省主席刘湘在汉口病逝后,张群亟欲得刘湘所遗之职。蒋介石私心也极愿将该职给予张群,以扩大自己的势力范围。但因四川地方势力强烈的排外性,历时三年,才勉强如愿。张群主持川政时候,惠昌正在省府财政厅和省田粮处任秘书科长;笙陔则在梓潼、什邡任县长,对他主持省政的历史所知较多。

张群到职之时,即在《告全川同胞书》中明确其主持川政的方针:第一,任举一事,靡不困难重重,绝非仅一省政府之力所能克服,必深赖全省党政军各首长同僚,与夫社会绅耆人士,以同处漏舟之心,举精诚团结务实,庶乎有济。第二,此来服务桑梓,一秉用人唯公、用人唯才之旨,赏罚黜陟,绝不徇私,以期本省人才,得以奖拔,得以蔚起。第三,所愿我父老兄弟此后对于用人行政不吝教益,事无论大小,言无论高低,苟益于乡有利于国者,无不虚衷接受。

同日,训令全川各级政府,揭示为政基础三项:一曰整顿纪纲。以纪纲促政令,即各级公务员应共同恪守之纪律;二曰确切认明施政要旨,先求安定地方,禁除烟毒,进谋增加生产,普及教育;三曰彻底改善服务方式,横的方面力求联络,纵的方面力求贯彻,则一切政令,无论难易,断无不举之理。

张群的"三点方针"和"三项基础",其实也没有什么新东西。只不过是"新官上任"的一种例行公事罢了。但是,张氏却对此进行了大肆宣传,说他的"施政要点"是"遵照抗战与建国并进的国策",定为"增强抗战工作,充实建国基本工作"的两大目标而进行的。当然也不能否认,张氏也确实在主政四川期间是干了一些实事的。现就荦荦大者,略忆如次。

一、健全省府人事以推展政务

张氏任职伊始,首先任李肇甫(伯申)为省府秘书长。李氏为同盟会员,法学专家，曾任孙中山临时总统参议员，参与制定《临时约法》，后两任省议会议长。留任民政厅长胡次威（长青）。教育厅长郭有守，北大毕业留学法国，热心教育事业，任职长达八年。继选用省参议员胡子昂为建设厅长。胡子昂系北京农大毕业，长期专研实业，曾任刘文辉西康省政府边务处长。胡氏任职两年后因事辞职，由刘湘任内的建设厅长何北衡继任。又任用省参议员石体元为财政厅长兼省田粮处长（石体元曾在潘文华任重庆市长时任秘书长，兴办重庆自来水公司、电灯公司等）掌管财政和田赋征实。擢用学识优异的柏林大学曾得政治经济学博士的梁颖文为省府委员，负责物价管制工作兼任省银行常务董事。调升长期任职专员较久，卓有成绩的沈鹏、冷薰南为省府委员。黄埔生王元辉被委以保安处长，以后为禁烟需要，并兼第十六区（茂县）专员。起用刘航琛、康心之为省粮食局长。社会处成立，即以任省党部书记长多年的黄仲翔为处长，又以长于案牍的孟广澎为省府主任秘书，周君亮为机要秘书。这样的人事组合，使张群能较为顺利地推动四川政务工作。

张群比较注意运用省行政会议，以集中各方意志，加强政务推行。张氏称此为"创格会议"。他就职后一个月，即召开四川省第一次行政会议，在他于1947年3月离开川政以前，先后共召开六次。四川幅员辽阔，根据交通情形，分期分地，分别召集，每年秋季在征实征兵数字确定后，必召开行政会议。他亲自率领各厅处长即席做施政报告，贯彻执行各项任务。参加会议的人，除专员县市长、县田粮处长、储运处长外，还有参议会议长，县党团负责人。大会与小组会交叉进行，他除了在大会做报告外，抽出时间分别召见专员、县长，垂询施政情况，并邀请县参议会议长座谈，把执行机关的人和协助政务的人团结起来，共同努力。历次会议，都有国民党省党部主委黄季陆讲话。

在行政会议进行中，对于成绩优异的县市局长，及时提升。如威远县长程厚之开源节流即升任第十二区（遂宁）专员。在南充行政会议中，察觉陈开泗办理水利和教育事业有成绩，追胡次威调内政部次长，即提升陈开泗为民政厅长。对有不称职的县长，即当场斥责。如崇宁县长周某精神不振，开会打瞌睡，当即斥之"宰予昼寝"，令其辞职。资阳县长刘某请假应同乡会之宴，张氏厉声呵责："你是来开行政会议的，还是来赴同乡会的？两者孰轻孰重，不能辨别，真是糊涂……"随即撤职，对下边震动很大。每年行政会议后，必进行考核，考核之后通令表彰一批县市局长，惩治一些犯罪官吏，甚至判处死刑。万县县长黄宝轩因触犯禁政，便处以枪毙。有赏有罚，言必行从，四川能建成抗战后方基地，行政会议是重要的一环。

关于县政人员的任用，采取甄审、实习、考核、奖惩四项办法。他任职六年中，先后登记甄审三批，共计107名。有些甄审合格人员，又先后调入省训团内设置的研究部学习。其用意：一是培养体用兼赅、学行并备的地方行政首长；二是研究行政建设的实际问题。研究部是一个训练机关，同时也是一个学术研究所。在研究期中省府奉令建修特种工程（飞机场），所有研究员都分到各机场实习。工程结束后，分别委任县长或其他工作。张氏任用人员不拘一格，各方并进，除甄审外，对中央考试人员亦广为征选，择优任用，其他社会贤达，学者名流，也进行延揽和特保。如綦江雷清尘、荣县刘觉民、石柱熊福田（留日，执行律师职务）、眉山杜致远等，都不是甄审而任县长的。新闻界的周开庆，省党部组训处长兼省参议员的余富庠，则以干练有为，分别任以达县长、大竹专员。县市财政整理处副处长邓宪贞整理地方财政有贡献,被任自贡市市长。省训团总务长彭善承办事通达有为,委以华阳县县长,后任自贡市市长、十一区专员。机智多能的刘幼甫委为泸州专员。张群对于县市局长的考核奖惩,异常严格,但对其生活、薪资的关怀照顾,考虑亦很周到。因物价飞腾,他特设"县长养廉金"。这对当时任县长局长者,是一个很大的鼓舞。

张群之所以要做出这样一些任用"贤者"和"人才",改革政务的种种姿态,是因为他知道具有排外性的四川地方势力一直竭力反对蒋介石势力进入四川。现在他虽然秉承蒋介石的意志,实现了入川主政的愿望;而要真正把四川变为蒋介石的势力范围,仍有不少困难。因此,他不得不采取种种措施,苦心经营,以完成蒋介石建立抗战后方基地的任务。

田赋征实和"革新"役政。对日抗战,是持久的战争。中国有句古话:"民以食为天","兵无粮而自散"。鉴于第一次世界大战德国失败的教训,我国抗战的粮食问题也就突出来了。1941年6月16日,国民党政府召开第三次全国财政会议,决定田赋改征实物,并由国家接管。但田赋征实与货币比较,折合物价增加人民的负担,而且储而无仓,运输缺乏交通工具,因而,反对意见很多。张氏认为这是抗战需要,是关系民族存亡问题,必须坚决贯彻执行。于是在成都邀请在蓉的绅耆举行茶话会,说明当前抗战的形势,田赋改征实物的迫切性和重要性。席间的一些绅耆陈述地方疾苦,不愿田赋改征实物。张群引明代吕新吾的几句话,"事有大于劳民伤财者,纵劳民伤财亦应为之"。大家听了,也不好再议。接着张群责成省田管处积极筹备,务于9月16日开征,并联络党政军学一齐动员,党方由黄季陆负责,政由张群自己负责,军由绥靖主任邓锡侯负责,学由郭有守厅长负责,各方分别函令所属,率先完粮以为倡导。中旬,省府派民、财、教、建、保各厅处长,会同赴各地党政机关学校及地方士绅大力宣传田赋征实的意见,各种力量一齐出动,分工包干,雷厉风行,不准稍有延误。省府还把田赋征实列为专员、县长的中心工作,严加考核,征实成绩占其总考核成绩的三分之一。征实数字,日有日报,旬有旬报,月有月报。从1941年9月16日开征,截至次年2月底,全川共收粮1330万石,超过原定配额1200万石的11%以上,以后数年征实,亦进行顺利。总计张氏在川主持省政的抗战五年中,征实征购粮食达8200余万市石,占全国总数三分之一。

我国原采募兵制度。自1931年九一八事变后蒋介石政府以国难日亟,非积极建立现代征兵制度不可。乃于1934年公布《兵役法》,改募兵制为征兵制。按规定省主席应兼军管区司令,实际由参谋长负责。张群主持川政时期先后任戴高翔、徐思平、韩任民为参谋长。复因兵役事繁,先后设置师、团管区。为了实行征训合一,各县市设国民兵团,而自决承办兵役业务,则是县府的军事科责成乡镇保甲推行。由于征集的兵员渐多,兵役上纠纷和弊病亦随之增多,张氏特令各县市局设置"免缓役审查委员会"及"征属优待委员会"等。征属优待方面:甲,规定发放安家费及优待金、谷。壮丁入营时,发给安家费,每年三节给优待金、谷,并规定以实物发放。同时规定征属应缴积谷的免派,田地的代耕,以及出征军人子女求学的救济,婚姻保障等,陆续付诸实施。乙,实施生产优待:张氏曾提请省府提专款设立"征属厂",让征属能入厂学艺,以增益其收支。1941年,省府拨付300万元,交由征属优待委员会负责筹划,于成都、遂宁、泸州、重庆、万县等地设置鞋袜、制伞、糖果、纺织等小型工厂,招收征属习艺,以为示范。另外规定征属有优先加入其他公私工厂工作的权利。这些措施,对顺利推行兵役大有裨益。

知识青年从军运动的展开,亦发轫于四川。1943年冬与1944年秋,两次发动知识青年从军。第一次规模较小,第二次波澜壮阔。据资料记载,全国共约15万人,川省占四万人以上。因知识青年运动的展开,不仅使一般征兵由此转入顺境,亦是我国抗战转败为胜的保证。四川征集的兵额连同知识青年军约300万人,补充各个战区。所谓"无川不成军",是有事实依据的。

1944年2月4日,蒋介石对于此次宣导学生及公教人员志愿服役运动得力人员,在我川省第一批受奖人员为:省府主席兼军管区司令张群、省军管区参谋长徐思平、达县师管区司令周开勋、成都市市长余中英、二区师管区专员李泽民、达县县长周开庆等百余人。

张氏此举,虽带有强迫性质,但确为抗战前线及巩固后方基地所需要的粮食、兵源提供了充足的保证,这应该是四川人民对抗战的重大贡献,而不是张氏之功。

二、完成抗战特种工程

太平洋战争爆发后,1943年秋,盟军总部就拟定了一个从中国内地袭击日本,促使战争早日结束的计划。根据这一计划,由美国陆军航空队总司令安诺德与中国当局会商决定,在川西平原建筑一座包括九个机场的空军基地网,这九个机场是:轰炸机场四个,分布于新津、邛崃、彭山、广汉;驱逐机场五个,分布于成都、温江、德阳等地,统称之为特种工程。这个工程由交通部长曾养甫派员会同美方负责工程技术人员共同督导进行。征用土地、调集民工、粮食和器材的供应以及施工管理等,概由四川省主席张群负责。张氏当即组设民工总处,任命民政厅长胡次威兼任处长,由各县县长、乡镇长带领辖区民工,分段包干,保证质量,限期完成,如有延误,按军法从事。

这个工程的难度极大。按照设计要求,驱逐机场跑道长2200米,宽40米;轰炸机场跑道长2400米,宽60米。全部跑道、停机坪、滑翔道所需要于浇筑的混凝土,共达10万立方以上。加上拆房伐树,平整土地和排水系统等大量土方工程,工作量十分浩大。尤其是轰炸机场,专供B-29空中堡垒之用。该机载重量为75吨,对跑道的抗压抗衡力要求极高,不容丝毫差误,要求在短期内如限完成,确保质量,不误战机,确非易事。就在张氏命令下达后仅六七天,就有二十九个县二十万民工进入工地,继后陆续增加到五十多万。他们没有报酬不分晴雨,夜以继日地劳动。从1943年12月到1944年5月,仅仅用了五个月的时间,就将这座庞大的空军基地全部建成。半月过后我战机由此起飞远征日本,开始了最长距离的轰炸。

1944年B-29空中堡垒执行首次从中国大陆轰炸日本,目标是日本钢铁中心八幡市。在成百吨炸弹的轰炸下,八幡市顿时陷入瘫痪。消息传来,举世震惊。国际人士都以惊异的目光注视着成都空军基地的机场建设。美国哥伦比亚公司特派员司徒盛顿说:如此庞大机场,系由中国数十万农民所建立,人力之大,为二千年前建筑长城以来所罕见。美国总工程师凯纳逊说，此巨大工程唯在中国始克于成，美国在同样条件下，决不能如此。《纽约时报》对此还发表社论说，中国农民已完成的不可能之工作，俾使巨大铁鸟可以起飞，远征敌国各城市，彼等曾以不可思议之速度，胼手胝足，完成此巨业，中国太平洋甚至全世界之前途，均操纵于此等农民之手中，吾人勿庸悲观也。

外国人的这些赞颂，当然并不仅是对张群个人的赞颂，而是对四川人民为支持抗战而忘我地进行工作的赞颂。这是四川人民为抗战胜利而做出的贡献，它不仅是四川人民的光荣，而且也是全体中国人民的光荣。

三、妥善安置迁川学校

抗战时期，地处前线的大专院校先后迁到重庆、成都及其他地区。迁到重庆的有中央大学、中央政治学校，沙坪坝成为文化区，上海复旦大学迁重庆北碚之夏坝。迁成都的，有金大、女大、中大医学院、燕大等校，大部分都安排在华西坝，与华西协合大学挤住一起，其教室宿舍的新建补充，及校址的租佃借用，张氏当时尽最大努力给予帮助。北京燕京大学迁来时间较迟，学校当局要求在当年秋季开学上课，而校址问题难于解决，张氏即指定将华美女中校舍给燕京大学，并拨华阳县何公巷文庙（在成都石室中学的地段）作为男生宿舍，文庙大成殿作为餐厅，使燕大如愿以偿，按时开学。中大医学院于1941年7月开学，华大、齐大分开，自行成立附属医院。张氏即将正府街122号天府中学旧址给予改造，取名"公立医院"。1946年4月，中央大学医院迁回南京，公立医院交四川省政府卫生处接收，张氏又将公立医院总院由正府街迁到青龙街，成立四川省立医院（现省人民医院前身）。其他如铭贤学院迁入金堂，武汉大学至乐山，东北大学和国立十六中迁到三台，在张氏的帮助之下，均各得其所。

四、利用工厂发展地方

自1937年底开始，随着国民党政府迁渝，华北和华东一带接近战区的军需工厂和重要民用企业陆续迁川。据记载：迁入四川的工厂企业包括钢铁厂、兵工厂、纺织厂等，1938年至1942年共607家。当时省政府决议：凡迁川工厂厂地印契，准免收附加税三成（后减为五成）。对于运输问题，省府令各有关机关尽力协助，轮船不足，决定发动柏木船辅助运输。豫丰纱厂即由地方政府陆续订雇柏木船六十余艘。裕华纱厂建厂，得到军政双方的支持帮助，很快就顺利完成。1942年，申新第四纺织公司成都分厂，在华阳县桂溪乡三瓦窑购买基地，兴建基本厂房、仓库、办公大楼、食堂、职工宿舍等，全厂占地面积约五十亩，完全依靠地方政府的支持协助。由于省府关照了迁川工厂，这些工厂也积极帮助地方发展生产。中福煤矿公司入川后，即与天府煤矿合作，后来协助嘉阳、石燕、威远等煤矿，用新式方法开采，以供四川全省用煤之需。天津永利化工厂在自贡设立久大盐厂，带动了自贡市机器制盐业的发展。

据国民政府有关部门统计，1940年与1937年比较，生铁产量增加三倍，煤增加十六倍，粗钢增加二点五倍，石油产量增加十三倍。这些物资既优先保障了抗战需要，也对发展四川的地方工业带来一些好处。

五、建立各级民意机构

为了集思广益，团结各方力量，共谋抗战建国，从1942年起各县市先后成立临时参议会，至1946年7月，全川140个县市局中，已有134个县市局正式成立参议会。省临时参议会成立于1939年7月。张氏主持川政，于1942年组织第二届省临参会，由原来的七十人增加到一百人。

1945年12月正式成立省参议会，均在张氏的支持下，推荐和选出了以下各方面的人士参加：

同盟会员：曾省斋、黄肃方、向楚、公孙长子、喻培肃、唐宗尧、曾宝森、王子骞、陈瑞林、李维纶、杨兆蓉、冉仲虎等。

教育界人士：张颐、王兆荣、张凌高、张秀熟、杨伯谦、吴炜。

学者教授：潘大逵、魏时珍、彭家元、曹任远、尹文敬、李炳英、罗忠恕、凌均吉、陈让卿等。

新闻界人士：罗承烈、余唯一、陈斯孝等。

知名人士：钟体乾、尹昌龄、徐孝刚、刘咸荣、周道刚、肖湘、梁叔子、刘泗英、龙灵、胡子昂、石体元、李铁夫、卞稚珊等。

党政人员：陈紫舆、余富庠、魏廷鹤、李炳英、李显威等。

工商界人士：王斐然、兰莞衡、杨鸣九、胡信城、杨宗序、范英士、张树霖、陈谷生、肖立真等。

妇女界：黄稚荃、邓季惺、喻培厚、周梅君、张平江、张映书、曾德华、冯若斯、岳宝琪、范寓梅等。

几届正副议长为李肇甫、向传义、唐昭明、向宗杰。

秘书长为罗文谟。

至于国民参政会，从1938年7月成立，至1947年5月共召开四届十三次会议，张氏先以国防委员会秘书长和继后的四川省政府主席的身份，对四川应出国民参政员的人选，均极关注。

先后推荐和选出的有：邵从恩、谢健、张澜、胡景伊、晏阳初、李璜、曾琦、朱之洪、吴玉章、陈豹隐、任鸿隽、黄肃方、陈敬修、曹叔实、但懋辛、李琢仁、陈志学、刘明扬、周道刚、廖学章、陈铭德、余际唐、甘绩镛、王国源、彭革陈、冷曝东。

张群在主持四川政务时期的这些举动，虽然主观上是为加强蒋介石对四川的控制，培植和扩大蒋介石的势力范围。但由于当时是抗战时期，民族矛盾已成为主要矛盾。因此，张氏的举措客观上起到了利用四川人力、物力、财力支持抗战的作用，其不少举措值得历史的肯定。现在，虽然张氏已谢世，但他在川主政期间所花费的心力，应该载入史籍。

本文选编自张惠昌《文史拾遗》

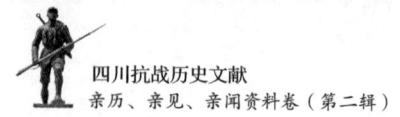

抗战时期国民党中央陆军军官学校西迁成都记

苗 琨　慈巨圣　张永淦　刘庸诚

一、南京军校决定西迁

1937年，八一三事变后，日寇飞机不断飞临南京侦察、轰炸。中央军校在校受训的各期学生总队，为了防避敌机空袭，奉命疏散于句容、板桥镇等处，只留下教导总队在京警卫。这个总队也即是当时首都的近卫军，总队长为桂永清、副总队长为周振强，两人均为黄埔一期毕业生。

8月15日午后一点，天阴，南京防空司令部已接到敌机西犯的情报，我空军的战斗机陆续起飞应战。不久，紧急警报响了，敌机八架，由远方分列成"人"字队形窜入。由于我空军高志航大队长率领的战斗机和高射炮部队的共同努力，当天在市区上空击落敌机三架，其中一架坠毁于上坊门附近；一架坠于句容。正在句容战术演习的军校十一期一总队学生石志坚，在敌机残骸中拾得日寇飞行员手表一只。另一架敌机中弹后坠毁于逃归途中。这是一次胜利的空战，人心振奋，南京街头巷尾，到处可以听到人们互相传诵。

但是，在敌机疯狂扫射和投弹后，军民颇有伤亡，军校教导总队警卫第一团第三营第九连连长温秉铎（陕西人）和一名正在病中的战士同时殉职。8月18日，敌机又来空袭，军校教导总队警备小营的官兵又有三人殉职。

由于敌机以后接连不断轰炸南京，事实上军校受训学生已无法上课。为此，校务委员会特别召开紧急会议，根据战略上的重大要求，认为全校师生官兵宜迅速西迁四川成都（即第三分校校址），以便继续有效地进行培训军事干部的工作。

经校委会缜密研究和决定后，即报请训练总监部核准。于是校部又命教育处制订战时教育西迁实施方案。其具体指导思想是：边走、边训、边招生、边毕业补充到各部队。这种做法是师法黄埔精神。早年黄埔军校的第一、二、三、四期学生，由于东征北伐的需要，他们在校时间很短，都是在部队"实战中学习"。现在记得西迁实施方案的内容有四项：

（1）各期在校生以旅次和战备行军姿态徒步西迁。途中适时配合制式教练、战斗演习、射击教育和战术实施教育。在停止休整时，要及时增加军事各学科的课堂教学。

（2）烈士家属和革命军阵亡将士遗族在校学习的学生，要优先乘车船西迁。

（3）校部所存档案和教学用的重要教材、教具要安排车船西运。

（4）校部办公厅和教育处的部分年老教职工，要请专拨车船西迁。

印好后的"西迁方案",迅速下达给各单位执行。

在句容战术演习的第十一期一总队学生,奉命返回南京,为了空防,只能驻在灵谷寺附近野营。第二天傍晚,校委会决定提前为该期一总队学生举行特别形式的毕业典礼。当时敌机日夜窜犯南京,灵谷寺附近林木茂盛,但也不能避免敌机骚扰。因此举行毕业典礼时,全体师生都匍匐在灵谷寺前的地坪上听首长训话。然后宣布毕业,他们都按分发地点,分别奔赴抗战前线的各个战斗岗位。

二、挥泪告别总理纪念堂和仲恺教学楼

1937年8月16日晨,部分在校的第十一期二总队和第十二期学生到操场集合,听军校各队队长传达西迁的重大意义和行军方式,传达中说:在这日本帝国主义疯狂地向我们祖国侵略的时刻,我国全国各族人民,团结一致,坚决抗战到底。为了持久地进行反侵略战,我们正在接受训练和将要准备投入战场的爱国同学必须西迁。西迁不是避战,而是要在边走边学中练好杀敌本领。同学们中或许有人要问:"我们何以不早日乘船西上呢?"这种想法是可能有的。但要知道,我们国家只有上海和长江沿岸城市才有国防工厂和轻重工业,为了坚持长期抗战,就必须首先把这些工厂内迁,方能保障人民生活的供应,保证前方武器、弹药、装备的补给。抢运工厂和物资是关系抗战大业的。鉴于运输能力不足,我们作为一名爱国军人,要以抗战第一为己任,不去占用有限的船,何况我们还可以在西迁步行途中不断学习。

传达完毕后,各队出城疏散。午后五点钟后返校,立即抓紧吃饭和准备行装。七点钟时,在校同学和师长早已会集在草坪上,整装待发。这时,太阳已落西山,晚霞洒遍了紫金山的峰峦和山坳,满山遍野,呈现出金黄色的璀璨绚丽的光彩,雄伟的中山陵和仲恺墓园遥遥在望,清晰见可,此情此景,引起了离别同学的无限思绪。七点半钟即将出发,全体整队到大礼堂前,静听宣读校部长官对我们的书面勉励词。

教育长陈继承勉词:

> 京蜀万里,振我军旅。山川形胜,历其险阻。
> 问俗观风,习民所苦。手此一篇,毋忘在莒。

教育处长范汉杰勉词:

> 练好杀敌本领,迅求战胜倭寇,收复失地,迁校返回南京。

听完两位师长的勉词和简单讲话之后,各队立即出发。这时,师生们莫不满怀悲愤,依依不舍地挥泪告别了校内的总理纪念堂和仲恺教学大楼。

三、京芜道上

第十三期学生一总队,是在15日黎明首先离开了南京通光营房。在总队长陈联璧率领下,全队学生在行进中挺胸迈步,军容严肃、步伐整齐。并高唱校歌:"怒潮澎湃,党旗飞舞,这是革命的黄埔……"又唱《义勇军进行曲》《大刀进行曲》等。歌声嘹亮,气势悲壮,震撼人心,街道两旁的市民,闻声止步注视,报之以欢送和希望的笑容。

出了中华门,经过雨花台,来到大胜关。记得去年年终,一总队曾到此处演习过。

国家多灾多难，外侮频仍，现在又值穷凶极恶的日寇侵略。我们浮想，如果战火烧到南京，这些宽约三米，深约二米的交通壕，对我军的反侵略战斗还有一些用处吧！

过了大胜关，全总队即以战备行军姿态急进。部队作战，行军的时间占绝大多数，真正接触后的战斗，为时是不多的。因此说：行军，尤其是夜行军，乃是训练的主要课题。在行军途中的头两天，常常遭遇到敌机的侦察和轰炸。总队长命令我们营、连、排之间拉长距离，遇警时，迅到公路两旁隐蔽。两天中，虽无伤亡，但也受了很多干扰。17日，我们改为白天休息，夜间行军。三天中的天气都是晴间多云。夜间，深蓝色的天，低低地下垂着，好像是我们的幕帐，星星含着深情地闪着眼睛，送我们西征。我们精神抖擞地演习战备行军课目，具有严肃认真的敌情观念，一丝不苟地完成了搜索、警戒种种动作。18日拂晓，我们到达了芜湖，共走完了116公里。

四、海会寺的战备训练和第十一期二总队学生毕业

到达芜湖后，我们暂住自搭的营幕。待船期间，敌机仍经常来往侦察。我们日夜都派出一组同学轮流担任警戒哨。密切注意防空和警卫。晚间，如像实战情况，颁发口令。白天，各队派出两名学生当采买办给养，备办了营养丰厚的饭菜。我们也听到在前方战斗激烈时，部队一两天吃不上饭是常有的事，像我们这样已是万福了。

同学中负责采买上市购买主副食品的都极注意军民关系，公买公卖，宁肯自己吃一点亏，也不愿对方不满。事实上，老百姓都是爱国的，处处表现如亲人一样，不仅热情欢迎我们，而且还大力支持。就这样，校部随营人员和队部还组织了一个纠察队，以防止违反纪律事件。各队学生利用休息时间还组织有宣传队，在热闹地区向同胞们宣传目前抗日救亡的迫切重任。自九江起，政训处抽调学生组织排演为抗战宣传的短小文娱节目，情节生动，感人肺腑，演到悲壮激昂之处，观看演出的各界人士，莫不义愤填膺，眼泪纵横。

在芜湖住了三天，然后分批地搭轮西上。25日，到了九江这个著名的城市，几天来的气温都在四十摄氏度以上，实不亚于闻名的三大火炉——南京、武汉、重庆。到九江后，第十二期一总队同学，住在市区附近一所小学校内（已停课），其余同学并未停留，即日夜行军到达星子县的海会寺。

海会寺有完善的营房，第十三期一总队学生在这里休整两天。敌机又跟踪前来轰炸，我们各队遂分散于白鹿洞、鄱阳湖周围地区受训，每天按战时教育计划执行，目的是培训各期各兵科学生应具备的初级军官的军事知识和动作。但这项训练是极重要和繁琐，必须权衡轻重，删繁就简，把握要点，多方启发，才能收到事半功倍之效。当时，教育处曾经书面提出明确的要求：第一，彻底认清当前反侵略战争中每员将校所负的重大使命；第二，要以强烈的革命情绪，熟练的战斗技能，学好战斗部队训练的要领；第三，要学好在战场上能够灵活地指挥小部队战斗。

不久，第十三期入伍生团就在此升学，编成步兵两个大队，骑兵一个队，炮兵一个大队，工兵一个大队，交通兵一个中队。学科教育编为32个教授班，有时依情况和需要，临时得合并两个以上教授班上课；有时在星期天上午，还请外语教官给学生上课。总之，时间抓得很紧，术科教育均以队为单位按课表执行，有时按情况需要，可以区队或教授班实施。

当时华北战场和淞沪前线战斗都很紧张,伤亡很大,下级干部和士兵亟待补充,各方向校部索请补充下级军官的函电,日必数十起。在这战火纷乱时期,校部遂在九江为第十一期二总队同学举行了毕业典礼,立即分发到各部队服役。

五、武昌培训——爱国青年大量涌入军校

9月下旬,我们又奉令转移到武汉,继续接受训练。于是各期同学分期分批地开赴九江,乘轮西上。到了武汉后,十二期学生总队步兵一大队驻汉口前日租界;步兵二大队驻于桥口。桥口临近机场,经常遭到日机轰炸,因此该大队在野外演习日期较多。

为了满足前线迫切的需要,第十二期同学在1938年1月22日上午九时,于武昌中华第一女子中学大礼堂举行毕业典礼。第十二期同学是于1935年在南京招考入校的,入伍生团团长和升学后的总队长为唐光霁(安徽人),后以罗历戎(黄埔军校第二期,四川渠县人)继任。这些同学基础知识好,成绩整齐,在校受训时期内也有较长的正规教育,算得优秀生了。

战火蔓延,沿海城市,以及东北、华北各省不愿做亡国奴的爱国青年,纷纷流亡到武汉三镇,为数很多。军校奉命在此招收了第十四期一总队和第十四期二总队。不久又再招取一批,成立了第十五期入伍生团。每次招生通知一见报端,爱国青年报名应考极其踊跃,几乎应接不暇,几天之内即告员满。校部派成刚(黄埔军校第一期)为第十四期学生第一总队总队长;派张世希(黄埔军校第一期)、方天(黄埔军校第二期)先后任十四期二总队总队长;派贺光鉴(黄埔军校第一期)为第十五期入伍生团团长。第十四期学生总队驻左旗,第十五期学生总队驻于右旗;左右旗的营房鳞次栉比,宽大整齐,每一幢可以住两队人,营房南边有一大操场,再南则是总队部,校部和教育处分驻在洪兴街等地。不久,第十五期入伍生团即分批乘轮船先至抗战陪都——重庆。

六、雨雪霏霏入湘西

1938年1月下旬,第十三期和第十四期二总队学生,分期分批乘火车来到长沙,准备沿湘川公路,步行入川。到长沙后各队住于市区内已放寒假的几所学校中。长沙到重庆长达两千余里山路崎岖,道路艰险。校部仅给了五天至七天的准备时间。

春节过了,连日天降雨雪,我们并不改变行期,仍照规定,按时出发。第十三期的同学走在先头,第十四期二总队的同学跟随在后。大队渡过湘江,经宁乡,过资水,傍晚到达益阳县。这段公路泥泞难走,寸步难行。

第二天,我们浩浩荡荡地过了军山铺,渡过沅江,约午后六点,到达了湘西第一重镇——常德县,计程已经泥泞行军180里了。湘、资、源、澧是湖南省四大河流,均通洞庭湖而注入长江。常德县正临沅江洞庭湖。

五天后,我们大队伍在教育处处长范汉杰(黄埔军校第一期)率领下,又复整装西行,当晚宿于桃源县附近白沙镇,次日中午到桃源县。此县之西二十里有桃花源洞,人称"世外桃源",传说是东晋陶渊明所写《桃花源记》的假想原址,该县名也因此而得。然而在强寇侵凌之时,"世外桃源"并不太平。即在这年,武汉失守后,桂永清乃将军

事委员会战时工作干部训练团团部移驻于桃源县城中学校内（已散学），该团军事大队少校队长刘庸诚带领军校十四期甲级学生一个中队任团部警卫。10月初旬一天午后，敌机16架竟窜到这"世外桃源"滥肆轰炸，军民死亡数十人，其中即有正待西迁的第十四期甲级学生胡伯镛（湖北黄冈人）年仅十七岁被炸重伤后，经同学李启昱（原先是医生）抢救无效而死，这也是军校第十四期学生的不幸和损失！嗣后这批学生约四百五十名由宜昌乘轮至渝，再转送铜梁军校继续受训。

到桃源县翌晨，军校西迁学生傍着沅江西岸，继续西行，不久渐渐进入湘西山区，西岸山峦起伏，略无阙处，绵亘千里。沿途经过太平镇、界亭、马底等处，途中人烟稀少，此情此景不免引起从沦陷区来的同学忧国怀家之思。在休息时，值星官尽量鼓舞同学唱歌，讲故事，说笑话；在行军途中疲劳时，即由一人领腔，带头唱爱国歌曲。每逢唱《流亡三部曲》时，歌声慷慨悲凉，凄清哀婉。唱到那"九一八，九一八！就是那个悲惨的时候，离别了我的家乡！"到"什么时候？才能够回到我那可爱的故乡？"此时，有些同学竟至泣不成声。当然，在这山河破碎的灾难日子里，闻此歌词，谁又不痛心疾首呢？但歌词也能振聋发聩，鼓舞人们坚定雪耻报国的决心。

我们到了沅陵，即向泸溪出发，两岸山势陡峭，高矗入云，泥泞载途，崎岖难行。这些大山，正是巴山山脉的延伸。"巴山夜雨"，据此地亲身经历者说："春夜比秋夜的雨水更多。"

泥路行军演习，使有病和体弱的同学疲惫不堪，何况雨雪交加，天寒地冻，稍不小心，便会滑倒，甚至有跌伤的，在这艰难困苦的时候，官生们发扬了互助团结精神。身体健壮的区队长和同学就争着帮病号和体弱的同学背枪、背背包。大队长和队长的坐骑也让给病号骑着。这充分体现了孙总理颁布的校训"亲爱精诚"的伟大含义。

七、夜过矮寨关

川湘黔交界地区，是苗族土人聚居的处所。山岭纵横，土地瘠薄，生产方式尚属于刀耕火种的半原始阶段，社会文化相当落后。1938年时，该地几乎仍与世隔绝。

当我们由泸溪到达所里时，先遣队突然派人回来，向指挥部报告说："前站矮寨至茶洞是湘西苗族首领吴恒良抗日革命军的势力范围。目前，他们在隘路险要的山坡设立关卡，不许通过，显然要我们的买路钱和武器弹药；我们先遣队正在矮寨前停止警戒，待令行动。"教育处长范汉杰和行军指挥部听到报告后，联想起在长沙停留时湖南省主席、前军校教育长张治中将军接见范汉杰等时，特别嘱咐过到达湘西这一带"必须好好交涉，不可鲁莽"的话，便先令各总队安营露宿，少数住于当地寺庙，并命令控制要点，注意警戒。一面召集队长以上指挥员开会，研究对策。当开会时，有性急的队长气愤地说："现在国难当头，这些土匪还想趁火打劫，真令人痛恨已极！不如冲杀过去，狠狠地给他们一点教训。"教育处长范汉杰等仔细研究情况衡量利害得失，不同意采取如此鲁莽的行动。他认为这些人都是自己的同胞，目前一时不觉悟，我们可以做他的工作启发他们懂得"天下兴亡，匹夫有责"的道理，给他们说："如果日本人打到湘西，他们也是要当亡国奴的"，请他们让我们平安过去，不要阻拦。

会议决定先派人去谈判，但派谁去最为合适呢？嗣后有人提议，请叶子钧队长去办这个交涉。叶子钧是四川人，黄埔军校第五期学生，深通青洪帮和苗土家族的规矩。叶队长也慨然应命，并选了几位湖南官生同去，带了些礼物送给苗族头人，对这些人说：日本帝国主义侵略我们国土，杀害我国各族人民，他们想永远使我们中国人做奴隶。我们为了祖国的存亡，现在正动员全国人民和他打仗，要收回河山，把他们驱逐到海里去。你们和我们是自己人，请你们和我们结成亲如手足的同胞兄弟，共同来打倒日本帝国主义。这些情真义重的语言，感动了头人们的心。叶子钧又说："我们几万官兵、学生要到四川去整训，请让我们通行，我们绝不在此停留，也不打扰众家哥弟。"他说的几万数字，乃是带策略性的虚声恫吓想使头人害怕。头人们听后，马上表示立即撤去关卡，让我们通过。

"我们行军途中，经常要演习施放毒气，请给乡亲们传话，不要出来观看，以免中毒。"叶子钧队长又补充说了这两句很机智的话，乃是为了怕有少数土人在我们行进中打冷枪。头人们听后，频频点头，同意做到。交涉圆满完成，关卡也撤了，少数苗族土人也远避了。但教育处长范汉杰为了计出万全，决定当夜全体官生以演习夜间急行军迅速通过这一地段。于是当天深夜，全体官生安全通过了矮寨。翌日拂晓到达了川湘黔三省交界处的茶洞，越过茶洞，便到达了四川省秀山县境。

八、西迁的中继站——铜梁

四川省秀山县的丘林沃土，到处林木繁茂，郁郁葱葱。这里冬天已经过去，微风早已送来了春天，满坡遍地的麦苗，舒展着嫩绿的叶子。"春江一曲柳千条"，河岸上的柳树也垂着金碧嫩芽，柔软的枝条随着微风轻轻地摆动。我们在这明媚的春光中继续走过酉阳、黔江、彭水、南川和綦江县，沿途看见人民勤劳、物产丰富，市场繁荣的景象，深切感到祖国的可爱！在皖、赣两省，由于接近前线，敌机常来骚扰，学校多已停课散学；到了鄂、湘两省，又值寒假，青年学生结队欢迎或欢送我们的毕竟不多；进入四川境内，中小学校都已开学，凡军校学生行经的乡区、县城，都有各校师生的热烈迎送。各总队亦遵照团结、抗战的方针，组织宣传队，深入苗族山寨和农民赶集的场镇，进行抗日卫国的宣传，教唱抗战救亡的革命歌曲，群众中本来就蕴藏着巨大的爱国热忱，宣传队伍经过后，唤醒了许多汉苗族青年的觉悟，他们纷纷投身到抗战行列。苗土族青年中有数十人投考了设在綦江的"战干团"。这些人结业后大都为抗战大业做出过贡献。

1938年5月4日，我们到达了"陪都"——重庆市。各总队分驻在海棠溪和龙门浩。这次长途行军，至此行程约两千里了。

重庆的黄埔同学为我们开了欢迎会，会场设在海棠溪，横幅大标写着"黄埔母校抗日西迁欢迎会"。会场气氛热烈，到会同学很多，洋溢着无比亲切的感情，给远道而来的师生以很大的鼓舞。

1938年5月11日，我们又西行到达铜梁县。校本部、十三期学生总队和十四期学生的炮兵、通信兵、辎重兵、骑兵各队驻铜梁县城内；十四期一总队驻县属安居镇；十四期二总队学生的两个步兵大队和工兵大队驻铜梁县的虎峰场；十五期入伍生团则驻在璧山县。各总队和各兵种按既定的教育计划分散实施。为适应前方作战的需要，十三期学生即在铜梁举行毕业式，迅即分发去前线各部队服务。

九、胜利迁到成都

中央军校在铜梁培训各期学生约半年之久,于1938年11月中旬,再次奉命西迁成都。官兵、师生分期分批行军,经过潼南、遂宁、乐至、简阳,先后到达成都。

到成都后,校部驻前成都第三分校原址——北较场。第十四期一、二总队步兵大队驻北较场的东、西两院;第十五期学生总队驻西较场;特科兵各种队驻青羊宫二仙庵;第十六期学生总队驻草堂寺,练习团一部驻于将军衙门;其他各部分驻于南较场、皇城、新都宝光寺附近和双流飞机场。各部驻定后,遂开始紧张的战时教育和训练。

中央军校,自1937年8月16日离开南京,经九江、武汉、长沙,过湘西,至重庆、到铜梁,最后抵成都,费时约一年又四个月,五易驻地,历经七省,行程七千余里。由于当时交通困难,又在日寇不断空袭之下,师生备尝艰苦,而途中又要执行一面行军,一面训练的方针。虽短暂休整,也不断进行操场、野外和课堂上的军事学科的教育。这一别开生面的特殊培训方式,效果良好。途中毕业三期学生,对于作战干部的补充,做出了一定的贡献。

军校从迁至成都到了1945年8月日寇投降,经历了军校很多重大的事项,深深留在我们记忆里的,还有以下一些片段:

(1) 抽调教育干部集体编练新军,在出国远征缅印援英抗日战斗中做出了重大贡献。

军校迁到成都后,教育长陈继承奉调兼任军政部第一补训总处处长,在他的主持下,开始组建国民党军新的战斗部队。1944年反攻缅北、滇西的野战军——新三十师和新三十三师,就是陈任补训总处处长时,集体使用中央军校的各级教育干部所建成的。这两支部队的前身,即是1939年夏在四川成立的第十四补充兵训练处(驻内江)和第二十五补充兵训练处(驻简阳),这两个补训处又是由陈在军校任教育长并兼任第一补训总处处长(驻内江)时直接督训的。当时陈从军校抽调第十四期学生总队长张世希、教育处副处长胡素分别担任这两个补训处的处长;抽调大队长易征瑞、夏日长、钱鹤皋、赵璋、刘啸凡、欧阳钧、郭先民、王青云等任补训处的团长;抽调中队长王圣宁、杨德扬、林伟晨、周行儒、史振铨、王义昭、吕侃等,任补训处的营长;抽调区队长、助教等,充任补训处的连排长。这两个补训处的士兵,从成立开始,即按野战军的要求严格训练,并未拨交其他部队。1940年按诸兵种编制装备成师,因而成为两支精干的作战部队。

1943年,第二十五补训处改编为新编第三十师,空运印度接受美械装备和训练。次年5月,空运缅北参加密支那的攻坚战,同年8月收复战略要地密支那,11月参加反攻八莫、南坎等重要战役,直到打通中印公路,歼敌第十八师团,取得了辉煌战果。

1940年,第十四补训处改编为新编第三十三师,参加了昆仑关战役。1943年夏,编为陆军第二军(军长王凌云)战列部队,归中国远征军第十一集团军总司令宋希濂指挥,参加了强渡怒江,反攻滇西芒市、龙陵、畹町诸剧烈战役,冒重大牺牲,取得赫赫的战果。该军于1945年1月在芒友与中国驻印军胜利会师后,光荣回国。

(2) 在成都空袭之后,参加扑灭火灾,抢救人民生命财产。

抗战军兴，日机不断窜犯成都滥肆轰炸，先后共有十余次之多。其中有两次给成都市人民造成极为残酷的灾难。

第一次敌机大炸盐市口一带，是1939年5月27日，那时军校师生西迁到蓉不久。当天早餐后，预备警报拉响，驻于西较场、皇城、青羊宫、草堂寺等处的军校师生立即离开营房，疏散至郊外隐蔽；驻在北较场校部的第十四期六总队和二总队的师生，迅即北出存正门，疏散在四面观音至肖家碾之间。午后三时许，日机窜来市区，共为27架，在北较场、西较场、盐市口、西顺城街等处，投下无数炸弹，杀害和平人民。更令人发指的是在盐市口一带，滥掷许多烧夷弹。此地是繁盛商业区，房屋都是木质结构，着火易燃，风助火势，蔓延到交通路、东大街、东御街、西顺城街等四地街口，灾区不断扩大。

空袭警报解除后，已是傍晚六点钟。人人饥肠辘辘，又渴又饿。疏散城外的军校各队师生整队回到营房，正要开饭时，忽然传来校部命令："全校师生立即投入抢救人民生命财产和扑灭火灾的斗争。"师生们闻令后并未顾及自己的伤痍（当时校部和高教班多处被炸），迅即奔赴受害最惨的盐市口一带，奋勇配合本市消防队、救护队和拆房队，拆去风向所趋的接连民房，留出缓冲地段，慢慢才将日寇强加的一片火海扑灭，遏制了灾害。估计房屋被烧毁的有数百间，财产损失在一千万元以上，无家可归的同胞不计其数。

当时，川康绥靖主任邓锡侯将军，时兼军校校务委员，也亲临受害最惨的现场——盐市口、交通路、西顺城街等处指挥抢救。当看到军校师生奋不顾身，不遗余力地救火情景时，深为感动。他情不自禁地高声向同学们说："我是你们的校务委员邓锡侯。你们舍己为人，奋勇济难的精神，做得太好啦！太好啦！"邓主任的亲切慰勉，更加鼓舞和教育了同学们树立爱国家、爱人民的崇高思想。

另一次敌机大炸成都，是1941年7月27日，共来了108架，首先轰炸军校青羊宫、西较场、南较场几处校址，继炸少城公园和猛追湾。少城公园面积宽广，绿荫覆蔽，军民人等都视为其安全地点，警报拉响后，许多人都到园内躲避。因此在寇机滥炸后，伤亡极重，尸骸遍地，血肉横飞，惨不忍睹！军校驻守将军衙门的练习团第一营执勤带队队长许玉伯（黄埔军校第十期毕业），因在公园内维持治安，严防奸细，不幸壮烈殉职。当时他的身体被从腰部炸断，截成两节，血肉肠肚流洒遍地。猛追湾原系荒凉的乱葬岗子，地处附郭东郊，市民认为是防空疏散的好地方，不幸也被寇机乱炸，死伤更为惨重。这次巨大灾难，军校师生仍未顾及本身营房被炸的沉重损失，同样先派出师生奔赴现场救护人民群众，博得各界人士的好评。

（3）生活在群众之中。

随同军校迁到成都，又带来了经过较为严格训练的消防队，配有机动较大的消防车与摩托水龙。当时，校部曾授命消防队和成都市消防大队取得联络，若有火警，要立刻出动，密切配合该队积极救火，抢救人民生命财产，获得市民好的评价。例如，1939年春末，肖家碾（现火车北站附近）附近数十家农舍发生一次火灾，军校救火车很快赶到，使所有大小瓦房草屋免遭全部焚毁。又如，1942年夏秋之交慕家坡那次火灾，因天气炎热，火刚成势。附近的金华街居民，除去救火的外，有些年老居民都到街上观望,很多人都焦急地喃喃自语道:"北较场的救火车怎么还不来呢!"不到三分钟,军校救火车首先飞驰而来。拆卸抢救组立即奔赴现场,水龙操作组八方寻找水源。街窄巷深,距离府河长达两百米。救火战士们迅速将导水管联结,吸头直插河心,顷刻即将大火扑灭。

当时,每年成都发生火灾总有二三十起,军校消防队每次必到参加救火,扑灭后,都毫无怨言地返校。

成都市附郭西北角有两条河,一条为护城河(又称后河),一条叫油篓河即府河。后者是漂运木筏和船运菜油的航道,但年久失修,河道堵塞。军校迁蓉后,自1939年起,年年动员学员生和练习营战士疏淘府河,使其畅通无阻。后来又在存正门外修成一处天然游泳池,以供本校学员生和市内青少年练习游泳。

1940年3月,军校自动参加修筑市区街道和成大公路。城区洛阳路、白下路由驻北较场的学员生和练习营义务修筑;城外通惠门至送仙桥段,校部派第十七期学生一总队义务修筑,不久均提前完成,经验收质量全优,市长余中英表示非常满意,当即奖赠肥猪一只,给学生加餐,以示慰劳。

(4)抗宣工作。

军校自南京西迁的途中,每到一个大小城市,都搞了一些宣传工作,如出抗战专刊,贴宣传标语,或表演曲艺、说唱和演出小型话剧等。但都由于长途行军,停留时间短暂,没有充分的学习、排练时间,做得较少,规模也小。自从在铜梁看了"上海影人"组织的抗战救亡剧团演出后,我们的抗宣工作也有了改进。

军校抵成都后,陈继承奉命专任补训总处处长,军校教育长由万耀煌继任,政训处处长为王锡钧(黄埔军校一期)。这时,上海"影人剧团"来到成都,由该团肖宗英向智育电影院租赁场址,接着被迫改为成都剧社后,遂在此演出多次,座无虚席,获得蓉城观众好评。军校政训处得到启示,迅速恢复成立"血花剧社",这本是第一次国共合作时期黄埔军校的政宣组织,在第一次大革命高潮中起了很大的鼓舞作用。再次恢复的"血花剧社",主要演员有陶金、章曼萍、高步霄等人,除在校内向学员生演出外,也到东胜街沙利文宾馆(现市政协地址)公演,效果亦好。此外,该社在"双十节"时,曾在北较场校内大草坪搭台演出,不收门票,欢迎各界人士、男女老幼进校观看。记得1943年"双十节"那天午后,北较场开放,观看的群众络绎不绝,热闹空前,做到了"与民同乐"。

(5)美国副总统华莱士参观战斗演习。

1943年10月,盟军为了打击侵入印缅的日军,美国罗斯福总统委托副总统华莱士以特使的身份来到陪都——重庆,随之前来的有罗斯福次子詹姆士·罗斯福,其目的在于磋商中美两国协同一致,支援印缅作战。他们在渝与国民政府达成协议,由我国出兵三十万;美国政府援助武器装备。事后,华莱士由四川省政府主席张群陪同来蓉参观,下榻于商业街励志社。

当时,军校在中将教育长万耀煌领导下,励精求实,育教训练,卓有成效。经校务委员会研究,决定邀请国宾华莱士来校参观学员战斗演习。演习的当天,午后天阴,约十四时,华莱士副总统和詹姆士等,由张群、万耀煌等陪同,登上校长官邸后的城墙。

这段城墙，早已经过修理，平坦如砥，便于参观瞭望。奉命演习的是第十八期一总队步兵第三队，队长陈希贤。课目是强行渡河的连对抗演习。演习双方早已出存正门，北军过文白桥到府河北岸预定的待命地点——大悲寺附近，携带各样渡河工具；南军则在府河南岸挖好掩体，利用制高点架起机枪，做好阵地防御战的准备。

俟客人和参观人员到齐，校值星官命号兵吹"开始号音"，一场具有敌情观念的演习立即开始。北军在机枪掩护下，第一线的战士充分伪装，利用地形，翻爬跃滚，接近河沿。这时，南军亦不示弱，奋起抗御，步枪交叉的密集射击，企图阻止敌人渡河。北军于河岸施放烟幕，在浓密烟雾掩护下，迅速将渡河工具橡皮艇、木板、竹筏放入河内，战士立即跳上，并匍匐在上面，使用木板向南岸急划。同时，北军的机枪手向前变换阵地，立刻用更猛烈的火力掩护渡河。第一波强渡成功，到达南岸时，迅即占领桥头堡阵地。紧接着，北军伪装的一排战士像鹰隼一般疾纵河内，迅猛地向南岸泅渡，企图支援登岸的挺进部队。北军渡河成功，并闪电般地扩大战果。南军立即后撤到第二道防线。这时，演习结束，停止的号音响了。

当演习到达紧张、激烈的情境时，华莱士惊得呆呆的，完全被吸引着了。停止后，他赞不绝口地说道："贵国预备军官的演习完全成功，表现了勇猛顽强的战斗精神。"教育长万耀煌谦逊地说："我们还未胜利，尚须向贵国学习现代军事知识。"

这次演习，给美国副总统留下了深刻的印象，为他回国后向罗斯福总统提出建议，为我国建立美械军提供装备和物质上的保证起到一定的促进作用。

(6) 适应抗战急需，兼训军事技术干部。

原中央军校除以培训各期学生，造就合格的初级军官为主外，还适应抗战需求，培训和提高各类军事技术干部。

军官高等教育班——创办已久，在南京已毕业五期。到成都后，于1946年前共办到第十期。该班在北较场内东侧，学员是由各部队保送来校受训的校级军官，也有部分将级军官。受训期为一年，施以高等军学教育，深造后仍回原部队服务。历届班主任有：刘仲荻、易龙、孙元良、徐幼常等。

校尉官研究班——隶属军官教育队，队长王禄丰（黄埔军校第一期），班主任李铁铮。该班在北较场内东南隅，轮流训练在职人员，目的在于提高其学术科知识。1943年冬，第十八期毕业后的留校学生百余名，曾由该班组训接受美式热带作战训练。教官3名，都是由新一军派到学校的。训练期满后都分到新军服务。

战术研究班——隶属军官教育队，班址在北较场队部内。军校西迁来蓉，由于战术教官缺乏，校部便遴选第八期至十五期毕业生到该班以学习战术为主。一年结业后，分到本校各学生总队任战术教官，以期达到就校取材的目的。

外校入伍生团——专为各军事学校（包括航校、军需、军医、测量各校）代训半年至一年的入伍生，期满回原校再受专业训练。代训时间1939年和1940年，地点在新都宝光寺附近营房。

体操劈刺训练班——该班培训有一定基础的人员，施以单双杠、木马、劈刺、拳术等技术训练，以补充技术助教而设。

射击训练班——1940年至1942年中，奉军训部令，接受前方作战部队的排连长等，施以各种轻重机枪、高射炮、步兵炮的训练，以增进射击技术和战场指挥的需要。

战时干部训练总队——有军官大队和军士大队。这是1938年在武汉招收的学员，在湖北枝江训练九个月后，分发到各补充兵训练处做干部和军士。

补训总队——1943年至1944年间，在北较场西侧营房，为各部队下级军官给以深造，并为短期毕业学生回校补训，结业后回原部队服务。

军政部教导第二团——1943年至1945年，收训志愿从军的知识青年（另有专述于后）。

诸兵种联合训练班——为了提高军事干部在诸兵种联合作战中，对步骑炮工通信兵战车协同战斗的指挥能力，班址设于北较场内。

军需训练班——补充军需人员的专业训练。

军官大队——1945年内，开办军官补习教育，地点在皇城内营房，其性质为储备教育干部。

（7）为中国抗日驻印军补充特种兵——组建教导团。

1943年冬，为了尽快消灭敌人，打通中印公路，盟国决定帮助我国建立和装备三十个现代化的陆军师和部分空军，选定印度的兰姆伽为训练中心，由国民党政府在国内发动征集了近两万名知识青年志愿从军，赴印度接受美军援华的特种兵训练。在这些志愿从军的知识青年未出国时，军政部于是年12月就在江北县鸳鸯桥成立了教导第一团；1944年元旦，又在成都成立教导第二团，专门收训志愿从军知识青年。教导二团在团部未成立之时，由四川省军管区司令部主办其事，并开始接待工作。初以接收三台、绵阳等县来蓉从军学生，团部成立后，由军管区参谋长徐思平兼任团长，副团长以下带队干部商同中央陆军军官学校选派。其不足之干部名额，则由军管区遴派，另征用民间医生按规定标准办理体格检验。嗣以徐思平的本职繁重，无暇兼顾，该团交由中央军校主办，团长一职初由唐雨岩少将兼任，嗣遴选王化兴少将专任。并由航空委员会驻团招考空军飞行员的负责人王泗芳兼任团附。团部设于成都西较场中央军校营房内。该团收训绵广、潼蓬、成茂、乐安、剑平、邛大等六个师管区及西康省的从军学生。共收训两期：第一期于2月1日举行入营典礼，七日受训期满举行出营典礼；第二期于7月1日举行入营典礼，11日受训期满举行出营典礼。先后均由军校教育长万耀煌亲自主持典礼并致训词。受训期满的学兵自七月份以后，陆续开赴新津机场候机飞赴印度，受美军训练后，拨补中国驻印军。在候机起飞之前，须再经机场美军医师进行体检，其不合格者，则不出国，改拨国内各特种兵部队。

两期先后共收训学生2783名，除去开除逃跑和病假人数239名外，共计拨补部队2544名。其中拨补中国驻印军2117名、空军部队119名、国内特种兵各部队318名。

到印度受训的学兵，统称为驻印军战士。经特种训练以后，都分配到我国驻印缅的各野战军。他们反攻日本侵略军在缅甸作战时，取得了很大的战果。

本文选编自《成都文史资料选辑》总第十二辑，1985年

抗战时十万青年从军运动

万金裕

十万知识青年志愿从军运动，发生在我国抗日战争后期的1943年冬。1943年11月5日，何应钦向各省军、师管区发出了一道重要电令，即著名的《戌微役募》电。主要内容：转蒋介石征集十万青年的手令；各县配额为300名可抵本年壮丁额；《征集办法》另案颁发。

一、四川知识青年从军运动的兴起

四川省军管区接到国民党军政部《戌微役募》电，由于时间紧、质量高、数量大（各县平均300名），为了完成任务，军区参谋长徐思平利用赴川北督征之便，先于11月11日到达绵阳，12日召集该县士绅、机关、法团及中学以上学生，进行宣传，激以大义，当晚即有绵阳中学学生邱永森等十五人向徐申请志愿服役。14日徐思平到达三台，与潼蓬师管区副司令李华骏商定向东北大学学生做一次动员从军报告，作为试探。

李华骏先邀请"东大"军事教官到师区司令部与徐见面，并告以意图。该教官回校商之"东大"学生会主席。但各系学生反映，对此多不同意，理由是："东大"是国立大学，四川军管区参谋长是地方军官，他来做报告，不能接受。复经李华骏介绍：徐思平很有学问，早年留学日本，研究教育，到过欧洲各国；回国办教育多年，当过师范学校校长，在我们东大讲师、教授中，不少是他的学生；他此次来潼，请他来做一次学术演讲，如果讲得好，可请他再做一次专题讲座。经学生会充分讨论，决定请徐思平次日来校，拟定的讲题是请他讲"人生观"。徐同意这个题目，但须稍做准备，要求在晚间讲，上午纪念周上，希望由本人自拟题目。学生会方面亦即表示同意。

次晨，徐思平出席东北大学的"总理纪念周"，即于会上演讲，题为"学生于民族存亡应有之认识与责任"。

原文长数万言，其中最感人的一段是：贵校是张汉卿（张学良）先生创办，自东北沦陷，贵校迁北平，再迁西安，最后迁四川三台。三台同胞，殷勤相待，诸君得在抗战烽火之中，弦诵不辍。未感"黄鸟"之痛……贵校当前的时代任务，应当是：在战时，必须支持抗战，收复东北。战后必须建设东北。否则，东北大学将失其存在之意义……

这篇演讲词，内容精辟，激起了青年自愿从军的热潮，全文除在东北大学校刊载出外，当年军政部曾将其印发各军、师管区、各县、市，列为各级兵役干部和各校学生必读文件。

当晚七时半，徐思平再到该校讲"人生观"。此一专题，经徐征得学生们的同意，加上了两字,改为"我的人生观"。除"东大"学生外,另还有国立十八中学、省立潼川中学、三台县立中学和三台各机关社团的人士共两千八百余人听讲。当晚虽降滂沱大雨,听者却一直坚持到晚十点以后不散,足见其词颇能动人。讲演完毕,当场志愿报名从军者,达304人。同时还有国立十八中学女生林霖等三十余人亦当场志愿申请从军,但碍于《兵役法》的规定,被徐思平婉辞推谢。这些女生们不禁当众痛哭,并提出质问:"爱国不分男女,女子何以不能参加抗战共同杀敌?"林霖等请缨从军呈文中有云:"生等虽为女子,语云:国家兴亡,匹夫有责。今亲聆徐参谋长传达选派远征军赴印训练,准备反攻,奈规章有限……泉涌之热泪,实有不能自已者。伏乞额外通融,务恳生等得展鸿鹄之志,愿效花木兰、梁红玉从军杀敌……以赤血白骨换取我中华自由之花。"(关于女子从军,后来国民党中央决定组织志愿服役队,协助远征军,在作战期间随军服务。还制订出《知识女青年服务办法》,暂定名额为2000名,指定成都、重庆等五处为征集区域。于1945年2月集中。服务范围为战地救护、政工、通讯、经理及文书等项。其待遇与远征军士兵同。迄1945年1月,四川知识女青年从军,报名登记人数共1414人,体检合格人数104人,召集入营75人。)

自四川三台东北大学学生踊跃报名从军以来,各地风起云涌,送子从军之事也接踵而至。东北大学教授萧一山首先响应,亲送其子服役。四川省第十三区行政督察专员钟体道和绵阳县叶荫海之母卞张皆相继送子从军。当时学生从军经过体格初步检查及格有案可查者,仅三台一地的大中学生即有213名,绵广师区亦有196名。徐思平11月25日返成都。随即再赴成茂师管区所属各县、市,一鼓作气,广为宣传。嗣复到成都市各高等院校演讲,并于11月29日在成都市七个电影院召集成都市附近三十余所中学学生,向他们进行动员。结果,成都市区有四川大学、光华大学、华西大学各近百名的学生报名从军。截至当年12月8日,统计机关、学校、团体的知识分子自动报名从军的,计有中学生及公教职员5095名,女生795名,大学生267名。经初检合格者2229名。女生因碍于法令,未予检验。

二、从军青年的组训概况

国民党中央政府鉴于各地报名从军学生日多一日,必须适时开始组训,以便遣送出国,乃于1943年12月制订颁发《教导团编训办法》,规定从军学生一律由各地教导团(营)编训,受训期间,一律按国军上等兵待遇,并参照中央训练团及中央军校形式设置营舍。按照新兵教育实施方案训练三个月,然后赴印度继续受美军的新式训练。

当时先在四川开始成立教导第一、二、三团,以后在其他省区又先后成立教导团五个团(共八个团)及教导营三营。其中除教一团、教二团先成立团部外,其余各团均依实际需要只成立连、营,编足二营始成立团部。同时并规定以1944年7月底以前入营者为第一期,8月1日以后入营者为第二期。以后每年2月、8月1日至15日为正规入营期间,使学生从军成为定制。

8个教导团、3个教导营中,只有3个教导团在四川,现把在四川的三个团的编组情况概述一下。

教导第一团:系1943年12月24日成立,由国民党军政部第二补充兵训练处处长吴琅（黄埔军校第四期毕业）兼任团长，魏介华任团附，其余各级干部均遴选中央军校出身的军官充任。该团于12月26日即开始接收川东、川南各师管区及湖北、河南、安徽等省的远道来渝学生。并在重庆江北公园设立招待所，每待接收学生编足一连，即开赴鸳鸯桥该团营地。合计接收各地学生947名，编成第一营。其第二、三、四营后亦陆续编成。该团还设置独立第一连专收专科及大学学生，设置独立第二连专收女生。后又成立第五营。1944年3月21日，全团举行入营宣誓，随即将先入营的学兵编足三个营。即日乘船开赴四川泸县转昆明飞往印度。其余待拨学兵整编四营，连同独立第二、第一两连，改归教导第三团（驻北碚）节制，其第五营撤销。同年9月27日，该团迁至荣昌檬梓桥新址。11月继续接收泸永、隆富、永荣三个师区送到的从军学生471名。至12月底，该团奉令正式结束。综计一年来编训学生3144名，内男生3072名，女生71名。

教导第二团：1944年元旦成立，设成都。初以接收三台、绵阳等县来成都从军的学生，由省军区参谋长徐思平兼任团长。在团部未组成之前，由四川省军管区司令部主办并接待。副团长以下干部商同中央陆军军官学校遴选，其不足之额由四川军管区遴派。另征用民医办理体格检验。嗣以徐思平无暇兼顾，该团交由中央军校主办。团长一职，初改由唐雨岩兼任，继遴选王化兴专任。团部设于成都西较场中央军校营房内。该团第一期收训学生688名。共编为3个营10个连。于2月1日举行入营宣誓典礼，9月5日训练期满。志愿出国学兵，于7月份先后分批开赴新津机场乘机飞印。7月以后陆续收训学生1063名，仍编为三个营，至9月份先后分批仍赴新津机场飞印度，切至11月共飞印1351名。12月代青年军接收320名。综计该团先后编训学兵2783名。

教导第三团：系1944年4月1日在重庆北碚成立。该团由军政部第四十五补充兵训练处主办，并由该处处长曾鲁兼任团长，刘锡珍为副团长。编训各地陆续来渝学生，前后编足4个营。迨至教导一团迁往泸县，该团乃由北碚迁驻重庆鸳鸯桥营地。至6月25日即有学生841名分发出国，余249名分发国内，至10月31日复陆续收训学生1063名，于11月12日由该团团长曾鲁亲自率领学兵932名在重庆市盛大欢送声中，乘车赴蓉飞印。同时重庆市知识青年志愿从军招待所有志愿出国学兵800名，国立中央大学、重庆大学有志愿出国学生300余名，中央工校、中央政校亦有学生多人请求服役，均由该团编训。切至1945年1月结束，先后共编训学兵5423名。

关于教导团的设施及训练情况，难于一一尽举，兹仅就在教三团的见闻略为介绍。自重庆市朝天门乘轮渡至溉澜溪，策马沿东北大道行25里，上汉渝公路前进数百步，即达鸳鸯桥。此地为数千户居民的一个乡镇，其两端约1千米，且教导第三团所在地营房为金黄色，操场广阔，碎石路纵横密布，四周山顶高竖木制标语。由公路左侧上黄埔路，约百步即抵达营门，上有"忠党爱国"四个大字。右悬"军政部教导第三团"门标。两侧岗棚分立，警卫森严，入门循远征路西行二里许，终点北端紧接团部。正门横额为"明耻教战"四字。

团本部与三个营，分由民族、民权、民生路相连接。各营之中山室、模型陈列场、沙盘、医务室、交谊室、图表研究室及营部，均连于兵舍。中隔小型花圃。此外，设有团医务所、械弹粮服仓库、劈刺教练场、小型射击场、基本射击场、手榴弹投掷场、战斗教练演习场、兵器教育示范场、筑城示范场、通信示范场。所有近战、步炮协同、山地、河川、村落、森林、据点、遭遇、攻防、追退等各种战斗教练，均由讲解、图说、沙盘演习、野外实施等步骤，进行教育，每次均提出讲评、比较，使每个学兵对于各种战斗演习都能充分认识军队的教育目的。

三、知识青年从军运动的结束

蒋介石以四川军管区参谋长徐思平在三台发动学生从军，为全川、全国起了倡导示范作用，乃调任其为军政部兵役署署长。徐思平认为知识青年从军运动虽起了良好影响，博得社会和盟邦的信赖，但距离十万名额的要求相去尚远，尚有继续深入发动一次知识青年志愿从军运动的必要，曾于1944年10月1日至14日召集有关部会及各省（市）党政工作负责人暨教育界负有众望的人士150余人举行"发动知识青年从军会议"，先后召开大会三次，分组讨论两次。对知识青年从军征集办法、编练办法、干部选拔、各级从军指导机构等均有所研讨。10月14日宣告成立"全国知识青年志愿从军指导委员会"，并由该会拟订、议决《征集办法》及《编练计划纲要》与《各省市县学校知识青年志愿从军征集委员会组织法》《知识女青年服务办法》《逾龄志愿从军办法》《知识青年从军优待办法》《工人店员志愿从军优待办法》，呈准国民政府颁布施行。此外教育部亦订定并呈准颁布《从军学生学业优待办法》。

从征集开始（1943年11月中旬）至结束，总计征集全国各地学生及公教人员志愿从军人数为：50865名（四川为22022名，重庆市为6772名）；体检合格人数为：30953名（四川为14966名，重庆为5610名）；召集入营人数为：19048名（四川为7160名，重庆市为3903名）。全国志愿服役学生及公教人员拨补人数为16095名。

就数字看，报名登记（包括男、女知识青年）的总人数只有50865名，未能达到十万名。中间经过体检淘汰后，实际召集入营（编入教导团营受训）的只有30953名，经过一年多，除开除逃走不计外，最后拨补到各部队的实数仅16095名。1945年初，知识青年飞印度受训的工作结束。

本文选编自四川省政协文史资料和学习委员会《四川文史资料选辑》第四十七辑

抗日战争时期绵阳的远征军

段 雯*

　　1943年底，中国驻印军开始向缅北反攻，接续1942年第一次中印缅作战，史称第二次中印缅作战。中国驻印军总指挥 J. W. 史迪威（美国人，中国战区参谋长）、副总指挥罗卓英，率中国驻印军1个军2个师配属英军温盖特部队（又名钦迪旅）、第三十六师各一部和美军第五三〇七部队（又名哈拉哈德部队）、第十航空队一部，由印度利多向缅北进攻。中国远征军司令长官陈诚、副司令长官黄琪翔，率两个集团军（五个军十三个师）另一个军（三个师）配属美军第十四航空队一部由怒江向滇西进攻。侵占缅甸和滇西的日军缅甸方面军司令官河边正三，企图在第五飞行师协同下，以第十八、第五十六师防守缅北、滇西，另以三个师攻占印度英帕尔，控制阿萨姆邦，切断同盟军向缅北进攻的交通线，以打破其反攻。

　　四川等省则成为远征军兵力补给地。在这支出征大军中，有一支抗日青年远征军，全部由三台的知识青年学生组成，归属军政部潼蓬师管区管辖。1943年11月15日，四川省军管区参谋长徐思平来到三台视察役政，潼蓬师管区代司令李华骏邀请东北大学军事教官与徐思平见面。军事教官将东大师生争取参军，奔赴抗日战场的热烈情绪做了汇报。徐思平非常欣喜，当即与东北大学校长取得联系，于14日晚在东北大学礼堂向广大师生发表抗日演讲，他从斯大林格勒保卫战胜利讲到意大利政府宣布无条件投降；从三次长沙会战、衡阳保卫战歼灭日寇七万人讲到为国捐躯的十万川军将士，阐述反法西斯抗日远征军的意义，全体师生感动不已，抗日激情高涨，当场就有25名男生和4名女生请缨杀敌，报名从军。国立十八中、省立三台高中、县初中及各界人士约3000人前来听讲。县政府积极配合，县级各机关法团大力支持，广为宣传，扩大影响。征募抗日青年远征军的消息传到农村各校后，远离县城的县高二中、象山农业职业学校、千子乡立中学的学生，亦于21日陆续进城报名参军。因不收女生，国立十八中辽宁籍女生林霖等三十人哭诉致书："……期为忠勇之英雄，以赤血白骨换取我中华自由之花。"徐思平与潼蓬师管区司令李华骏等阅信后慨叹："祖国山河兴亡泪，中国不亡，赖有此耳！"此次征募抗日青年远征军，报名学生613人，经体检合格的大、中学校的师生共212名。同时还录取了志愿壮丁87名。县长吴业祥接到成立远征军新兵大队的命令后，即令军事科星夜开展工作，拟订计划。设大队部于国民兵团团部，下设三个中队。师管区服官刘光旭为大队长，东北大学从军助教赵惠中分别为一、二、三中队队长。23日，

---

* 作者为绵阳市党史办公室工作人员。

吴业祥、李华骏与县党部、县参议会联合发起"三台县各界欢送中学生参加远征军大会",下设文书、事务、游艺、宣慰、募捐五个组,开展筹备工作。

12月7日,县政府在县城中山公园召开欢送远征军大会。同时宣布全县各界放假一天,以示庆贺。吴业祥赠送"扫平倭寇三岛",东北大学赠送"扬威万里"和大会赠送的锦旗各一面。县政府发给每名从军人员家属安家费2000元,共60万元。12月8日下午,三台知识青年远征新兵大队西出县城麻石桥,踏上征程。县长吴业祥将麻石桥更名为远征桥,令兴工建碑,以示纪念。

在三台青年学生踊跃从军的影响下,四川大学、成都大学以及广汉、德阳等大中学生纷纷投笔从戎。东大师生请缨杀敌,共赴国难,对全川以至全国相继而起的知识青年从军运动,起到了振臂一呼的作用,三台县也成为知识青年从军运动的发祥地。是年11月25日潼蓬师管区亦代电通告社会人士。1944年7月,三台青年远征军从新津飞往印度兰姆伽基地集训,被打造成美械装备的铁军。驻印军和远征军经一年多的英勇奋战,伤亡6.7万余人,毙日军4.8万余人,完成开辟中印公路的作战任务,使大批物资输入国内,为抗日战争取得胜利做出了贡献。

1944年11月,江油、彰明两县先后成立知识青年从军征集委员会,两县县长分别兼主任委员。江油县征集120名,均集中入伍,参加赴印缅抗日青年远征军。12月6日,彰明县6000余人在城隍庙召开动员大会,动员民众参加青年远征军,21日,集会欢送21名新征赴印缅抗日士兵。

档案资料中,还显示盐亭县也向驻印部队输送了100多名青年将士,根据盐亭县文史资料记载为158名,分别为1943年全县各中学生及社会青年参加远征军赴印作战的48人,1944年参加青年军的110人,他们在印度战场上为打击日本侵略军做出了巨大的贡献。

本文写于2014年

投笔从戎　参加学生远征军

姚　辉[*]

抗战爆发之后，政府倡导"好男要当兵，好铁要打钉"。我是自小就立志要从军。另一方面是受到当时学校爱国教育的鼓舞，使我更坚定了从军的意志。

一、响应东北大学学生发起的知识青年从军运动

1943年11月，日军蠢犯常德，展开常德会战，守军某师长壮烈成仁，震惊中外，当时四川军营区司令部参谋长徐思平将军，去三台的东北大学参加国父纪念周，作时事演讲，讲到当时的抗战形势艰苦，前方亟须兵源补充，而后方则是受"好男不当兵，好铁不打钉"传统观念的影响。

东北大学学生绝大多数都是九一八事变后，从东北逃出的流亡学生，对日本鬼子深恶痛绝。受到徐思平将军这番慷慨激昂的发言所激发，当时就有学生举手高呼，他们愿意以身殉道，参加远征军，报效国家。学生们为了表示决心，当时就纷纷签名公示。第二天经报纸披露，于是成都五个大学和各中学，以及重庆的所有各大中学学生纷纷起而响应，形成一股从军热潮。

我当时读仁寿中学高中部第五班，偷偷地告诉了堂兄姚骧和班上一位同学李志光，未经请假，也未告诉父母，就星夜赶去成都军营区司令部报名。由于当时各县市志愿参加从军同学，都是以县市为单位造册，由县市政府派员送交军营区司令部。而仁寿县是我和陈智二人自己来，军管区司令部就把我们附在成都县学生名册之内。

报名获准之后，我们回到仁寿，这时学校已经知道我去参加远征军了。当晚父亲为我加了一个菜表示饯行。翌日去到学校告别，校长李应江立即集合全校学生和教职员，当场赞扬我参加远征军的壮举，并赠送由全校同学捐出的三千元法币，以及一些信封、信笺，用一个手提旅行袋装着赠送给我。接着队伍由东较场出发，先头由一位同学举着一幅大书"欢送高五班同学姚辉远征印度"的布幕做前导，布幕后面是我，接着是鼓号乐队，再后面是全校学生队伍和教职员，一路敲锣打鼓地把我送到北门桥头。抵达北门桥头，由校长出来向我说"送君千里，终须一别"，要我保重。再由童子军老师出来，领导大家向我欢呼。最后由我向大家简短地讲了几句感激的话，就挥手向大家告别，向前追赶上等我的陈智同学，奔向成都。

---

[*] 本文作者姚辉，抗战胜利后随新一军回国，后又随孙立人到台湾，后考入台湾成人师范学校毕业，从事教育工作直至退休，定居台北。

二、暂托成都县远征军大队部

我跟陈智在君平旅舍住了好多天了，仍未接到入营通知。我们心急，乃向成都县政府军事科催问，军事科复函告以"可来本科派往远征部大队部协助工作，至于入营时间，俟奉上令后再行通知"。于是我就去军事科，转成都外西远征军大队部。

远征军大队部是该县征集一般远征军壮丁的暂时营地，等到征集到相当人数时，即以汽车运送到昆明，再由美军军机运送去印度，分发给驻印军事各部队。

我在远征军大队部待了近一个月，到了1943年1月19日，远征军大队部这天送壮丁去昆明，在当时车辆、人声嘈杂。少城公园是学生远征军入营欢送之地，我独自赶到那里。适巧成都市政府在这里设有临时学生远征军报名处，我就干脆报名参加市政府的学生团队，跟着前往设在西较场的军政部教导第二团入营，至此才真的达成了我的从军愿望。

赴印留影

三、教二团的入伍训练和飞赴印度

教二团是专为成都地区从军学生而设（教一团设在重庆），预定受训三个月完成步兵基础训练，地点在成都西较场中央军校特科总队营房，团长由特科总队长唐雨岩少将兼任，后来由王化兴少将专任，训练非常严格。抗战期间物资缺乏，生活艰苦，日吃两餐，早餐上午九点半，午（晚）餐下午四点半，吃不饱，吃饭打冲锋，肚子整天都处在饥饿状态，连开水也没有喝的，有的不过是早晨有供应一点米汤。刚开始饥饿得好难受，久之，吃多吃少就感不到饥饿了。训练科目有基本教练、射击教练、战斗教练，战斗教练常去的地方是大坟包、青羊宫、草堂寺等。期间，常有各界前来慰劳、加菜、打牙祭，也常常去观赏慰劳电影或其他演出，队伍在街上行进，行人为之侧目，好奇地惊呼："远征军！远征军！"

三个月的训练结训之后，在等候美军运输机空运飞印度这一空档期间，都在参观军校安排的各种演习。一直到6月17日那天，先是去少城公园，参加各界联合举行的欢送大会，然后列队步行围绕市区一周。沿途人山人海，鞭炮齐鸣，欢呼之声震耳欲聋，其盛况据说超过当年的武昌起义成功时的庆祝场面。绕行完毕之后，卸下武器、钢盔，着轻便军服，上车直达新津机场，以排为单位，分乘美军运输机，飞越喜马拉雅山驼峰直抵印度汀江。

本文写于2014年11月

远赴印度受训

罗发利

1943年我在四川省立绵阳中学（现南山中学）读书，在抗日爱国思想的鼓舞下，在绵阳团管区征兵处自愿报名，参加了远征军，当时我们绵阳的中学生第一、二批参加远征军的共约三十名，这次是最后一批也约有三十名。

我父亲首先阻拦说："有书不去读，偏要去送死，打仗有的是大兵，何必缺你一个，不准去！去了我先打断腿，与其去送死，不如残缺在家，保全性命。"好友也规劝说："抗日的工作很多，读好书就是支持，年轻骨嫩，远离祖国，异国的生活，军队的艰苦训练，你能受得了吗？"女友也哭泣说："现在我们不是很幸福吗？将来一起上大学，一起工作多美满呀！何必自讨苦吃。"但这都阻止不了我抗日报效祖国的决心。学校为七名参军的同学开了盛大的欢送会，会上演出了抗日短剧，会后很多同学赠送纪念品，有的送手巾，有的送纪念册。

当天晚上，我趁天黑躲进了汽车车厢里。第二天在绵阳群众的鞭炮声，欢呼声中，我发现父亲正在一车一车地寻我，我就躲在靠背椅下，让同车的战友遮住，这样既躲过了父亲的"搜查"，也避免了好友的规劝。当时绵阳人民放鞭炮，高呼口号欢送我们这批学生远征军。我们来到了成都招兵站——教导第二团，就脱下了麻布学生服，换上了灰军装。天府之国的蓉城，更是热血沸腾，天天都有游行队伍上街欢送。《新新新闻》报刊载了学生投笔从戎的消息，还发表了从军学生的姓名。

我们在成都被欢送的那天，汽车路经三桥南街、红照壁，出南门，过武侯祠向新津飞机场驶去。红花在胸前随风飘舞着，沿街夹道的人们用钦佩的目光向我们致意。我们高唱着抗日救亡的歌曲和锦官城道别。

远征军车队到达旧县后，夜幕已经降临。我们奉命在茶铺、酒店里用铺板搭铺，盖着军毯和衣而眠。正欲入梦，那凄凉得如鬼哭狼嚎的警报声拉响了。大家都知道这是日寇飞机袭击的信号，我们习惯地跑向低洼处躲着，我们几个人躲在岷江河畔的堤埂下头枕石块，背朝沙土，面向苍天躺着。大家注视着黑沉沉的夜空，会有什么样的情景出现。果然空战发生了，那号称"黑寡妇"的美国飞机发出五颜六色的串珠似的机关炮弹，没有几个回合，敌机就向东逃窜了。

第二天一早，天还未大亮，就起床。大家在凉秋的晨雾中一个接一个在向新津机场走去，刚走拢就上飞机。银鹰在晨曦中飞翔着，肥沃的川西平原渐渐地在眼底下消失了。第一次坐飞机不适应，何况这又不是旅游客机而是军用运输机，轰鸣的机声震耳欲聋。小伙子们都叫吃不消，只有躺在机舱里，闭上眼睛等待到达目的地。到昆明机场

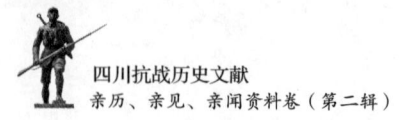

后，我们在机场又躺了十几分钟，才回过神来。飞机要在昆明加油，第二天才起飞，因为飞机要过喜马拉雅山，那比从成都到昆明艰难多了。

驾驶员是美国人。他通过翻译对我们说："快要翻喜马拉雅山啦，万一有什么事故发生，望大家要沉住气不要慌张。"小伙子们听他说，不但没有惧色反而兴奋起来了，有人调皮地说，我们在喜马拉雅山上去小解，留个纪念。然而毕竟高度越高，空气越稀，我们感到呼吸困难，气温太低，嫌棉衣太薄。我们依旧悄悄地躺在机舱里听天由命。

飞机在印度的汀江机场降落，早有黑皮肤印度兵驾驶的军车等候我们了。驱车至汀江老营房，首先叫我们到一个大火坑边，把合身的衣服脱光，一齐扔到坑里烧毁之。好多人都在叹息，那是亲人送给我的纪念品呀！然后一个个赤条条地到一间屋子里用消毒药水沐浴，洗澡完毕又依次经过一排房间。每到一处就领一样衣物用品，大家都抱了一大抱衣服到帐篷里穿戴，俨然都成了所谓美式装备的"洋兵"了。十几个人住一个帐篷，选出班长去领给养，有米、面、罐头，用行军锅自己烧饭，就这样过了一个星期后，又乘火车到了印缅交界的雷多，一下火车已是傍晚了，只见一排排的军用卡车摆在广场上，到处都在喊上车，我们都顾不得看看那是哪部分的车子，反正见着就爬，装满一车就开，一路不知有多少辆汽车在黑沉沉的密林中行驶着。只见车灯的光柱随着山路的蜿蜒起伏，时上时下，时隐时现，又不知过了多长时间到一个坐落在一片芭蕉林里的旧营地下车。那里有拿着能倒拐的美式电筒的军官指引我们到各间油布盖顶，竹片搭床的宿舍里过夜，一天的疲劳，瞌睡自然很香，一觉睡到大天亮，接着又是一天的坐车行军，这条路是新开的印缅公路，在原始森林中先用火焰喷射器把荆棘和灌木烧掉，再用推土机推平铺上碎石浇上柏油，边开路边行车，一路上尽嗅着火焰焚烧的焦味。据开车的老兵们讲，远山叫野人山，翻过野人山来到缅甸的密支那近邻，伊洛瓦底江畔的阔叶森林里，这就是新一军教导总队的驻地。至此我才知道我们都是从成都来的学生军，这一批被编为新一军，另一批到雷多的被编为新六军，还有一些到了汽六团，到了宪兵独立第三营等。我被编入新六军十四师教导队。

中国的远征军主力是新一军、新六军和战车营。远征军在印缅作战是非常勇敢的。当时有一种说法："三个喀那兵（印度兵）当个美国兵，三个美国兵当个中国兵，一个中国兵能打退三个日本兵。"新一军军长孙立人是清华大学的学生，留美后毕业于弗吉尼亚军校，据说他是史迪威将军的学生。由于他出国远征，战绩显著，如打孟关、密支那等地指挥得当，战士愈战愈勇，因此他在军中享有很高的威信。人们都说学生兵很难带，但这批投笔从戎，出国远征的学生热爱祖国，在艰苦的训练中，都能挺得住。我们一到营地，就在队长、分队长、班长的带领下自己动手砍伐木竹，建搭营房，用油布盖屋顶，用竹片做门、壁、搭床铺，除了饭堂、教室外还有放书报用的中山室。在军事体育方面各部队都有自建的篮球场、单杠、双杠、木马、沙坑和打靶场。

我们训练时背三○式步枪学打靶，队长、分队长都是中国军官，队部里有三个美国军官做教练，有时也来到操场指指画画，都听不懂他们说了些什么。我们每日三操两讲，比中央军校的纪律还严。所谓三操，一是指操场上的立正、稍息、徒手和持枪的单人训练，班、排、连的队形交换等训练；二是指野外单人以各种姿势的防守、进攻、前进训练和班排的联合作战实弹演习；三是指翻单双杠、跳木马、赛跑打球有关增强体质的训练和步枪、机枪、冲锋枪的实弹射击打靶训练。所谓两讲，一讲是步兵操典，二讲是在沙盘上讲战略战术。还有实地参观，如前方刚把八莫的敌军歼灭后，总队部就叫我们作战备行军，赶到现场，由师参谋部讲解敌我双方的战斗部署和取得胜利的原因。通过这些军事训练竟把彬彬秀才都变成了赳赳武夫，有胆有识的坚强战士，在野外训练的时候，在急跑时，一声"卧倒"命令，就马上能扑倒在地。有时刚好卧在铁轨上，由于烈日暴晒铁轨滚烫，一股热气冲上来，汗水如雨水般滴下；有时卧倒在带刺灌木上，我们咬紧牙关也要忍下去。这种野外军事训练，不仅是对抗日报国的爱国思想感情的陶冶，而且也是对坚强的革命意志的锻炼。

缅北的雨季一到，一天之中有几次是暴雨，暴雨过后又是烈日当空，周身衣服湿透了晒干，晒干了又湿透。此地蚊子、蚂蟥多，夜间站岗放哨时，要头戴防蚊罩，脚杆上还得擦防蚊油，不然就有得疟疾的危险。我们为的什么呢？为了卫国保家，所以再艰苦也能熬得过去！在精神生活方面，新一军办有《精忠报》，军中可以读到每天的报纸，军中有"军声京剧团"，巡回为战士们演出《陆文龙》等反映民族英雄爱国主义的剧目。由于大战之后田园荒芜，没有蔬菜吃，我们就在野外采野菜烹吃，野菜一端上来。大家都在抢，就取名叫冲动菜。

1945年5月，缅北的南坎、腊戌都由同盟军收复了，我们还没有来得及直接参加印缅战斗，战事就基本结束了，于是就准备回国参战了。新一军由美国空军运回国。先运前线的作战部队三十师、三十八师、五十师，再运军部和干部教导总队，我们坐飞机先到云南的陆良，住两日后再飞往广西南宁，随后迁往西厢塘的兵营里住下，继续受训，随时准备补充前线缺额。到了8月，先头部队已到达贵县一带，准备攻打广州之敌。

突然喜讯传来。日本投降了！全队官兵兴高采烈，都拿起武器鸣枪三发，互相拥抱，欢呼呀，跳跃呀……以中国人民和世界反法西斯的各国人民的胜利宣告结束了！新一军进驻广州接受日军投降，新六军进驻马店、南京、上海，学生兵们也都解甲归田，回校读书了。

本文选编自四川省政协文史资料和学习委员会《鏖战神州的川军将士》

狼烟扫熄忆当年

王新宇

1944年秋,日寇铁蹄横扫中原,在打通平汉、粤汉铁路后,相继占领我衡阳、长沙等战略要地,鬼子先头部队由湘入桂,企图窜扰贵州而威胁重庆,抗日大后方西南危急,举国震惊。为了挽救民族危亡,爱国学生群情激愤,纷纷要求走出课堂,到抗日前线杀敌报国。各地报纸以"十万青年十万军,一寸山河一寸血"为标题,报道青年学生投笔从戎的消息。当局号召"青年学生去印、缅战区,接受盟国军援,参加机械化部队,驱逐日寇打回祖国"。

当时我正在成都清华中学读高二,同学们都在议论着亡国之忧,若要祖国独立富强,吾辈青年必须抛头颅、洒热血,才能战胜日本帝国主义。我校英语老师谢文炳教授(系四川大学外语系教授在我校兼课,思想进步,新中国成立后曾任四川大学校长)在课堂也以班超投笔从戎,立功异域等爱国主义思想故事勉励我们!9月中旬成都市市长余中英在顺城街蓉光电影院召开学生从军动员大会,他讲话后朗诵了唐代诗人王翰的《凉州词》一诗,后来又与会同学们放声高唱抗战歌曲,同仇敌忾的炽烈气氛,弥漫会场。大有"风萧萧兮易水寒,壮士一去兮不复还"之势。会后安排分期分批进行体检,体检合格者发入伍通知书,到后子门皇城内军政部教导第二团报到,立即编队入伍受训。我们清华中学同学包括我在内,共十余人都编入第三营第十一连,当我们穿上军装列队听候团长王化兴少将宣布"经最高当局恩准,授予从军学生上等兵军衔"时,大家都有一种抗日战士的自豪感。团内墙壁上也写着"顶天立地上等兵,继往开来青年军"的标语,就这样开始军事训练,过着军人生活。10月中旬的一天,我们成都百余人分乘汽车开赴新津飞机场,当天黄昏日寇零式战斗机前来偷袭,高射机枪及高炮声连续不断轰鸣,但日寇飞机亡命的超低空扫射,停放在滑翔道上的两架 B-29 重型轰炸机和几架 C-47 运输机被击中燃起大火,并波及油库也燃起大火。当晚机场火光冲天,燃烧声、爆炸声延续了两三个小时。大家都在议论明天可能起飞不成了,但翌日清晨又得到通知跑道已修复可以起飞。我们又赶赴机场分乘三架 C-47 运输机飞赴昆明,约两个多小时即降落昆明机场,驻宿一夜,第二天黄昏又换机飞往印度。这次是飞越喜马拉雅山高峰的驼峰航线,海拔达七八千米,时值夜晚高空缺氧,气温、气压降低后令人胸闷气紧,耳膜刺痛。大家虽然和衣挤卧,仍感冷气袭人,有时也处于半休克状态,美军机组人员见状后,及时放送了几瓶氧气。幸好我们正值年轻力壮之时,没有发生多大问题。

子夜降落于印度汀江机场,一下飞机就感到热浪袭人,穿着棉军衣简直成了负担。美军卡车把我们送到十多公里外的新兵营中,到达后宣布:除戒指、手表、钢笔外,把全身衣物脱光拿在手上。然后赤身列队穿出巷道，把手上衣物抛进一个正在燃烧的火坑中。接着依次进入浴室沐浴。沐浴完毕后再依次去领装备，按身材高低领取内衣裤及军便服各两套，毛袜、胶鞋各两双，毛衣及军常服各一件，以及毛毯、雨衣、挂包、水壶裹了一大包，并在就近帐篷中住下来。在汀江我们曾到乡村小集游览，看见农村茅屋简陋，卫生环境极差，远不如我川西平原。印度农民衣不蔽体、面有饥色，大多数人缺乏营养骨瘦如柴。三天后汀江新兵营领导告诉我们新一军需要兵源补充，该军训练基地设在缅北密支那，我驻印军八月初以巨大的伤亡才将该城攻克。我们所乘飞机在机场降落前，在空中盘旋多时。因机场是单跑道，一架接着一架依次下降，排在后面的飞机，有的要转了四五十圈，把人转得头昏眼花，有的甚至还呕吐了。每天起降昼夜不停约三四百架次，说明前线战斗激烈，十分需要军援，因此军运任务十分紧张。

傍晚我们驱车通过市区时，仍感战火余味尚存，建筑物基本全部被炮火摧毁，到处都是残砖烂瓦和泥土垃圾，零零星星的店铺和住房均系简易棚户，很像战乱后的一个乡村小集镇。当晚我们驻宿在新一军所属新三十八师（该军辖新三十师、新三十八师、第五十师，计三个师）防化部队营区，也是我们第一次在异国他乡看见在印、缅战区屡建战功、扬我国威的野战部队。该师在瓦鲁班战役中攻克日寇第十八师团指挥部，击毙日寇一千五百余名，击伤日寇三千余名。打扫战场时在一堡垒中搜得敌第十八师团大印一枚，足见日寇溃退时慌乱情况，这枚大印也是新三十八师足以炫耀的一件战利品。早在1942年3月英军总司令亚历山大上将，在缅甸败退时，就是这个部队增援，解救了英军之围。亚历山大再三感谢中国远征军救命之恩，并向孙立人将军保证向女王陛下替孙和孙所指挥的新三十八师请功和颁发最高荣誉勋章。仁安羌解英军之围，轰动了英伦三岛，外国记者纷纷向孙立人采访，孙被誉为抗日英雄并称为东方的"隆美尔"。官兵们身强体壮、军容威武、军纪严明，使我辈学子由衷敬佩。给人印象最深的是，当晚值班军士给游动哨兵加一个任务是通宵达旦的给每个学生把军毯盖好，以免受凉。我们看见哨兵们认真负责执行任务的行为深受感动。第二天我们开赴在伊洛瓦底江畔的新一军干部教导总队的大操场，接受了孙立人军长的点名。点名完毕后，我们分别编入各队受训。总队下辖六个步兵学生队，一个通信兵学生队，学生人数约千人。以后从军学生又分两批到达密支那。总队又成立第二期学生三个队、第三期学生三个队，学生总数达两千人。当时由孙立人兼任总队长，各师长如唐守治、李鸿、潘裕昆等兼任副总队长，实际训练由总队副梁砥柱中校负责，1942年4月总队扩大后，由军部少将高参黄沛征副总队长主持训练。我和几个清华中学同学编在学生四队，每月按下士待遇领取军饷为16个卢比12个安拉。每队下辖3个区队，共9个步枪班，3个六零炮班。全队有美械轻机枪9挺，60炮6门，冲锋枪24枝，步枪81支，各队队长、队副、区队长、区队副、教育班长都配备齐全。副班长经指定由同学充当。学习内容包括队列、射击、野外战斗等，每天只有两小时课堂讲授，晚上有一小时自学时间，大多数时间都在操场或野外，行家说我们是按孙式操典进行训练，也就是把中国军校和美国军校的课程混在一起。管教极为严格，动辄施用体罚，同时训练活动量不断增大，使人疲惫不堪。当时孙立人为了安定学生情绪，每周都要从前线回来给我们做两小时精神讲话。内容是他在清华大学和美国念书时是如何努力刻苦攻读，在弗吉尼亚军校学习时，是在侮辱性的严重体罚中度过的。他说邹鲁在清华大学当校长时曾以"士不可以不弘毅"的名言勉励学子。孙立人认为"战胜困难与厄运，必须要有高尚的目的和一个坚强的意志"。孙立人说："美国青年的人生信条有三，第一是负责任，第二是重荣誉，第三是爱国家。"以上三点实际是西点军校的校训，总之他是鼓励我们要能吃大苦耐大劳，将来成为栋梁之材，也就是吃得苦中苦，方为人上人的本意。

　　1944年10月中旬，中国驻印部队分两路向八莫攻击前进，八莫是日寇在缅北进攻滇西最后一个战略要地。关系缅北及滇西全局。距密支那约一百二十英里，中间横隔一条太平江，11月初捷报传来，我三十八师先头部队强渡太平江后，向日寇守江前哨据点英马克发起猛攻，掩护了后续部队顺利过江，经过两天激烈战斗，鬼子大部被我击毙，除少数鬼子逃窜外，据点内外弃有鬼子尸体一百多具。大部队加速向八莫外围挺进，在外围战时，日寇抵抗十分疯狂，我军将士奋勇杀敌，可歌可泣事迹频传，如成都籍列兵陈新全，与日寇肉搏时，把枪支折断后，用赤手空拳继续格斗，在抱滚打斗中，用手指将鬼子兵喉部撕开并把喉管扯出，置鬼子于死地，战斗结束后陈新全被授予战斗英雄，也为成都市民争得荣誉。日寇已感到末日来临，八莫守敌昼夜加强构筑守备设施，深挖沟，高筑垒，其掩体深入地下四米至五米，上盖巨大圆木三层至四层再覆盖掩土两米，分为母堡、子堡用地下通道串联，母堡分上下两层，有展望口及各种火器射击位置并加上伪装物掩蔽，堡内有贮水、贮粮等生活设施，可以防御轻型炸弹及一般常规火炮。我军吸取了强攻密支那教训，不轻易猛攻，仍旧以工兵作业，在飞机和炮兵的掩护下，挖通坑道，步兵逐渐推进，同时美军以B-29空中堡垒投掷千磅炸弹和一五五巨型榴弹炮轮番轰击，几乎将八莫夷为平地。但日寇仍负隅顽抗。1944年12月上旬，日寇军心动摇，因增援之敌在南坎被歼，准备突围，在溃退时遗尸六百多具，并将不能带走的轻重伤员一千多人，以木筏载入伊洛瓦底江中，在江心深处将全部伤兵推入江中淹死。历时一个月，鬼子伤亡三千多人，我三十八师阵亡殉国官兵一百八十余人，其中有连长三人及排长十多人。1945年春末我总队曾开赴八莫，实地参观战场，并听战役指挥官和一些部队长讲述战役及战斗经过，同时参观了缴获的战利品，有大小战车十余辆，山野炮二十余门，以及轻重机枪、步枪、军刀、军旗、被服等展品。战火已熄灭数月，但我们在敌人掩体外围的荒地沟渠中，仍然发现敌人残存肢体及军用器械等。由于战场打扫不彻底，在八莫飞机场我们同学误触日寇的地雷，在巨大的爆炸声中造成七八人的伤亡。另一队的同学误触未清扫的枪榴弹也造成了四五人伤亡。牺牲的同学真是壮志未酬身先死，这笔血债应该记在万恶的鬼子头上。

　　1945年1月下旬，卫立煌将军所指挥的远征军第五十三军与在缅北作战的中国驻印军新一军在畹町附近的芒友正式会师。中国军队在滇西缅北歼灭了日军第十八和五十六师团的大部分，击溃其第二师团和三十三师团。对于日寇在缅甸的统治起了瓦解作用，为英印军的胜利创造了有利条件，减轻了麦克阿瑟进攻太平洋的侧面压力。中国和海外的通道——中印公路（又名史迪威公路）复又打通，几千辆载重汽车连接而至，军援物资由印度雷多源源运达昆明，那是非常令人欢欣雀跃的热烈局面。随后中国驻印军在肃清缅北残敌后，又掩护英、印度军进入曼德勒。至此即告任务成完，我英雄的远征抗日队，于1945年7月陆续由密支那空运回国。我教导总队乘机飞回云南陆良，又换机飞广西南宁。8月15日日寇宣布投降，八年抗日战争取得了胜利。当晚南宁市鞭炮声、枪声满城轰鸣，人们沉浸在胜利的喜悦里。

当年9月我们随部队步行至贵县登船沿融江经桂平、梧州进广东过肇庆、三水直抵广州沙面码头，接受日军的投降。我教导总队进驻广州中山大学继续训练，当时我已在第一期学生队毕业升入机械化学员队受预备军官训练。1946年3月，新一军全军官兵由广州开赴深圳转九龙在香港乘美军登陆艇沿海北上，以武力接收东北三省，航程一千四百多海里，七天七夜抵达河北秦皇岛，立即沿北宁路乘火车出山海关，过锦州经大虎山进驻黑山县，4月驻沈阳进行汽车驾驶训练，同年9月卒业，到长春分配至军直属汽车辎重营第二连任准尉特务长，1946年初任副排长，东北战场如火如荼，引起人们忧心忡忡，我们从军学生日夜盼望着能退伍复员回家复学。1947年6月，国民政府正式公布了从军学生退伍复员命令，但新一军在执行时又不把特种兵军官列入。因此，我陷在长春，在烦恼苦闷中度日如年，1948年10月18日，在郑洞国将军率领下向东北人民解放军起义投诚。我们获得解放，又获得第二次新生的机会。经过党的教育，提高了自己的思想觉悟，于1949年3月光荣地参加人民解放军，走上了革命的行列。

我这个普通公民对抗日远征的一些回忆感念，也许是一种极平凡普通的纪念。抗日战争，我中华民族为之牺牲了上千万的生命。但愿维护世界和平的力量越来越强大！

和平！繁荣！是人类共同的愿望。

本文选编自《绵竹文史资料选辑》第十四辑，1995年

回忆国民党军委会滇西战干团在西昌招生及训练情况

徐国珍

一、成立经过

自1942年夏，日本侵占我腾冲，企图沿滇缅公路，长驱直入，夺取我昆明、西昌等地。在重庆岌岌可危之际，国民党军委会除调遣关麟征（黄埔军校第一期毕业）的第九集团军驻守滇南、昆明一带外，还调宋希濂（湖南湘乡人，黄埔军校第一期毕业）的十一集团军驻守大理、保山一带布第一防线，以确保西康、四川等大后方的安全。

宋希濂于1942年春，赴滇西途经西昌时（当时西昌行辕主任张笃伦曾邀请他在行辕的一次总理纪念周会上做"为保卫滇西而战"的报告），目睹沿途各县知识青年要求从军热情高涨，纷纷要求报名参军。特别是三十六师开走时，有西昌女中、县中、省师、省中、农职等校男女青年学生共二十余人，不让家长知道，悄悄地跟随该师政治部赴云南前线，如曾玉晶、曾玉潜姐妹，刘光灿、熊承明等人。（刘光灿后来由三十六师保送入滇西战干团，与我同时被编在第七中队，曾玉潜、曾玉晶则在女生队，熊承明在三十六师与敌人接火时牺牲）当时在西昌曾轰动一时，《新康报》《宁远报》两报刊出此消息后，传为美谈。宋希濂的十一集团军总部驻大理后，鉴于滇西各部队，急需补充兵员，特别是基层干部需求量大，又见大理三塔寺下，有宽敞整齐的营房，适宜于开办训练干部的场所。因此，在1942年夏，即报请当时在昆明的军委会驻滇参谋团团长林蔚（蒋介石侍从室主任）转报重庆不久，蒋介石即批准成立"军事委员会滇西战时工作干部训练团"（以下简称滇西战干团）。团址设大理北门外一公里左右的三塔寺下，团长由蒋介石兼任，副团长由龙云、李根源（云南腾冲人，国民党元老，时任云贵监察使，腾冲沦陷后，常住大理）兼任，教育长为宋希濂（时年36岁，并兼任重庆国民党中央训练团副教育长），副教育长为董仲篪（湖南人，黄埔军校第四期毕业），团部下设教育处、训导处、总务处、学生总队等部门。

二、招生情况

1942年秋，团部组成后，赓即派人赴云南各地招生，并派上校副处长杨仲璞来西昌招生。杨仲璞到西昌后，分别设西昌、冕宁、会理等三个考区，积极筹备招生事宜，招生简章分别贴于南门洞口等各个交通要道，并在《宁远报》刊出。我是1941年离开省中校，考入《宁远报》的职工，任营业员，招生广告是我亲手接办的。报名者甚为踊跃，其中有康专、省师、省中、农职、县中、女中等校在校学生，有机关职员、小学教员和社会青年等。报名地点设顺城街文庙内。每天报名者，络绎不绝，数日之内即有四百余人报考，笔试考场设在县中校，口试在文庙内进行，结果录取男女青年一百余名（因录取资格为高中毕业或同等学力，且年龄均不满20岁者），张榜于文庙墙上。其中有我们一起邀约报考的行辕政治部同事岑家祥（崇庆人）、凌镒洲（温江人）、郭伟才（新津人）、高国斌（天全人）等，还有康专校的周奋斗，省中高一班的李正疆（又名江湖、盐边人）、高二班的陆文灿（又名陆中丹，冕宁人）等同学，还有女中校的李文莲、姚秀英、李冰如等，冕宁考区录取三十余人，会理考区录取四十余人，共计二百余人。许多未被录取者，异常遗憾，这是一次宁属青年请缨报国的空前盛举，也是知识青年远征军和青年军之前的一次西昌知识青年投笔从戎的先声和热潮。

西昌和冕宁考取的学员是1942年农历七月十六从西昌步行出发的。这个日子我记得很清楚，因为我母亲听说我要赴云南前线，特从大兴场家里于农历七月十四中元节前一天赶来西昌，阻止我不要去，因为我是独子，父亲去世较早，我是母亲含辛茹苦带大的，当时我不便向她直说，只推说还不走，在考虑，结果第二天就走了。到会理后，会合该县录取的学生，一同步行渡金沙江至永仁，经大姚、祥云等县，八月十五到凤仪县过中秋节，次日到达大理，沿途有第二军派兵护送，并由上校副处长杨仲璞、少校中队长黄景西等人带队，女生则由省中校女教师张俊如（武汉战干团毕业）带队，在途中整整步行一个月，长途跋涉，历尽艰辛，真是精疲力竭。记得行至云南驿站公路时，遇到第五军撤下来的老兵，边走边讥笑我们说："老子们都顶不住，你们这些娃娃还敢上去？不怕死？"我们的一些同学答说："怕，我们就不来了！"回答得多么响亮啊！

三、训练概况

我们到达大理，进入营门时，见大营门两边的一副对联："意志薄弱的滚出去，坚韧不拔的请进来！"营门外大操场两边竖立的八个大字是"顶天立地，继往开来"。使人倍感肃然，又见营内庄严肃穆，俨然一座军事学府。西康去的同学除编入九中队一百五十人左右外，其余的则补充到一大队的各中队，女生入女生中队。

学生总队少将总队长先为易瑾，后为谢叔周，上校副总队长为李颐（后调八十八师任团长，于收复腾冲战役中阵亡，埋于腾冲李家山烈士陵园内），下属三个大队，每大队三个中队，外加女生一个中队，共计一千余人。干部均为黄埔军校毕业的，如少将总队长、上校总队副是黄埔军校第四、五期毕业生；上校大队长、中校大队副是黄埔军校第七、八期毕业生；少校中队长、中队副则为黄埔军校第十一、十二期毕业生；上尉队长为十五期毕业生；中、少尉区队副为黄埔军校第十六、十七期毕业生，多数是由成都军校调来。所授课程系按陆军《步兵操典》《射击教范》《阵中要务令》及测绘通讯等教程，外加国防史地、国父遗教。入伍后，发给现役军人证明书，叫寄回家里，可免抽壮丁。入伍训练三个月后，进行考试，重新编队，成绩优良者编入一、四、七中队（编入七队的，其中有刘光灿、李正疆、陆中丹、周奋斗、张镛、凌镒洲、岑家祥和我等西昌去的同学）；成绩一般的编入二、五、八队；成绩较差的则编入三、六、九队，施以不同程度的正规训练。每日有两次在操场，其余均在讲堂授课，每周一次实弹射击。教官中除黄埔学生外，也有大学教授（如宋硕甫后来担任过西康省禁烟督察专员），还有留学的学者、专家等。在春节寒假期间，曾有西南联大十位有名教授，如费孝通、潘光旦、陶云逵等到大理来，对我们全体学员进行为期两周的讲学。平时在训练中，经常有日本飞机盘旋，为了隐蔽，所以在苍山脚下，洱海之滨，我们的同学以中队为单位，席地围坐，全神贯注地听讲。学习是严肃、紧张、认真的，没有闲情逸致去领略风花雪月（大理素来有名的下关风、上关花、苍山雪、洱海月等名胜。故有风花雪月之称。苍山有十九峰、十八溪，产天然大理石，脚下有一条专门生产各式各样器皿的楚石街，还有久负盛名的蝴蝶泉等）。每日清晨在三塔寺下，"怒潮澎湃……"的歌声响彻云霄。虽然仅有八九个月的训练，但每个同学在军事上、文化上都学到了不少知识。

四、毕业分配

第一期于1943年3月举行毕业典礼（毕业证书上的日期是民国三十二年三月），会前，由远征军司令长官陈诚代表团长蒋介石逐班逐个点名，对每个学员仔细观察。并在大会上代表蒋介石训话，后与我们一起会餐。

毕业后，除一部分分配于新成立的第一、二游击纵队外，其余大部分被分配在驻滇西的各部队任准、少尉见习排长。西昌行辕政治部也分配来十余人，岑家祥在政治部任科员，我仍回《宁远报》任会计，张镛任政治大队队长，凌镒洲在演剧队。靖边部也分配数人，如连长龙必达等，后来在反攻腾冲战役后，曾接同学来信告知：一、二游击纵队曾分别攻至片鸟、江心坡、龙陵、畹町等地，官兵死伤惨重。腾冲城内几乎成了一片焦土，共死伤约10000余人，据知有姓名的，就有8000多人，葬于腾冲李家山烈士陵园。如西昌去的同学杨时中（瑶山人）、魏楷（下西街人）等人均牺牲于此战役中。宁属去的同学两百多人，生还者不及半数。

第一期毕业后，又继续举办第二期，因为军委会在昆明办了一个"军委会驻滇干训团"，所以将大理滇西战干团改为"军委会驻滇干训团大理分团"。团长仍是蒋介石兼任，副团长改为龙云、卫立煌兼任，教育长仍是宋希濂。未到西昌招生，从西昌自去报考的仅二十余人，如毕业后回来在西昌警备团任连指导员的边渔川等皆是。

十一集团军与霍揆彰的二十集团军左右夹击，歼灭了侵占腾冲、龙陵等地的日军，收复了滇西。

本文选编自《西昌文史》第七辑，1989年

六

川人抗战永彪史册

刘司令官精神不死

范长江

第七战区司令长官刘湘，于抗战展开后，即扶病赴前方督率川军抗战。当时记者为探求我前线神圣抗战的真实写照，脚踏实地去和浴血苦战的兵士们同甘共苦，便随同刘司令赴前方。

谁料我们的南京失陷，武汉遭受威胁。霹雳一声噩耗传来，刘司令在武汉因病逝世；闻听之余，实深哀悼，特将刘氏此次致病始末详记于次。

一、观察首都可守三月

当东战场战事紧急，刘抱病赴京请示军政大计，激烈主张非自己努力抗战到底，不足以图存。斯时又有所谓日本六项条件的提出，后经刘司令长官向蒋委员长陈议加强抗敌机构非努力抗战不可，蒋亦嘉纳。故于11月14日南京中枢各要人商定国是，川军南调拱卫首都，国府准备移渝。当时刘司令，观察南京只能守三月，敌必沿京沪路进攻而大南京不保，芜湖又无防线可守，必守武汉。

二、霞飞将军喻蒋委员长

刘氏复于16日谒蒋委员长陈述大计，以川军大部游击，少部牵制日军，一方面扰敌后方。并建议焦土抗战，于大军退时，破坏铁路钢轨撤去做后方建设，再破坏公路。蒋委员长极采纳。20号的上午复约集文化界沈钧儒、沙千里等，商讨如何组织和训练民众、开放民运、动员民众等工作，对全民抗战之顾虑亦周。近几天京市飞雪，寒气逼人，三天后已现凄凉景象，热闹市街渐次萧条，刘氏此时对抗战甚乐观。11月23日天放晴敌机来袭。

二、会商战略晕倒沙发

同日午后刘氏邀集司令部全体要员会商战略于赤壁路十五号，策划过劳饮食失调，咯血旧疾复发，登时晕倒在沙发上。刘航琛曾以一纸向刘氏请示，约五分钟稍静。复召于渊，指示游击战术约三十分钟，精神实感不能支持，遂由侍从主任曾伟澜等安排返寓。蒋委员长闻讯，立派黄仁霖偕医士郑某代表探病并诊视。入晚，刘氏复不静心，盖以抗战指挥为当前急迫之事，国家为重，己身为轻，遂召侍从主任曾伟澜在侧听取军情，悉无锡吴县失守，甚为焦灼。

四、川军布置刘颇心喜

后陆军二十军军长杨森来访，谈话甚久，病势渐次加重。次日晚蒋委员长复于百忙军事中抽暇亲偕张群、钱大钧至海宁路四号探病，并劝其出京疗治。其时南京形势已极险恶，敌机天天来袭，国府已将迁竣，而刘氏则立誓愿与南京及前方将士共存亡。

过两天，蒋委员长以刘氏病重，遂发表陈诚为第七战区副司令长官，以辅助刘氏，蒋委员长恐刘氏不明了计划，复派白崇禧到寓征求刘氏同意，并将川军加入第一道防线及布置略情相告，刘氏甚为心喜。白崇禧去后，复昏迷睡去。

当时侍从主任曾伟澜窥见刘司令官病势尚无起色，立乘汽车趋赴鼓楼医院请郑医师，而该郑医师畏敌机来袭遂告潜逃，斯时京中高射炮已全部搬走，医院医务人员，均已逃空。京中要人亦定是晚完全退出。

五、张群往辞刘昏迷中

张群特往刘湘寓所告辞，见刘湘在昏迷状态中，仅坐候半小时即去。复闻敌机明日要大肆轰炸京垣，曾伟澜复四处打电话，司令部人员亦于是晚全到芜湖，结果仅余驻京代表邱甲、副师长黄山岗、大本营联络员李御良、及侍从数人，商策如何将刘氏移往后方。又复四处寻觅医生，在鼓楼德国医院请到一医生来诊。据云刘湘病危急，在二十四小时内不能移动，否则不能保险。于是大家议定只好停候二十四小时，待翌日上船。

六、与世长辞死心抗战

次晨刘湘较清醒，当医生诊病时，刘湘本人复将其病发生在二十岁时之原因及现状告述。刘湘当医生去后，复向曾伟澜叹息几声云："这也是国家之不幸。若我不病想必京城最低限可保存几天，公私产业不知要救多少。我现在只要能撑持，决赴前线督师，以副川民之望。"当时环视者均不能一词以对。

入夜，该医士不愿同去，后经多方敦劝，始允同行。并带一看护、一助手，又无翻译，幸好张群秘书尚在京，遂一道登协庆轮。刘氏系由侍从抬上轮船。刘氏因感摇运太大，遂复昏去。晚行约十里，船曾搁浅一次，刘氏原只令住芜湖养病，最后蒋委员长于刘氏昏迷中令其左右设法护送至汉口，刘氏至汉住七日后尚不知身居何地。

突向侍从人云："如何这样清净？"经告述后，始知已在汉口，但对于如何部署拱卫首都，病榻上随时筹划，而不知南京已沦陷矣。饶师长殉国事，遵医嘱亦未告诉。后刘氏住汉休养，病势已有起色，曾赴花园游玩。近因与某要人商谈国事过久，同时刘氏计划前方军事、川省后方建设，心力劳瘁，竟成不治，与世长辞。

观其所留遗嘱，仍与倭寇不共戴天，可谓其抗战精神将长留于吾人也。摘录如次：余此次奉命出师抗日，志在躬赴前敌，为民族争生存，为四川争光荣，以尽军人之天职。不意宿病复发，未尽所愿。今后惟希望我全国军民……继续抗战到底；尤望我川中袍泽，一本此志，始终不渝。即敌军一日不退出国境，川军则一日誓不还乡，以争取抗战之最后胜利，以求达我中华全民族独立自由之目的。此嘱。

本文选编自四川省政协文史资料研究委员会、四川省人民政府参事室《川军抗战亲历记》，四川人民出版社，1985年

川军战绩全貌之合记

子 隽

一、川军出征概述

出夔门，下三峡，入洞庭，赴京口，纵横大江南北，跨剑阁，出巴山，跨秦岭，横过关中，涉风陵古渡，北抵恒岳，东赴泰岱，回镇樊皖襄，奔驰数千万里，旅行犹且难之，何况作战？然而抗战军兴以来，川军驰骋南北战场，热血洒遍江淮河汉，为民族争生存，为四川争光荣，这确实值得大书特书。川军在古代也会出川作战，三千多年以前随周武王伐纣，《尚书·牧誓》称庸蜀羌髳是也。三国时诸葛武侯以川军南征孟获，北伐中原，虽然也有战绩，但那里赶得上此次的神圣？抗战不特此也，敌寇恃的是犀利的武器，机械化的部队，而初出川的川军，不但武器差得太远，雪地冰天还是穿的草鞋单衣，然而抗战的川军，依然坚苦卓绝，杀敌致果，不特此也。川军在抗战中，不但越打越多，而且越打越强。无论南北战场，每一主要战役，如沪滨、晋东、晋南、鲁南、赣北、湘北、鄂北、鄂西、皖南，大小战役，无不有川军之光荣战绩，不特此也。刘故司令长官督师而病逝汉皋，王上将之钟障卫徐州而血染滕城，饶师长弼臣力御强寇而殉职广德，这些可歌可泣的事迹，固已名垂青史，不特此也。总之抗战中的川军太伟大了。

三年半以来川军抗战情形志之如次：

川军出师抗战，前后共分四期。

1937年8月22日刘故司令长官甫澄，奉命率军分两路出川，先头部队均于9月1日调拨。第一路为邓将军并指挥孙震、陈鼎勋、李家钰所部，由川陕公路至宝鸡后，乘陇海车，经潼关，渡黄河，入山西。第二路为唐式遵、潘文华等部队，由万县浮江东下，至武汉转许昌、郑州，旋因上海方面战况变化，全部改调南京，均于十月下旬先后到达。而别由贵阳出发之杨森部队，则已于10月9日担任上海陈家行之防守。

第二期出师的川军王缵绪、王陵基两部，前者于1938年4月28日出发，后者于1938年7月初由渝万出发，8月下旬推至赣西瑞昌间参战。

第三期出师，就是王前主席缵绪率保安部队请缨杀敌，1939年11月由省出发，至于1940年冬季出征的西康刘文辉部，要算第四期出师了。

此外源源出川的大量壮丁和志愿兵，尚不在计算在内。

二、南北转战

抗战中的川军，三年半来，随战局变动，转战南北，奔驰千万里。其在北战场方面，如邓孙李三将军所部。

1937年10月24日，邓孙部开始于晋东正太路上与敌接触。当时娘子关天险失守，敌势方张，川军先头王志远旅，在平定前方炸弹炮弹密如雨点之下，以大刀冲杀，气壮山河，鏖战了三日夜，嗣又回兵保卫太原，退守洪洞。12月8日奉命调赴苏北，1938年1月1日到达津浦北段，以临城为中心，南北纵横配备。本来准备为韩复榘集团军之声援，不料韩复榘不战而走，让开津浦正面，从济宁西退。于是日夜赶到的川军，就担任力阻强敌，保卫徐州，挽救津浦战局的光荣使命。

李宗仁将军所谓拼一军全部血肉，做整个战局支撑，徐州陷后，大部向西转进，又由川军殿后，掩护退却。邓将军奉委员长命，返川任职，孙总司令接统所部，转战豫南鄂北，参加几场鄂北的歼敌战，至今仍在前方努力杀敌。当邓孙两将军率部南下时，李家钰将军适师次潼关，调赴东南长治，接替汤恩伯军防务。复奉命担任襄垣、黎城、长治、壶关等县之游击，旋又转战东条山。三四年来李部驰骋于黄河太行山麓，粉碎了多少次敌人的扫荡战！

其纵横于大江两岸者有唐王杨诸将军之部。

1937年11月，上海会战结果，唐式遵、潘文华两将军率川军赴援东战场，在广德、泗安、溧阳、长兴与一带阻止敌军，掩护国军主力之转进，嗣移驻皖南，担任江防。1938年春潘氏奉命返川后，所部也交由唐将军指挥。数年间，游击炮队击沉敌舰颇多，使敌人长江运输线受着极大阻碍。

杨森将军于上海会战之后，率军赴安庆附近整顿补充，并担任沿江防务。1938年5月与敌军激战于巢县、三溪河、黄洛河、东关、林头等地，6月转战安庆、潜山一带，此为参与保卫武汉之外围战，秋间又转于湘赣边境幕阜山麓。1939年秋，长沙会战，杨氏以战功升战区副司令长官。

与杨氏并肩作战于江南赣湘间之川军，为王陵基将军部，王氏于1938年8月初援瑞昌而大战于岷山，1939年9月，敌以五师团分赣北、鄂南、赣湘北三面进犯，企图六路会攻长沙，王将军在铜鼓、上富、甘坊一带协同友军，向敌夹击，激战二十四昼夜，杀敌七千余人，曾一度攻克武宁，王氏亦以功升任战区副司令长官。

王缵绪将军部，初于1938年8月，在鄂皖界上曾两次克复宿松，并夺回黄梅附近之大河铺、双成驿等要地。武汉退却，移守襄河，初有钟祥、旧口、永隆河诸役，继有二十八年冬季京山三阳店等役，1940年5月复有鄂中大洪山之战，此其较著者也。

三、战绩要略分志

数年来川军以血肉长城捍卫国家，与敌周旋，大小战役总以千计，举其重者有如下述：

（一）陈家行之役

川军最先和倭寇血战的为杨森将军部，川军最早的光辉战绩为杨氏上海陈家行之役。1937年10月12日，敌以两联队配合机械化部队向陈家行顿悟寺之线猛扑，阵地一度被破。杨氏督师迎击，并复冲杀三日夜，卒将顽敌击溃。15日敌复增加九师团及约翰军一部，飞机五十余架，坦克车二十余架，大炮数十门联合进攻。杨将军一面命杨汉忠师迎击，一面命夏副师长赴前线督师，激战未已，顿悟寺左端工事全部被毁，将士全部牺牲，敌即由此点突入，适杨汉域师旅赶来。杨将军乃转取攻势，指挥全部反扑，杨汉忠师长裹创再战，激战至午后四时，乃将敌主力击溃，阵地完全收复。是役肉搏五六次，重伤师旅长各一，团长二，阵亡营长三，连长以下官兵四千余人，川军声威，远震海上。

（二）广德之役

敌陷上海后，乘势西进，以奇兵绕太湖，直逼我首都，川军适当其冲。广德一带既以地势平坦，无险可守，敌又以飞机、大炮、坦克车掩护，其较优势之大兵猛冲，两翼军亦已撤退，而饶将军弼臣力战不却，遂于1937年12月30日殉国广德，实为川军将领血染沙场之第一人。

（三）孤城喋血

苟无滕县之死守，曷有台儿庄之大捷！的确抗战史迹磨灭不了台儿庄大捷，就磨灭不了王之钟将军的孤城喋血，这一幕悲壮的血剧演出于1938年3月的鲁南前线。

从3月15日晚间起，直到17日午后，敌人炸弹炮弹向弹丸孤城滕县轰击，援军杳无音信，保守滕城的兵士越打越少支持复支持。直到17日傍晚，东南城垣被击毁，敌军大股如潮涌而入，赵参谋长阵亡，王将军时在西门督战遂复身殉滕城。他最后遗电上说，独立山（在滕县东南十余里）友军本日尚无枪声，想被敌所阻，目前敌用野炮飞机自晨至午不断猛袭，城墙缺口数处，敌步兵应登城被我击退，毙敌极多，回忆委座成仁之训及开封面训嘉勉之词，决以死拼，以报国家，以报知遇。我们这件照耀史册的电文，可以想到当时这幕孤城喋血是何等的悲壮啊！

（四）名播燕赵

李家钰率部出川时，原任军长现已积功升集团军总司令了。提到李将军就令人想起中条山，尤其想到晋东南的长治。1938年2月20日李部在长治城的肉搏巷战，使晋南因此屏障，一时平安无事。至今当地父老犹津津乐道晋南各地为川军建立庙宇之事实，川军名播燕赵，可以不朽矣。

（五）馒头山之役

1940年12月唐式遵将军部克复马当要塞，造成江南最大的战绩，据统计，至1940年11月止，沿江一带击沉敌舰约210艘，其中多的是唐将军的战果。唐氏自1938年即在皖南担任江防，为了占领江边的馒头山，曾和寇军争夺七二五高地，失而复得者六七次。是役计阵亡连长四员，伤六员，阵亡排长三十余员，伤三十二员，士兵阵亡九百余名，伤七百余名。即此一役，亦可想见唐将军抗敌之英勇壮烈。

（六）死守庐山

当敌军围攻武汉时，曾以一部主力由，大江南岸彭泽之滨，出瑞昌德安以抵大武汉之背，而我王陵基将军即于此时以川军扼守庐山山脉。是役也，敌乘陷我瑞昌之势，猛扑我阵地，王将军严令所部就地死力扼守，即牺牲致一人一弹亦不许退，本已血肉长城，力御强寇，虽至弹尽援绝，伤亡过半，犹鼓其余勇奋力抵抗，狂寇未敢长驱直入者，赖此最后苦撑之力也。

（七）七姑店之役

提到鄂北，就不能不想到孙震将军1939年3月1日统率陈静珊师李狱嵩团协同桂军进攻信阳平靖关，及广永方面。应战数月，卓著战绩，讫5月5日至8日，敌突以主

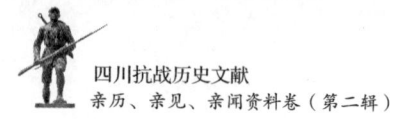

力猛攻我七姑店，李团喋血苦战，力挫顽寇，勋绩尤脍炙人口，最后掩护友军全部退却，始终能达完成任务，无一卒一枪损失。名将覃连方将军曾语记者，许之为中国一等的军队，李宗仁长官并曾亲往训话慰问。

（八）鄂中袭敌

王缵绪将军于1939年12月初，鄂省袭击京山孙桥之敌，暴敌竟不惜破坏国际公约，大量施放窒息性毒瓦斯，我川军有不少的前仆后继，血战四十余日卒将京钟路西北诸要点攻克。

（九）大洪山之役

大洪山是敌人盲肠，我军反击了多次扫荡战，也创造了我们多少次光辉的战绩。1940年5月1日起，敌人用了六个师团进攻鄂北，使尽九牛二虎之力，虽然突破襄樊，打进了襄花路，但是，终于日军不能不放弃，不能不退缩。敌人始终不能扫荡大洪山，就是因我川军孙集团之陈书农静珊部和王缵绪将军部队之功。

四、血的牺牲

这些光荣的战绩，都是英勇川军的结晶。几年来牺牲的川军士兵固然很多，为国流血川军将校也有不少。提到这些，当然我们首先会追念到刘故司令长官。刘氏于1937年秋奉命率部出川，初在汉口指挥，继赴南京，不意旧疾复发，乃返汉口养疴，就医于某国医院，于1938年1月10日逝世。噩耗传来，全川震悼，虽然刘氏躯体已死而其精神永垂不朽，今读其遗嘱，尤令人振奋不已。遗嘱云：余此次奉命出师抗日，志在躬赴前敌，为民族争生存，为四川争光荣，以尽军人之天职。不意宿病复发，未尽所愿。今后惟希我全国军民……继续抗战到底；尤望我川中袍泽，一本此志，始终不渝。即敌军一日不退出国境，川军则一日誓不还乡，以争取抗战之最后胜利，以求达我中华民族独立自由之目的。这遗嘱上的一句一字都永久铭刻在每个四川军人的脑海，鼓舞着他们向胜利迈进。

为了保卫首都而殉职于广德的饶彌臣将军，为了保卫徐州孤城喋血的王之钟将军，前面已经叙过了。至于负伤的川军将领，有如下述：

上海南翔陈家行之战，杨师长汉忠，死力督战，流弹洞穿左股，而杨将军裹创再战，卒挫强敌。

郭师长勋祺于1937年11月27日在太湖附近前山村激战，郭将军亲临前线，腿部受伤。

滕县之役，与王将军同时成仁者，有赵、邹两参谋长，王团长等。城破之际，力战负伤者有吕立南旅长、汪朝廉副旅长。当时南沙河方面战事亦趋紧急，陈副军长静珊亲率特务队驰援，遭遇寇军便衣队的抄袭，陈将军亦负重伤。

1939年冬之长沙会战，王陵基将军部于扫荡铜鼓修水之敌后，即于此役负伤。

其余忠义奋斗牺牲、奋斗喋血沙场者不可胜数，此外为孙元良将军之苦战京畿，乐以琴将军之凌空喋血，皆为抗战中四川健儿之光荣也。

本文选编自傅双无《民族战争川军战绩史料存要》，成都民族学会，1941年

川军抗日阵亡将士纪念碑始末

张光秀[*]

四川省成都市人民公园东门广场外，屹立着一座由著名雕塑家刘开渠先生所塑的"川军抗日阵亡将士纪念碑"，俗称"无名英雄纪念碑"。纪念碑上那位双手紧握带刺刀的步枪，眼神坚毅，俯身跨步，向前冲锋的勇敢士兵，原型就是我父亲张朗轩。

大概在我八岁左右，有一天陪邻居小孩去看她的奶奶，快走到沙帽街路口，远远看见一个人端着枪向前冲的雕像站在街中间。那时，小孩的好奇心让我想知道那个人是谁？后来从大人的口中得知，那是经常听到大人说起的"无名英雄纪念碑"，拿枪的叔叔是打坏蛋的英雄。从小在心中扎下了对英雄的敬意。不过，我从来没有想到这座塑像竟和我父亲有关系。

在我快五十岁那年夏末的一天，我们一家开车经过成都万年场路口时，坐在副驾驶上的父亲不断变换着姿势，向前看、弯下腰仰着头往上看，车走过了路口还回过头往后看。父亲这一奇怪的举止，让我忍不住脱口问道："爹，你在看啥子？"父亲没有马上回答。过了一会儿，父亲才轻轻地问了一句："那个雕像是不是原来东门城门洞的无名英雄纪念碑？"我们同时异口同声地答道："是啊！""就是。"又过了一会儿，父亲再次轻轻地说道："那个雕像是照着我塑的。"此语一出，让我吃惊不小，用质疑的口气问："你说啥子呢？照到你塑的？"因为在我心里，这么英勇的形象怎么可能是照着他塑的呢？弟弟张光明也在惊奇地问："真是照着你塑的呀？"父亲很平静地告诉我们说："是照着我塑的。"这下车上一下热闹起来，都在问父亲："爹，你说照着你塑的，那穿的啥子嘛？背的啥子呢？拿的是啥子？跟东门城门洞的一样吗？"大家你一言我一语，问个不停。父亲说："这个比东门城门洞的塑像要高要大些。"对的，在我记忆中的塑像可没那么高。父亲又说："穿的是单衣、短裤，脚上穿的是草鞋、打的绑腿，胸前挂的是手榴弹、子弹袋，背上背着大刀、被盖、斗笠。"回到家后，大家又七嘴八舌地让父亲继续讲。父亲站在地上，边说边做动作，还拿起他的拐杖当枪，摆出一个手持长枪向前冲锋的姿势。这姿势太像雕塑上的军人了。

我们深知父亲的人品，但为了证实老父亲的说法，我们再次把他扶上了车，转回到了塑像面前。开车围着塑像转了几圈，我们看到那位军人的穿戴、姿势真的跟父亲说的一模一样。回到家后，我问道："爹，这个塑像你是啥子时候塑的呢？"因为我知道，父亲既当过国军，也参加过解放军。父亲说："是抗战要胜利的时候，民国……""哦，是新中国成立前的嘛！"我失落的语气让父亲封存了几十年的话又咽了回去。激动的氛围

---

[*] 张光秀为张朗轩之女。

很快就暗淡下来，父亲这话让我从小对这位"解放军英雄叔叔"雕塑的崇敬之情失色不少。现在想起来非常后悔，当年自己对那段历史太无知，无知到也不想想"无名英雄纪念碑"上的人物形象如果没有丰功伟绩，何以能至今还屹立在这里？

我的表情让老父亲受到委屈，成了我一生难以弥补的愧疚。

尽管后来我们带父亲去看府河、南河整修后的新景观时，为让老人家高兴，再次把父亲带到纪念碑前看看、留影。但遗憾的是父亲怎么也不愿取下他的太阳眼镜。多年后我总算明白了，年迈的老父不是担心逝去，而是痛苦于被自己的亲人遗忘。只是因为当时我对塑像所表现出的无知让年迈的老父痛苦不被自己的亲人所理解。只能强忍住他如潮水般涌出的记忆，墨镜或可掩饰他悲伤的感情和不敢流出的老泪。

老兵张朗轩在纪念碑前留影

2005年，全国各地都在筹备隆重纪念抗日战争胜利六十周年，人们开始寻访历史。一个偶然的机会，我的小弟张光雄给人讲到了父亲的故事。没想到消息不胫而走，5月10日，弟弟很激动地打电话告诉我，《华西都市报》知道了塑像的信息，记者要采访父亲。他马上来接父亲到报社去，并说下午《天府早报》也要采访。于是我陪着父亲来到《华西都市报》报社。当天下午，《天府早报》记者如约来到我家进行采访。当听到父亲说他们去打日本兵，我相当紧张，心想："你们国民党军队连日本兵都没看见就跑了，居然你还去打过日本兵？一生忠厚老实的父亲啊，你今天怎么了？老爹你可千万不要乱说话哦！"

采访后，我陪父亲随着记者再次来到塑像前。父亲的眼眶里饱含着悲伤的泪水，下颚在颤抖，嘴里还喃喃地诉说着什么。这情景真让当时的我难以理解，但八十老父的真情流露，好像在揭示一段尘封的迷雾。

随着父亲动情的诉说，媒体多次的采访，以及我对抗战史逐渐客观的认识，我被震撼了。原来曾参加过川军的父亲以及无数四川的好男儿，为了民族大义不惧牺牲、奋勇上前，在抗日战场上用自己的血肉之躯同全副武装的日本鬼子浴血奋战，留下了许多可歌可泣的英雄事迹。从这时起，我认识到抗日战争期间，无论是中国共产党领导的八路军、新四军，还是国民政府的军队以及地方武装，只要是响应爱国统一战线共同打击日寇的，都是值得我们纪念和敬仰的。是他们力挽民族于危亡，是他们撑起了民族的脊梁。对全民族抗战新的认识，让我坚定起了一种信念，传承中华民族不屈不挠的爱国主义精神，让子孙后代永世牢记先辈们曾经为民族付出的青春、热血，甚至是生命的历史。"铭记历史、缅怀先烈、珍爱和平、开创未来"，支撑着我从事的关注抗战老兵，参与和组织巴蜀抗战史研究的系列活动。

也就是从那个时候起，不仅父亲在数十年前经历的过往，而且由此而联系到数十万川军官兵抗战经历的脉络，勾画出一幅全民族抗战的宏伟画卷。

原来父亲于1937年随川军邓锡侯部队二十二集团军四十五军一二五师三七三旅七四五团三营出发，时任传令班长。这支部队是最早出川抗日的先遣部队之一。他们途经新都、广元、宝鸡，过风陵渡……赶赴山西参加太原会战。在娘子关与装备精良的日寇作战失利，损失惨重。后又过黄河转战山东，参加台儿庄战役，在滕县以北攻击两下店，与日寇血战。父亲说，弟兄们困了就枕在战友的遗体上睡。传令时，即使子弹从耳边呼啸而过，也无法挡住他们传送命令的脚步，踩着遍山的尸体也要快速完成送达任务。父亲一生不能忘怀，在被日军的燃烧弹烧红了大半座山，送午饭的炊事员身着烈火，一动也不敢动活活烧死在他们面前。父亲眼含老泪，痛心哽咽地向我们诉说："他还那么年轻，连饭都还未来得及吃一口啊。"战争虽然悲壮惨烈，但父亲和他那些同样年轻的川军弟兄们，心中早已没有了害怕，只有对日寇愤怒的火焰和保家卫国的决心以及"敌军一日不退出国境，川军则一日誓不还乡"的朴实信念。

徐州会战后，部队伤亡惨重。为了民族大义，无数弟兄长眠于异乡野地。在大撤退中，父亲等人奉命途经汉口、重庆回四川招募新兵。

回到四川后，父亲因故留在川康绥靖公署连队当了一名中士。1940年为纪念川军将士血染疆场，成都市社会各界呼吁和发起了募捐运动，修建一座无名英雄纪念碑。1943年夏天，成都市政府（市长余中英，号兴公，1962年被聘任为四川省文史研究馆馆员）为纪念川军抗日阵亡将士，决定树立无名英雄铜像，通过郭有守先生致信，邀请著名雕塑家刘开渠先生担任这项工作。刘开渠先生接受了邀请，签订了合同，政府出资（刘开渠先生说政府给的钱不够，他还为其他人做一些雕塑，用这些钱来补贴）。后经余中英先生提议，在公署选派塑像模特，最后选拔模特的任务落在公署警卫团。最先选了二十多个，然后减少剩下十几个，再次筛选到几个。父亲说："还是团长邓亚民（抗日名将邓锡侯之子）亲自把我们几个送到竹林巷骆公祠的。"最后选中了我父亲，年轻时的父亲不仅精神饱满，而且形象端正。更重要的是不仅要形似，更要神似。父亲有出川抗日的亲身经历，有真情实感。正如父亲的连长所说："你参加过抗战打过日本鬼子，最合适。"父亲也就成了"无名英雄纪念碑"雕塑的原型模特。

据父亲讲，每天他全副武装，穿的是单衣、短裤，脚上穿的是草鞋、打的绑腿，胸前挂的是手榴弹，背上背着大刀、斗笠、背包，扛着步枪从公署督院街走到竹林巷，然后摆好冲锋的姿势，让刘先生和他的学生们边揽泥边看边捏。父亲告诉我们：其实只站了一天他就不想干了。他请示连长，要求换一个人，宁愿下重操也不想去了。可以想象，三十岁左右的壮汉全天都做同一个动作，枯燥难忍实在不好受。但他的请求未得到批准，从此以后他自觉地每天全副武装摆出同样姿势，一直坚持了近两个月。非常遗憾的是，长官们和刘开渠先生究竟给他讲了些什么，当时我竟然没有细问。现在想来，父亲的原动力无疑就是来于对牺牲兄弟的深深的怀念和对日寇的切齿痛恨。

以父亲为原型模特的落款为"成都市政府"的"川军抗日阵亡将士纪念碑"，于1944年7月7日在成都东门城门洞广场中央落成揭幕，一尊栩栩如生的川人抗战历史丰碑展现于世。成都人至今都习惯称其为"无名英雄纪念碑"，这是无数四川子弟勇于牺牲，敢于担当民族大义的丰碑，为成都人民、四川人民以至全国人民所敬仰。

1965年，"无名英雄纪念碑"这座寄托了广大成都百姓、川军将士及后人深厚情感的雕塑被毁掉了。一种说法是1965年因影响了电车输电线路而被拆毁。

一些老成都人至今还依稀记得，让人黯然泪下的一个动人传说：在一个寒冬腊月的沉沉深夜，有个身着破烂单薄军装，脚穿草鞋，冻得浑身哆嗦，又冷又饿的军人走到城门洞边卖汤圆的小摊上，埋头呼呼地只顾吃着汤圆，也不理别人，但吃完后眨眼间兵就不见了。第二天，人们惊奇地发现"无名英雄"的嘴角沾着一些汤圆粉。众人恍然大悟，原来"无名英雄"是饿坏了，当年出川抗日的川军辛苦啊！那些赴国难牺牲的无名英雄，他们想家了啊！他们回家来吃汤圆啰！消息传开后，附近市民都哭了。"天冷了，那些娃儿又冷又饿，莫让他们受苦呀！"人们从四面八方涌来，流着泪，在"无名英雄纪念碑"前献上一碗碗热气腾腾的汤圆。本地百姓以汤圆祭奠"无名英雄"的传统流传了很长时间。

令人心痛的是，纪念碑被毁掉后，那些在战争期间长眠在异乡、又冷又饿的数十万川军英烈们，他们的英魂寄托又在哪里呢？离乡背井数十年了，他们仍在等待着有一个属于他们自己的家，一个自己尸骨的归宿地啊！

成都人民牵挂的"无名英雄纪念碑"，终于在改革开放之后迎来了重生。据学者、川军将士后人王大炜在《成都无名英雄纪念碑》一文中记载：改革开放后，拨乱反正，市民要求恢复"无名英雄"的呼声渐高。1985年，国家主席李先念从缅甸访问归国途径成都，在听取省市领导汇报中涉及雕塑建设问题时说：全民族抗日战争中，川军抗日有功。这样，为重塑"无名英雄纪念碑"铺平了道路。

1989年8月15日，"无名英雄纪念碑"以像高3米，基座6米的新形象，在东门万年场剪彩落成。

从2004年起，"川军抗战"被赋予"轻生死重大义"的"伟大气魄"，"无名英雄"塑像成了公认的"城市精神"。

2006年，因城市道路改扩建，"无名英雄纪念碑"已位于十字路口中间，不利于后世凭吊。经有关人士建议，将适时被搬迁安放在当年川军出川誓师大会所在地人民公园（当年的少城公园）。

2007年8月13日，在获知"无名英雄纪念碑"将于第二天晚上在人民公园安放落成的消息后，父亲情绪高涨，几乎整夜无眠。历史的沧桑透射在父亲的脸上，数十年的岁月无法抹去他的记忆。第二天下午天还未黑，父亲就在我们的陪同下赶到人民公园，见证了雕塑搬迁的整个过程。"川军抗日阵亡将士纪念碑"又重新立起来了。站在塑像前，父亲眼里涌出激动的泪水，他举起右手，用军礼告慰了当年牺牲的战友。英烈们能有一个固定的"家"，有一个供后世子孙常年祭奠之地，他就放心了。他完全忘了自己94岁高龄在期盼中已等了几个小时。再次拿起拐杖展现了当年川军的英姿。在无数观众雷鸣般的掌声和欢呼声中，父亲反复说道："太好了！太好了！川军没被忘记。"

2008年8月15日，在父亲的带领下，我们全家再次来到塑像前，这也是父亲最后一次看望"无名英雄纪念碑"。同年12月24日，父亲没有任何征兆，静静地离开了人世。他的嘴微微张着，似乎还有好多话语想对我们诉说。

我父亲是纪念碑的原型之一。但正如父亲生前所说："纪念碑是代表我们川军将士出川抗日牺牲的战友。"是千千万万赴汤蹈火与日寇浴血奋战川军官兵的集中表现，是巴蜀350万抗战先辈群体的魂，是抗战川军的国家记忆。

本文写于2015年10月

孙元良部血战上海忆实（节选）

万方澄

我是当年参加上海抗日血战的幸存者之一，虽亲身经历有限，但可歌可泣之事仍记忆犹新，所以不揣浅陋，草成此文，借以留存点滴抗战史迹，并纪念千千万万执干戈以卫祖国的烈士。

一、我所在的陆军八十八师

1937年七七事变发生时，我在国民党陆军第八十八师二六二旅五二四团一营一连任少尉排长，随部队驻在江苏无锡荣巷（荣毅仁家的所在地）。师部驻在惠山，师长孙元良。副师长冯圣法（均是黄埔军校第一期生），参谋长陈素农（黄埔军校第三期生）。这个师乃是中央嫡系精锐部队，当时驻无锡整训，并负保卫京、沪、杭铁路沿线运输的责任。

在此前的1932年，我们师在上海参加一·二八淞沪抗战时，隶属张治中将军的第五军，当时的师长是俞济时，旅长是孙元良。《淞沪停战协议》之后，俞济时调浙江省保安处处长，遗师长缺由孙元良升任。这个师原为国民政府警卫军第二师，军长是顾祝同。以后，警卫军的第一、二师分别改编为第八十七师（师长王敬久）、第八十八师。这两个师的官兵素质装备均佳，师的编制也很庞大，与普通师的编制不同。每师除辖两个旅另附两个补充团外，师部尚直辖炮兵、工兵、通信兵、辎重兵、特务各1个营。每个团的编制，除步兵3个营外，团部还直辖有榴弹炮兵、通信兵各1连，另附一个特务排。每营辖步兵三连，另重机枪、迫击炮各1连。它的武器和装备，都比普通陆军师为优。至于服装，官兵冬天有呢大衣、呢军服，春秋天有草绿驼绒夹衣，夏天是咔叽短袖衫裤，饷糈都是按时发给。记得1937年八一二事变后，在上海大场与川军并肩作战抗击日寇。其时已是深秋天气，西风萧瑟，川军士兵尚着单衣、短裤、草鞋。相形之下，使我们于心不安。但是他们作战，仍然那样勇往直前，战斗意志非常旺盛，更使我们钦佩。中央嫡系军与地方部队这种厚此薄彼的待遇和装备武器的悬殊，当时殊令人费解。

二、从七七事变到八一三事变

抗日战争开始不久，日寇使用武力，夺取我平、津。消息传来，我们全师官兵愤慨万分，师长孙元良鉴于爱国将士士气之激昂，致电中央请缨，愿做抗日前锋，整装待命。弟兄们都说："杀死一个日寇够本，杀死两个就赚一个"，可见上下一致的决心。

8月11日，连长李光环（中央军校第一期生，李默庵将军的侄儿）到营部开会回来传达，我师的目的地是上海，具体任务到达后再行宣布。而日军已向闸北等处推进，形势已如箭在弦上。

八一三事变那天，大战终于爆发了。在张治中将军指挥下，我们第八十七和八十八两师同时抵达上海南翔车站。接团部命令，我营（营长何沧浪，中央军校第六期生，广东兴宁人，一·二八淞沪抗战时我就是在他的指挥下作战）开赴闸北，即在东、西宝兴路布防，接管保安队的防地。这时，宝山桥已被敌人占领，何营长当即命我带领全排人夺回宝山桥。这第一次硬仗就落在我排的头上。18日下午，我与排副朱德标侦察了这一带的地形、敌情。

三、一举夺回宝山桥

我们发现敌军虽在桥头做了掩体，但其戒备不十分严密，人数也不太多。判断日军藐视中国军队，把我部视为保安队，不在其意下。我立即在工事内集合全排讲话："我们打的是第一仗，一定要打好，一定要完成上级交下的任务，不要给全营丢脸！"弟兄们个个摩拳擦掌地说："这回一定要打个大牙祭！"

8月14日拂晓，其他阵地上已有时断时续的枪炮声，但尚不十分激烈。我命朱德标排副带领七班从敌人侧面佯攻。听见他们的枪声打响后，我自己带领八班冲锋。九班在后担任掩护。一时枪声大作，敌人没料到我们竟敢先动手了，只得仓促应战。只半小时左右，据守宝山桥之敌，部分被我歼灭，残余者不支退却，我排当即占领宝山桥。这一仗打得很顺手，固然由于我军勇敢善战，而敌人一贯骄傲自大，这也是它失败的原因。此外，敌军判断错误，把我排的佯攻部分当成主攻了，火力重点调到侧面。因此，正面进攻就较易了。弟兄们很高兴，认为"皇军"也不过如此。初战的最大损失是排副朱德标阵亡，七班副班长左腿负伤，战士中也有几人受伤。宝山桥夺回后，营长上报师部，我排得到嘉奖。

四、黄梅兴旅长江湾殉国

经过宝山桥的战斗和东西宝兴路敌我两方在各处的接触，日军已觉察到前沿阵地不是保安部队。从8月14日起，敌人泊在黄浦江的军舰和海军航空队向我发动轰击，火力非常激烈。当时我二六四旅少将旅长黄梅兴（黄埔军校第一期生）在江湾一带布防，二六二旅少将旅长彭公英（黄埔军校第一期生）在闸北一带布防。这天，黄旅长正在掩体内指挥作战，忽然一颗炮弹飞来，击中工事爆炸，他的头被炸飞了，当即壮烈殉国。他是我军第一个牺牲的高级将领，上海各报都登载了他的噩耗。同他一起遇难的还有参谋主任邓光，卫士丁玉林，通信班全班无一人幸存。消息传来，全军哀悼，官兵挥泪高呼："要为黄旅长报仇！"（黄旅长是广东平远县人，英勇善战，在一·二八淞沪抗战时，他是五二八团团长，面颊曾中枪伤。此役，他真是"出师未捷身先死"了。）当晚，在五二七团团长廖龄奇（黄埔军校第四期）的率领下。向日寇阵地发起冲锋，连续十余次。终因敌人工事坚固，炮火猛烈，无法突破。8月16日，因廖团长本人身负重伤，部队才撤回原防。廖团长是湖南益阳人，他的英勇奋战，也鼓舞了全军士气。当五二七团出击时，我团在闸北配合作战，伤亡也很大。敌人的指挥部设在北四川路的新亚酒楼，它是我团的攻击目标。在一次进攻中，连长李光环负伤，就由我升任连长。

五、进攻北四川路新亚酒楼

闸北作战都是巷战，每争夺一个制高点或一街一巷，敌我都是往复冲杀，互有进退。有时挖墙打洞，逐户攻守，形成拉锯战。连续战斗 80 天左右，我没有在床上睡过一次觉。记得在 9 月初分来我连两个学生：一个是金陵大学的，名曹云富；一个是武汉大学的，名周华生。他俩的外语都很好，我就派他俩去与英国巡捕联系，侦察敌人的动态。9 月上旬，敌人到处出击，每日下午用迫击炮猛轰我方防御工事，先将我阵地摧毁，然后步兵发起进攻。经过一个月的交锋，我们已掌握敌军的作战规律。敌人一开炮，我们即退守第二线，炮声一停，我们又全部出击与敌人肉搏，收复第一线，大约在 9 月中旬，营长何沧浪以敌军在这一带的指挥所设在新亚酒楼之故，向团长请示，要求拔除这个据点，并请二、三两营配合作战。团长得到师部的同意后，于傍晚命令我营向新亚酒楼发起进攻。这是一个著名的上海高层建筑，修得十分坚实。敌人防范也非常严密，前沿配备得有炽盛火力。激战至天亮，我们伤亡惨重，机枪连连长何宗翰阵亡，二连连长李国培和三连连长刘望亭失踪。我连老兵已所剩无几，不得不撤回原防。此时兵源已感不足，先后由江苏、浙江、江西、安徽四省的保安团队调拨士兵，填补各连的缺额。有的上午才来，下午就负伤或阵亡。见此情况，我们临时想了一个办法：凡是新拨来的士兵一律用白布写明我连的番号全称，盖上公章，装入每人左上角的衣袋内，如遇伤亡，也不致成为无名英雄。因为终日都在打仗，实在无法去领回"街名符号"。在一次攻击战斗中，营长何沧浪负重伤，遗职由副营长杨瑞符升任。

六、难忘 9 月 19 日的胜利战果

上海保卫战已经月余，敌因援兵涌到，且掌握制海制空权，遂转守为攻。我军仍然寸土必争，官兵互相激励，以阵地为坟墓，死守不弃。这样才对得起国家，对得起上海和后方千千万万支援我军的人民。为了据守有利地形，我连移守广东会馆，这是一栋五层楼的坚固建筑。因为我连有两个大学生随时与英国人取得联系，所以只要日寇一有举动，我们就有确切情报。有一次，曹云富听英国巡捕说："日军在我阵地的右侧，可能有新行动。"我得悉后，即亲到现场侦察。我侦察时，细听确有挖墙打洞声音，即回连部召集排长等研究。一排长张希广说："立刻派人去前沿狙击！"二排长（已忘其名）说："我们在西侧再设障碍，敌人出来一个，就歼灭一个！逮着活的更好。"我想，他们提的办法，肯定战果不大，反而打草惊蛇。

为了统一领导，大家公推谢晋元为团长，一切行动听他指挥。他知道那里有座四行仓库的高大楼房，后面即是公共租界，敌人不敢使用重武器，不易攻克这座楼房，我们可以在此据守待援。这时隔苏州河对岸聚集了很多中国同胞，对我们鼓掌欢呼。尽管追击的日寇子弹横飞，但聚观群众并无惧色，使人深受感动！我们虽是败兵，但是意志仍然坚定，抱必死决心，服从谢晋元团长的指挥，他也井井有条地做了周密的防御部署，并集合全体官兵庄严宣誓："为国牺牲，抗战到底！"

在这幢大楼里，集中了比历史上"田横五百壮士"还多的健儿，但却没有一面国旗竖在楼顶，以显示我们中华英勇国魂，大家都感觉有点遗憾。这时我们忽听隔岸掌声雷

动,"中华民族万岁"的口号声响彻云霄。我不禁回首向苏州河中望去,只见窄窄的苏州河里浪花翻腾,一会儿,有一个十五六岁的女童子军水淋淋地爬上岸来。只见她高擎着一面中国国旗,迎风展开,向大楼走来。我们全体健儿高兴得又是掌声,又是口号声。两岸军民的欢呼声响成一片,使我们这些经过枪林弹雨,视死如归的刚强男儿,感动得都流下了热泪。谢团长很庄严地接过了国旗,并亲切地询问她的姓名,才知道她叫杨慧敏,是位中学生。"中国不会亡!"——我们从心底里喊着。

我部在四行仓库大楼坚持了几天,弹药无法补充,给养由万国红十字会和租界里的同胞踊跃供给。清点人数,只剩五百余人,这就是当年闻名世界的"四行孤军"和"八百壮士"。以后,英国人出面调停,我们又接到最高统帅部命令,指示撤进英租界。按照国际公法,进入中立国地带,交战的一方,必须交出武器。我听了谢团长的讲话,就问:"军人没有武器,怎样杀敌?"谢团长说:"此乃权宜之计,我们军人只有服从命令!"我回连部与米胜忠排长商量,他主张拖出去打游击。我说:"枪支弹药带不出去,而且上海是平原,附近无山地,无立足之根据地,只好服从命令。"但我个人不愿进集中营当俘虏,遂于渡河之际,悄悄离开部队,化装成小贩进入租界。然后再辗转至南京找到了师部,遇见伤愈的何沧浪营长,他当时任军械处长,就留我在军械处工作。

后来,时过三年,我在报上见到消息:谢团长在英租界集中营里,有天清晨正在领导官兵做"总理纪念周",被一个为敌人收买的叛徒,用电工刀将其杀害了。敌寇的凶残,叛徒的卑鄙,使我义愤填膺,回忆当年孤军作战的情景,我悲痛地悼念这位勇敢善战坚贞不屈的长官与战友!

七、孙元良事迹点滴

我在师部军械处工作,因而能常常见到孙元良师长。他体魄魁伟,打仗骁勇,很有胆识,常常亲到前线督战。1932年一·二八淞沪抗战时,他就已经是一位很出名的青年将领了。他平时喜欢体育运动,治军很严,严禁赌博。1933年,他驻防武昌时,在右旗营房亲自抓赌,立马枪毙了三名官兵,从此全师没有一个人再敢赌博。我听何沧浪说,在防守南京的会议上,他与唐生智意见不合。唐生智主守内线,在孝陵卫、雨花台等处布防;孙则主守外线,以当涂、秣陵关、汤山为据点。但会议后不久,唐生智就弃城率先跑过江北了事。南京城陷于极端混乱,很多逃不及而跳长江后被击毙、溺毙的和留在城内惨遭日军大屠杀的军民达三十多万。我与何沧浪杂在乱军中辗转到了武汉。事后才知道守城的孙元良将军当时也没有逃出,他化装成一个卖油条的小贩,躲藏在英国大使馆内,直到1938年春夏之际,才安全到达武汉。

本文选编自《成都文史资料选辑》总第十七辑,1987年

陪都大门保卫战

——回忆三峡石牌要塞保卫战

马士弘

长江三峡宜（昌）巴（东）要塞区，是长江军事防卫设施五大永久性要塞之一，也是长江最后一道江防要塞区。石牌要塞，是宜巴要塞区第一主要炮区（第二炮区是庙河炮区），位于宜昌西陵峡南岸，离江边两公里多，耸立于壁立千仞，层峦叠嶂之中，形势极为险要，此地拥有炮台三座和远近射程全方位要塞炮18门，及鱼雷队和烟幕队各一中队，瞰制着三峡口及宜昌江岸，和要塞东南方通向三十坪及恩施方向的通道，成为拱卫战时首都重庆安危的第一道大门。因此，保卫此地的安全，具有十分重要的意义。

自1937年上海八一三事变失利后，日寇挟其优势海军侵入长江，先后将江阴、田家镇、湖口、马当四大要塞攻陷，而所有要塞的失守，均因日寇从陆路采取迂回战，插入要塞背后配合海军进攻而陷落。

1940年6月，宜昌陷落后，日寇处心积虑，必须侵占石牌要塞才甘心，经过两年多的军事准备，首先为打破其为我军隔江相持的局面，1943年2月，在东起监利，西至宜昌沿江北岸，分别在郝穴、沙市、江陵、董市、白马等地，发动大规模的渡江战斗，由于长江布雷被敌扫清，江岸基本为敌舰控制，在敌机和军舰掩护下，经过大半个月的战斗，日寇侵略长江以南的华容、石首、黄金口、藕池口、豌市等。江水进入洞庭湖支流要点，使长江以南，洞庭湖以北数百里的广大地区，已无险可守，给日寇5月西进攻击石牌要塞以有利形势。

同年5月上旬，日寇在长江以南站稳后，即开始西犯，5月14日，敌第三师团及独立十七旅团和四十师团及独立第十四旅团先后集结于津市以北白羊堤、青石碑间地区，5月17日，敌十三师团之一部及五十八师团主力和伪军二十九师，渡江集结于弥陀寺，各师旅团均配属有炮、工兵联队，共三万余，以后随战况激烈，又增加一个旅团约六千人，此为敌南线兵团。敌第三十九师团及三十四师团的两个联队，和陆战三千余，共有两万余集结于宜昌西岸及大桥边一带，此为北线兵团。由十一军军长高木义（此处应为横山勇——编者注）指挥，两线敌寇兵力共六万多，另有海军舰艇四十余艘和陆战队六千余人。从日寇兵力部署来看，明显有以夺取占有石牌要塞为目的，形成南北两线攻势，向我仅70余平方公里石牌要塞区进行南北夹击，配合海军，仿效攻占前四个要塞之故技，以侵夺长江最后一道天险石牌要塞之企图，形势极为严峻。

我方战区（第六战区司令长官陈诚）侦知日寇必欲夺取石牌要塞，进而攻取三斗坪，攻破庙河要塞，以海军沿三峡入川，再以主力沿清江西进攻占恩施，突破四川盆地，进攻川南，以威胁我战时首都——重庆之险恶阴谋，认识到此战役关系着抗战最后的胜败，国家的前途和民族的兴亡，在此严峻形势下，战区决心誓死保卫要塞。于五月上旬在三斗坪战区前进指挥部召集师级以上军官和幕僚长的军事会议，军委参谋总长白崇禧亲临会议，传达了军委蒋介石手令，大意是：石牌要塞扼长江三峡，是关系到陪都重庆安危要地，如日军进犯石牌，我军必须死守，一则保重庆安宁，二则是歼灭敌人大好时机，望各将领率部决死战斗无违。并做战略部署指示。成立以吴奇伟为总司令的长江上游江防总指挥部，统一指挥要塞区保卫战斗。军、师长以上均留下遗嘱，决心率部与要塞共存亡。军委还发布致塞区参战将士书，激励三军，共赴国难，英勇战斗，痛歼敌寇，各部队层层动员，鼓励士气，做到将士一心，同仇敌忾。

基于敌情及塞区地形，我方以积极防御之方针，做如下之战略部署：

第一，由宜都亘聂家河、潘家湾沿汉阳河北岸至渔洋关之线为第一道防线，由八十七军率所属一一八师及三十二军的一三九师（由八十九军指挥）担任。

第二，由长阳亘津阳口、都镇湾至鱼峡口，沿清江北岸至野三关之线，为第二道防线，以八十六军及所属十三师、六十七师和九十四军之五十五师和暂编三十五师担任，必须固守，统由八十六军军长方日英指挥，并配属炮兵第十二团。

第三，第三道防线以要塞为轴心，沿要塞外围各要道，布置主决战兵力，要求以决死之心保卫要塞，兵力部署：以十八军率所属十八师、暂编三十四师，分别坚守木桥溪、长岭岗、墩子桥、天柱山至石牌之线，主力控制在曹家坡，十一师部署在要塞周围死守，三十二军之第五师在塞区南偏岩、贺家坪布防，以阻止敌向三斗坪窜犯。在公安附近之第十集团军，只留最小部分守备公安，主力两个师及由石门前来之一八五师控制在张家厂以西地区，如敌由宜都渡江向渔洋方向进犯时，则屏汉阳河逐次抵抗，不得已时，占领暖水街、刘家场、聂家河之既设阵地，牵制敌向汉阳河第一道防线进攻，进而向敌侧、背攻击之。

在第一、二道防线，经过顽强阻击，消耗杀伤敌有生力量后，各部相互配合做梯次型有计划地转移，沿聂家河、都镇湾、渔洋关、五峰、野三关之线，凭险构侧翼阵地，并阻敌沿清江西进。

在敌进攻至要塞区内时，塞区各守军，充分利用原已构筑之半永久性工事，发挥火力，予以迎头痛击，打击其气焰，然后，依靠山岳地形，在山碍要道，布置铁丝网、鹿寨之类障碍，以阻止敌骑兵窜扰，并在千沟万壑之中，相机诱敌进入绝谷，以火力封锁其退路，凭险聚歼。以机动灵活之战术，避实击虚，或腰宰，或尾追，以要塞为主战场，夹敌决战，各部只准在塞区内利用地形与敌周旋战斗，绝不准远出塞区外。要塞各炮台，以远、中、短射程，封锁南津关以东江面，扰乱敌之运输或增援，并适时支援各兄弟部队的战斗。

战斗经过概况：

5月23日至27日，第一、二道防线各部凭河与敌对战，五天之内，在汉洋河和清江以南之广大地区，与敌做殊死战斗，敌我伤亡均大，在完成战略任务后，向指定地区转移，构成侧翼阵地，伺机反击，并阻击敌向清江西窜。

防守清江北岸第二道防线之八十六军所属十三师，25日在津洋口战斗被敌突破后，不按预定地区转移，而是仓皇后退，直向塞区内战略要地偏岩方向退逃，该师师长曹金伦完全失去控制，敌乘势尾随追击至偏岩，当时军委电江防总指挥吴奇伟令十三师退至偏岩占领阵地死守，无如敌紧追不舍，无法布阵，情势紧急万分，幸第五师赶到偏岩和高家堰（偏岩是通向贺家坪、三斗坪及长阳之咽喉要道，也是三斗坪经贺家坪通恩施的必经之路，敌我势在必争），让过十三师退去，迅速进入阵地，予敌以迎头痛击，敌势稍挫。26日晨，敌机十余架，在偏岩、高家堰轮番轰炸，复增援五六千敌兵，在炮兵掩护下向偏岩、高家堰五师阵地猛冲，由于左翼雨台山、月亮岩暂三十四师阵地被敌突破，五师侧背受威胁，入夜撤出偏岩，江防指挥部及时调整部署，以十一师一个团占领高家堰，第五师占领馒头嘴及以南地区，十八师一个团占领峡当口，构成袋形阵地。27日凌晨，敌机十余架轮番向上三个阵地狂轰滥炸，甫停，日军即在炮兵掩护下，向高家堰、馒头嘴猛攻，在馒头嘴前面河口开阔地带以密集纵队向我五师阵地扑来，我军沉着应战，待敌接近阵地前沿，出其不意，以机枪手榴弹一齐轰射，打得敌寇展开也来不及，敌死伤枕藉，敌后退，接着不久敌机复飞临我军阵地更施滥炸，我军进入掩体，以逸待劳，敌改攻高家堰十一师阵地，两次冲锋均不得逞，在第三次更增数千人冲击，此时我峡当口十八师五十四团乘势冲出阵地，向敌后冲杀过去，将敌包围于小河两岸开阔地，高家堰十一师及馒头嘴第五师三方同时冲杀出来，展开白刃战，第五师十四团一营营长亲冒矢石，与一敌对刺，肚肠溢出，犹奋力拼刺，激励士气，气壮山河，杀声大振，敌为之胆寒，狼狈逃窜，施放毒气，向东溃退，此役歼敌两千余，我军亦死伤千余，我第五师乘势收复偏岩，追击敌至清江北岸，塞区形势转危为安，十三师师长曹全伦，仓皇逃走，贻误战机，战区押送其至重庆受审，而此时重庆谣传石牌要塞失守，人心惶惶，据闻有的人做远去新疆的打算。

连日来，日寇大举向塞区全线进犯，宜昌西岸屯集大桥边之敌三十四、三十九两师团及骑兵两个联队和炮、工兵各一联队约两万八千余，分路向塞区东北面长岭岗、天柱山、柳林、曹家阪进攻。我守军十八师、暂五十四师扼守险要，沉着应战，从偏岩、高家堰、峡当口被我击溃之敌，又复重整前来，整个塞区均已发生战斗，来势凶猛。我军采用周旋战术，时而让敌窜进沟谷，然后堵其后路，予以围歼，时而机动出击，腰截尾追，以致在要塞70多平方公里范围内互相胶着，犬牙交错，在那重峦叠嶂，壁立千仞，万壑千沟，羊肠小道之中，敌犹如进入迷宫，四处乱窜，我军独得地利，坚守要隘，予敌以很大杀伤。十八师五十二团一个连，在两河口峡谷内（死谷），堵死敌骑兵退路，将敌寇一个骑兵中队60余骑连人带马，全部歼灭于河谷内，无一生还。我其时任十八师五十三团副团长兼三营营长（新营长未到职，故我仍兼着），率全营防守柳林。28日与日寇一个步炮联合大队在柳林谷内遭遇，前卫连七连迅速抢占谷内高地，阻敌前进。因敌我均已在谷内，不容后退，八连迅即疏开，利用地形占领阵地，敌多次抢占高地，均披七连打退，相持至傍晚，稍沉寂，入夜，估计明日定有一场激战，我一面写报告送团部汇报战况请予增援，一面同副营长去前沿查看，加强构筑工事，布置炮排和重机枪阵地。深夜我营守候与敌哨兵发生冲突，都有所防备。翌晨，敌机侦察后于十时许复来投弹，敌乘势向我八连猛冲并有平射炮助阵，发生白刃战，中尉排长阵亡，八连阵地被突破，副营长带九连前去从侧翼向敌冲杀。敌后退，敌增援又复冲击，副营长受重伤下来，敌复被击退，此时敌又冲进八连阵地，八连长受伤，我带机枪连前去增援，将敌击退,八连阵地又收复,如是三进三出,敌我均伤亡较重。我在敌第二次冲击时,右前额被敌枪弹所伤。因副营长已受伤下去,无人指挥,我稍事休息,裹创再战。正午,敌后忽枪声大起,大乱,察知增援部队已到,遂不失时机,向敌发起猛攻。在我军夹击下敌死伤五十余,弃伤而逃。汇合后,知为我团第一营第五连奉命前来增援,此役我营阵亡三十,伤三十余人。

28日至29日这两日为整个塞区战斗最激烈之日,28日主力置于曹家畈之十八师,敌三千余步炮兵全面进攻,曾一度窜至要塞内彭家坡山腹,经我师五十二、五十四两团反复冲杀,将其击退,另有敌步炮联合四千余,分三路向要塞井长坡、闵家冲等地进犯,与守要塞之十一师展开激烈争夺战,敌空降400余兵助攻,但大部被我炮台对空高射炮击落,有的挂在悬岩中,上下不得被击毙,而在被围困时,则大施放毒气。

29日晨,日寇海军舰艇十余艘,在飞机掩护下,由宜昌向西陵峡驰来,向要塞南岩太公沱炮击迫近,欲在太公沱登陆,正在敌登陆船将靠近时,我北岸烟幕队向江面放射烟幕弥漫整个江面,使敌船不辨方向,无法行驶,随之南岸鱼雷队向登陆艇发射鱼雷,击中三艘,一艘被击沉,敌兵跳水逃命,要塞第一炮台炮群集中火力,向敌舰突然袭击,击中一船起火,其余调头东逃,敌欲配合陆军攻占要塞之图谋破灭了。

自开战以来,敌机每日整天在我塞区上空侦察、轰炸、扫射。27日后更为猖狂,日达百余架次。但在崇山峻岭,千山万壑的复杂地形中,加以森林茂密,只是盲目乱炸,对我并无多大威胁,我军将士亦不为之所动,凭坚固工事,从容布阵,采取积极防御方针,随敌窜扰情况,适时予以袭击、堵截、尾追。到5月30日止,日寇在塞区内到处乱窜,但始终未接近要塞核心,反而在我军猛击之下,伤亡惨重。据从江岸回来的老百姓谈:连日日寇运送伤兵死尸及作战物资过江,络绎不绝,当晚东线枪声沉寂,江防指挥部已侦知敌将退逃,及时命令东线原守第一、二道防线各部,迅速进至清江南岸,凭江阻击溃退之敌。31日整个塞区内外之敌,纷纷掉头逃窜,狼奔豕突,我塞区守军乘势出击尾追,与东线我在清江北岸地区,展开夹击围歼,杀伤敌寇无数,缴获大量作战物资。

6月1日和2日两日,我东线部队,乘胜追击逃敌,将松滋、茶元寺、西斋直至大堰档、澄水一带全部收复。北线我军则追击至大桥边直到宜昌西岸。

至此,日寇欲侵占石牌要塞之迷梦彻底破灭了。雄伟的石牌要塞——陪都重庆的门户,将永远巍然屹立于长江三峡大门口上。

胜利消息传至后方,军民无不为之雀跃,陪都军民原以激战多日不决,人心浮动,而终以大胜报捷,重庆人民又才欢欣安定下来,足见此战役在抗日战争史上的重要地位了。

本文选编自《武侯文史》第五辑,1996年

父亲陈文贵抗战中揭露日军细菌战

陈晓晴*

在四川大学江安校区景观水道两侧的历史文化长廊中，塑有一块刻有我父亲陈文贵头像和简介的卧式长碑。碑文：微生物学家、中国科学院生物学地学部委员陈文贵（1902—1974）1929 年毕业于华西协合大学，自 1961 年来校任教，曾任四川医学院副院长。1927 年，曾经参加南昌起义。1941 年，日本军国主义在我国湖南常德实施细菌战，他通过实地调查写下了著名的《湖南常德鼠疫报告书》。此碑表达了莘莘学子对杰出的校友和伟大科学家的真挚敬意。

在重庆市永川区望贤公园里父亲的铜塑像碑文写道："陈文贵，永川松溉人。著名微生物学家，中国科学院院士，国际卫生组织公共卫生视察员。判明与揭露日本军国主义制造细菌战事实的第一人。"此碑表达了家乡人民对他的深深怀念。

父亲在九一八事变后，1934 年秋，他曾奉命同当时国际联盟驻华顾问史丹巴博士去西宁筹办青海卫生实验处。是年冬，在兰州的西北防疫处筹备就绪，又被调转到该处做实际工作。1935 年春，他被派往绥远，在新城创立蒙绥防疫处。他的学识、才干和为人深得史丹巴称赞。曾陪同史丹巴到四川考察。经史丹巴推荐，他受聘于国联卫生组织，任南洋区公共卫生视察员，前往印度、锡兰（今斯里兰卡）等国考察鼠疫。

1937 年抗战爆发，他调任军医署第一防疫大队上校大队长。到抗日前线组建防疫站。先后在郑州、潼关、宝鸡设立了第一、第二、第三分队，把第一大队队部设在西安。仅一个多月的时间就使前线的伤病员能及时就近得到治疗。1937 年 12 月，他亲自运送大批药品和医疗器材到延安并组建了防疫第四分队。

1938 年至 1939 年夏天，贵阳暴发霍乱，他当即以土法制造霍乱疫苗，救民于水火。

1941 年初，他在各方的支持下，在贵阳图云关组建了先进的疫苗血清制造室，半年时间就研制出了霍乱、伤寒、破伤风等疫苗。还与军政部所属军马防疫所合作生产出牛痘疫苗，同时培养了一批研制疫苗的专业人才。

在贵阳图云关森林公园里，国际援华医疗队纪念碑和抗战牺牲的国际医生们的墓碑是对父亲和父亲的国际亲密战友的纪念。他与图云关战时医院的国际援华医疗队的专家学者合作，为抗战防疫救治做出了贡献，受到同行的赞誉，政府的嘉奖。

姐姐哥哥们回忆起当年的事，都自豪地说，父亲善良刚正，以大局为重，业务上精益求精，为了保证疫苗使用的绝对安全，他不仅在动物身上做疫苗实验，还在子女身上

---

* 陈晓晴为陈文贵之女。

做试验，确认无不良反应后才供给民众使用。

1941年，日军在湖南常德实施细菌战，作为中国防疫领域的领军人物之一的父亲和他的团队，以精湛的技术和高度的责任感，揭露了日军的暴行。参与调查的施正信、林飞卿医师均在《湖南常德鼠疫报告书》上写了同意的签名。红十字会救护总队队长林可胜第一时间将报告的英译本分送到各国驻华使馆。但却被拦截，将报告扣押、篡改内容后在《防疫旬刊》上简略提及此事。1945年秋，美军莫罗上校飞赴中国收集证据，曾向陈文贵进行调查，父亲对他口述后，他欣然在《湖南常德鼠疫报告书》上签名作证。第二次世界大战结束后，国际法庭审判日本战犯前，美军莫罗上校曾提醒首席检察官约瑟夫·季南说，细菌战的问题"应该可以证实日本人的惊人暴行"。直至1949年，在苏联的伯力审判前日本关东军总司令山田等12名细菌战犯时，这些战犯的供词证实了日寇在宁波和常德等地使用带菌跳蚤残害中国人民的罪行。1992年，日本人松村高夫在《战争与恶疾》一书中写道，1941年常德受到鼠疫攻击，国民政府派遣了鼠疫专家陈文贵等人组成的调查队前往……这些历史史实充分证实了：他是揭露日军在中国战场实施细菌战的第一人，世界人民也是在第一时间获得了日军实施细菌战暴行的消息。《湖南常德鼠疫报告书》这一重要文献，彰显了其重的大历史价值。

我深刻地记得，父亲保存着一件奇特的物品。他有一次小心地拿出来，轻轻打开包了一层又一层的棉纸和丝绸包裹，当好奇的我看到的却是两块怪怪的陶瓷瓦片有些失望时，他郑重地告诉我们，这个物品很重要！这其实是细菌弹的弹片，瓦片上有用铁丝网做的窗户，带菌昆虫在瓦罐里可呼吸，炸弹扔下来后摔碎，害虫就跑出来了。1974年，父亲去世，这两块破瓦片也遗失了。

父亲还有两本抗战日记，记述了日军侵华的罪行、战时的民生状况等史实，颇具历史价值，现被重庆博物馆作为文物收藏。

父亲为他热爱的祖国和人民奉献了一切，他的名气与脾气，只要和他接触过的人都能讲出一些趣事。

本文写于2015年

我编辑《川军抗战亲历记》

刘运勇[*]

三十多年前，我担任了《川军抗战亲历记》一书的责任编辑。这本书的出版和影响，令我终生难忘。

1985年，为纪念抗日战争胜利四十周年，四川省政协和参事室合编出版由近百位出川作战的各部队中上级军官所撰写的回忆录《川军抗战亲历记》。此时，我正在四川人民出版社任编审。

该书由四川人民出版社出版后，引起很大的社会反响。长期以来，抗日战争正面战场的历史功绩未得到明确、充分的评价和肯定。在纪念抗战胜利四十周年的活动中，体现了抗日战争的胜利是国共两党第二次合作的成果，肯定正面战场的历史作用，是本书重大的历史功绩。

当时川军兵分三路，北出剑门关，东出夔门，南出贵州，参加正面战场作战，以装备窳劣之师，抗击拥有飞机坦克大炮之敌，牺牲极为惨重。然而川军将士，在极其艰苦的条件下，不顾敌我势力悬殊，以血肉之躯犹奋力苦战，战功卓著。

1937年10月中旬，川军首战淞沪。

1937年10月下旬，川军又战山西娘子关。

1937年11月底，川军参加南京保卫战，在太湖泗安、广德之役，饶国华师长为国殉职，为"蜀将最先战死者"。

1938年春节前后，川军再战山西黎城县东阳关，再战长治城。东阳关之役，日寇伤亡千余，川军官兵壮烈牺牲者亦在两千人以上。在长治城中，川军全团殉国死节，子弹用完后，继之以枪头拳脚与敌巷战肉搏，毙伤敌人上千。撤退中，官兵宁愿饿死，不愿掠夺，深为民众所景仰，沿途民众自愿为川军修建供奉阵亡将士的庙宇及纪念碑。

接着，1938年3月，王铭章师长固守山东滕县血战，壮烈牺牲；湖南常德会战，许国璋师长英勇捐躯；豫中会战，李家钰总司令掩护撤退殿后遇敌阵亡；还有第七战区司令长官、四川省主席刘湘带病出征身死异乡。其他如武汉会战、炮击长江敌舰及布雷战、浙赣会战、长沙保卫战、宜沙会战、随枣会战、南昌会战、上高之战、丽水温州之战、老河口保卫战，甚至还包括滇缅远征军等大小数十次战役或战斗。我川军将士转战南北，征程万里达六个战区十二个省，参加了正面战场几乎所有的大会战。作为大后方的四川，仅出征将士就高达350万，为全国之最。按当时人口5100万人计，每四五个中壮年男丁中便有一人参军；伤亡64万，占出征人数的五分之一，当时就有"无川不

---

[*] 作者为黄埔后人、四川人民出版社原编审。

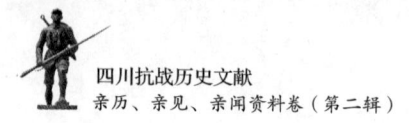

成军"之誉。所有这些可歌可泣的事迹，体现以爱国主义为核心的民族精神和大无畏的牺牲精神，在这些当年的亲历者所撰文中都有翔实而惊心动魄的记述。

该书的出版，得到全国政协和武汉市、徐州市政协文史资料研究委员会，四川省博物馆、省图书馆等单位的大力支持；当年尚健在的参加抗战的川军将领乔诚、李卓夫、胡临聪、魏煜焜、王樵生、刘识非、岳星明、何翔迥、杨续云、傅英道、杨羲臣等参加了征集和审定工作。川军将领中，许多人都具有较深厚的文史功力，书法亦佳，他们书写的稿件，字迹遒劲潇洒，且多繁体字、异体字，甚至还夹杂着一些草书。我在审读时仔细辨认，用红笔标出，而当年承印此书的自贡新华印刷厂人工排字尚多老师傅，看原稿排字尚无困难。经过出版社的三审三校后，于1985年7月出版，有精装和平装两种，印数为2800册。

特别应当提到的是，1943年夏，成都市政府为纪念川军抗日阵亡将士，决定做无名英雄铜像，通过郭有守先生致信，邀请刘开渠先生（1904—1993）担任这项雕塑工作。于1944年7月7日在东门城门洞广场中央落成揭幕。纪念碑像高2米，连底座总高5米，铜像造型是一国民革命军装束，着短裤、绑腿、草鞋，手握步枪，身背大刀、斗笠、背包、俯身跨步，仰视前方做冲锋状，形态威武，令人敬仰。但这尊被誉为"旷世杰作"有重大历史意义的纪念碑却在1965年被拆毁。打倒"四人帮"后，成都市民要求恢复这尊纪念碑的呼声渐高。1985年，国家主席李先念听取省市领导汇报中涉及雕塑问题时，指示说："全民族抗日战争中，川军抗日有功。"年届八旬的刘开渠先生亲自指导弟子重塑了"川军抗日阵亡将士纪念碑"，于1989年8月15日落成。重塑的纪念碑尺寸有所改动，像由原来的2米高增为3米，基座高度亦增加1米。最终立于成都人民公园东大门。这尊"无名英雄像"成了成都市民公认的"城市精神"，凝聚了四川、重庆军民的心血，是一座名垂千古的丰碑。

因此，在研究封面设计时，我和文史编辑室主任金汇海同志与省政协、省参事室有关负责同志都一致认为，要以这尊纪念碑做封面装饰；但原塑像已毁，几经探寻，终于找到成都市城市建设局陈德龙、郭晓明同志提供的弥足珍贵的原塑像照片。

而封面书名题字，之所以请黄稚荃先生（1908—1993）题写，不仅仅因为黄先生是名重士林的"诗书画三绝"的蜀中才女，更主要的是因为黄先生全力支持抗战，而且黄先生在抗战后期被国民政府国史馆聘为编审，负责撰写抗战中牺牲的川军将领李家钰、王铭章、许国璋、饶国华的"拟传"。

该书问世后引起很大的社会反响，省市报刊广播电台、电视台均有报道。读者，特别是当年曾参加出川抗战的将士及后辈纷纷到省政协所办文史书店和我社来购书。一些从边远农村闻讯赶来（有的甚至是步行）的满脸沧桑的抗战老兵，在买到书后，迫不及待地用因激动而颤抖的手翻开书页，昏暗的双眼闪现出喜不自禁的光辉，有的甚至还落泪了。是啊！他们看见当年自己曾亲自参加的抗战事迹，在埋没若干年后能重新被提起，得到肯定，白纸黑字地印在书里，怎能不心潮澎湃而感慨万千呢？

2800册书，很快售罄。有的川军将领后人，就自费复印赠送亟欲得到此书的读者和川军后人。

笔者作为此书的责任编辑和国军黄埔将领的后人，对于这场波澜壮阔的大抗战，之前也了解十分肤浅。编辑本书,实际也是一个难得的学习和研究机会,对正面战场和敌后战场,都有了深入的了解,先辈们告别故土、驰骋疆场、马革裹尸、血沃中华大地,都历历在目。2014年10月初,我应邀参加了在当年川军血战东阳关的战场遗址上举行的第一个烈士纪念日的隆重公祭,令我感慨万千。

如今,当年出川抗战的川军将士绝大多数已驾鹤西去。2014年10月去世的原二十三集团军独立工兵第八营营长黄士伟,是用地雷炸毙日军酒井师团长的民族英雄,诗书俱佳,终年95岁,他是《川军抗战亲历记》中近百名作者中最后谢世之人。

本文写于2014年11月

"死字旗"传奇

吴 伟 王烈勋[*]

一、最后的吼声

王建堂和王家的"死字旗"的故事是一部悲壮的英雄传奇,也是一段沉甸甸的平民历史。曾经气壮山河,感天动地;也曾长久地被湮没、被遮蔽、被遗忘。当七十多年后我们抹去厚厚的岁月尘埃,重新凝视这段历史风云时,心中的感慨岂能是笔下文字所能道尽。

有一份资料中是这样介绍王建堂的。

王建堂(1912—1992),四川安县曲山场(今北川羌族自治县曲山镇)人。抗战时在国民革命军第二十九集团军(川军)第四十四军中,先后担任过排长、副官、连长、司令部参谋、副营长等职,并数次担任敢死队队长。七年中共计参加大小战役数十次,负伤四次,多次立功授勋。因背负"死字旗"抗日而名震天下。

资料还介绍,王建堂七岁入私塾,在内江、江油都上过中学。还曾就读于彰明县(今属江油)"江彰文学院"。后来做过小学教师,就职于民众教育馆等。当时的小学生便被老百姓称为秀才,王建堂在当时可以算是知识分子了。

王建堂的事迹,是一个历久弥新的故事——外敌入侵,书生投笔从戎。

如今,除了想象,我们已经无缘目睹王建堂年轻时雄姿英发、豪气干云的书生形象了。目前能找到的,是一张不知拍摄于何年何月,但已是老年的黑白照片——一位干瘦、整洁的老者,一位戴着眼镜的斯文长者。不像"黄沙百战穿金甲"的壮士暮年,却是"渡尽劫波兄弟在"的知识分子模样。

时光流淌至1937年,我知道——尽管几乎是过了七十多年才知道——那年深秋的某一天,王建堂和乡亲们在"死字旗"前发出了以死相搏,救亡图存的最后的吼声。

二、伤时拭血 死后裹尸

1937年是一个令所有中国人刻骨铭心的年份。这是一个在耻辱与绝望中沸腾的年代。

7月7日,卢沟桥事变。平津失守,华北大片土地沦陷。全面抗日战争爆发。

7月17日,蒋介石在庐山发表讲话:"地无分南北,年无分老幼,无论何人,皆有守土抗战之责任,皆应抱定牺牲一切之决心。"中华民族退无可退。

---

[*] 吴伟为四川绵阳联衡律师事务所律师,王烈勋为王建堂侄子。

8月13日，淞沪会战爆发。淞沪战场血流成河，成为残酷无比的绞肉机，长达三个月。此役，国军消耗七十余个师，伤亡三十三万余人。

国军节节抵抗，一寸山河一寸血；日寇步步进逼，凶残暴虐，山河破碎。这一年，日本将中国推向亡国、亡种的绝境。

国难当头，在曲山场这样的自古以来就是汉族和少数民族相邻而居的偏僻山沟，年轻的王建堂行动起来了。他四处奔走呼号，最终组建了以他为首的140余名青年男子组成的"川西北请缨杀敌队"，向时任安县县长的成云章提出请求上前线御敌。成县长一方面上报，一方面将这批热血青年安置在安县大安游艺场内驻扎，并将这支队伍改名为"安县特征义勇队"。对，就是《义勇军进行曲》歌词中的唱到的"义勇"一词！

王建堂

根据回忆复原的"死字旗"

就在王建堂和他的伙伴们焦躁不安地等待消息的时候，王建堂的父亲——定自（字者成）在家中做成了那著名的"死字旗"。

这面"死字旗"是由一块大白布做成的旗帜，旗的正中写着一个斗大而苍劲有力的"死"字，左右两侧写着这样几行小字：

右边："我不愿你在我近前尽孝，只愿你在民族分上尽忠。"

左边："国难当头，日寇狰狞。国家兴亡，匹夫有分。本欲服役，奈过年龄。幸吾有子，自觉请缨。赐旗一面，时刻随身。伤时拭血，死后裹身。勇往直前，勿忘本分！父手谕。"

这面旗帜，王老先生从曲山场邮寄到安县。在誓师大会上由县政府转赠王建堂和他的队伍，勉励他们英勇杀敌。

"死字旗"已经看不到了，我们现在看到的是根据回忆复原的"死字旗"。不知道这面旗子是否是丢失在硝烟四起的战场。资料上说斗大而苍劲有力的"死"字。这位令人肃然起敬的父亲在写这大大的死字时，他的手会颤抖吗？他的眼角可有泪光？他的心可曾流血？在忠义爱国的语境与氛围下，王建堂是否能感受到如山的父爱？感受到父亲的痛苦？

我们要万分感谢王者成老先生，没有他写就的"死字旗"，儿子王建堂和他的伙伴们的故事也可能只是家族内口耳相传的私人小历史。没有"死字旗"，王建堂或许与无数抗战老兵的命运一样，没人记得他们，没人祭奠他们。尽管他们也曾在我们脚下的乡土笑过、哭过、存在过。但在后人的记忆里将没有一丝一毫他们的痕迹。王建堂和他的伙伴们从未奢望常驻世人的记忆，更没有奢望载入史册。但是，有了王老先生的"死字旗"，他们的故事从历史的灰烬里破土而出。令我们多了一份唏嘘，少了一份愧疚；多了一份尊敬，少了一分遗憾。更重要的是，令我们有了坚守正道直行的勇气和信心。

王者成老先生应该很幸福，作为父亲，还有什么比以自己儿子为傲更让人幸福的事情呢？有儿如此，不羡生子如仲谋！

三、壮士出川又复还

1937年8月，各路川军将领达成一致，接受国民政府"军队国家化"的改编。川军迅速集结，陆续出川，揭开了川军波澜壮阔、可歌可泣抗战史的序幕。

1937年那个夏天，年轻的王建堂和他的伙伴们从今天的北川羌族自治县安昌镇出发会是怎样的情形。如果时光能倒转，看到他们逐渐远去的背影，我们会不会忍不住大喊"回来"！因为我们知道他们中的绝大多数终将一去不复返。

但他们最终还是离开了故乡。王建堂和他的请缨杀敌队一百余人步行至成都。所在军管区特赠"民族之光"四字大旗。队伍再步行至山城重庆，编入二十九集团军野战补充团，经数月整训后投入抗日前线。

这时候，王者成为儿送"死字旗"的故事已经成为特大新闻，媒体纷纷报道。所在军管区特派专员远赴曲山镇向王老先生赠送匾额。上刻四个朱红大字："父义子忠。"

在前线，王建堂随部队转战湖南、湖北及洞庭湖一带。如同许多川军将士一样，王建堂几乎无役不与，先后参加了武汉会战、鄂西会战、大洪山战役、常德会战、长沙会战等。

当年中国军队抗战的艰难非常人可以想象。中国军队无论是胜利还是失败，无一不尸横遍野，血流成河。败是惨败，胜亦是惨胜。

值得一提的是，王建堂在一次负伤住院治疗期间，与作家张恨水同一病房近一个月。对于喜爱文学的王建堂来说，这几乎是天赐良机。时间虽短，却受益匪浅。也许那是仅有的能让王建堂暂时忘记战场上的枪炮声、忘记受伤官兵的惨叫与呻吟、忘记死神在头上盘旋的巨大阴影的时光。真正的和平是多么美好！

抗战胜利后，王建堂随部队留守南京，不久被送到中国文学院进修。往昔投笔从戎，今竟重新拿起笔，仿佛一个轮回。他创作出话剧《白云深处》，并成功公演。

1949年，王建堂在成都随部队起义。

1980年，王建堂他被北川县列为社会救济的孤老；1981年，他被聘为北川县政协文史资料研究委员会委员，撰写了多篇有史料价值的文章。

1992年初夏，王建堂病逝，终年80岁。

四、结语

以上就是王建堂的一生，也是王家"死字旗"的真实故事。四十年来，我们在家乡听说并见过老红军、老八路、南下干部、志愿军军人、对越自卫反击战英雄以及他们的故事。

往好的方面想，命运女神又是垂青王建堂的。与牺牲的战友相比，能从死人堆里爬出来是上天的恩宠，公认的数据是，抗战中国军队伤亡350万人，其中64万人为川军将士。1939年到1945年间，全军阵亡85万人，其中川军有26万。王建堂历经无数次恶战，也受过伤，却活了下来。我们相信，如果王建堂先生还活着，他会像我在一篇采访中看到的那个老兵一样，笑着说："我不后悔，也没有好抱怨的，我活着已经很不错了。"

　　是啊，他们在国家民族危难之际挺身而出，为中华民族杀出一条通往生存与希望的血路；他们见证了日本投降，见证了世界反法西斯战争的最终胜利；他们见证了中国一洗百年耻辱，清末以来签订的不平等条约尽数废除；他们见证了中国成为联合国创始国并成为五大常任理事国之一。他们见证了一个民族觉醒，国家崛起的伟大时代。王建堂定会因此而骄傲无比，却也不露痕迹，一如他照片上那沉静如水。他会淡淡说："是的，我都看见了。"

本文写于 2014 年 12 月

从家书看中江民众的抗战

赖天国[*]

中江县是特级英雄黄继光的故乡,有着光荣的爱国主义传统。中江位于四川省中部,距离成都仅 90 公里。据相关资料记载,1937 年全面抗战爆发时,中江县有 16 万户,93 万人口,在全省 136 个县中居第五位,是全省人口大县,也是当时主要的兵源地之一。1939 年 11 月,中江被省府定为一等县,后又被省府定为 23 个水稻主产县之一,实为四川粮食的主要供给地之一,为全民族在艰苦环境中的抗日战争提供了保障。

七七事变后,日寇的铁蹄在中国的土地上肆意践踏,激起了中江热血儿女的义愤,他们纷纷告别父母妻儿,积极应征入伍,抱定为国效命、战死疆场的决心。全面抗战中,中江县共有 41431 位热血青壮年应征入伍,先后参加了著名的滕县战役、武汉会战、随枣战役、枣宜会战、长沙会战、广德泗安之战、大洪山战役、浙赣会战及常德战役等数百次战斗,全面抗战时期,共有 712 名有名有姓的中江籍官兵英勇殉国入祀县忠烈祠。入祠受祀的阵亡将士中,年龄最小的叫唐光德,是三十六师一○六团一连的一等兵,1942 年 5 月,在惠通桥遭遇战中阵亡,牺牲时只有 14 岁。

那时正是中国远征军第一次入缅作战的时候。由于盟军英军配合不力,致使远征军惨败而向国内撤退。日军乘胜占领缅甸重镇密支那截断我入缅军队的退路并向我国内追击。位于滇西的怒江天险即成了我阻挡日军捍卫抗战大后方的重要屏障。横跨怒江的惠通桥是连接滇西和滇中的唯一通道。如果日军夺占了惠通桥,即打开了通向昆明的大门,战略大后方将面临危局,整个抗日战争的历史或可改写。当我军从滇西向东撤退,同时也有为数不少的难民随之向东撤逃。精明的日本人派出一支先头部队身着汉服,藏匿枪械,装扮成滇西边民混入难民之中预谋乘机夺桥。日军阴谋败露,双方在桥边发生激战,我军抓住时机将惠通桥炸毁。日军的进攻势头被扼制住了,从此两军在怒江两岸对峙,直到 1944 年我第二次远征军大反攻。还是小孩子的唐光德就是在此时阵亡的,还没有成熟的身体上仅仅流动了十四个年头的鲜血,便洒入奔腾咆哮的江水之中,消失了。

入祠年龄最大的叫罗大生,是二十集团军四十军一二七师卫生队的上等兵,1943 年 11 月在湖北阵亡,时年 51 岁。自从武汉会战后,一二七师随集团军驻守在鄂西大洪山一带,保卫这个威胁武汉的战略要地。日军为了拔出这个钉子,对大洪山区进行了四次大规模进攻和多次扫荡。我军则对日进行了著名的冬季攻势和多次反扫荡。双方反复拉锯作战,大洪山地区进入异常艰难困苦的环境之中。虽然罗大生究竟阵亡于哪一次战

---

[*] 作者赖天国,中江县历史文化研究员、中江县住建局干部。

斗已无从考证，但我们大体可以论证，此时正是湖南常德会战时期，一二七师正在大洪山西南麓向敌发起攻势，以策应我军的长德会战。罗大生就是在这一时间段阵亡的。

入祠受祀一大一小、一老一幼两位英烈，一个是应该在父母怀里撒娇的孩子，一个应该是儿孙绕膝享受天伦之乐的爷爷，他们为了民族生存毅然走上了腥风血雨的战场。这正是当年"地无分南北、人无分老幼"的全民抗战的真实写照。

现在，县档案馆保存着这样一份历史照片，这是1940年中央陆军军官学校（黄埔军校）军官训练班第八期在校同学合影照。从这张已经泛黄的照片中我们可以看到，除了照片中间两位是军校教官外，该班就有15位中江籍学员。当时正是抗日战争最艰苦的相持阶段，无情的战火正燃烧在大江南北，南昌会战、长沙会战、浙赣会战、枣宜会战需要他们。还有一张，是一位名叫向阳的青年身着戎装，题词明志送别亲朋好友留念的照片。从照片上看，这位青年身材不算魁梧但却英俊秀气，照片题词是：为天地昭正气，为民族争生存。简短质朴的词句，无不彰显在民族危亡之际热血青年们的壮志豪情。这些壮怀激烈的有志男儿大多立刻奔赴了抗战一线。

在笔者搜集到的中江抗战史文物资料中，还有几封抗战将士写给亲人的普通家书。"烽火连三月，家书抵万金"，在那战火纷飞的年代，能收到一封家书是多么的不易啊！今天，我们重读这些抗战英烈在战火中写给亲人的家书，无不为当年中江籍川军将士为国家为民族视死如归、奋勇杀敌的大无畏精神所震撼，也能深深感受到他们对家乡和亲人的无限思念之情。这些书信在当初也许再普通不过了，但现在重读能让生活在甜蜜、幸福家园的现代人，回到那段残酷的历史中，从那些如诉如泣、浸透肺腑而又朴实的言语中感受到当年中江民众对抗战做出的伟大牺牲。

这里，首先映入眼帘的是一封在前线抗战的孩子写给双亲的信。现在这封信已经没有了第一页，在信中他汇报了当前的战况，决心在前线英勇杀敌，为死难同胞复仇。信中写道："忠勇将士，奋力抵抗，达成任务，财（才）保存原有阵线，近来敌寇各方崩退，我们的最后胜利在目前不远了。二位大人在川矣（已）受无情的倭奴飞机机关枪之下过活吗？这样惨无人道的东洋鬼子我们要把杀个不流（留），洗去我们数千年的国耻与我们死难同胞复仇，争取我们民族抗战的生存。侄的内室也些（希）望二位……"写信的人自称为"侄"，又说"侄的内室也些（希）望二位"，内室就是妻子。从这句来看，他同双亲的关系可能还有比叔侄更亲的关系。我们推测，是表亲加姻亲的关系。因为这里还有下面一封信。

这封信是丈夫写给妻子的信。从信笺和信笺编号和写信人的字迹来，都是出自同一人之手。他在信中称自己的妻子为妹妹，这就印证了表亲加姻亲的关系。另外，从信中也可看出，写信的人有文化但并不高，可能是一位正在前线作战的下级军官，正是青春旺年的铁血汉子。

青年时期的感情在我们的人生中是至洁至纯的情感。但在抗战的艰苦岁月里，有多少热血男儿不得不告别自己的妻小和恋人，离家从军，保家卫国，他们只能把自己对亲人的思念之情深深埋藏在心里。他在信中把离家三年来思念家乡情妹妹（妻子）的心里话，引用了古代薛平贵为国出征与王宝钏寒窑苦守的爱情故事，来倾诉和比喻抗日战场上的思念之苦和对爱的坚守。信中写道："陈氏亲爱的妹妹：我自出征三年后未有见你的面,觉得心中难过。此次接着来音感觉想请(清)了一(件)事(中的)古人,妹好比古人寿(受)苦在家的王宝川(钏),我好比出征杀敌的薛平贵吗?妹妹在家好好苦守旧有门庭,将来出头之日到了,岂不是你我的幸福吗?百龄小儿务要切实教育,宋(送)如(入)学校读点词(诗)书。请将妹妹(和)小儿的相片照一张庄(装)在信内不误。此致……"好想念亲人啊,只希望有张照片揣在怀里,暖着心窝。另请读者注意,写信落款的日期是九月十八日。这是中华民族刻骨铭心的日子。选择在这一天写信,显然有特定的意义。这封信不仅包含着深深的爱,还表达了强烈的恨!这位名叫国乡的青年军人,立志杀敌报国,同时憧憬着将侵略者赶出国门后的幸福生活。

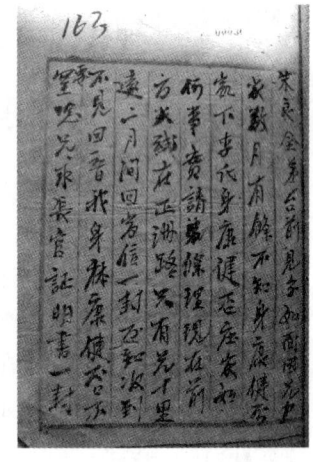 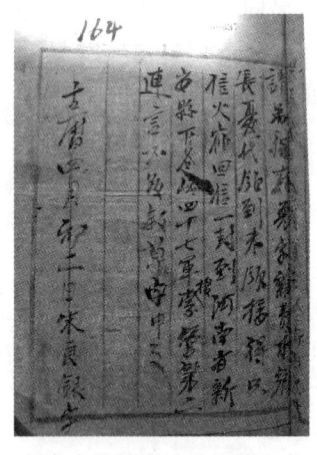 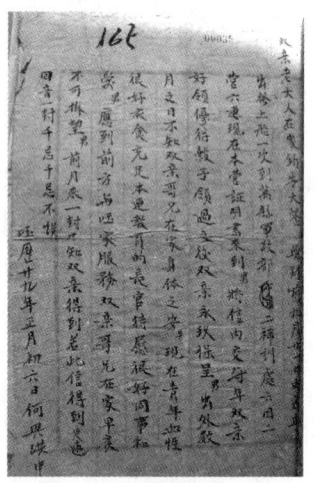

保存在县档案馆的抗战家书

从信中还可以看到,远在前方的军人特别担心亲人在家乡是否遭受到了日军飞机扫射。素有天府之国美称的四川,物产丰饶,山川秀美,凭借特殊的地形环境,作为当时抗战的大后方。日军始终没能踏上这片土地,但也难逃日本飞机空前的狂轰滥炸,据史料记载,在日寇轰炸四川的七年期间,出动飞机7380架次以上,对四川的66个县、市进行了至少321天的战略轰炸和扫射,投下数万枚炸弹,给四川人民造成了深重的灾难。1944年9月9日,日机又一次空袭四川,对新津、郫县、德阳、绵竹等八个县市进行了轰炸,在中江投弹七枚。日军的空袭也遭到了我空军和防空部队的奋勇反击,多架日军的飞机被击落在川中的土地上。1939年11月4日,被日军称为"轰炸机之花"的奥田大佐驾驶日本九六式重型轰炸机率队入侵成都,我空军和高射炮部队共同迎敌,将其击落于中江县良安乡麻柳沟(1953年划归乐至县管辖)。

俗话说:儿行千里母担忧。儿子在外奋勇杀敌,自然会引起亲人无限的思念。另一封信展示的是抗战川军将士为了不让父母挂念,慰问双亲和汇报行踪的书信。他在信中写道:"双亲大人膝下敬禀者,无别。在去岁接着回音一件,未能回音,现刻近来光阴数月余天,不知大人身体健康否?饮食起居如常吗?诸事顺意吗?现刻男已经迁移到新津机场,沿途平安,男身体……"写信的军人可能是机场的警卫。新津距中江不过数十公里,但也数月未曾见面,只在信中报告行踪、请安问候了。在这些朴实无华的言语中,我们能感受到儿子对父母深深思念之情。

今天我们读着这些弥足珍贵的书信，可以感受到抗日先辈对祖国赤胆忠心的真情，感受到川军将士为国为家一往无前的豪情，感受到亲人血浓于水的柔情。

抗战胜利已七十周年，今天的年轻人恐怕没有几个知道我们的先辈在抗日战争中做出的卓越贡献，说不定自己就是抗日英烈的儿孙都不知道。忘记历史就意味着背叛。国家以立法的形式确定中国人民抗日战争胜利纪念日和南京大屠杀死难者国家公祭日、烈士纪念日，其目的就是要我们牢记历史、不忘过去、珍爱和平、开创未来。目前，全国各地都还有一些幸存下来的亟待保护的抗战遗址遗物，中江抗战忠烈祠就是大陆幸存的唯一一座由当时地方政府修建，以县籍抗战阵亡将士为祭祀对象的纪念设施。留住这些文物和遗迹，是了解由积贫积弱到民族复兴的过程，是缅怀抗日先烈的丰功伟绩，教育后代弘扬伟大的爱国主义精神，实现强国富民中国梦的最好教材。让我们一同怀念那些为祖国、为民族、为人民奉献出宝贵生命，为我们创造幸福生活的先烈们。让我们一同坚守今天来之不易的幸福生活，坚守光荣传统，坚守和平与幸福，为实现中华民族伟大复兴的中国梦奉献智慧和力量！

本文写于2015年

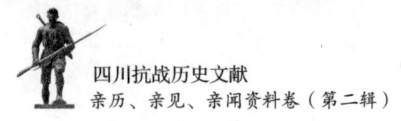

《国仗》背后的故事

陈 庄[*]

一、东阳关，那一溜台地

2013年秋日，纪录片《国仗》摄制组从成都出发，驱车数千公里赶往山西长治的东阳关。

东阳关藏在大山深处。山麓上，残留的明长城逶迤远伸，犹如一笔刻在山河间的民族生存史。

我们到东阳关，是受川军四十七军后人邓鲁的指引。邓鲁是四十七军一七八师五三三团军需官邓直轩之子，五年前，他专程来到东阳关，追寻父亲刻骨铭心的一段抗战故事。在山脚下的村庄里，他遇到了一位自告奋勇要当志愿者的长治干部李兴旺，这位志愿者又把他带到自己的舅舅家，他的舅舅名叫石福全，已经卧病不起了。他曾经当过八路军民兵队长和村党支部书记。

"石福全老汉说着自己就掉泪了。"邓鲁激动地回忆道。"他说那些南方兵啊（他不叫川军，叫南方兵），都是些十七八岁的娃娃，那么冷的天，正月里头穿着单衣草鞋，在山里打伏击，冻死了很多。仗打得非常惨烈，死了很多人。仗打完以后他们去帮着收尸，就地掩埋。那些兵都是些小孩，十七八岁，有的还没有枪高。"

明长城虽然已成断壁残垣，却在五百年后，又担当了国人抗击外侮的掩体。

1937年底，李家钰将军率四十七军到达晋东，受命驻防晋东南的长治七县，防止日军从太原和晋东的昔阳向南突进，此处，还要防止日军从河北向西进攻山西。

长治是晋东南的战略要地，向东可截断平汉路，并封锁住从河北和河南进入晋东南的咽喉；向北则可截断正太路，直指太原。

这样，长治不可避免地成为历代兵家的必争之地。

李家钰以一〇四师二旅四团驻长治一带，一七八师驻守潞城和东阳关。

日军的进攻是从东阳关开始的。1938年2月14日，敌一〇八师团久留米旅团和部分伪军万余人，攻占河北涉县并乘势向西追击，集中力量攻击东阳关。

日军集中全部火炮对东阳关右翼香炉峰阵地猛轰，在香炉峰指挥作战的我一〇六二团团长罗时英，以两个营轮番作战拒敌。

"当时川军的装备差到什么程度，可能很多人不了解。"王剑峰是四十七军上尉文书王振庸之子，他对父亲的讲述还记忆犹新。"当时用的枪是79式，遂宁兵工厂生产的，

---

[*] 作者为四川广播电视台总编室原主任、《国仗》总编导、撰稿人。

打不远，射程不远，而且有时是臭子，不炸的。手榴弹方面呢，不是我们经常看到的木柄手榴弹，而是用那个竹麻，就是竹子砸来编的，就一个铁疙瘩，编一个兜兜，用竹麻编一个尾巴，一下给敌人甩过去，由于质量差，不能马上爆炸，日本人捡起又给你甩过来……你没有防空武器，日机相当猖獗，我父亲说的，简直是刮到头皮飞过去，扫射，所以伤亡很重。"

打退鬼子几次冲锋后，一线的杨孟侯营伤亡殆尽，亲自在一线指挥的团长王杰才看见杨营无法支持，立即命令预备队填补。很快，罗功亮营也伤亡累累。

王杰才的回忆录中写道：当预备队用尽的时候，师部特务连的一个排也来支援阵地上的战斗。有个战士负伤不下火线，手握手榴弹冲出战壕，吼声："干脆拼了！"把手榴弹连续向敌人投去，把敌人炸得前仆后仰，而这位战士也壮烈牺牲了！十分惋惜的是，我今天已经忘记他的姓名了。

在东阳关左翼阵地，周策勋营以大刀同日军展开多次肉搏，不断将攻进阵地的敌人打退。指挥战斗的周策勋营长被敌人集中火力射击，壮烈牺牲。鬼子终于攻上阵地。

剩下的士兵向后撤退，日本人跟着猛追过来。惊危时刻，却发生了奇异的一幕。

"我父亲是上尉文书。当时部队文化素质比较低，我父亲这个人跟大家比较打得拢堆，经常给别人读下报啊，写下家书啊，所以上下都晓得王书记官。"王剑峰摆起来还有些忍俊不禁。"在东阳关作战的时候，因为战事失利，日本人跟着追，他跑不动。你想他教书先生去当兵怎么跑得动嘛！看到日本兵就要撵拢了，前头的川军弟兄回头一望，看到危险得很了，又不敢开枪，为啥？怕伤到我父亲，就站起来，就用川话骂：狗东西，小鬼子，不准伤害王老师！乱骂一气。日本人看到这些兵不开枪，都站在那儿又吼又跳，弄得丈二金刚摸不着头脑，在愣神的时候，我父亲跑脱了。"

上尉书记官王振庸，毕业于四川大学中文系，七七事变以后，毅然报名从军。他有一句名言：后方可以少一个教师，但是前方不能少一名士兵。

东阳关保卫战的第四天，日军在当地汉奸的带领下绕过关口，抄到了我军背后，形势突变，军部命令一七八师迅即撤退，转移到长治集结，策应一〇四师保卫长治作战。

一〇六一团黄高翼连埋伏在香炉峰阵地外，掩护全师撤退。

黄高翼一连人同日军进行了最后的殊死搏斗。弹药用尽之后，鬼子冲上阵地，黄高翼和全连战士都牺牲在阵地上。

东阳关守卫战，我军伤亡官兵两千余人，日军也伤亡一千余。

在当时国军序列中，四十七军被划为丙种军，即装备和战斗力均属下等的部队。就是这样一支部队，在出川首仗中就创造了敌我伤亡二比一的惊人纪录。在全面抗战敌我伤亡的总账上，这个纪录是六比一哦！

长宁村民李红波是当地的文物管理员，可能是这一身份，他对东阳关的过往历史有一份特别的关注。

李红波把我们带到长宁村后山，山坡下面，有一溜台地。农民的玉米地都小心翼翼地避开这溜台地，退到两丈之外。

"当时川军阵亡的士兵太多了，为了不让野狗撕咬尸体，我们当地的老百姓就把他们集体埋在这个地方。"李红波指着脚下的台地。当年牺牲的千余士兵一个紧挨一个，就裸葬在这片台地下面。

我们轻轻地踏上台地，怕惊扰了脚下的忠魂。

七十多年过去了，年轻的士兵已经化作白骨，时有暴露。"这里原来长出了一棵树，那棵树是从一个头骨的眼眶里长出来的。"李红波说道。

村民多次收集暴露的遗骨重新掩埋。有一次，一具遗骨引起了李红波的注意。"有具遗骨和别的遗骨不一样，双臂向后似曾捆绑，双膝弯曲半跪状态，头部还有个铜质的发卡，发现是个女同志。我们发现川军女兵这个遗骨以后，就用编织袋装起来送到上面埋起来了。"

"石福全老人说，我们到现在晚上还经常听见山上那些南方兵的哭喊声，真是魂不散啊！"邓鲁回忆道。

如果地下那千余年轻士兵的魂魄真有呼喊，他们的呼喊一定是：回家。

二、历史不该随他们凋零

2013年秋，叶光文先生走了。

完全没有想到，虽已94岁高龄，身板却保持着士兵的笔直硬朗的叶老先生，会如此突然地离开我们。震惊之余，作为该节目的编导和撰稿人，我深感内疚的是他没有看到我们节目的播出。但是如果早一点知道他病重的消息，我还可以把粗剪的毛片，送到他的床前。

赶到叶老先生家的时候，国民革命军三十六集团军总司令李家钰的公子李克林，二十三集团军一四五师师长饶国华的女儿饶毓琇，以及五十军军长郭勋祺的女儿郭开慧等一群川军后人，都已早早候在灵前。他们的父辈都是抗日战场上赫赫有名的战将，李家钰是我国在抗战中牺牲的两位最高将领之一，另一位是张自忠；饶国华则是川军阵亡的第一位高级将领。如今，后辈们也是日见凋零的垂暮老人。

在这前一年的中秋，我提了一盒月饼到叶老先生家，接他到演播厅采访。老先生递过来一支烟，一看是熊猫。先前我已得知，先生头脑灵活，20世纪80年代就下海，成都著名的神仙豆花庄，他是创始人，这在我采访的抗战老兵中，可能是唯一的一位。不意先生出门时，竟用起拐杖。想起两年前第一次采访，90岁高龄的叶老居然是骑自行车来的，很让我们吃惊。这一细节让我暗自警醒：采访老兵一定得和时间赛跑。

老先生记忆力极好，而记忆最深的是滕县战役。在战斗中，叶老所在的营先是坚守城边阵地。他说能打退日军的多次狂攻，最管用的武器是手榴弹。在战斗开始前，军长孙震足足送来了两火车皮的手榴弹，这成为坚守滕县的火力保障。"我一甩就是两个，两个两个的甩。我甩得最多，也甩得最远。"叶老说起来仍然一脸的自豪。"我炸死的日本鬼子，少说也有一二十个！"

对此我毫不怀疑，以先生的高大的个头身板，川军中少有人能够企及。

限于篇幅，叶老先生个人的战斗细节没有写进片子，补记在这里，也是我的歉意。

滕县城破以后，先生带着剩下的十多个士兵缒城而出，得以幸存。

老先生的记忆力之强，还见于一张老照片。这是同一个营的一位名叫李兆麟的连长，在山西首次接敌负伤后，送回西安治伤时寄给妻子的照片。照片中，李连长侧身而坐，他的臀部中了鬼子一梭子机枪，缠满了绷带。他的表情，却是一脸自豪。照片背后的一行字是：蕙妹存念。

李兆麟没有想到，他的爱人已经看不到这张照片了。

1937年7月，李兆麟忍痛告别身患重病的妻子，随部队出川北上。这张照片寄到成都的时候，她已经去世。

李兆麟在滕县第二次负重伤以后，被辗转送回成都修养。稍待康复，又准备重返前线。面对亲弟弟的劝阻，李兆麟沉默良久，只说了一句："国难当头，不去咋办？"兄弟二人抱头痛哭。

李兆麟这一去再没有回来。牺牲于随枣会战。

几十年后，叶老先生看到照片背后落款日期，非常肯定地告诉李兆麟的儿子：那不是在西安照相的时间，是你父亲在山西受伤的日子。

凭着先生的记忆，我们得以用三集的篇幅，复制滕县战役的惨烈悲壮。

先生牵挂的节目是22集纪录片《国仗》。节目的片尾，我们用一组从浩瀚星空中迎面推来的一个个老兵镜头，来表达我们的纪念：老兵远去，但历史不该凋零。

三、三位可敬的老人

《国仗》纪录片的主笔何允中先生，是滕县保卫战中团长何煋荣的儿子。

他的本行是地质矿产勘查，却用了二十年的时间，以寻找地矿的坚忍执着，一辆摩托行程万里，去爬梳当年川军的抗战谱系。二十年的用功，也使一位地质高级工程师，成为川军抗战史迹的活地图。

这不只是时间、体力、心血的付出，还包括其间无法言说的遭遇和风险。可以说，如果不是他的努力，《国仗》所记述的那些感天动地的人和事，早已化作无法捡拾的尘埃。

和他一样进行着同样努力的，还有一位老先生：山东省枣庄市老教师任世淦。

任先生退休以后，一直致力于川军鲁南作战史实的搜集。他用了十多年的时间，在鲁南地区逐县、逐村走访，力求还原当年的抗战历史。作为一位语文教师，任先生走访搜集不限于莘莘大者，更注重战争中普通的人物命运和细节。

"（1938年）3月14日，日军突破界河防线，我们不少的官兵牺牲了。"那是滕县保卫战的一个故事，任先生的细节呈现格外清晰。在小万院这个村庄，一个孤老太太六七十岁了，她去柴房拿柴火，发现有个伤兵在那呻吟，痛苦地在那个地方叫。她一看是我们一个受伤的爱国军人，很年轻。赵家奶奶就把他秘密的掩藏起来，给他慢慢治伤。那这个伤兵就认她为干娘了。赵奶奶像疼儿子一样的疼这个伤兵，伤好以后，这个伤兵也没有走，就同赵奶奶相濡以沫的生活。一直到新中国成立后，土改他没走，成立公社没走，一直到了'文化大革命'动乱的时候，赵奶奶老故了，这个川军士兵就给这个母亲，买了棺木，披麻戴孝，很正式地出了殡，安葬了，他才走，从那一走就没有信息了。我知道，他的名字叫杨子清，赵家的老人，凡是知道的，不断的念，杨子清你在四川，是在哪个县哪个村哪个地方呢，你现在还在么……

"台儿庄大战期间，苏鲁交界处的陈瓦房村边躺着一位爱国战士，他的布袋里有张纸片，上边写着'生于四川，死守山东'。当年亲见这位战士死后留言的陈增宜（82岁）说：'这位烈士战前大概想到他会牺牲，所以写下这几个字，想告诉世人他是四川兵。'"

任先生讲起这些故事，依然唏嘘不已。

任世淦先生最有价值的走访，是把日本人当年屠杀的鲁南群众姓名逐一记载，包括被杀害的时间、地点、方式，制成一部长卷，一本铁账。如果不是他的记载，鲁南当地的很多后人，都不知道自己的祖上是死于日寇之手。

还有一位同样可敬的老人，浙江退休的温州党校党史办主任柯永波。

得到我们制作《国仗》的消息，柯老专程来四川，给摄制组送来一部当地电视台制作的节目，川军八十八军新二十一师1944年11月克复温州的采访记录。这是他力排众议，精心收集、整理、研究得出的新二十一师温州战史。

八十八军，即范绍增毁家纾难，自筹资金自招人马组建的一支部队，也是川军最后一支出川抗战的建制部队。在影视文艺作品中，范绍增被作为娱乐化人物反复消费，妇孺皆知。至于他亲率八十八军出川经历了多少惨烈的战役，却很少有人知道。实际上，就1944年克服丽水温州一战，就足以使这支部队青史留名。

柯永波老人提供的资料极大地丰富了这场战役的细节。丽温战役在1944年9月打响，历时近四个月，参战的新二十一师共阵亡军官六十多员、士兵两千余人，总计伤亡四千余人，为八十八军新二十一师在抗日战场中最惨重的牺牲。当地老人的回忆：在攻克战略据点莲花芯的战斗中，牺牲的川军士兵竟使沟谷堵塞，河水染红，可谓血流漂杵。

柯永波还寻访到两位新二十一师老兵，都是浙江人。一位老兵手臂上有"21搜"部队番号的刺青，他是师部搜索连的士兵；一位的刺青是"21卫"，他是师卫生队的士兵。当时的作用是便于阵亡后辨明身份。

有细节，历史才不会虚无。历史的编年不如故事的传承直入人心。22集长达九个半小时的纪录片《国仗》，就是靠了一个个人物，一段段故事，一处处细节，织成了川军研血作墨、筑魂为字、永留人间的抗战史。

本文写于2014年10月

日本投降那天成都市的三个第一

王大炜

1945年8月15日，日本终于无条件投降了。这一天，是中国人民永远值得纪念和庆祝的。其实，早在8月10日，日本投降的消息已开始传来。亲身经历过抗战胜利的不少老人们，对半个多世纪前那激动人心的一刻更是永世难忘。成都市邮政局的几位老邮工所创造的三个第一，至今还为老人们津津乐道。

一、第一个得知胜利消息的人

曾子光老人退休前是成都市邮政局火车站邮电分局电信组班长，一生中经他收发过的电报不计其数，但其中一次接收电报的情景，却令他终生难忘。

那是1945年8月10日，24岁的曾子光像往常一样，一大早就从疏散至外东沙河铺的单身宿舍来到电信局无线报房上早班。报房里，"嘀嘀嗒嗒"的无线电讯号声接连不断。8点零1分，最为繁忙的成都—西安电路上传来了对方的紧急呼叫："SIAN CLG CHT HR IMPT XQ PSE DING ON KEY"（西安呼叫成都，这里有重要"简便公电"，请班长上机）。正在值机的曾子光取下耳机立即交给值班长陈子侯。陈子侯一边抄，站在机旁的曾子光一边念，抄一字念一字，8点31分，这份用通报英语组成的重要简便公电抄收完毕。其大意是：

> 今晨，从报纸上得知，由于苏联出兵东北对日作战，广岛、长崎遭到美国原子弹的毁灭性袭击，所以日本宣布无条件投降。请注意这是千真万确的消息。为此，让我们停机10分钟，以示欢庆！

亲历抗战种种苦难的成都市民，对日本侵略者十分痛恨。当时，日本飞机对中国后方进行狂轰滥炸，成都地区警报一响，人们便惊慌逃命，许多人家丧子失夫，家破人亡，尤以猛追湾、少城公园、盐市口等一带被炸得最惨，残肢乱飞，五脏六腑挂满树枝，死人到处可见。加之当时经济不振，政府无能，曾子光像其他中国人一样，十分渴望胜利早日到来。

这一天，曾子光终于盼到了。面对这份电报底稿，他几乎不相信自己的眼睛，反复看了又看，顿时像吃了兴奋剂似的一下子便欢呼起来："中国胜利啦！日本投降啦！"这时，全体同事都沸腾起来，连门口站岗的士兵都拥进了电报房，欢呼之声，欣喜之情，难以言表，兴奋之余，曾子光掏出唯一的一支香烟，让大家轮流吸一口，以示庆祝。其他几位同事则争先恐后地抢着上机，以最快的速度，将这个喜讯通过电波传给康定、拉萨、泸州、汉源、西昌、松潘……

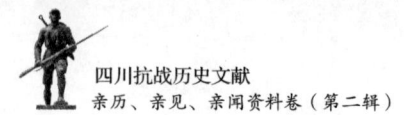

无线电波传来的这一特大喜讯，连当时在中央社兼职的同事都尚未知道。作为一名普通的邮电工人，能提前享受到这具有历史意义的伟大时刻，真是莫大的幸福。曾子光一直保存着这份弥足珍贵的电报底稿。1995年，他把这份珍贵的文物在全民庆祝抗战胜利五十周年的前夕捐献给国家，因而在成都市邮政局邮电文物普查表彰会上受到奖励，获得"先进个人"的光荣称号。

二、第一支上街游行的队伍

根据李官福老人（退休前为成都市邮政局工会专职副主席，海星合唱团老成员，四川省戏剧家协会会员）回忆。1945年8月10日傍晚七时左右，他与在邮局上夜班的几个伙伴在街上吃过晚饭，便匆匆赶到暑袜街西川邮政管理局上班。刚刚跨进收发邮件组的门口，安置在楼梯过道旁的一部电话突然响了起来，走到前面的陈宜东顺手接过电话："喂！哪里？"当对方传来话音时，他简直不敢相信自己的耳朵。

"什么？什么？"陈宜东惊喜地睁大双眼，急切地说："请你再说一遍！"

见此情景，大家都不约而同地停了起来，静候着他说话。过了一会儿，陈宜东放下话筒，跳了起来："好消息！好消息！"说着，发狂地欢呼："日本投降啦！"

"什么？"大家惊喜地望着他。"电信局打来的电话！"沉浸在兴奋中的陈宜东激动不已："日本投降啦！抗战胜利啦！"

邮工们高兴得跳了起来，一边欢呼着，一边朝其工作场所——快递邮件组跑去。这个组一共十人，组里的伙伴听到这特大喜讯，也都高兴得手舞足蹈。不知是谁说了句："走，上街游行去！"

真是一呼百应，邮工们拿起墙角一个供洗手用的铜盆当作铜锣，抄起一把日戳做锣槌，在"啕啕"的铜盆声中，这支自发组织起来的成都市第一支庆祝抗战胜利的游行队伍就欢快地出发了。

到达春熙路时，这支队伍像滚雪球一样越滚越大，已有上百人了。在盐市口，一位老太婆走过来，指了指自己有些失聪的耳朵，不解地问道："小伙子，你们敲铜盆干啥子？"邮工们凑近她耳边，大声地说道："日本投降了！抗战胜利啦！"太婆的脸上顿时漾起笑容："唉！真是善有善报，恶有恶报。日本鬼子也有今天的下场！"

游行归来，已是晚上十点过。此时，蓉城街头已成了欢乐的海洋！

三、第一个编发胜利消息的编辑

现年82岁的舒世荣，退休前系成都市邮政局教育科干部，抗战时期在《成都快报》任编辑。

1945年8月10日，这一天该他值夜班。当天傍晚七时左右，他正在智育电影院（后来的红旗剧场）看电影。突然断片："打玻板"（放幻灯片），玻板上写着"日本无条件投降了！"顿时，电影院里沸腾起来，人们都不看电影了，拥上街头，争相转告胜利的消息。

舒世荣急忙赶回报馆，看到这一消息的电讯稿和中央社发的油印快件都到了。便着手编发这一特大新闻稿件。此时的舒世荣心情格外激动，1939年6月11日，日本飞机轰炸成都时，他家住北糠市街的三间平房被炸毁，国仇家恨，使他对日本鬼子恨之入骨。抗战胜利了，他一定要尽快地把这激动人心的消息告诉大家。

他选用"初号字"（超出特大号字的字号）做标题，当时都是用铅字排版，要用特别的字号必须通知排字房赶排，当他赶到排字房时，师傅们也知道了这一特大喜讯，早就等候在那里了。

夜里十点多钟，"日本无条件投降"的重要消息就以格外醒目的"初号字"排在了《成都快报》的头版头条。

本文选编自成都市政协文史学习委员会《成都文史资料选编．抗日战争卷中，血肉长城》

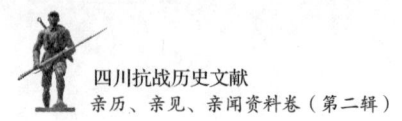

缅怀英烈遗腹子邹汝祥先生

何允中[*]

我同汝祥先生相识于十年前，一见如故，以兄弟相称。汝祥年长八岁，为兄。

他的父亲邹绍孟（慕陶），是我从小就熟悉的名字。是我父亲（何煋荣）向我讲述得最多的两个人之一，一个是王麟，另一个就是邹绍孟。

抗战前夕，我的父亲（何煋荣）在四十一军绵阳军校任专职中校教官兼中队长，邹绍孟作为师参谋长，常轮值在军校任总教官和教育长。因此，二人维系着的上下级关系。

全面抗战爆发，绵阳军校撤销，邹绍孟是一二四师参谋长，王麟是七四〇团团长，我的父亲被编入一二四师七四〇团任副团长。此时，父亲是他们二人的直接下级。

七十年前悲壮的年代让他们生死与共。

那是我中华民族生死存亡热血迸溅的年代。

1938年3月14日，日军第十师团沿津浦铁路南下直取徐州，我川军二十二集团军四十一军、四十五军奉统帅部命令坚守滕县三日，以待部队在台儿庄集结会战。

滕县是鲁南重镇，县城以西是国人尽知的微山湖，县城以东不远是沂蒙山区，津浦铁路从城西通过。县城雄踞山水之间，紧紧锁住日军南进的要道。四十五军坚守城北山地，四十一军固守城垣。

3月14日战斗打响，一开始就十分激烈，日军全力以赴立体攻击，天空飞机轰炸，地下大炮坦克开路。我防守部队凭大刀手榴弹等简陋窳劣的武器和满腔热血作战。阵地尸横遍野，15日日军攻破外围阵地，三面包围县城。16日，日军以东门为主攻方向，从南面和东面向县城发起猛攻，数十门大炮和十余架飞机反复轰击，城墙多处垮塌，护城河被炮火填平，城内一片瓦砾，砖石乱飞，硝烟四起，烈火熊熊。守军伤亡惨重，堵塞了城门死战不退。

16日夜，在城北山地坚持作战的四十一军一二四师七四〇团二个营奉调进入东门外的东关，接替已经伤亡殆尽的一二二师严翊营，迎战十七日的日军总攻。

那时，王麟是七四〇团上校团长，我的父亲是中校副团长。

东关是城东门外的一个村寨，村寨的西面和东城墙相接，村寨三面有寨墙。七四〇团部设在东门城门洞内，距东关阵地最前沿的寨墙约400米。

日军从17日晨开始攻击，炮火强于头一天数倍，大地在炮声中颤抖，城墙在爆炸的烟火里晃动。东关依然是日军重点所指，寨内所有房舍尽毁，寨墙早已不复存在。日

---

[*] 何允中为何煋荣之子。

军的攻势一波接着一波，前面的被打退了，后面的又涌上来。到了午后，东城门洞已成坍塌之状，守军弹药告罄，几挺重机枪全部打毁，赖以生存的手榴弹所剩无几，日军坦克攻入寨内，东关前沿告急。

邹绍孟　　　　　　　　　　王麟　　　　　　　　　　何煋荣

王麟团长没有半点犹豫，迅速点起团部的所有勤杂，大喊一声："冲！"率先冲入弹雨增援东关。正在此时，一颗炮弹就在脚下爆炸，团部政训员胡溪清当即牺牲，团长王麟重伤，一块弹片击碎下颚，鲜血咕咕直冒，顿时不省人事。我的父亲却奇迹般地在四射的弹片中存活下来。

父亲一边指挥作战，一边命令传令兵抬起濒临气绝的团长火速返回城内总指挥部报告。四十一军代军长王铭章和一二四师师长税梯青一看情况危急，立即命令一二四师参谋长邹绍孟代理团长赴东关指挥作战。"参谋长！参谋长！"师长高声呼唤，可是无人应答。环顾四周，一位参谋答道："参谋长在南城墙督战未归！"南城墙战事惨烈，密集的枪炮声清晰可闻。

团长王麟是上校，师参谋长邹绍孟也是上校，由他代替王麟指挥正好。可是战况已是千钧一发，连派人通知参谋长的时间也没有了！师长和王铭章代军长迅速处置，当即命令浑身烟尘、正在指挥部等候命令的副团长升任团长指挥东关残部作战。

下午，东关守军战至弹尽人绝，父亲率最后的20余人退入城中参加巷战。东关全寨房舍被坦克碾成平地，唯有一座满身弹痕的石塔耸立在原地直至今天，成了历史的见证。师参谋长邹绍孟错过了入东关作战的时机，留在指挥部协助师长指挥全军。

惨烈的战斗继续进行，日军攻破东城门，不断从炸开的城门洞和垮塌的城墙缺口冲入城中，双方在城中、城墙上搏杀。到五时左右，日军攻占了县城的北、东、南三面城墙，紧接着又攻占了我军最后据守的西城门。这时，只有最后北西方面还有一小段城墙还在我守军顽强固守中，眼看日军就要在城墙上对全城合围了。

城内弹药完全用尽，代军长王铭章执意殉城，但指挥部决定从最后的西北城墙突出，利用还在我军坚守中的城西火车站收集残存官兵继续作战。终于，指挥部一行人登

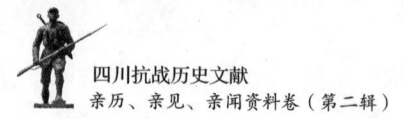

上城墙，准备缒城。四面城墙上的日军发现了这支部队，各种火器猛烈开火，一些官兵倒在城墙上，代军长王铭章重伤，被卫士长背着缒城。邹绍孟等人在火网中从北门突出，朝西关电厂突围。可是，密集的弹雨追上了他们，指挥部最后残存的人员几乎都阵亡在这里了。倒在这里的除代军长王铭章外，还有一二二师少将参谋长赵渭宾、一二四师参谋长邹绍孟，还有作战处长，政训处长等。

后来，王铭章的尸体被统帅部下令抢回。余下的人，包括邹绍孟的尸骨，以及城内外三千余将士的尸骨，留在了鲁南的大地上。

这就是从小就根植在我脑海里的事迹。

师参谋长邹绍孟，字慕陶，四川荣县乐德乡人，1895 五年出生在一个贫苦农民家庭，少时读于私塾，24 岁考入四川陆军讲武堂。毕业后多年在川军二十九军田颂尧部任职，1925 年任少校参谋，1928 年任中校营长，1934 年任中校参谋主任，1935 年任四十一军一二四师上校参谋长。

这位师参谋长的成长过程，正是我中华民族最艰难困苦的年代。他历见了由于国家积弱，西方列强凌辱我中华民族的斑斑血泪，从而历练出振兴中华现代精神，这种精神和我民族数千年传统的爱国主义思想底蕴，熔铸成了这位年纪稍偏大的上校参谋长脑海中根深蒂固的精神支柱。

七七事变发生了，参谋长留下一份遗书请缨抗战，离开了妻儿随二十二集团军北出剑门，顶着寒风，渡过波涛汹涌山西风陵渡进入第二战区参加晋东娘子关战役。太原会战失败后，伤亡惨重的二十二集团军东调山东第五战区，邹绍孟作为集团军的先遣人员，随总司令邓锡侯、孙震及师长税梯青等赴徐州谒见战区长官李宗仁，又北上济南谒见战区副长官韩复榘。从济南回来，路过曲阜时，不忘以虔诚之心参拜孔庙，在这位千古圣人面前抚今追昔重温教诲，思想进一步得到升华，坚定了抗战决心，并留下一张珍贵的照片。

孔庙中的流连，为邹绍孟的一曲千古绝唱奠定了基础。

二十二集团军两个军，在太原会战中减员近半。1938 年春节前东调鲁南，进驻滕县，四十五军部署在县城北沿山地，四十一军驻守县城及周边。两军一边展开游击战，一边同南进的日军对峙。

过完春节，日军在济南、曲阜等地集结了以第十师团为主力的重兵，从北向南对滕县的守兵形成了强大的压力。到了 3 月初，日军不断聚集军火，向南发起大举进攻的趋势已经十分明显。这时，参谋长接到了一封家书。这封来自四川乐山参谋长泰山大人的手书到底写了些什么内容，现在已经不可考，但至少有一点是报忧：参谋长留在岳父大人那里的大儿子学习不认真，让全家忧心忡忡。

大战就要开始了，敌我双方力量的悬殊。力量对比预示着将是千万人血洒疆场，马革裹尸。邹绍孟对此有充分的思想准备，但征人也有家，身为人父的征人更有浓烈的亲情。想着刚收到这封令人忧心忡忡的家信，他抽空提起了笔，如堂前教子，写出了回信，现摘录如下。

宁儿如晤：

  日前接得汝外祖父手谕，借悉汝去岁下学期成绩甚坏，名列丙等。想汝天资不甚坏，只要稍为勤奋，最优等虽不可得，优等谅必可能，今竟名列丙等，真使我增加无限的忧思。回想汝前次来函云，准定受外祖父母教训，不再贪耍，勤愤读书，与平因功课甚多，正在准备试验，均是一派假话，益令我愈觉忧气。幼时均一味说谎，长成亦必无所成就，对国家社会无补，国家何须有此国民，家庭何须有此子弟！望汝凡事立志向上，存极盛竞争心，不可一味贪玩，不温功课，以致每事均落人后，不知羞奋。因我身属军人，刻在前线抗战，万一不幸以身殉职，完我军人天职，则今后捍卫国家与复兴中华民族，责任端在汝辈。而是否能肩此重任，则视汝等幼时之修养造诣如何为断。望汝细味此旨，不晓处请汝外祖父与汝解说，牢记勿忘。见函后汝之思想如何，及汝外祖家老幼情形如何，与汝今年入校经过，统盼函报。手此，顺询近好。

父　孟手示
民国二七年三月十一日
于山东滕县军次

六天后，他随着代军长王铭章在孤城中洒尽满腔热血，上演了最后一幕。这时，这封家书还没有到达老家。

这封家书成了邹绍孟师参谋长的绝笔。这封家书充满着浓烈的乡土气息，却又绽放着晶莹剔透的爱国主义光芒。这封信在成都报纸上刊出后，川中若干青年学生和爱国人士纷纷向报社索要。四十一军驻绵阳留守处把这封家书翻拍成五千份照片分发。有不少的青年为这封家书所激励，怀中揣着照片走上了热血纷飞的抗日战场。

这一年4月12日，就在邹绍孟阵亡后不到一个月，他的另一个儿子出生了，这位从未见过父亲的儿子取名汝祥。

邹汝祥的成长过程，伴随着多灾多难的年代是由父亲的几张遗照和那封寻常又不寻常的家书陪伴的，这也又是他永远的精神支柱。

家书中所言"幼时均一味说谎，长成亦必无成就，对国家社会无补。国家何须有此国民，家庭何须有此子弟？"对他来说刻骨铭心，随时朗朗上口，鞭策着自己。

终于，刻苦攻读高中毕业，他考上成都工学院（现四川大学），毕业后就职四川轻工研究所。

邹汝祥想为在民族解放战争中的英烈立座纪念碑，立碑的地点选在滕县（现滕州市），碑以纪念滕县保卫战为主题。毕竟，他父亲满腔的热血洒在那里，他父亲的忠魂在那里飘荡。但是，更深的隐喻在于，这块碑无论在哪里，都是为了让后人铭记那些在民族存亡的生死关头挺身而出的先辈，以及所有为了抗日战争胜利而做出贡献的人们。

汝祥设计了纪念碑的形象，取名英烈墙。拟以花岗岩为材质，正面为英雄浮雕，背面为参战英烈名录。

为了实现这个想法，汝祥来到滕州同市民政局局长和纪念馆馆长商谈，承诺自己出资五十万元，不花滕州一分钱，只希望滕州市纪念馆可以划出一块能容下英烈墙，让英烈们能堂堂正正地站立在自己用鲜血和生命捍卫的地方。

为了得到社会的认同和支持，汝祥决定把这一方案通过媒体发表，并经过自己的努力向社会宣传。他说："建立纪念碑的事，不是我个人的事，我希望得到全社会的理解和支持。建碑的经费由我负责,但我希望支持这一倡议的人,哪怕是捐上一元钱,也是一片心意。让这件事成为社会的共同事业。"

成都市人民公园川军抗日阵亡将士纪念碑下的小广场成了宣传这一倡议的地方。

邹汝祥亲手制作了十块展板,以胡锦涛对抗日战争的论述为首,在展板中以图文的形式介绍抗日战争中徐州会战、台儿庄大战和滕县保卫战,介绍川军将士在抗日战争和滕县保卫战中舍生忘死、前赴后继的惨烈战斗场面。

2009年3月17日一大早,汝祥约着我和志愿者们来到川军纪念碑前安放展览板,同时,在展板的下面放了一块六米长的白布,上书"支持建立滕县抗日保卫战英烈纪念碑签名"。很快,展板前面人头攒动,人来人往,汝祥和志愿者们在人群中忙忙碌碌散发传单和做讲解。签名的白布很快就落满了人名,令人感动的是,有坐着轮椅的人来签名,还有小学生爬在白布上工工整整地签上了自己的名字。有的人当场表示要捐款,汝祥反复强调:"现在只签名,不收款。收款的时间要等到我的五十万打入一个公开的账号、大家能亲眼看到后才开始。"一位妇女坚持要预先捐出1000元,她说:"请先收下这点钱,因为到时候我不一定有机会再来捐上这笔钱了。"看到位妇女恳切的目光,汝祥收下了这1000元,记下了这位妇女的姓名,相互留下电话。回过头来汝祥把钱交到我的手中:"这笔钱先由你保管,待我的账号建立了再入账。"

邹汝祥向建川博物馆赠送邹绍孟家书,笔者是见证人

当天的展览一直到晚十时左右,天早已黑尽,还有人凭着路灯在观看。因为有的展板字体小,观者几乎是鼻尖紧靠着展板在观看。这个场景令汝祥极为感动,他说:"只要还有一个人在看,我们就不收摊。"

这样的展出共进行了三次,除此之外还有2009年的9月3日,2010年的3月17日。第一次之后,又对展板和悬挂方式进行了改进,让展板悬挂得更稳当。第三次又增加视频方式:邹汝祥把一些相关的影视资料制成光碟,在汽车的后厢中放上一台大屏幕电视机,打开汽车后门播放。

宣传的效果非常好,邹汝祥看着一沓沓发出去的传单和围观者众的场面由衷地感到欣慰。

收集参战英烈名单颇费周折。

由于历史的原因,参战者的姓名多已散失,或者已经分散到不同的地方和档案管理部门。为此，汝祥设计出一套收集路线图。

首先，汝祥到了南京第二国家历史档案馆，办好入馆借阅手续，有意同工作人员攀谈起来，聊起缘由，他说："我不是为我的父亲来查找资料，我的父亲的资料是完备和准确的，他既为国民政府授予烈士称号，也为今天共和国民政部追赠为革命烈士。我来查找资料是为了搜寻当年一起参加滕县战役上万的川军将士，我是来查找他们的英名的，无论是牺牲了的还是没有牺牲的。在战场牺牲了的是烈士，是英雄，没有牺牲的，也是英雄。"

果然，汝祥的言谈打动了管理者，在查阅的过程中得到了不少的方便和支持。

在第二档案馆共查找到两千余英烈名字。

从南京回来，他把英烈名单整理成册，在扉页中写道，此名册为抗日战争滕县保卫战英烈名册，虽含牺牲将士，但并非阵亡人员名册。因为要纪念滕县保卫战这伟大悲壮的历史事件，凡参加此保卫战者，死去是烈士，幸生是英雄。这一历史事件的参与者都应该受崇敬，都应该纪念。英烈名字来源于中国第二历史档案馆、四川省档案馆、成都市档案馆之档案资料及亲历者回忆录……现查找到两千余名，但不及阵亡将士人数的60%，参战将士人数的20%，仍将竭力继续查找，补充此名册。为在英烈鲜血溅洒之地——滕县建立英烈墙铭刻他们的名字，告慰英灵。凡弘扬抗日战争民族精神，缅怀英烈之目的用此名册，将十分乐意。落款日期为2009年3月17日，英雄阵亡日，为的是永不磨灭的记忆。

邹汝祥发誓要搜索完，凡是可能有英烈名字的地方，找过了成都市区内的相关部门，又约上我开始在成都周边的县市的档案馆（室）等部门查找。我们出去，都由我开车，他说我驾驶技术好一些。绵阳、德阳是重点，因为这里曾是二十二集团军的防区和驻扎地。

也有一件让他大为恼怒的事。在川北，邹汝祥找到了当地相关部门，说明来意，希望得到帮助和支持。没想到这位姑娘态度冷淡："你们到县里去，我们这里不管这件事。"邹汝祥反复说明我们是刚从县里来的。但是，依然无法扭转局面。

汝祥脸上的肌肉抽搐起来，勃然大怒："你有什么了不起！我也是中共党员，这不是哪个党的事，这是民族的事。我走过了许多地方，包括国家档案馆，都没见过像你这样的人！"终于，几天后，一份名单从这个单位以电子邮件的方式发送到我们手中。

英烈的名字在逐渐增加。

2010年7月中旬，邹汝祥来电话约我一同到省档案馆查阅资料，再次在省档案馆查找滕县英烈名单。我电话联络档案馆的管理员，恰好此时管理员因产假休息不在班，于是约好7月20日以后，在档案馆的史志资料室查阅。

可是，汝祥回电说，他已经定好七月二十日（周一）赴荣县，与教育局讨论捐赠希望小学事宜，既然这项约定在先，去省档案馆的事，只好顺延。汝祥在电话中语气讷然，颇多遗憾。

我等待着，等待两三天后他返回成都。

没想到，等来的却是噩耗。

7月21日上午，我正驾车在高速路上，手机响了。是邹汝祥的表兄胡蜀平打来的电话,说汝祥出事了!我顿时如惊雷轰顶,四肢发软,连忙说:"胡兄,稍等等!我把车停在路边再说!"原来汝祥在自驾车去荣县途中发生车祸,轿车起火燃烧,他竟未能从车中脱险出来。和我同样惊愕和悲痛的,还有抗战军人及后人联谊会的全体同仁,大家相约前往邹家悼念,送别。

时间已经过去快一年了,我心中仍然是他挥之不去的影子。那古稀之年的白发,那在滕县抗战纪念日向围观群众宣讲的声音,那号召市民为支持在滕县建立英烈墙,那些签名布和传单,那制作、张挂纪念抗战胜利的展报、画颤抖的手,甚至还有那因我失误而受到他那如兄长般呵斥的声音。这些,挥之不去,反复在心中萦绕,我则似乎总是等待着他,就像他同往常一样,驾车出去收集资料了,过几天就要回来。

然而,事实又是如此残酷。每每想到汝祥,我又要想到七十年前惨烈的滕县保卫战,想到那连天的炮火、那高楼林立的现代化滕州市和在建设现代化城市时从房宅地基中挖掘出来的累累白骨。

父子英烈,忠义两代。我每每会这样想。

本文写于2011年7月

抗战胜利后在日本的见闻

廖品正

1945年8月15日,日本宣布无条件投降。根据《波茨坦公告》规定,日本投降后应由盟国派遣占领军,在日本要地实行占领,以监督其解除武装(只保留警察武装)和降书的具体实施。美国以盟国总司令国名义,多次要求中国向日本派驻占领军。后经国民政府决定,向日本派遣由荣誉第一师、第二师组成的第六十七师,以戴坚少将为师长,作为盟军占领军中国派遣军开赴日本。家父廖季威奉命以中国驻日占领军先遣队上校参谋身份飞赴日本协调处理先遣事宜。后来占领军未能成行,仅派出代表团。我父亲曾感叹:"我是抱憾终生的中国占领军上校。"

家父于1932年18岁时考入日本陆军士官学校学习炮兵,1936年毕业归国。在南京步兵学校任学兵连长区队长,武汉会战时为炮兵五十一团营长。因家父精通日语,1940年调到军令部担任参谋,从事对日情报研究工作。抗战胜利后,我随家父第一批还都南京,随又同父亲迁往上海。1946年5月家父奉命随中国驻日代表团团长朱世明、戴坚等飞赴日本,协调中国驻日占领军先遣事宜。后因国内国际局势变化内战爆发,第六十七师转为内战部队,赴日计划取消,家父和其他先遣官转入中国驻日代表团,家父为代表团军事组成员。当时规定代表团校级以上官员可带家属,我便于当年11月随母亲和其他代表团家属一起飞赴日本。下面是我当年赴日前后的一些见闻:

一、第一次见到日本兵可恨又可怜

我第一次见到日本兵,是在国内。那是1945年抗战胜利后随父亲还都南京后,我家住在玄武湖边一个兵营里。兵营里面有不少等待遣返的日本军人。我亲眼见到他们十个人一组围着一个大菜盆吃白米饭。

这些日本兵有时被中国士兵看押着出营地拉米、拉菜什么的。这是他们很害怕的差事。因为只要一出营地,就难免遭受对日本兵恨之入骨的南京市民的围殴。由于看押士兵的人也痛恨侵略者,往往对民众围殴的事情睁只眼闭只眼。挨打的日本兵,一则已奉命不许还手,一则也深知对不起中国人,因此即便被市民打得鼻青脸肿都绝不还手,甚至也不躲避。现在想来,这些日本兵真可怜,但是,比起惨绝人寰的南京大屠杀,实在又太便宜这些惨无人道的侵略者了。

二、登上父亲乘坐的赴日轰炸机

家父于1946年5月27日与驻日代表团团长朱世明中将、顾问李立柏少将及四名文职人员,占领军戴坚少将、副官王上尉、名古屋港口司令卢东阁海军中校等九人,一同从上海江湾军用机场飞赴日本。为显示战胜国的威武,安排中国驻日占领军先遣队一行乘坐美制 B-24 轰炸机飞赴日本。B-24 是远程重型轰炸机。该次飞行没带炸弹,保留了十几挺机关炮。

当天,时任陆军副总司令兼南京警备司令汤恩伯、上海特别市市长吴国桢等大批军政要员、媒体及家属前往送行。我和一些家属还被机组人员带上飞机参观,还进驾驶舱参观了机关炮。我后来得知执行这次飞行任务的是空军第八大队,机长是刘善本先生,他日后驾机起义。

飞机于北京时间上午九时起飞,东京时间下午四点多降落于日本厚木机场。这是一个军用机场,当年麦克阿瑟从菲律宾飞抵日本,也是在这个机场降落的。这是当时日本极少数能降落大型飞机的机场之一。

代表团取道横滨前往东京,父亲和占领军人员,在横滨工作。当年 7 月上旬,准备工作正在进行,突然接到国内消息,占领军因故取消,我父亲转为驻日代表团军事组上校参谋。

三、飞日途中与冰心母女座位比邻

由于民国政府做出代表团校级以上官员可以带家属到日本的规定,1946 年 11 月,我随母亲一起,跟其他代表团官员的亲属飞赴日本。

1946 年摄于日本东京的照片(后排左二是廖品正,右一是冰心,右二是冰心女儿吴青)

我们乘坐的是 C-47 军用运输机。由于人多座位少,小孩没座位,我由母亲带着,坐在我们旁边的是冰心和她小女儿吴宗黎(后改名吴青,吴宗黎的姐姐和哥哥是后来去日本的)。我在飞机上就跟吴宗黎熟悉了。她比我大一岁,很活泼大方,我们在飞机上就成了玩伴。我们这趟飞机也是在日本厚木机场降落的。

四、原日本林业省成为代表团驻地

到了日本,抵达东京麻布区的中国驻日代表团驻区。中国驻日代表团驻区包括办公区、礼堂、团长官邸、校级以上官员官邸、励志社、迎宾馆等部分。

其中，办公楼是一个三层的楼房，据说曾是日本林业省办公楼。代表团在楼上设了电台，这是与国内联系的主要工具。办公楼前有个操场，有一个旗杆，宪兵每天进行升旗、降旗仪式和换岗。

励志社在办公楼对面，是一幢两层楼的房子。楼上是单身代表宿舍。励志社一楼住着四十个宪兵，他们是从远征军宪兵二营抽调的一个加强排。宪兵们住在一个大屋里，一人一个白木床，单层的。当时二十个日本警察配备一把手枪，中国宪兵则是每人配备一把德制盒子枪。宪兵的营房内还有两挺捷克轻机枪，我和小朋友们曾去玩弄过。励志社后边有一个集体食堂。周末的时候，把餐桌搬到一边，在地上撒上滑石粉，就成了舞厅。当时，那里还配有日本服务员，负责买菜、为宪兵们扫地、擦皮鞋等。

迎宾馆在励志社东北，隔一条街。迎宾馆是一排木结构的平房。网上看到一张冰心家的照片，标注是冰心在日本的寓所前留影，其实那个背景是迎宾馆。冰心家在迎宾馆旁边。

迎宾馆北边是代表团军事组空军中校雷炎均家。雷炎均曾在抗战中击落日本根井航空队队长的座机。他到日本后曾前往看望昔日战场对手的家属，还给生活困难的家庭一些资助。他本人日后去台湾，官至空军司令、上将衔。

五、与王丕丞家比邻

当时中国驻日代表团的门牌号是按中国对日管制委员会中国驻日本代表团的英文缩写编的。我家的门牌号是CMD 11。这是一个两层楼的日式别墅，进门有一个院子，楼房是落地玻璃的平推门，每层有八间房。我家住在一楼。原张学良先生机要秘书、代表团政治组的苗剑秋先生家住二楼。

我家旁边的CMD 12号是军事组长王丕丞少将家。他家有四个孩子，老大在国内当空军，去日本的有三个。王丕丞也是一个传奇人物，先后就读于德国工兵学校、英国皇家参谋学院，当过驻苏联和法国武官，面见过斯大林、丘吉尔、希特勒等很多第二次世界大战领袖人物。他的二夫人曾在驻苏使馆工作，会英语和俄语，我母亲常和她一起逛街买菜。王丕丞将军经手了数以亿美元计军火物资交易，但在我印象中他却是非常清廉的，他生活简朴，家里没有多少饰物，只是珍藏了几把日本军刀。王将军后来去了台湾，但官运不太好，直到60年代才象征性提升为中将。

六、佩戴盟军护照　享受特殊待遇

代表团成员在日本的待遇比盟军低不少，但却比国内高不少。家父这个级别的官员，当时每人每月薪金600美金。这个标准高于国内将官。夫人待遇是丈夫的一半，小孩每人按父亲的四分之一发放。当时，国内使用法币，并且贬值严重，这就显得我们的待遇更高了。

当时日本的经济状况很糟糕，市面上甚至没有零食卖。我们的食品每周由后勤处派车送到家来，是吃不完的。我们还能在盟军超市购买到很多市面上买不到的生活用品。

另外，代表团每周三晚上都要在礼堂放电影。影片主要是国产片和美国的战争片，我还记得在那里看了《万家灯火》。

当时我们家还配有洗衣机和电冰箱。由于刚开始不太会用，第一次用它洗衣服的时候，不小心掉进了螺丝钉，把衣服搅坏了，以后就用得比较少。

驻日代表团所有人，连同小孩都有盟军发放的护照。持有盟军护照，可以享受免费乘坐公共汽车、看电影等特殊待遇，我们这些小朋友常到附近的盟军俱乐部去看电影和游泳。

在我的印象中，家里小孩最多的是后勤处长吴冠群家。他家有六个孩子，吴邵祯、吴邵祺、吴贵芳、吴美芳都是我当时很要好的伙伴。还有一个美国准将的小孩比尔，也常和我们一起玩耍，我们汉语、英语、日语和手势混着用，跟他交流。

七、乘盟军牌照吉普到日本各地旅游把彩色胶卷邮寄到美国冲印

驻日代表团组长以上文武官员都配有轿车，其他团员也有不少车辆。其中，代表团团长商震上将的坐骑是一辆别克轿车，车子没有车牌号，只是红底牌照上有三个金星，代表三星上将。王丕丞少将的是一辆福特车，牌照也是红底无号，一颗星。盟军总司令麦克阿瑟将军也是这种红底无号车牌，不过他的牌照上是五颗星。这种车牌在日本享有很高的特权，不仅是日本警察，就是美国宪兵沿途见到也要立正敬礼。

摄影是家父平生唯一嗜好，我现在的摄影爱好就是从父亲那里继承来的。在东京时，我们家有四架照相机，记得其中一架是135的德国莱卡，一架是日产双镜头玛米亚。父亲在日本的时候就开始使用彩色胶卷了。那时，日本还不能冲彩色胶卷，得邮寄到美国去冲印后再邮寄回来。我的小伙伴们刚看到冲洗出来的彩色照片，都很好奇，看到神奇怪异的彩色胶卷底片，更是兴奋。

我们在日本拍的很多照片，包括与冰心家的合影、战后日本风景等，都带回国了。

八、战后日本见闻

我到日本时，虽然战争已经结束一年多了，但由于遭受多次轰炸，每次轰炸都是上百架B-29轰炸机，每架次带20吨炸弹，使得东京市区多年之后仍然还是满目疮痍。令我印象很深的是断垣残壁中常常能看到一些基本完好的铁质保险柜，成为整个废墟中唯一没有被毁坏的东西，显得格外醒目。

父亲生前回忆文章中提到，在1946年广岛原子弹轰炸一周年纪念日，美国组织盟军前往爆炸点参观，他目睹爆炸现场的残留惨状，并向当地小贩买了几块因高温所致水泥、钢筋、玻璃熔合物作为纪念，我曾亲眼见过。

就我的见闻和父亲回忆，当时日本的情况非常贫困。每人每天只有4两粮食。由于布料短缺，日本成人大多穿着拔掉领章的军装。学生校服则是黑色校服。盟军士兵在街上扔下一个烟屁股，立即有日本人抢着去拣。我的印象是当时的日本情况，比我国20世纪60年代初的困难时期还要艰苦。

战后日本社会男女比例严重失调，这从街上的行人性别就能明显看出。那些从中国和东南亚各国遣返的日本战俘，即使是伤残的也不愁没女人嫁给他。

九、跟日本小孩群殴　到日本神社捣乱

刚到日本不久，我和其他小朋友们都没有上学，大家一起玩耍，很快就相互熟悉了。当时旷日持久的日本侵华战争刚结束不久，加上我和几乎所有驻日代表团的家属都有躲避日军轰炸的痛苦记忆，还有不少人目睹过亲友在战争中伤亡的惨状。听母亲讲，我刚出生不久，日军轰炸成都，母亲抱着襁褓中的我和婆婆一起在成都跑警报，历经辛苦疏散到石板滩、新都等地躲避。因此我和我的小伙伴们无不痛恨日本。初到日本不久，我们遇到日本小朋友时，常主动挑衅，跟他们打架斗殴。记得有一次斗殴打大了，日本小孩搬来日本警察助战，换岗的中国驻日代表团宪兵刚好路过，我们也跑过去搬救兵。宪兵听到我们告状，以为日本警察欺负我们，勃然大怒，纷纷拔枪示威，日本警察赶紧把日本小孩驱散，向宪兵和我们连声道歉。

为报仇雪恨，我们一群小朋友还到处用粉笔写抗日标语，包括在日本小学和警察局的围墙上写"打倒日本鬼子"。

十、在东京升起中国国旗

过了一段时间，有家长把几个中国小朋友送到驻地附近那个日本小学去读书。这几个小孩立即被其他小朋友骂为汉奸，受到孤立。由于日本小学用日语上课，这几个中国小朋友听不懂，又不受日本学生亲善，很快就不再去日本学校读书了，重新回到中国小朋友这里来。

我到日本后大约半年后，在家长们的要求下，在冰心的努力和关怀下创办了一个中华民国驻日代表团子弟学校（下文简称子弟校）。由两位老师教学当时国内的同年级课程，课程包括国语、英语、算术、图画、音乐、体育等课程。其中一个老师是代表团成员的夫人，她在国内本是教师。三十多个小孩分成三个年级。我直接上的二年级。同班同学有张衍玲、王镇东、吴小农、王太三等，吴宗黎、张衍华比我高一级。

子弟校就在日本小学附近，老师和我们小朋友看到日本小学升国旗，就提出在子弟校竖立一个中华民国国旗，并要求我们学校的国旗要比日本小学的国旗大、旗杆要高，因为我们是战胜国。国旗由学生们轮流升起，我也亲自升过好多次。每次升起国旗或者从我家看到子弟校的青天白日旗在东京上空高高飘扬时，我都感到无比自豪。

学校成立之初，我们还不时跟旁边的日本学生打架斗殴，后来两校老师商量，决定错开两个学校的放学时间，让日本学生先放学，我们稍微推迟放学，以减少摩擦。

十一、冰心校长为我们过4月4日儿童节

子弟校校长是吴文藻的夫人冰心女士，她是著名的作家、儿童教育家。冰心女士，我当时叫她吴伯母。冰心那时没负责教学，不常在学校，但特意为我们过了1947、1948年的儿童节。当时的儿童节定在4月4日。记得有一个儿童节给我们发了冰激凌、糖果。那时候冰激凌还很稀奇，小朋友们拿着冰冰的、甜甜的冰激凌，吃得很开心。我们还进行了文艺表演。我家曾有一张儿童节的集体照后来遗失了。

十二、梅汝璈、钟汉波及日本名流曾出席我们家宴

我父亲是四川成都人,母亲是湖南湘潭人,母亲擅长烹饪,四川菜和湖南菜都会做。加上当时家里经济状况较好,食物配给丰裕,父母常于周末在家举行宴会,招待本组和代表团的单身同事,有时也招待其他同事。

参与东京大审判的大法官梅汝璈先生,当时没带家属去日本,独自与国际法庭的法官们一起住在帝国酒店。他住的是一个套房,有办公间、会客厅和卧室。梅法官与国内联系需经由驻日代表团,因此常来代表团驻地。他平时住大酒店吃西餐,来代表团办事后和周末都常到我家来吃家乡菜。印象中梅法官很健谈,每次他到家来做客,满屋谈笑风生。

印象很深的客人还有钟汉波,他是海军少校,衣着与众不同,是白色的海军服。我们小朋友都喜欢和他玩,在雪白的制服上留下很多黑手印。

还有日本名流到我家来做客,有时还参加宴会。日本客人常常称道母亲的厨艺好。父母知道当时日本家庭大多生活艰苦,很多名流家也不例外,就不时特意分留一些美食让日本客人私下带回家去,给他们的家眷分享。可惜我那时年幼,不知道这些人的姓名,要是父亲健在,定能回忆起一些。

十三、关于东京大审判

当时,东京大审判正在进行过程中,审判庭设在日本士官学校。中国方面为壮大中国听众人气,动员代表团团员轮流参与旁听。中国代表团成员有资格坐在贵宾席旁听。由于日本侵华罪恶滔天,相关法律文书众多,加上每读一部分就要用多种语言翻译一遍,整个过程非常冗长枯燥,但家父和团员们都尽量抽时间前往支持。

1948年3月,东京国际法院在进入判决程序前突然宣布休庭,中国驻日代表都很惊讶和气愤。梅汝璈来我家,家父向他询问为何休庭。梅汝璈解释了其中缘由:日方辩护律师宣称,日本战犯只承担战败的责任,不承担战争的责任,并通过大小媒体大肆宣扬,此说竟然得到印度和澳大利亚法官的支持,导致法官们的僵持。直到3月后,各国才达成协议,确定以政治需要决定法律的原则,完成对战犯的判决和执行。

在中国方面指挥下,父亲和同事、海军少校钟汉波等人协力完成了几件大事:将两个参加"百人斩"的狂魔引渡回中国审判;将甲午海战中"镇远""靖远"两舰的舰锚、舰链及炮弹等从上野公园索还。这批被虏物后转到青岛海军军官学校陈列。1959年,"镇远"舰铁锚被送陈中国人民革命军事博物馆。

2006年9月1日,《东京审判》在成都首映时,梅汝璈先生之子梅小璈还专程拜会家父。此事成为新闻报道焦点,两人因此留下不少合影。

十四、随父回国返乡 日本女佣恋恋不舍

1948年10月,父亲奉命回国。我们当时是乘坐克利夫兰总统号海轮返航的,这艘海轮是上海—东京—旧金山航班,很多海外中国名人都曾乘坐这艘两万吨巨轮,例如著名数学家华罗庚先生当年就是乘坐此轮归国的。

离开日本前，我们家的两名日本女佣都恋恋不舍，洒泪告别。由于当时日本社会总体上非常贫困，而我们家享受盟军外交官待遇，经济状况比较好，父母又不歧视她们，待她们很友善，她们在我家服务收入比很多相似工作的亲友都高，因此很珍惜她们的工作。她们俩年龄当时都20多岁了，如果还健在，应该都是80多岁的老人了。

父亲回国后，像当时很多民国军政官员一样，非常反感内战，便举家返回成都，并最终脱离国民政府。中华民国驻日代表团及其子弟校，则于1952年撤销。家父日后写了不少在日见闻回忆文章。2007年4月家父去世，享年94岁。他生前很想念当年驻日代表团的同事，渴望中国统一，渴望中日世代友好，不再重蹈战争覆辙。我也希望能有缘在有生之年见到一些昔日驻日代表团的小伙伴。

本文选编自方军、裘黎阳《最后的川军：老兵口述实录》，辽宁人民出版社，2015年

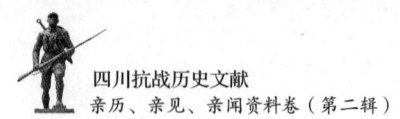

同仇敌忾，共赴国难
——忆家父在八路军总部支援八路军抗战的岁月

乔一勤*

家父乔树人（又名乔茂材，1898—1969），四川北川县人，1925年毕业于黄埔军校第三期，在校期间由副区队长董仲明介绍加入中国共产党，学成毕业后留黄埔军校政治部宣传科工作，1926年2月，被派往第六届农民讲习所学习后回校任政治部宣传科指导股股长。1937年，毕业于南京陆军大学第二期特别班。国共合作抗日统一战线形成后，于1937年秋受国民党军令部派遣到第十八集团军（八路军）总司令部任少将高级联络参谋，传达抗战方略，争取抗战胜利。赴任途中，出于精诚合作共赴国难的一腔激情写下了《黄河晚渡》一诗：

抗日请缨胆气豪，胸藏韬略腰横刀。
晓行南岳千层雪，晚渡黄河万顷涛。
风雨同舟思共济，疆场效命不辞劳。
丹心一片随明月，不战楼兰气不消。

到了山西洪洞八路军总部后，受到朱总司令诚挚相待，他见朱总司令态度诚恳，生活俭朴，日夜操劳军务且同士兵同甘共苦，深受感动，与朱总司令、彭德怀副总司令、左权参谋长等八路军高级将领朝夕相处，受到不少教益。八路军总部移驻沁县道经良马镇，正值日寇烧杀之后，处处可见断壁残垣，尸横遍野，见遇难同胞断胫折臂，剖腹挖心之惨状，父亲立马痴立，禁不住泪如涌泉，深悉覆巢之下无完卵，更坚定了国共合作，抗日救国，同仇敌忾的意志和决心，奋笔疾书写下了《过良马镇》一诗：

尸横遍野血模糊，立马停看泪眼枯。
数处村庄成瓦砾，几家妇孺断头颅。
国仇未报心常碎，民愤不平气难舒。
天下兴亡人有责，同心协力灭倭奴。

在八路军总部，家父与朱总司令交往友谊深厚，他亲眼见八路军在极艰苦条件下英勇抗日，深悉中国共产党以民族利益为重，合作抗日的坦诚，深得家父敬佩和信赖。家父给军事委员会军令部的电稿，发文前均交朱总司令或左权参谋长看阅，之后用八路军

---

* 作者为乔树人次子，1940年出生，系原冶金部直属四川省江油市长城特钢有限责任公司。

的电台发文,八路军的重要文件也交家父看阅,家中现保留有朱总司令给家父的两封亲笔信。

其一:

树人同志:

缴获日军对华作战密本已译出,请兄校阅一次,以便付印。

朱德

其二:

树人兄:

兹送来一二九师获得敌人信件揭译一件,阅后请置还。

此致

革命敬礼

朱德
十日十时

1938年3月24日,家父与朱总司令、彭德怀副总司令一道参加东路军高级将领军事会议,共商团结抗日大事,与朱总司令、彭德怀副总司令等联名致电蒋介石,电报全文如下:

委座钧鉴:为坚持华北抗战,争取全国抗战之最后胜利,职等于本月二十四日召开东路军高级将领军事会议,谨遵委座不准一兵一卒渡河之意旨,讨论有关目前山西抗战一切问题,聚首一堂,互换经验,充分表现亲密团结之精神,愈益巩固最后胜利之信心。到会将领均表示坚决在钧座领导之下扫灭倭寇还我河山,部署情形另电呈阅。职朱德、彭德怀、曾万钟、朱怀冰、乔茂材及到会将领等同叩。俭。

该电文由国民革命第八军武汉办事处叶剑英处长抄呈。

家父见八路军指战员斗志昂扬,在极艰苦条件下深入敌后,发动群众,英勇善战屡挫顽敌之锐气,坚信八路军是抗战中坚力量和抗战胜利的希望,但同时虑到八路军装备差,械弹缺乏,确实需要补充,他自告奋勇向朱总司令请示,愿亲自前往武汉国民党军令部为八路军领取战械,朱总司令很高兴地采纳了家父的意见,并嘱家父带去一厚册日寇在华北烧杀抢掠,人民遭受苦难的惨状照片。家父受命后急如星火、日夜兼程赶赴武汉,见到蒋介石和军令部长何应钦,先把朱德总司令嘱带的照片册呈给他们看,那一幕幕令人摧肝裂胆发指冲冠的真实图景,同时报告八路军在平型关长乐村英勇抗战,杀敌制胜的经过,并反复陈述非团结不能抗战,非补充不能杀敌,言时声泪俱下。终于打动了蒋介石,批准发给步枪子弹100万发,平射炮六门,由家父亲自领取,亲自押运在八路军驻武汉办事处的协助下顺利的运送到黄河渡口,送交八路军总部派来接运弹械的同志,圆满完成朱总司令交给他的任务,支持八路军抗战,为抗日补充枪械弹药,为抗日民族统一战线的巩固做了有益的工作。

1938年秋,家父交清械弹后,就去延安晋见毛泽东主席,与毛泽东主席长谈数小时，敬聆毛主席讲述抗日持久战和巩固抗日民族统一战线的问题。深佩毛主席高瞻远瞩，更坚信只有在国共两党密切合作的基础上，建立全国各党派各界各军的抗日民族统一战线，精诚团结，共赴国难，才能争取抗日战争的最后胜利。

本文写于 2015 年 7 月

光荣永远属于父辈先烈们
——七十周年胜利日受阅归来话受阅

饶毓琇*

在今年纪念中国人民抗日战争暨世界反法西斯战争胜利七十周年的系列活动中,最耀眼的是9月3日的胜利日阅兵。我十分有幸作为四川省四名英烈子女代表、参加阅兵庆典接受检阅的人员之一,乘受阅车"走过"天安门广场和长安街,无比激动,无比光荣,留下了一生中最美好、最难忘的记忆。有关这次阅兵,有许多话可说,也有许多话想说。在这里,我仅说说如下几点感受。

一、光荣永远属于父辈先烈们

这次"9·3"胜利日阅兵,举世瞩目,与以往的国庆节阅兵不同,这是首次举行纪念抗日战争暨世界反法西斯战争胜利的专题阅兵,主题是:铭记历史,缅怀先烈,珍爱和平,开创未来。这是第一次在胜利纪念日举行的阅兵,也是第一次以阅兵的方式纪念战争胜利,又是第一次以阅兵的方式向胜利庄严致敬。

我清楚地知道,我能参加这次阅兵,是沾了父辈先烈们的光,我是替父亲和川军将士们接受检阅,是生养我父亲的资阳父老乡亲共同的荣耀,更是我们全四川人共同的荣耀。因为在全面抗战中,我们四川成为主要兵源地,350万巴蜀儿女先后走上抗日前线,补充到正面战场各战区的各部队,所以有"无川不成军"之说,同时川军的伤亡也是最大的,达到了64万之巨,仅阵亡的就多达26万余,包括了我父亲饶国华和李家钰、王铭章、许国璋等数名上将、中将在内的将领。

正是由于我们四川为抗战做出的杰出贡献和付出的巨大牺牲得到举国公认,此次四川参加阅兵的人员才会有这么多:五名抗战老兵和四名英烈子女。他们是:中国远征军新一军三十八师排长钟华、国民革命军四十七军一〇四师排长(1942年,加入中国远征军五十二军一九五师)99岁的郑维邦,国民革命军第二十军一三三师陈家乾,中国远征军第八军一〇三师连长刘中柱,国民革命军第四十七军李家钰将军译电员黄开仁;四名英烈子女是:李上将家钰烈士之子李克林,饶上将国华烈士之女饶毓琇,朱鸿钧烈士之子朱家林,柴意新烈士之子柴陵华。进京的老兵们都说自己是替战友们来受阅的,英烈子女们更明白是替父辈先烈来受阅的。

---

* 作者为烈士饶国华之女,为雅安市经信委离休干部。

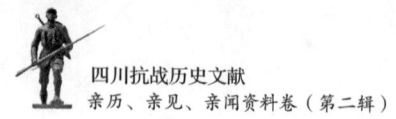

二、最大亮点是抗战老兵和英烈子女方阵体现的全民族抗战精神

这次阅兵规模宏大,涉及范围也极其广泛,五十个分列式方阵中有许多的"首次",有许多的亮点。特别值得称道的最大的亮点是抗战老兵和英烈子女方阵体现出的全民族抗战精神。

抗日战争是一场共御外侮、求民族生存的全民族战争,抗战的胜利是不分党派,不分阶层,不分民族,同仇敌忾团结一心,正面战场和敌后战场协同作战,奋勇杀敌,一致对外的全民族抗战的胜利。这次阅兵不仅仅安排了包括正面和敌后战场不同抗日武装的132名老兵和66名英烈子女代表参加(老兵平均年龄90岁,子女平均年龄78岁)在编组上没有界限和区分,同乘一辆车共同受阅,并且是在分列式上首先出场,展现出极为丰富的内涵。不仅是在阅兵式上如此,就是在此前的接待和生活细节上也同样得到了实实在在的体现。按照我们过去开会的惯例,我们以为四川去的人员会被集中安排,这次却让我们的惯性思维"失灵"了,这次是将来自不同地区、不同抗日武装、不同作战区域的老战士和英烈子女们混合编组,按照阅兵车受阅的序号组合,乘坐同一辆受阅车的人员就在同一桌吃饭,住同一层楼。入住首都大酒店后,都享受着同样的一对一医疗保障和无微不至的生活护理等,半个月里,我们相处融洽,一起散步,一起聊天,一起唱抗战歌曲。例如,我所在的第十三车就很有代表性:受阅人员共十人,包括了新四军第四师师长兼政委彭雪枫烈士的儿子,中共东满特委书记童长荣烈士的女儿,国民革命军陆军八十七师二五九旅旅长易安华烈士的儿子,中国工农红军第三十六军江北独立师师长张甲洲烈士的女儿,国民革命军陆军第九军独立五十一旅旅长郑廷珍烈士的儿子,察哈尔民众抗日同盟军第二军军长吉鸿昌烈士的女儿,东北抗联第一军第三师师长王仁斋烈士的儿子,国民革命军陆军八十八师二六四旅旅长高致嵩烈士的女儿,国民革命军陆军九十八师二九二旅五八三团三营营长姚子青烈士的儿子,以及我——国民革命军陆军二十一军一四五师师长饶国华烈士的女儿。受阅时我们穿着相同面料、相同款式量身定制的阅兵服。四川受阅老兵陈家乾说得好:"历史一再证明,只要全中国人团结一心,任何侵犯者都不会得逞。"

在分列式上,抗战老兵乘坐的十二辆特制阅兵车首先出场,观礼台上的群众自动起立致敬,发出阵阵欢呼。紧跟其后的是英烈子女乘坐的六辆阅兵车,这就充分体现出了对历史的铭记,对抗战老兵的敬重,对抗战英烈的敬仰。体验了阅兵庆典的这一切,也使我对父亲生前常常教诲我们兄妹和他所部士兵们"兄弟阋墙,外御其侮"这一古训的含义,有了更加深刻更加感性的认识和理解。

三、扬眉吐气,告慰英灵

在阅兵现场我看到:一队队挺拔威武的三军将士,飒爽英姿的女兵身影,一排排崭新闪亮的国产先进装备,一架架新式战鹰从头上掠过。我真切地感受到:徒步方队士兵身上展示出了当年中国军人不畏强敌、舍生忘死的英雄气概,装备方队又展示出了大国军队威武之师的形象。真真切切感受到祖国强大了!中国崛起了!我非常振奋,骄傲与自豪之情油然而生。那一刻,我眼含热泪,思绪万千。那是思念之泪、崇敬之泪,更是欣慰之泪、扬眉吐气之泪。

我只想告慰英灵，我在心里默默地对父亲说：国家没有忘记您，您一生追求为之奋斗的国家富强、民族独立、百姓安居乐业的理想，而今也已实现了，您老人家可以含笑九泉了！

我对铁血川军将士们说：中国已经立于世界大国之林，落后挨打的屈辱不会再有了，你们用鲜血和生命为我们这些后人保卫下来的这片热土，绝不会再受到侵略者的践踏了，你们可以安息了！

我对死难同胞说：中国有足够强大的力量维护和平，捍卫胜利成果，历史的悲剧绝不会再演，你们可以瞑目了！

父辈先烈永垂不朽！川军将士永垂不朽！

抗战阅兵纪念章

本文写于 2015 年 11 月

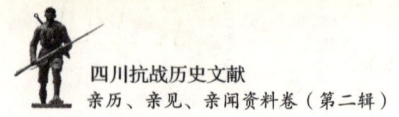

编后记

  2015年，为纪念抗日战争胜利七十周年，四川省人民政府启动《四川抗战历史文献》大型丛书编纂工作。此项工作由四川省地方志工作办公室牵头，省政协文化文史和学习委员会（以下简称文史学习委）、省档案局（馆）、省社科院、四川大学等单位参与。《四川抗战历史文献》分为12卷，《四川抗战历史文献·亲历、亲见、亲闻资料卷》为其中之一，由文史学习委负责编纂。本卷历时五年完成，因篇幅较大，丛书编委会决定将其分为两辑。第一辑以出川作战的战场记述为主，即前方抗战；第二辑以川内后方支援的记述为主，包括征粮征兵、工农业生产、国防建设以及文化教育，即后方抗战。

  本卷由省政协副主席王正荣任编委会主任，省政协文化文史和学习委员会主任、副主任为编委会成员。省政协原副主席罗布江村、唐坚对本书的编纂工作给予了指导，文史学习委原主任张邦凯、蒋东生，副主任钟钢曾参与编纂工作。

  本卷搜集亲历、亲见、亲闻的一手资料，展现了四川军民在抗战中为中华民族做出的巨大贡献和历史功绩。其中，四川各级政协历年征集和出版的文史资料中有大量珍贵的抗战史料，为本书的编纂提供了文献支撑；省政府文史研究馆主管的四川巴蜀抗战史研究院部分研究人员和川军后人对本书的出版给予了大力支持；特邀编辑参与征编过程，他们不辞辛劳，多方查寻、约稿、组稿，并亲自撰文，为本书的编纂付出巨大辛劳；很多抗日川军将士后人踊跃提供史料、接受采访、撰写稿件，为本书提供了第一手的资料。有的撰稿人在本书出版前已离世，深为遗憾。在此，我们对以上单位和人员表示诚挚的感谢和敬意！同时，对四川的大专院校、抗战史研究者及社会各界给予本书的关心和支持一并表示感谢！

  本丛书由《四川抗战历史文献》编纂委员会负总责，本卷经中国人民解放军军事科学院审查，由"亲历、亲见、亲闻资料卷"编委会审订。

  受史料查核等条件限制，本书所涉史实难免有与实际出入之处（包括选载的原文，因作者凭记忆撰写，在时间、地点、人名等方面与实际有出入之处），按政协文史资料工作原则，多说并存、文责自负，欢迎读者指正。

"亲历、亲见、亲闻资料卷"编委会
2020年12月